Religionssensible Bildung in Kinderta

Interreligiöse und Interkulturelle Bildung im Kindesalter

herausgegeben von

Albert Biesinger
Anke Edelbrock
Helga Kohler-Spiegel
Friedrich Schweitzer

Band 4

Waxmann 2014
Münster • New York

Judith Weber

Religionssensible Bildung in Kindertageseinrichtungen

Eine empirisch-qualitative Studie
zur religiösen Bildung und Erziehung im
Kontext der Elementarpädagogik

Waxmann 2014
Münster • New York

Bibliografische Informationen der Deutschen Nationalbibliothek

Die Deutsche Nationalbibliothek verzeichnet diese Publikation in der Deutschen Nationalbibliografie; detaillierte bibliografische Daten sind im Internet über http://dnb.d-nb.de abrufbar.

Interreligiöse und Interkulturelle Bildung im Kindesalter, Bd. 4

ISSN 2191-2114
ISBN 978-3-8309-3150-8
E-Book-ISBN 978-3-8309-8150-3

© Waxmann Verlag GmbH, Münster 2014

www.waxmann.com
info@waxmann.com

Umschlaggestaltung: Christian Averbeck, Münster
Titelbild: © VRD – Fotolia.com
Satz: Waxmann Verlag GmbH, Münster

Gedruckt auf alterungsbeständigem Papier, säurefrei gemäß ISO 9706

Für meine Männer-WG,
die mich täglich neu inspiriert

Inhalt

Vorwort 15

Teil I Theoretische Rahmung

1   Einleitung 17

1.1   Forschungsanliegen 21

1.2   Aufbau der Arbeit 22

2   Zentrale Begriffe und Konzepte der Arbeit 25

2.1   Der Kontext der Elementarpädagogik 25

2.1.1 Kindertageseinrichtungen als sozialpädagogische Institutionen 31

2.1.2 Betreuung 32

2.1.3 Bildung 33

2.1.4 Erziehung 37

2.2   Religiöse Bildung und Erziehung in der Elementarpädagogik –
       Stand der Forschung 40

2.2.1 Religiöse Bildung und Erziehung aus elementarpädagogischer
       Perspektive 40

2.2.2 Religiöse Bildung und Erziehung aus religionspädagogischer
       Perspektive 45

2.3   Religionssensible Erziehung und Bildung – eine Annäherung an den
       Begriff 53

2.3.1 Der Aufbau des Forschungsprojekts in der Jugendhilfe 54

2.3.2 Der Religionsbegriff 57

2.3.3 Das Wort ‚religions-sensibel‘ 60

2.2.4 Diskussion 61

2.3.5 Religionssensible Erziehung und Bildung in Kindertageseinrichtungen . 62

2.4   Religionssensible Bildung als Bestandteil der pädagogischen
       Konzeption von Kindertageseinrichtungen 64

2.4.1 Pädagogisches Handlungskonzept 65

2.4.2 Das Leitbild einer Einrichtung 67

2.4.3 Pädagogische Konzeption 67

2.4.4 (Didaktische) Konzepte in Kindertageseinrichtungen 68

2.4.5 Religionspädagogische Handlungstheorie/Religionspädagogisches
       Handlungskonzept 72

2.4.6 Fazit 74

3   Ausgewählte pädagogische Handlungskonzepte der Elementarpädagogik . 75

3.1   Erarbeitung der Untersuchungsaspekte 77

3.2   Der Offene Kindergarten 79

3.2.1 Hintergründe 80

3.2.2   Das Bild vom Kind: Selbstgestalter seiner Entwicklung 81
3.2.3   Bildungsbegriff: Auswahl von Lern- und Bildungsmöglichkeiten 83
3.2.4   Die Zusammenarbeit mit Eltern: Erziehungspartnerschaft mit Eltern . . . 85
3.2.5   Kompetenzanforderungen an die Erzieherinnen: Selbstgestalter ihrer
        Pädagogik 86
3.2.6   Diskussion 89
3.2.7   Fazit 90

3.3   Early Excellence 90
3.3.1   Hintergründe 92
3.3.2   Das Bild vom Kind: der positive Blick auf das Kind mit seinen
        Stärken und Kompetenzen 94
3.3.3   Bildungsbegriff: Kinder lernen durch eigene Erfahrungen
        und Beziehungen 95
3.3.3.1 Pädagogische Strategien 96
3.3.3.2 Wohlbefinden 97
3.3.3.3 Engagiertheit 97
3.3.3.4 Schemata 97
3.3.4   Die Zusammenarbeit mit Eltern: Eltern als Experten ihrer Kinder 99
3.3.5   Kompetenzanforderungen an die Erzieherinnen: der ethische Code
        und die besondere Haltung 100
3.3.6   Diskussion 100
3.3.7   Fazit 101

3.4   Das infans-Konzept der Frühpädagogik 101
3.4.1   Hintergründe 102
3.4.2   Das Bild vom Kind: das Kind als Konstrukteur seiner
        eigenen Wirklichkeit 105
3.4.3   Bildungsbegriff: Bildung als Selbstbildung im doppelten Sinn 107
3.4.4   Die Zusammenarbeit mit Eltern: Sich wechselseitig auf
        die Perspektive des anderen einlassen 110
3.4.5   Kompetenzanforderungen an die Erzieherinnen: Kindern Anregung
        und Hilfe für die Konstruktionsprozesse geben 110
3.4.6   Diskussion 112
3.4.7   Fazit 112

3.5   Gesamtfazit 113
3.6   Entwicklung grundlegender Kategorien innerhalb der diskutierten
        Konzepte für die qualitative Untersuchung 115
3.6.1   Elementarpädagogik 117
3.6.2   Religiöse Bildung und Erziehung 117
3.6.3   Das berufliche Selbstverständnis der Erzieherin 119

4   Kindertageseinrichtungen als Bildungseinrichtungen 121
4.1   Die Bildungs- und Erziehungspläne der Bundesländer 121

4.1.1 Der Bildungsbegriff 122
4.1.2 Religiöse Bildung 123
4.2 Der Orientierungsplan in Baden-Württemberg 125
4.2.1 Der Bildungsbegriff im Orientierungsplan in Baden-Württemberg ... 127
4.2.2 Die Bildungs- und Entwicklungsfelder im Orientierungsplan
      in Baden-Württemberg 129
4.2.3 Das Bildungs- und Entwicklungsfeld Sinn, Werte, Religion 130
4.2.4 Religiöse Bildung und Erziehung in Kindertageseinrichtungen – ein
      (religions-)pädagogisches Aufgabenfeld von Erzieherinnen 134
4.3 Die Umsetzung des Bildungs- und Entwicklungsfeldes Sinn,
    Werte und Religion 136
4.4 Ausblick: der religionspädagogische Ertrag 141

5 Religionssensible Bildung in Kindertageseinrichtungen 143
5.1 Die Verwendung des Begriffs der religionssensiblen Bildung
    und Erziehung 145
5.2 Die pädagogische Begründung religionssensibler Bildung
    in Kindertageseinrichtungen 148
5.2.1 Das Kind als Ausgangspunkt religionssensibler Bildung 150
5.2.2 Religionssensibilität als Bestandteil der pädagogischen Arbeit 151
5.2.3 Der Kindergarten als religionssensibler Lebens- und Erfahrungsraum . 151
5.2.4 Die Einrichtung als Ort gelebter Religionssensibilität 152
5.2.5 Religiöse Pluralität im Kontext der religionssensiblen Bildung 153
5.2.6 Religionssensibilität als sozialberufliche Kompetenz der
      pädagogischen Fachkräfte 154
5.3 Religionssensibilität – eine Schlüsselkompetenz für Erzieherinnen ... 155
5.3.1 Schlüsselkompetenz Religionssensibilität – der Aspekt des Wissens .. 156
5.3.2 Schlüsselkompetenz Religionssensibilität – der Aspekt des Könnens .. 157
5.3.3 Schlüsselkompetenz Religionssensibilität – der Aspekt des Seins 158
5.4 Religionssensible Bildung im Alltag 159
5.4.1 Erster Handlungsgrundsatz 159
5.4.2 Zweiter Handlungsgrundsatz 160
5.4.3 Dritter Handlungsgrundsatz 160
5.4.4 Vierter Handlungsgrundsatz 161
5.4.5 Fünfter Handlungsgrundsatz 162
5.4.6 Sechster Handlungsgrundsatz 163
5.4.7 Impulse zur religionssensiblen Planung 163
5.5 Diskussion 164

Teil II Empirie

6 Forschungsmethodologie 167
6.1 Forschungsgegenstand 168

6.2   Forschungsfragen 169
6.3   Forschungsmethode 170
6.4   Qualitatives Design der Studie 172
6.4.1   Planung der Studie 174
6.4.2   Datenerhebung 174
6.4.3   Datenaufbereitung 176
6.4.4   Datenanalyse und -auswertung 176
6.5   Die Leitfaden-Interviews 182
6.6   Auswahl der Einrichtungen und Erzieherinnen 186
6.7   Teilnehmende Beobachtung 188
6.7.1   Kriterien zur Beobachtung der religionspädagogischen Angebote 189
6.7.2   Kriterien zur Auswahl der religionspädagogischen Angebote 190

7   Ergebnisse der Interviews 192
7.1   Elementarpädagogik 193
7.1.1   Offene Arbeit 193
7.1.2   Early Excellence 194
7.1.3   Infans 195
7.1.4   Pädagogische Konzeption 197
7.1.5   Fazit 199
7.2   Religiöse Bildung und Erziehung 201
7.2.1   Weltanschauungen und Religionen im Kindergarten 203
7.2.2   Eltern 207
7.2.3   Träger 211
7.2.4   Kinder 212
7.2.4.1 Religiöses Wissen 213
7.2.4.2 Religiöse und weltanschauliche Fragen, Themen und Interessen 214
7.2.4.3 Existenzielle Erfahrungen 218
7.2.4.4 Umgang mit Gefühlen 221
7.2.4.5 Lebenswelt der Kinder 222
7.2.4.6 Partizipation 223
7.2.5   Religionspädagogische Praxis 224
7.2.5.1 Gemeinschaft 225
7.2.5.2 Raumgestaltung 226
7.2.5.3 Religiöse Projektarbeit, Lernwerkstätten und Bildungsinseln 227
7.2.5.4 Kontakt zu anderen Institutionen 228
7.2.5.5 Religiöse Feste und Feiern 231
7.2.5.6 Bücher, Geschichten 235
7.2.5.7 Religiöse Symbole 236
7.2.5.8 Rituale 237
7.2.5.9 Religiöse Orte 239
7.2.6   Religionssensible Bildung 241

7.2.6.1 Erster Handlungsgrundsatz 243
7.2.6.2 Zweiter Handlungsgrundsatz 244
7.2.6.3 Dritter Handlungsgrundsatz 246
7.2.6.4 Vierter Handlungsgrundsatz 248
7.2.6.5 Fünfter Handlungsgrundsatz 250
7.2.6.6 Sechster Handlungsgrundsatz 251

7.2.7   Orientierungsplan 253
7.2.8   Fazit 254

7.3   Berufliches Selbstverständnis der Erzieherinnen 257
7.3.1   Bild vom Kind 257
7.3.2   Aufgaben 259
7.3.3   Religionspädagogische Kompetenzen 262
7.3.4   Religiöse Kompetenzen 264
7.3.5   Team 269
7.3.6   Werte und Normen 272
7.3.7   Offenheit als Haltung 273
7.3.8   Eigene Stärken und Fähigkeiten 275
7.3.9   Fazit 276

7.4   Induktive Kategorien 277
7.4.1   Unklarheit des Begriffs Werte 278
7.4.2   Bilder schaffen 279
7.4.3   Religion als schwieriges Thema 280
7.4.4   Fazit 280

7.5   Gesamtfazit 281

8   Ergebnisse der teilnehmenden Beobachtung 286
8.1   Beobachtungsprotokoll Beispiel 1 286
8.2   Auswertung Beispiel 1 287
8.3   Beobachtungsprotokoll Beispiel 2 288
8.4   Auswertung Beispiel 2 289
8.5   Beobachtungsprotokoll Beispiel 3 289
8.6   Auswertung Beispiel 3 291
8.7   Beobachtungsprotokoll Beispiel 4 292
8.8   Auswertung Beispiel 4 294
8.9   Fazit 295

Teil III Zusammenführung von Theorie und Empirie

9   Diskussion der zentralen Ergebnisse im (religions-)pädagogischen
         Diskurs 297
9.1   Zusammenfassende Darstellung der zentralen Ergebnisse
         der empirischen Untersuchung 297
9.1.1   Zentrale Ergebnisse im Bereich ‚Elementarpädagogik‘ 298

9.1.2   Zentrale Ergebnisse im Bereich ‚Religiöse Bildung und Erziehung'... 298
9.1.3   Zentrale Ergebnisse im Bereich ‚Berufliches Selbstverständnis der
        Erzieherinnen'... 299
9.2   Reflexion der empirischen Untersuchung im Horizont
        der Gütekriterien qualitativer Sozialforschung 300
9.3   Diskussion zentraler Ergebnisse im Kontext des
        religionspädagogischen Diskurses 303
9.3.1   Diskussion zentraler Ergebnisse aus dem Bereich
        ‚Elementarpädagogik' im Kontext des religionspädagogischen
        Diskurses 304
9.3.2   Diskussion zentraler Ergebnisse aus dem Bereich ‚Religiöse Bildung
        und Erziehung' im Kontext des religionspädagogischen Diskurses ... 305
9.3.3   Diskussion zentraler Ergebnisse aus dem Bereich ‚Berufliches
        Selbstverständnis der Erzieherinnen' im Kontext des
        religionspädagogischen Diskurses 307
9.4   Die Ergebnisse im Horizont der diskutierten pädagogischen Konzepte
        und des religionspädagogischen Handlungskonzepts
        der religionssensiblen Bildung 309
9.4.1   Religionssensible Bildung im Ansatz des Offenen Kindergartens 310
9.4.1.1 Das Bild vom Kind: Selbstgestalter seiner Entwicklung bei religiösen
        Fragen, Themen und Interessen 310
9.4.1.2 Bildungsbegriff: Auswahl von Lern- und Bildungsmöglichkeiten
        in Bezug auf Religionen und Weltanschauungen 311
9.4.1.3 Die Zusammenarbeit mit Eltern: Erziehungspartnerschaft mit Eltern
        bezüglich religiöser Bildung und Erziehung 312
9.4.1.4 Kompetenzanforderungen an die Erzieherinnen: Selbstgestalter ihrer
        (Religions-)Pädagogik 313
9.4.1.5 Fazit 314
9.4.2   Religionssensible Bildung im Ansatz von Early Excellence 315
9.4.2.1 Das Bild vom Kind: der positive Blick auf das Kind mit
        seinen Stärken und religiösen Kompetenzen 316
9.4.2.2 Bildungsbegriff: Kinder lernen durch eigene religiöse Erfahrungen
        und ermutigende Beziehungen 316
9.4.2.3 Die Zusammenarbeit mit den Eltern: Eltern als religiöse Experten
        ihrer Kinder 318
9.4.2.4 Kompetenzanforderungen an die Erzieherinnen: der ethische Code
        und die wertvolle Haltung 319
9.4.2.5 Fazit 320
9.4.3   Religionssensible Bildung im infans-Konzept der Frühpädagogik 321
9.4.3.1 Das Bild vom Kind: das Kind als Konstrukteur
        seiner eigenen religiösen Wirklichkeit 322

9.4.3.2 Bildungsbegriff: Bildung als Selbstbildung bei religiösen
Fragen, Themen und Interessen 324

9.4.3.3 Die Zusammenarbeit mit den Eltern: Sich wechselseitig auf
die religiöse Perspektive des anderen einlassen 326

9.4.3.4 Kompetenzanforderungen an die Erzieherinnen: Kindern Anregung
und Hilfe für ihre religiösen Konstruktionsprozesse geben 326

9.4.3.5 Fazit 327

9.5 Religionssensible Bildung als elementarer Bestandteil der
pädagogischen Konzeption von Kindertageseinrichtungen 329

9.6 Ausblick: religionssensible Bildung in der Praxis 331

Abbildungsverzeichnis 334

Tabellenverzeichnis 334

Literatur 335

Vorwort

Die vorliegende Arbeit wurde im Sommersemester 2014 unter dem Titel „Religionssensible Bildung als Bestandteil der pädagogischen Konzeption von Kindertageseinrichtungen. Eine empirisch-qualitative Studie zur religiösen Bildung und Erziehung im Kontext der Elementarpädagogik" von der Fakultät für Kultur- und Sozialwissenschaften der Pädagogischen Hochschule Freiburg am Institut der Theologien, Abteilung Katholische Theologie/Religionspädagogik als Dissertation angenommen. Sie ist für die Drucklegung durchgesehen und geringfügig überarbeitet worden.

Die Mitarbeit im empirischen Forschungsprojekt von Juniorprofessor Dr. Christoph Knoblauch „Religiöser und interreligiöser Kompetenzerwerb in der frühen Bildung: Konstruktion von Wertorientierung und Reflexion existentieller Erfahrungen in einem interreligiösen Erziehungs- und Bildungsumfeld", in dessen Rahmen die hier vorliegende Forschungsarbeit entstanden ist,[1] hat mir auf vielfältige Weise Freude bereitet. Die Erstellung dieser Arbeit habe ich zugleich als eine Herausforderung und eine Bereicherung erlebt. Den zahlreichen Menschen, die mich in vielfältiger Weise auf meinem Weg unterstützt haben, möchte ich an dieser Stelle ganz herzlich danken. Dass die Arbeit in dieser Form entstanden ist, verdanke ich besonders den Erzieherinnen, die sich Zeit nahmen für ein Interview und bereit waren mit mir ihre Erfahrungen zu teilen sowie mir Einblicke in ihre tägliche pädagogische Arbeit zu gewähren. Ich danke ihnen herzlich!

Mein besonderer Dank gilt meinem Doktorvater, Juniorprofessor Dr. Christoph Knoblauch, für seine hervorragende Unterstützung und sein persönliches Engagement bei der Betreuung dieser Arbeit. Durch seine konstruktiven Anmerkungen und Hinweise sowie stetige Diskussionsbereitschaft hat er entscheidend zum Gelingen beigetragen. Genauso herzlich bedanken möchte ich mich bei Professorin Dr. Christine Riegel für die konstruktive Unterstützung und die freundliche Übernahme des Zweitgutachtens. Die zielführenden Diskussionen im Forschungskolloquium mit ihr und allen Kommilitoninnen und Kommilitonen haben meine Arbeit jedes Mal weitergebracht. Ebenso habe ich mich sehr über den intensiven Beistand von Professor Dr. Martin Lechner aus Benediktbeuern gefreut, der die Arbeit mit begleitet und auf unterschiedliche Art und Weise hilfreiche Anregungen gegeben hat. Ich bedanke mich herzlich für den weiten Weg nach Freiburg und das Mitwirken in der Prüfungskommission.

Die Publikation dieser Arbeit wurde durch großzügige Druckkostenzuschüsse der Erzdiözese Freiburg und der Diözese Rottenburg-Stuttgart ermöglicht, wofür ich mich sehr bedanke. Für die Aufnahme meiner Arbeit in die Reihe „Interreligiöse und Interkulturelle Bildung im Kindesalter" bedanke ich mich herzlich bei den Herausgebern, vor allem bei Prof. Dr. Albert Biesinger und Prof. Dr.

---

1   Das Projekt wird im Rahmen des Juniorprofessoren-Programms vom Ministerium für Wissenschaft, Forschung und Kunst Baden-Württemberg gefördert.

Friedrich Schweitzer. Der Lektorin des Waxmann Verlags, Julia Fuchs, danke ich für die sehr gute und unkomplizierte Zusammenarbeit und die sorgfältige Durchsicht der Druckfahnen.

Herzlich Danke sagen möchte ich auch meinen Schülerinnen und Schülern der Klassen OK II und piA 2 im Schuljahr 2013/14 an der Katholischen Fachschule für Sozialpädagogik in Freiburg sowie meinen katholischen und evangelischen Kolleginnen und Kollegen an Fachschulen, die sich mit den erarbeiteten Handlungsgrundsätzen religionssensibler Bildung auseinandergesetzt haben. Die anregenden Diskussionen und unterschiedlichen Beispiele aus der Praxis haben mich immer wieder neu nachdenken lassen. Ein herzliches Dankeschön geht auch an meine Kollegin und Freundin Barbara Mößner, die mir in vielen Gesprächen geholfen hat meine Gedanken zu sortieren. Ebenfalls bedanke ich mich herzlich bei Barbara Remmlinger, die große Teile der Arbeit sorgfältig Korrektur gelesen hat und mir äußerst hilfreiche Rückmeldungen gab.

Herzlich gedankt sei auch den Mitgliedern des Instituts der Theologien an der Pädagogischen Hochschule Freiburg, die mich durch aufmunternde Worte und interessierte Nachfragen in den letzten drei Jahren unterstützt und ermutigt haben. Die wissenschaftlichen Hilfskräfte – insbesondere Sophia Groh – haben mich durch die Transkription der Interviews unterstützt, herzlichen Dank dafür.

Allen Freundinnen und Freunden sowie meinem Vater und meinen Geschwistern möchte ich zutiefst danken für die vielseitige Unterstützung und die Zeit, die sie sich für Gespräche und Diskussionen genommen haben. Durch Ausflüge und Unternehmungen mit meinen Kindern haben sie mir dazu noch Zeit geschenkt, um die Arbeit fertig zu schreiben. Ein extra Dank geht an dieser Stelle zudem an meine Freundin Kathrin Fischer, die mich mit verschiedenen kulinarischen Köstlichkeiten verwöhnt und in munteren Gesprächen bestärkt hat.

Mein größter Dank gilt schließlich meiner Familie. Zum einen meinen Kindern, die mir die für die Erstellung dieser Arbeit notwendige Zeit gegeben und mich mit ihrer lebendigen Kommunikation immer wieder neu inspiriert haben. Zum anderen meinem Mann, der durch motivierenden Zuspruch, stete Hilfsbereitschaft, fachliche Diskussionen und konstruktive Anregungen sowie durch sorgfältiges Korrekturlesen in hohem Maße zum Gelingen der Arbeit beigetragen hat. Darüber hinaus weiß ich seine Kochkünste und seine Organisation unseres Familienlebens in der letzten Phase der Fertigstellung meiner Arbeit sehr zu schätzen. Herzlichen Dank!

Freiburg, im August 2014

Judith Weber

Teil I Theoretische Rahmung

„Our best thoughts come from others"[1]
Ralph Waldo Emerson (1803–1882)

1 Einleitung

Spätestens seit Einführung der unterschiedlichen Bildungspläne in den einzelnen Bundesländern der Bundesrepublik Deutschland seit 2002[2] und dem „Gemeinsamen Rahmen der Länder für die frühe Bildung in Kindertageseinrichtungen" der Jugend- und Kultusministerkonferenzen 2004 ist der Bereich frühkindlicher Bildung in das öffentliche Interesse von Forschung, Politik und Gesellschaft gerückt.[3] „Der Schwerpunkt des Bildungsauftrags der Kindertageseinrichtungen liegt in der frühzeitigen Stärkung individueller Kompetenzen und Lerndispositionen [...] in der Werteerziehung, in der Förderung, das Lernen zu lernen und in der Weltaneignung in sozialen Kontexten."[4] Es zeigt sich, dass für Kindertageseinrichtungen ein ähnlicher Bildungsbegriff festgeschrieben wird wie er auch den Bildungsplänen der Schulen zu Grunde liegt.[5] Im Orientierungsplan von Baden-Württemberg beispielsweise schließt jedes Bildungs- und Entwicklungsfeld mit Hinweisen zur „Weiterführung in der Schule"[6].

Das Bild vom Kind hat sich in der Elementarpädagogik[7] verändert. Erwachsene achten nicht nur auf die Lern- und Leistungslücken von Kindern und Jugendlichen, um ihnen beim Aufarbeiten von Defiziten zu helfen,[8] vielmehr wird bedingt durch entwicklungspsychologische Erkenntnisse[9] der Fokus auf die Kom-

---

1   Goodreads Inc

2   Deutsches Institut für Internationale Pädagogische Forschung (DIPF)

3   „Dieser gemeinsame Rahmen stellt eine Verständigung der Länder über die Grundsätze der Bildungsarbeit der Kindertageseinrichtungen dar, der durch die Bildungspläne auf Landesebene konkretisiert, ausgefüllt und erweitert wird." Jugendministerkonferenz/Kultusministerkonferenz 2004, S. 2

4   Jugendministerkonferenz/Kultusministerkonferenz 2004, S. 2. Mit dem Konzept der Lerndispositionen werden „die Interessen der Kinder und die motivationale Seite ihrer Beschäftigung mit der sozialen und gegenständlichen Umwelt in den Vordergrund gerückt". Fried, S. 7. Die Begriffe ‚Bildung' und ‚Lernen' werden in Punkt 2.1.3 dieser Arbeit erörtert.

5   Vgl. Feininger 2006, S. 38.

6   Baden-Württemberg Ministerium für Kultus 2011, S. 27

7   Der Begriff ‚Elementarpädagogik' wird in Punkt 2.1 dieser Arbeit definiert.

8   Vgl. Hocke et al. 2010, S. 25.

9   Diese Erkenntnisse werden in Zusammenhang mit den Begriffen ‚Bildung' und ‚Lernen' in Punkt 2.1.3 dieser Arbeit näher ausgeführt.

petenzen[10] und Interessen der Kinder gelegt.[11] Der Orientierungsplan für Baden-Württemberg sieht „das Kind im Mittelpunkt von Bildung und Erziehung"[12]. Ausgangspunkt ist ausdrücklich das Kind und dessen Fähigkeit[13] zum domänenspezifischen Kompetenzerwerb.[14] Bereits in der Vorbemerkung dieses Orientierungsplans werden die Leser/innen zum Perspektivwechsel[15] angeregt. Die Welt soll mit den Augen der Kinder gesehen werden. Diese Sichtweise zieht sich durch die sechs Bildungs- und Entwicklungsfelder des Orientierungsplans.[16] Im Entwicklungsfeld Sinn, Werte und Religion wird beispielsweise aufgezeigt, wie Kinder der Welt offen und neugierig begegnen und wie sie sich die Welt erschließen. Die Erzieherinnen[17] werden zum Beispiel aufgefordert sich zu fragen, wie Kinder erfahren können, dass andere über ihre Ideen und Einfälle staunen.[18]

---

10 Der Begriff ‚Kompetenz' wird hier wie in der Studie von Klieme in Anlehnung an Franz E. Weinert verstanden: „In Übereinstimmung mit Weinert verstehen wir unter Kompetenzen die bei Individuen verfügbaren oder von ihnen erlernbaren kognitiven Fähigkeiten und Fertigkeiten, bestimmte Probleme zu lösen, sowie die damit verbundenen motivationalen, volitionalen und sozialen Bereitschaften und Fähigkeiten, die Problemlösungen in variablen Situationen erfolgreich und verantwortungsvoll nutzen zu können. Kompetenz ist nach diesem Verständnis eine Disposition, die Personen befähigt, bestimmte Arten von Problemen erfolgreich zu lösen, also konkrete Anforderungssituationen eines bestimmten Typs zu bewältigen. Die individuelle Ausprägung der Kompetenz wird nach Weinert von verschiedenen Facetten bestimmt: Fähigkeit, Wissen, Verstehen, Können, Handeln, Erfahrung, Motivation." BMBF / DIPF, S. 59

11 Vgl. Hocke et al. 2010, S. 26; vgl. Knauf 2010a, S. 198.

12 Baden-Württemberg Ministerium für Kultus 2011, S. 6

13 „Fähigkeiten bilden die psychische und physische Voraussetzung für leistungsbezogenes Verhalten, das in bestimmten Lebenssituationen aktualisiert wird. Sie konstituieren sich durch anlagebedingte Dispositionen (Begabung, Talent, Reife) und werden in Sozialisations-, Lern-, und Übungsprozessen entwickelt. Damit beschreiben sie ein ‚fähig', ‚bereit' und ‚in der Lage sein', Handlungen zu vollziehen. Da die Anzahl der Handlungen unbegrenzt ist, ist auch die Zahl der Fähigkeiten unbegrenzt." Jung 2010, S. 19

14 Zum domänenspezifischen Kompetenzerwerb ausführlich siehe Schnotz 2001, S. 75–81.

15 „Man spricht von Perspektivenübernahme, wenn es darum geht, psychische Zustände und Prozesse wie etwa das Denken, Fühlen oder Wollen einer anderen Person zu verstehen, indem die Situationsgebundenheit des Handelns (bildlich also: ihre Perspektive) erkannt und entsprechende Schlussfolgerungen gezogen werden." Silbereisen und Ahnert 2002, S. 597

16 Vgl. Baden-Württemberg Ministerium für Kultus 2011, S. 32.

17 Für die Berufsgruppe der Erzieherinnen und Erzieher wird in dieser Arbeit durchgängig die weibliche Form verwendet, da sie sich überwiegend aus Frauen zusammensetzt (der Anteil der männlichen Erzieher in Kindertageseinrichtungen beträgt bundesweit ca. 2,5%). Siehe Bundesministerium für Familie, S. 15.

18 Vgl. Baden-Württemberg Ministerium für Kultus 2011, S. 44–45.

Der beschriebene Perspektivenwechsel hat grundlegende Auswirkungen auf Kindergärten und deren pädagogische Konzeptionen[19] sowie auf den Beruf der Erzieherinnen und deren Aus- und Fortbildung. In diesem Kontext zeigt sich der Gedanke der Inklusion[20] als elementar für das Bildungsverständnis in Kindertageseinrichtungen. Denn um jedes Kind individuell zu fördern und in seiner Entwicklung zu begleiten, braucht jede Einrichtung eine eigene, auf die Bedürfnisse eines jeden Kindes und dessen Eltern sowie auf das konkrete soziale Umfeld abgestimmte pädagogische Konzeption, die sich an einem pädagogischen Handlungskonzept[21] orientiert. Vor diesem Horizont wurden neue pädagogische Konzepte in der Frühpädagogik entwickelt. In den 1980er Jahren entstand aus der pädagogischen Praxis heraus der Offene Kindergarten.[22] Durch die Reflexion der eigenen Arbeit veränderten Kindergartenteams ihre Gruppen- und Raumstruktur, um so in ihrem pädagogischen Handeln[23] auf die veränderten gesellschaftlichen Bedingungen, die neuen Erkenntnisse in der Forschung und die Bedürfnisse der Kinder zu antworten.[24] Im Mittelpunkt dieses Ansatzes stehen einerseits „das Kind als Selbstgestalter seiner Entwicklung"[25], andererseits „die Erzieherinnen als Selbstgestalter ihrer Pädagogik"[26]. Der Ansatz „Early Excellence"[27], den Margy Whalley mit ihrem Team 1983 im Pen Green Centre in Corby (Großbritannien) realisierte,[28] stellt ein weiteres pädagogisches Handlungskonzept dar. Ausgehend davon, dass jedes Kind ‚exzellent' ist, werden Eltern als Erziehungspartner auf Augenhöhe gesehen und in die Bildungsprozesse der Kinder miteinbezogen. „The key concepts which underpin our work may be used as ways to look at individual children's development and the relationships between parent and child, and worker and child."[29] Kindertageseinrichtungen werden auf der Grundlage dieses pädagogischen Handlungskonzepts zu Familienzentren weiterentwickelt.[30] Des

---

19 Der Begriff ‚Pädagogische Konzeption' wird in Punkt 2.4.3 dieser Arbeit definiert.

20 Inklusion „wird in einem umfassenden Sinne als Orientierung im Bildungsbereich verstanden, die auf Bildungsgerechtigkeit zielt und dabei dem Anspruch folgt, Wertschätzung und Heterogenität mit dem Erkennen und Abbauen von Bildungsbarrieren zu verknüpfen." Wagner 2013, S. 10

21 Vgl. Punkt 2.4.1 in dieser Arbeit.

22 Vgl. Regel und Kühne 2007, S. 12.

23 „Handeln ist die Form von Aktivität, in der der Mensch in diesen Raum des Mit-anderen-Menschen-Seins hineinwirkt." Klafki 1975a, S. 50. Der Begriff ‚Pädagogisches Handeln' wird in Punkt 2.1.4 dieser Arbeit erörtert.

24 Vgl. Regel und Kühne 2007, S. 11–20.

25 Regel und Kühne 2007, S. 22

26 Regel und Kühne 2007, S. 27

27 Siehe Whalley und Pen Green Centre Team 2008; siehe Hebenstreit-Müller und Lepenies 2007.

28 Seit 1995 existiert das an die Arbeit anknüpfende „Pen Green Research, Development and Training Base and Leadership Centre" Pen Green Research 2013c.

29 Pen Green Centre for Children & their Families.

30 Vgl. Kicker und Rodriguez Lopez, S. 17.

Weiteren haben 2001 Hans-Joachim Laewen und Beate Andres das „infans-Konzept der Frühpädagogik"[31] entwickelt, das in 1200 Kindergärten[32] unter anderem
in Baden-Württemberg erprobt wurde.[33] Es stellt ein Handlungsmodell zur Verfügung, das die Interessen und Themen der Kinder aufgreift und diese mit den
reflektierten Erziehungs- und Handlungszielen der Kindertageseinrichtung in Verbindung setzt. In der infans-Pädagogik kommt der Kooperation und der Beziehungsebene zwischen Kind, Erzieherin und Eltern eine hohe Bedeutung zu.[34]

Allen pädagogischen Konzepten ist gemeinsam, dass sie eine hohe Kompetenz
seitens der Erzieherinnen voraussetzen[35] und große Ansprüche an die Erzieherinnen stellen. So hat die Gewerkschaft Erziehung und Wissenschaft 128 Berufs-
anforderungen an Erzieherinnen in den Bildungsplänen der Bundesländer identifiziert.[36] Diese reichen von der Erstellung und Umsetzung einer pädagogischen
Konzeption über die Zusammenarbeit mit Eltern und anderen Kooperationspartnern sowie der Beobachtung als Grundlage des pädagogischen Handelns bis hin
zur Kenntnis der individuellen Kommunikationsformen bei jedem Kind.[37]

Die pädagogischen Handlungskonzepte stellen die Arbeitsgrundlage für Erzieherinnen und Früh- bzw. Kindheitspädagoginnen dar, um den umfangreichen und
anspruchsvollen Bildungs-, Erziehungs- und Betreuungsauftrag in Kindertageseinrichtungen in der pädagogischen Konzeption der Einrichtung zu konkretisieren
und in ihrem alltäglichen pädagogischen Handeln umzusetzen.[38] In dieser Arbeit
stellt nun der religiöse Bildungs- und Erziehungsauftrag den Ausgangspunkt dar,
der in zwölf (Baden-Württemberg[39], Bayern[40], Niedersachsen[41], Nordrhein-Westfalen[42], Rheinland-Pfalz[43], Saarland[44], Schleswig-Holstein[45], Thüringen[46], Berlin[47],

---

31 Siehe Andres und Laewen 2011.

32 Vgl. Andres und Laewen 2011, S. 12.

33 Auch hier steht ein Forschungsinstitut im Hintergrund, nämlich das „Institut für angewandte Sozialforschung/Frühe Kindheit e.V." in Berlin. Vgl. Institut für angewandte
Sozialisationsforschung / Frühe Kindheit e. V. 2011.

34 Vgl. Andres und Laewen 2011, S. 16.

35 Vgl. Andres und Laewen 2011, S. 12.

36 Vgl. Lorber und Neuß 2010, S. 21.

37 Vgl. Lorber und Neuß 2010, S. 21.

38 Vgl. Knauf 2007, S. 9–10.

39 Siehe Baden-Württemberg 2006.

40 Siehe Bayerisches Staatsministerium für Arbeit und Sozialordnung 2012.

41 Siehe Niedersächsisches Kultusministerium.

42 Siehe Das Ministerium für Familie und Ministerium für Schule und Weiterbildung des
Landes Nordrhein-Westfalen 2011.

43 Siehe Ministerium für Bildung 2011.

44 Siehe Saarland-Ministerium für Bildung 2013a; siehe Saarland-Ministerium für Bildung 2013b.

45 Siehe Ministerium für Bildung und Kultur des Landes Schleswig-Holstein 2012.

46 Siehe Thüringer Ministerium für Bildung 2011.

47 Siehe Senatsverwaltung für Bildung 2006.

Hamburg[48], Hessen[49] und Sachsen[50]) von sechzehn Bildungs- und Erziehungsplänen der Bundesrepublik ausdrücklich formuliert ist.[51]

1.1 Forschungsanliegen

Kinder setzen sich neugierig forschend mit den Phänomenen der Welt auseinander.[52] Dazu gehören auch religiöse Fragen, die Kinder stellen, um die Welt zu
verstehen und zu deuten. Eine religiöse Neutralität ist in der religiösen Bildung
und Erziehung von Kindern nicht praktizierbar, „weil die einzelnen pädagogischen Akteure und Akteurinnen ihren eigenen kulturellen und (a-)religiösen Hintergrund immer mit einbringen"[53]. Deshalb wird – ausgehend von der pädagogischen Arbeit in Kindertageseinrichtungen und dem in 12 von 16 Bildungs- und
Erziehungsplänen der Bundesländer[54] explizit formulierten Auftrag religiöser Bildung und Erziehung[55] – in der Theorie und Empirie dieser Arbeit folgenden drei
zentralen Forschungsfragen nachgegangen:

1. Welche Anknüpfungspunkte zeigen die drei analysierten pädagogischen Handlungskonzepte zum religionspädagogischen Handlungskonzept der religionssensiblen Bildung? (Theoretische Rahmung)

2. Welche Aufgaben haben die Erzieherinnen bei der Begleitung der religiösen
   Bildung und Erziehung der Kinder und welche Kompetenzen sehen sie für ihr
   professionelles Handeln als hilfreich an? (Empirie)

3. Welche Möglichkeiten gibt es, religionssensible Bildung als Bestandteil der
   pädagogischen Konzeption von Kindertageseinrichtungen zu integrieren?
   (Zusammenführung von Theorie und Empirie)

---

48 Siehe Hamburg-Behörde für Arbeit 2012.
49 Siehe Hessisches Sozialministerium und Hessisches Kultusministerium.
50 Siehe Sächsisches Staatsministerium für Kultus (Hg.).
51 In den 4 Plänen der Bundesländer Brandenburg (siehe Das Ministerium für Bildung,
    Jugend und Sport des Landes Brandenburg), Bremen (siehe Senatorin für Soziales,
    Kinder, Jugend und Frauen der Freien Hansestadt Bremen 2012), Mecklenburg-
    Vorpommern (siehe Mecklenburg-Vorpommern-Ministerium für Bildung 2011) und
    Sachsen-Anhalt (siehe Ministerium für Arbeit und Soziales des Landes Sachsen-
    Anhalt 2013) wird religiöse bzw. ethische Bildung nicht explizit thematisiert. Siehe
    hierzu auch Kapitel 4.1.2 dieser Arbeit.
52 Vgl. Baden-Württemberg Ministerium für Kultus 2011, S. 7.
53 Dommel 2007, S. 455. Pädagogisches Handeln ist immer wertbestimmt, es stellt sich
    allerdings die Frage, ob Erwachsene bzw. Erzieherinnen sich bewusst sind, welche
    Erfahrungen und Einstellungen ihrem Handeln zugrunde liegen. Vgl. Möller 2002, S.
    12–14.
54 Es handelt sich um die Pläne von Baden-Württemberg, Bayern, Niedersachsen,
    Nordrhein-Westfalen, Rheinland-Pfalz, Saarland, Schleswig-Holstein und Thüringen,
    Berlin, Hamburg, Hessen und Sachsen.
55 Vgl. hierzu auch Punkt 4.1 in dieser Arbeit.

Anknüpfend an die erste Forschungsfrage ergibt sich die Notwendigkeit, in der theoretischen Rahmung dieser Arbeit das religionspädagogische Handlungskonzept der religionssensiblen Bildung pädagogisch zu begründen, was in Kapitel 5 dieser Arbeit durchgeführt wird. Im Hinblick auf die zweite Forschungsfrage wird im empirischen Teil der Fokus auf die konkrete Umsetzung des Entwicklungsfeldes Sinn, Werte und Religion aus dem baden-württembergischen Orientierungsplan in der Praxis gelegt. Dabei ist außerdem von Interesse, ob die anhand der teilnehmenden Beobachtung erhobenen Daten religiöser Bildung und Erziehung aus der Praxis der Kindertageseinrichtungen als religionssensibel einzustufen sind. Die dritte Forschungsfrage macht es erforderlich, die Erkenntnisse aus den ersten beiden Forschungsfragen im dritten Teil dieser Arbeit zusammenzuführen, um dann die Ergebnisse im Kontext des aktuellen wissenschaftlichen elementarpädagogischen und religionspädagogischen Diskurses zu erörtern.

1.2   Aufbau der Arbeit

Die Arbeit besteht aus drei grundlegenden Teilen. Der erste Teil nimmt in den ersten fünf Kapiteln die theoretische Rahmung in den Blick. Nach der Einleitung konzentriert sich das 2. Kapitel auf den Forschungskontext der Elementarpädagogik und die Diskussion zentraler Begriffe und Konzepte für das Forschungsanliegen. Dabei wird sich dem Begriff der religionssensiblen Erziehung angenähert, der aus dem Forschungsprojekt „Religion in der Jugendhilfe"[56] stammt. Anschließend werden im 3. Kapitel die drei pädagogischen Handlungskonzepte der Frühpädagogik Offener Kindergarten, Early Excellence und infans anhand verschiedener Aspekte analysiert.[57] Aus den Ergebnissen der Analyse werden Anknüpfungspunkte zwischen den drei Konzepten herausgearbeitet. Auf der Grundlage der diskutierten pädagogischen Handlungskonzepte werden abschließend in diesem Kapitel inhaltliche Kategorien entwickelt zur Auswertung der empirischen Untersuchung im zweiten Teil der Arbeit. Ausgehend vom Bildungsauftrag der Kindergärten wird im 4. Kapitel aufgezeigt, welchen Rahmen die einzelnen Bildungs- und Erziehungspläne der einzelnen Bundesländer vorgeben und welche Rolle den pädagogischen Handlungskonzepten zukommen. Am Beispiel des Orientierungsplans von Baden-Württemberg werden exemplarisch der Bildungsbegriff, die Bildungsbereiche[58] sowie die religiöse Bildung als religionspädagogisches

---

56 Lechner und Gabriel 2009d

57 Die Handlungskonzepte werden mit folgenden Untersuchungsaspekten analysiert: a) Welche Entstehungsgeschichte, b) welches Bild vom Kind, c) welcher Bildungsbegriff, d) welche Zusammenarbeit mit den Eltern und e) welche Kompetenzanforderungen an die Erzieherinnen liegen den einzelnen Konzepten zu Grunde? Siehe hierzu auch Punkt 3.1 in dieser Arbeit.

58 Der Begriff ‚Bildungsbereiche' wird in Punkt 2.1.3 im Kontext des Bildungsbegriffs erläutert.

Arbeitsfeld für Erzieherinnen herausgearbeitet. In einem weiteren Schritt wird die Arbeitshilfe „,Sinn, Werte und Religion' in Kindertageseinrichtungen"[59] vorgestellt und der Blick darauf gerichtet, wie das Entwicklungsfeld in die Praxis umgesetzt werden kann. Anschließend wird im 5. Kapitel das religionspädagogische Handlungskonzept der religionssensiblen Erziehung aus der Jugendhilfe auf die Elementarpädagogik übertragen und anhand der Anknüpfungspunkte zu den drei analysierten pädagogischen Handlungskonzepte Offener Kindergarten, Early Excellence und infans im Kontext der Elementarpädagogik pädagogisch begründet. Dieser Schritt ist notwendig, da der Kontext der Elementarpädagogik einen anderen Ausgangspunkt darstellt als der Bereich der Jugendhilfe. Die in diesem Zusammenhang erarbeiteten sechs Handlungsgrundsätze religionssensibler Bildung bilden die Basis für den zweiten Teil der Arbeit, der die empirische Untersuchung umfasst. Mit dieser wird die Ausgangssituation religiöser Bildung und Erziehung in Kindertageseinrichtungen erhoben. Leitfrage dabei ist, wie religiöse Bildung und Erziehung im Kindergartenalltag stattfindet und ob sie als religionssensible Bildung zu klassifizieren ist. Anhand von zehn leitfadenorientierten Interviews mit Erzieherinnen und vier teilnehmenden Beobachtungen in Kindertageseinrichtungen wird untersucht, wie das Entwicklungsfeld Sinn, Werte und Religion in die Praxis umgesetzt wird: Welche religiösen und religionspädagogischen Kompetenzen[60] brauchen die Erzieherinnen, um jedes Kind mit seinen religiösen Fragen, seiner Wertorientierung und seinen existentiellen Erfahrungen[61] zu begleiten? Welchen Platz hat die religiöse Bildung in der pädagogischen Konzeption und wann ist sie als religionssensibel zu betrachten? In Kapitel 6 wird zunächst das methodische Vorgehen für die empirische Untersuchung beschrieben. Die Auswertung der leitfadenorientierten Interviews erfolgt in Kapitel 7 anhand der qualitativen Inhaltsanalyse nach Mayring[62] bzw. Kuckartz[63]. In Kapitel 8 werden zunächst die beobachteten religionspädagogischen Angebote anhand der zusammengefassten Beobachtungsprotokolle dargestellt und im Anschluss anhand der in Kapitel 5 entwickelten sechs Handlungsgrundsätze religionssensibler Bildung auf ihre Religionssensibilität hin überprüft. Im dritten Teil der Arbeit werden

---

59 Diözese Rottenburg-Stuttgart u.a. 2011

60 Hugoth unterscheidet zwischen religionspädagogischen Kompetenzen, die die Erzieherinnen für den Umgang mit den Kindern brauchen (Methodenrepertoire), und religiösen Kompetenzen, die die Erzieherinnen in erster Linie zur Klärung ihrer eigenen Religiosität brauchen und die Wissen über Religion beinhalten. Vgl. Hugoth 2005b, S. 82–93.

61 „Um das Erlebnis der Erschütterung oder der Enttäuschung, des tieferen Anspruchs oder der Gefahr, der Beglückung oder der Freude des Gelingens zur *Erfahrung* werden zu lassen, die man als Moment der eigenen Gesinnung und Haltung festhalten, an der man sich wandeln oder an der man wachsen kann, dazu bedarf es der *Reflexion*." Klafki 1975a, S. 53

62 Siehe Mayring 2010.

63 Siehe Kuckartz 2012.

schließlich die zentralen Aspekte der theoretischen Rahmung aus dem ersten Teil mit den empirischen Forschungsergebnissen aus dem zweiten Teil zusammenge-führt. Auf der Grundlage der erhobenen Daten werden in Kapitel 9 die zentralen Forschungsresultate zusammengefasst, im aktuellen wissenschaftlichen religions-pädagogischen Diskurs reflektiert und im Horizont der drei diskutierten pädagogi-schen Handlungskonzepte und des religionspädagogischen Handlungskonzepts der religionssensiblen Bildung erörtert. Abschließend wird die Bedeutung des religi-onspädagogischen Handlungskonzepts der religionssensiblen Bildung für die reli-giöse Bildung und Erziehung in Kindertageseinrichtungen als integraler Bestand-teil der pädagogischen Konzeption herausgearbeitet. Dabei wird aufgezeigt, wel-che Konsequenzen sich daraus für das professionelle Handeln der Erzieherinnen ergeben, um dem Bildungsauftrag ganzheitlich[64] gerecht zu werden und die Kin-der mit ihren Fragen, Themen und Interessen im Entwicklungsfeld Sinn, Werte und Religion zu begleiten. Zum Abschluss erfolgt ein perspektivischer Ausblick für die elementarpädagogische Praxis.

Folgende Graphik verdeutlicht die drei zentralen Fokusse des Forschungsanlie-gens:

Abbildung 1: Zentrale Fokusse des Forschungsanliegens

Die pädagogische Konzeption einer Kindertageseinrichtung bildet die Arbeits-grundlage des pädagogischen Handelns der Mitarbeiterinnen, begründet unter anderem anhand eines pädagogischen und religionspädagogischen Handlungskon-zepts.

---

64   Zum ganzheitlichen Lernen siehe Punkt 2.1.3 in dieser Arbeit.

2   Zentrale Begriffe und Konzepte der Arbeit

Kapitel 2 befasst sich zunächst mit dem Kontext der Elementarpädagogik, in dem religiöse Bildung und Erziehung in Kindertageseinrichtungen stattfindet. Dabei wird das Verständnis der zentralen Begriffe ‚Betreuung' (Punkt 2.1.2), ‚Bildung' (Punkt 2.1.3) und ‚Erziehung' (Punkt 2.1.4) in der Elementarpädagogik geklärt. In einem weiteren Schritt wird der Stand der Forschung der religiösen Bildung und Erziehung in der Elementarpädagogik aus elementarpädagogischer (Punkt 2.2.1) und religionspädagogischer Perspektive (Punkt 2.2.2) dargestellt. Anschließend erfolgt eine Annäherung an den Begriff sowie an das religionspädagogische Handlungskonzept der religionssensiblen Erziehung und Bildung (Punkt 2.3), um abschließend erforderliche Begriffe und Konzepte zu klären, damit religionssensible Bildung einen Bestandteil der pädagogischen Konzeption von Kindertageseinrichtungen darstellen kann (Punkt 2.4).

2.1   Der Kontext der Elementarpädagogik

In Deutschland setzt im 19. Jahrhundert eine Tradition der Betreuung, Bildung und Erziehung von Kindern vor ihrem Eintritt in die Schule ein.[1] Dabei haben sich unterschiedliche Einrichtungsformen, Konzepte und Berufsbilder sowie widersprüchliche Aufträge entwickelt.[2] Im Hinblick auf die jüngsten Veränderungen im Kindergarten lässt sich in dem in § 22 Abs. 2 Kinder- und Jugendhilfegesetz (KJHG) 1990 verankerten Bildungsauftrag ein Wendepunkt erkennen. Seither sind Kindertageseinrichtungen seitens der Politik offiziell Betreuungs-, Bildungs- und Erziehungsorte. „Dies führte zu einer Vielzahl von Veränderungen und Herausforderungen für alle, die Kindertageseinrichtungen konzipieren und gestalten."[3] Das Verständnis von Kindertageseinrichtungen als Bildungseinrichtungen ergibt für die pädagogischen Mitarbeiterinnen vielseitige Aufgaben für die Gestaltung des pädagogischen Alltags. Diese Aufgaben lassen sich fünf Kernbereichen zuordnen: die Planung der Bildungsarbeit, die Gestaltung von Rahmenbedingungen, die Gestaltung von Gruppenprozessen, die individuelle Begleitung eines jeden Kindes sowie die Kommunikations- und Interaktionskultur.[4] Der Wendepunkt der Veränderungen in Kindertageseinrichtungen lässt sich darüber hinaus an der ersten Auswertung der Ergebnisse der in Schulen durchgeführten PISA-Studie im Jahr 2002 festmachen, bei denen Deutschland im internationalen Vergleich wenig zufriedenstellend abschnitt. Daraus ergab sich unter anderem eine neue politische und fachliche Diskussion im elementarpädagogischen Bereich zum gesetzlich verankerten Bildungsauftrag in Kindertageseinrichtungen:

---

1   Vgl. Aden-Grossmann 2011.
2   Vgl. Kasüschke und Fröhlich-Gildhoff 2008, S. 15–22.
3   Bamler et al. 2010b, S. 40
4   Vgl. Kasüschke und Fröhlich-Gildhoff 2008, S. 83–88.

„Als Konsequenz der Bildungsdiskussionen wurden in jedem Bundesland Curricula (Bildungspläne) für den elementarpädagogischen Bereich entworfen."[5] In dem Sammelband „Elementarpädagogik nach PISA"[6] wird unter anderem gefordert, Bildungs- und Lernprozesse domänenspezifisch bei Kindern zu fördern, aber auch lernmethodische Kompetenzen zu vermitteln.[7] Auch die Qualifizierung frühpädagogischer Fachkräfte auf akademischem Niveau[8] und eine verstärkte Forschung in diesem Bereich werden diskutiert.[9] Das Projekt „Profis in Kitas"[10], das von der Robert-Bosch-Stiftung gefördert wurde, unterstützte von 2005 bis 2011 die Gründung von Studiengängen, sodass rund 60 Hochschulen und Fachhochschulen Studiengänge zur Pädagogik der (frühen) Kindheit anbieten.[11] Vor diesem Hintergrund versteht sich die Pädagogik der frühen Kindheit als eine Teildisziplin der Erziehungswissenschaft[12] und beschäftigt sich mit allen pädagogischen Problemen und Handlungsfeldern, die für Kinder von der Geburt bis zum Schuleintritt von Belang sind. In der Konsequenz bedeutet dies, dass sich die Pädagogik der frühen Kindheit nicht nur auf die Kinder und das Geschehen in den verschiedenen Einrichtungen beziehen kann, sondern sich „auch mit den Beziehungen der Kindertageseinrichtungen zu Familie und Schule und – allgemeiner noch – mit den gesellschaftlichen und politischen Voraussetzungen des Aufwachsens beschäftigen"[13] muss. Weiterführend ergibt sich aus der Diskussion von Kindertageseinrichtungen als Bildungseinrichtungen auch der Auftrag an die Elementarpädagogik, „eine wissenschaftstheoretische Didaktik und Methodik zu entwickeln"[14] und die Anschlussfähigkeit zu den Bezugswissenschaften wie zum Beispiel der Entwicklungspsychologie aufzuzeigen.[15]

Im Bereich der frühen Bildung lassen sich verschiedene Entwicklungen aufzeigen.[16] Die Einführung der Bildungspläne und gesetzlichen Neuerungen auf Bundesebene[17] stellen normative Veränderungen dar. Strukturelle Veränderungen ergeben sich unter anderem durch die Lernfelddidaktik in der Ausbildung an Fachschulen, die sich als eine Breitbandausbildung versteht, die „grundlegende

---

5   Bamler et al. 2010b, S. 41
6   Fthenakis 2003a
7   Vgl. Gisbert 2003.
8   Siehe Balluseck et al. 2003.
9   Vgl. Fthenakis 2003b.
10   Robert Bosch Stiftung
11   Vgl. Stieve 2011, S. 56.
12   Vgl. Fried et al. 2012, S. 11.
13   Fried et al. 2012, S. 9
14   Kasüschke und Fröhlich-Gildhoff 2008, S. 41
15   Vgl. Kasüschke und Fröhlich-Gildhoff 2008, S. 40–42.
16   Vgl. Mischo und Fröhlich-Gildhoff 2011, S. 4–12.
17   Zu nennen sind hier unter anderem das Tagesbetreuungsausbaugesetz (TAG) von 2004 und das Kinderförderungsgesetz (KiFöG) von 2008, vgl. Mischo und Fröhlich-Gildhoff 2011, S. 4.

und übergreifende Kompetenzen für die Handlungsfelder der Kinder- und Jugendhilfe"[18] vermittelt. Seit der Rahmenvereinbarung der Kultusministerkonferenz von 2002 ist in der Ausbildung die Kompetenzorientierung in Lernfeldern von zentraler Bedeutung, die in den Lehrplänen der einzelnen Bundesländer unterschiedlich ausgeführt wird.[19] Die Einführung der ersten Studiengänge ‚Pädagogik der frühen Kindheit' im Wintersemester 2004/2005 an Hochschulen stellt eine weitere strukturelle Veränderung im Bereich der Frühpädagogik dar. Die Modularisierung der Erzieherinnenausbildung wird im Hinblick auf das lebenslange Lernen als eine Chance gesehen, die Durchlässigkeit von Fachschule und Hochschule zu verbessern.[20] Mehr als 60 Bachelor- und Masterstudiengänge haben sich bundesweit im Bereich Bildung und Erziehung im Kindesalter mit unterschiedlichen inhaltlichen Profilen etabliert.[21] Die Akademisierung der Erzieherinnenausbildung wird als eine Teil-Akademisierung des Berufs gesehen, da Aspekte der Jugendarbeit sowie der Heil- und Sonderpädagogik aus der Breitbandausbildung der Fachschulen in den Studiengängen nicht berücksichtigt werden können. Inwieweit die Hochschulabsolventinnen die Praxis auch quantitativ und qualitativ nachhaltig verändern und zu einer Professionalisierung beitragen, bleibt abzuwarten.[22] Darüber hinaus wurde die Weiterbildungsinitiative Frühpädagogischer Fachkräfte (WiFF) initiiert, ein gemeinsames Projekt des Bundesministeriums für Bildung und Forschung und der Robert Bosch Stiftung in Zusammenarbeit mit dem Deutschen Jugendinstitut e.V. (DJI).[23] Die Ziele der Initiative sind es, in der Frühpädagogik Transparenz zu schaffen, in der Aus- und Weiterbildung Qualität zu sichern, Anschlussfähigkeit zu bewirken und das Feld zu vernetzen.[24] Inhaltliche Veränderungen in den Kindertageseinrichtungen sind in Bezug auf die Beobachtung und Dokumentation[25], die pädagogischen Handlungskonzepte,

---

18 Cloos et al. 2013a, S. 22.

19 Vgl. Cloos et al. 2013a; vgl. Janssen 2011.

20 Vgl. Cloos et al. 2013b.

21 Vgl. Cloos et al. 2013a, S. 26.

22 Vgl. Cloos et al. 2013a, S. 26.

23 Vgl. Mischo und Fröhlich-Gildhoff 2011, S. 4–5, Becker-Stoll 2011, S. 54 und Leu 2013.

24 Vgl. Deutsches Jugendinstitut e.V.

25 „*Beobachtung* ist ein strukturierter und zielorientierter Wahrnehmungsprozess, durch den Erzieherinnen gezielt und reflektiert feststellen können, wie sich Kinder entwickeln, was sie tun und womit sie sich beschäftigen. Daneben können Beobachtungen auch ungeplant und spontan durchgeführt werden. Die *Dokumentation* ist die systematische Zusammenstellung der Beobachtungen, ohne die die Erkenntnisse wieder vergessen oder durcheinandergebracht werden können. Dokumentiert werden sowohl Erkenntnisse aus systematischen als auch aus ungeplanten Beobachtungen. Eine systematische Beobachtung und die Dokumentation der Beobachtungen ist eine Grundlage professionellen erzieherischen Handelns. Aus den Beobachtungsergebnissen werden Handlungsschritte für die pädagogische Arbeit und die Zusammenarbeit mit den Eltern abgeleitet … Die Grenzen der Beobachtung liegen darin, dass die beob-

die Bildungsbereiche, die differenziertere Analyse pädagogischer Prozesse, die Zusammenarbeit mit Eltern sowie die Qualitätsentwicklung und das Qualitätsmanagement zu beobachten. Dabei wird in diesem Bereich allerdings immer wieder darauf hingewiesen, dass empirischen Studien fehlen.[26] Auch institutionell verändern sich die Kindertageseinrichtungen. In der Gesellschaft werden sie vermehrt als Lern- und Lebensräume wahrgenommen, es gibt zum Teil die Weiterentwicklungen zu Familienzentren.[27] Des Weiteren zeigen sich im Bereich der Forschung Veränderungen. Zeichnete sich die frühere Forschung durch drei nebeneinanderstehende Forschungsgebiete aus (entwicklungspsychologische Grundlagenforschung, soziologische Kindheitsforschung und früh- bzw. elementarpädagogische Forschung), so lässt sich heute eine Zusammenarbeit verschiedener wissenschaftlicher Disziplinen und ein Ausbau der Forschung in der Pädagogik der frühen Kindheit erkennen.[28] Es wird insbesondere eine empirische Grundlagenforschung gefordert, da „die Praxis eher auf Traditionen und ‚Gewissheiten' beruht anstatt auf abgesicherten empirischen Erkenntnissen."[29]

Die Veränderungen zeigen sich auch im Berufsbild der Erzieherin, die sich von 1840 bis heute in vier Abschnitten beschreiben lassen.[30] Die Berufsbezeichnung ‚Erzieherin' beziehungsweise ‚Kindergärtnerin' soll durch die veränderten anspruchsvolleren Aufgaben zukünftig durch ‚Elementarpädagogin'[31] beziehungsweise ‚Kindheitspädagogin'[32] ersetzt werden. Durch die veränderten familiären und gesellschaftlichen Voraussetzungen[33] sowie die Bildungspläne der einzelnen Bundesländer ergeben sich neue, differenzierte Aufgabenbereiche für die Fachkräfte in Kindertageseinrichtungen.[34] Ausgangspunkt ist das Kind, bei dem die

---

achtende Erzieherin mehr oder wenig stark durch ihre Beobachtungstätigkeit selbst das Geschehen beeinflusst. Ein Beobachtungsvorgang setzt sich grundsätzlich aus verschiedenen Stufen zusammen: 1. Beschreibung und Dokumentation von Verhalten, 2. Interpretation des Verhaltens, 3. Bewertung des Verhaltens, 4. Erarbeitung von Handlungsschritten.
Beobachtungsformen
Introspektion [...] Fremdbeobachtung [...] Naive Beobachtung [...] Strukturierte Beobachtung [...] Teilnehmende Beobachtung / aktive Beobachtung [...] Nicht-teilnehmende Beobachtung / passive Beobachtung [...] Offene Beobachtung [...] Verdeckte Beobachtung [...]" Vollmer 2005, S. 107.

26 Vgl. Remsperger 2011, S. 21, Mischo und Fröhlich-Gildhoff 2011, S. 5 und Kluczniok et al. 2012, S. 33; vgl. Fried et al. 2012, S. 11.
27 Vgl. Mischo und Fröhlich-Gildhoff 2011, S. 5.
28 Vgl. Mischo und Fröhlich-Gildhoff 2011, S. 5–6.
29 Kasüschke und Fröhlich-Gildhoff 2008, S. 171
30 Siehe Ebert 2012; siehe Ebert 2006.
31 Textor
32 Ebert 2012
33 Vgl. Hugoth 2012, S. 20–53.
34 Vgl. Textor.

Erzieherin durch ihre Beobachtungen die individuelle Entwicklung[35], die Themen, Interessen und Bedürfnisse im Blick hat. Ziel ist es, die Kinder mit ihren Kompetenzen zu fördern und zu fordern sowie eine anregende Umgebung zu schaffen, die selbsttätige Lernprozesse initiiert. Die Erziehungspartnerschaft mit den Eltern gehört genauso zu den Arbeitsaufgaben wie die Vernetzung und Kooperation mit anderen Institutionen im Sozialraum.[36] Bei den vielfältigen Anforderungen an die Erzieherinnen und angesichts ihrer unterschiedlichen Aufgaben muss zwar festgestellt werden: „Eine wissenschaftliche Reflexion des Berufs ‚Erzieher/in' gibt es derzeit noch nicht."[37] Dennoch können einige Merkmale des professionellen Handelns von Erzieherinnen benannt werden, etwa der fachliche Dialog im Team, die Unterstützung durch Beratung, die kontinuierliche Qualifizierung sowie die Zusammenarbeit mit anderen Institutionen.[38] Erzieherinnen „brauchen ‚kindfreie' Räume und Zeiten, um sich kollegial zu beraten, sich fachlich auszutauschen und gemeinsame Absprachen zu treffen."[39] Um den vielfältigen Aufgaben mit den dazu nötigen fachlichen und personalen Kompetenzen gerecht zu werden, braucht es eine akademisierte Ausbildung, die Kenntnisse in (Entwicklungs-) Psychologie, unterschiedlichen Teildisziplinen der Pädagogik, Sprache, Kulturwissenschaft, Recht und Management vermittelt. Von allen OECD-Mitgliedsstaaten sind Deutschland und Österreich die einzigen, bei denen die elementarpädagogische Ausbildung überwiegend an Fachschulen stattfindet.[40] Demgegenüber ist allerdings unter Berücksichtigung der Besonderheit des Deutschen Schulsystems anzumerken, dass die Ausbildung für Erzieherinnen an Fachschulen für Sozialpädagogik in Deutschland in dem 2011 veröffentlichten „Deutschen Qualifikationsrahmen für lebenslanges Lernen"[41] auf der Niveaustufe sechs (von acht) eingeordnet ist, auf der auch Bachelor-Abschlüsse stehen.[42] Der Deutsche Qualifikationsrahmen (DQR) legt ein umfassendes, bildungsbereichsübergreifendes Profil der in Deutschland erworbenen Kompetenzen für lebenslanges Lernen vor. Dem DQR zugrunde liegt der „Der Europäische Qualifikationsrahmen für lebenslanges Lernen"[43] (European Qualifications Framework – EQF), der 2008 vom Europäischen Parlament und vom Rat angenommen wurde. In Folge dessen waren die

---

35 „Entwicklung steht im Zusammenhang mit Reifungsprozessen und wird auch auf Teilbereiche angewendet [...] Das Potenzial für die Entwicklung liegt in den veranlagten (endogen) und von außen bewirkten (exogenen) Dispositionen oder auch Möglichkeiten des Individuums." König 2010, S. 13.

36 Vgl. Textor.

37 Kirchhoff 2008, S. S. 41

38 Vgl. Andres 2002, S. 343.

39 Heck 2002, S. 338

40 Vgl. Textor.

41 Arbeitskreis Deutscher Qualifikationsrahmen (AK DQR) 2011.

42 Vgl. Arbeitskreis Deutscher Qualifikationsrahmen (AK DQR) 2011, S. 7 und Arbeitsgemeinschaft für Kinder- und Jugendhilfe 2012, S. 5.

43 Nationale Agentur Bildung für Europa beim Bundesinstitut für Berufsbildung 2009

Mitgliedsstaaten der Europäischen Union aufgrund der nationalen Unterschied-
lichkeiten der Bildungs- und Qualifikationssysteme bis 2012 aufgerufen, nationale
Qualifikationsrahmen zu entwickeln, um die Mobilität der Bürger innerhalb des
europäischen Bildungs- und Arbeitsmarktes zu unterstützen und die Durchlässigkeit innerhalb der nationalen Bildungssysteme zu gewährleisten.[44]

Die Elementarpädagogik als eine Teildisziplin der Pädagogik befindet sich
– wie oben dargelegt – im Wandel, da sich unter anderem gesellschaftlich die
Formen des familiären Zusammenlebens und teilweise das Rollenverständnis
von Männern und Frauen, Vätern und Müttern verändert haben.[45] Die Vereinbar-
keit von Beruf und Familie bringt eine Individualisierung auch in der kindlichen
Lebenswelt[46] mit sich. Vielfach wird in der aktuellen Diskussion eine mangelnde
Vermittlung sozialer Werte beklagt.[47] Die Lebenswelt der Kinder wird betrachtet
aus pädagogischer, psychologischer und ökonomischer Perspektive, die es zu vereinbaren gilt. Dies stellt die grundlegenden Herausforderungen an die Elementarpädagogik dar. Es bedeutet, dass die Erzieherin heute weniger als Betreuerin,
sondern mehr als Pädagogin gefragt ist, die mit einer empathischen Haltung[48] die
Rahmenbedingungen für die Entwicklungsprozesse der Kinder schafft.[49]

> „Eine Beziehung ist für ein Kind förderlich, wenn die (pädagogische)
> Grundhaltung des Erwachsenen nachstehende Basisvariablen aufweist:
>
> – Echtheit (Kongruenz)
> – Akzeptanz (Wertschätzung)
> – Einfühlungsvermögen (Empathie)"[50].

Von den Begriffen Pädagogik der frühen Kindheit, Frühpädagogik, frühe Bildung
oder Pädagogik der frühen Bildung, Erziehung und Betreuung grenzen sich die
Autorinnen des Buches „Lehrbuch Elementarpädagogik"[51] bewusst ab. Sie wäh-
len den Begriff der Elementarpädagogik und lehnen sich bei der Definition des
Begriffs an Bettina Paetzold an, die Elementarpädagogik im engeren Sinn als eine
Institutionenpädagogik für Kinder im Alter zwischen null und sechs Jahren ver-

---

44 Vgl. Nationale Agentur Bildung für Europa beim Bundesinstitut für Berufsbildung
    2009, S. 2–3.
45 Vgl. Textor und Hugoth 2012, S. 20–53.
46 „Die Lebenswelt ist die für einen Menschen konkret erfahrbare, soziale, kulturelle
    und räumliche Umwelt. Der Begriff der Lebenswelt geht auf Edmund Husserl zurück.
    Er begründet eine philosophische Grundlagentheorie, die universell-menschliche Vor-
    aussetzungen der Wissenschaft entdecken sollte. Für ein Kind im Kindergarten ist das
    Dorf oder der Stadtteil die Lebenswelt." Vollmer 2005, S. 15
47 Vgl. Textor.
48 „Innere [Grund]einstellung, die jemandes Denken und Handeln prägt" Duden 2013.
49 Vgl. Textor.
50 Franz 2010, S. 37. Diese Grundhaltung hat ursprünglich Carl Rogers in seiner ‚Perso-
    nenzentrierten Gesprächstherapie‘ formuliert, siehe hierzu ausführlich Rogers 1991.
51 Bamler et al. 2010a

steht und in einem weiteren Sinn als eine Pädagogik, die sich mit Erziehung, Bildung und Betreuung von Kindern in der Familie und in den Institutionen von der Geburt bis zum Ende der Grundschulzeit beschäftigt.[52] Diese Definition ergänzen die Autorinnen durch drei Punkte:

1. Die frühkindlichen Bildungs- und Entwicklungsprozesse bilden den Ausgangspunkt für ein lebenslanges Lernen und Entfalten des Menschen, was der Begriff ‚elementar‘ miteinschließt.

2. Diese elementaren Bildungs- und Entwicklungsprozesse zeigen sich im Spiel, durch das die Kinder ihre Erfahrungen in der Welt verarbeiten und neu konstruieren.

3. Die in Kindertageseinrichtungen verbrachte Zeit wird als Bildungszeit verstanden. Bildungs- und Entwicklungsprozesse werden nicht als vorschulische Bildung, sondern ganzheitlich verstanden.[53]

Alle Termini – Elementarpädagogik, Pädagogik der frühen Kindheit, Vorschulpädagogik, frühe Bildung oder Frühpädagogik – verbinden die Bereiche der frühkindlichen Betreuung, Bildung und Erziehung in den Institutionen und damit einhergehend den familiären und schulischen Bereich sowie die damit verbundenen gesellschaftlichen und politischen Anforderungen. Die Entscheidung, in dieser Arbeit den Begriff ‚Elementarpädagogik‘ zu verwenden, resultiert aus dem dargelegten Verständnis dieses Begriffs.

2.1.1 Kindertageseinrichtungen als sozialpädagogische Institutionen

In den familienergänzenden Kindertageseinrichtungen bzw. Kindertagesstätten werden Kinder zwischen dem 1. und 12. Lebensjahr halbtags oder ganztags betreut.[54] Der Kindergarten ist die pädagogisch bekannteste familienergänzende Institution, die Kinder zwischen dem 2./3. und 6. Lebensjahr besuchen.[55] Allen Formen der oben genannten sozialpädagogischen Einrichtungen ist gemeinsam, dass ihr Tätigkeitsbereich und Auftrag die Betreuung, Erziehung und Bildung von Kindern vor der Schulpflicht und außerhalb der Schule ist.[56] Die Kinder werden von – an Berufsschulen ausgebildeten – Erzieherinnen und Kinderpflegerinnen sowie von – an Hochschulen ausgebildeten – Sozialpädagoginnen

---

52 Vgl. Paetzold 2001, S. 18.

53 Vgl. Bamler et al. 2010b, S. 6f.

54 Vgl. Ebert 2003, S. 332.

55 Vgl. Hobmair und Altenthan 2009, S. 93–96. Die Begriffe ‚Kindertageseinrichtung‘ und ‚Kindergarten‘ werden in dieser Arbeit synonym verwendet, da es auch in der Praxis keine einheitliche Verwendung der Begriffe gibt. Viele Einrichtungen erweitern ihre zeitlichen und altersmäßigen Betreuungsangebote, sie sind in diesem Sinne keine klassischen Kindergärten mehr und halten dennoch an der Bezeichnung fest.

56 Vgl. Jaszus et al. 2008, S. 21.

und Frühpädagoginnen bzw. Kindheitspädagoginnen betreut.[57] Die Arbeit der pädagogischen Mitarbeiterinnen beinhaltet neben der Arbeit und dem Zusammenleben mit den Kindern die Erziehungspartnerschaft mit den Eltern sowie die Zusammenarbeit im Team, mit der Leitung und dem Träger.[58] In den Kindertageseinrichtungen der Elementarpädagogik, das heißt in Krippen und Kindergärten, kommt den pädagogischen Mitarbeiterinnen die Aufgabe zu, Kinder außerhalb der Familie zu betreuen und zu begleiten. Dadurch erfährt jedes Kind die Gemeinschaft mit anderen Kindern und kann die größer gewordene Welt erforschen. So „erhalten nicht nur seine Lernbereitschaft und seine Bildungsfähigkeit eine gute Basis für den weiteren Bildungsprozess, das Kind erlebt zudem Gemeinschaften als positiv."[59]

Da Kindertageseinrichtungen laut § 22 KJHG einen Betreuungs-, Bildungs- und Erziehungsauftrag haben,[60] die zentrale Inhalte der Elementarpädagogik darstellen, werden die Begriffe im Folgenden besprochen.

2.1.2 Betreuung

Der Begriff Betreuung (im Englischen ‚care' oder ‚caring') beinhaltet die Aufnahme des Kindes in die Gemeinschaft einer Einrichtung sowie eine dem Alter entsprechende Pflege und Versorgung, die die alltäglichen physischen und psychischen Bedürfnisse befriedigt. Betreuung setzt bestimmte Rahmenbedingungen für das körperliche und seelische Wohl des Kindes voraus. Mitinbegriffen sind hier Ernährung, Pflege, Zuwendung, Fürsorge, Umwelt und Zeit für Kinder. Die Angewiesenheit der Kinder bedingt ein responsives Handeln der pädagogischen Fachkräfte. Betreuung in der aktuellen elementarpädagogischen Diskussion meint mehr als eine Versorgung des als hilflos verstandenen Kindes. Die Betreuungsaufgabe der Erzieherin (in der englischen Begrifflichkeit ebenfalls ‚care') beinhaltet gleichzeitig eine Entwicklungsaufgabe für die Kinder (im Englischen ‚development').[61] In diesem Kontext zeigt sich die Veränderung des Bildes vom Kind, das abhängig ist vom gesellschaftlichen und geschichtlichen Wandel und vornehmlich die Vorstellungen der Erwachsenen von Kindern beschreibt.[62] Den Wandel belegt folgende Auswahl an Bildern vom Kind: 1. das Kind als kleiner Erwachsener (bis ins 18./19. Jahrhundert), 2. das Kind als Erfüllungsgehilfe unerfüllter Wünsche Erwachsener, 3. das Kind als Objekt erzieherischer Maßnahmen, 4. das Kind als Subjekt seines Erziehungsvorgangs und 5. das Kind als Partner in sozialen und pädagogischen Interaktionen.[63] Den neueren Erkenntnissen

---

57 Vgl. Hobmair und Altenthan 2009, S. 94–95, Stieve 2011 und Ebert 2012.
58 Vgl. Hocke et al. 2010, S. 17 und Jaszus et al. 2008, S. 566–567.
59 Hocke et al. 2010, S. 17
60 Vgl. Mettler.
61 Vgl. Liegle 2012a, S. 32–36 und Stamm 2010, S. 13.
62 Vgl. Kluge 2006, S. 22.
63 Vgl. Kluge 2006, S. 22–27.

der Humanwissenschaften ist es zu verdanken, dass das Kind heute als Mitgestalter von Lern- und Interaktionsprozessen gesehen wird.[64] Das Bild vom Kind zeichnet sich dementsprechend dadurch aus, dass „der Erziehungsvorgang als ein gemeinsames Vorhaben der Partner aufgefasst wird, in dem Geben und Nehmen, Wollen und Sollen, Aktivität und Rezeptivität etwas Selbstverständliches bedeuten oder wenigstens als erstrebenswert angesehen werden."[65] Der Wandel des Bildes vom Kind macht auch eine Reflexion des Begriffs ‚Betreuung' in der Elementarpädagogik notwendig, die bisher noch weitgehend fehlt. Der Betreuungsbegriff ist bisher gekennzeichnet durch ein asymmetrisches Beziehungsverhältnis, nämlich das des hilflosen Kindes, das im Gegensatz zur Erzieherin als ein nur eingeschränkt handlungsfähiges Subjekt gesehen wird.[66] „Der Betreuungsbegriff muss deshalb, wenn er in Kindertageseinrichtungen Sinn machen soll, aus seinen Bezügen zu Hilflosigkeit und Abhängigkeit herausgelöst und als Verhältnis wechselseitiger Anerkennung von Bedürfnissen und Interessen reformuliert werden."[67] Der Begriff der ‚Förderung' drückt – anders als der Begriff ‚Betreuung' – das Engagement und die Aktivität des Erwachsenen in Bezug auf das Kind aus und zeigt dessen Bereitschaft, „sich auf das Kind im Rahmen wechselseitiger Beziehungen und interkultureller Herausforderungen einzulassen"[68], um auf dieser Grundlage Bildungsprozesse zu ermöglichen.

2.1.3 Bildung

Die beiden Begriffe ‚Bildung' und ‚Erziehung' sind zentrale Begriffe der Pädagogik in Deutschland. Sie haben eine je eigene Bedeutungsgeschichte und wurden erst im 19. Jahrhundert miteinander verknüpft. „Seitdem sind Erziehung und Bildung gemeinsame Aufgabe und Ziel der Pädagogik in Wissenschaft und Praxis."[69] Grundsätzlich ist anzumerken, dass es keinen einheitlichen Bildungsbegriff gibt. Im Folgenden wird auf einige wichtige Inhalte und Unterscheidungen eingegangen.[70] Die Uneinheitlichkeit des Bildungsbegriffs wird schon darin deutlich, dass sich die geisteswissenschaftliche Denktradition und die empirische Bildungsforschung auf unterschiedliche Weise mit den Phänomenen und dem Begriff der Bildung auseinandersetzen.[71] Innerhalb der empirischen sozialwissenschaftlichen Forschungstradition werden unter Bildung gesellschaftlich anerkannte Qualifikationen verstanden, die Menschen in unterschiedlichen Institutionen erwerben und die ihre Stellung in der Gesellschaft bestimmen.[72] Demgegenüber prägte in der geis-

---

64 Vgl. Kluge 2006, S. 32.
65 Kluge 2006, S. 27
66 Vgl. Laewen 2006, S. 97.
67 Laewen 2006, S. 98.
68 Stamm 2010, S. 229
69 Wiater 2012, S. 18
70 Zum Bildungsbegriff ausführlich siehe Sandfuchs 2012 und Kron 2009.
71 Vgl. Kron 2009, S. 66.
72 Vgl. Kron 2009, S. 66.

teswissenschaftlichen Denktradition Wilhelm von Humboldt im 19. Jahrhundert den Bildungsbegriff dahingehend, dass unter Bildung die mannigfache Entfaltung der inneren Kräfte des Menschen anhand der Beschäftigung mit unterschiedlichen Bereichen der Welt verstanden wird. Georg Wilhelm Friedrich Hegel hingegen versteht Bildung als einen „dialektischen Prozess, bei dem der Mensch sich mit seinem Geist, das Andere, das Fremde, in dem sich ebenfalls Geist manifestiert, aneignet, sich also von sich selbst entfremdet, um durch die Aufnahme des Neuen selbst ein anderer zu werden."[73] Die Diskussionen der klassisch-idealistischen Epoche bilden den Ausgangspunkt dieses Bildungsbegriffs, der Aspekte formaler Bildung, das heißt die Entfaltung von inneren Kräften (logisches Denken, Kritikfähigkeit u.a.) und Aspekte materialer Bildung im Sinne des geistigen Erschließens von Wirklichkeit beinhaltet.[74] Formale Bildung meint Darstellungsformen der Inhalte von Bildung, wie beispielsweise Schrift oder Bild. Materiale Bildung stellt dagegen die transportierten und abfragbaren Inhalte dar. In diesem Sinne wird Bildung nicht als Prozess, sondern als Produkt verstanden.[75] „In der Aneignung von Bildung als Produkt personalisiert sich der materiale Aspekt von Bildung: Gebildet ist die Person, die viel weiß"[76]. Bildung als Produkt zeigt sich beispielsweise auch in Form von Literatur oder Film, während die Aneignung von Bildung als Lernprozess einer Person verstanden wird. Der deutsche Bildungsbegriff bedeutet letztlich die Selbstbildung des Menschen, der kognitiv und mit seiner kritischen Vernunft die eigene Lebenswirklichkeit durchdringt. In diesen Prozess bezieht der Mensch sein kulturelles Allgemeinwissen, seine wertgeleiteten Einstellungen sowie sein verantwortetes Handeln mit ein.[77] In der Auseinandersetzung mit dieser Bildungstradition markiert Wolfgang Klafki schließlich den Bildungsbegriff dahingehend neu, dass er den Verweisungszusammenhang zwischen den Aspekten der materialen und formalen Bildung aufzeigt und ein ganzheitliches Konzept als kategoriale Bildung entwirft. „Das Sichtbarwerden von ‚allgemeinen Inhalten', von kategorialen Prinzipien im paradigmatischen ‚Stoff', also auf der Seite der ‚Wirklichkeit', ist nichts anderes als das Gewinnen von ‚Kategorien' auf der Seite des Subjekts."[78] Formale und materiale Bildung, Methode und Inhalt bilden ein wechselseitiges Bedingungsverhältnis. „Formales und materiales Moment bilden damit eine Einheit, die auch den Bildungsprozess ausmacht, in dem die Fähigkeit zur Aussage und die Aussage selbst gewonnen werden."[79]

Für die heutige Elementarpädagogik ist vor allem der Wandel des Bildungsbegriffs bedeutsam, der mit der Diskussion um die PISA-Studie und den damit einhergehenden Bildungsstandards verbunden ist, durch die Bildung vergleichbar

---

73 Wiater 2012, S. 18
74 Vgl. Wiater 2012, S. 18–19.
75 Vgl. Kron 2009, S. 68.
76 Kron 2009, S. 68
77 Vgl. Wiater 2012, S. 19.
78 Klafki 1975b, S. 43
79 Kron 2009, S. 69

und messbar wird. Diesen Bildungsstandards liegt der angloamerikanische Lite-
racy-Begriff zugrunde, „der geradezu ausschließlich auf Kompetenzen, Fertigkeiten und Problemlösungen ausgerichtet ist."[80] Bildung in diesem Sinne befähigt den Menschen, die Anforderungen des Lebens zu bewältigen und weist eine
Anschlussfähigkeit für weitere Lernprozesse auf. Charakteristisch für diesen Bildungsbegriffs ist, dass er auf praktische Problemlösung ausgerichtet ist und weniger auf eine humanistische, persönliche Bildung wie beim klassischen Bildungsbegriff bei Humboldt und Hegel. Im pädagogischen Diskurs findet eine kritische
Auseinandersetzung mit und eine Abgrenzung vom standardisierenden Bildungsbegriff statt.[81]

In der elementarpädagogischen Diskussion sind insbesondere zwei Bildungsansätze relevant. Zum einen der Bildungsansatz von Gerd E. Schäfer, der in
Anlehnung an den Bildungsbegriff von Humboldt Bildung als Selbstbildung versteht und die Selbsttätigkeit des Kindes in den Mittelpunkt rückt. Kinder eignen
sich die Welt aktiv an, Bildung „ist etwas, was der Mensch selbst verwirklichen
muss und kann nicht von außen erzeugt werden."[82] Aspekte dieses Bildungsver-
ständnisses findet sich auch in den pädagogischen Handlungskonzepten Offener
Kindergarten und infans wieder, denen ein konstruktivistisches Bildungsverständnis zugrunde liegt.[83] Zum anderen nimmt Wassilos E. Fthenakis die Interaktion[84]
zum Ausgangspunkt für Bildungsprozesse. Bildung findet für ihn in einem sozialen Kontext statt. Die Berücksichtigung kultureller Unterschiede und sozialer

---

80 Wiater 2012, S. 19. „Während elementare Fähigkeiten wie ‚hören', ‚sehen' und
    ‚schmecken' überwiegend Anlage bedingt sind, schließen entwickelte Fähigkeiten
    (z.B. musikalische, mathematische, handwerkliche) entsprechende Aneignungspro-
    zesse (Lernen, Üben) mit ein. Damit zielen Fähigkeiten begrifflich auf das angelegte
    Potential, während bei den Fertigkeiten die handlungsregulierenden Komponenten
    dominieren und Kenntnisse eindeutig kognitiv determiniert sind. Deshalb umschreibt
    die begriffliche Trias: Fähigkeiten, Fertigkeiten und Kenntnisse, die durch Lehr-Lern-
    prozesse angestrebten ganzheitlichen Verhaltensänderungen der Lernenden (Kompe-
    tenzentwicklung)." Jung 2010, S. 19

81 Vgl. Wiater 2012, S. 19 und Hentig 2003.

82 Schäfer 2011, S. 14

83 „Das konstruktivistische Bildungsverständnis geht von Bildung als aktivem Konstruk-
    tionsprozess aus. Die Selbstbildung oder auch Eigenaktivität ist das grundlegende
    Prinzip dieses Aneignungsprozesses [...] Dieser Bildungsbegriff setzt auf ein dynami-
    sches Bildungsverständnis, welches durch Selbstbildung motiviert ist. Die Dynamik
    der Selbsttätigkeit speist sich in der frühen Kindheit aus Fantasie und Wissen". König
    2010, S. 14–15. Zum Konstruktivismus vgl. ausführlich Reich 2008, Voß 2005 und
    Siebert 2005.

84 „Der Begriff ‚Interaktion' wird gebildet aus dem lateinischen ‚inter' (zwischen) und
    ‚actio' (Aktion). Damit wird der Prozess des Handelns zwischen Individuen beschrie-
    ben [...] ‚Interaktionstheorien' im pädagogischen Kontext verweisen auf Reziprozität.
    Erziehende und zu Erziehende stehen in einem ‚Interaktionsverhältnis' und beeinflus-
    sen gleichermaßen den Bildungs- und Erziehungsprozess." König 2010, S. 18

Komplexität stehen in seinem Verständnis von Bildung im Mittelpunkt.[85] Erzieherinnen vermitteln keine Kenntnisse, stattdessen lernen Kinder ihr eigenes Wissen zu organisieren und Probleme zu lösen. Kompetenzen werden gefördert und
gestärkt[86] für ein ko-konstruktives Handeln.[87] „Während das konstruktivistische
Bildungsverständnis die Selbstbildungsprozesse des Kindes als Motor für die
Bildung sieht, wird unter der sozialkonstruktivistischen Perspektive den sozialen Aushandlungsprozessen bzw. den Ko-Konstruktionen eine wichtige Rolle
zugeschrieben."[88]

Im elementarpädagogischen Kontext und auch darüber hinaus strebt Bildung
die Selbstbestimmtheit des Menschen an. „Bildung hat immer den ganzen Menschen im Blick und interpretiert Erfahrungen im Kontext, wie diese den Menschen als Ganzes verändern. Diese Veränderungsprozesse werden in pädagogischen Zusammenhängen als Bildungsprozesse bezeichnet."[89] Bildungsprozesse in
Kindertageseinrichtungen finden in unterschiedlichen Bildungsbereichen statt, was
die Vielfalt elementarer Grundbildung verdeutlicht. Grundlage dafür stellt die von
Howard Gardner herausgearbeitete Theorie der multiplen Intelligenz dar,[90] die
sich herausbildet, wenn sich Kinder auf das Leben einlassen. Diese umfasst folgende neun Bereiche: sprachliche, logisch-mathematische, musikalische, soziale,
praktische, wissenschaftliche, kreative, emotionale und motorische (Bewegungs-)
Intelligenz.[91]

Der pädagogische Begriff ‚Bildung' ist eng verbunden mit dem aus der Psychologie stammendem Begriff des ‚Lernens'. Ebenso wie beim Bildungsbegriff
gibt es keine einheitliche Bestimmung des Begriffs Lernen, den die Psychologie
seit dem 19. Jahrhundert erforscht. Lernen ist ein alltägliches Phänomen, das vielfältigen Deutungen und Bestimmungen unterliegt.[92] Eine allgemeine Annäherung
an den Begriff bietet folgende Definition:

> „Mit ‚Lernen' meint man beim Menschen das auf der Basis genetisch-
> evolutionärer und kultureller Voraussetzungen erfolgende Insgesamt der
> dispositionell (im Gedächtnis) verankerten und wieder abrufbaren, rela-
> tiv andauernden Veränderungen seines Verhaltens und Wissens, Han-
> delns und Erlebens durch Erfahrung (Informationsverarbeitung) infolge
> von adaptiven Reaktionen des Organismus auf Umwelteinflüsse und
> von produktiven Interaktionen des Subjekts mit der Welt."[93]

---

85 Vgl. Fthenakis 2003b, S. 27.
86 Vgl. Fthenakis 2003b, S. 28.
87 Vgl. Fthenakis 2003b, S. 35.
88 König 2010, S. 17
89 König 2010, S. 13
90 Siehe Gardner 2011.
91 Vgl. Regel und Kühne 2007, S. 42 und Andres und Laewen 2003, S. 162–176. Zum
    Thema Bildungsbereiche vgl. ausführlich Weber 2003 und Vollmer 2005, S. 130–139.
92 Vgl. Kron 2009, S. 55.
93 Weber 1999, S. 41

In dieser Definition wird deutlich, dass Lernen – genauso wie Bildung – ein aktiver Prozess ist, in dem sich der Mensch mit seiner Umwelt auseinandersetzt. Lernprozesse finden in Teilbereichen oder in Bezug auf einzelne Funktionen statt, wie zum Beispiel Fahrradfahren lernen. Während Bildung sich auf den ganzen Menschen bezieht, ist Lernen auf einen Bereich des Könnens bezogen.[94] Erkenntnissen aus der Entwicklungspsychologie zufolge muss das Lernen von Kindern in konstruktivistischer Weise gesehen werden; Kinder konstruieren ihr Wissen über die Welt selbst, aber nicht losgelöst von ihrer Umwelt.[95] Im Kontext der Elementarpädagogik spielt außerdem der Begriff des ‚ganzheitlichen Lernens' eine zentrale Rolle, der das Zusammenspiel emotionaler, kognitiver, sinnlicher, praktischer und moralischer Aspekte des Menschseins betont.[96] „‚Bildendes Lernen' als ‚ganzheitliches Lernen' trägt zur Vermeidung der Einseitigkeiten und Engführungen des in unserem Bildungswesen lange vorherrschenden und z.T. noch vereinbaren ‚scholastischen Lernen' bei [...] Gemäß dem altbekannten und immer wieder missachteten Motto, nämlich ‚Kopf, Herz und Hand' auszubilden."[97]

Sowohl der Begriff des Lernens als auch der Bildungsbegriff stellen die Eigenaktivität und Selbstbildung des Menschen heraus und die damit verbundenen Veränderungsprozesse, die im pädagogischen Kontext als Bildungs- bzw. Lernprozesse verstanden werden. In diesem Kontext gilt es nun zu klären, in welchem Verhältnis hierzu der Begriff der ‚Erziehung' steht und welche Bedeutung ihm zukommt.

2.1.4 Erziehung

Der Begriff Erziehung leitet sich von dem lateinischen Wort educare ab und bedeutet herausführen, herausziehen, aufziehen, züchten, züchtigen. Erziehung im ursprünglichen Sinne kann als Aufzucht des Menschen verstanden werden.[98] Im heutigen Verständnis meint Erziehung „die Unterstützung von Kindern und Jugendlichen durch Erwachsene wie Eltern, Lehrer oder Erzieher und durch Institutionen wie Schule oder sozialpädagogische Einrichtungen, auf ihrem Weg zur selbständigen, selbstverantwortlichen und selbstreflexiven Personalität durch bestmöglichste Entfaltung ihrer Dispositionen und Potenziale."[99] Erziehung hat immer die Selbständigkeit und Mündigkeit des Menschen zum Ziel. In der Erziehung wird zwischen intentionalem, also absichtsvollem Handeln und funktionalem Geschehen, der Beeinflussung des Verhaltens durch Vorbilder, Umwelt oder Systeme, unterschieden.[100] Wesentliche Merkmale von Erziehung sind:

---

94 Vgl. König 2010, S. 14.
95 Vgl. Völkel 2002a, S. 159 und Schäfer 2011, S. 69.
96 Vgl. Regel 2006, S. 206.
97 Weber 1999, S. 88
98 Vgl. Wiater 2012, S. 20.
99 Wiater 2012, S. 20
100 Vgl. Liegle 2012a, S. 35 und Wiater 2012, S. 20.

- die zwischenmenschliche Beziehung zwischen Erzieher und Erziehendem,
- das bewusste Herbeiführen von Lernprozessen,
- die Beobachtung, dass zielgerichtetes Handeln Veränderungsprozesse auslöst,
- die soziale Interaktion und Kommunikation, die eine wechselseitige Aktion und Reaktion mit sich bringen.[101]

Bildung und Erziehung sind Begriffe, die voneinander abhängig sind und sich doch dahingehend unterscheiden, dass Bildung einen lebenslangen Prozess beschreibt, während Erziehung mit dem Erreichen der Mündigkeit im Erwachsenenalter als abgeschlossen betrachtet wird. Erziehung findet normalerweise in sozialen Institutionen wie zum Beispiel Schule, Kindertageseinrichtungen oder Familien statt, Bildung als Selbstbildung hingegen ist nicht notwendig an eine Institution gebunden. Des Weiteren steht bei der Erziehung das Verhalten und Erleben im Mittelpunkt, wohingegen sich bei der Bildung die geistige Auseinandersetzung mit der Kultur und Wirklichkeit und daraus resultierend ein verantwortliches Handeln in der Welt zeigt.[102] Erziehung – im Englischen ‚education' – wird als ‚teaching' beziehungsweise ‚introduction' näher beschrieben. Sie bezeichnet die Aufgabe der pädagogischen Fachkraft, das Lernen anzuregen, zu begleiten und zu unterstützen.[103] Erziehung drückt immer eine Wechselseitigkeit aus. Das heißt, dass der Erwachsene durch Impulse des Kindes lernen kann und auch, dass Kinder voneinander und miteinander lernen können. So verstanden stellt Erziehung das Beziehungsgeschehen und die Kommunikation in den Mittelpunkt und setzt beim zu Erziehenden die Bereitwilligkeit und Fähigkeit voraus, etwas erfassen zu wollen. Letzteres beschreiben die Begriffe ‚Bildung' und ‚Lernen' genauer.[104] „Wenn [...] das Wollen des Kindes, sich die Welt anzueignen und sich darin zu verorten, respektiert wird, verändert sich auch die Perspektive von Erziehung."[105] Dem Erwachsenen kommt die Aufgabe zu dem Wollen des Kindes Ziele anzubieten, die über das ursprüngliche Haben-Wollen hinausgehen und Aneignungsprozesse des Wissen-Wollens und Können-Wollens ermöglichen. Dies setzt voraus, dass die pädagogischen Fachkräfte die Ziele ihrer Arbeit festlegen. „Pädagogische Ziele können nicht unmittelbar erreicht werden, sondern nur über die Konstruktion der Kinder, auf die die Pädagogen jedoch keinen direkten Zugriff haben."[106] Bildung, verstanden als Selbstbildung des Kindes, bedeutet daher für das Erziehungshandeln der Erzieherinnen, dass es lediglich zwei Formen gibt: 1. Die Gestaltung der Umwelt und 2. die Gestaltung der Interaktion.[107] In diesem Kontext lässt sich das Handeln der Erzieherinnen in ihrer

---

101 Vgl. Hobmair und Altenthan 2009, S. 41–44.
102 Vgl. Wiater 2012, S. 21.
103 Vgl. Liegle 2012a, S. 32.
104 Vgl. Liegle 2012a, S. 35–36.
105 Laewen 2006, S. 99
106 Laewen 2006, S. 100
107 Vgl. Laewen 2006, S. 100.

pädagogischen Arbeit, das auch als pädagogisches Handeln beschrieben wird, anhand folgender Themen darstellen:

- Das Handeln hat pädagogischen Bezug (er beschreibt das Verhältnis und die Beziehungsebene zwischen Erzieherin und Kind und unterliegt gesellschaftlichen Gegebenheiten).

- Pädagogisches Handeln ist soziales Handeln (es ist am Handeln anderer orientiert, die Förderung des Lernens und die persönliche Entwicklung des Kindes stehen für die Erzieherin im Vordergrund).

- Pädagogisches Handeln ist normativ (das Handeln ist abhängig vom Welt- und Menschenbild, von Werten und Normen).

- Pädagogisches Handeln hat Mündigkeit zum Ziel.

- Pädagogisches Handeln vollzieht sich in Spannungsfeldern (wie zum Beispiel Selbständigkeit und Lenkung, Nähe und Distanz, Zielorientierung und Situationsorientierung).

- Pädagogisches Handeln vermeidet Kommunikationshürden (Kinder erfahren in ihrem ‚So-Sein' Akzeptanz und Wertschätzung[108]).

- Pädagogisches Handeln hat Prävention zum Ziel (dies setzt das frühzeitige Erkennen von Problemlagen voraus und die Intervention, um das Eintreten zu verhindern).[109]

In Bezug auf Kindertageseinrichtungen stehen die Begriffe Betreuung, Erziehung und Bildung in einem untrennbaren Zusammenhang und bedingen sich gegenseitig. Erziehung, „die auf Bildung zielt und sich auf Betreuung abstützt, meint die bewusste Gestaltung der Umwelt des Kindes und die Interaktion mit ihm, um erwünschte Verhaltensweisen zu fördern und erwünschte zu vermeiden oder zu korrigieren."[110]

Religiöse Bildung und Erziehung in Kindertageseinrichtungen wird aufbauend auf das aufgezeigte Verständnis von Bildung und Erziehung als integraler Bestandteil der Bildungs- und Erziehungsprozesse von Kindern, Erzieherinnen und Eltern verstanden. Der dieser Arbeit zugrundeliegende dreistufige Religionsbegriff, der von Martin Lechner in dem Forschungsprojekt der religionssensiblen Erziehung entwickelt wurde, wird in Punkt 2.3.2 dieser Arbeit dargestellt. Im Folgenden wird sich nun zunächst mit dem Thema ‚Religiöse Bildung und Erziehung in der Elementarpädagogik' auseinandergesetzt und der Stand der Forschung aufgezeigt, bevor in Punkt 2.3 eine Annäherung an den Begriff und das religionspädagogische Handlungskonzept der religionssensiblen Erziehung erfolgt.

---

108 „Wertschätzung bedeutet, dem Gegenüber unabhängig von seinen Leistungen und Taten Achtung, Respekt und Offenheit entgegenzubringen. Ganz praktisch drückt sich diese in Zuwendung, Aufmerksamkeit und Interesse aus." Wüst und Wüst 2010, S. 169

109 Vgl. Neuß 2010, S. 85–92.

110 Stamm 2010, S. 13

2.2   Religiöse Bildung und Erziehung in der Elementarpädagogik – Stand der Forschung

Das Themenfeld ‚Religiöse Bildung und Erziehung in der Elementarpädagogik' kann sowohl aus der Perspektive der wissenschaftlichen Disziplin der Erziehungswissenschaft (Elementarpädagogik) als auch aus der wissenschaftlichen Disziplin der Theologie (Religionspädagogik) betrachtet werden. Deshalb wird in Punkt 2.2.1 zunächst der Stand der Forschung aus dem Bereich der Elementarpädagogik dargestellt und anschließend in Punkt 2.2.2 der Stand der Forschung auf dem Gebiet der Religionspädagogik aufgezeigt.

2.2.1 Religiöse Bildung und Erziehung aus elementarpädagogischer Perspektive

Im pädagogischen Diskurs in Deutschland wird der Themenkomplex innerhalb der Elementarpädagogik überwiegend ausgespart.[111] Eine Ausnahme bildet die Dissertation von Lisa Lischke-Eisinger „Sinn, Werte und Religion in der Elementarpädagogik".[112] Es handelt sich hier um eine empirische Untersuchung, in der, angegliedert an das Landesprojekt WIBEOR (Wissenschaftliche Begleitung des Orientierungsplans), Erzieherinnen aus Pilotkindergärten interviewt werden, die sich an der Implementierung des Orientierungsplans in Baden-Württemberg beteiligt haben. Ziel der Untersuchung ist es „Antworten auf die Frage zu gewinnen, wie die durch den Bildungsplan formulierten Anforderungen und Zielsetzungen in der Praxis gedeutet und erlebt werden und welche Herausforderungen sie für die einzelnen Erzieher/innen bedeuten."[113] Dazu werden 14 Erzieher/innen aus Kindergärten mit unterschiedlicher Trägerschaft, mit unterschiedlichen Konzeptionen und in unterschiedlicher Ortslage interviewt; außerdem werden zwei Gruppendiskussionen durchgeführt und mit Hilfe der dokumentarischen Methode ausgewertet. Da die Untersuchung Einblicke in die elementarpädagogische Praxis gibt und die geforderten religionspädagogischen sowie interreligiösen Kompetenzen der Erzieherinnen mitberücksichtigt, ist es sinnvoll die zentralen Ergebnisse der Studie kurz in sechs Punkten zu skizzieren:

Religion im Kindergarten

Die Deutung und Wahrnehmung des Themas Religion im Kindergarten wird einerseits durch die eigenen religiösen Erfahrungen und Ausrichtungen der Erzieherinnen und andererseits durch die Trägerschaft der Einrichtungen geprägt. Lischke-Eisinger vermutet, dass die eigenen religiösen Erfahrungen sich auf die Handlungspraxis der Erzieherinnen in ihrer professionellen Tätigkeit auswirken.

---

111 Vgl. Dommel 2007, S. 155.
112 Lischke-Eisinger 2012
113 Lischke-Eisinger 2012, S. 19

Mit einer Ausnahme berichten alle der interviewten Erzieherinnen von einer eigenen Nähe zum Christentum, unabhängig von der Trägerschaft der Einrichtung. Dementsprechend messen sie dem Thema Religion im sechsten Entwicklungsfeld eine große Bedeutung bei, das als christlich-religiöses Bildungsfeld verstanden wird. Die Erzieherinnen legen großen Wert darauf, den Kindern religiöse Inhalte zu vermitteln und sie bei ihren religiösen Fragen zu begleiten. Die Trägerschaft der Einrichtungen spielt insofern eine Rolle, als dass in konfessionellen Einrichtungen Erzieherinnen arbeiten, die Religion als klaren Bestandteil des Kindergartenalltags und der Sozialerziehung sehen.[114] Sie sehen es als ihre Aufgabe an, christliche Inhalte zu vermitteln und die Kinder in der Entwicklung einer eigenen Religiosität zu fördern. Dabei verstehen sie sich als Expertinnen des sechsten Entwicklungsfeldes und fassen ihr Handeln auf als mit dem Orientierungsplan und der pädagogischen Konzeption der Einrichtung übereinstimmend. In kommunalen Einrichtungen hingegen arbeiten Erzieherinnen, die das Thema Religion vor dem Hintergrund des Neutralitätsgebotes verstehen und aufgrund des Trägers das Ziel haben, religiöse Inhalte zu Bildungsinhalten werden zu lassen. In diesen Einrichtungen findet keine explizite religiöse Erziehung statt, vielmehr wird unter dem Aspekt der kulturellen Bildung der Inhalt christlicher Feste thematisiert. Außerdem erfolgt eine Auseinandersetzung mit Werten und Menschheitsthemen und den Kindern wird die Möglichkeit gegeben, Gemeinschaft und Geborgenheit zu erfahren.[115]

Interreligiosität im Kindergarten

Interreligiöse Bildung und Erziehung wird von den interviewten Erzieherinnen nur marginal als Aufgabenfeld wahrgenommen. Während christlich-religiöse Erziehung von der Trägerschaft abhängt, zeigt sich die positive Wahrnehmung der religiösen Vielfalt trägerübergreifend als ein schwieriges Thema. Die Thematisierung christlicher Inhalte sieht ein Teil der Erzieherinnen als wichtigen Bildungsauftrag für alle Kinder, um ihnen ein Kennenlernen der christlichen Kultur in Deutschland zu ermöglichen. Darüber hinaus aber auch die Inhalte, Feste und Bräuche anderer Religionen zu thematisieren wird kritisch gesehen, da befürchtet wird, die christlichen Kinder zu überfordern und zu verunsichern. Auch sehen sich die Erzieherinnen nicht als kompetente Ansprechpartnerinnen für die Auseinandersetzung mit religiöser Vielfalt. Nur ein kleiner Teil der Erzieherinnen empfindet diese als einen wertvollen Aufgabenbereich in ihrer pädagogischen Arbeit. Der Austausch über die verschiedenen Glaubenspraxen zwischen den Kindern sowie die Thematisierung der Unterschiede ohne Stigmatisierung werden in diesem Kontext als wichtig erachtet. Kinder, die keine Religionszugehörigkeit haben, werden von den Erzieherinnen häufig gleichgesetzt mit Kindern, die einer anderen

---

114 Zur entsprechenden Typisierung, die Lischke-Eisinger in ihrer Auswertung vornimmt, vgl. Lischke-Eisinger 2012, S. 122–177.
115 Vgl. Lischke-Eisinger 2012, S. 371–375.

als der christlichen Religion angehören. Sie werden nicht als eigene Adressaten-gruppe des sechsten Bildungsfeldes wahrgenommen, was zeigt, dass dieses Bildungsfeld als religiöses Bildungsfeld verstanden wird. Da 33% der deutschen Bevölkerung keiner Religionsgemeinschaft angehören, fordert Lischke-Eisinger, diese Zielgruppe im pädagogischen und religionspädagogischen Diskurs mehr zu beachten.[116]

Werte im Kindergarten

Das Thema Werte wird im Vergleich zum Themengebiet Religion nur wenig thematisiert. Werte werden von den Erzieherinnen in ihrer pädagogischen Arbeit als wichtig erachtet, sie können diese allerdings nicht konkretisieren. Der Umgang mit Werten wird beispielsweise nicht in Projekten oder didaktischen Einheiten in den Einrichtungen thematisiert. Es ist davon auszugehen, dass eine Reflexion des Alltagswissens und -handelns in diesem Bereich nur selten stattfindet. Die Thematisierung von Werten in Kindertageseinrichtungen wird als mögliches Bildungspotenzial gesehen, um die Inhalte des sechsten Bildungsfeldes für alle Kinder, insbesondere aber auch für nichtchristliche Kinder zugänglich zu machen.[117]

Das Philosophieren und Theologisieren im Kindergarten

Ein Teil der Erzieherinnen zeigt in den Interviews eine große Begeisterung für die theologischen und philosophischen Gedankengänge der Kinder. Das Theologisieren und Philosophieren findet einerseits spontan sowohl zwischen den Kindern als auch mit den Erzieherinnen im Alltag statt, andererseits aber auch durch didaktische Angebote. Ein anderer Teil der Erzieherinnen steht dem Theologisieren und Philosophieren mit Kindern kritisch gegenüber, da er die nötigen Kompetenzen der Kinder für solche Gespräche aufgrund ihres Alters bezweifelt. Lischke-Eisinger geht davon aus, dass die Ängste und Ablehnung der Erzieherinnen darauf zurückzuführen sind, dass eine Auseinandersetzung mit den Begriffen ‚Theologisieren‘ und ‚Philosophieren‘ im Kontext der Elementarpädagogik zu wenig stattgefunden hat und diese Begriffe von den Erzieherinnen daher eher in der Wissenschaft verortet werden. Insofern fehlt die konkrete Vorstellung, wie die Prozesse des Theologisierens und Philosophierens inhaltlich gefüllt und gefördert werden können. Eine Erzieherin beschreibt trotz persönlicher Begeisterung, dass die nötigen Rahmenbedingungen fehlen (zu wenig Zeit), um dem Theologisieren und Philosophieren im Alltag Raum zu geben. Die Zielsetzung im Orientierungsplan wird dementsprechend von vielen Erzieherinnen kritisch gesehen.[118]

---

116 Vgl. Lischke-Eisinger 2012, S. 376–380.
117 Vgl. Lischke-Eisinger 2012, S. 380–381.
118 Vgl. Lischke-Eisinger 2012, S. 381–383.

Zusammenarbeit mit den Eltern

Die Zusammenarbeit mit den Eltern wird in den Interviews sehr unterschiedlich geschildert. Es gibt auf der einen Seite einen kleinen Teil der Erzieherinnen, der die Zusammenarbeit mit den Eltern als wichtigen Bestandteil seiner pädagogischen Arbeit sieht und diesen Austausch positiv bewertet. Auf der anderen Seite berichten Erzieherinnen von Konflikten und Spannungen mit den Eltern. Für die Erzieherinnen gestaltet es sich schwierig, einen guten Kontakt zu den Eltern aufzubauen und mit ihnen über religiöse und weltanschauliche Haltungen ins Gespräch zu kommen. Für viele Erzieherinnen ist es schwierig, mit den Eltern in einen konstruktiven Dialog zu treten.[119]

Orientierungsplan

Da sich die Kindergärten freiwillig um die Teilnahme am Projekt WIBEOR beworben haben, handelt es sich bei den befragten Erzieherinnen um eine ausgewählte Gruppe, bei der Engagement und Offenheit zu vermuten ist. So wird in den Interviews keine offene Kritik gegenüber dem Orientierungsplan geübt, es werden auf der inhaltlichen Ebene auch keine Konflikte zwischen institutionellen Vorgaben und den Anforderungen des Orientierungsplans benannt. Ein Teil der Erzieherinnen bewertet den Orientierungsplan und das sechste Entwicklungsfeld positiv, da sie in seiner Wahrnehmung des pädagogischen Alltags den Anforderungen des Plans schon vor der Einführung gerecht geworden ist und den Orientierungsplan so als eine Bestärkung seiner Kompetenz erlebt. Der andere Teil der interviewten Erzieherinnen erfährt die Anforderungen des Orientierungsplans als Zumutung und Belastung. Insbesondere die Sprache des Plans wird als zu anspruchsvoll und überfordernd gesehen; aufgrund der zeitlichen Ressourcen wird die Umsetzung im Alltag als schwierig erachtet. Außerdem ruft die von allen Erzieherinnen empfundene Offenheit des Orientierungsplans unterschiedliche Reaktionen hervor. Während die einen diese Offenheit positiv bewerten und als Chance begreifen, sich mit den Themen des sechsten Entwicklungsfeldes auseinanderzusetzen und die Zielsetzung in Bezug auf die eigene pädagogische Konzeption zu gestalten, empfinden die anderen Erzieherinnen diese Offenheit als Zumutung und Belastung. Sie sehen die Übertragung auf die pädagogische Konzeption als Überforderung an. Eine Erzieherin einer kommunalen Einrichtung betont im Interview, dass der Orientierungsplan für sie eine Hilfe zur Legitimation christlich-religiöser Bildung in der kommunalen Einrichtung auch gegen den Wunsch der Eltern darstellt. Interessant ist darüber hinaus das Ergebnis, dass die positive und negative Wahrnehmung des Orientierungsplans keine maßgeblichen Rückschlüsse auf die Trägerschaft der Einrichtungen zulässt.[120]

---

119 Vgl. Lischke-Eisinger 2012, S. 383–384.
120 Vgl. Lischke-Eisinger 2012, S. 384–386.

Trotz der dargestellten Studie lässt sich festhalten, dass der Themenkomplex ‚Religiöse Bildung und Erziehung in der Elementarpädagogik' in der wissenschaftlichen Elementarpädagogik nur marginal behandelt wird. Durch den gemeinsamen Rahmenplan der Länder und die Einführung der Bildungspläne in den einzelnen Bundesländern sind aber religionspädagogische, philosophische, interkulturelle und interreligiöse Kompetenzen Merkmale elementarpädagogischer Professionalität geworden, denen sich die Elementarpädagogik stellen muss.[121]

Die Fremdheit religionspädagogischer und erziehungswissenschaftlicher Diskurse bezieht sich nicht nur auf den Bereich der Elementarpädagogik, sondern beispielsweise auch auf den Bereich der Schule. In dem Buch „Religionssensible Schulkultur"[122], das nach einer Fachtagung 2010 in Hannover[123] veröffentlicht wurde, stellt die Erziehungswissenschaftlerin Christine Freitag in ihrem Beitrag „Religionssensible Schulkultur aus erziehungswissenschaftlicher Sicht"[124] heraus, dass im Kontext des Heterogenitätsdiskurses Religionssensibilität bei der Förderung der einzelnen Schülerinnen und Schüler im Gegensatz zur Sprache keine Rolle spielt und für die Politik und Pädagogik „nicht als Denkfigur"[125] besteht. Anschlussmöglichkeiten für eine religionssensible Schulkultur sieht sie in der Pädagogik im Kontext der schulischen Konfliktkultur. Dabei warnt sie davor, Konflikte vorschnell als religiös verursacht oder determiniert zu interpretieren.[126] Das Verhältnis zwischen Religionspädagogik und Erziehungswissenschaft beschreibt die evangelische Theologin Gudrun Guttenberger in ihrem Beitrag „Religionssensible Schulkultur"[127] folgendermaßen:

> „Interkulturelle Ansätze, Migrations- und Diversitätsforschung nehmen die religiöse Dimension aus vielfältigen Gründen meist bestenfalls zurückhaltend wahr. Religionspädagogische Ansätze zum interreligiösen Lernen bleiben subsidiaritätsbedingt der Binnenperspektive verhaftet und erreichen nur ausgewählte Zielgruppen."[128]

Im Bereich der Elementarpädagogik gestaltet sich das Verhältnis zwischen Elementarpädagogik und Religionspädagogik ähnlich. Zu der Frage, welche der vielfältigen religionspädagogischen Ansätze in der Praxis bekannt sind und in der (religions-)pädagogischen Arbeit in Kindertageseinrichtungen verwendet werden, fehlen bislang empirische Studien und Evaluationen.[129]

---

121 Vgl. Lischke-Eisinger 2012, S. 26–27.
122 Guttenberger 2011a
123 Vgl. Guttenberger und Schroeter-Wittke 2010.
124 Freitag 2011
125 Freitag 2011, S. 288
126 Vgl. Freitag 2011.
127 Guttenberger 2011b
128 Guttenberger 2011b, S. 31
129 Vgl. Möller 2011, S. 27.

2.2.2 Religiöse Bildung und Erziehung aus religionspädagogischer Perspektive

Es ist überwiegend die Religionspädagogik, die sich in vielfältigen Veröffentlichungen mit dem Themenfeld ‚Religiöse Bildung und Erziehung in der Elementarpädagogik' beschäftigt. Allerdings finden sich hier überwiegend aus theoriegeleiteten Konzepten entwickelte religionspädagogische Praxishilfen. Empirische Forschungsarbeiten dagegen nehmen in diesem Bereich zwar zu, sie sind aber bis heute im Vergleich zu den Praxishilfen viel seltener zu finden. Innerhalb der Praktischen Theologie hingegen finden sich außerhalb des Bereichs der Elementarpädagogik vermehrt empirische Arbeiten, was beispielsweise unter anderen die Veröffentlichung „Praktische Theologie – empirisch"[130] belegt.

Der katholische Theologe und Sozialwissenschaftler Norbert Mette wendete sich bereits 1983 in seiner Habilitationsschrift „Voraussetzungen christlicher Elementarerziehung"[131] aus religionspädagogischer Perspektive dem Elementarbereich zu, allerdings ohne die Generierung empirischen Materials. Mette reflektiert in seiner Arbeit die Veränderungen der Sozialisationsbedingungen in ihrer Bedeutung für die christliche Erziehung und nimmt dabei eine von der Kritischen Theorie geprägte Perspektive ein. Dabei stehen im Mittelpunkt seiner Reflexion nicht nur die Inhalte religiöser Erziehung, sondern auch die gesellschaftlichen Bedingungen ihrer Möglichkeit. Dabei schlägt Mette vor, die eigenen vorwissenschaftlichen Weltbilder und Kategorien beispielsweise zur Bedeutung des Lernens im Bereich der religiösen Kleinkinderziehung zu reflektieren.[132] Die Relevanz seiner Arbeit zeigt sich darin, dass viele von ihm herausgearbeitete Aspekte heute noch Aktualität besitzen, was beispielsweise dadurch deutlich wird, dass Mette in neueren religionspädagogischen Forschungsarbeiten, wie zum Beispiel „Zusammenleben im Kindergarten"[133] oder „Religions-Bildung im Kindergarten in Deutschland und England"[134], rezipiert wird. Silvia Habringer-Hagleitner gibt in ihrer Habilitationsschrift „Zusammenleben im Kindergarten"[135] einen umfassenden Überblick auf die verschiedenen religionspädagogischen Ansätze im Kindergarten in Deutschland und Österreich, worauf in Kapitel 5 dieser Arbeit näher eingegangen wird. Die Religionswissenschaftlerin Christa Dommel entwickelt in ihrem Buch „Religions-Bildung im Kindergarten in Deutschland und England"[136] aus dem deutsch-englischen Vergleich von Bildungskonzepten einen innovativen Ansatz inklusiver Religions-Bildung im Kindergarten und richtet dabei den Blick auf Kindergärten in nicht konfessioneller Trägerschaft. Ebenso wie Mette und

---

130 Ziebertz 2011
131 Mette 1983
132 Vgl. Mette 1983, S. 19.
133 Habringer-Hagleitner 2006
134 Dommel 2007
135 Habringer-Hagleitner 2006
136 Dommel 2007

Habringer-Hagleitner erhebt Dommel kein eigenes Datenmaterial, stellt aber zwei Projekte als ‚Good-Practise-Beispiele' vor. Mit der Methode der Diskursanalyse zeigt sie auf, dass der Diskurs in Deutschland vorherrschend von Vertretern der christlichen Religion geprägt ist, was entscheidende Auswirkungen auf das Verständnis von Religion im deutschen Bildungssystem hat. Als ‚Klassiker' führt sie dabei die Habilitationsschrift von Mette an und die Veröffentlichung des evangelischen Theologen Friedrich Schweitzer „Das Recht des Kindes auf Religion"[137]. Darüber hinaus stellt sie die Positionen von zwei Erziehungswissenschaftlern vor, einer aus dem jüdischen Kontext, der andere aus dem islamischen Kontext, die allerdings beide nicht den Fokus auf den Bereich der Elementarpädagogik legen. Dommel zeigt auf, inwieweit Religion zum Bildungsgegenstand werden kann, indem sie den Begriff der Religions-Bildung entwickelt, den sie von den beiden Begriffen ‚Religiöse Bildung' und ‚Religiöse Erziehung' unterscheidet, worauf in Punkt 4.3 dieser Arbeit kurz eingegangen wird. Demnach soll Religion im Kindergarten angelehnt an ein Bildungsverständnis der Religionswissenschaft thematisiert werden, bei dem der Bildungsgehalt und nicht die Glaubenspraxis der verschiedenen Religionen im Mittelpunkt steht und so für alle Kinder – unabhängig von ihrer Religionszugehörigkeit – als integraler Bestandteil interkultureller Kompetenz zugänglich ist.

Der evangelische Theologe und Sozialwissenschaftler Friedrich Schweitzer zeigt in seinem Buch „Das Recht des Kindes auf Religion"[138] Möglichkeiten der religiösen Erziehung für Eltern und Erzieherinnen auf. Dabei stellt Schweitzer das Recht eines jeden Kindes in den Mittelpunkt, sich – unabhängig von der eigenen Religionszugehörigkeit – mit religiösen Themen und Fragen auseinanderzusetzen, in dieser Auseinandersetzung begleitet zu werden und die Erfahrung zu machen, dass diese Auseinandersetzung auch für den Erwachsenen Bedeutsamkeit hat. Religiöse Erziehung hat nach Schweitzer die Mündigkeit des Kindes zum Ziel, was beinhaltet, dass das Kind die Freiheit hat, sich auch gegen religiöse Angebote und Deutungsmuster zu entscheiden. Dies setzt bei den Erwachsenen eine Haltung voraus, in der ein positives Religionsverständnis entwickelt wird. Die Vermittlung eines strafenden Gottes, die bis in die 70er Jahre hinein verbreitet war, erschwert es manchen Erwachsenen oder verunmöglicht es ihnen sogar, religiöse Fragen und Gedanken mit Kindern zu thematisieren. Dies birgt die Gefahr in sich, dass Kinder mit ihren religiösen Themen und Fragen alleingelassen werden. Deshalb sieht Schweitzer die Reflexion der eigenen religiösen Erfahrungen der Eltern und Erzieherinnen als notwendige Voraussetzung für eine positive religiöse Erziehung der Kinder an. Anhand eines zugrunde gelegten funktionalen Religionsverständnisses stellt er heraus, dass die Auseinandersetzung mit Sinn- und Transzendenzfragen eine Lebensaufgabe jedes Menschen ist und auch das Kind ein Recht auf Selbstbestimmung hat, was bei der religiösen Bildung und

---

137 Schweitzer 2000
138 Schweitzer 2000

Erziehung eine zentrale Bedeutung aufweist. Schweitzer verwurzelt dabei seine Überlegungen klar im christlich-theologischen Denken. Aus diesem Grund stellt Dommel in ihrer Arbeit aus religionswissenschaftlicher Perspektive die Übertragbarkeit der von Schweitzer entwickelten Grundsätze für nichtchristliche Kontexte in Frage.[139]

Mit der Thematik religiöser Bildung in Kindertageseinrichtungen beschäftigt sich ebenso Peter Müller in seiner regional begrenzten Studie „Religiöse Bildung am Bayrischen Untermain"[140] und kommt in seiner empirischen Untersuchung zu dem Schluss, dass Erzieherinnen in konfessionellen und nicht konfessionellen Kindertageseinrichtungen eine Offenheit für den Teilbereich religiöse Bildung in Kindertageseinrichtungen zeigen. Müller verdeutlicht in seiner Arbeit, dass ein neuer religionspädagogischer Ansatz notwendig ist, in dem die Kirchen auf Augenhöhe mit den Akteuren religiöser Bildung das Recht des Kindes auf spirituelle Bildung ernst nehmen.

Das Recht eines jeden Kindes auf Religion bildet auch den Ausgangspunkt der empirischen Pilotstudie „Mein Gott – Dein Gott"[141], die Friedrich Schweitzer in Zusammenarbeit mit dem katholischen Theologen Albert Biesinger und der evangelischen Theologin Anke Edelbrock durchführte. Ausgangspunkt der Studie bildet die multikulturelle und -religiöse Situation unserer Gesellschaft, die sich im Kindergarten widerspiegelt. Die Studie geht der Frage nach, wie vor diesem Hintergrund eine religiöse Begleitung von Kindern in Kindertageseinrichtungen möglich ist. Mit qualitativen Interviews und einem daraus entwickelten Fragebogen, der den quantitativen Teil der Studie darstellt, erheben die Wissenschaftler/innen den Ist-Zustand (inter-)religiöser Bildung und Erziehung in Kindertageseinrichtungen konfessioneller und nicht konfessioneller Trägerschaft in sieben deutschen Städten. Die Ergebnisse zeigen unter anderem, dass in konfessionellen Einrichtungen religiöse Bildung und Erziehung sehr viel (84%) und viel (13%) stattfindet, in nicht konfessionellen Einrichtungen dagegen wenig (44%) und kaum (40%).[142] Bei der religiösen und religionspädagogischen Begleitung mit Blick auf den Islam und die interreligiöse Bildung in Kindertageseinrichtungen ist allerdings überall ein erheblicher Handlungsbedarf festzustellen.[143] Außerdem zeigen die eingeführten Bildungspläne keine Auswirkungen auf die Praxis, da (inter-)religiöse Bildung nicht in allen Einrichtungen als Aufgabenfeld für Erzieherinnen wahrgenommen wird. Die Erzieherinnen fühlen sich zudem nur unzureichend aus- und fortgebildet für den Bereich der (inter-)religiösen Bildung. An die Pilotstudie schloss sich eine bundesweite Studie zur interkulturellen und interreligiösen Bildung in Kitas an, in der die einzelnen Zielgruppen Kinder, Eltern und Erzieherinnen befragt wurden. Die Ergebnisse der qualitativ-empirischen Untersuchung zur religiösen

---

139 Dommel 2007, S. 247–248; 255–256
140 Müller 2013
141 Schweitzer et al. 2008
142 Vgl. Schweitzer et al. 2008, S. 24.
143 Vgl. Schweitzer et al. 2008, S. 29.

Differenzwahrnehmung im Kindesalter sind in dem Buch „Wieviel Götter sind im Himmel?"[144] veröffentlicht. Die Ergebnisse der qualitativen und quantitativen Elternbefragung sind im zweiten Band mit dem Titel „Auf die Eltern kommt es an!"[145] publiziert und die Ergebnisse der Repräsentativbefragung von Erzieherinnen sind in der Veröffentlichung „Interreligiöse und Interkulturelle Bildung in der Kita"[146] dargestellt. Praktische Beispiele zur interkulturellen und interreligiösen Bildung und Erziehung in Kindertageseinrichtungen sind schließlich in dem Buch „Religiöse Vielfalt in der Kita"[147] beschrieben. Die repräsentative Erzieherinnenbefragung, in der der vierseitige Fragebogen aus der Pilotstudie überarbeitet, weiterentwickelt und deutschlandweit in Kindergärten konfessioneller und nicht konfessioneller Trägerschaft verschickt wurde, zeigt als ein Ergebnis, dass Kinder mit unterschiedlichen Religionszugehörigkeiten und Weltanschauungen die Kindertageseinrichtungen besuchen, „so dass ein darauf eingestellter (religions-)pädagogisch sensibler Umgang mit religiösen und weltanschaulichen Unterschieden als allgemeine Aufgabe von Kindertageseinrichtungen zu bezeichnen ist."[148] In der Befragung werden die Ergebnisse der Pilotstudie weitestgehend bestätigt, der große Handlungsbedarf in Bezug auf interreligiöse Bildung und Erziehung in Kindertageseinrichtungen wird verschärft aufgezeigt. Es bedarf in der Aus- und Fortbildung von Erzieherinnen sowie seitens des Trägers der Unterstützung für die Erzieherinnen, damit Kinder mit ihren religiösen Fragen, Themen und Interessen in Kitas nicht alleingelassen, sondern angemessen begleitet werden.[149] Die Ergebnisse der Tübinger Studie sind auch insofern interessant, dass es religionspädagogische Handlungskonzepte zur interreligiösen Bildung für Kindertageseinrichtungen gibt, wie zum Beispiel den Ansatz von Matthias Hugoth, der in dem Buch „Fremde Religionen – Fremde Kinder"[150] beschrieben ist. Des Weiteren sind in diesem Kontext exemplarisch die beiden Arbeitshilfen „Religion für alle Kinder?"[151] und „Als Frauen den Glauben weitergeben"[152] des KTK (Verband katholischer Kindertageseinrichtungen) zu nennen, die sich aus religionspädagogischer Perspektive mit der Vermittlung (inter-)religiöser Themen beschäftigen und die erforderlichen Kompetenzen der Erzieherinnen in den Blick nehmen. Vor dem Hintergrund der Tübinger Studie stellt sich hier die Frage, ob und welche der vielfältigen religionspädagogischen Ansätze den Weg in die Praxis der Kinderta-

---

144 Edelbrock et al. 2010
145 Biesinger und Edelbrock 2011
146 Schweitzer et al. 2011
147 Edelbrock et al. 2012
148 Schweitzer et al. 2011, S. 51
149 Vgl. Schweitzer et al. 2011, S. 50–54.
150 Hugoth 2003a
151 Hugoth 2003b
152 Hugoth 2005a

geseinrichtungen finden. Entsprechende empirische Studien und Evaluationen zu dieser Fragestellung fehlen bislang.[153]

Auch Renate Kirchhoff und Hartmut Rupp arbeiten in ihrer Expertise „Religiöse und philosophische Bildung"[154] wichtige Forschungsdesiderate heraus. So sind zum Beispiel die Bildungsbereiche Theologie und Philosophie in der Elementarpädagogik empirisch zu erschließen. Die Autor/inn/en geben einen umfassenden Überblick über den Bereich der religiösen und philosophischen Bildung sowie der didaktischen Umsetzung und haben dabei sowohl konfessionelle als auch nicht konfessionelle Einrichtungen im Blick. Sie stellen die drei großen monotheistischen Religionen Judentum, Christentum und Islam vor und zeigen Überschneidungen und Differenzen der beiden Disziplinen Theologie und Philosophie sowie ihre Bedeutung im Kontext von Kindertageseinrichtungen auf.

Eine weitere empirische Studie, die sich explizit auf den Elementarbereich bezieht, stellt die Untersuchung „Die Erzieherinnen im evangelischen Kindergarten"[155] von Barbara Dippelhofer-Stiem und Irene Kahle dar. Sie untersucht den Stellenwert der religiösen Verortung der Erzieherinnen für ihren Berufsalltag. Die beiden Wissenschaftlerinnen gehen der Frage nach, welches professionelle Selbstbild die Erzieherinnen haben und welche Erwartungen von Kirche und Eltern an die pädagogische Arbeit in den evangelischen Kindertageseinrichtungen der Landeskirche Hannover gestellt werden. Die Daten der Untersuchung wurden einerseits mit quantitativen Fragebögen von den Eltern und Erzieherinnen erhoben und andererseits durch strukturierte Interviews mit Fachberaterinnen. Die Studie zeigt, dass die Erwartungen an die pädagogische Arbeit der Erzieherinnen äußerst vielschichtig sind. Religiöse Bildung und Erziehung wird insbesondere vom Träger als wichtig erachtet, während die Eltern und Erzieherinnen selbst diesen Aspekt eher nachrangig betrachten. Die Bedeutung christlicher Bildungsinhalte heben besonders Eltern und Erzieherinnen hervor, die selbst religiös beheimatet sind. Erzieherinnen, die Distanz zu Religion und Kirche haben, weisen in der Untersuchung häufig eine angespannte Haltung zum Arbeitgeber auf, die positive Wertschätzung ihrer Professionalität fällt ihnen schwerer. Religiös integrierte Erzieherinnen sind demgegenüber allerdings weniger belastbar. Den Ergebnissen der Untersuchung zufolge spielt neben dem Alter und der fachlichen Kompetenz die religiöse Verortung der Erzieherinnen eine zentrale Rolle für deren professionelles Selbstbild.[156]

Empirisch hat sich auch Simone Wustrack in ihrer Dissertation „Religionspädagogische Arbeit im evangelischen Kindergarten"[157] mit dem Themenfeld religiöse Bildung und Erziehung in der Elementarpädagogik auseinandergesetzt. Nach einem historischen Abriss über die religionspädagogische Praxis stellt sie

---

153 Vgl. Möller 2011, S. 27.
154 Kirchhoff und Rupp 2008a
155 Dippelhofer-Stiem und Kahle 1995
156 Vgl. Dippelhofer-Stiem und Kahle 1995.
157 Wustrack 2009

im zweiten Teil ihrer Arbeit eine theoretische Grundlegung gegenwärtiger Religionspädagogik dar, in der sie ausgehend von der bildungstheoretischen Diskussion frühkindlicher Bildung und Erziehung und auf der Grundlage der religiösen Entwicklung von Kindern schließlich zwei religionspädagogische Ansätze herausgreift und vorstellt, nämlich das Projekt ‚Kindertheologie‘ des katholischen Theologen und Pädagogen Anton Bucher und die Entwicklung religiöser Bildung und Erziehung in dem pädagogischen ‚Step-Projekt‘. Wustrack stellt heraus, dass die Fragen und Interessen der Kinder den Ausgangspunkt religiöser Bildung und Erziehung in Kindertageseinrichtungen darstellen und eine zeitgemäße Religionspädagogik partizipativ zu gestalten ist. Im dritten Teil zeigt sie anhand drei qualitativ-empirischer Einzelfallanalysen, die aus Dokumentenanalysen, teilnehmenden Beobachtungen und leitfadengestützten Interviews bestehen, drei praktische Beispiele religiöser Bildung und Erziehung in evangelischen Kindergärten auf sowie deren Genese in den einzelnen Einrichtungen. Als Ergebnis werden zwei Tendenzen herausgestellt: 1. Der Religionspädagogik wird eine Bedeutung als integraler Bestandteil der alltäglichen pädagogischen Praxis zugesprochen (unsichtbare Religionspädagogik), 2. Religionspädagogik wird als Vermittlung von Inhalten christlicher Religionen in den evangelischen Kindergärten verstanden (sichtbare Religionspädagogik). Allerdings wird der Bereich der religionspädagogischen Praxis von Wustrack als ‚stagnierender‘ Arbeitsbereich bezeichnet, da er von den Erzieherinnen als ‚bewährt‘ und ‚nicht veränderungsbedürftig‘ gesehen wird, was für sie die Frage aufwirft, wie die Praxis auf der Basis des in Teil zwei entworfenen Profils einer zeitgemäßen religionspädagogischen Theorie und Praxis im Elementarbereich weiterzuentwickeln ist.[158] Auf theoretischer Ebene setzt sich auch Carola Fleck in ihrer Habilitationsschrift „Religiöse Bildung in der Frühpädagogik"[159] unter anderem mit der Zukunftsperspektive religiöser Bildung und Erziehung in der Elementarpädagogik auseinander. Unter Berücksichtigung empirischer Kindheitsstudien sowie familien- und bildungspolitischer Studien zeigt sie auf, wie religiöse Bildung zur Persönlichkeitsentwicklung bei Kindern in Auseinandersetzung mit einer komplexen Lebenswelt beiträgt. Dabei stellt Fleck die Bildungs- und Erziehungspläne sowie aktuelle religionspädagogische Ansätze für den Elementarbereich unter Berücksichtigung wissenschaftlicher Erkenntnisse aus den Disziplinen der (Früh-)Pädagogik, Psychologie und Theologie vor. Schließlich entwickelt sie Perspektiven für die Theorie und Praxis religiöser Bildung und Erziehung im Hinblick auf Kinder, Eltern, Erzieherinnen und kirchliche Mitarbeiter/innen.

Mit religiöser Erziehung im Elementarbereich hat sich auch Peter Beer in seiner Dissertation „Kinderfragen als Wegmarken religiöser Erziehung"[160] auseinandergesetzt. Ausgangspunkt seines Ansatzes bilden die hartnäckigen Fragen der

---

158 Vgl. Wustrack 2009, S. 213–216.
159 Fleck 2011
160 Beer 2003

Kinder, die sie stellen, um die Welt sinnhaft zu deuten und zu begreifen. Nach der Reflexion der Bedeutung des Fragens für die Elementarpädagogik entwickelt Beer einen Modellentwurf für den Umgang mit Kinderfragen. Darauf aufbauend zeigt er die Konsequenzen für die Ausbildung von Erzieherinnen, die Elternarbeit und Schulungen von Trägern auf, um Kinderfragen als Grundlage des religionspädagogischen Handelns im Elementarbereich zu verankern. In einer weiteren Veröffentlichung lenkt Beer den Blick auf die Erzieherinnen und geht der Frage nach: „Wozu brauchen Erzieherinnen Religion?"[161] Er plädiert für die Einbettung des Themas Religion in die pädagogische Arbeit von Kindertageseinrichtungen und zeigt die Bedeutung des Themas für das berufliche Selbstverständnis von Erzieherinnen auf. Die Intention des Buches ist es, praktische Orientierungshilfen für Erzieherinnen zu geben. Dieser Intention gehen viele Veröffentlichungen im Bereich der Religionspädagogik nach, exemplarisch sei hier das Buch von Matthias Hugoth und Monika Bendix „Religion im Kindergarten"[162] genannt, das die Frage aufgreift, wie der Kindergarten ein Ort werden kann, der religiöse Bildungs- und Entwicklungsprozesse für Kinder (und Erzieherinnen) ermöglicht. Ebenso beschäftigt sich Hugoth im „Handbuch religiöse Bildung in Kita und Kindergarten"[163] damit, welchen Beitrag religiöse Bildung für die Persönlichkeitsentwicklung der Kinder leisten kann. Religiöse Bildung wird hier von der Frage her begründet, „was Kinder stark für das Leben macht und was sie brauchen, um in dieser Gesellschaft bestehen zu können."[164] Religion als eine Dimension des Lebens darf den Kindern nach Hugoth in Kindertageseinrichtungen nicht vorenthalten werden. Dies setzt Kompetenzen der Erzieherinnen voraus, die sich zur Begleitung der religiösen Bildungsprozesse der Kinder persönlich mit dem eigenen Glauben auseinandersetzen und die wesentlichen Grundsätze des Glaubens akzeptieren müssen. Demgegenüber stellt der Theologe und Erziehungswissenschaftler Henning Schluß in seinem Artikel „Religionssensibilität als pädagogische Kompetenz"[165] als ein Ergebnis des von Martin Lechner und Angelika Gabriel durchgeführten Forschungsprojekts „Religion in der Jugendhilfe"[166] heraus, dass Erzieherinnen, die sich selbst als nicht religiös bezeichnen, den religiösen Weltzugang von Kindern und Jugendlichen auf unterschiedlichen Abstraktionsebenen fördern können. Anhand der empirischen Untersuchung wird nach Schluß belegt, dass Erzieherinnen „in ihrem pädagogischen Handeln Kompetenzen aufweisen, die mit dem zugrunde gelegten Instrumentarium als religionssensibel beschrieben werden können"[167]. Eine weitere praktische Orientierungshilfe

---

161 Beer 2005
162 Hugoth 2008
163 Hugoth 2012
164 Hugoth 2012, S. 13
165 Schluß 2011
166 Lechner und Gabriel 2009d. Vgl. hierzu ausführlich Punkt 2.3 in dieser Arbeit.
167 Schluß 2011, S. 223

für Erzieherinnen bietet das Buch „Religionspädagogische Kompetenzen"[168] von Albert Biesinger und Friedrich Schweitzer, die unter Berücksichtigung der multireligiösen Gesellschaft der Frage nachgehen, wie religiöse und interreligiöse Begleitung und Erziehung in konfessionellen und kommunalen Kindertageseinrichtungen von Erzieherinnen verantwortungsvoll gestaltet werden kann.

Das Thema (inter-)religiöse Kompetenz ist auch ein Forschungsschwerpunkt von Christoph Knoblauch im aktuellen empirischen Forschungsprojekt „Religiöser und interreligiöser Kompetenzerwerb in der frühen Bildung: Konstruktion von Wertorientierung und Reflexion existentieller Erfahrungen in einem interreligiösen Erziehungs- und Bildungsumfeld", in dessen Rahmen die hier vorliegende Forschungsarbeit entstanden ist.[169] Der dargestellte aktuelle Forschungsstand zeigt auf der einen Seite, dass innerhalb der Elementarpädagogik ein dringlicher Forschungsbedarf zum Themenkomplex ‚Religiöse Bildung und Erziehung in der Elementarpädagogik' besteht, da dieser Bereich bisher überwiegend ausgespart wurde. Auf der anderen Seite stellt sich aus religionspädagogischer Perspektive die Frage, wie Erzieherinnen der an sie gestellten Aufgabe des sensiblen Umgangs mit religiösen und weltanschaulichen Unterschieden im Kindergarten gerecht werden können. Da die Tübinger Studie zeigt, dass insgesamt ein großer Handlungsbedarf in Bezug auf den Islam und die interreligiöse Bildung in Kindertageseinrichtungen besteht und in nicht konfessionellen Einrichtungen religiöse Bildung allgemein nur wenig oder kaum stattfindet, stellt sich Frage, welches religionspädagogisches Handlungskonzept sowohl in konfessionellen als auch nicht konfessionellen Einrichtungen anwendbar ist, um den pädagogisch ausgebildeten Erzieherinnen und Kindheitspädagoginnen – die keine Religionspädagoginnen oder Katechetinnen sind – einen sensiblen Umgang mit den Themen, Fragen und Interessen der Kinder zu ermöglichen. An diesem Punkt setzt die hier vorliegende Studie an. Dabei wird das religionspädagogische Handlungskonzept der religionssensiblen Erziehung aus der Jugendhilfe auf die Elementarpädagogik übertragen und pädagogisch mit Hilfe der drei elementarpädagogischen Handlungskonzepte Offener Kindergarten, Early Excellence und infans begründet. Mit der pädagogischen Begründung des religionspädagogischen Handlungskonzepts zeigt sich die Religionspädagogik als ein Teil der Pädagogik, was den Erzieherinnen und Kindheitspädagoginnen einen Zugang zum Themenkomplex religiöse Bildung und Erziehung vor dem Hintergrund der Elementarpädagogik ermöglicht. Mit der qualitativen Untersuchung wird dann eine empirische Basis geschaffen mit dem Ziel, die religiöse Bildung und Erziehung im pädagogischen Alltag konfessioneller und kommunaler Kindertageseinrichtungen und die damit verbundene Umsetzung entsprechender Bildungspläne, etwa des baden-württembergischen, in der Praxis zu erheben und auf ihre Religionssensibilität hin zu untersuchen. Auf diese

---

168 Biesinger und Schweitzer 2013
169 Das Projekt wird im Rahmen des Juniorprofessoren-Programms vom Ministerium für Wissenschaft, Forschung und Kunst Baden-Württemberg gefördert.

Weise wird einerseits eine bestehende Lücke in der empirischen Forschung der Elementarpädagogik geschlossen und andererseits mit dem Handlungskonzept der religionssensiblen Bildung ein neuer Zugang für Erzieherinnen zum Themenkomplex ‚Religiöse Bildung und Erziehung in der Elementarpädagogik' geschaffen.

2.3 Religionssensible Erziehung und Bildung – eine Annäherung an den Begriff

In der aktuellen Diskussion werden Kinder häufig als Theologen und Philosophen bezeichnet.[170] Existenzielle Fragestellungen wie beispielsweise: „Muss man wirklich sterben? Wo bin ich gewesen, als ich noch nicht auf der Welt war?"[171] zeigen die philosophische Kompetenz von Kindern, „die sich vor allem in ihrem unverstellten Staunen-können, in ihren grundlegenden Fragen und in ihrer hartnäckigen Suche nach Antworten manifestiert."[172] Vor diesem Hintergrund ist es geboten zu klären, welche Angebote Kindern zur Verfügung stehen, um diesen Fragen nachzugehen. Hier rückt der Begriff der ‚religionssensible Erziehung'[173] in den Mittelpunkt. Er stammt ursprünglich aus dem Forschungsprojekt „Religion in der Jugendhilfe"[174]. Religionssensible Erziehung stellt eine religionspädagogische Handlungstheorie dar, die sich sowohl als Teilgebiet der (Sozial-)Pädagogik als auch als Teilgebiet der Theologie[175] versteht, und untersucht in diesem Kon-

---

170 Vgl. Zimmermann 2010, Kirchhoff und Rupp 2008a und Pemsel-Maier 2011.

171 Baden-Württemberg Ministerium für Kultus 2011, S. 44

172 Pemsel-Maier, S. 15

173 Katrin Bederna hat die Bezeichnung ‚religionssensible Erziehung' in dem Buch Bederna und König 2009 auf die Frühpädagogik übertragen.

174 Lechner und Gabriel 2009d

175 Lechner bezieht sich hier auf Friedrich Schweitzer. Für ihn „gehört die Religionspädagogik zwei verschiedenen Wissenschaften an, die jeweils für sich eine Einheit oder einen geschlossenen Theoriezusammenhang darstellen wollen. Soweit sich die Religionspädagogik nicht von der Theologie verabschieden kann, wenn sie ihren Bezug auf Religion nicht ins Diffus-Allgemeine auflösen will, sich aber auch gegenüber der Erziehungswissenschaft nicht zu isolieren vermag, wenn sie pädagogisch ausweisbaren Ansprüchen Genüge tun will, braucht die Religionspädagogik eine doppelte Verankerung sowohl in der Theologie als auch in der Erziehungswissenschaft." Schweitzer 2006, S. 273. Vgl. hierzu auch Punkt 2.4.5 in dieser Arbeit.

text die Religion und die Religiosität[176] der einzelnen Kinder und Jugendlichen.[177] Dabei wird in diesem Zusammenhang mit verschiedenen Beispielen darauf hingewiesen, dass die Religion und religiöse Phänomene in der Gesellschaft und in wissenschaftlichen Untersuchungen, wie zum Beispiel der Allgemeinen Pädagogik, neue Beachtung erfahren.[178]

2.3.1 Der Aufbau des Forschungsprojekts in der Jugendhilfe

Martin Lechner und Angelika Gabriel konzipierten 2004 das Forschungsprojekt „Religion in der Jugendhilfe"[179], das von 2005 bis 2008 am Lehrstuhl für Jugendpastoral der Philosophisch-Theologischen Hochschule der Salesianer Don Bosco in Benediktbeuern durchgeführt wurde. Ausgangspunkt war die schwierige Situation der Erzieherinnen in konfessionellen Einrichtungen der Kinder- und Jugendhilfe, die in ihrem pädagogischen Alltag die Umsetzung des religiösen Erziehungs- und Bildungsauftrags in den Einrichtungen zu bewerkstelligen haben. Als Ziel des Projekts wurde die Entwicklung, Erprobung und Evaluierung eines religionspädagogischen Handlungskonzepts formuliert, das die multikulturelle und multireligiöse Situation in den Einrichtungen der (teil-)stationären Erziehungshilfe und den Einrichtungen der Jugendsozialarbeit in den Blick nimmt. Religiöse Erziehung wird hier als ein Beitrag zur Lebenskompetenz Jugendlicher verstanden. Diese neue religionspädagogische Handlungstheorie setzt bei der Religiosität der Jugendlichen an (anthropozentrisch) und nicht an den katechetischen und missionarischen Interessen der Kirche (ekklesiozentrisch).[180] „Das setzt die Wahrnehmung seiner Religion und Religiosität voraus. Daher der Name ‚religionssensibel'".[181] In der Pädagogik wird Wahrnehmung als der Prozess von Aufnahme und Verarbeitung von Sinneseindrücken bezeichnet, die durch Umweltreize oder Körperreize (Gefühle) entstehen. „Wahrnehmung bildet die Voraussetzung für die seelische und soziale Entwicklung und hat die Aufgabe, dem Menschen Orientierung in seiner dinglichen und sozialen Umwelt zu geben, damit

---

176 „Religiosität ist eine biologisch grundgelegte Ausstattung des (aller?/vieler?) Menschen, die eine ganzheitliche, d.h. von der ganzen Persönlichkeit (emotional, kognitiv, wert- und orientierungsmäßig) getragene und – weil als transzendent fundiert erlebt – nicht mehr überbietbare Welt- und Selbstdeutung sowie Selbsthingabe ermöglicht." Angel 2002, S. 13 Etwas anders formuliert Ulrich Hemel: „Aus meiner Sicht entscheidend ist der Rückbezug auf die subjektive Wirklichkeitskonstruktion eines handelnden Individuums. Religiosität bedeutet dann *die individuelle Ausprägung eines persönlichen Welt- und Selbstverständnisses unter Verwendung religiöser Kategorien.*" Hemel 2002, S. 8

177 Vgl. Lechner und Gabriel 2011, S. 11. Zum Thema Theologie in der sozialen Arbeit vgl. ausführlich Lechner 2000.

178 Vgl. Lechner und Gabriel 2009d, S. 159–160.

179 Lechner und Gabriel 2009d

180 Vgl. Lechner und Gabriel 2009d, S. 11.

181 Lechner und Gabriel 2009d, S. 11

dieser sich in der Welt zurechtfinden kann."[182] Die Wahrnehmung der Religion und Religiosität der Kinder und Jugendlichen bildet für die Erzieherinnen den Ausgangspunkt der religiösen Erziehung und Bildung in der Jugendhilfe. In der Konsequenz bedeutet dies, dass religiöse Bildung und Erziehung auf ganz unterschiedliche Weise in den Einrichtungen sattfindet, abhängig von den (religiösen) Bedürfnissen, Gefühlen, Themen und Interessen der Jugendlichen. Dies setzt seitens der Erzieherinnen eine gute Wahrnehmungskompetenz voraus und eine (religions-)pädagogische Flexibilität in ihrer Arbeit. Die religionspädagogische Handlungstheorie ist mit dem Ziel entwickelt worden, auch in Einrichtungen anwendbar zu sein, die nicht in kirchlicher Trägerschaft sind.[183] Des Weiteren soll eine religionspädagogische Didaktik für Sozialberufe entwickelt werden.[184]

Das Forschungsprojekt gliederte sich in drei Phasen. In der ersten Phase wurden drei Forschungsinstrumente entwickelt, um die religionspädagogische Ausgangssituation in der Jugendhilfe zu erfassen. Zum einen wurde mit einer Fotostudie und mit narrativen Interviews die Religiosität der Jugendlichen in den Blick genommen. Für die Praxis aufgearbeitete Resultate aus dieser Studie sind in dem Buch „Anstößiger Glaube – Anstöße zum Glauben?!"[185] veröffentlicht worden. Zum anderen fand mit Hilfe von Leitfadeninterviews eine Befragung von Mitarbeiterinnen und Mitarbeitern statt. Das dritte Forschungsinstrument stellte eine bundesweite Befragung der Leiterinnen und Leiter anhand von Fragebögen dar.[186] In der zweiten Phase des Projekts wurde in enger Zusammenarbeit mit 16 Partnereinrichtungen in der Praxis eine religionspädagogische Handlungstheorie entwickelt. Die überarbeiteten Ergebnisse sind für die Praxis in den Büchern „Werkbuch Religionssensible Erziehungshilfe"[187] und „Brenn-Punkte"[188] veröffentlicht worden. Die religionspädagogische Handlungstheorie umfasst fünf beziehungsweise sechs Handlungsgrundsätze. Die Arbeitsgemeinschaft der Dienste und Einrichtungen der Erziehungshilfen in der Diözese Rottenburg-Stuttgart (AGE) initiierte fast zeitgleich das Projekt ‚In Hülle und Fülle', das von 2006–2008 stattfand. Wissenschaftlich wurde dieses Projekt von Martin Lechner und dem Lehrstuhl für Jugendpastoral der Philosophisch-Theologischen Hochschule der Salesianer Don Bosco in Benediktbeuern begleitet. Die fünf Handlungsgrundsätze wurden in der Praxis erprobt. Ein sechster Handlungsgrundsatz wurde entwickelt, der sich von den anderen fünf Handlungsgrundsätzen insofern abhebt, als er speziell auf die Mitarbeiterinnen und Mitarbeiter der Jugendhilfeeinrichtungen ausgerichtet ist.[189] Aufgrund ihrer Bedeutung für das fünfte Kapitel dieser Arbeit, indem

---

182 Vollmer 2005, S. 68
183 Vgl. Tratberger-Zenker 2009, S. 33.
184 Siehe hierzu Kebekus 2014.
185 Lechner und Gabriel 2009b
186 Vgl. Tratberger-Zenker 2009, S. 35 und Lechner und Gabriel 2009d, S. 13–14.
187 Lechner und Schwer 2009b
188 Lechner und Gabriel 2011
189 Vgl. Lechner und Schwer 2009b.

eine Übertragung der Handlungsgrundsätze von der Jugendhilfe auf Kindertages-einrichtungen erfolgt, werden diese im Folgenden vollständig zitiert:

„Erster Handlungsgrundsatz:
Die Lebensgeschichte der Kinder und Jugendlichen, ihre Lebenswelt und ihre existentiellen Erfahrungen – ihre Sehnsüchte und Hoffnungen, ihre Sorgen und Ängste – wahrnehmen, wertschätzen, herausfordern und begleiten sowie die darin vorhandenen religiösen Spuren identifizieren und versprachlichen.

Zweiter Handlungsgrundsatz:
Die alltägliche pädagogische Arbeit als basale, indirekte Form religiöser Erziehung begreifen. Eine hohe fachliche Qualität und eine vertrauensvolle Nähe zu den Kindern und Jugendlichen sind in theologischer und religionspädagogischer Hinsicht höchst bedeutsam (vgl. DC 31c).

Dritter Handlungsgrundsatz:
Den Sozialraum ‚Jugendhilfe-Einrichtung' als Lernwelt anregend gestalten – dies auch in religiöser Hinsicht:
– hinsichtlich der Raumgestaltung
– hinsichtlich der Beziehungsgestaltung
– hinsichtlich der Regelgestaltung

Vierter Handlungsgrundsatz:
Besondere Anlässe im Lebensraum und deren Bildungspotential auch für religiöse Aneignungsprozesse nutzbar machen
– Biographische Stationen und Anlässe
– Feste und besondere Ereignisse in der Einrichtung
– Jahreszyklus mit den ‚Festen'
– Öffentliche Ereignisse (Gesellschaft, Kirche, Kommune)

Fünfter Handlungsgrundsatz:
Die Einrichtung mit geeigneten sozialen, kulturellen und religiösen Institutionen des Umfeldes vernetzen und deren Ressourcen für die religiöse Erziehung/Bildung sowie für die soziale Einbettung junger Menschen nutzbar machen."[190]

„Sechster Handlungsgrundsatz:
Religionssensibilität ist eine Dimension sozialberuflicher Kompetenz. Sie ist Voraussetzung, Entwicklungsaufgabe und Querschnittsthema zu allen anderen Handlungsgrundsätzen."[191]

Nach der zweiten Phase der Theorieentwicklung schloss sich die dritte Phase der Erprobung und Evaluation an, in der Vorträge, Ausstellungen, Fort- und Weiterbildungen, Präsentationen und Veröffentlichungen erfolgten, um das religionspä-

---

190 Lechner 2009c, S. 44; vgl. Lechner und Gabriel 2009c, S. 179–191.
191 Schwer und Wanner 2009, S. 114

dagogische Handlungskonzept der religionssensiblen Erziehung über die beteiligten Einrichtungen hinaus in der Fachwelt bekannt zu machen.[192]

2.3.2 Der Religionsbegriff

Martin Lechner entwickelt in seinem Beitrag „Der Religionsbegriff des Forschungsprojektes"[193] seinem Anspruch nach einen „theologisch vertretbaren und zugleich empirisch-pädagogisch operationalisierbaren Religionsbegriff"[194]. Auf Basis eines dreifachen Erfahrungsbegriffs entfaltet Lechner einen ebenfalls dreistufigen Religionsbegriff. Ausgangspunkt der Religionspädagogik bildet hier die Kategorie der ‚Erfahrung', die als Grundlage der Kommunikation von Religion gilt. Dieser wird dreifach differenziert. Den Anfang stellt die Alltagserfahrung oder Grunderfahrung dar, die in der Deutung der Wirklichkeit verdichtet zur Schlüsselerfahrung wird. Alltags- und Grunderfahrungen „sind das Rohmaterial, aus dem Schlüsselerfahrungen erwachsen, die den Horizont der Transzendenz eröffnen."[195] Schlüsselerfahrungen bilden so die Grundlage für den zweiten Erfahrungsbegriff, den der religiösen Erfahrungen, da religiöse Erfahrungen nicht losgelöst vom alltäglichen und gedeuteten Leben gemacht werden können. Religiöse Erfahrungen sind Erfahrungen, die das Tiefere der Wirklichkeit spüren lassen, die eine Ahnung davon geben, dass es einen größeren Sinnzusammenhang geben muss über das erlebte Hier und Jetzt hinaus. „In ihrem Bezug auf Vergangenheit, Gegenwart und Zukunft, mit ihrer Funktion der Durchbrechung von Normalität und Alltag sowie in ihrer Weckung von Betroffenheit und Verwandlung zielen religiöse Erfahrungen auf Lebenspraxis ab."[196] In der heutigen Zeit ist zu beobachten, dass sich Menschen als ‚religiös' bezeichnen und religiöse Erfahrungen machen, sich allerdings nicht mehr an religiöse Systeme und konfessionelle Gemeinschaften binden. Der dritte Erfahrungsbegriff, der als „Konfessionelle Erfahrung"[197] beschrieben wird, zeigt die Differenz zwischen privaten religiösen Erfahrungen und gemeinschaftlichen religiösen Erfahrungen. Konfessionelle Erfahrungen werden demnach in Bekenntnisgemeinschaften etwa im Judentum, Christentum oder Islam durch Riten, Symbole, Lehren, Gebete, Feiern etc. gemacht und verbalisiert.

Ausgehend von diesem dreifachen Erfahrungsbegriff entwickelt Lechner einen dreistufigen Religionsbegriff, dessen Ausgangspunkt die Annahme bildet, dass „viele junge Menschen mit und ohne Konfession keinesfalls einfach musikalisch unreligiös sind, wohl aber religiös sprachlos"[198]. Die erste Stufe beschreibt

---

192 Vgl. Lechner und Gabriel 2009a.
193 Lechner 2009a
194 Lechner 2009a, S. 160
195 Lechner 2009a, S. 162
196 Lechner 2009a, S. 164
197 Lechner 2009a, S. 164
198 Lechner 2009a, S. 166

Religiosität als „Existenz- oder Lebensglaube"[199] in Anlehnung an den Religionsbegriff von Paul Tillich: „Religion ist im weitesten und tiefsten Sinne des Wortes das, was uns unbedingt angeht."[200] Dieser Religionsbegriff schließt Alltags-
und Schlüsselerfahrungen mit ein, in denen das Sinngebende im Leben deutlich
wird. Religion beinhaltet hier „eine innere Gewissheit des unbedingt Erwünscht-,
Geliebt- und Gehaltenseins."[201] Die zweite Stufe des Religionsbegriffs fasst die
Religiosität enger, nämlich als „Transzendenz- oder Gottesglaube"[202] und begreift
die Welt als eine Wirklichkeit, die nicht aus sich selbst heraus erklärbar ist, sondern auf eine andere Wirklichkeit verweist. Diese andere Wirklichkeit zeigt sich
in der Transzendenz, die als höhere Macht oder Kraft, als Heiliges oder Gott ausgelegt wird. Christlich gedeutet spricht man von Gott, der in den drei Personen
Vater, Sohn und Heiliger Geist existiert und sich in Jesus Christus den Menschen
als Weg, Wahrheit und Leben offenbart hat. Diese christliche Deutung ist bereits
die dritte Stufe des Religionsbegriffs, auf der Religiosität als „Konfessions- oder
Gemeinschaftsglaube"[203] verstanden wird. Dieser Glaube bindet das Individuum
ein in eine Glaubensgemeinschaft, die dem Leben Sinn gibt, das Zusammenleben
fördert und die in Symbolen[204] und Ritualen[205], Festen und Feiern, religiös sprachfähig ist. „Religiöse Pluralität wird zum unverkennbaren Merkmal einer Kultur,
in der die Koexistenz verschiedener Religionen und christlicher Konfessionen zu

---

199 Lechner 2009a, S. 167

200 Tillich, Paul (1962): Die verlorene Dimension. Not und Hoffnung unserer Zeit, S. 28,
     zitiert nach Lechner 2009a, S. 168.

201 Lechner 2009a, S. 169

202 Lechner 2009a, S. 169

203 Lechner 2009a, S. 171

204 „Der Vieldeutigkeit des Wortes Symbol im heutigen Sprachgebrauch entspricht ein
     komplexer ethymologischer sowie sprachgeschichtlicher Befund. Das Wort Symbol
     kommt vom griechischen σύμβολον, Substantivform des Verbs συμβάλλειν und be-
     zeichnet einen in zwei Teile auseinandergebrochenen Gegenstand (Ring, Täfelchen,
     Stab usw.), der zusammengefügt Bedeutung erlangt und als Erkennungszeichen (lat.
     tessera) dient. Gleichursprünglich bedeutet Symbol aber auch das Zeichen (lat. indici-
     um, signum) allgemein und jede darin verkörperte Sinnbedeutung (Formeln, Chiffren,
     Siglen)." Steimer 2006, Sp. 1154

205 „Riten (synonym mit ‚Ritualen') sind bestimmte Handlungsgewohnheiten von Ein-
     zelnen und Gemeinschaften. Historisch bis in die Gegenwart hinein ist der Begriff
     ‚ritus/rite' vor allem religiös konnotiert gewesen [...] In allen Religionen begleiten
     Riten lebensgeschichtliche (Initiationsriten, Kasualien) und jahreszeitliche Über-
     gänge (Feste), mithin Darstellungen individuellen und gemeinschaftlichen Sinnes."
     Meyer-Blanck 2002, S. 61. „Das Wort ‚Ritual' leitet sich vom lateinischen ‚ritualis'
     – den Ritus betreffend – ab. Ein Ritual ist eine nach vorgegebenen Regeln ablaufende
     Handlung mit hohem Symbolgehalt, die kultureller, religiöser oder auch alltäglicher
     Natur sein kann. Ein festgelegtes Zeremoniell von verschiedenen Ritualen oder rituel-
     len Handlungen, wie beispielsweise bei einer Bestattung, wird als Ritus bezeichnet."
     Franz 2010, S. 96

einem Zukunftsthema und einer zentralen gesellschaftlichen Aufgabe geworden ist."[206]

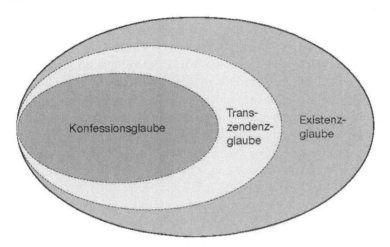

Abbildung 2: Der dreistufige Religionsbegriff[207]

In Anlehnung unter anderem an den „12. Kinder- und Jugendbericht"[208] des Bundesministeriums für Familien, Senioren, Frauen und Jugend entwickelt Lechner einen „religionspädagogischen Dreiklang: Erziehung – Bildung – Sozialisation"[209]. Aufbauend auf den dreistufigen Religionsbegriff steht bei ihm im Mittelpunkt der religionssensiblen Erziehung auf der ersten Stufe die religiöse Erziehung als eine „allgemein menschliche Erziehung"[210]. Diese Stufe bildet die Grundlage für die weitere explizite religiöse Bildung auf der zweiten Stufe des Religionsbegriffs und die konfessionelle Sozialisation[211] in eine religiöse Glaubensgemeinschaft

---

206 Lechner 2009a, S. 172. Friedrich Schweitzer beschreibt die religiöse und weltanschauliche Pluralität als Grundsignatur der Gegenwart, die in der Religionspädagogik zum Bildungsziel der Pluralitätsfähigkeit geführt hat. Gefragt sind hier „Orientierungsfähigkeit, Urteilsfähigkeit und Kritikfähigkeit sowie die Unterstützung von Kindern und Jugendlichen dabei, eine eigene Position im Sinne eines selbständigen Glaubens zu finden, einschließlich der Möglichkeit eines geprüften Nicht-Glaubens." Schweitzer 2012, S. 24

207 Lechner 2009a, S. 172

208 Bundesministerium für Familie 2005

209 Lechner 2009c, S. 38

210 Lechner 2009c, S. 39

211 Religiöse Sozialisation „bezeichnet das Hineinwachsen in eine Glaubensgemeinschaft, speziell in eine christliche Kirche oder in eine religiöse Gemeinschaft. Dazu gehören die Übernahme des Bekenntnisses in den verschiedenen Stufen der Initiation, die Teilnahme an den Gemeinschaftsversammlungen, die Übernahme der Ethik und die Partizipation an der missionarischen Sendung dieser Gemeinschaft. Dies vollzieht sich in formellen, nichtformellen und informellen Lernprozessen und in verschiedenen Feldern der konfessionell-kirchlichen Sozialisation". Lechner 2009a, S. 175

auf der dritten Stufe. Die drei Stufen stehen in Verbindung miteinander, sie sind miteinander vernetzt. Den drei Erfahrungsdimensionen wird so ein Element des Dreiklangs Erziehung – Bildung – Sozialisation[212] zugeschrieben. Auf der Basis der gedeuteten Alltags- und Schlüsselerfahrungen kann grundlegende, vom Menschen ausgehende implizite religiöse Erziehung erfolgen. Bei religiösen Erfahrungen steht die religiöse Bildung im Vordergrund und bei konfessionellen Erfahrungen erfolgt die Sozialisation in einer Bekenntnisgemeinschaft. Die vornehmliche Aufgabe von Erzieherinnen in Bezug auf die religionssensible Erziehung sieht Lechner auf der ersten Stufe: Ausgehend von der eigenen religiösen Identität und Sprachfähigkeit begleiten die Erzieherinnen die Kinder und Jugendlichen in ihren Alltags- und Schlüsselerfahrungen. Die fünf bzw. sechs Handlungsgrundsätze der religionspädagogischen Handlungstheorie bilden dabei die Grundlage für die religionspädagogische Handlungskompetenz der Erzieherinnen.[213]

2.3.3 Das Wort ,religions-sensibel'

Das Wort ,sensibel' stammt von dem lateinischen Wort ,sensibilis' ab[214] und bedeutet wörtlich übersetzt „die Sinne betreffend, empfindlich, feinfühlig, mit den Sinnen verbunden"[215]. Das Adjektiv ,sensibilis' im Lateinischen wiederum leitet sich von dem Verb ,sentire' ab, das mit wahrnehmen, fühlen und empfinden übersetzt werden kann.[216] Sensibilität wird in der weiteren Diskussion als Fähigkeit des Menschen zur Empfindung verstanden, als Feinfühligkeit.[217] Religionssensibilität bedeutet folglich die Empfindungsfähigkeit des Menschen für Religion, die Feinfühligkeit für Religiöses. „Religionssensibilität ist eher ein Gefühl, ein Fühlen, ein Einfühlungsvermögen. Sie ist – im Unterschied zur ,religiösen Erziehung' – weniger eine Sache des Kopfes (Bescheid wissen über Religion, Einübung von religiöser Praxis) als vielmehr eine Sache des Herzens."[218] Mit der Verwendung des Begriffs ,Religionssensibilität' wird die Aussicht verbunden, dass das Phänomen ,Religion' in den Sozialberufen eine positive Konnotation erfährt.[219]

---

212 „Sozialisation ist zu verstehen ,als der Prozess der Entstehung und Entwicklung der Persönlichkeit in wechselseitiger Abhängigkeit von der gesellschaftlich vermittelten sozialen und materiellen Umwelt. Vorrangig thematisch ist dabei [...] wie sich der Mensch zu einem gesellschaftlich handlungsfähigen Subjekt bildet.', Gudjons 1997, S. 154. „Sozialisation erfolgt durch Anleitung und Anforderung, Information und Belehrung, durch Beobachtung und Nachahmung von Vorbildern, durch Strafen und Belohnungen usw. Die Familie, die Schule, der Beruf, die Gruppe der Freunde, die Medien sind an diesem Prozess beteiligt." Montada 2002, S. 39

213 Vgl. Lechner 2009c, S. 38–40 und Lechner 2009a, S. 173–176.

214 Vgl. Häcker et al. 2009, S. 905.

215 Hoffmann

216 Vgl. Häcker et al. 2009, S. 905.

217 Vgl. Häcker et al. 2009, S. 905.

218 Lechner und Gabriel 2011, S. 9

219 Vgl. Lechner 2009b, S. 104.

2.2.4 Diskussion

Die religionspädagogische Handlungstheorie der religionssensiblen Erziehung und Bildung ist in Deutschland innerhalb eines christlichen Kontextes entstanden. Damit ist die Entstehungsgeschichte des Ansatzes durch ein europäisch westliches und christliches Denken geprägt. Es ist davon auszugehen, dass Lechner als katholischer Theologe und (Sozial-)Pädagoge seinem Weltverständnis eine theologische Anthropologie zugrunde legt.[220] Grundsätzlich zeigt sich in dem Forschungsprojekt ein Menschenbild, das den Mensch als ein Wesen sieht, das auf sich selbst reflektieren kann, dessen Fragen nie abgeschlossen sind und deshalb über das Vorfindliche hinausreichen. Religiöse Themen und Fragen zeigen sich demnach nicht nur in expliziten Fragen nach Gott oder religiösen Festen, sondern auch in allgemeinen Fragen nach dem Leben, dem Sinn und Werten. Dies schließt Themen und Lebensfragen nach Gut und Böse, Gerechtigkeit und Ungerechtigkeit, Freude und Leid, Leben und Tod mit ein.[221] Die kompakten und gut verständlichen fünf Handlungsgrundsätze dieser religionspädagogischen Handlungstheorie sind nach Lechner durch die qualitativen und quantitativen Forschungsergebnisse der Studie, durch Diskussionen mit Projektpartnern und durch Literaturrecherchen entstanden.[222] Die Begründung der einzelnen Handlungsgrundsätze erfolgt überwiegend aus theologischer, religionspädagogischer, weniger aus pädagogischer Perspektive. In Bezug auf den zugrundeliegenden Religionsbegriff, der zunächst sehr weit gefasst ist, zeigt sich die christliche Prägung des Ansatzes beispielsweise bei dem Wort „Konfessionsglaube". Interessant wäre es an dieser Stelle der Frage nachzugehen, wie anschlussfähig der Religionsbegriff an eine pädagogische Anthropologie ist, was allerdings aufgrund der Fragestellung im Rahmen dieser Dissertation nicht möglich ist. Eine weitere offene Frage ist die Anschlussfähigkeit des Religionsbegriffs an andere Religionen, wie zum Beispiel den Islam oder das Judentum. Im Christentum gibt es keinen einheitlichen Religionsbegriff, sondern eine Vielzahl unterschiedlicher Definitionen.[223] Anhand der vier Grundtypen phänomenologisch, substanziell, anthropologisch und funktional hat der katholische Theologe und Pädagoge Burkhard Porzelt die unterschiedlichen Definitionen systematisiert. Während die ersten beiden Grundtypen ein enges Religionsverständnis beinhalten, lassen sich die letzten beiden Typen durch ein weites Religionsverständnis charakterisieren.[224] Pointiert dargestellt beschreibt der anthropologische Religionsbegriff Religion als einen elementaren Wesenszug des Menschen. Beim funktionalen Religionsbegriff steht die problemlösende Funktion von Religion im Mittelpunkt, während beim phänomenologischen Religionsbegriff die wahrnehmbare Ausdrucksgestalt von Religion

---

220 Zur Anthropologie der Religionspädagogik siehe Grümme 2012.
221 Vgl. Pemsel-Maier, S. 56.
222 Vgl. Lechner und Gabriel 2009c, S. 179.
223 Vgl. Porzelt 2009, S. 45.
224 Vgl. Porzelt 2009, S. 50–51.

eine zentrale Rolle spielt. Substanzielle Religionsdefinitionen zielen schließlich auf die ausdrücklichen Inhalte von Religion.[225] In dieser Systematisierung der unterschiedlichen Definitionen von Religion entspricht der von Lechner zugrunde gelegte dreistufige Religionsbegriff auf der Stufe des Existenzglaubens einem anthropologischen Religionsbegriff, da hier Religion als Lebensglaube verstanden wird, der „eine innere Gewissheit des unbedingt Erwünscht-, Geliebt- und Gehaltenseins" [226] beinhaltet. Gleichzeitig zeigen sich auf dieser Stufe auch Züge eines funktionalen Religionsverständnisses, da „Religion als Lebenshilfe und förderlicher Faktor der Entwicklung"[227] gesehen wird. Die Stufe des Transzendenzglaubens stimmt mit einem phänomenologischen Religionsverständnis überein, denn es zeigt sich hier eine „erlebnishafte und antwortende Begegnung mit der transzendenten Wirklichkeit in ‚vielen Religionen'"[228]. Der Stufe des Konfessionsglaubens liegt schließlich ein substanzieller Religionsbegriff zugrunde, bei dem die Kinder und Jugendlichen in eine Konfessionsgemeinschaft hineinwachsen.[229] Die Zuordnung der einzelnen Stufen zu den vier verschiedenen Grundtypen der unterschiedlichen Religionsdefinitionen zeigt die Komplexität des von Lechner entwickelten Religionsbegriffs und den hohen Anspruch seiner religionspädagogischen Handlungstheorie. Lechner betont allerdings, dass der Beitrag der Erzieherinnen zur religiösen Erziehung der Jugendlichen insbesondere auf der ersten Stufe zu sehen ist. Religiöse Erziehung wird hier auf der Basis der Erfahrungen von beispielsweise Vertrauen, Liebe und Geborgenheit als allgemein menschliche Erziehung verstanden, die es auf die Erfahrungen des ‚Ganz Anderen' hin zu öffnen gilt. Seitens der Erzieherinnen sind hier religiöse Selbstidentität, religiöse Sprachfähigkeit und religionspädagogische Handlungskompetenz gefordert.[230] Die religionspädagogische Handlungstheorie stellt eine Bereicherung für alle dar, „die sich subjektiv- und handlungsorientiert mit Religionspädagogik beschäftigen."[231]

2.3.5 Religionssensible Erziehung und Bildung in Kindertageseinrichtungen

Die religionssensible Erziehung und Bildung kann eine Antwort auf die gesellschaftliche Situation unserer Zeit sein und eine Orientierungshilfe anbieten, denn die Vielfalt religiöser und weltanschaulicher Lebenskonzepte, die sich auch in Kindertageseinrichtungen widerspiegelt, wird in dieser religionspädagogischen Handlungstheorie berücksichtigt.[232] Kindern wird so die Möglichkeit gegeben,

---

225 Vgl. Porzelt 2009, S. 83.
226 Lechner 2009a, S. 169
227 Pemsel-Maier 2012, S. 59
228 Lechner 2009a, S. 170
229 Vgl. Lechner 2009a, S. 171–172.
230 Vgl. Lechner 2009a, S. 176.
231 Schwendemann 2010, S. 102
232 Vgl. Lechner und Gabriel 2011, S. 9–10.

ihre religiösen Wurzeln[233] kennenzulernen und ihre eigene Religiosität zu entwickeln. Die Aufgabe der Erzieherinnen besteht darin, Kinder in diesem Prozess zu begleiten.[234] „So haben die Kinder die Möglichkeit, selbst religiös sprachfähig zu werden und Kompetenzen zu erwerben, die zu einer eigenen religiösen Identität in der Pluralität befähigen."[235] Ausgangspunkt der religionssensiblen Erziehung und Bildung sind genau wie in den drei elementarpädagogischen Handlungskonzepten Offener Kindergarten, Early Excellence und infans die Themen und Interessen der Kinder. „Zentrales Charakteristikum dessen, was wir ‚religionssensible Erziehung' nennen, ist der Ausgang von den Bedürfnissen und Themen der Kinder und nicht beispielsweise der Ausgang von dem Interesse religiöser Gemeinschaften, Mitglieder zu binden."[236]

Im Hinblick auf den dargestellten Kontext Betreuung, Bildung und Erziehung in der Elementarpädagogik und den damit verbundenen Bildungsbegriff, wird im Folgenden der Arbeit der Begriff religionssensible *Erziehung* ausschließlich im Kontext des Forschungsprojektes aus der Jugendhilfe verwendet, während im Kontext der Elementarpädagogik der Begriff religionssensible *Bildung* angewendet wird. Die gewählte Begrifflichkeit unterstreicht den Anspruch der Elementarpädagogik, dass Bildung die Selbsttätigkeit des Kindes in den Mittelpunkt rückt und schließt zugleich die religiöse Erziehung insofern mit ein, als dass der Raum und die Zeit für religionssensible Bildungsprozesse von Erzieherinnen geschaffen wird. Ausgangspunkt dabei sind die Alltags- und Schlüsselerfahrungen der Kinder, ihre religiösen Fragestellungen in Bezug auf die Welt sowie ihre religiösen Themen, die von den Erzieherinnen mit ihrer religiösen Handlungskompetenz als solche erkannt und gedeutet werden müssen. Innerhalb des religionspädagogischen Dreiklangs von Erziehung, Bildung und Sozialisation, bei dem auf der ersten Stufe die religiöse Erziehung als eine „allgemein menschliche Erziehung"[237] verstanden wird, kennzeichnet Erziehung[238] in Abgrenzung zu Bildung, dass Erwachsene keinen unmittelbaren Zugriff auf die Konstruktionsprozesse von Kindern haben. Indem sie diese Tatsache anerkennen und Bildung als Aktivität des Kindes sehen, gewinnen sie zwei Formen der Erziehung, die sich mit der Selbstbildung des Kindes vereinbaren lassen: „Die Gestaltung der Umwelt

---

233 „Die gesamte europäische Kultur ist zudem ohne ein Wissen um ihre christlichen Wurzeln letzten Endes weder zu verstehen noch zu kommunizieren." Lutz et al. 2009, S. 29

234 Vgl. Diözese Rottenburg-Stuttgart u.a. 2011, S. 42–43.

235 Diözese Rottenburg-Stuttgart u.a. 2011, S. 43

236 Bederna und König 2009, S. 14

237 Lechner 2009c, S. 39

238 Laewen unterscheidet zwischen Erziehung „als konkreter Tätigkeit von Personen (Eltern, Erzieherinnen, Lehrer) und Erziehung als einem legitimen kulturellen Anliegen". Laewen 2002a, S. 73

des Kindes"[239] (Raumgestaltung, Material, Zeitgestaltung, Situationen[240] …) und die „Gestaltung der Interaktion zwischen Erwachsenen und Kind"[241] (Zumutung von Themen, Beantwortung von Themen, Dialog als Interaktion). So kann Erziehung definiert werden „als Ermöglichung, Unterstützung und Herausforderung von konstruierender Aneignung."[242]

In Kapitel 5 dieser Arbeit wird dargelegt und begründet, wie die fünf bzw. sechs Handlungsgrundsätze der religionspädagogischen Handlungstheorie der religionssiblen Erziehung auf das Arbeitsfeld von Erzieherinnen in Kindertageseinrichtungen übertragen werden können. Zunächst wird nun ein Blick auf die religionssensible Bildung in Bezug auf die pädagogische Konzeption von Kindertageseinrichtungen gerichtet, um die Verbindung der theoretischen Rahmung zur Praxis aufzuzeigen.

2.4 Religionssensible Bildung als Bestandteil der pädagogischen Konzeption von Kindertageseinrichtungen

Religionssensible Bildung versteht sich als Bestandteil einer den Menschen ganzheitlich begreifenden Bildung und Erziehung. „Religiöse Erziehung ist keine zusätzliche Anforderung neben der pädagogischen Arbeit und damit erst einmal Sache der ‚Spezialisten'. Sie ist integraler Bestandteil und Auftrag in der alltäglichen Arbeit im Sinne einer für religiöse Fragen sensiblen Alltagspädagogik."[243]

Das formulierte Ziel des in Punkt 2.3.1 beschriebenen Forschungsprojekts ‚Religion in der Jugendhilfe' ist es, eine neue religionspädagogische Handlungstheorie für Sozialberufe beziehungsweise ein religionspädagogisches Handlungskonzept vorzulegen. Wenn diese Handlungstheorie ein Bestandteil der pädagogischen Konzeption von Kindertageseinrichtungen sein soll, so scheint es notwendig zunächst zu klären, was die Begriffe ‚Pädagogisches Handlungskonzept', ‚Leitbild', ‚Pädagogische Konzeption', ‚(Didaktische) Konzepte' und ‚Religionspädagogische Handlungstheorie/Religionspädagogisches Handlungskonzept' beinhalten.

---

239 Laewen 2002a, S. 73

240 „Situationen umschreiben das Bezugsfeld für soziales Handeln und bedingen damit die Rahmenbedingungen des Denkens und Handelns. Hier wirken die tatsächlichen Gegebenheiten auf den Handelnden ein, der die Herausforderungen gemäß individueller Einstellungen unterschiedlich wahrnimmt, bewertet und dabei unterschiedliche Engagements entwickelt." Jung 2010, S. 11

241 Laewen 2002a, S. 73

242 Laewen 2002a, S. 73

243 Klein-Jung 2009, S. 149

2.4.1 Pädagogisches Handlungskonzept

Ein pädagogisches (Handlungs-)Konzept wird von Einzelpersonen oder von Gruppen/Instituten entwickelt und begründet. Es ist überregional bekannt und beschreibt die Grundsätze des pädagogischen Handelns in einem sozialpädagogischen Arbeitsfeld wie zum Beispiel dem Kindergarten. Der Blick richtet sich dabei unter anderem auf das Bild vom Kind, die Ziele, Inhalte und Methoden des pädagogischen Arbeitens sowie auf die Aufgabe und Rolle der Erzieherin.[244] „Bis vor wenigen Jahren sagte man ‚Pädagogischer Ansatz‘ statt ‚Pädagogisches Handlungskonzept.'"[245]

Die Anfänge außerhäuslicher Kinderbetreuung sind mit dem Theologen und Philosophen Johann Oberlin (1740–1826) verbunden, der im Elsass Strickschulen gründete, in denen Jungen und Mädchen Französisch lernten, Erfahrungen in der Natur sammelten und handwerkliche Fähigkeiten erlernten.[246] Bei Friedrich Fröbel (1782–1852), der ein Schüler Johann Pestalozzis war und als Begründer des ‚Kindergartens‘ gilt, stand neben der Erziehung und Betreuung die Bildung im Mittelpunkt der Kleinkindbetreuung.[247] Die Fröbel-Pädagogik zeichnet sich durch das freie Spiel, die Beobachtung der Kinder, die entwickelten Spielgaben und sinnorientierte Tätigkeiten aus.[248] Viele Elemente seiner Pädagogik finden sich in später entwickelten pädagogischen Handlungskonzepten wieder.[249] „Pädagogische Konzepte werden von gesellschaftlichen Entwicklungen und den daraus folgenden Menschenbildern, Vorstellungen kindlichen Aufwachsens und pädagogischer Professionalität beeinflusst."[250] Dies zeigt sich weiter in der Geschichte der reformpädagogischen Handlungskonzepte von Maria Montessori oder Rudolf Steiner (Waldorfpädagogik) sowie der Reggio-Pädagogik und dem Situationsansatz aus den 1970er Jahren.[251] Zu den neueren Pädagogischen Handlungskonzepten, die den heutigen gesellschaftlichen Anforderungen und der aktuellen Lebensumwelt entsprechen, gehören unter anderen der Offene Kindergarten, der Early-Excellence-Ansatz sowie das infans-Konzept der Frühpädagogik, die im Kapitel 3 dieser Arbeit näher dargestellt werden.

Die positiven Effekte, die sich für Kindertageseinrichtungen bei der Orientierung der pädagogischen Arbeit an einem pädagogischen Handlungskonzept ergeben, wurden – abgeleitet aus theoretischen Überlegungen aufgrund fehlender empirischer Untersuchungen – bereits beschrieben.[252] Die Einführung eines

---

244 Vgl. Lorber 2010, S. 105 und Jaszus et al. 2008, S. 588.
245 Jaszus et al. 2008, S. 588
246 Vgl. Bamler et al. 2010a, S. 25.
247 Vgl. Aden-Grossmann 2011, S. 9 und Jaszus et al. 2008, S. 588–591.
248 Vgl. Schauwecker-Zimmer 2003 und Jaszus et al. 2008, S. 588–591.
249 Vgl. Schauwecker-Zimmer 2003.
250 Lorber 2010, S. 105, Kluge 2006, S. 22 und Knauf 2007, S. 13.
251 Vgl. Lorber 2010, S. 105.
252 Siehe Knauf 2003.

pädagogischen Ansatzes in einer Einrichtung setzt einen Prozess in Gang, der eine Auseinandersetzung mit der pädagogischen Qualität einer Kindertageseinrichtung miteinschließt.[253] Bereits die Einigung im Team auf einen pädagogischen Ansatz setzt die Reflexion des alltäglichen pädagogische Handelns voraus sowie das theoretische Verständnis des Ansatzes bei den pädagogischen Mitarbeiterinnen und die konkrete Umsetzungsmöglichkeit in die Praxis. Dazu braucht es neben den formulierten Zielen zur Veränderung der bisherigen Praxis einen klaren Startpunkt und eine Überprüfung und Weiterentwicklung der Ziele. Hilfreich dabei können eine Prozessbegleitung, Fort- und Weiterbildungen sowie in der Folge eine konstruktive Öffentlichkeitsarbeit sein. „Dieser Prozess kann als ein Qualitätsentwicklungsprozess verstanden werden, weil er auf Seiten der Akteure nur mit hohem Reflexionsvermögen und alltagsbezogener Handlungsintensität realisierbar ist.“[254] Das Thema Qualität[255] im Kindergarten wird seit den 1990er Jahren in Deutschland diskutiert und ist ein wichtiger Bestandteil für die Innen- und Außenwirkung der pädagogischen Arbeit in Kindertageseinrichtungen.[256]

---

253 „Qualitätsentwicklung
   Alle Maßnahmen, die zu einer systematischen Qualitätsverbesserung beitragen. Gründe für Qualitätsentwicklung:
   • Maßstäbe für die Bewertung für das eigene Handeln zu finden, in einem Arbeitsbereich, für den es bisher wenig konkrete messbare Vorgaben gab.
   • Notwendigkeit der Profilierung durch Konkurrenzsituationen.
   • Wirtschaftliche Gründe: Wenn eine Kindertageseinrichtung genau weiß, was wie mit welchen Mitteln gemacht werden soll, können Finanzmittel zielgerichtet und damit sinnvoll eingesetzt werden.
   Bedeutung von Qualität in Tageseinrichtungen für Kinder:
   • Prioritätensetzung in der pädagogischen Arbeit
   • Schärfung des Profils der Einrichtung
   • Optimierung von Abläufen und Prozessen
   • Personalentwicklung und Teamentwicklung
   • Möglichkeit der Erfolgskontrolle.“ Vollmer 2005, S. 158–159
254 Knauf 2003, S. 251. In seinem Buch „Handbuch Pädagogische Ansätze“ Knauf 2007 beschäftigt sich Tassilo Knauf ausführlich mit der Konzeptions- und Qualitätsentwicklung in Kindertageseinrichtungen.
255 „Qualität (lat. qualitas = Beschaffenheit, Eigenschaft) bezeichnet die Güte, die Beschaffenheit, den Wert von einer Sache bzw. von einem Produkt. Ob die Qualität gut oder schlecht ist, ist damit noch nicht beantwortet. Ein einheitlicher Qualitätsbegriff existiert nicht. Deutlich wird, dass jede Organisation, jede Kindertageseinrichtung ‚ihre‘ Qualität definieren muss. Die Definition kann dabei nur gelingen, wenn die Qualität zwischen Kindertageseinrichtung, Kindern, Eltern (Kunden, Nutzern) und Träger gemeinsam ausgehandelt wird.“ Vollmer 2005, S. 157
256 Für eine vertiefte Auseinandersetzung mit diesem Thema sei an dieser Stelle auf die Arbeiten von Kluczniok et al. 2012, Schmidt 2012, Honig et al. 2004, Tietze 1998 und Tietze und Viernickel 2007 verwiesen.

2.4.2 Das Leitbild einer Einrichtung

Sowohl das Leitbild als auch die Konzeption sind Texte, die das Profil einer Einrichtung beschreiben. Das Leitbild einer sozialpädagogischen Einrichtung, einer Organisation oder eines Unternehmens zeigt die Zielrichtung der Arbeit und die Vision des Trägers. „Ziel ist, dass alle Beteiligten eine einheitliche Orientierung für ihr Verhalten in der Organisation haben und sich so mit ihr identifizieren können."[257] Im Leitbild wird das Selbstverständnis der Einrichtung beschrieben, das den Orientierungsrahmen für zukünftige Entwicklungen aufzeigt. Es beinhaltet eine Vision, nach der das Handeln und Verhalten in der Einrichtung ausgerichtet werden.[258] Inhalte sind beispielsweise das Menschenbild (Identität), der Auftrag (Ziele), die Zusammenarbeit mit Eltern, Trägern, Kooperationspartnern und der Leitung sowie die Sichtweise vom Kind (Werte).[259] Das Leitbild bildet die Arbeitsgrundlage zur Erarbeitung einer Konzeption für die Einrichtung. Während zur Sicherstellung der Betreuungs- und Bildungsqualität die Erstellung einer Konzeption für eine Einrichtung gesetzlich verpflichtend ist – im „Paragraph 22a Abs. 1 SGB VIII werden die Träger der öffentlichen Jugendhilfe angehalten, auf eine Konzeptionsentwicklung in den Tageseinrichtungen hinzuwirken"[260] – basiert die Erstellung eines Leitbildes auf Freiwilligkeit.[261]

2.4.3 Pädagogische Konzeption

Die Begriffe ‚Konzeption' und ‚Konzept' werden trotz ihrer unterschiedlichen Bedeutung in der alltäglichen Praxis von Kindertageseinrichtungen, aber teilweise auch in der Literatur, synonym verwendet.[262] „Konzept heißt erste Niederschrift – erste Fassung oder ... der Plan einer Sache (Wahrigs Deutsches Wörterbuch)"[263]. Ein Konzept ist geprägt durch einen vorläufigen Charakter, es bedarf der Bearbeitung und Weiterentwicklung. Der Begriff ‚Konzeption' leitet sich vom lateinischen Wort ‚concapere' ab und bedeutet zusammenfassen, zusammennehmen.[264] Die pädagogische Konzeption einer Kindertageseinrichtung zeigt die Ziele, Werte, Vorstellungen und Einstellungen auf, nach dem die pädagogischen Mitarbeiterinnen der Einrichtung ihre Arbeit in der Praxis ausrichten. Zur Entwicklung einer Pädagogischen Konzeption werden in verschiedenen Büchern unterschiedliche

---

257 Bostelmann und Fink 2007, S. 18
258 Vgl. Bongard und Schwarzkopf 2000, S. 20.
259 Vgl. Caritasverband für die Erzdiözese Freiburg e.V. 2000 und Knisel-Scheuring und Roth 2010, S. 61.
260 Koch 2010, S. 127
261 Vgl. Knisel-Scheuring und Roth 2010, S. 61.
262 Vgl. Hopf.
263 Knauf 2010b, S. 228
264 Vgl. Knauf 2010b, S. 228.

Vorgehensweisen beschrieben,[265] beispielweise werden die folgenden vier Arbeitsschritte vorgeschlagen:

- Situationsanalyse
- Bedarfsanalyse
- Konzeptionserstellung
- Überprüfung der Konzeption.[266]

Bei der Situationsanalyse richtet sich der Blick auf die Rahmenbedingungen der
Kindertageseinrichtung vor Ort (Raum, Team …) und die Lebensumstände der
Familien, deren Kinder die Einrichtung besuchen. Die Bedarfsanalyse klärt die
Bedürfnisse und Vorstellungen der beteiligten Personengruppen (Kinder, Eltern,
Team, Träger, Leitung). Mit Hilfe der Auswertung der Situations- und Bedarfsanalyse und der Auswahl eines Pädagogischen Handlungskonzepts[267] oder unterschiedlicher pädagogischer Theorien wird vom Team eine Pädagogische Konzeption erarbeitet, die als „der individuelle Leitfaden für die pädagogische Arbeit"[268]
in der Einrichtung gilt, oder – anders ausgedrückt – „ihre Visitenkarte"[269] darstellt. Der Schritt der Überprüfung der Konzeption verfolgt das Ziel, die Wirksamkeit der Konzeption und die Erreichbarkeit der Ziele zu überprüfen und weiterzuentwickeln. „Aus diesem nicht endenden Kreislauf wird die Konzeption
immer wieder überprüft und fortgeschrieben."[270]

2.4.4 (Didaktische) Konzepte in Kindertageseinrichtungen

Bildung, Erziehung und Betreuung gelten als die Grundpfeiler des pädagogischen
Auftrags für die Arbeit in Kindertageseinrichtungen. Zur Umsetzung dieses Auftrags gibt es in Kindergärten zahlreiche Konzepte, wie zum Beispiel ein Raumkonzept, ein Konzept für die Öffentlichkeitsarbeit, ein Konzept für die Elternarbeit, ein Eingewöhnungskonzept etc.[271] In Bezug auf den Bereich der Bildung
sind unterschiedliche didaktische Konzepte für den Kindergarten entwickelt worden. Einerseits wurden mit der Bildungsreform in den 1960er Jahren „funkti-
onsorientierte und wissenschafts- oder disziplinorientierte Ansätze entwickelt"[272]
und andererseits alltags- und situationsorientierte Ansätze, bei deren Entwicklung
dem Pädagogisches Handlungskonzept des Situationsansatzes aus den 1970er
Jahren eine Leitfunktion zugeschrieben werden kann.[273] Die funktionsorientier-

---

265 Vgl. Groot-Wilken 2009, Jacobs 2009 und Schlummer 2003.
266 Vgl. Lorber 2010, S. 106–107.
267 Vgl. Punkt 2.4.1 Pädagogisches Handlungskonzept in dieser Arbeit.
268 Pausewang und Strack-Rathke 2009, S. 151
269 Groot-Wilken 2009, S. 6
270 Lorber 2010, S. 107
271 Vgl. Becker-Textor 2012.
272 Roßbach 2008, S. 123
273 Vgl. Roßbach 2008, S. 123–124.

ten Ansätze setzten bei den ‚psychischen Funktionen' an, unter der Annahme, dass jeder Mensch diese besitzt. Dazu zählen beispielsweise Denken, Sprache, Wahrnehmung und Kreativität. Zur Förderung dieser Funktionen wurden Trainingsprogramme entwickelt, wie zum Beispiel das Sprachtraining, um diesen speziellen Bereich zu fördern und die Kinder zum Leben in der Gesellschaft zu befähigen.[274] Bei den wissenschafts- oder disziplinorientierten Ansätzen bilden die Wissenschaftsdisziplinen und die Fachdidaktik der schulischen Fächer den Ausgangspunkt für das Lernen im Kindergarten. „Im Kindergarten sollen die elementaren Fähigkeiten vermittelt werden, auf die dann die späteren Bildungsstufen aufbauen können, ohne dass früheres Lernen revidiert zu werden braucht."[275] Für das Fach Mathematik sind hierzu aktuelle Beispiele „Der Leitfaden Zahlenland 1"[276] und „Der Leitfaden Zahlenland 2"[277].

An den funktionsorientierten Ansätzen sowie an den wissenschafts- oder disziplinorientierten Ansätzen wurde kritisiert, dass sie einseitig die Entwicklung kognitiver Fähigkeiten fördern wollen und einen schulvorbereitenden Charakter aufweisen.[278] Gefordert und entwickelt wurden situationsorientierte Ansätze, die sich an der Lebenssituation der Kinder orientieren und beim Kompetenzerwerb der Kinder zur Bewältigung ihrer Schlüsselprobleme ansetzen. Die Entwicklung von konzeptuellen Ansätzen in der pädagogischen Arbeit in Kindergärten veränderte sich von speziellen Förderangeboten hin zur Alltags- und Situationsorientierung. Ausgangspunkt hier sind die aktuellen Lebenssituationen der Kinder, anhand derer sie lernen, kompetent und selbstbestimmt auch zukünftige Situationen zu bewerkstelligen. Das soziale Lernen steht hier im Vordergrund, das sachbezogene Lernen wird dem untergeordnet beziehungsweise auf konkrete Anwendungskontexte bezogen. „Die Vermittlung einer Sachkompetenz wie zum Beispiel Telefonieren soll nicht isoliert geschehen, sondern nur insoweit, wie sie konkret zur Bewältigung einer bestimmten sozialen Anwendungssituation (z.B. Verlaufen in der Stadt) erforderlich wird."[279] Der in Deutschland bekannteste pädagogische Ansatz ist der in den 1970er Jahren entwickelte „Situationsansatz"[280], der mit dem Projekt Kindersituationen[281] zwischen 1993 und 1997 in den neuen Bundesländern weiterentwickelt und erprobt wurde.[282] Die Situationsorientierung hat den Kindergärten eine konzeptuelle Einheit gegeben, wurde aber auch in der

---

274 Vgl. Roßbach 2003, S. 271.
275 Roßbach 2003, S. 271
276 Preiß 2009a
277 Preiß 2009b
278 Vgl. Roßbach 2008, S. 124.
279 Roßbach 2003, S. 273
280 Preissing 2009
281 Siehe hierzu Zimmer 1997.
282 Am „Institut für den Situationsansatz (ISTA)" an der Freien Universität Berlin wird an der Weiterentwicklung des Situationsansatzes in Theorie und Praxis gearbeitet. Institut für den Situationsansatz (ISTA) 2005.

Praxis sehr individuell ausgelegt.[283] Am Situationsansatz wird unter anderem kritisiert, dass der Begriff der ‚Situation' nicht präzise definiert ist und dass sich der Situationsansatz explizit als Bildungsansatz versteht, aber die Formulierung von Bildungszielen fehlt. Darüber hinaus gibt es keine empirischen Untersuchungen dazu, ob die Bewältigung der gegenwärtigen Lebenssituationen der Kinder diese dazu befähigt, zukünftigen Lebenssituationen gewachsen zu sein.[284] Außerdem bieten die situationsorientierten Ansätze keine internationalen Vergleichsmöglichkeiten und grenzen sich so von internationalen Entwicklungen ab.[285] Roßbach fordert „eine Balance der verschiedenen methodischen Vorgehensweisen"[286], das heißt eine Ausgewogenheit zwischen situationsorientierten und funktionsorientierten sowie wissenschafts- oder disziplinorientierten Ansätzen. Das selbsttätige Lernen der Kinder soll sich mit dem Vermitteln von Wissen im Kindergarten gegenseitig ergänzen.[287]

In diesem Zusammenhang werden in dem Aufsatz „Bildungs- und Lernziele im Kindergarten und in der Grundschule"[288] aus der Perspektive des Kindergartens weiterführend zwei Dimensionen zur Förderung von Bildungs- und Lernprozessen aufgezeigt. Die erste idealtypische Dimension ist an den Methoden orientiert und reicht von der Alltags- und Situationsorientierung auf der einen Seite bis hin zum gezielten Förderangebot (das den funktionsorientierten sowie den wissenschafts- oder disziplinorientierten Ansätzen entspricht) auf der anderen Seite. Die zweite idealtypische Dimension ist an den Inhalten orientiert und gliedert die Förderung in eine allgemeine und eine bereichsspezifische. In der Elementarpädagogik hat demnach ein Umdenken stattgefunden, was sich in den Bildungs- und Orientierungsplänen der einzelnen Bundesländer zeigt, die „spezifische Inhaltsbereiche – wie zum Beispiel Sprache, Mathematik, soziales Verhalten, musisch-kreativer Bereich – für die Förderung im Kindergarten"[289] beinhalten. In den domänenspezifischen Angeboten der zweiten Dimension, die bei Berücksichtigung der ersten Dimension auch alltags- und situationsorientiert verortet sein können, muss die methodische und didaktische Angemessenheit in Bezug auf den Entwicklungsstand der Kinder mit bedacht werden. Anhand der zwei Dimensionen und der sich daraus ergebenden vier Pole (Alltags- und Situationsorientierung versus Förderangebote und allgemein versus bereichsspezifisch) lassen sich die Bildungs- und Lernprozesse im Kindergarten mit Hilfe von vier verschiedenen Bereichen systematisieren, deren Übergänge fließend sein können:

• situations- und alltagsorientierte allgemeine Förderung

• situations- und alltagsorientierte bereichsspezifische Förderung

---

283 Vgl. Roßbach 2003, S. 276.

284 Vgl. Roßbach 2003, S. 272–276.

285 Vgl. Roßbach 2008, S. 125.

286 Roßbach 2008, S. 127

287 Vgl. Roßbach 2008, S. 129.

288 Roßbach et al. 2010a

289 Roßbach et al. 2010a, S. 41

- angebotsorientierte allgemeine Förderung
- angebotsorientierte bereichsspezifische Förderung

Ein Beispiel für die situations- und alltagsorientierte allgemeine Förderung stellen die pädagogischen Handlungskonzepte Offener Kindergarten, Early-Excellence- und infans-Konzept dar, wobei der Übergang zur bereichsspezifischen Förderung je nach Themen und Interessen der Kinder im Alltag fließend ist. Das Projekt Kindergarten der Zukunft in Bayern (KiDZ)[290], das von 2005 bis 2009 durchgeführt wurde, kann als ein Beispiel für die situations- und alltagsorientierte bereichsspezifische Förderung herangezogen werden, in dem es unter anderem um die Förderung von Literacy, Naturwissenschaften und Mathematik geht. „Der Kindergarten wird in diesem Projekt als Lernumgebung verstanden, in der die Kinder aktiv Mathematik entdecken und erfahren können."[291] Beispielsweise stellt sich im Alltag beim Tischdecken in einer Kindertageseinrichtung die Frage: Wie viele Teller brauchen wir? Als Beispiel für die angebotsorientierte allgemeine Förderung führt Roßbach das Curriculum ‚Faustlos‘ an. Zu diesem Angebot gibt es 28 Lektionen, in denen die Kinder soziale Verhaltensweisen lernen.[292] Für die angebotsorientierte bereichsspezifische Förderung sei hier abermals ‚Der Leitfaden für das Zahlenland‘[293] erwähnt.

Das religionspädagogische Handlungskonzept der religionssensiblen Bildung ist in der ersten Dimension als ein alltags- und situationsorientiertes Konzept einzuordnen, da es nicht die Katechese[294] in den Mittelpunkt des Handelns stellt, sondern die religiösen Bedürfnisse und Themen der Kinder im Alltag als Ausgangspunkt nimmt. In der zweiten Dimension zwischen den Polen allgemeiner und bereichsspezifischer Förderung zählt es zur bereichsspezifischen Förderung (im baden-württembergischen Orientierungsplan etwa gehört es zum Entwicklungsfeld Sinn, Werte und Religion). Die Einordung des religionspädagogischen Handlungskonzepts der religionssensiblen Bildung kann folgende Abbildung verdeutlichen, wobei die Abgrenzung zur allgemeinen Förderung aufgrund des Religionsbegriffs der ersten Stufe[295] fließend ist:

---

290 Siehe hierzu Freund und Roßbach 2011 und Roßbach et al. 2010b.

291 Roßbach et al. 2010a, S. 43

292 Vgl. Roßbach et al. 2010a, S. 44.

293 Preiß 2009a

294 „Der Begriff Katechese wird nicht einheitlich gebraucht. In der Regel bezeichnet er kooperatives, absichtliches und zielstrebiges Lehren und Lernen (zugunsten) des Christseins mit Hilfe von Worten und Symbolhandlungen." Nastainczyk 2001, Sp. 961.

295 Vgl. Kapitel 2.3.2 in dieser Arbeit.

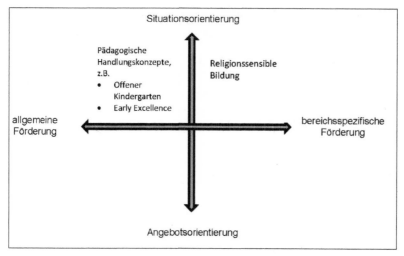

Abbildung 3: Systematisierung der Bildungs- und Lernprozesse[296]

2.4.5 Religionspädagogische Handlungstheorie/ Religionspädagogisches Handlungskonzept

Die Religionspädagogik ist eine Teildisziplin der Praktischen Theologie, die eine der vier wissenschaftlichen Bereiche der Theologie darstellt.[297] Die Theologie versteht sich nach Reinhold Boschki „als ein Verbund unterschiedlich perspektivierter und methodisch divergenter Teildisziplinen [...] die einen gemeinsamen Gegenstand – Gottes Offenbarung in Schrift und Tradition im Konnex mit den glaubenden und suchenden Subjekten – besitzen."[298] Die Praktische Theologie pflegt mit anderen außertheologischen Wissenschaften ein dialogisches Verhältnis, insbesondere der Human- und Sozialwissenschaften, wie zum Beispiel der Psychologie, der Soziologie und der Pädagogik. Für die Religionspädagogik ergibt sich demzufolge eine doppelte Orientierung, nämlich zur Theologie und zur Pädagogik.[299] Die Religionspädagogik als praktisch-theologische Disziplin innerhalb der Theologie beschäftigt sich mit „dem religiösen Lernen als offenem Prozess der Erfahrungsbildung, der zwar auf Unterstützung und Begleitung angewiesen ist, aber im Lehren nicht vorweggenommen werden kann"[300]. Die Praktische Theologie zeichnet sich als Wissenschaft – wie schon der Name zeigt – durch einen besonderen Bezug zur Praxis aus und steht damit im Kontext der wissenschaftstheoretischen Frage nach der Praxis.[301] Seit den 1970er Jahren hat sich die Praktische Theologie

---

296 Vgl. Kluczniok et al. 2010, S. 137.

297 Die akademische Theologie gliedert sich in die Bereiche Biblische Theologie, Historische Theologie, Systematische Theologie und Praktische Theologie. Vgl. Hilpert und Leimgruber 2008.

298 Boschki 2007, S. 30

299 Vgl. Boschki 2007, S. 30–31.

300 Kießlinger 2007, S. 67

301 Vgl. Haslinger 1999a, S. 102.

innerhalb der katholischen Theologie als Handlungswissenschaft entworfen und tut dies bis heute. Ergänzend dazu sind aus der evangelischen Theologie Ansätze hinzugekommen, welche die Praktische Theologie als Wahrnehmungswissenschaft entwerfen.[302] Als Handlungswissenschaft geht die Praktische Theologie von einer diskrepanten Situation aus (Praxis 1) und versucht mittels einer kairologischen Reflexion (Was ist der Zusammenhang? Was sind die Zeichen der Zeit, die uns heute herausfordern?) und einer kriteriologischen Reflexion (Was soll sein? Welche theologischen Maßstäbe sollten die Praxis bestimmen?) zu einer Handlungstheorie zu kommen.[303] Die Entwicklung einer Handlungstheorie hat das Ziel, „das Spannungsfeld, das sich zwischen Ist- und Soll-Stand auftut, fruchtbar werden zu lassen zu Gunsten einer veränderten und verändernden Praxis (Praxis 2), die im Rahmen eines Regelkreises auf Überlieferung und Situation zurückwirkt und weitere Entwicklungen einer Praxistheorie anregt."[304] Die konkrete Praxis 2 ist durch folgende vier Funktionen gekennzeichnet:

- Eine bestätigende Funktion: Dort, wo die Praxis richtig ist, bestätigt die Handlungstheorie die Praxis.

- Eine kritisierende Funktion: Eine diskrepante Praxis wird durch die Handlungstheorie aufgedeckt.

- Eine innovative Funktion: Die Handlungstheorie kann neue Ideen und Impulse für die vorhandene Praxis geben.

- Eine Funktion der Ausbildung: Die Handlungstheorie ist die Grundlage der Aus- und Fortbildung von Mitarbeiterinnen und Mitarbeitern, die ihre eigenen Praxiserfahrungen anhand der Handlungstheorie reflektieren, bekräftigen und weiterentwickeln.[305]

Bei der Frage nach dem Begriff der ‚Praxis' und der Tauglichkeit der Praxis für ein christlich kirchliches (und pädagogisches) Handeln gilt für Lechner: „Die handlungswissenschaftliche Identität der Praktischen Theologie wurde wesentlich durch Helmut Peukerts Überlegungen zu einer Theorie kommunikativen Handelns inspiriert."[306] Demnach ist nicht jedes Handeln in der Praxis mit einem kirchlich-christlichen Handeln kompatibel. „Kirchlich-christliches Handeln müsse jegliche Art von Machtförmigkeit ablegen und ihr subjektkonstituierendes Potenzial entfalten. Es sei ein kommunikatives Handeln zu postulieren und zu realisieren"[307]. Herbert Haslinger diskutiert ebenfalls die Frage nach der Praxis und bezieht sich dabei auf die Theorie des kommunikativen Handelns von Jürgen Habermas und der darauf aufbauenden praktisch-theologischen Transformation von Helmut Peukert. Dabei kommt Haslinger zu folgendem Definitionsversuch: „Praxis

---

302 Vgl. Lechner 2004, S. 242–245.
303 Vgl. Zerfaß 1974, S. 166–169.
304 Kießlinger 2007, S. 69
305 Vgl. Zerfaß 1974.
306 Lechner 2004, S. 242
307 Lechner 2004, S. 243

ist der vielschichtige Komplex der mit subjektivem Sinn unterlegten Gestaltung von Wirklichkeit, die jeweils von konkreten Menschen (Subjekten) ausgeht bzw. in der Menschen mit einem widerfahrenden Einwirken umgehen, so dass sich im Verhältnis zwischen Subjekt und anderer Wirklichkeit eine Veränderung vollzieht."[308]

Die von Lechner und Gabriel vorgelegte religionspädagogische Handlungstheorie der religionssensiblen Erziehung[309], die in einigen Beiträgen des Forschungsprojekts auch als Religionspädagogisches Handlungskonzept bezeichnet wird[310], stellt den wissenschaftstheoretischen Hintergrund dar, der die bestehende Praxis in Einrichtungen der Jugendhilfe reflektiert, bekräftigt und weiterentwickelt. Analog zu dem aus dem Fachgebiet der Pädagogik gebräuchlichen Begriff des Pädagogischen Handlungskonzepts (vgl. 2.4.1), mit dem die „theoretische Basis für die Praxis"[311] grundgelegt wird, wird im Folgenden vom religionspädagogischen Handlungskonzept der religionssensiblen Bildung gesprochen. Als Hintergrund für das Handlungskonzept fungiert der oben dargelegte Handlungsbegriff des kommunikativen Handelns (versus instrumentelles Handeln) nach Habermas und Peuckert.

2.4.6 Fazit

Zur Begründung des pädagogischen Handelns und zur Sicherung der pädagogischen Qualität einer Einrichtung ist die Auswahl eines pädagogischen Handlungskonzepts notwendig und hilfreich. Im Prozess der Entwicklung einer pädagogischen Konzeption im Team stellt die Auswahl eines pädagogischen Handlungskonzepts (wie zum Beispiel Offenes Konzept, Early Excellence oder infans) die theoretische Grundlegung und Begründung für das praktische Handeln in der pädagogischen Arbeit dar.[312] Analog dazu stellt die Auswahl eines religionspädagogischen Handlungskonzepts (wie zum Beispiel die religionssensible Bildung) den theoretischen Hintergrund dar, der die bestehende religionspädagogische Praxis – verstanden als ein Teil der pädagogischen Praxis – in der elementarpädagogischen Einrichtung reflektiert und weiterentwickelt. Demnach bilden sowohl das pädagogische als auch das religionspädagogische Handlungskonzept einen Bestandteil der pädagogischen Konzeption von Kindertageseinrichtungen. Welche Anknüpfungspunkte die pädagogischen Handlungskonzepte Offenes Konzept, Early Excellence und infans und das religionspädagogische Handlungskonzept der religionssensiblen Bildung aufweisen, wird in Kapitel 5 dieser Arbeit dargestellt.

---

308 Haslinger 1999b, S. 120
309 Vgl. Lechner und Gabriel 2009d, S. 11 und 179.
310 Etwa Tratberger-Zenker 2009, S. 33.
311 Lorber 2010, S. 105
312 Vgl. Lorber 2010, S. 105.

3   Ausgewählte pädagogische Handlungskonzepte der Elementarpädagogik

„Pädagogische Ansätze sind vorrangig in Epochen entstanden, in denen sich Kritik an hergebrachten pädagogischen Alltagspraktiken mit der Neuentwicklung pädagogischer Ideen verband."[1] Insbesondere in der Epoche der Reformpädagogik[2] entstanden – wie in Punkt 2.4.1 erwähnt – Handlungskonzepte für den elementarpädagogischen Bereich, wie zum Beispiel Montessori, Freinet oder Walldorf sowie daran anknüpfend in der zweiten Hälfte des 20. Jahrhunderts der Ansatz der Reggio-Pädagogik und der Situationsansatz.[3] Die Einführung der Bildungs- und Erziehungspläne in den einzelnen Bundesländern Anfang des 21. Jahrhunderts hat eine neue Situation im Bereich der Elementarpädagogik hervorgebracht.[4] Diese Pläne unterstreichen den Bildungsauftrag von Kindertageseinrichtungen und legen verbindliche Qualitätsstandards für alle Einrichtungen fest. Sie ersetzen aber nicht die pädagogischen Handlungskonzepte, die dazu beitragen, „die Bildungsprozesse der Kinder in ihrem inneren Zusammenhang zu begreifen sowie zu unterstützen, anzuregen und herauszufordern"[5]. Im Kontext dieser Entwicklungen werden in dieser Arbeit die drei pädagogischen Handlungskonzepte Offener Kindergarten, Early Excellence und infans untersucht, da alle drei Konzepte sich in ihrer pädagogischen Grundlegung unter anderem auf die Ansätze von Montessori und Reggio beziehen. Der Ansatz von Maria Montessori Anfang des 20. Jahrhunderts zeichnet sich durch die Selbsttätigkeit des Kindes aus, die sich im ‚absorbierenden Geist' des Kindes zeigt, „einer Fähigkeit des kleinen Kindes, die Verhältnisse, die es in seiner Umwelt vorfindet, unbewusst wie ein Schwamm aufzusaugen und zum Ausgangspunkt einer Ordnung des Geistes zu machen."[6] Montessori hat in der damaligen Zeit den Bildungsgedanken auf eine empirische Basis gestellt durch die Entwicklung autodidaktischer Materialien. Sie werden als Hilfe zur Selbsthilfe verstanden und stellen somit die Hilfe des Erwachsenen zum kindlichen Bildungsprozess dar, in dem das Kind die Welt für sich ordnen kann.[7] Der in den 1960er Jahren entwickelte Ansatz der Reggio-Pädagogik ist nach der italienischen Stadt Emilia Reggio benannt, die als Stadt Träger der Kindertageseinrichtungen ist. Das Kind wird in diesem Ansatz als Konstrukteur seiner Entwicklung, seines Wissens und Könnens gesehen. Das Kind entwickelt – ähnlich wie bei Montessori – neugierig und engagiert seine Kompetenzen, da es das vielfältige und lebendige Potenzial dazu in sich trägt. „Die wichtigste

---

1   Knauf 2007, S. 13
2   Dies meint die Zeit von ungefähr 1890 bis 1933. Vgl. Schonig 2005, S. 1302.
3   Vgl. Knauf 2007, S. 13 und Liegle 2012b, S. 3.
4   Vgl. Liegle 2012b, S. 3.
5   Liegle 2012b, S. 5
6   Schäfer 2006, S. 36
7   Vgl. Schäfer 2006, S. 35–37.

Gabe, die die Reggio-Pädagogik Kindern zuschreibt, ist die des Forschers"[8]. Das Kind ist neugierig, es möchte die Welt verstehen und zu sich in Beziehung setzen. Durch Experimente erweitert das Kind seine Handlungskompetenz. Die ,Hundert Sprachen der Kinder'[9] von Loris Malaguzzi stehen bildlich für die unterschiedlichen Ausdrucksformen der Kinder in der Reggio-Pädagogik. Als Handlungsformen spielen Projekte eine zentrale Rolle, die als Prozess verstanden werden, der durch Wahrnehmung, Reflexion, Aktion und Kommunikation gekennzeichnet ist.[10] Bildung und Erziehung wird als eine Gemeinschaftsaufgabe von Kindern, Eltern und Erzieherinnen in der Kindertageseinrichtung gesehen. Die Reggio-Pädagogik hat „den Wert und die Bedeutung der individuellen Vielfalt herausgearbeitet und mit dem Gedanken der sozialen Vernetztheit allen Denkens und Tuns nahtlos verknüpft."[11] Der Raum gilt in der Reggio-Pädagogik als dritter Erzieher, der den Kindern genauso wie die Erwachsenen einerseits Geborgenheit (Bezug) und andererseits Herausforderung (Stimulation) vermittelt.[12] Die Selbsttätigkeit des Kindes und damit verbunden die Rolle des Erwachsenen als Begleiterin der kindlichen Lernprozesse stehen in beiden Ansätzen im Vordergrund. Darauf beziehen sich auch die drei Handlungskonzepte Offener Kindergarten, Early Excellence und infans und berücksichtigen darüber hinaus neuere wissenschaftliche Erkenntnisse der Bindungstheorie, Hirnforschung und Neurobiologie.[13] Im Gegensatz dazu weist der in den 1970er Jahren entwickelte Situationsansatz eine soziologische Begründung auf, es fehlen empirische Untersuchungen zum Ansatz und Bildungsziele sind nicht explizit formuliert.[14] Aus diesen Gründen wird der Situationsansatz in dieser Arbeit nicht analysiert. Der Fokus wird auf neuere pädagogische

---

8   Knauf 2006, S. 122

9   „Und es gibt Hundert doch

    Ein Kind ist aus hundert gemacht. Ein Kind hat hundert Sprachen, hundert Hände, hundert Gedanken, hundert Weisen zu denken, zu spielen, zu sprechen. Hundert, immer hundert Weisen zu hören, zu staunen, zu lieben. Hundert Freuden zum Singen, zum Verstehen. Hundert Welten zu entdecken, hundert Welten zu erfinden, hundert Welten zu träumen. Ein Kind hat hundert Sprachen, (und noch hundert, hundert, hundert), aber neunundneunzig werden ihm geraubt. Die Schule und die Kultur trennen ihm den Geist vom Leib. Man sagt ihm, es soll ohne Hände denken, ohne Kopf handeln, nur hören und nicht sprechen, ohne Freuden verstehen, nur an Ostern und Weihnachten staunen und lieben. Man sagt ihm, es soll die schon bestehende Welt entdecken. Und von hundert Welten werden ihm neunundneunzig geraubt. Man sagt ihm, dass Spiel und Arbeit, Wirklichkeit und Phantasie, Wissenschaft und Vorstellungskraft, Himmel und Erde, Vernunft und Träume Dinge sind, die nicht zusammenpassen. Ihm wird also gesagt, dass es Hundert nicht gibt. Ein Kind aber sagt: ,Und es gibt Hundert doch'." Loris Malaguzzi, zitiert nach Beek und Schäfer, S. 7.

10   Vgl. Knauf 2006, S. 123.

11   Schäfer 2006, S. 40

12   Vgl. Knauf 2006, S. 124.

13   Vgl. die Punkte 3.2, 3.3 und 3.4 in dieser Arbeit.

14   Vgl. Laewen 2002b und Roßbach 2003, S. 272–276.

Handlungskonzepte gelegt, die einerseits Gemeinsamkeiten aufweisen, wie zum Beispiel das Bild vom Kind[15] mit seinen individuellen Stärken und Kompetenzen oder das Verständnis von Bildung als Selbstbildung[16], die sich andererseits aber auch voneinander unterscheiden. Ein besonderes Merkmal des Offenen Kindergartens ist es, dass er sich in den 1980er Jahren explizit aus der Praxis heraus entwickelt hat.[17] Der Ansatz des Offenen Kindergartens wird in dieser Arbeit im Anschluss an die Entwicklung der Untersuchungsaspekte als erster Ansatz analysiert. Mit Blick auf die internationale Diskussion wird anschließend der Early-Excellence-Ansatz aus Großbritannien dargestellt, der seit dem Jahr 2000 auch in Deutschland Verbreitung gefunden hat.[18] Die Entstehung der Early Excellence Centres ist durch politische Programme in Großbritannien gefördert worden, was eine enge Vernetzung zwischen Praxis, Forschung und Politik hervorbrachte und sich damit von der Situation in Deutschland unterscheidet.[19] Schließlich wird das infans-Konzept der Frühpädagogik als ein in Deutschland entwickeltes neues Handlungskonzept vorgestellt, das wissenschaftlich entwickelt, erprobt und implementiert wurde.[20] Zusammenfassend können als Kriterien der Auswahl der drei pädagogischen Handlungskonzepte die pädagogische Grundlegung, die Berücksichtigung neuerer wissenschaftlicher Erkenntnisse, das Bild vom Kind, das Bildungsverständnis sowie das Vorhandensein eines Alleinstellungmerkmals festgehalten werden.

3.1   Erarbeitung der Untersuchungsaspekte

Zur Analyse der drei pädagogischen Handlungskonzepte der Elementarpädagogik werden auf der Basis der Auswahlkriterien nun Aspekte zur Untersuchung entwickelt. Für das allgemeine Verständnis jedes einzelnen Konzepts ist dessen Entstehungskontext ein wichtiges Merkmal. So wird im ersten Abschnitt die Entstehungsgeschichte (Hintergründe) zusammengefasst. Das Bild vom Kind als Aspekt bedarf ebenso wie der Bildungsbegriff einer genaueren Analyse bei der Untersuchung, um Gemeinsamkeiten – wie beispielsweise das Bild vom kompetenten Kind oder den Bezug zur konstruktivistischen Pädagogik[21] – explizit darstellen zu können. Das Bild vom Kind unterliegt dem gesellschaftlichen und geschicht-

---

15   „Das Bild vom Kind (oder Menschenbild) ist eine Haltung von Erziehenden gegenüber Kindern, basierend auf verschiedenen Entwicklungsmodellen, Wertvorstellungen und Grundannahmen. Diese Haltung prägt das Erziehungsverhalten." Vollmer 2005, S. 11

16   Vgl. Kapitel 3.2, 3.3 und 3.4 in dieser Arbeit.

17   Vgl. Regel und Kühne 2007, S. 11.

18   Vgl. Pestalozzi-Fröbel-Haus.

19   Vgl. Hebenstreit-Müller 2010, S. 9.

20   Vgl. Andres und Laewen 2011.

21   Siehe Reich 2008, Voß 2005 und Siebert 2005.

lichen Wandel,[22] was Auswirkungen auf die entsprechenden pädagogischen Handlungskonzepte hat, die ebenfalls von gesellschaftlichen Entwicklungen und dem
daraus resultierenden Menschenbild sowie dem Verständnis pädagogischer Professionalität abhängen.[23] Deshalb wird im zweiten Punkt der Blick auf das Bild
vom Kind gerichtet, das dem jeweiligen Ansatz zugrunde liegt. Im dritten Punkt
steht der Bildungsbegriff[24] im Mittelpunkt der Darstellung des pädagogischen
Handlungskonzepts, da es keinen einheitlichen Bildungsbegriff in der (Elemen-
tar-)Pädagogik gibt[25] und so die verschiedenen Aspekte des Bildungsbegriffs in
den einzelnen Konzepten herausgearbeitet werden. Im Hinblick auf die aktuelle
elementarpädagogische Diskussion zeigt sich die Zusammenarbeit mit den Eltern
als ein weiterer wichtiger Untersuchungsaspekt, da sich die Elternarbeit in Kindertageseinrichtungen zur Bildungs- und Erziehungspartnerschaft weiterentwickelt
hat.[26] Die bisherigen Aspekte für die Untersuchung spiegeln Entwicklungen innerhalb der Elementarpädagogik wieder,[27] aus denen sich Kompetenzanforderungen
an die Erzieherinnen ergeben.[28] Diese Anforderungen stellen den fünften Aspekt
zur Analyse der Konzepte dar. Der Begriff Kompetenz wird in Bezug auf das
berufliche Handeln der Erzieherinnen verstanden als „Dispositionen selbst organisierten Handelns"[29]. Unter Dispositionen versteht man „,die Gesamtheit der bis
zu einem bestimmten Handlungszeitpunkt entwickelten inneren Voraussetzungen
zur psychologischen Regulation der Tätigkeit' [...] Kompetenzen werden dabei
also unter dem Aspekt von lebensbegleitenden Lern- und Entwicklungsprozessen gesehen."[30] Dabei lassen sich mit Rosenstiel und Erpenbeck vier Kompetenzklassen beziehungsweise Schlüsselkompetenzen unterscheiden: personale Kompetenzen als Dispositionen „reflexiv selbstorganisiert zu handeln"[31], aktivitäts- und
umsetzungsorientierte Kompetenzen als Dispositionen „aktiv und gesamtheitlich
selbstorganisiert zu handeln und dieses Handeln auf die Umsetzung von Absichten, Vorhaben und Plänen zu richten"[32], fachlich-methodische Kompetenzen als
Dispositionen „bei der Lösung von sachlich-gegenständlichen Problemen geistig und physisch selbstorganisiert zu handeln"[33] und sozial-kommunikative Kom-

---

22   Vgl. Kluge 2006, S. 22.
23   Vgl. Lorber 2010, S. 105.
24   Siehe Punkt 2.1.3 in dieser Arbeit.
25   Vgl. Schäfer 2006.
26   Siehe Roth 2010, S. 17–19 und Hartmann 2007.
27   Vgl. hierzu auch Punkt 2.1 in dieser Arbeit.
28   Vgl. Mischo und Fröhlich-Gildhoff 2011, S. 4–12.
29   Rosenstiel und Erpenbeck 2003, S. XI
30   Wildgruber, S. 25–26
31   Rosenstiel und Erpenbeck 2003, S. XVI
32   Rosenstiel und Erpenbeck 2003, S. XVI
33   Rosenstiel und Erpenbeck 2003, S. XVI

petenzen als Dispositionen „kommunikativ und kooperativ selbstorganisiert zu handeln"[34].

Die drei ausgewählten pädagogischen Handlungskonzepte Offener Kindergarten, Early Excellence und infans werden also im Folgenden in der Reihenfolge ihrer Entstehung mit Hilfe der fünf entwickelten Untersuchungsaspekte analysiert:

1. Hintergründe
2. Das Bild vom Kind
3. Bildungsbegriff
4. Die Zusammenarbeit mit den Eltern
5. Kompetenzanforderungen an die Erzieherinnen

3.2   Der Offene Kindergarten

Beim Offenen Kindergarten handelt sich um ein in der Praxis weitverbreitetes Handlungskonzept, das auf theoretische Überlegungen des Erziehungswissenschaftlers Axel Wieland und auf die Praxisberatung des Fachberaters, dem Sozialpädagogen Gerhard Regel zurückgeht.[35] „Tausende Kindergärten haben im Internet ihre Konzepte der offenen Arbeit publiziert, die Resonanz von Fachbüchern über offene Arbeit ist erheblich. Offene Arbeit im Kindergarten ist – den geschlossenen Formen der letzten Jahre zum Trotz – ein Erfolgsmodell an der Basis."[36] Der in den 1980er Jahren entstandene Offene Kindergarten zeichnet sich dadurch aus, dass er aus der reflektierten Praxis heraus erwachsen ist und „nicht von außen mit einer handlungsleitenden Theorie"[37]. Leider ist festzustellen, dass bis heute ein Mangel an einer theoretischen Grundlegung des offenen Kindergartens besteht.[38] „Freiheit, Beziehungsgestaltung und vielfältige Anregungen für die kindliche Weiterentwicklung – diese Triade stellen den Kern offenen Arbeitens dar."[39] In der Elementarpädagogik werden die Vor- und Nachteile der Gruppenöffnung bis hin zur Gruppenauflösung in Kindertageseinrichtungen intensiv diskutiert.[40] Während auf der einen Seite zwischen offener Arbeit (d.h. alle Gruppen sind aufgelöst) und halb- bzw. teiloffener Arbeit (d.h. die Gruppen öffnen sich zu bestimmten Zeiten am Tag oder in der Woche) und Arbeit in geschlossenen Gruppen (d.h. jede Gruppe in der Kindertageseinrichtung bleibt in der pädagogischen Arbeit für sich) differenziert wird,[41] wird auf der anderen Seite

---

34   Rosenstiel und Erpenbeck 2003, S. XVI
35   Vgl. Knauf 2006, S. 125.
36   Dollase, S. 11
37   Regel und Kühne 2007, S. 11
38   Vgl. Regel 2006, S. 9.
39   Regel 2013, S. 9
40   Vgl. Textor 2012a, S. 2–4.
41   Vgl. Textor 2012a, S. 1–2.

an der Differenzierung von halboffener und offener Arbeit Kritik geübt.[42] Grundlage dieser Kritik ist, dass jegliche Art der Öffnung innerhalb einer Kindertageseinrichtung als offene Arbeit bezeichnet wird, „die schließlich durch die qualitativen Veränderungen zum Offenen Kindergarten führt."[43] Grundsätzlich bezeichnet der Begriff ‚Offener Kindergarten' „eine Veränderung des pädagogischen Umgangs Erwachsener mit Kindern in Richtung auf mehr Autonomie und Selbstgestaltung von Lern- und Entwicklungsprozessen"[44]. Um der Weiterentwicklung der Pädagogik des Offenen Kindergartens Ausdruck zu verleihen, wird dafür plädiert, den Begriff ‚Offener Kindergarten' beziehungsweise ‚Offene Arbeit' zu präzisieren und von einer „offenen Pädagogik der Achtsamkeit"[45] zu sprechen. Unter Achtsamkeit wird dabei die „wache, präsente Wahrnehmung der Welt mit ihren Unterschieden"[46] verstanden.

3.2.1 Hintergründe

Der Offene Kindergarten zeichnet sich dadurch aus, dass es keine Einheitlichkeit in der Umsetzung des pädagogischen Handlungskonzepts gibt. Jede Einrichtung muss ihren individuellen Weg der Öffnung hin zu einer offenen Pädagogik der Achtsamkeit gehen.[47] Das Ziel der pädagogischen Arbeit besteht darin, bessere Bedingungen für die Entwicklung der Kinder zu schaffen unter Berücksichtigung der heutigen Lebensbedingungen.[48] Daraus ergeben sich zwei zentrale Aufgaben für die pädagogische Arbeit im Offenen Kindergarten: Zum einen auf den Wandel der Zeit zu reagieren und neue Erkenntnisse zu integrieren und zum anderen das Kind in das Zentrum der Arbeit zu stellen und mit Kindern „offen, achtsam und dialogisch"[49] umzugehen. Die beiden Begriffe ‚Öffnung' und ‚Offenheit' drücken zwei wesentliche Ideen des offenen Kindergartens aus. „Die Öffnung steht für den gestalteten Teil und ist ein Arbeitsansatz. Offenheit meint eine Lebenshaltung und den Anfang der Beziehungsaufnahme mit der Bereitschaft, sich der Gegenwart zu stellen."[50] In der Praxis zeigt sich die Öffnung der pädagogischen

---

42 Regel und Kühne 2007, S. 20
43 Regel und Kühne 2007, S. 20
44 Wieland 2007, S. 14
45 Regel 2006, S. 17
46 Regel 2006, S. 141
47 Vgl. Regel 2006, S. 13.
48 Vgl. Regel 2006, S. 12. So ist die heutige Gesellschaft beispielweise durch eine intensive Nutzung elektronischer Medien und Spielangebote geprägt, was sich auf das Verhalten von Kindern auswirkt. „Mit unserer heutigen Lebensweise wachsen Kinder in eine bewegungsfeindliche Gesellschaft hinein. Kinder sind deshalb zu wenig draußen und haben wenig Möglichkeiten, ohne Anwesenheit von Erwachsenen unter sich zu sein." Regel 2006, S. 172
49 Regel und Kühne 2007, S. 11
50 Regel 2006, S. 19

Arbeit unter anderem durch ein verändertes Raumkonzept, indem sich die Türen öffnen und aus Gruppenräumen Funktionsräume werden mit verschiedenen Lernspielbereichen, die Kindern aus ihrer Neugierde und ihren Entwicklungsbedürfnissen heraus ermöglichen, selbständig und -tätig die Welt zu entdecken und zu erforschen.[51] Das Außenspielgelände wird den Kindern als äquivalenter Spielbereich zur Verfügung gestellt, sodass sie selbst entscheiden können, wo sie spielen.[52] Bewegung gilt grundsätzlich als „das Tor zum Lernen"[53].

Bei der theoretischen Begründung der pädagogischen Arbeit im Offenen Kindergarten kristallisieren sich zwei Themenbereiche heraus: Das Bild vom Kind und die Veränderung des Lernbegriffs beziehungsweise die Entwicklung von Kindern. Beim Bild vom Kind nimmt der offene Kindergarten Bezug auf die reformpädagogischen Ansätze von Maria Montessori[54], Célestin Freinet[55], Loris Malaguzzi (Reggio-Pädagogik)[56] und Janusz Korczak[57]. Die veränderte Auffassung vom Lernen und der Entwicklung von Kindern wird begründet mit Theorieaspekten Jean Piagets, der „Entwicklung als einen konstruktiven, spontanen Vorgang"[58] sieht, den jeder Mensch autonom steuert. Darüber hinaus werden Erkenntnisse des Konstruktivismus, der Neurobiologie und der Hirnforschung sowie systemische Grundgedanken zur Begründung der Arbeit hinzugezogen.[59] Im Mittelpunkt des offenen Kindergartens steht die verlässliche Beziehung der Erzieherin zum Kind, aber auch zu den Eltern und Kolleginnen, die sich durch „Vertrauen, Annahme und unbedingte Wertschätzung"[60] ausdrückt. Dies bedeutet, „dass der Offene Kindergarten in seinem Kern einen Beziehungsansatz darstellt und zu einer konsequenten Kindzentrierung führt, achtsam und liebevoll."[61]

3.2.2 Das Bild vom Kind: Selbstgestalter seiner Entwicklung

Der Begriff ‚Menschenbild' beziehungsweise – in Bezug auf Kinder – ‚das Bild vom Kind' wird in der Theorie des Offenen Kindergartens kritisch reflektiert. Dabei wird angemerkt, dass ein Bild dazu verführt einen Maßstab zu setzen, der bei Abweichung zu negativen Bewertungen führt, was in der pädagogischen Arbeit zur Konsequenz haben kann, dass der Beziehungsaufbau zum Kind gehemmt wird. Deshalb wird vorgeschlagen, von ‚anthropologischen

---

51 Vgl. Regel und Kühne 2007, S. 46–61.
52 Vgl. Regel 2006, S. 11.
53 Regel und Kühne 2007, S. 13
54 Siehe Montessori 2010, Montessori 2011b und Montessori 2011a.
55 Siehe Freinet und Jörg 2009.
56 Siehe Brockschnieder 2010.
57 Siehe Korczak und Beiner 2011.
58 Regel und Kühne 2007, S. 18
59 Vgl. Regel und Kühne 2007, S. 18–19.
60 Regel 2011a, S. 18
61 Regel 2011b, S. 12

Grundannahmen' zu sprechen.[62] Im Kontext des Offenen Kindergartens werden „Autonomie, Interdependenz, Selbstorganisation und Selbstbestimmung"[63] als anthropologische Grundannahmen aufgeführt, die jeder Mensch und damit jedes Kind mit sich bringt und die gleichzeitig die „Haltung und Einstellung von Erwachsenen im pädagogischen Umgang mit Kindern"[64] beschreiben. In den Anfängen des Offenen Kindergartens wurde das Kind in Anlehnung an die Entwicklungstheorie von Jean Piaget als „Akteur seiner Entwicklung"[65] gesehen, das durch sein eigenständiges Handeln Kompetenzen erwirbt.[66] Unter Berücksichtigung der reformpädagogischen Ansätze von Maria Montessori, die das Kind als ‚Baumeister seines Lebens'[67] beschreibt, und der Reggio-Pädagogik, die das Kind als ‚Konstrukteur'[68] wahrnimmt, wird heute im Offenen Kindergarten „das Kind als Selbstgestalter seiner Entwicklung"[69] gesehen. „Kinder bringen sich in der Auseinandersetzung mit der Umwelt originär zum Ausdruck, ziehen aus den Erfahrungen Rückschlüsse, weil sie spüren, was gut für sie ist, verändern dabei ständig ihre Sicht von der Welt und werden so zu einer unverwechselbaren Persönlichkeit."[70] Im Offenen Kindergarten wird Kindern die Möglichkeit gegeben frei und selbständig zu entscheiden, welchen Bedürfnissen und Interessen sie nachgehen. Der Gedanke der Partizipation[71] (Teilhabe) soll es den Kindern erlauben, den Alltag mit seinen Strukturen, Abläufen und Inhalten aktiv mitzugestalten und -bestimmen.[72] Die Vollversammlung stellt im Kindergarten ein Gremium dar, „in dem alle Angelegenheiten des Kindergartenalltags, z.B. alle Regeln, zeitliche Abläufe und auch Gestaltungsideen mit allen Kindern und Mitarbeiterinnen abgesprochen werden."[73] Die Offenheit für alle Kinder – mit und ohne Behinderung –

---

62 Vgl. Regel und Kühne 2007, S. 19.
63 Regel und Kühne 2007, S. 19. „Autonomie soll als individuelle Selbständigkeit im sozialen System Kindergarten verstanden werden." Regel 2006, S. 209
64 Regel und Kühne 2007, S. 21
65 Regel 2007, S. 53
66 Vgl. Regel und Kühne 2007, S. 19.
67 Regel 2007, S. 51
68 Regel und Kühne 2007, S. 19
69 Regel und Kühne 2007, S. 22
70 Regel und Kühne 2007, S. 19. „Die Persönlichkeit ist die Gesamtheit aller einzigartigen und individuellen Eigenschaften eines Menschen. Früher wurde der Begriff des Charakters verwendet. Kinder versuchen früh, eine Vorstellung über sich selbst zu bekommen. Sie entdecken ihr ‚Ich', entwickeln ein Selbstkonzept bzw. ihre eigene Identität oder Persönlichkeit." Vollmer 2005, S. 56–57
71 „Partizipation heißt, Entscheidungen, die das eigene Leben und das Leben der Gemeinschaft betreffen, zu teilen und gemeinsam Lösungen für Probleme zu finden. Oder Partizipation in drei Worten: mitwirken, mitbestimmen, mitgestalten." Ackermann 2011, S. 86
72 Vgl. Regel und Kühne 2007, S. 26.
73 Kühne 2007, S. 235

stellt ein wichtiges Element Offener Kindergärten dar, sie zeigt den Weg von „der Nichtaussonderung zur umfassenden Inklusion"[74].

In 16 Leitsätzen konkretisiert Gerhard Regel die veränderte Sichtweise auf das Kind unter Berücksichtigung der Autonomie des Kindes, der Einmaligkeit, der kindlichen Entwicklung und der Beziehung zu Erwachsenen. Der Begriff der ‚Achtsamkeit' rückt dabei die Mitbestimmung und -verantwortung sowie die eigene Konfliktlösestrategie der Kinder in den Vordergrund.[75] Die Einmaligkeit nimmt die Unverwechselbarkeit eines jeden Kindes mit seinen Stärken und Schwächen, die Lebensgeschichten mit den unterschiedlichen kulturellen und religiösen Hintergründen sowie abweichendes Verhalten von Kindern in den Blick.[76] Der Ansatz geht in Anlehnung an Maria Montessori davon aus, dass die Entwicklung des Kindes vom Kind selbst geleistet wird. Voraussetzung dafür ist die Freiheit des Kindes, aufgrund der eigenen Bedürfnisse selbst entscheiden und handeln zu dürfen. Darüber hinaus hat die Arbeit in Offenen Kindergärten gezeigt, dass eine anregende Lernumgebung, das je eigene Tempo bei der Entwicklung, selbständiges Forschen und Experimentieren sowie die Offenheit für die vom Kind ausgehende Beschäftigung mit religiösen und philosophischen Fragen und Themen hilfreich für kindliche Bildungsprozesse sind.[77] Bei der Eingewöhnung im Kindergarten sowie im Alltag sind verlässliche Bezugspersonen von Bedeutung, die von den Kindern in individueller Intensität benötigt werden. Dabei sind das Wohlfühlen der Kinder, der Umgang mit ihren Ängsten und Problemen sowie das Gefühl der Sicherheit vor dem Hintergrund der eigenen Bindungs- und Beziehungserfahrungen bedeutsam.[78] Kinder werden in der pädagogischen Arbeit gesehen als „kleine Menschen den großen gleichwürdig, auch wenn sie sich voneinander unterscheiden und Lernende sind, um in die Kultur und Gesellschaft hineinzuwachsen."[79]

3.2.3 Bildungsbegriff: Auswahl von Lern- und Bildungsmöglichkeiten

Bildung, Entwicklung und Lernen sind im Offenen Kindergarten untrennbar miteinander verknüpft.[80] Grundsätzlich bedarf es dafür einer entspannten Atmosphäre in der Einrichtung.[81] „Kinder entwickeln sich am besten in einer entspannten Atmosphäre, denn diese setzt Spielinteressen und damit Lebensfreude frei."[82] Das Spiel gilt als zentraler Ort des Lernens. Im Freispiel können Kinder frei ent-

---

74 Regel 2011a, S. 20
75 Vgl. Regel 2006, S. 41–68.
76 Vgl. Regel 2006, S. 69–89.
77 Vgl. Regel 2006, S. 90–118.
78 Vgl. Regel 2006, S. 119–135.
79 Regel 2011a, S. 17
80 Vgl. Regel 2006, S. 185.
81 Vgl. Regel 2000.
82 Regel und Kühne 2007, S. 29

scheiden, wo, wie, was, mit wem und wie lange sie spielen. „Im Spiel machen
Kinder ganzheitliche Entwicklungsprozesse durch und können ihre Persönlichkeit
entfalten."[83] Kinder lernen im Spiel informell.

Bildung wird im Offenen Kindergarten als Selbstbildung verstanden.[84] „Bildung hat nicht ein Produkt Mensch zum Ziel, sondern Mensch sein zu können in
einer immer schwieriger und komplexer werdenden Welt."[85] Ausgehend von den
Fragen und Interessen der Kinder, die von den Erzieherinnen durch Beobachtungen ermittelt und im Ich- oder Gruppenbuch notiert werden[86], geht es um einen
dialogischen Prozess und eine aktive Beschäftigung der Kinder mit der Welt durch
selbständiges experimentieren, forschen, handeln, wahrnehmen, sprechen und
spielen.[87] Bildung erfolgt, wenn sich Kinder „ein Bild von der Welt aufbauen, sie
für sich ordnen und ihr Sinn und Bedeutung geben."[88] In diesem Prozess erweitern Kinder ihre Beziehung zur Welt und ihr Weltbild durch eigene Verantwortung und Mitbestimmung, die Erfahrung der Selbstwirksamkeit[89], eine anregende
Umgebung und Vorbilder ständig.[90] Dies schließt mit ein, dass Erzieherinnen in
bestimmten Situationen Kindern auch Themen zumuten und unterschiedliche Bildungsmöglichkeiten in und außerhalb des Kindergartens schaffen.[91] „Lernen ist
mit unmittelbaren Handlungen verbunden, ist handelnde Auseinandersetzung mit
der Welt."[92] Bei diesen unmittelbaren Handlungen finden Lernprozesse auf vier
verschiedenen Ebenen statt: Erstens auf der Ebene des Wissens, zweitens auf der
Ebene der Kompetenzen, drittens auf der Ebene der Dispositionen/Bereitschaften
und viertens auf der Ebene der Einstellungen/Haltungen (Motivation).[93] Auf der
Wissensebene steht die inhaltliche Wissenseignung im sozialen Kontext im Vordergrund. Die Kompetenzebene impliziert den Kompetenzerwerb in den Bereichen Sprache, Mathematik, Naturwissenschat/Technik, Motorik, Wahrnehmungs-
und Ausdrucksfähigkeit sowie Psychosoziales. Die Dispositionsebene drückt die
Bereitschaft zu neuen Erfahrungen aus, die Entwicklung von Kreativität, das

---

83 Regel und Kühne 2007, S. 24
84 Vgl. Völkel 2002a, S. 159 und Schäfer 2011, S. 69.
85 Kühne und Regel 2000, S. 19
86 Vgl. Regel und Kühne 2007, S. 34 und Regel und Kühne 2007, S. 66.
87 Vgl. Regel und Kühne 2007, S. 40.
88 Regel und Kühne 2007, S. 40
89 „Mit dem Begriff Selbstwirksamkeit (englisch: self-efficacy) bezeichnet man in der
    Psychologie die Fähigkeit, aufgrund eigener Kompetenzen Handlungen ausführen zu
    können, die zu den gewünschten Zielen führen. Die Überzeugung von der eigenen
    Selbstwirksamkeit trägt dazu bei, in einer bestimmten Situation die angemessene
    Leistung erbringen und aufgrund eigener Kompetenzen bestimmte Handlungen aus-
    führen zu können." Hessisches Sozialministerium und Hessisches Kultusministerium,
    S. 145
90 Vgl. Regel und Kühne 2007, S. 40.
91 Vgl. Regel und Kühne 2007, S. 42.
92 Regel und Kühne 2007, S. 18
93 Vgl. Regel und Kühne 2007, S. 41.

Erreichen von Zielen sowie das Lernen aus Erfahrungen. Die Einstellungsebene umfasst ein optimistisches Selbst-, Fremd- und Weltbild, eine lebensbejahende Einstellung aufgrund von positiven Selbst-, Gemeinschafts- und Naturerfahrungen sowie die Erfahrung von Selbstwirksamkeit.[94]

In Anlehnung an die Reggio-Pädagogik wird der Innen- und Außenraum im Offenen Kindergarten als ‚dritte Erzieherin‘ gesehen, die mit kindgerechtem Material Kindern die Möglichkeit bietet, selbstorganisiert zu forschen und handelnd zu lernen.[95] Mit Projektarbeit[96], Lernwerkstätten[97] und Forscherräumen werden im Offenen Kindergarten die Bildungsmöglichkeiten der Kinder – auf Basis der Wahlfreiheit eines jeden Kindes daran teilzunehmen oder nicht – durch die pädagogische Arbeit der Erzieherinnen ergänzt und erweitert.[98] „Kinder wollen nicht nur viele Gelegenheiten zum Spielen für sich nutzen, sondern verfolgen auch Lerninteressen, bei denen die Aktivität von Erwachsenen gefordert ist.“[99]

3.2.4 Die Zusammenarbeit mit Eltern: Erziehungspartnerschaft mit Eltern

Mit der Anmeldung des Kindes im Offenen Kindergarten beginnt die Arbeit mit den Eltern.[100] Um den Eltern die pädagogische Arbeit vorzustellen ist die Durchführung eines Elternabends oder auch ein vom ganzen Kindergarten vorbereite-

---

94 Vgl. Regel und Kühne 2007, S. 41.

95 Vgl. Regel und Kühne 2007, S. 43.

96 „Projekte beziehen sich auf Themen oder Aufgaben, die vorwiegend durch eine Kooperation mit Kindern zustande kommen und ihre Bedeutung und ihren Stellenwert in Prozessen mit ihnen erfahren. Projekte haben somit einen offenen Charakter.“ Regel und Kühne 2007, S. 66

97 „*Die* Lernwerkstatt und die *eine* Definition von Lernwerkstatt kann es nicht geben, da ja nach konzeptioneller Grundlage einer Kita auch jede Lernwerkstatt anders konzipiert sein kann […] Entscheidend für die Arbeit ist:
  - die vorbereitete Umgebung
  - strukturierte Arbeitsmaterialien
  - die freie Wahl der Arbeitsmaterialien
  - die nicht-direktive erzieherische Haltung
  Die Arbeit nach Lernwerkstattsprinzipien ist zunächst einmal nicht an einen konkreten Raum gebunden, d.h. man könnte auch die gesamte Kita als Lernwerkstatt bezeichnen.“ Dieken 2004, S. 37. „Die *eine* Definition von Lernwerkstatt kann es nicht geben, aber grundsätzlich gilt, dass Lernwerkstätten Orte sind, an denen das Lernen gelernt werden kann. Kinder können dort:
  - Fragen haben und an ihrer Beantwortung arbeiten,
  - selbstbestimmt und ungestört arbeiten,
  - mit ‚Kopf, Herz und Hand‘ lernen,
  - eigene Lernwege gehen.“ Dieken 2004, S. 40

98 Vgl. Regel und Kühne 2007, S. 63.

99 Regel und Kühne 2007, S. 25

100 Vgl. Regel und Kühne 2007, S. 86.

ter Kennlernvormittag für alle neuen Eltern, bei dem das Leben, die Arbeit der Erzieherinnen und die Atmosphäre im Offenen Kindergartens erfahrbar wird, angebracht.[101] Erziehungspartnerschaft meint, die Eltern als Experten für ihr Kind mit ihren Erfahrungen einzubeziehen und mit ihnen in regelmäßigen Elterngesprächen über die Entwicklung des Kindes im Gespräch zu bleiben. Eine gute Zusammenarbeit erweist sich als hilfreich für die bestmögliche Entwicklung des Kindes.[102] Das bedeutet auch, dass die Erzieherinnen das Profil ihrer Einrichtung vor den Eltern vertreten. „Eltern sind kompetent für ihr Kind, Erzieherinnen sind kompetent für ihre pädagogische Arbeit."[103] Bei gemeinsamen Projekten können Elternversammlungen – analog zu den Vollversammlungen der Kinder – ein unterstützendes Forum sein, indem Eltern die Möglichkeit haben sich als Fachleute im Projekt zu engagieren.[104] Projektdokumentationen im Eingangsbereich des Kindergartens bieten Eltern die Möglichkeit sich zu informieren.[105] Als Abschluss eines Projektes bietet sich eine Projektpräsentation in Form einer Veranstaltung oder eines Festes an. Insgesamt können Eltern unterstützende Helferinnen und Helfer bei Projekten, Festen und Aktionen sein.[106]

Es gibt Offene Kindergärten, die sich in der konsequenten Weiterentwicklung ihrer pädagogischen Arbeit zu einem Familienzentrum[107] oder zu einem Haus für Kinder und Familien[108] erweitert haben.

3.2.5 Kompetenzanforderungen an die Erzieherinnen: Selbstgestalter ihrer Pädagogik

Die Erzieherinnen bringen sich mit ihrem Engagement und ihren Kompetenzen in den offenen Kindergarten ein und lassen diesen „zu einer kindorientierten, partizipatorischen, kooperativen und bildungsbewussten Einrichtung werden."[109] Die Offene Arbeit beginnt im Team, wo sich jede Erzieherin mit ihren Stärken einbringt und so der Unterschiedlichkeit und Vielfalt Raum gegeben wird.[110] „Wer seine Stärken in den Mittelpunkt der Arbeit stellt, wird zur Fachfrau."[111] Jeder Erzieherin bietet sich so die Möglichkeit, ihre Fachkompetenz in das Team und in die pädagogische Arbeit des Kindergartens einzubringen, mit der eigenen Begeis-

---

101 Vgl. Regel und Kühne 2007, S. 87.
102 Vgl. Regel und Kühne 2007, S. 83.
103 Regel und Kühne 2007, S. 83
104 Vgl. Regel und Kühne 2007, S. 86; 89.
105 Vgl. Regel und Kühne 2007, S. 86.
106 Vgl. Regel und Kühne 2007, S. 90.
107 Vgl. Regel und Corvinus-Team 2011.
108 Vgl. Lehmann-Grigoleit 2011.
109 Regel und Kühne 2007, S. 27
110 Vgl. Santjer 2011, S. 51.
111 Regel und Kühne 2007, S. 33

terung Kinder zu motivieren und dabei selbst Lernende zu bleiben.[112] Für eine gelingende Teamentwicklung und -arbeit braucht es einen offenen Umgang miteinander, verstanden als ein Prozess, der „von Offenheit, Achtsamkeit, Vertrauen und gemeinsamer Verantwortung geprägt ist."[113] Aufgabe eines jeden Teams ist es unter anderem, sich auf eine gemeinsame Tages-, Wochen-, und Jahresstruktur mit Ritualen, Festen und Aktivitäten zu einigen, die den Arbeitsschwerpunkten entspricht. Grundsätzlich gilt: „So viel Struktur wie nötig, so wenig wie möglich."[114]

Zur ständigen Weiterentwicklung der Praxis (Qualitätsentwicklung) arbeiten die Teams in Offenen Kindergärten mit dem Instrument der Handlungsforschung[115], das aus den Sozialwissenschaften stammt.[116] „Bestehende Praxisprobleme wurden nach einem Schema aus der Aktionsforschung einer gemeinsamen Lösung zugeführt."[117] Das Instrument der Handlungsforschung wird als ein Methodenkonzept[118] verstanden, das ausgehend von einem Praxisproblem eine Informationsgewinnung beinhaltet, gefolgt von den Lösungen im Diskurs aller Beteiligten und schließlich dem Problemhandeln. Diese Schritte wiederholen sich in einem Kreislauf, da sich die Handlungsforschung immer auf eine spezielle Situation bezieht und Vorläufigkeit impliziert.[119] Die Praxisprobleme können sich dabei in ganz unterschiedlichen Konstellationen auf alle beteiligten Personen und Institutionen des Kindergartens beziehen.[120]

Die von Erzieherinnen entwickelte pädagogische Arbeit in Offenen Kindergärten versteht sich als Möglichkeitsraum für Kinder mit den drei Schwerpunk-

---

112 Vgl. Regel und Kühne 2007, S. 33.

113 Santjer 2011, S. 53

114 Regel und Kühne 2007, S. 67

115 „Handlungsforschung erweitert den Erkenntnisprozess traditioneller Forschungsstrategien um den Blick auf den Herstellungs- und Veränderungsprozess von Situationen und Handeln. Forschung wird als Erfahrungsprozess definiert, in dem Handelnde das systematisierte Wissen aus dem Forschungsvorgehen wiederum zur Lösung praktischer Probleme einsetzen und dadurch ihre Ausgangslage beeinflussen und verändern können." Stickelmann 2002, S. 434

116 Vgl. Wieland 2007, S. 14 und Regel und Kühne 2007, S. 15.

117 Regel und Kühne 2007, S. 15. „Handlungsforschung, auch die Begriffe Aktionsforschung (als Übersetzung des englischen ‚action research'), aktivierende Sozialforschung und – als neue Variante – Praxisforschung werden in der Forschungsdiskussion gebraucht. In den begrifflichen Varianten drückt sich die unterschiedliche Akzentuierung des Forschungsvorgehens aus." Stickelmann 2002, S. 434

118 „Mit Methode wird der schrittweise praktische Weg des Vorgehens bei der Bewältigung von pädagogischen Fragen und Problemen und deren Überprüfung (Evaluation) bezeichnet – ähnlich wie bei der Planungsmethode des Situationsansatzes mit den Schritten des Erkennens, Planens und Handelns." Regel und Kühne 2007, S. 16–17

119 Vgl. Regel und Kühne 2007, S. 16–17, Wieland 2007, S. 16 und Schommartz 2011, S. 67.

120 Vgl. Regel und Kühne 2007, S. 17.

ten Freispiel (Kinderkultur)[121], Angebot/Projekt (Lernkultur)[122] und Gemeinschaft (Kultur des Miteinanders)[123]. Zum Freispiel als Ort der individuellen Entfaltung gehören als Erfahrungsfeld sowohl die Außen- als auch die Innenräume, um zu spielen, zu forschen und zu experimentieren. Die Angebote[124]/Projekte als Orte der Selbstbildung umfassen das Tätigwerden der Erzieherinnen mit ihren Stärken als Fachfrauen und Spezialistinnen. Die Gemeinschaft als Ort der Teilhabe am Leben zeigt den Kindergarten als Gestaltungs- und Lebensraum, in dem alle Beteiligten Selbst- und Mitverantwortung tragen und mitwirken. So präsentiert sich der Offene Kindergarten „mit bewusst ausgewählter Vielfalt für eigenständige Entwicklung und gemeinsames Leben und Lernen"[125]. Der gemeinsame Begriff der Kultur drückt die Vernetzung der drei Schwerpunkte Kinderkultur, Lernkultur und Kultur des Miteinanders aus.[126] „Der Begriff der Kultur in diesem Zusammenhang ist für uns ein stimmiger, denn mit der Gestaltung der pädagogischen Arbeit verbinden sich Lebensweisen und -formen mit verbindlichem Charakter."[127]

Ausgehend von der Sichtweise auf das Kind als Selbstgestalter seiner Entwicklung ergeben sich für die Rolle der Erzieherin drei Schlussfolgerungen für ihre pädagogische Arbeit:

1. Die Erzieherin ist „für Kinder im Prozess"[128], indem sie im Team ihr Denken und Handeln mit den Kolleginnen bespricht, eine vorbereitete Umgebung schafft, für eine entspannte Atmosphäre sorgt, Handlungsforschung durchführt und die Entwicklung der Kinder im Blick hat.[129]

2. Die Erzieherin ist „mit Kindern im Prozess"[130], indem sie die Kinder mitbestimmen lässt, ihnen Grenzen setzt, mit ihnen auf Augenhöhe kommuniziert, mit ihnen gemeinschaftlich im Kindergarten lebt und mit ihnen Lern- und Bildungsmöglichkeiten realisiert.[131]

3. Die Erzieherin ist „mit allen Kindern im Prozess"[132], indem sie jedes Kind mit seinen Stärken sieht, individuell fördert und gemeinsame Erfahrungen und

---

121 Vgl. Regel 2011a, S. 28–30.

122 Vgl. Regel 2011a, S. 30–32.

123 Vgl. Regel 2011a, S. 33–34.

124 Unter Angeboten werden didaktische Einheiten verstanden, die „für alle Altersgruppen mit verschiedenen Unterthemen den Kindern eröffnet werden." Regel und Kühne 2007, S. 66

125 Regel und Kühne 2007, S. 37

126 Vgl. Regel und Kühne 2007, S. 35.

127 Regel 2011a, S. 26

128 Regel und Kühne 2007, S. 74

129 Vgl. Regel und Kühne 2007, S. 74.

130 Regel und Kühne 2007, S. 74

131 Vgl. Regel und Kühne 2007, S. 74.

132 Regel und Kühne 2007, S. 74

Erlebnisse schafft. „Das alles geschieht mit der Absicht, dass Verschiedenheit zur Normalität wird."[133]

3.2.6 Diskussion

Das pädagogische Handlungskonzept des Offenen Kindergartens beschreibt eine veränderte pädagogische Haltung der Erzieherinnen im Umgang mit den Kindern hin zu mehr Autonomie und Selbstgestaltung ihrer Lern- und Entwicklungsprozesse.[134] Als Fachfrauen und Spezialistinnen unterstützen die Erzieherinnen die Kinder in ihrer Selbstbildung durch Angebote und Projekte. In diesem Zusammenhang stellt sich die Frage, was passiert, wenn nicht zu jedem Bildungs- und Entwicklungsfeld eine Spezialistin da ist. Denkbar ist beispielsweise in einem kommunalen Kindergarten, dass es keine Erzieherin gibt, die sich als Fachfrau für das Bildungs- und Entwicklungsfeld Sinn, Werte und Religion sieht. Wie wird in einer solchen Situation mit den religiösen und philosophischen Fragen, Themen und Interessen der Kinder umgegangen? Werden sie ignoriert, da keine Spezialistin da ist? Darüber hinaus stellt sich die Frage, inwieweit sich Erzieherinnen in der Ausbildung spezialisieren können, da die Erzieherinnenausbildung als Breitbandausbildung deklariert wird, nicht nur in Bezug auf die Bildungs- und Entwicklungsfelder, sondern insbesondere auch in Bezug auf die Arbeitsfelder von Erzieherinnen.[135] Welche Aus-, Fort- und Weiterbildungsmöglichkeiten stehen den Erzieherinnen zu Verfügung, um zu Spezialistinnen in einzelnen Bereichen zu werden? Was ist, wenn in Kindertageseinrichtungen Erzieherinnen eines Teams zu einzelnen Bereichen keinen Zugang finden?

Des Weiteren stellt sich die Frage, wo und wie Gemeinschaft im offenen Kindergarten erlebt werden kann. Diese Frage lässt sich je nach Einrichtung sicherlich unterschiedlich beantworten, da die Formen der Öffnung hin zu einer offenen Pädagogik der Achtsamkeit[136] sich in jeder Einrichtung anders gestalten. Da die Selbstbildung und die Selbstgestaltung der Entwicklung der Kinder im Vordergrund stehen, stellt sich die Frage, wo es Zeiten der Gemeinschaft gibt. Einen Platz bieten sicherlich die Vollversammlungen der Kinder. Doch wo sonst lässt sich Gemeinschaft erfahren, wenn religiöse Bildung und Erziehung verstanden wird als geteilter Glaube in Gemeinschaft? Gibt es Räume und Zeiten, in denen auch gemeinsame Symbole und Rituale erfahrbar werden? Welche religiösen Projekte und Angebote können die Erzieherinnen als Spezialistinnen des Entwicklungsfeldes Sinn, Werte und Religion mit den Kindern umsetzten? Welchen Platz haben die unterschiedlichen Weltanschauungen und Religionen der Kinder in der Kindertageseinrichtung?

---

133 Regel und Kühne 2007, S. 74
134 Vgl. Wieland 2007, S. 14.
135 Vgl. Becker-Textor 1999, S. 156–157.
136 Vgl. Regel 2006, S. 17.

Einen letzten Diskussionspunkt bietet die Verschiedenheit, die im Offenen Kindergarten zur Normalität wird.[137] Gibt es nicht auch Verschiedenheit, die nicht normal werden soll, weil sie diskriminierend oder einengend ist? Was ist, wenn Verschiedenheit zur Festschreibung wird? Bei aller Verschiedenheit muss als oberstes Ziel die bestmögliche Entfaltung des Kindes im Mittelpunkt stehen. Verschiedenheit beim Thema ‚Gender' beispielsweise kann auch dazu führen, dass Mädchen aus eigenem Interesse die Puppenecke als Spielort bevorzugen. Trotzdem kann es sinnvoll sein, Mädchen Erfahrungen in der Bauecke zu ermöglichen, auch wenn sie sich später wieder für die Puppenecke entscheiden. Verschiedenheit darf hier nicht zur Festschreibung werden.

3.2.7 Fazit

Das Alleinstellungsmerkmal des Offenen Kindergartens besteht in seiner Entstehung aus der reflektierten Praxis heraus und der anschließenden theoretischen Grundlegung. Diese beinhaltet, dass jede Einrichtung ihren individuellen Weg der Öffnung hin zu einer offenen Pädagogik der Achtsamkeit geht. Das Kind wird als Selbstgestalter seiner Entwicklung gesehen; seine Autonomie und Einmaligkeit anzuerkennen und eine verlässliche Bindung und Beziehung aufzubauen ist Aufgabe der Erwachsenen. Bildung wird im Offenen Kindergarten als Selbstbildung verstanden; in diesem Prozess erweitert das Kind sein Bild von der Welt durch eine anregende Lernumgebung sowie die Erfahrung von Mitbestimmung, -verantwortung, Selbstwirksamkeit und das Erleben von Vorbildern. In der Erziehungspartnerschaft wird den Eltern die Kompetenz für ihr Kind zugeschrieben, während die Erzieherinnen die Kompetenz für die pädagogische Arbeit auszeichnet, was eine gute Zusammenarbeit bedingt. Die Kompetenzanforderungen an die Erzieherinnen machen die Bereitschaft notwendig, sich mit den eigenen Stärken und Kompetenzen in die pädagogische Arbeit einzubringen und diese zu gestalten. Die pädagogische Arbeit im Offenen Kindergarten zeichnet sich durch eine Kinderkultur im Freispiel, eine Lernkultur bei Angeboten und Projekten sowie eine Kultur des Miteinanders in der Gemeinschaft aus mit dem Ziel, dass Verschiedenheit zur Normalität wird.

3.3   Early Excellence

Die den Kindergärten angeschlossenen Kinder- und Familienzentren zeichnen das pädagogische Handlungskonzept Early Excellence aus. Die Kindergärten verstehen sich als Institutionen, die Kinder bilden, erziehen und betreuen und gleichzeitig Familien unterstützen und entlasten.[138] Da den Familien eine besondere Bedeutung in diesem Ansatz zukommt und um den Blick über Deutschland hin-

---

137 Vgl. Regel und Kühne 2007, S. 74.
138 Vgl. Whalley und Pen Green Centre Team 2008.

aus zu weiten, wird nun das pädagogische Handlungskonzept Early Excellence vorgestellt, das interessante Aspekte zur Verzahnung von Praxis, Forschung und Politik bietet und Verbreitung über Großbritannien hinaus gefunden hat. „In der internationalen Diskussion gelten die ‚Children's Centres' (vormals: Early Excellence Centres) in Großbritannien mit ihrem Diversity-Ansatz als wichtiges Modell."[139] Das pädagogische Handlungskonzept Early Excellence wurde in dem 1983 eröffneten Pen Green Centre in Corby in Northamptonshire von Margy Whalley mit ihrem Team entwickelt.[140] Zu dieser Zeit zeigten sich dort große wirtschaftliche Schwierigkeiten in der Stahlindustrie und die Gegend war geprägt durch eine hohe Arbeitslosigkeit.[141] 1990 wurde in Großbritannien die erste regierungsamtliche Untersuchung, der sogenannte ‚Rumbold Report' veröffentlicht. Dieser zeigte auf, dass es im europäischen Vergleich zu wenige Kindergartenplätze gab und die pädagogische Arbeit keine Einheitlichkeit aufwies.[142] Als 1997 die neue Labour-Regierung an die Macht kam, startete sie verschiedene Aktionsprogramme, um der Kinderarmut in England entgegenzuwirken. Eines dieser Programme stellten die „Early Excellence Centres as integrated services for children and families in disadvantaged neighbourhoods"[143] dar. Durch diese Programme hat sich im Vergleich zu Deutschland eine enge Vernetzung zwischen Praxis, Forschung und Politik entwickelt. So hatten die EPPE-Studien (Effective Provision of Pre-school Education Project und Effective Pre-school and Primary Education Project), die bisher größten europäischen Langzeitstudien, Einfluss auf politische Entscheidungen.[144] Diese Studien zeigten, „welchen Einfluss unterschiedliche Einrichtungen im Elementarbereich auf die kognitive und soziale sowie verhaltensmäßige Entwicklung der Kinder haben."[145] Im Jahr 2003 setzte die Regierung eine Arbeitsgruppe ein, die eine auf zehn Jahre angelegte „Strategy for Childcare"[146] entwickelte, die 2004 veröffentlicht wurde. „A major aim was to establish Children's Centres (modelled on the pilot Early Excellence Centres introduced in 1997) for all under-fives by 2015."[147] Der Ausbau der Kinderzentren in Großbritannien wurde politisch und finanziell unterstützt durch Programme wie zum Beispiel das 1999 von der Regierung initiierte ‚Sure Start Programme'[148] zum Ausbau des Systems frühkindlicher Bildung.[149] Tony Blair bezeichnete die Kinder-

---

139 Textor. Zum Diversity-Ansatz siehe Hammes-Di Bernardo und Daveri 2011.
140 Vgl. Gerhold et al. 2004, S. 10.
141 Vgl. Hebenstreit-Müller 2007, S. 15.
142 Vgl. Pugh 2010, S. 12.
143 Oberhuemer et al. 2010, S. 451
144 Vgl. Hebenstreit-Müller 2010, S. 9.
145 Hebenstreit-Müller 2010, S. 9
146 Oberhuemer et al. 2010, S. 458
147 Oberhuemer et al. 2010, S. 458
148 Vgl. Whalley 2008, S. 28.
149 Vgl. Textor und Oberhuemer et al. 2010, S. 458.

zentren (Childrens Centres) als „neue Herausforderung und Zielsetzung für den Wohlfahrtsstaat und das Erziehungssystem."[150]

3.3.1 Hintergründe

Das Pen Green Centre in Corby hat sich seit seiner Entstehung zu einer regional und national stark vernetzten Institution entwickelt,[151] die sich in zwei Abteilungen untergliedert: Das ‚Pen Green Centre for Children and Families' (Kinder- und Familienzentrum) mit den Bereichen ‚Baby and Toddler' (Krippe), ‚Nursery' (Kindergarten) und ‚Group Programme' (Bildungsangebote für Eltern mit und ohne ihre Kinder) sowie das ‚Pen Green Research, Development & Training Base and Leadership Centre' (Fort- und Weiterbildungsakademie mit Forschungsabteilung) mit den Bereichen ‚Short Courses' (Fort- und Weiterbildungsangebote), ‚Degree Programme' (Qualifizierungskurse mit unter anderem Bachelor- und Masterabschlüssen) und ‚Conferences and Seminars' (Lehr- und Forschungsangebote).[152] Im Kinder- und Familienzentrum stehen im Bereich des Kindergartens 120 Ganztagesplätze zur Verfügung für zwei- bis fünfjährige Kinder, die von Family Workern[153] betreut werden.[154] In England wechseln die Kinder mit fünf Jahren in die Infant School.[155] „Die Überzeugung, dass dieser Ort ein Ort für Familien ist, an dem sich Kinder, Eltern und Mitarbeiter/innen gemeinsam weiterentwickeln, voneinander und miteinander lernen, prägt die Atmosphäre."[156] Die Kinder- und Familienzentren in England sind Institutionen, die Kinder bilden, erziehen und betreuen und gleichzeitig Familien unterstützen und entlasten. Die Wünsche und Ziele der einzelnen Eltern bilden die Grundlage für die pädagogische Arbeit der Family-Worker.[157] „Die Eltern werden als Experten ihres Alltags anerkannt und unterstützt."[158]

Mit dem Modellprojekt Kinder- und Familienzentrum – Schillerstraße, einer Kita des Pestalozzi-Fröbel-Hauses[159] in Berlin, entstand in enger Zusammenar-

---

150 Whalley 2007, S. 29

151 Vgl. Gerhold et al. 2004, S. 10.

152 Siehe Pen Green Research 2013a.

153 Der Beruf des ‚Family Worker' ist vergleichbar mit dem Beruf der Erzieherin. Allerdings fällt in dessen Aufgabenbereich die ganze Familie. „Ein Family Worker betreut acht bis zehn Kinder und ihre Familien." Hebenstreit-Müller und Kühnel 2004, S. 11

154 Vgl. Pen Green Research 2013b. Aus älteren Quellen geht hervor, dass in der Nursery 35–40 Kinder betreut werden. Vgl. Gerhold et al. 2004, S. 11; vgl. Burdorf-Schulz und Müller 2004, S. 17.

155 Vgl. Burdorf-Schulz und Müller 2004, S. 17.

156 Hebenstreit-Müller und Kühnel 2004, S. 11

157 Vgl. Whalley 2007, S. 31.

158 Textor

159 Das Pestalozzi-Fröbel-Haus in Berlin bildet Erzieherinnen und Erzieher aus und ist Träger zahlreicher Kinder- und Jugendhilfeeinrichtungen. Dazu gehören unter ande-

beit mit dem Pen Green Centre in Corby im Jahr 2000 das erste Early Excellence Centre in Deutschland.[160] In der Kita arbeiten fünfzehn Erzieherinnen (zum Teil in Teilzeit) und es gibt 115 Plätze für Kinder mit ihren Familien.[161] Der Begriff ‚Excellence' beinhaltet nicht die Erwartung an die Kinder im Kontext von Leistung exzellent zu sein, „sondern formuliert einen Anspruch an die Qualität ihrer Förderung."[162] Drei Leitgedanken bilden den Kern des Early-Excellence-Ansatzes, der sich auf einen ethischen Code beruft und sich als ein demokratischer Erziehungsstil versteht.[163] „1. Jedes Kind ist exzellent, 2. Die Eltern sind Experten ihres Kindes und 3. Die Kita wird zu einem integrierten Zentrum für Kinder und ihre Familien."[164] Die pädagogischen Handlungskonzepte von Fröbel[165], Montessori[166] und Reggio[167] bilden unter anderen die Grundlage des Early-Excellence-Ansatzes. Des Weiteren finden das Erfahrungslernen nach Dewey[168], die Zone der proximalen Entwicklung nach Vygotski[169], das Scaffolding Learning nach Bruners[170], die Basisvariablen der Interaktion nach Rogers[171] und die Bindungstheorien nach Bowlby und Ainsworth[172] Berücksichtigung.[173] Auf diesen Grundlagen wurden acht pädagogische Strategien[174] entwickelt, die in verschiedenen Untersuchungen immer wieder überarbeitet wurden und werden.[175] „Die Strategien liefern Anleitungen für einen kindzentrierten Blick und befördern Selbstreflexion der Erziehenden in ihrer Interaktion mit dem Kind."[176] Dabei ist auch der Kontakt mit den Eltern von besonderer Bedeutung im Early-Excellence-Ansatz. „Die Vorstellung, höchste Qualität der Bildung für Kinder und aktiven Austausch mit Eltern als Einheit zu begreifen, ist gleichsam zu einer Professionalisierungsbewegung ‚von unten' geworden."[177]

---

rem eine Fachschule für Sozialpädagogik, neun Kitas, vier Familienzentren und ein Mehrgenerationenhaus. Vgl. Pestalozzi-Fröbel-Haus.

160 Vgl. Hebenstreit-Müller und Kühnel 2004, S. 9. Finanziell unterstützt wurde das Projekt durch die Heinz und Heide Dürr Stiftung. Vgl. Dürr 2011, S. 9.

161 Vgl. Burdorf-Schulz 2007, S. 89.

162 Hebenstreit-Müller 2007, S. 16

163 Vgl. Lepenies 2007, S. 52.

164 Lepenies 2007, S. 51

165 Siehe Heiland 2002.

166 Siehe Montessori 2010, Montessori 2011a und Montessori 2011b.

167 Siehe Brockschnieder 2010.

168 Siehe Dewey 2008.

169 Siehe Vygotskij 1978 und Langford 2005.

170 Siehe Wood et al. 1976.

171 Siehe Krone 1992.

172 Siehe Grossmann und Bowlby 2003.

173 Vgl. Lepenies 2007, S. 61.

174 Siehe Punkt 3.3.3.1 in dieser Arbeit.

175 Vgl. Lepenies 2007, S. 57.

176 Lepenies 2007, S. 54

177 Hebenstreit-Müller 2010, S. 9

3.3.2 Das Bild vom Kind: der positive Blick auf das Kind mit seinen Stärken und Kompetenzen

Das Menschenbild im Early-Excellence-Ansatz ist getragen von dem positiven Blick auf den Menschen. „Jeder Mensch wird mit Wertschätzung behandelt und so respektiert, wie er ist."[178] Der erste Leitgedanke des Ansatzes: „Jedes Kind ist exzellent"[179] bedeutet, den Blick auf jedes einzelne Kind mit seinen Stärken und Begabungen zu lenken.[180] In Anlehnung an die Reggio-Pädagogik ist das Bild vom Kind geprägt durch die Annahme, dass jedes Kind Potentiale in sich trägt, die es kräftig, stark und kompetent machen in Verbindung mit anderen Kindern und Erwachsenen.[181] Die Stärken und Kompetenzen der Kinder sind Ausgangspunkt der pädagogischen Arbeit, die mit einem eigens entwickelten Beobachtungsbogen[182] (unter Berücksichtigung der Leuvener Engagiertheitsskala[183], dem Schemata-Modell[184] und den Lerngeschichten[185]) von den Erzieherinnen beobachtet und wahrgenommen werden.[186] Die Beobachtung, die sich im Early-Excellence-Ansatz durch die Kriterien „ressourcenorientiert, praxistauglich und wissenschaftsbasiert"[187] auszeichnet sowie die Dokumentation anhand eines Entwicklungsordners[188] stellen zentrale Punkte der Arbeit dar, denn jedes Kind hat das Recht, in den Blick genommen zu werden.[189] Es ist die Aufgabe der Erzieherin jedes Kind mit seinen Interessen und Fähigkeiten zu kennen, individuell zu fördern und zu begleiten. Dabei stellt die Zusammenarbeit mit den Eltern einen wichtigen Bestandteil der Arbeit dar, um die Bildungsprozesse der Kinder zu begleiten[190] und das Bild vom Kind zu vervollständigen.[191] „Eine gute Kommunikation im gesamten Team ebenso wie mit den Eltern in Bezug auf die Beobachtungen und Unterhaltungen im Alltag ist daher unerlässlich."[192]

---

178 Hebenstreit-Müller 2013, S. 94

179 Lepenies 2007, S. 51

180 Vgl. Lepenies 2007, S. 52.

181 Vgl. Gerhold et al. 2004, S. 10.

182 Siehe Hebenstreit-Müller 2013, S. 17–19; 51–55.

183 Siehe Vandenbussche und u.a. 1999 und Vandenbussche 2009.

184 Siehe Wilke 2004.

185 Siehe Leu 2007.

186 Vgl. Lepenies 2007, S. 52.

187 Durand et al. 2011, S. 107

188 „Jedes Kind unserer Kita hat einen eigenen Entwicklungsordner, indem die Erzieherinnen seine individuellen Interessen, Stärken und Bildungsprozesse dokumentieren. Grundlage hierfür sind Beobachtungen, die bei jedem Kind circa zwei Mal im Kitajahr stattfinden. Hierbei wird ein Kind an zwei Tagen von allen Erzieherinnen des Abteilungsteams jeweils zehn Minuten nach den Kriterien eines Beobachtungsbogens im Kitaalltag beobachtet." Hebenstreit-Müller 2013, S. 88

189 Vgl. Hebenstreit-Müller 2013, S. 95.

190 Vgl. Burdorf-Schulz und Müller 2004, S. 16.

191 Vgl. Burdorf-Schulz 2007, S. 98.

192 Hayward und Cummings 2007, S. 75

Der positive Blick auf das Kind „darf nicht zu einem naiven Blick werden, der die Wirklichkeit schönt."[193] Denn den Bedürfnissen und dem Förderbedarf von Kindern mit Entwicklungsverzögerungen oder Einschränkungen muss Rechnung getragen werden. Hier bildet – ganz im Sinne des Gedankens der Inklusion – der Anspruch, jedes Kind so zu nehmen wie es ist und nach seinen Bedürfnissen exzellent zu fördern, zu unterstützen und zu begleiten, den Ausgangspunkt der pädagogischen Arbeit.[194] „Erst dieser wertschätzende Blick macht die besonderen Fähigkeiten gerade solcher Kinder sichtbar, die es trotz ihrer Handicaps schaffen, ein ganz normales, anerkanntes Kind unter anderen Kindern zu sein – wenn sie denn dabei unterstützt werden."[195]

3.3.3 Bildungsbegriff: Kinder lernen durch eigene Erfahrungen und Beziehungen

Lernen im Early-Excellence-Ansatz stützt sich auf die Theorie des Konstruktivismus[196], nach dem „die Lerner aktiv Beteiligte"[197] sind. Kinder zeichnen sich dadurch aus, dass sie aus sich heraus lernen wollen und einen Lern- und Forschungsdrang in sich tragen.[198] „Ziel der gesamten pädagogischen Arbeit in Corby ist es, ein differenziertes und vielseitiges Lernen zu ermöglichen und somit den kindlichen Lern- und Forscherdrang zu unterstützen."[199] Das freie Spiel stellt dabei den zentralen Kern dar. Der ganze Spielbereich im Kindergarten ist in verschiedene Spielzonen unterteilt, die für alle Kinder frei zugänglich sind. Es gibt beispielsweise den Wasser-Matsch-Bereich, den Puppeneckenbereich, den Verkleidungsbereich, offene Regale mit Materialien usw.[200] „Der Selbstbildungsprozess des Kindes geschieht als Interaktionsprozess zwischen Wahrnehmung, Emotion, Kognition, Erfahrung und spezifisch situativer Bedeutung im soziokulturellen, historischen und ökonomischen Kontext."[201] Die Aufgabe der Erwachsenen ist es das Verhalten von Kindern als Bildungsprozess wahrzunehmen.[202] Der pädagogische Ansatz hierbei beinhaltet vier Schlüsselkonzepte: 1. Pädagogische Strategien, 2. Wohlbefinden, 3. Engagiertheit und 4. Schemata.[203]

---

193 Hebenstreit-Müller 2007, S. 22
194 Vgl. Hebenstreit-Müller 2013, S. 12.
195 Hebenstreit-Müller 2013, S. 12
196 Siehe Reich 2008, Voß 2005 und Siebert 2005.
197 Arnold 2013, S. 1
198 Vgl. Burdorf-Schulz und Müller 2004, S. 17.
199 Burdorf-Schulz und Müller 2004, S. 17
200 Vgl. Burdorf-Schulz und Müller 2004, S. 17.
201 Wilke 2004, S. 48
202 Vgl. Wilke 2004, S. 53.
203 Vgl. Burdorf-Schulz 2007, S. 91.

3.3.3.1 Pädagogische Strategien

Feinfühligkeit, Selbständigkeit, Anregung werden als Voraussetzung für die gelingende Interaktion zwischen Erwachsenen und Kindern in Anlehnung an Rogers gesehen.[204] Im Umgang mit den Kindern werden folgende acht Strategien berücksichtigt:[205]

„1. Warten und Beobachten in respektvoller Distanz (Sanfte Intervention)"[206].

Die Erzieherin beobachtet das Kind in unterschiedlichen Situationen und lässt es gewähren.

„2. An frühere Erfahrungen und Erlebnisse des Kindes anknüpfen (Kontextsensitivität)"[207].

Die Erzieherin lernt das Umfeld des Kindes durch Hausbesuche, Erzählungen von Eltern und des Kindes kennen und dokumentiert diese Erlebnisse mit Hilfe des Portfolios.

„3. Zuwendung durch physische Nähe und Mimik und damit Bestätigung des Kindes (Affirmation)"[208].

Der Erwachsene bestärkt das Kind verbal und non-verbal durch seine Fürsorge und reagiert auf das Bindungsverhalten des Kindes.

„4. Das Kind ermutigen, zu wählen und selber zu entscheiden"[209].

Das Kind wird darin bestärkt eigene Entscheidungen zu treffen und die Konsequenzen zu tragen. Dies fördert die Selbständigkeit des Kindes, es erfährt so die Wirkung seines Handelns.

„5. Das Kind unterstützen angemessene Risiken einzugehen"[210].

Der Weg des Kindes zu einem gesetzten Ziel wird unterstützt, der Lernfortschritt des Kindes steht im Mittelpunkt.

„6. Das Kind ermutigen, etwas zu tun, was den Erwachsenen im Ablauf selbst unklar ist. Das Kind bei seinem Experiment begleiten"[211].

Das Kind wird ermutigt nach seinen Interessen Neues auszuprobieren, auch wenn der Sinn seines Tuns für den Erwachsenen nicht auf den ersten Blick sichtbar ist.

„7. Wissen, dass die Haltung und die Einstellung des Erwachsenen das Kind beeinflussen"[212].

Emotionen der Erwachsenen, wie zum Beispiel Angst, beeinflussen das Verhalten des Kindes. Die unterschiedlichen Entwicklungsstände der Erwachsenen und Kinder müssen im Bewusstsein bleiben.

---

204 Vgl. Lepenies 2007, S. 54.
205 Zum Folgenden vgl. Lepenies 2007, S. 54–57.
206 Lepenies 2007, S. 54
207 Lepenies 2007, S. 55
208 Lepenies 2007, S. 55
209 Lepenies 2007, S. 55
210 Lepenies 2007, S. 56
211 Lepenies 2007, S. 56
212 Lepenies 2007, S. 56

„8. Der Erwachsene zeigt, dass er und das Kind im Lernen Partner sind"[213].

Gemeinsames Experimentieren und neue Aufgaben bieten den Raum für gemeinschaftliches Erfahrungslernen.

Diese pädagogischen Strategien bilden für den Erwachsenen die Grundlage seines Handelns, um Kinder in ihren Lernprozessen zu unterstützen und zu fördern.[214]

3.3.3.2 Wohlbefinden

Das Wohlbefinden und die Engagiertheit eines Kindes sind nach Ferre Laevers zwei Kennzeichen, die für die kindlichen Bildungsprozesse von Bedeutung sind.[215] „Das Wohlfühlen ist die Voraussetzung für eine hohe Engagiertheit, welche wiederum ein Indiz für den stattfindenden Entwicklungsprozess ist."[216] Das Wohlbefinden eines Kindes drückt sich aus durch Anzeichen wie Offenheit, Flexibilität, Selbstbewusstsein, Selbstbehauptung, Vitalität, Entspanntheit, innere Ruhe, Freude und Kontakt zu sich selbst.[217] Das Wohlbefinden eines Kindes wird bei Early Excellence genauso wie die Engagiertheit eines Kindes auf dem Beobachtungsbogen festgehalten.[218]

3.3.3.3 Engagiertheit

Anhand der neun Merkmale: Konzentration, Energie, Komplexität und Kreativität, Gesichtsausdruck und Körperhaltung, Ausdauer, Genauigkeit, Reaktion, verbale Äußerungen sowie Zufriedenheit kann die Engagiertheit eines Kindes beobachtet werden.[219] Mit Hilfe der Leuvener Engagiertheits-Skala[220] wird erfasst, wie ausgeprägt die Aktivität eines Kindes ist. Es zeigt die Qualität, nicht den Inhalt der Aktivität eines Kindes in seinem Lernprozess.[221]

3.3.3.4 Schemata

Kinder zeigen sowohl in ihrem Spiel als auch in ihrem Alltag verschiedene Verhaltensmuster, auch Schemata[222] genannt, mit denen sie für sich die Welt entde-

---

213 Lepenies 2007, S. 57
214 Vgl. Burdorf-Schulz 2007, S. 91.
215 Vgl. Vandenbussche und u.a. 1999.
216 Wilke 2004, S. 57
217 Vgl. Wilke 2004, S. 59.
218 Vgl. Hebenstreit-Müller 2013, S. 53.
219 Vgl. Wilke 2004, S. 58.
220 Vgl. Vandenbussche 2009.
221 Vgl. Wilke 2004, S. 58.
222 „Ein Schema ist ein von Wissenschaftlern konstruierte Begriff, mit dem verdeutlicht wird, wie Menschen die Bedeutung von Ereignissen und Dingen erkennen können und wie sie ihre Handlungen organisieren. Schemata sind verinnerlichte Kategoriesysteme und Verhaltensprogramme." Meinhold und Gross-Letzelter 2004, S. 92

cken und erobern.[223] Die Schemaforschung entstand in den 1970er Jahren durch
Cath Athey, sie nimmt Bezug auf Piagets Theorie der kognitiven Entwicklung des
Kindes.[224] Im Pen Green Centre in Corby wurden in Anlehnung daran 36 Sche-
mata herausgearbeitet und dokumentiert.[225] „Die am meisten vorkommenden
Schemata sind: Linien, Einhüllung, Rotation, Transport, Verbindung, Einfassung/
Einzäunung oder Schichtung."[226] Im Laufe der Entwicklung des Menschen werden die Verhaltensmuster immer komplexer und koordinierter, sie werden dann
nicht mehr als Schemata wahrgenommen, es entwickeln sich daraus spezifische
Interessen.[227] Die mit Hilfe des Beobachtungsbogens[228] identifizierten Schemata
eines Kindes dienen der Erzieherin als Grundlage für Interaktion, Bereitstellung
von Material und die Entwicklung individueller Angebote, um die kindlichen Bildungsprozesse zu unterstützen.[229] Individuelle Angebote werden anhand des Lernkreises, PLOD (possible lines of direction)[230], von der Erzieherin entwickelt und
ausgewertet. Der Lernkreis besteht aus drei Kreisen. In der Mitte des Lernkreises
wird der Name des Kindes eingetragen. In dem mittleren Kreis sind die Entwicklungsfelder bzw. Entwicklungslinien angeordnet, wie zum Beispiel mathematische
Grunderfahrungen oder Sprache, Schriftkultur und Medien usw. Im äußeren Kreis
werden die von der Erzieherin beobachteten konkreten Lernprozesse und Lerner-
fahrungen des Kindes eingetragen, die es bei dem individuellen Angebot macht,
gegliedert nach den einzelnen Entwicklungsfeldern.[231]

Neben dem positiven Blick auf das einzelne Kind und den individuellen Angeboten stellt die Story-Time (30 Minuten pro Tag) einen wichtigen Zeitpunkt im
Tagesablauf in Early-Excellence-Einrichtungen dar. Ein akustisches Signal weist
die Kinder auf den Beginn dieser Zeit hin, in der sich die Bezugserzieherin mit
ihren Kindern in ihrem Raum trifft. Ausgehend von den Themen und Interessen
der Kinder bietet diese Zeit die Möglichkeit zum Beispiel Geschichten zu lesen,
Konflikte zu besprechen oder Geburtstage zu feiern.[232]

---

223 Vgl. Wilke 2004, S. 55.

224 Vgl. Wilke 2004, S. 48–56.

225 Vgl. Burdorf-Schulz und Müller 2004, S. 19 und Whalley und Pen Green Centre Team
    2008, S. 235–237.

226 Wilke 2004, S. 55

227 Vgl. Wilke 2004, S. 55.

228 Vgl. Hebenstreit-Müller 2013, S. 17–19. „Der Beobachtungsbogen bietet neben einer
    Freifläche, auf der die beobachtete Situation im Fließtext festgehalten wird, die Ana-
    lysekategorien zu den Schemata, den Bildungsbereichen sowie zu Engagiertheit und
    Wohlbefinden." Durand et al. 2011, S. 103

229 Vgl. Wilke 2004, S. 56.

230 Siehe Hebenstreit-Müller 2013, S. 33, Wilke 2004, S. 57 und Müller 2012.

231 Vgl. Hebenstreit-Müller 2013, S. 33.

232 Vgl. Hebenstreit-Müller 2013, S. 89–90.

3.3.4 Die Zusammenarbeit mit Eltern: Eltern als Experten ihrer Kinder

Der Early-Excellence-Ansatz geht davon aus, „dass die Eltern die wichtigsten Menschen im Leben ihrer Kinder und ihre ersten Erzieher sind."[233] Kinder lernen zu Beginn ihres Lebens primär von ihren Eltern, insofern stellt eine kooperative Zusammenarbeit zwischen Eltern und Kindergarten die Basis für die Lernprozesse der Kinder dar.[234] Der Dialog zwischen Eltern, Erzieherinnen und Kindern bildet die Grundlage im Hinblick auf „eine wechselseitige Anerkennung der Kompetenzen und Stärken"[235]. Die Aufgabe der Erzieherinnen ist es, eine gemeinsame Sprachebene zwischen Eltern und Einrichtung zu finden.[236] Der Kindergarten wird als eine Bildungseinrichtung verstanden, die auf kommunaler Ebene ein Netzwerk bildet, um Familien mit unterschiedlichsten (Bildungs-)Angeboten zu unterstützen und zu fördern.[237] Dieser Dialog setzt voraus, dass die Erzieherin beispielsweise durch Hausbesuche die Lebensumstände der Familien kennen und verstehen lernt.[238] Digitale Aufzeichnungen mit dem Camcorder aus dem Kindergarten können Eltern Sequenzen aus den Lernprozessen ihres Kindes zeigen. Umgekehrt können Eltern den Erzieherinnen Aufzeichnungen von daheim zur Verfügung stellen, um das Bild vom Kind und seinem Lernen zu ergänzen. So können die Erfahrungen der Eltern und der Erzieherinnen helfen, für jedes Kind „ein angemessenes Curriculum zu konstruieren, um die kognitiven und affektiven Bedürfnisse jedes Kindes zu befriedigen."[239] Als Instrument für den gegenseitigen Austausch zwischen Eltern und Erzieherinnen dient der „Pen Green Loop – die Lernschleife"[240]. Mittelpunkt der Lernschleife ist das Kind, das daheim von den Eltern beobachtet wird. Die Eltern geben ihre Informationen an die Erzieherinnen weiter, entweder bei einem gemeinsamen Gespräch oder in Form von Tagebuchaufzeichnungen beziehungsweise digitalen Aufzeichnungen beim Bringen oder Abholen des Kindes. Die Beobachtungen der Eltern werden im Team besprochen, um individuelle Angebote für das Kind zu planen. Die Erzieherinnen beobachten gleichzeitig das Kind im Kindergarten und teilen ihre Beobachtungen wiederum den Eltern mit, was diesen Anregungen gibt, das Kind familiär zum Beispiel durch gemeinsame Aktivitäten oder bestimmte Geburtstags- und Weihnachtsgeschenke in seiner Entwicklung zu unterstützen.[241] „Die Lernschleife stellt einen dynamischen Prozess dar, mit dessen Hilfe die wichtigen Erwachsenen im Leben eines Kindes sich gegenseitig ein Feedback darüber geben können, was für

---

233 Burdorf-Schulz und Müller 2004, S. 16
234 Vgl. Burdorf-Schulz und Müller 2004, S. 16.
235 Hebenstreit-Müller 2007, S. 23
236 Vgl. Whalley und Dennison 2008, S. 153.
237 Vgl. Hebenstreit-Müller 2007, S. 25, Whalley 2007, S. 31 und Burdorf-Schulz 2007, S. 103–105.
238 Vgl. Whalley und Dennison 2008, S. 154.
239 Whalley und Dennison 2008, S. 155
240 Whalley und Dennison 2008, S. 156
241 Vgl. Whalley und Dennison 2008, S. 156–158.

das Kind von zentraler Bedeutung ist, und auch, wie und was das Kind daheim und im Kindergarten lernt."[242]

3.3.5 Kompetenzanforderungen an die Erzieherinnen: der ethische Code und die besondere Haltung

Ausgangspunkt für die Erzieherinnen, die nach Early Excellence arbeiten, sind der ethische Code und die besondere Haltung gegenüber Kindern, Eltern und Kolleginnen.[243] Der ethische Code beinhaltet den positiven Blick auf alle Beteiligten, die Verständlichkeit aller Daten und Informationen (auch für die Kinder), die Fragen der Beteiligten als Ausgangspunkt der pädagogischen Arbeit, das gegenseitige Vertrauen und Ernstnehmen sowie das Ziel, die Praxis zuhause und in der Kita weiterzuentwickeln. Es geht „um eine professionelle, auf das Kind bezogene, inhaltliche Arbeit."[244] Die eigene pädagogische Arbeit ständig zu reflektieren ist die Voraussetzung für die besondere Haltung der Erzieherin. „Eine solche Haltung kann nicht von außen aufoktroyiert oder antrainiert werden. Sie muss von jeder Einrichtung und jedem Team unter den eigenen Bedingungen neu erarbeitet werden."[245] Als Handwerkszeug für diese Haltung dienen die in Punkt 3.3.3 beschrieben vier Schlüsselkonzepte.[246]

   Mit Hilfe des Instruments der Qualitätsvereinbarung, das in fünf Schritten von der Bestandsaufnahme zur Vereinbarung führt, wird sichergestellt, dass jede Erzieherin in der Lage ist Kinder systematisch zu beobachten. Darüber hinaus wird die Arbeit im Team reflektiert, ausgewertet und weiterentwickelt. Die Kommunikation und der Dialog im Team sind die Grundvoraussetzung für den wöchentlichen Austausch der Beobachtungen der einzelnen Kinder, die gemeinsame Arbeit und die Reflexion der Praxis.[247]

3.3.6 Diskussion

Der Early-Excellence-Ansatz wendet sich den Interessen und Entwicklungsaufgaben der Kinder zu und integriert die Erfahrungen und Kompetenzen der Eltern in die pädagogische Arbeit der Einrichtungen. Dies setzt einen positiven Blick der Erziehehrinnen auf die Kinder und Eltern mit ihren Stärken und Fähigkeiten voraus. Zudem bedarf es einer intensiven Einführung in das Handlungskonzept. Das Anerkennen aller Eltern als Experten ihrer Kinder fordert von den Erzieherinnen ein hohes Maß an Wertschätzung allen Eltern gegenüber, um eine konstruktive Zusammenarbeit zu ermöglichen. Darüber hinaus ist zu fragen, welche – im

---

242 Whalley und Dennison 2008, S. 156
243 Vgl. Lepenies 2007, S. 53.
244 Lepenies 2007, S. 53
245 Hebenstreit-Müller 2013, S. 13
246 Vgl. Lepenies 2007, S. 53–54.
247 Vgl. Hebenstreit-Müller 2013, S. 42–55.

Vergleich zu England – anderen Rahmenbedingungen es in Deutschland gibt. Die Verzahnung von Praxis, Forschung und Politik ist in Deutschland beispielsweise nicht so gegeben wie in England. Ebenso wie im Ansatz des Offenen Kindergartens stellt sich im Early-Excellence-Ansatz die Frage nach dem Erleben von Gemeinschaftserfahrungen, da sich die Bezugserzieherinnen mit ihren Kindern lediglich 30 Minuten am Tag in der ‚Story-Time' treffen und gemeinsam Zeit verbringen. Welche Anschlussfähigkeit zur religiösen Bildung und Erziehung ist hier gegeben, in dem Glauben als gelebter Glaube in Gemeinschaft erfahrbar wird? Welche religiösen Symbole und Riten werden gemeinsam erlebbar? Wie werden die unterschiedlichen Religionen und Weltanschauungen der Kinder im Kindergarten thematisiert? Welche Schemata gibt es, die das religiöse Interesse der Kinder für Erzieherinnen beobachtbar machen?

3.3.7 Fazit

Das Alleinstellungsmerkmal des Early-Excellence-Ansatzes besteht in seiner Vernetzung von Praxis, Politik und Forschung sowie der politischen Absicht, Kinderarmut durch Unterstützung der Familien in den Children's Centres entgegenzuwirken. Das Bild vom Kind ist geprägt vom positiven Blick, den die Erzieherin auf jedes Kind hat. Die Erzieherin hat den Auftrag jedes Kind mit seinen Kompetenzen und Stärken zu fördern und zu unterstützen. Das Verhalten des Kindes wird im Early-Excellence-Ansatz als Bildungsprozess verstanden; die Aufgabe der Erwachsenen ist es diese wahrzunehmen, auch wenn sie auf den ersten Blick merkwürdig erscheinen. Mit Hilfe der Beobachtung der Schemata (Verhaltensmuster) des Kindes gilt es, jedem Kind individuelles, aktives und vielseitiges Lernen in der Einrichtung zu ermöglichen. Die Zusammenarbeit mit den Eltern, die vom gemeinsamen Austausch der Beobachtungen des Kindes und einem gegenseitigen Kennen der Lebenswirklichkeiten geprägt ist, bildet die Basis für die Lernprozesse der Kinder. Eltern werden als die ersten Erzieher des Kindes anerkannt, ihnen kommt eine zentrale pädagogische Bedeutung zu und sie erfahren Unterstützung durch diverse Angebote im Kinder- bzw. Familienzentrum. Die Kompetenzanforderungen an die Erzieherinnen sind geprägt durch den ethischen Code, der unter anderem den positiven Blick auf jeden Menschen beinhaltet. Des Weiteren stellen die Fragen aller Beteiligten den Ausgangspunkt der pädagogischen Arbeit dar. Die Reflexion und Weiterentwicklung der Praxis mit Hilfe der vier Schlüsselkonzepte impliziert die besondere Haltung der Erzieherin im Early-Excellence-Ansatz.

3.4   Das infans-Konzept der Frühpädagogik

Ausgangspunkt der Gründung des Instituts infans waren die Forschungsergebnisse, die in einem Forschungsprojekt 1984/85 an der Freien Universität Berlin erhoben wurden und Hinweise erhielten, dass eine nicht angemessene

Eingewöhnung der Kinder in Krippen Konsequenzen auf die Entwicklung der Kinder hat.[248] So gründeten Hans-Joachim Laewen und Beate Andres 1988 das Institut für angewandte Sozialisationsforschung/Frühe Kindheit e.V. (infans)[249] mit dem Ziel, Forschung und Praxis miteinander zu verbinden.[250] Zunächst wurde das Berliner Eingewöhnungsmodell für Kinder in Krippen und Tagespflegestellen entwickelt.[251] Nach der Wiedervereinigung Deutschlands arbeitete infans von 1992–1997 an dem Modellprojekt „Impulse aus Brandenburg"[252], das im Bundesland Brandenburg ein Netzwerk von Praxisberaterinnen aufbaute und diese qualifizierte.[253] Von 1997–2000 wurden in dem Modellprojekt „Zum Bildungsauftrag von Kindertageseinrichtungen"[254] in Zusammenarbeit mit Kitas in den Bundesländern Brandenburg, Schleswig-Holstein und Sachsen Vorschläge erarbeitet, um den Bildungsauftrag von Kindertageseinrichtungen zu konkretisieren und wissenschaftlich zu fundieren. Die Arbeitsergebnisse des Projekts sind in dem Buch „Bildung und Erziehung in der frühen Kindheit"[255] veröffentlicht worden.[256] In einer zweiten Veröffentlichung „Forscher, Künstler, Konstrukteure – Werkstattbuch zum Bildungsauftrag von Kindertageseinrichtungen"[257] finden sich Vorschläge für die Praxis aus dem Modellprojekt. Anschließend wurde bis 2005 das infans-Konzept der Frühpädagogik entwickelt, erprobt und implementiert.[258] „Das infans-Konzept stellt für die frühpädagogische Arbeit ein grundlegendes Handlungsmodell zur Verfügung, das nachhaltiges Lernen der Kinder ermöglichen soll, indem es an die Themen und Interessen der Kinder anknüpft und Bildungsprozesse der Kinder – orientiert an definierten Erziehungszielen – auf höchstmöglichem Niveau herausfordert."[259]

3.4.1 Hintergründe

Im Mittelpunkt des infans-Konzepts der Frühpädagogik steht das Bild vom „konstruierende[n] Kind"[260] im Kontext von Bildung und Erziehung in Kitas, das

---

248 Vgl. Andres und Laewen 2010, S. 2.

249 Vgl. Andres und Laewen 2011, S. 214.

250 Vgl. Andres und Laewen 2010, S. 2.

251 Vgl. Laewen 2011.

252 Laewen et al. 1998

253 Vgl. Andres und Laewen 2010, S. 7.

254 Laewen und Andres 2002, S. 8

255 Laewen und Andres 2002

256 Finanziell unterstützt wurde das Projekt vom Bundeministerium für Familien, Senioren, Frauen und Jugend, dem Ministerium für Bildung, Jugend und Sport des Landes Brandenburg, dem Ministerium für Gesundheit und Soziales des Landes Schleswig Holstein und dem Sächsischen Staatsministerium für Soziales, Gesundheit, Jugend und Familie. Vgl. Laewen und Andres 2002.

257 Laewen 2003

258 Vgl. Andres und Laewen 2011, S. 213.

259 Andres und Laewen 2011, S. S. 16

260 Laewen 2002b, S. 208

innerhalb des Projektes „Zum Bildungsauftrag von Kindertageseinrichtungen"[261] beschrieben wurde. Zunächst wurde versucht, die Forschungsergebnisse in Beziehung zum Situationsansatz[262] zu setzen. Auf dieser Basis hat Hans-Joachim Laewen fünf Vorschläge zur Ergänzung und Weiterentwicklung des Ansatzes formuliert.[263] Der erste Vorschlag besteht darin die Theorie des Situationsansatzes zu überarbeiten, die Begrifflichkeiten zu systematisieren und die Anschlussfähigkeit zur wissenschaftlichen Überprüfbarkeit herzustellen.[264] Der zweite Vorschlag beinhaltet, die Unterscheidung zwischen kindlichen Selbstbildungsprozessen und „Erziehung als Tätigkeit von Erwachsenen"[265] in den Situationsansatz zu integrieren. Der dritte Vorschlag nimmt den Kindergarten als gesellschaftliche Organisation in den Blick und zeigt die Notwendigkeit, methodische Konzepte in den Situationsansatz aufzunehmen.[266] Der vierte Vorschlag bezieht sich auf die Auswahl der Themen, die in Schlüsselsituationen bearbeitet werden und fordert nicht nur aus den internen Zielgruppen der Kindertageseinrichtungen Themen zu generieren, sondern auch auf aktueller gesellschaftlicher Ebene den Blick zu öffnen und die eigenen Haltungen und Wertvorstellungen der Erzieherinnen ebenso in Bezug auf heutige gesellschaftliche Erziehungsziele zu reflektieren.[267] Der fünfte Vorschlag richtet den Blick auf den Umgang mit den Themen der Kinder im Situationsansatz, die sich nicht notwendigerweise aus gesellschaftlich definierten Schlüsselsituationen ableiten lassen. Für Laewen bietet die Reggio-Pädagogik mit der Projektarbeit eine Antwort, die im Situationsansatz den Weg „vom Kind zur gesellschaftlichen Ebene"[268] erweitern kann.[269] „In starker Vereinfachung könnte man sagen, dass der Situationsansatz und das Reggio-Konzept einen zueinander komplementären Aufbau haben und daraus die Aufforderung ableiten, Reggio in den Situationsansatz einzuarbeiten."[270] In der Literatur finden sich keine Reaktionen der Vertreterinnen und Vertreter des Situationsansatzes auf die hier dargestellten Ergänzungs- und Weiterentwicklungsvorschläge von Laewen.

Das von Hans-Joachim Laewen und Beate Andres vorgelegte infans-Konzept der Frühpädagogik enthält – unter Berücksichtigung der Bindungstheorie nach Bowlby und Ainsworth[271], der Theorie des „Symbolischen Interaktionismus"[272] nach Mead, der kulturhistorischen Theorie nach Wygotski[273] und der Theorie des

---

261 Laewen 2002b, S. 208

262 Siehe Zimmer 2000 und Institut für den Situationsansatz (ISTA) 2005.

263 Vgl. Laewen 2002b.

264 Vgl. Laewen 2002b, S. 209.

265 Laewen 2002b, S. 218

266 Vgl. Laewen 2002b, S. 228.

267 Vgl. Laewen 2002b, S. 230–231.

268 Laewen 2002b, S. 236

269 Vgl. Laewen 2002b, S. 241–242.

270 Laewen 2002b, S. 243

271 Siehe Grossmann und Bowlby 2003.

272 Siehe Blumer 1973.

273 Siehe Vygotskij 1977.

Konstruktivismus[274] – weiterentwickelte Aspekte der beiden pädagogischen Handlungskonzepte Situationsansatz und Reggio-Pädagogik.[275] Das infans-Konzept besteht aus fünf Modulen, die miteinander in einem zirkulären Zusammenhang stehen und in einem spiralförmigen Prozess ständig bearbeitet werden.[276] Im Modul 1 formulieren und reflektieren die Erzieherinnen im Team Erziehungs-[277] und Handlungsziele[278]. In diesen Prozess werden die Eltern miteinbezogen.[279] In Modul 2 beschäftigen sich die Erzieherinnen mit der Beobachtung der Kinder und den daraus gewonnen Interessen[280] und Themen[281] der Kinder, die sie im Team fachlich reflektieren. Modul 3 beinhaltet die Frage, wie die Themen der Kinder zu

---

274 Siehe Reich 2008, Voß 2005 und Siebert 2005.

275 Vgl. Laewen 2002b, S. 211–212 und Andres und Laewen 2011.

276 Vgl. Andres und Laewen 2011, S. 20.

277 „Erziehungsziele beschreiben kein erzieherisches Handeln, ‚sondern drücken Vorstellungen von bestimmten Zuständen, Fähigkeiten und Dispositionen aus, zu deren Verwirklichung Pädagoginnen mit ihrem Handeln beitragen sollen. Erziehungsziele umschreiben somit Eigenschaften des zu Erziehenden, von denen angenommen wird, dass sie veränderbar sind' (Tarnai 2001, S. 47)." Andres und Laewen 2011, S. 29. „Erziehungsziele geben ein ‚Ideal' für den zu Erziehenden an und implizieren eine Handlungsaufforderung für den Erzieher (Gudjons 1997)." Andres und Laewen 2011, S. 29

278 „In den Handlungszielen wird so konkret wie möglich beschrieben, was die Erzieherinnen in der Kindertagesstätte in Zukunft tun werden, damit die Kinder zu Menschen heranwachsen können, die über die im Erziehungsziel benannte Fähigkeit oder Haltung verfügen. Das Erreichen von Handlungszielen ist empirisch überprüfbar und zeitlich festgelegt." Andres und Laewen 2011, S. 30

279 Vgl. Andres und Laewen 2011, S. 20–21.

280 „Wir vermuten ein Interesse als Handlungsmotiv, wenn ein Kind sich lang andauernd und/oder intensiv mit einem Gegenstand auseinandersetzt. ‚Gegenstand' ist ein sehr weiter Begriff: Es kann sich dabei um Dinge und ihre Eigenschaften handeln, um Menschen, Tiere, Pflanzen oder um deren Beziehung zueinander. Es können aber auch Kompetenzen und Handlungen des Kindes selbst ebenso wie Beziehungen zu anderen Kindern oder zu anderen Erwachsenen eine Rolle spielen. Selbst so etwas Abstraktes wie Sinnfragen oder Werturteile kann Gegenstand des Interesses von Kindern werden." Andres und Laewen 2011, S. 119

281 „In einem Thema konkretisiert sich das elementare Streben nach Handlungsfähigkeit, das ‚Wollen' des Kindes, in einem konkreten Sachverhalt als eine – in der Regel eher komplexe – Aufgabe, die das Kind lösen will. Im Thema fließen die Energie des ‚Wollens', die Handlungsbereitschaft und die Bereitschaft zur Konstruktion neuer, bisher noch nicht vorhandener Anteile des Selbstkonzepts des Kindes zusammen." Andres und Laewen 2011, S. 129

beantworten[282] und welche Themen Kindern zuzumuten[283] sind. Daraus folgt die Entwicklung eines Individuellen Curriculums[284] für jedes Kind, in dem die Themen und Interessen des Kindes mit den Erziehungszielen der Einrichtung verbunden werden. In Modul 4 nimmt die Dokumentation der pädagogischen Arbeit in Form eines Portfolios für jedes Kind sowie Fotodokumentationen, die eine Transparenz der Arbeit für die Öffentlichkeit, die Eltern sowie den Träger gewährleisten, eine zentrale Position ein. Modul 5 zeigt die Bedingungen für das Gelingen der Umsetzung des infans-Konzepts sowie die Vernetzung nach außen auf und beschreibt die Kindertageseinrichtung als eine lernende Organisation.[285] „Es entspricht der Philosophie unserer Arbeit, das Vorläufige so ernst zu nehmen wie das scheinbar Fertige, dem Möglichen Raum zu geben in der Welt des Faktischen."[286]

3.4.2 Das Bild vom Kind: das Kind als Konstrukteur seiner eigenen Wirklichkeit

Das Kind wird im infans-Konzept der Frühpädagogik gesehen als ein mit Kompetenzen ausgestattetes Wesen, welches „das Produkt einer sehr langen evolutionären Entwicklung"[287] ist. Zur Entfaltung der in den Genen veranlagten Möglichkeiten brauchen die Kinder von den Erwachsenen Nahrung, Wärme und Geborgenheit. „Das, was sich da mit unserer Hilfe entfaltet, kommt also in keinem nennenswerten Umgang von uns, den Eltern, sondern gehört dem Kind als

---

282 „Themen und Interessen werden aufgegriffen, immer ernst genommen und als Grundlage für weiterführende Angebote genutzt, die über den Kompetenzhorizont des Kindes hinausführen. Schon allein dadurch, dass sich Erzieherinnen damit befassen, werden den Mädchen und Jungen ihre Interessen und Themen auf einer sprachlichen und um kulturelle Bedeutungen erweiterten Ebene widergespiegelt [...] Wir sprechen in solchen Fällen davon, dass Themen der Kinder beantwortet werden. Dazu gehört, die Themen im Verlauf des Gesprächs mit den Kindern zu erweitern und zu differenzieren." Andres und Laewen 2011, S. 126

283 „Wenn wir umgekehrt von ‚Themen zumuten' sprechen, dann geht es darum, die Erziehungsziele der Einrichtung aktiv und auf der Grundlage zuvor reflektierter Strategien zu verfolgen. Die Erzieherinnen gehen dabei von den Erziehungs- und Handlungszielen der Einrichtung aus und verknüpfen ein Ziel (oder auch mehrere, wenn sich das anbietet) mit aktuellen Interessen oder Themen des Kindes." Andres und Laewen 2011, S. 126–127

284 „Das Individuelle Curriculum (I. C.) stellt das Herzstück des infans-Konzepts dar. In ihm werden die Interessen und Themen eines Kindes und die fachlichen Überlegungen der Pädagoginnen für einen bestimmten Zeitraum gebündelt und systematisch mit ausgewählten Erziehungs- und Handlungszielen der Kindertagesstätte verknüpft." Andres und Laewen 2011, S. 133

285 Vgl. Andres und Laewen 2011, S. 20–21.

286 Institut für angewandte Sozialisationsforschung / Frühe Kindheit e. V. 2011

287 Laewen 2002a, S. 51

Mitglied seiner biologischen Art."[288] Die Weltaneignung des Kindes geschieht autopoietisch, das heißt zur Weltaneignung des Kindes bedarf es dessen Selbsttätigkeit. Von Beginn an setzten sich Kinder mit den vorhandenen Personen und Dingen in Beziehung mit dem Ziel, selbst handlungsfähig zu werden. Dabei stützt sich infans auf die Theorie der kognitiven Entwicklung bei Kindern von Jean Piaget[289] unter Bezugnahme neuerer Erkenntnisse unter anderem aus der Säuglingsforschung oder auch den Forschungen von Gerd E. Schäfer zum kindlichen Denken[290]. Demnach verläuft die Entwicklung bei Kindern nicht bereichsübergreifend, also nicht so, dass Kinder sich in allen Bereichen gleich schnell entwickeln. Vielmehr verläuft die Entwicklung bereichsspezifisch in unterschiedlichem Tempo.[291] Das Denken findet – wie Piaget treffend beschrieben hat – auf verschiedenen Ebenen statt, aber nicht altersabhängig, sondern in Abhängigkeit von „den jeweiligen Theorien und den dazugehörigen begrifflichen Systemen, die das Kind bezüglich der verschiedenen Situationen oder Erfahrungen konstruiert oder bereits konstruiert hat."[292]

Durch die Erkenntnisse der Hirnforschung steht fest, „dass bereits die Organisation und Interpretation von Sinneswahrnehmungen eine unerwartet komplexe Leistung der Kinder darstellt, auch wenn berücksichtigt wird, dass evolutionär erworbene Hilfen bereitstehen."[293] Kinder bilden die Welt nicht in sich ab, sondern auf der Grundlage „ihrer Erfahrungen mit der Welt konstruieren sie eine eigene innere Welt in ihren Köpfen und Körpern."[294] Diese innere Welt ist ein Raum des Möglichen, in dem durch Gedanken und Fantasie Ideen entwickelt und gedanklich geplant werden, die (noch) nicht der äußeren Realität entsprechen.[295] „Diese Fähigkeit der Anordnung und der Reflexion des Konstruierten zum Entwerfen von Neukonstruktionen, die über das bereits Existierende hinausrei-

---

288 Laewen 2002a, S. 52

289 Vgl. Laewen 2002a, S. 56.

290 „Ähnlich wie Piaget versteht Schäfer (1998) das Denken als einen inneren Verarbeitungsprozess, der die innere Selbst- und Welterfahrung des Kindes strukturiert." Völkel 2002b, S. 112. „Schäfer unterscheidet dabei im Wesentlichen zwei Stufen des Denkens: das ästhetische Denken und das rationale Denken. Ästhetisches Denken setzt sich nach Schäfer aus sensorischem Denken und imaginativem Denken zusammen. Unter sensorischem Denken versteht Schäfer die Wahrnehmungsempfindungen des Kindes und seine körperlichen Handlungen. Imaginatives Denken ist die Fantasie, Vorstellung und Symbolbildung des Kindes. Schäfer geht jedoch nicht davon aus, dass das imaginative Denken dem sensorischen Denken in der Entwicklung folgt. Mit dem Begriff des ästhetischen Denkens bzw. der ästhetischen Wahrnehmung beschreibt er vielmehr das Zusammenspiel zwischen sensorischem und imaginativem Denken." Völkel 2002b, S. 112

291 Vgl. Völkel 2002b, S. 107.

292 Völkel 2002b, S. 121

293 Laewen 2002a, S. 59

294 Laewen 2002a, S. 53

295 Vgl. Laewen 2002a, S. 54–55.

chen, und schließlich die Reflexion der Entwürfe muss gelernt werden."[296] In der pädagogischen Arbeit bedarf es sowohl der Förderung des Möglichen in der inneren Welt als auch der Förderung des Realitätsbezugs zur äußeren Welt. „Kinder sehen die Welt ein wenig so, wie sie ist und ein wenig so, wie sie ihnen bedeutungsvoll erscheinen will."[297]

Das Kind als Konstrukteur seiner eigenen Wirklichkeit konstruiert sein Wissen über die Welt nicht losgelöst von der Welt, denn es entwickelt sich in einer schon bestehenden Welt, in der es „gesellschaftlich bereits konstruierte Wissensbestände, Werte und Normen"[298] gibt. Diese können einerseits Kinder in ihren Konstruktionsmöglichkeiten unterstützen oder andererseits beschränken. „Wenn Wissen geteilt wird, d.h. wenn man sich auf eine gemeinsame Bedeutung einzelner Aspekte der Welt einigen kann, spricht man von einer Ko-Konstruktion von Wissen."[299] Dabei sind die Ko-Konstruktion von Wissen zwischen Erwachsenen und Kindern sowie die Ko-Konstruktion unter Gleichaltrigen zu unterscheiden. „Mit Ihresgleichen verhandeln Kinder darüber, wer sie sind, wohin sie gehören, welche Normen und Werte Gültigkeit besitzen, und sie entwickeln Moralvorstellungen."[300] Des Weiteren erforschen sie Zusammenhänge über die gegenständliche Welt. Diese Wissenskonstruktion wirkt auf Erwachsene manchmal befremdlich, doch ist es ihre Aufgabe diese Konstruktionsprozesse zu verstehen. „Wenn Erwachsene Kenntnisse von den Themen der Kinder haben […] können sie entwicklungsfördernd darauf reagieren."[301] Durch emotionale Bindung sowie Raum, Zeit, Ort und Material bieten Erwachsene die Basis für die Konstruktionsprozesse der Kinder.[302]

3.4.3 Bildungsbegriff: Bildung als Selbstbildung im doppelten Sinn

Ausgehend vom Bild des Kindes als Konstrukteur seiner eignen Wirklichkeit wird bei infans in Anlehnung an Schäfer Bildung als Selbstbildung verstanden. Diese geschieht auf der einen Seite durch die Aneignung von Welt durch Sinneserfahrungen auf unterschiedlichen Ebenen, denen die Kinder durch Gefühle Bedeutung geben, auf der anderen Seite durch das Streben der Kinder nach eigener Handlungsfähigkeit.

> „Wir meinen dieses selbsttätige Bemühen des Kindes um Weltaneignung und Handlungskompetenz, wenn wir von Bildung als Selbstbildung im doppelten Sinn sprechen: Bildung durch Selbsttätigkeit und Bildung des Selbst als dem Kern der Persönlichkeit. Bildung

---

296 Laewen 2002a, S. 54–55
297 Laewen 2002a, S. 63
298 Völkel 2002a, S. 159
299 Völkel 2002a, S. 163
300 Völkel 2002a, S. 204
301 Völkel 2002a, S. 205
302 Vgl. Völkel 2002a, S. 205.

– so verstanden – wäre also der Anteil des Kindes an seiner eigenen
Entwicklung."[303]

Das Verhältnis von Bildung und Erziehung[304] zeigt sich zunächst als schwierig,
insofern Erwachsene keinen Zugriff auf die Konstruktionsprozesse von Kindern
haben. Doch indem sie diese Tatsache anerkennen und Bildung als Aktivität des
Kindes gesehen wird, löst sich diese Schwierigkeit und es bleiben zwei Formen
der Erziehung, die sich mit der Selbstbildung des Kindes vereinbaren lassen: „Die
Gestaltung der Umwelt des Kindes"[305] (Raumgestaltung, Material, Zeitgestaltung,
Situationen ...) und die „Gestaltung der Interaktion zwischen Erwachsenen und
Kind"[306] (Zumutung von Themen, Beantwortung von Themen, Dialog als Interaktion). In der Konsequenz bedeutet dies, dass nur das Kind selbst Bildungsziele
hat, während die Erwachsenen Erziehungsziele formulieren. So kann Erziehung
definiert werden „als Ermöglichung, Unterstützung und Herausforderung von
konstruierender Aneignung."[307]

Das infans-Konzept der Frühpädagogik verwendet zwei verschiedene Beobachtungsinstrumente. Zum einen „das Grenzsteininstrument von Michaelis und
Haas (1994) als Frühwarnsystem für große Entwicklungsrückstände."[308] Zum
anderen dienen zur Beobachtung in der alltäglichen pädagogischen Arbeit der
Beobachtungsbogen „Bildungsinteressen/Bildungsthemen"[309] sowie weitere Instrumente (Bildungsbereiche/Zugangsformen, Interessen/Bevorzugte Tätigkeiten,
Bildungsgeschichten in der Familie, Freunde und sonstige Beziehungen sowie
das Soziogramm).[310] Die Beobachtungen werden immer mit dem Kind abgesprochen.[311] Dabei hat sich herausgestellt, dass die Erzieherinnen durch die Beobachtung die einzelnen Kinder besser kennenlernen und ihre Themen und Interessen
gezielter wahrnehmen.[312] Der Bogen Bildungsinteressen/Bildungsthemen dient
gleichzeitig zur Dokumentation und Interpretation der Beobachtung in mehreren
Schritten: Zunächst erfolgt die Beschreibung, dann die persönliche Auswertung
in drei Schritten (1. Was macht die Situation mit mir, 2. Perspektivenübernahme
und 3. Engagiertheit des Kindes[313]) und schließlich die Auswertung im Team in

---

303 Laewen 2002a, S. 61

304 Laewen unterscheidet Erziehung „als konkreter Tätigkeit von Personen (Eltern, Erzie-
      herinnen, Lehrer) und Erziehung als einem legitimen kulturellen Anliegen". Laewen
      2002a, S. 73

305 Laewen 2002a, S. 73

306 Laewen 2002a, S. 73

307 Laewen 2002a, S. 73

308 Andres und Laewen 2011, S. 63

309 Andres und Laewen 2011, S. 63

310 Vgl. Andres und Laewen 2011, S. 72.

311 Vgl. Andres und Laewen 2011, S. 75.

312 Vgl. Andres und Laewen 2011, S. 71.

313 „Engagiertheit meint diese Intensität des Erfahrungsprozesses und wird von Laevers
      wie folgt definiert: ‚Aufgabenbezogenes Engagement ist eine besondere Qualität der

weiteren 6 Schritten (1. Bilder, Gefühle, Erinnerungen, 2. Interessen, 3. Subjektiver Sinn, objektiver Sinn[314], 4. Den Blick auf das Kind weiten, 5. Pädagogisches Fachwissen hinzuziehen, 6. Pädagogische Schlüsse des Teams).[315] „Beobachtung und Dokumentation [...] sind zielgerichtete, auf einen definierten Kontext bezogene Tätigkeiten beziehungsweise Verfahrensweisen im pädagogischen Kontext."[316] Zur Dokumentation wird für jedes Kind in der Einrichtung ein Portfolio-Ordner angelegt.[317] Ergänzt werden die einzelnen Beobachtungsinstrumente durch Notizen, kommentierte Fotos und Werke des Kindes. Auf dieser Grundlage wird für jedes Kind ein Individuelles Curriculum entwickelt, das Herausforderungen beinhaltet und den pädagogischen Dialog[318] dokumentiert.[319]

---

menschlichen Aktivität, die an Konzentration erkannt werden kann. Sie ist gekennzeichnet durch Motivation, Interesse und Faszination, durch Offenheit für Reize und Erfahrungsintensität sowohl im Sinnes- als auch im kognitiven Bereich sowie durch tiefe Befriedigung und einen starken Energiefluss auf körperlicher und geistiger Ebene.' (Laevers, S. 239)" Andres und Laewen 2011, S. 86

314 „Der hermeneutische Auswertungsprozess, der zu einem höheren Verstehen führt, wird hermeneutischer Zirkel genannt. Jeder Mensch, der einen Text oder eine beobachtete Sequenz deutet, bringt ein Vorverständnis mit, von dem ausgehend er das Gesagte oder die beschrieben Handlung zu verstehen sucht. In der Auseinandersetzung mit dem Text beginnt der Interpret zu verstehen, dass sein bisheriges Verständnis des Gegenstands nicht ausreichend ist. Vorausgesetzt, er ist bereit, seine Vorstellungen oder Vorurteile zu hinterfragen, wird sich ein Verständnis vom Gegenstand (oder in unserem Fall vom Kind) durch den im Text enthaltenen Sinn verändern: Es wird erweitert oder korrigiert. Dieses erweiterte Verständnis wird Ausgangspunkt für die weitere Interpretation des Textes (oder des Tuns des Kindes) sein und in diesem nächsten Schritt wiederum durch neue, aus dem Text gewonnen Erkenntnisse erweitert." Andres und Laewen 2011, S. 97–98. Grundlegend zur Hermeneutik siehe Gadamer 1990.

315 Vgl. Andres und Laewen 2011, S. 78–79.

316 Andres und Laewen 2011, S. 63

317 Vgl. Andres und Laewen 2011, S. 71.

318 „Der Dialog ist eine Diskursform, die von wechselseitiger Anerkennung bestimmt wird. Empathisches Zuhören ermöglicht dem Gegenüber, seine eigenen Erfahrungen, Beobachtungen und Einschätzungen offen zu äußern und auch emotionale Reaktionen nicht zu verschweigen. Zugleich wird im regelmäßig geführten Dialog auch die Verantwortlichkeit der einzelnen Erzieherinnen herausgefordert. Alle im Team denken im Dialog gemeinsam nach und wirken so an der Konstruktion eines gemeinsamen Sinns mit." Andres und Laewen 2011, S. 90

319 Vgl. Andres und Laewen 2011, S. 72.

3.4.4 Die Zusammenarbeit mit Eltern: Sich wechselseitig auf die Perspektive des anderen einlassen

Eltern sollen von Anfang an über das pädagogische Handlungskonzept infans informiert[320] und in die Aktivitäten der Einrichtung miteinbezogen werden.[321] Das infans-Konzept der Frühpädagogik geht davon aus, dass alle Eltern das Beste für ihr Kind möchten. Eine gute Kooperation zwischen Kita und Eltern ist deshalb unabdingbar. „Die Zustimmung, das Einverständnis und der Kooperationswille der Eltern unterstützen die Erfolge der Kita-Pädagogik und verbessern damit die Bildungschancen der Kinder."[322] Das Miteinbeziehen der Eltern in die Formulierung von Erziehungszielen zeigt die Bereitschaft von Erzieherinnen und Eltern miteinander zu kooperieren und sich gegenseitig über die Wünsche und Ansichten auszutauschen. Dies kann an Elternabenden oder in Eltern-Werkstätten stattfinden.[323]

Anhand von Fotodokumentationen im Eingangsbereich der Kita können Eltern sich über Projekte sowie die pädagogische Arbeit in der Kindertageseinrichtung informieren.[324] Des Weiteren dient das Portfolio des Kindes nicht nur zur Information der Eltern über die sozialen Beziehungen und die Bildungsprozesse in der Kita, sondern kann auch dazu beitragen, dass mit Hilfe des Instruments ,Bildungsgeschichten in der Familie'[325] Eltern Bildungsgeschichten – auch mit Fotos – von zu Hause dokumentieren.[326] Über die beruflichen Aktivitäten der Eltern und sozialen Kontakte im Umfeld der Kindertageseinrichtungen können Eltern Begegnungen zu anderen Institutionen ermöglichen und somit die Kooperation und die Vernetzung der Kindertageseinrichtung stärken. Auf diese Weise haben Eltern die Chance sich an der Bildungsarbeit der Kindertageseinrichtung zu beteiligen.[327]

3.4.5 Kompetenzanforderungen an die Erzieherinnen: Kindern Anregung und Hilfe für die Konstruktionsprozesse geben

Der Prozess, bei dem im Team Erziehungs- und Handlungsziele[328] formuliert werden, beginnt damit, dass jede Erzieherin auf der Grundlage der eigenen Biografie ihre persönlichen Erziehungsziele reflektiert und diese dann im Team ver-

---

320 Vgl. Andres und Laewen 2011, S. 73.
321 Vgl. Andres und Laewen 2011, S. 170.
322 Andres und Laewen 2011, S. 39
323 Vgl. Andres und Laewen 2011, S. 39.
324 Vgl. Andres und Laewen 2011, S. 150.
325 Vgl. Andres und Laewen 2011, S. 72.
326 Vgl. Andres und Laewen 2011, S. 145.
327 Vgl. Andres und Laewen 2011, S. 170; 184.
328 Die in einer Einrichtung formulierten Erziehungs- und Handlungsziele im infans-Konzept entsprechen der pädagogischen Konzeption einer Kindertageseinrichtung in den anderen Handlungskonzepten.

tritt.[329] Die unterschiedlichen Lebenszusammenhänge der Erzieherinnen werden als Gewinn für die gemeinsame Entwicklung der Erziehungsziele in der Einrichtung gesehen.[330] „Die Erziehungsziele sind verbindlich für die pädagogische Arbeit in der Kindertageseinrichtung und behalten für einen festgelegten Zeitraum, nach dem sie überprüft und gegebenenfalls verändert werden sollten, ihre Gültigkeit."[331] Dabei finden auch die Zielvorgaben des Bildungsplans des jeweiligen Bundeslandes Berücksichtigung sowie die Orientierung an den Bildungsbereichen.[332] Mit Hilfe von Handlungszielen werden die Erziehungsziele konkretisiert. Dieser Schritt ist notwendig, um später das Individuelle Curriculum für jedes einzelne Kind entwickeln zu können.[333]

Die reflektierte Beobachtung im infans-Konzept erfordert von Seiten der Erzieherin eine hohe Selbstreflexivität.[334] Ausgehend von der Annahme, dass Bildungsprozesse bei Kindern immer Selbstbildungsprozesse sind, bedarf es einer Erzieherin als Gegenüber, die durch ihr Handeln dem Kind Orientierung gibt.[335] „Im Wechsel zwischen dem gemeinsamen Tun und den Gesprächen mit den Kindern, den Beobachtungen und Dokumentationen und der Reflexion im Team werden immer neue Ebenen des Verstehens und Handelns erreicht."[336] Die von den Erzieherinnen formulierten Erziehungs- und Handlungsziele sowie die Interessen und Themen der Kinder bilden die Basis für die pädagogische Arbeit in infans-Einrichtungen.[337] Der Weltzugang des Kindes kann eigenwillig und sein Handeln für Erwachsene nicht gleich nachvollziehbar sein.[338] Aufgabe der Erzieherin ist es, die Themen des Kindes zu erkennen und positiv auf diese zu reagieren sowie die Beschäftigung mit den Themen zu fördern, sodass die Themen der Kinder beantwortet werden. Werden umgekehrt Kindern Themen zugemutet, so stehen die Erziehungs- und Handlungsziele der Einrichtung im Vordergrund der pädagogischen Arbeit und werden mit den Themen und Interessen der Kinder verknüpft.[339] Im Portfolio sowie in Fotodokumentationen werden die Bildungsprozesse festgehalten und die Erzieherinnen stellen ihre pädagogische Arbeit nach außen dar.[340]

Die Kooperation im Team ist die Basis für das Gelingen bei der Umsetzung des infans-Konzepts. Dazu bedarf es einer offenen Haltung und einer vertrauensvollen Atmosphäre im Team, um den pädagogischen Diskurs führen zu können. Bedingung dafür ist auch die Konfliktfähigkeit der einzelnen

---

329 Vgl. Andres und Laewen 2011, S. 32–33.
330 Vgl. Andres und Laewen 2011, S. 36.
331 Andres und Laewen 2011, S. 45
332 Vgl. Andres und Laewen 2011, S. 26.
333 Vgl. Andres und Laewen 2011, S. 57.
334 Vgl. Andres und Laewen 2011, S. 78–79.
335 Vgl. Andres 2003, S. 100.
336 Andres 2003, S. 107–108
337 Vgl. Andres und Laewen 2011, S. 126.
338 Vgl. Andres und Laewen 2011, S. 70–71.
339 Vgl. Andres und Laewen 2011, S. 127–128.
340 Vgl. Andres und Laewen 2011, S. 149.

Teammitglieder sowie die Bereitschaft, die persönliche und fachliche Kompetenz in die pädagogische Arbeit miteinzubringen.[341] So kann sich verstärktes „Interesse und Forschergeist"[342] im Team entwickeln, die Einrichtung wird so zu einer lernenden Organisation.[343]

3.4.6 Diskussion

Die Beobachtungsbögen sowie die Dokumentation nehmen einen wichtigen Teil in der Arbeit nach dem infans-Konzept ein. Dies wird von Eltern und Erziehehrinnen zum Teil als bürokratischer Aufwand gesehen.[344] Kritisiert wird, dass die Beobachtung, das Erstellen von ICs für jedes einzelne Kind sowie die Dokumentation der Entwicklung des Kindes im Portfolio-Ordner Zeit bindet, die dann in der Arbeit mit den Kindern fehlt.[345] Demgegenüber äußern andere Erziehehrinnen, dass ihnen der Beruf mit diesem Handlungskonzept viel mehr Spaß macht.[346] Positiv betrachtet ist das infans-Konzept ein pädagogisches Handlungskonzept, das die Umsetzung des baden-württembergischen Orientierungsplans ermöglicht, der die Dokumentation der Entwicklung jedes einzelnen Kindes fordert. Demnach zeigt sich dieses Handlungskonzept auch anschlussfähig an das sechste Entwicklungsfeld Sinn, Werte und Religion, wenn religiöse Fragen, Themen und Interessen der Kinder beobachtet und entsprechende ICs entwickelt werden. Genauso wie in den beiden Handlungskonzepten Offener Kindergarten und Early Excellence stellt sich beim infans-Konzept die Frage, wo Gemeinschaft für die Kinder erlebbar wird und gelebter Glaube in der Gemeinschaft seinen Platz haben kann. Die unterschiedlichen Weltanschauungen und Religionen können beim infans-Konzept sowohl durch die Fragen und Themen der Kinder, als auch durch zugemutete Themen durch die Erziehungs- und Handlungsziele der Erzieherinnen verbalisiert und erforscht werden. Die Vernetzung des Kindergartens in den nahen Sozialraum sowie die Beteiligung der Eltern bieten ebenfalls Chancen für die (inter-)religiöse Bildung und Erziehung in Kindertageseinrichtungen, die nach infans arbeiten.

3.4.7 Fazit

Das Alleinstellungsmerkmal des infans-Konzepts besteht im Anspruch mit seinem pädagogischen Handlungskonzept einen Umbau im Bereich der Elementarpädagogik zu bewirken. „Es geht, um ein Bild zu gebrauchen, nicht um die Renovierung des pädagogischen Hauses, sondern um Abriss und Neuaufbau."[347] Ausgangs-

---

341 Vgl. Andres und Laewen 2011, S. 173–176.

342 Andres und Laewen 2011, S. 175

343 Vgl. Andres und Laewen 2011, S. 57.

344 Vgl. Lukesch 2013.

345 Vgl. Lukesch 2013.

346 Vgl. Stuttgarter Zeitung 2011.

347 Andres und Laewen 2011, S. 16

punkt dabei war und ist es, den Bildungsauftrag von Kindertageseinrichtungen in Deutschland zu konkretisieren und wissenschaftlich zu fundieren. Das Kind wird im infans-Konzept als Konstrukteur seiner eigenen Wirklichkeit gesehen, das sowohl ein phantastisches inneres Bild von der Welt konstruiert als auch den Realitätsbezug zur äußeren Welt entwickelt. In der Konsequenz wird Bildung als Selbstbildung verstanden, die einerseits durch Aneignung von Welt durch Sinneserfahrungen geschieht und sich andererseits durch das Streben des Kindes nach eigener Handlungsfähigkeit auszeichnet. Bildungsziele kann sich nur das Kind selbst setzen, da Erwachsene keinen direkten Zugriff auf die Konstruktionsprozesse des Kindes haben. Das Anerkennen dieser Tatsache ermöglicht es, Erziehung als Unterstützung und Herausforderung konstruierender Aneignung zu definieren. Es bedeutet als Aufgabe für das Team, Erziehungs- und Handlungsziele für die Einrichtung zu formulieren. Das Miteinbeziehen der Eltern in den Prozess der Formulierung der Erziehungsziele bildet eine Kooperationsgrundlage zwischen Erzieherinnen und Eltern. Die Dokumentation von Bildungsgeschichten sowohl in der Einrichtung als auch zu Hause für das Portfolio eines jeden Kindes bietet eine weitere Grundlage für die gemeinsame Kooperation. Die Vernetzung ins soziale Umfeld durch (berufliche) Kontakte der Eltern ermöglicht ihre Beteiligung an der Bildungsarbeit der Einrichtung. Die Kompetenzanforderungen an die Erzieherinnen bestehen in der Formulierung der Erziehungs- und Handlungsziele sowie das Entwickeln des Individuellen Curriculums für jedes einzelne Kind. Dies setzt eine hohe Reflexionsbereitschaft sowie eine konstruktive Zusammenarbeit im Team seitens der Erzieherinnen voraus.

3.5   Gesamtfazit

Die drei pädagogischen Handlungskonzepte Offener Kindergarten, Early Excellence und infans weisen nach der Analyse mit Hilfe der Untersuchungsaspekte einerseits Gemeinsamkeiten auf, andererseits zeichnen sich die einzelnen Handlungskonzepte durch besondere Merkmale aus, die sie voneinander unterscheiden. Daher werden zunächst die Gemeinsamkeiten und anschließend die Unterschiede der drei Konzepte dargestellt. Diese Hervorhebung ist für die pädagogische Begründung des religionspädagogischen Handlungskonzepts der religionssensiblen Bildung in Kapitel 5 dieser Arbeit bedeutsam. Als Gemeinsamkeiten der drei elementarpädagogischen Handlungskonzepte lassen sich folgende sechs Punkte herausstellen: 1. In der theoretischen Grundlegung beziehen sie sich auf die pädagogischen Handlungskonzepte Reggio und Montessori, was beim Bild vom Kind impliziert, dass jedes Handlungskonzept das Kind in den Mittelpunkt der pädagogischen Arbeit stellt und somit vom Kind ausgeht. Dabei wird davon ausgegangen, dass jedes Kind Forschergeist in sich trägt. 2. In Anlehnung an die kognitive Entwicklung nach Piaget liegt den drei Konzepten ein konstruktivistischer Bildungsbegriff zugrunde, bei dem die Entwicklung als ein autonomer aktiver

Prozess jedes Kindes gesehen wird. Allerdings verläuft die kognitive Entwicklung domänenspezifisch und nicht domänenübergreifend ab, sie steht also nicht in Abhängigkeit zum Alter des Kindes. Kinder können bereichsspezifisch unterschiedlich komplexe Theorien und begriffliche Systeme konstruieren. 3. Bildung wird als Selbstbildung verstanden, sodass die Themen und Interessen des Kindes den Ausgangspunkt für die pädagogische Arbeit der Erzieherinnen bilden. Dabei wird Bezug genommen auf die ‚Hundert Sprachen der Kinder‘ von Malaguzzi aus der Reggio-Pädagogik, die bildlich für die unterschiedlichen Ausdrucksformen der Kinder stehen, mit denen sie ihre Themen, Interessen, Bedürfnisse, Signale, Fragen und Kompetenzen äußern. Die Bildungsbereiche geben Orientierung für die Bildungsprozesse, infolgedessen basiert das Raumkonzept der Kindertageseinrichtungen auf Funktionsräumen bzw. Spielbereichen. 4. Eine zentrale Aufgabe der Erzieherinnen ist die Interaktion, der Beziehungsaufbau zu den einzelnen Kindern, da eine sichere Bindung und Beziehung als notwendige Voraussetzung für die Bildungsprozesse der Kinder gesehen wird. Darüber hinaus kommt den Erzieherinnen die Aufgabe der Beobachtung eines jeden Kindes mit seinen Themen und Interessen zu sowie die Dokumentation der Bildungs- und Entwicklungsprozesse. Aus der Beobachtung ergibt sich die Aufgabe, für jedes Kind eine anregende Lernumgebung zu schaffen, in der es mit seinem Forschergeist seinen Interessen selbständig nachgehen kann und die es in seiner individuellen Entwicklung unterstützt. 5. Die Erziehungspartnerschaft mit den Eltern bildet eine wichtige Grundlage, um die Bildungs- und Entwicklungsprozesse des Kindes konstruktiv zu begleiten. Das Miteinbeziehen der Elter in die Bildungsprozesse wird als wichtig erachtet. Die Kindertageseinrichtung wird als Ort und Raum gesehen, an dem Eltern, Erzieherinnen und Kinder miteinander und voneinander lernen. 6. Jede Erzieherin bringt sich mit den eigenen Stärken und Fähigkeiten in das Team und die pädagogische Arbeit in der Einrichtung ein und entwickelt diese gezielt weiter. Die Vielfalt im Team wird als Bereicherung verstanden und für eine funktionierende Kooperation im Team genutzt. Eine hohe Selbstreflexivität und Offenheit als Haltung seitens der Erzieherinnen ist die Voraussetzung für eine gelingende pädagogische Arbeit mit den Kindern.

Als besonderes Merkmal des Offenen Kindergartens ist hervorzuheben, dass jede Einrichtung ihren individuellen Weg hin zum Offenen Kindergarten geht. Somit gibt es verschiedene Formen des Offenen Kindergartens. Des Weiteren ist die Kultur des Miteinanders herauszustellen, die beinhaltet den Kindergarten als Gestaltungs- und Lebensraum wahrzunehmen, als einen Ort der Teilhabe am Leben, an dem Kinder Gemeinschaft erfahren und an dem alle Beteiligten Selbst- und Mitverantwortung tragen und sich einbringen können. Die Partizipation der Kinder stellt ein wichtiges Merkmal des Offenen Kindergartens dar. Kinder werden als Akteure ihrer eignen Entwicklung gesehen. Dies gilt auch für das infans-Konzept, dessen Schwerpunkt explizit auf dem Aspekt der Bildung liegt. Kindertageseinrichtungen sind hier Bildungseinrichtungen, in denen die Erzieherinnen Erziehungs- und Handlungsziele formulieren, um die Bildungsziele der

Kinder durch Ermöglichung, Unterstützung und Herausforderung von konstruierender Aneignung zu begleiten. Die Weltzugänge der Kinder und ihr Handeln können den Erzieherinnen fremd erscheinen, ihre Aufgabe ist es jedoch, positiv auf die Themen der Kinder zu reagieren. Der positive Blick aufs Kind ist das Erkennungsmerkmal des Early-Excellence-Ansatzes, in dem das Verhalten des Kindes bereits als Bildungsprozess verstanden wird. Die Beobachtung nach Schemata stellt genauso eine Besonderheit des Handlungskonzepts dar wie die an den Kindergarten angegliederten Familienzentren, in denen Familien die von ihnen gebrauchte Unterstützung erhalten. Die Lebenswirklichkeit der Kinder spielt eine zentrale Rolle, weshalb die Erzieherinnen auch Hausbesuche machen, um den Lebenskontext der Familien zu kennen und zu verstehen. Im Handlungskonzept von Early Excellence werden die Kinder auch von ihren Eltern beobachtet und es findet anhand des Pen Green Loop – der Lernschleife – ein Austausch zwischen Eltern und Erzieherinnen statt, um die Bildungsprozesse der Kinder bestmöglich zu unterstützen. Dieser Aspekt der Unterstützung der Bildungsprozesse findet sich in Ansätzen auch im infans-Konzept wieder, da die Eltern hier die Möglichkeit haben, anhand von dokumentierten Lerngeschichten mit Bildern, Fotos usw. den Portfolio-Ordner des Kindes zu ergänzen.

3.6 Entwicklung grundlegender Kategorien[348] innerhalb der diskutierten Konzepte für die qualitative Untersuchung

Nach der allgemeinen Einleitung in Kapitel 1 und der Klärung zentraler Begriffe und Konzepte für die vorliegende Arbeit in Kapitel 2 sind in Kapitel 3 nun die drei pädagogischen Handlungskonzepte Offener Kindergarten, Early Excellence und infans anhand der fünf Untersuchungsaspekte analysiert worden. Die dabei herausgearbeiteten Gemeinsamkeiten und besonderen Merkmale bilden die Basis dafür, das religionspädagogische Handlungskonzept der religionssensiblen Bildung in Kapitel 5 pädagogisch zu begründen. Zuvor wird in Kapitel 4 der Blick auf die Bildungs- und Erziehungspläne gerichtet, die den Rahmen für die pädagogische Arbeit in Kindertageseinrichtungen in den einzelnen Bundesländern bilden. Im Mittelpunkt stehen dabei der Bildungsbegriff sowie die religiöse Bildung. Außerdem wird der Orientierungsplan von Baden-Württemberg im Hinblick auf die religiöse Bildung im Kontext der elementarpädagogischen Arbeit näher betrachtet, da im zweiten Teil der Arbeit bei der empirischen Untersuchung der Fokus auf der konkreten Umsetzung des Entwicklungsfeldes Sinn, Werte und

---

348 „• Kategorie = abstraktive Lesart, mit der einem Text(-abschnitt) ein Sinn zugeschrieben wird, mit der die Sinnstruktur des Textes in prägnant-begrifflicher Form dargestellt werden kann

• Kategorie = Lesart = Deutung

• Es gibt verschiedene ‚Labels' für eine Kategorie in den verschiedenen Analyseverfahren." Kruse 2011, S. 217

Religion aus dem baden-württembergischen Orientierungsplan in der Praxis liegt. Dazu wird in Kapitel 6 das methodische Vorgehen bei der empirischen Untersuchung beschrieben. Zur Auswertung der qualitativen Interviews mit der Methode der qualitativen Inhaltsanalyse nach Mayring bzw. Kuckartz in Kapitel 7 dieser Arbeit werden hier zunächst inhaltliche Kategorien auf der Grundlage der drei untersuchten elementarpädagogischen Handlungskonzepte herausgearbeitet. Unter einer inhaltlichen Kategorie wird in Anlehnung an Kuckartz, der sich in seiner qualitativen Inhaltsanalyse auf Mayring bezieht, Folgendes verstanden:

> *„Inhaltliche Kategorien*: Hier bezeichnet eine Kategorie einen bestimmten Inhalt, z.B. ein Thema, ein bestimmtes Argument, einen Akteur etc. In den meisten Fällen handelt es sich in der qualitativen Inhaltsanalyse bei den inhaltlichen Kategorien um Themen [...] Innerhalb eines Interviews werden bestimmte Textstellen bezeichnet, die Informationen zu der inhaltlichen Kategorie enthalten."[349]

Zur Strukturierung werden die Kategorien in die Bereiche Elementarpädagogik (3.6.1), Religiöse Bildung und Erziehung (3.6.2) und Berufliches Selbstverständnis der Erzieherin (3.6.3) gegliedert, da die Elementarpädagogik den Kontext dieser Arbeit bildet, die religiöse Bildung und Erziehung den Forschungsschwerpunkt darstellt und mit dem beruflichen Selbstverständnis der Erzieherin die Zielgruppe der Befragung in den Mittelpunkt rückt. Die Kategorie *Elementarpädagogik*[350] umfasst den Bereich der frühkindlichen Betreuung, Bildung und Erziehung in den Kindertageseinrichtungen sowie die damit verbundenen gesellschaftlichen und politischen Anforderungen. Die in Kindertageseinrichtungen verbrachte Zeit wird im Kontext der Elementarpädagogik als Bildungszeit verstanden und den Bildungs- und Entwicklungsprozessen der Kinder liegt ein ganzheitlicher Lernbegriff zugrunde.[351] Der Kontext der Elementarpädagogik beinhaltet verschiedene Themen, die in Punkt 3.6.1 inhaltlich mit deduktiv entwickelten Kategorien näher entfaltet werden.

Die *religiöse Bildung und Erziehung* in baden-württembergischen Kindertageseinrichtungen steht im Mittelpunkt der empirischen Untersuchung im zweiten Teil dieser Arbeit. Die drei analysierten pädagogischen Handlungskonzepte mit den im Gesamtfazit in Kapitel 3.5 dargestellten Gemeinsamkeiten und besonderen Merkmalen bilden auch den Ausgangspunkt für die pädagogische Begründung des religionspädagogischen Handlungskonzepts der religionssensiblen Bildung in Kapitel 5.2 dieser Arbeit. Gleichzeitig dienen sie in Punkt 3.6.2 dazu, deduktiv inhaltliche Kategorien zum Thema *religiöse Bildung und Erziehung* für die Auswertung der Interviews zu entwickeln. Religiöse Bildung und Erziehung bettet sich auf diese Weise in den Kontext der Elementarpädagogik ein und wird nicht als ein ‚Sonderbereich' in Kindertageseinrichtungen verstanden. Diese Vorgehensweise zeigt

---

349 Kuckartz 2012, S. 43
350 In diesem Kapitel der Arbeit werden die entwickelten Kategorien kursiv dargestellt.
351 Vgl. Bamler et al. 2010b, S. 6f.

außerdem, dass das allgemeine pädagogische Handeln von Erzieherinnen mit den Werten und Normen bereits als indirekte Form religiöser Bildung und Erziehung verstanden werden kann.

Mit dem *beruflichen Selbstverständnis der Erzieherinnen* richtet sich der Fokus auf die Erzieherinnen, die die Zielgruppe der Befragung in der empirischen Untersuchung darstellen. Eines ihrer Aufgabenfelder ist es, die religiösen Bildungsprozesse der Kinder mit ihren *religiösen und religionspädagogischen Kompetenzen* zu unterstützen und zu begleiten. Die damit verbundenen inhaltlichen Kategorien werden ebenfalls deduktiv auf der Grundlage der analysierten pädagogischen Handlungskonzepte in Punkt 3.6.3 dieser Arbeit entwickelt.

3.6.1 Elementarpädagogik

Der in der Einleitung beschriebene Perspektivenwechsel im baden-württembergischen Orientierungsplan – die Welt mit den Augen der Kinder zu sehen – zeigt sich auch in den drei pädagogischen Handlungskonzepten *Offene Arbeit*, *Early Excellence* oder *infans*, die alle drei das Kind in den Mittelpunkt der pädagogischen Arbeit stellen. Ein Verstehen des Verhaltens der Kinder ist nur möglich, wenn die Erzieherinnen versuchen, die Welt aus der Perspektive der Kinder zu sehen. Die drei Handlungskonzepte stellen jeweils eine inhaltliche Kategorie dar, mit der der Blick auf die Aussagen der Erzieherinnen zu dem jeweiligen Handlungskonzept gerichtet wird. Das Handlungskonzept spielt auch eine zentrale Rolle für die Erarbeitung einer *pädagogischen Konzeption* einer Einrichtung. Hierzu ist es notwendig, dass sich die Erzieherinnen im Team für ein pädagogisches Handlungskonzept entscheiden, um auf dieser Grundlage das pädagogische Handeln und Arbeiten in der Konzeption theoretisch zu begründen. In infans-Einrichtungen ersetzen die *Erziehungs- und Handlungsziele* die *pädagogische Konzeption*. Die *Zusammenarbeit mit den Eltern* (auch im *Familienzentrum*) und die Erwartungen sowie die Unterstützung des *Trägers* stellen interessante Kategorien dar, um die Vernetzung des Kindergartens mit dem sozialen Umfeld und die praktische Umsetzung des Bildungsauftrags zu erheben.[352]

3.6.2 Religiöse Bildung und Erziehung

Die *religiöse Bildung und Erziehung* als Teil der Pädagogik in der *pädagogischen Konzeption* beziehungsweise (bei infans) in den *Erziehungs- und Handlungszielen* stellt eine weitere zentrale Kategorie dar, denn die analysierten Konzepte zeigen elementare Anknüpfungspunkte für eine *religiöse Bildung und Erziehung* in Kindertageseinrichtungen auf. Der baden-württembergische *Orientierungsplan* versteht die religiöse Bildung und Erziehung als ein Bildungs- und Entwicklungsfeld, welches somit ein Aufgabenfeld für Erzieherinnen darstellt. Der Kindergarten als

---

352 Eine tabellarische Darstellung der inhaltlich entwickelten Kategorien ist in Punkt 6.4.4 dieser Arbeit abgebildet.

Gestaltungs- und Lebensraum ist ein Ort der Teilhabe am Leben, an dem Kinder *Gemeinschaft* erfahren und an dem alle Beteiligten Selbst- und Mitverantwortung tragen und sich einbringen können. Doch auch jedes einzelne Kind steht im Mittelpunkt der pädagogischen Arbeit. In jedem Handlungskonzept wird Bildung als Selbstbildung des Kindes verstanden. Den Ausgangspunkt dabei bilden die *Fragen, Themen und Interessen der Kinder*. Mit Bezug auf die hundert Sprachen stellt sich die Frage: Welche *religiösen und weltanschaulichen Fragen und Themen* beschäftigen die Kinder und welche *religiösen und weltanschaulichen Fragen* stellen sie beziehungsweise welches *religiöse Wissen* haben sie, welche religiösen Erlebnisse und Erfahrungen bringen sie mit, *welche existenziellen Erfahrungen* und welche *Gefühle* beschäftigen sie? In Anlehnung an die *Projektarbeit* in der Reggio-Pädagogik zeigt sich hier die Möglichkeit, auch *religiöse Themen* mit den Kindern zu bearbeiten und zu erforschen. Durch die *Partizipation* der Kinder können diese ihr *Wissen* und ihre Ideen in den Prozess miteinbringen. Als *Aufgabe* für die Erzieherin ergibt sich daraus „die Gestaltung der Umwelt des Kindes"[353] (*Raumgestaltung*, *Material*, Zeitgestaltung, Situationen ...). Als Kategorien zeigen sich hier die Bereitstellung von *Material* je nach Bedarf und die *Raumgestaltung* z.B. mit *Symbolen*, die über das Gegenständliche hinaus das Tiefere der Wirklichkeit ausdrücken und deuten. Darüber hinaus geben *Rituale* wie zum Beispiel *Gebete* und *Lieder* Sicherheit im Tagesablauf, *religiöse Feste und Feiern* im Jahreskreis mit ihren biblischen *Geschichten und Heiligenlegenden* und den dazu passenden *Bilderbüchern* gliedern das Kindergartenjahr. Die „Gestaltung der Interaktion zwischen Erwachsenen und Kind"[354] (Zumutung von Themen, Beantwortung von Themen, Dialog als Interaktion) stellt eine weitere *Aufgabe* der Erzieherin dar. Gemeinsam *Bildungsinseln*[355] beziehungsweise *Lernwerkstätten* zu religiösen Themen und Anlässen einzurichten, bildet einen Teil der religionspädagogischen Arbeit in Kindertageseinrichtungen. Das Kennen der Lebenswelt der Kinder sowie das Wissen über die *kulturelle und religiöse Sozialisation der Kin-*

---

353 Laewen 2002a, S. 73

354 Laewen 2002a, S. 73

355 „Die Erzieherinnen werden feststellen, dass sich auch ohne eine weitere Anleitung für die Auswertung ihrer Beobachtungen ein vertieftes Verständnis für die Situation der Kinder und ihren Zugang zur Welt einstellen wird. Darauf basierend werden fast von selbst nahe liegende Ideen entstehen, auf welche Weise die Kinder darin unterstützt werden können, ihre beobachteten Kompetenzen weiter auszubauen und sie mit anderen Kompetenzbereichen zu verknüpfen. Eine Anwendung dieses Wissens könnte darin bestehen, die in den meisten Kindergärten existierenden Funktionsecken auf der Grundlage der Vorstellung von den sieben Intelligenzen zu ‚Bildungsinseln' weiterzuentwickeln, wo die Kinder ihre jeweiligen Vorlieben für einen oder mehrere dieser Bereiche ausbauen können. Aus der Nutzung der ‚Bildungsinseln' durch die Kinder können auch Informationen darüber gewonnen werden, welcher der Intelligenzbereiche für die Kinder jeweils im Vordergrund steht." Andres und Laewen 2003, S. 165–166. Zur Theorie multipler Intelligenz siehe Gardner 2011.

der ist Voraussetzung für die (religions-)pädagogische Arbeit in Kindertagesein-richtungen. Durch die Beobachtung und Dokumentation lernt die Erzieherin das Handeln des Kindes zu verstehen, das auch aufgrund der *kulturellen und religiösen Sozialisation* auf den ersten Blick befremdlich erscheinen kann. Der *Kontakt zu Institutionen* – auch über Eltern – vernetzt den Kindergarten im *sozialen Umfeld* und erschließt neue Bildungsmöglichkeiten. Dies setzt die Bereitschaft der Erzieherinnen voraus selbst Lernende zu bleiben. In diesem Kontext bildet die konkrete *religionspädagogische Praxis* in Kindertageseinrichtungen den Ausgangspunkt des Interesses in der empirischen Untersuchung, um der Frage nachzugehen, ob diese anhand der *sechs Handlungsgrundsätze* als *religionssensible Bildung und Erziehung* einzuordnen ist.[356]

3.6.3 Das berufliche Selbstverständnis der Erzieherin

Für das *berufliche Selbstverständnis der Erzieherin* lassen sich aus den Handlungskonzepten weitere Kategorien ableiten. Grundlage aller drei dargestellten pädagogischen Handlungskonzepte ist das *Bild vom Kind* als Wesen mit seinen individuellen Stärken und Kompetenzen. *Aufgabe* der Erzieherinnen ist es, den *Raum* so einzurichten und die Atmosphäre in der Kindertageseinrichtung so zu schaffen, dass jedes Kind die Möglichkeit hat, mit seinem Forschergeist seinen *Fragen, Themen* und Interessen nachzugehen sowie seine Stärken und Kompetenzen zu entfalten. Wie nimmt die Erzieherin diese *Aufgabe* wahr? Welche *eigenen Stärken und Fähigkeiten* bringt sie in das *Team* mit ein? Welche *religionspädagogischen und religiösen Kompetenzen* brauchen die Erzieherinnen, um die Kinder in ihren religiösen Bildungs- und Lernprozessen zu unterstützen und zu begleiten? Die Anerkennung und der *Umgang mit der Individualität* eines jeden Kindes sowie *die Akzeptanz der Vielfalt* von Kindern, Eltern und Kolleginnen und die daher notwendige individuelle *Beziehungsgestaltung* stellen einen hohen Anspruch an den Beruf der Erzieherin auf der Grundlage der pädagogischen Handlungskonzepte dar. *Offenheit als Haltung* den Kindern, Eltern und Kolleginnen gegenüber auch in Bezug auf die *Religionen und Weltanschauungen* bedarf der *Reflexion* der eignen *biographischen Erfahrungen mit Religion*. Eine kooperative und vertrauensvolle Zusammenarbeit im *Team* bildet die Grundlage, um das pädagogische Handeln dem pädagogischen Handlungskonzept entsprechend an gemeinsamen *Werten und Normen* auszurichten. Gleichzeitig bilden die pädagogischen Handlungskonzepte die Grundlage für die Professionalität der Erzieherin und der pädagogischen Arbeit in der Einrichtung als lernende Organisation.[357]

Die qualitativen Interviews mit den Erzieherinnen im empirischen Teil der Arbeit werden aus den drei Perspektiven *Elementarpädagogik, Religiöse Bil-*

---

356 Eine tabellarische Darstellung der inhaltlich entwickelten Kategorien ist in Punkt 6.4.4 dieser Arbeit abgebildet.

357 Eine tabellarische Darstellung der inhaltlich entwickelten Kategorien ist in Punkt 6.4.4 dieser Arbeit abgebildet.

dung und Erziehung und *Berufliches Selbstverständnis der Erzieherin* betrachtet, da so der Kontext der Elementarpädagogik Berücksichtigung findet, die religiöse Bildung und Erziehung das zentrale Forschungsanliegen bildet und das berufliche Selbstverständnis der Erzieherin bedeutend für Auswertung der Interviews ist, um die Aussagen der Befragten in Bezug auf ihre pädagogische Arbeit zu rekonstruieren und zu interpretieren. Mit den hier entwickelten Kategorien ergibt sich nun die Möglichkeit, die qualitativen Interviews inhaltlich zielgerichtet auszuwerten. Zuvor wird in der theoretischen Grundlegung in Kapitel 5 das religionspädagogische Handlungskonzept der religionssensiblen Erziehung aus der Jugendhilfe mit Hilfe der sechs Handlungsgrundsätze auf den Bereich der Elementarpädagogik übertragen, indem die bereits geführte Diskussion und Analyse eingebunden wird. Die sechs Handlungsgrundsätze bilden in Kapitel 8 schließlich die Basis dafür, die in den Kindertageseinrichtungen beobachteten religionspädagogischen Angebote auf ihre Religionssensibilität hin zu überprüfen. Da der Bildungsauftrag von Kindertageseinrichtungen gesellschaftlich in den Vordergrund gerückt ist, wird der Fokus auch beim religionspädagogischen Handlungskonzept der religionssensiblen Erziehung auf die Bildung gelegt und deshalb im Kontext der Elementarpädagogik als *religionssensible Bildung* bezeichnet und pädagogisch begründet. Dazu muss der Blick in Kapitel 4 zunächst auf den gesellschaftlichen Bildungsauftrag von Kindertageseinrichtungen gerichtet werden, der in den einzelnen Bildungs- und Erziehungsplänen unterschiedlich konkretisiert ist.

4 Kindertageseinrichtungen als Bildungseinrichtungen

In diesem Kapitel werden die Bildungs- und Erziehungspläne der Bundesländer im Hinblick auf den Bildungsbegriff und die religiöse Bildung skizziert. Anhand des Orientierungsplans von Baden-Württemberg wird dargestellt, warum Kindertageseinrichtungen Bildungseinrichtungen sind. Darüber hinaus wird die religiöse Bildung im Kontext der pädagogischen Arbeit betrachtet und es werden verschiedene Möglichkeiten der Umsetzung des Bildungs- und Entwicklungsfeldes Sinn, Werte und Religion aufgezeigt.

4.1 Die Bildungs- und Erziehungspläne der Bundesländer

Auf internationaler Ebene rückten bereits in den 1990er Jahren die frühen Lernprozesse in den Fokus der Aufmerksamkeit[1], viele OECD-Staaten verabschiedeten Bildungspläne.[2] Als Reaktion auf das Abschneiden Deutschlands bei verschiedenen Studien (z.B. PISA und IGLU)[3] und die 2001 veröffentlichten Empfehlungen des 1999 initiierten Forums Bildung[4] sowie den 2004 von den Jugend- und Kultusministern verabschiedeten ‚Gemeinsamen Rahmen der Länder für die frühe Bildung in Kindertageseinrichtungen‘[5] wurden in den sechszehn Bundesländern Bildungspläne erarbeitet, erprobt und veröffentlicht.[6] „Die neuen Bildungspläne erfüllen eine bestimmte […] notwendige Funktion. Sie besteht darin, für die Gestaltung des pädagogischen Alltags verbindliche Qualitätsstandards festzulegen, die für alle Einrichtungen aller Träger gelten.“[7] Die Bildungs- und Erziehungspläne bilden den Rahmen für die pädagogische Arbeit in Kindertageseinrichtungen in den einzelnen Bundesländern. Sie werden als Richtlinie verstanden, die nicht die pädagogische Konzeption einer Kindertageseinrichtung beziehungsweise das in der Konzeption benannte pädagogische Handlungskonzept, nach dem die Einrichtung arbeitet, ersetzen kann.[8] „Die ebenso notwendige Aufgabe, die Bildungsprozesse der Kinder in ihrem inneren Zusammenhang zu begreifen sowie zu unterstützen, kann demgegenüber nur auf der Grundlage eines pädagogischen Konzepts wahrgenommen werden.“[9]

Zunächst wurden in Deutschland Bildungspläne mit dem Ziel erarbeitet, den Bildungs- und Erziehungsauftrag von Kindertageseinrichtungen zu konkretisie-

---

1   Vgl. Fthenakis, S. 2.
2   Vgl. Textor 2012b.
3   Vgl. Textor 2012b.
4   Vgl. Schreiber, S. 431 und Kunze und Gisbert 2007, S. 21.
5   Jugendministerkonferenz/Kultusministerkonferenz 2004
6   Vgl. Textor 2012b.
7   Liegle, S. 11
8   Vgl. Mienert 2010, S. 4.
9   Liegle, S. 11 und Fleck 2011, S. 65

ren, die Qualität der Bildung zu erhöhen und Bildungsbereiche wie zum Beispiel Sprachförderung, Mathematik-Naturwissenschaft oder Technik in den Blickpunkt zu rücken. In einer zweiten Phase wurden eine größere Altersspanne und die Übergänge in den Lebensphasen der Kinder berücksichtigt. Außerdem wurden die an Kindertageseinrichtungen angrenzenden Lernorte wie zum Beispiel Schule, Familie, Gleichaltrige und Medien stärker beachtet.[10] Die Bildungspläne wurden in den einzelnen Bundesländern von Instituten, Lehrstühlen, Einzelpersonen oder Fachgremien erarbeitet. Sie unterscheiden sich bezüglich der Verbindlichkeit, der Altersstufe, des Geltungsbereichs, der Entstehung, der wissenschaftlichen Begleitung, der Implementierung sowie der Evaluation. Auf der inhaltlichen Ebene weisen die Bildungs- und Erziehungspläne Ähnlichkeiten auf. So behandeln sie das Bildungsverständnis, die Bildungsziele, die Bildungsbereiche (wie z.B. mathematisch-naturwissenschaftliche, technische, sprachliche, kulturelle, ästhetische, emotionale, soziale) und das Bild vom Kind.[11] Des Weiteren werden Themen wie Partizipation, Inklusion, Integration von Kindern mit Migrationshintergrund, Beobachtung und Dokumentation, Übergänge sowie die Zusammenarbeit mit Eltern behandelt.[12]

4.1.1 Der Bildungsbegriff

Der Bildungsbegriff wird in den einzelnen Bildungs- und Erziehungsplänen der Bundesländer unterschiedlich verwendet. In ihm spiegeln sich zwei Bildungsansätze der elementarpädagogischen Diskussion wider.[13] Zum einen wird – beispielsweise im Rahmenplan in Bremen, im Orientierungsplan in Baden-Württemberg und in den Grundsätzen der Förderung elementarer Bildung in Brandenburg – der auf Piaget zurückgehende konstruktivistische Bildungsbegriff zugrunde gelegt. Dieser versteht, begründet durch entwicklungspsychologische Erkenntnisse, Bildung als Selbstbildung des Kindes, und betont die Eigenständigkeit des Kindes im Umgang mit der Welt.[14] „Kinder beginnen von Geburt an, sich aktiv ein Bild von der Welt zu machen. Sie nutzen dafür alle ihnen zur Verfügung stehenden Möglichkeiten und finden vielfältige Ausdrucksweisen. Aus sich selbst heraus besitzen Kinder umfassende Fähigkeiten, sich zu bilden."[15] Im Berliner Bildungsprogramm, im Bildungsprogramm von Sachsen-Anhalt und im bayerischen Bildungs- und Erziehungsplan wird hingegen der sozialkonstruktivistische Bildungsbegriff von Fthenakis verwendet. Bei dieser Position wird die Bildung des Kindes vor allem im Kontext der Gesellschaft gesehen. „Lernen sowie Wissenskonstruktion werden als interaktionaler und ko-konstruktiver

---

10 Vgl. hierzu und zu den folgenden Ausführungen Textor 2012b.
11 Vgl. Mienert 2010, S. 4.
12 Vgl. Textor 2012b.
13 Vgl. Mienert 2010, S. 6; vgl. hierzu auch Punkt 2.1.3 in dieser Arbeit.
14 Vgl. Kunze und Gisbert 2007, S. 31–32.
15 Das Ministerium für Bildung, Jugend und Sport des Landes Brandenburg, S. 5

Prozess aufgefasst."[16] Dementsprechend werden den Erwachsenen mehr Verantwortung und Einflussmöglichkeiten auf den Lernprozess der Kinder zugeschrieben.[17] Sie sollen aktiv auf den Prozess Einfluss nehmen. „Reichhaltige, vielfältige und anspruchsvolle Lernaufgaben, die an ihrem aktuellen Entwicklungsstand
ausgerichtet sind, bringen Kinder in ihrem inhaltlichen Expertentum und damit
in ihrer geistigen Entwicklung weiter."[18] Die Verschiedenheit der Pläne zeigt sich
ebenso in den Bildungsbereichen. In den meisten Bildungs- und Erziehungsplänen sind die Bereiche Sprache/Kommunikation, Mathematik/Naturwissenschaft,
Musik/Ästhetik und Körper/Gesundheit aufgeführt. In allen Plänen gibt es darüber
hinaus auch einen sozial-kulturellen Bereich, der im Orientierungsplan in Baden-
Württemberg beispielsweise mit „Bildungs- und Entwicklungsfeld: Gefühl und
Mitgefühl"[19] überschrieben ist.[20]

4.1.2 Religiöse Bildung

Der gemeinsame Rahmen der Länder beschäftigt sich mit dem Thema religiöse Bildung und hebt die Bedeutung der Thematisierung religiöser Fragen sowie
die Auseinandersetzung mit Werten[21] und Normen[22] hervor.[23] In 8 von 16 Bil-
dungs- und Erziehungsplänen der Bundesländer der Bundesrepublik Deutschland
ist die religiöse Bildung als ein eigenständiger Bildungs- und Entwicklungsbereich ausgewiesen,[24] in 4 weiteren Bildungs- und Orientierungsplänen wird religiöse Bildung im Anhang oder innerhalb eines anderen Kapitels erwähnt.[25] Die

---

16 Bundesministerium für Bildung und Forschung, S. 34
17 Vgl. Mienert 2010, S. 6.
18 Bayerisches Staatsministerium für Arbeit und Sozialordnung 2012, S. 16
19 Baden-Württemberg Ministerium für Kultus 2011, S. 42
20 Vgl. Fleck 2011, S. 288–289.
21 „Werte können als Vorstellungen verstanden werden, die von der Mehrheit einer sozi-
    alen Gruppe getragen werden und meist Parameter wie gut oder schlecht, wünschens-
    wert oder nicht wünschenswert klassifizieren. Vor diesem Hintergrund können Werte
    als Grundelemente jeder Kultur identifiziert werden. Der Soziologe und Sozialphilo-
    soph Hans Joas sieht Werte auch in enger Verbindung zur individuellen Selbstbildung
    und Selbsttranszendenz: ‚Werte sind zutiefst affektgeladen, mit Leidenschaft durch-
    tränkt, konstitutiv für unser Ich.'" Knoblauch 2013, S. 28
22 „Normen sind verpflichtende Verhaltenserwartungen der Gesellschaft an den ein-
    zelnen Menschen. Es sind konkrete Vorschriften zum sozialen Verhalten innerhalb
    einer Gesellschaft. Da sie immer wieder der sich wandelnden Gesellschaft angepasst
    werden, verändern sie sich und sind auch in unterschiedlichen Gesellschaften ver-
    schieden." Knoblauch 2013, S. 28
23 Vgl. Jugendministerkonferenz/Kultusministerkonferenz 2004, S. 4.
24 Vgl. Fleck 2011, S. 76–84 und Bederna 2009b, S. 22. Es handelt sich um die Pläne von
    Baden-Württemberg, Bayern, Niedersachsen, Nordrhein-Westfalen, Rheinland-Pfalz,
    Saarland, Schleswig-Holstein und Thüringen.
25 Es handelt sich um die Pläne von Berlin, Hamburg, Hessen und Sachsen.

religiöse Bildung wird zusammen mit philosophischen, ethischen, moralischen und weltanschaulichen Fragen sowie mit Werteerziehung und der soziokulturellen Umwelt in Verbindung gebracht.[26] Sinn- und Deutungsfragen sowie Wertebildung gelten als notwendige Grundlage für die Persönlichkeitsentwicklung des Kindes.[27] In Bayern[28] und Baden-Württemberg[29], aber auch in Sachsen[30] und Hessen[31] (in diesen beiden Bundesländern stellt die religiöse Bildung keinen eigenständigen Entwicklungsbereich dar) wird die Wichtigkeit des Hineinwachsens in die christlich geprägte Kultur für Kinder betont sowie die Erfahrung von Religiosität. In Rheinland-Pfalz wird die Aufgabe religiöser Bildung verstanden als Sensibilisierung der Kinder für ihre religiösen Fragen sowie die Entdeckung religiöser Spuren.[32] Der niedersächsische Orientierungsplan sieht die konfessionelle Ausrichtung der religiösen Bildung in einer Einrichtung als Aufgabe des Trägers an. „Zur Tradition und Geschichte unseres Landes gehören christliche Inhalte […] Offenheit für und die Achtung vor anderen Kulturen und religiösen Bekenntnissen können hier von klein auf geübt werden […] Kindertagesstätten ohne konfessionelle Bindung greifen die existentiellen Fragen der Kinder auf, indem sie gesellschaftlich anerkannte Werte und Normen zugrunde legen."[33] Religiöse Bildung wird in unterschiedlicher Intensität in Verbindung mit den Themen Werte und Normen[34], ethische, religiöse und existentielle Fragen[35] sowie religiöse Erfahrungen, Traditionen und Kultur[36] in den zwölf Bildungs- und Erziehungsplänen aufgegriffen und inhaltlich entfaltet.

In den anderen vier Plänen wird religiöse bzw. ethische Bildung nicht explizit thematisiert,[37] es lassen sich dennoch implizite Ansätze religiöser Bildung festmachen.[38] Dies wird beispielsweise im Bildungsplan von Mecklenburg-Vorpommern

---

26 Vgl. Fleck 2011, S. 288–289.

27 Vgl. Baden-Württemberg Ministerium für Kultus 2011, S. 45.

28 Vgl. Bayerisches Staatsministerium für Arbeit und Sozialordnung 2012, S. 163.

29 Vgl. Baden-Württemberg Ministerium für Kultus 2011, S. 45.

30 Vgl. Sächsisches Staatsministerium für Kultus (Hg.), S. 182.

31 Vgl. Hessisches Sozialministerium und Hessisches Kultusministerium, S. 23.

32 Vgl. Ministerium für Bildung 2011, S. 29.

33 Niedersächsisches Kultusministerium, S. 31

34 Vgl. Niedersächsisches Kultusministerium, S. 36; vgl. Des Ministerium für Familie und Ministerium für Schule und Weiterbildung des Landes Nordrhein-Westfalen 2011, S. 74; vgl. Hessisches Sozialministerium und Hessisches Kultusministerium, S. 81.

35 Vgl. Hessisches Sozialministerium und Hessisches Kultusministerium, S. 81; vgl. Bayerisches Staatsministerium für Arbeit und Sozialordnung 2012, S. 164; vgl. Hamburg-Behörde für Arbeit 2012, S. 21.

36 Vgl. Bayerisches Staatsministerium für Arbeit und Sozialordnung 2012, S. 162; vgl. Hessisches Sozialministerium und Hessisches Kultusministerium, S. 81; vgl. Baden-Württemberg Ministerium für Kultus 2011, S. 45.

37 Es handelt sich um die Pläne von Brandenburg, Bremen, Mecklenburg-Vorpommern und Sachsen-Anhalt.

38 Vgl. Fleck 2011, S. 76–84.

deutlich, der „im Erfahrungsfeld *,Selbstwahrnehmung und soziale Lebenswelt'* die Einübung von Alltagshandlungen vor[schlägt], die sich durchaus einem ethischen oder religiösen Bildungskontext zuordnen lassen."[39] Allerdings werden in den vier Plänen Werte und Normen mit Menschenrechten und demokratischen Verfassungen begründet.[40] Der Umgang mit religiösen, ethischen und existentiellen Fragen der Kinder wird in den Plänen der Bundesländer Brandenburg, Mecklenburg-Vorpommern und Sachsen-Anhalt nicht thematisiert. Der Schwerpunkt bei den Themen religiöse Erfahrungen, Traditionen und Kultur liegt bei den Plänen, in denen religiöse Bildung nicht explizit erwähnt wird, auf dem Umgang mit der eigenen und anderen Kulturen sowie deren Festen. „In der Gestaltung der verschiedenen Feste aus unterschiedlichen Kulturkreisen wird für die Kinder die Wertschätzung und Gleichberechtigung von Kulturen und deren Religion erfahrbar."[41]

Den Bildungs- und Erziehungsplänen liegt meist ein anthropologischer und funktionaler Religionsbegriff zugrunde, während ein phänomenologischer und substanzieller Religionsbegriff eher selten anzutreffen ist.[42] Das Thema der religiösen Bildung wird ebenso wie der Bildungsbegriff in den Bildungs- und Erziehungspläne in Deutschland unterschiedlich aufgegriffen. Dennoch lässt sich festhalten:

> „Die verfassungsmäßigen Grundwerte bilden die verbindliche Klammer für alle Kindertageseinrichtungen, wie sie im Sozialgesetzbuch VIII und in den Kinderbetreuungsgesetzen der Bundesländer verankert sind. Alle Bildungspläne gründen auf diesem Wertekanon, dessen Einhaltung für alle verbindlich ist, die in den Einrichtungen arbeiten."[43]

4.2 Der Orientierungsplan in Baden-Württemberg

In einem weiteren Schritt wird der Orientierungsplan für Baden-Württemberg vorgestellt. Dieser greift mit dem Perspektivenwechsel ,die Welt mit den Augen der Kinder zu sehen' die elementarpädagogische Diskussion auf.

Die Gesellschaft in Deutschland hat sich von einer industriellen zu einer Wissensgesellschaft entwickelt, in der das ständige Aneignen von neuem Wissen für die Bürgerinnen und Bürger notwendig ist, um bei allen Veränderungen handlungsfähig zu bleiben.[44] Dies betrifft nicht nur Erwachsene, die im Erwerbsleben

---

39 Fleck 2011, S. 81

40 Vgl. Das Ministerium für Bildung, Jugend und Sport des Landes Brandenburg, S. 29; vgl. Ministerium für Arbeit und Soziales des Landes Sachsen-Anhalt 2013, S. 59–60; Senatorin für Soziales, Kinder, Jugend und Frauen der Freien Hansestadt Bremen 2012, S. 13.

41 Senatorin für Soziales, Kinder, Jugend und Frauen der Freien Hansestadt Bremen 2012, S. 24

42 Vgl. Pemsel-Maier 2012, S. 60.

43 Fleck 2011, S. 76

44 Vgl. Kunze und Gisbert 2007, S. 16.

stehen, sondern auch „die nachwachsende Generation, die die Fähigkeit zur Wis-
sensaneignung aufbringen muss."[45] Dementsprechend wird in der aktuellen Diskussion der Elementarpädagogik bezüglich des im Kinder- und Jugendhilfegesetz
festgeschriebenen Auftrags zur Betreuung, Erziehung und Bildung in Kindertageseinrichtung insbesondere der Bereich der Bildung berücksichtigt.[46] Innerhalb
dieser Diskussion sowie durch Einbeziehung aktueller wissenschaftlicher Erkenntnisse hat sich das Bild vom Kind verändert.[47] Kinder werden heute in der Elementarpädagogik als Partner in sozialen und pädagogischen Interaktionen gesehen.[48] Diese Sichtweise vom Kind spiegelt sich auch im Bildungsbegriff wider,
so fasst etwa Schäfer Bildung als Selbstbildung auf.[49] Das Bild vom Kind und
das Verständnis von Bildung haben wiederum Auswirkungen auf die Rolle und
die Aufgaben der Erzieherin. Ausgangspunkt ihrer Arbeit sind die Fragen, Themen und Interessen der Kinder. Sie unterstützt und begleitet die Kinder in ihren
selbsttätigen Lernprozessen und ist die wichtige Bezugsperson, damit sich jedes
Kind sicher fühlt. Gleichzeitig hat sie die sozialen Prozesse und Beziehungen der
Kinder im Blick.[50] In ihrer Haltung bleiben die Erzieherinnen in ihrer täglichen
Arbeit mit den Kindern selbst Lernende und Forschende und erkennen jedes Kind
als Konstrukteur seiner Wirklichkeit an. So zeigen sich die Kindertageseinrichtungen als Bildungseinrichtungen, in der Bildung als Selbstbildung verstanden
wird.[51] „Der Bildungsauftrag der Kindertageseinrichtungen würde in seiner allge-
meinsten Formulierung also lauten, die Bildungsprozesse der Kinder durch Erziehung zu beantworten und herausfordern und durch Betreuung zu sichern."[52]

Wie dies im baden-württembergischen Orientierungsplan berücksichtigt ist,
zeigen die folgenden Überlegungen. Dabei stehen der Bildungsbegriff sowie das
Entwicklungsfeld Sinn, Werte, Religion im Fokus des Interesses und es wird das
Aufgabenfeld der religiösen Bildung und Erziehung für Erzieherinnen skizziert,
das unter anderem beinhaltet, Kinder mit ihren religiösen Fragen und Themen zu
begleiten. Gerade im Bereich der religiösen Bildung bedarf es Erzieherinnen, „die
selbst religiöse Kompetenz erworben haben und in der Lage sind, entsprechende
Aneignungsräume zu schaffen."[53]

Anfang des Jahres 2006 startete in Baden-Württemberg die Pilotphase des Orientierungsplans, dessen Implementierung im Kindergartenjahr 2009/2010 abge-

---

45 Kunze und Gisbert 2007, S. 16
46 Vgl. Kunze und Gisbert, S. 30.
47 „Wenn das Kind sich selbst bildet, wenn es selbst der Konstrukteur seiner Bildung ist
    und Lernen nicht vermittelt wird, sondern nur unterstützt werden kann, verändert sich
    das Bild vom Kind." Hocke et al. 2010, S. 26
48 Vgl. Kluge 2006, S. 26–27, vgl. hierzu auch Punkt 2.1 in dieser Arbeit.
49 Siehe Schäfer 2011.
50 Vgl. Hocke et al. 2010, S. 26.
51 Vgl. Andres 2002, S. 342–343.
52 Laewen 2002a, S. 93
53 Kaupp 2005, S. 78

schlossen wurde.[54] Wissenschaftlich begleitet und evaluiert wurde diese Phase durch das Projekt ‚Wissenschaftliche Begleitung des Orientierungsplans für Bildung und Erziehung in baden-württembergischen Kindergärten' (WIBEOR) durch die Pädagogische Hochschule Freiburg und die Pädagogische Hochschule Ludwigsburg unter Beteiligung von 30 Pilotkindergärten.[55] Am 15. März 2011 wurde die überarbeitete Fassung des erweiterten Orientierungsplans im Internet veröffentlicht, an dessen Entstehung unter anderem Fachberaterinnen der Kindergärten, Wissenschaftler verschiedener Disziplinen, Lehrer, Ärzte, Bildungsplanexperten der Grundschulen, Kooperationsbeauftragte, die kommunalen Landesverbände, die Kirchen und sonstigen freien Trägerverbände sowie der Kommunalverband für Jugend und Soziales mitgearbeitet hatten.[56] Der Orientierungsplan in Baden-Württemberg ist nicht verbindlich,[57] aber die „Zielformulierungen aller Bildungs- und Entwicklungsfelder sowie die übergreifenden Ziele haben für die Einrichtungen und die Träger verbindlichen Charakter. Entsprechend den Prinzipien von Pluralität, Trägerautonomie und Konzeptionsvielfalt steht es in der Verantwortung der Träger und Einrichtungen, wie diese Ziele im pädagogischen Alltag erreicht werden."[58] Mit einer landesweiten Fortbildungsinitiative wurden alle Erzieherinnen in den Orientierungsplan eingeführt. Der Geltungsbereich des Orientierungsplans liegt bei den 0- bis 10-Jährigen, den Schwerpunkt bilden die 3- bis 6-Jährigen.[59] Miteingeschlossen als Zielgruppe sind neben Kindertageseinrichtungen Kinderkrippen und Schulkindergärten für behinderte Kinder sowie Grundschulförder- und Präventivklassen.[60] Der Orientierungsplan ist in zwei Teile unterteilt. Teil A beschäftigt sich mit den Grundlagen und -Gedanken,[61] in Teil B werden die Bildungs- und Entwicklungsfelder dargestellt, die den Inhalt der Bildungsprozesse von Kindern im Alltag aufzeigen und strukturieren.[62]

4.2.1 Der Bildungsbegriff im Orientierungsplan in Baden-Württemberg

Der Orientierungsplan in Baden-Württemberg stellt den Bildungsauftrag von Kindertageseinrichtungen in den Vordergrund und bezeichnet die Bildungsarbeit als eine zentrale Aufgabe.[63] In Bezugnahme auf die UN-Kinderrechtskonvention und das Sozialgesetzbuch VIII werden Eigenverantwortlichkeit/Autonomie (Selbstwirksamkeit, Selbstbestimmung) sowie Gemeinschaftsfähigkeit/Verbundenheit

---

54 Vgl. Lischke-Eisinger 2012, S. 67.
55 Vgl. Lischke-Eisinger 2012, S. 68.
56 Vgl. Baden-Württemberg Ministerium für Kultus 2011, S. 3–4.
57 Vgl. Baden-Württemberg Ministerium für Kultus 2011, S. 1.
58 Baden-Württemberg Ministerium für Kultus 2011, S. 26
59 Vgl. Fleck 2011, S. 278.
60 Vgl. Baden-Württemberg Ministerium für Kultus 2011, S. 5.
61 Vgl. Baden-Württemberg Ministerium für Kultus 2011, S. 1–25.
62 Vgl. Baden-Württemberg Ministerium für Kultus 2011, S. 25–47.
63 Vgl. Baden-Württemberg Ministerium für Kultus 2011, S. 6–7.

(Bindung, Zugehörigkeit) als zwei zentrale Ziele von Bildung[64] und Erziehung[65] formuliert.[66] Das Ziel der Eigenverantwortlichkeit impliziert, dass das Kind seine Selbstwirksamkeit erfährt, zum Beispiel in der freien Meinungsäußerung oder in der Übernahme selbstständiger Aufgaben. Das Ziel der Gemeinschaftsfähigkeit beinhaltet, dass das Kind den Umgang mit Diversität lernt und diese akzeptiert.[67] Der Bildungs- und Erziehungsbegriff wird weiter als ein mehrperspektivischer Begriff entfaltet anhand der wissenschaftlichen Disziplinen Pädagogik, Psychologie, Neurowissenschaften und Theologie.[68] Demnach ist das Kind Akteur seiner Bildung, die von Geburt an beginnt. In der Interaktion tritt es mit anderen Menschen in Beziehung, die Auswirkung auf die Bildungsprozesse hat. Die Erzieherin hat die Aufgabe, die Kinder zu beobachten, sie in ihrer Entwicklung zu unterstützen, eine anregende Lernumgebung zu ermöglichen und die Beziehung so zu gestalten, dass sich das Kind als selbstwirksam erfährt. Der prozesshafte Charakter von Bildung zeigt sich im kulturellen Lernen sowie in der Entwicklung von Fähigkeiten und Fertigkeiten.[69] „Bildung kann insofern verstanden werden als Zusammenhang von Lernen, Wissen, Wertebewusstsein, Haltungen und Handlungsfähigkeit im Horizont sinnstiftender Deutungen des Lebens."[70] Bildung und Erziehung als Prozess mit den verschiedenen Aspekten wurden ausgehend vom Kind und seiner Entwicklung in der Pilotphase anhand der Graphik „Entwicklung der eigenen Persönlichkeit"[71] verdeutlicht.

---

64 Zum Bildungsbegriff führt der Plan aus: „‚Bildung' meint die lebenslangen und selbsttätigen Prozesse zur Weltaneignung von Geburt an. Bildung ist mehr als angehäuftes Wissen, über das ein Kind verfügen muss. Kinder erschaffen sich ihr Wissen über die Welt und sich selbst durch ihre eigenen Handlungen. Kindliche Bildungsprozesse setzen verlässliche Beziehungen und Bindungen zu Erwachsenen voraus, Bildung ist ein Geschehen sozialer Interaktion." Baden-Württemberg Ministerium für Kultus 2011, S. 7–8

65 Zum Erziehungsbegriff führt der Plan aus: „‚Erziehung' meint die Unterstützung und Begleitung, Anregung und Herausforderung der Bildungsprozesse, z.B. durch Eltern und pädagogische Fachkräfte. Sie geschieht auf indirekte Weise durch das Beispiel der Erwachsenen und durch die Gestaltung von sozialen Beziehungen, Situationen und Räumen. Auf direkte Weise geschieht sie beispielsweise durch Vormachen und Anhalten zum Üben, durch Wissensvermittlung sowie durch Vereinbarung und Kontrolle von Verhaltensregeln." Baden-Württemberg Ministerium für Kultus 2011, S. 8

66 Vgl. Baden-Württemberg Ministerium für Kultus 2011, S. 7.

67 Vgl. Baden-Württemberg Ministerium für Kultus 2011, S. 7.

68 Vgl. Baden-Württemberg Ministerium für Kultus 2011, S. 8.

69 Vgl. Baden-Württemberg Ministerium für Kultus 2011, S. 8–9.

70 Baden-Württemberg Ministerium für Kultus 2011, S. 9

71 Baden-Württemberg 2006, S. 16

4.2.2 Die Bildungs- und Entwicklungsfelder im Orientierungsplan in Baden-Württemberg

Die Bildungs- und Entwicklungsfelder konkretisieren den Bildungs- und Erziehungsauftrag von Kindertageseinrichtungen in Baden-Württemberg entlang der Bereiche Körper, Sinne, Sprache, Denken, Gefühl und Mitgefühl sowie Sinn, Werte und Religion.[72] In der Erziehungs- und Bildungsmatrix des Orientierungsplans bilden die Entwicklungsfelder eine Dimension, die senkrecht dargestellt ist. Sie zeigt, worauf der Kindergarten im Alltag Einfluss nimmt. In der Waagerechten sind als zweite Dimension die Motivationen des Kindes dargestellt anhand folgender Kategorien:[73]

„A Anerkennung und Wohlbefinden erfahren (Gesundheit/Geborgenheit/Selbstwirksamkeit)
B Die Welt entdecken und verstehen (das Ich/Natur/soziales Gefüge)
C Sich ausdrücken und verständigen (nonverbal/verbal/kreativ)
D Mit anderen leben (Regeln/Rituale/Traditionen)“[74]

Sowohl die Entwicklungsbereiche als auch die Motivationen des Kindes sind keine abgetrennten Bereiche, sondern miteinander verwoben.

> „Die Erziehungs- und Bildungsmatrix ist gleichsam ein bildungsbiographischer Teppich vor kulturellem Hintergrund von zunehmender Feinheit, Reichhaltigkeit, Komplexität und Einzigartigkeit. Der individuelle Entwicklungs- und Bildungsprozess entspricht dem Weben des einzigartigen Teppichmusters.“[75]

Die Schnittstellen der Bildungs- und Entwicklungsfelder mit den Motivationen des Kindes stellen den Ausgangspunkt für das pädagogische Handeln der Erzieherinnen dar, das in den einzelnen Bildungs- und Entwicklungsfeldern durch Impulsfragen konkretisiert wird.[76] „Das pädagogische Handeln der Fachkräfte zeigt sich zum einen in der Gestaltung anregender Umgebungen, zum anderen im Arrangement von individuellen bzw. auf Gruppen bezogenen Bildungsangeboten.“[77]

Jedes Bildungs- und Entwicklungsfeld in Teil B weist die gleiche Struktur auf. Nach einer allgemeinen Einführung in das Entwicklungsfeld werden aus der Perspektive des Kindes Ziele für das Entwicklungsfeld formuliert. Anhand der kategorisierten Motivationen des Kindes sind Fragen als Denkanstöße für die Erzieherinnen formuliert. Mit der Rubrik ‚Weiterführung in der Schule‘ schließt die Darstellung des jeweiligen Bildungs- und Entwicklungsfelds.[78]

---

72 Vgl. Baden-Württemberg Ministerium für Kultus 2011, S. 28–47.
73 Vgl. Baden-Württemberg Ministerium für Kultus 2011, S. 26–27.
74 Baden-Württemberg Ministerium für Kultus 2011, S. 28
75 Baden-Württemberg Ministerium für Kultus 2011, S. 26
76 Vgl. Baden-Württemberg Ministerium für Kultus 2011, S. 26.
77 Baden-Württemberg Ministerium für Kultus 2011, S. 27
78 Vgl. Baden-Württemberg Ministerium für Kultus 2011, S. 28–31.

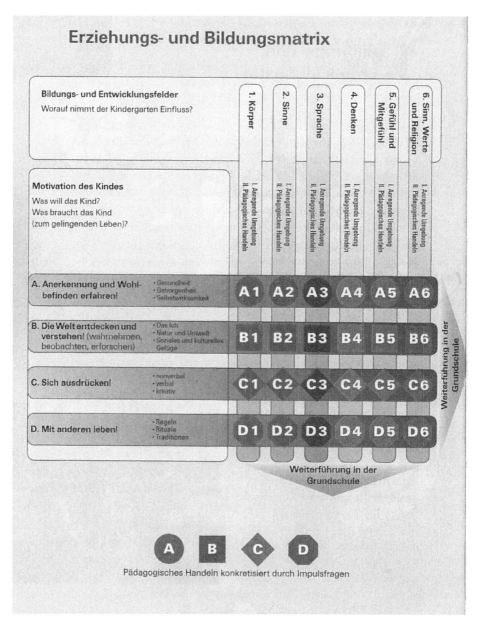

Abbildung 4: Die Bildungs- und Erziehungsmatrix[79]

4.2.3 Das Bildungs- und Entwicklungsfeld Sinn, Werte, Religion

Dem baden-württembergischen Orientierungsplan liegt ein überwiegend anthropo-
logisches und funktionales Religionsverständnis zugrunde, was beispielsweise die

---

79 Baden-Württemberg 2006, S. 66

zehn Ziele des Entwicklungsfeldes Sinn, Werte und Religion belegen.[80] Lediglich das dritte Ziel „Kinder kennen und verstehen die christliche Prägung unserer Kultur"[81] ist einem substanziellen Religionsbegriff zuzuordnen; es ist allerdings kulturanthropologisch ausgerichtet.[82]

Bereits in Teil A des Orientierungsplans wird darauf hingewiesen, dass Menschen in unserer Gesellschaft unter mannigfachen Lebensbedingungen „mit unterschiedlichen Orientierungen, Werten und Lebensentwürfen"[83] leben. In der Einleitung des sechsten Entwicklungsfeldes Sinn, Werte und Religion wird die Offenheit der Kinder in ihrem Weltzugang beschrieben, die zur Strukturierung ihrer Lebenswelt und nachhaltigen Orientierung auf einen Sinnhorizont und ein Wertegefüge angewiesen sind.

> „In der Erzieherin finden sie ein verlässliches Vorbild. Sie selbst steht überzeugend für Sinn- und Wertorientierung, z.B. bezüglich der natürlichen Lebensgrundlagen, der kulturellen und biologischen Vielfalt, der Frage von Gerechtigkeit und globaler Verantwortung."[84]

Das Feiern religiöser Feste, symbolische Handlungen und Geschichten machen religiöse Traditionen für Kinder erlebbar. Die religiösen und philosophischen Fragen[85] und Themen der Kinder über die Welt und das Leben mit all seinen Facetten sollen ernst genommen werden. Aufgabe der Erzieherin ist es, den Kindern als Gesprächspartnerin auf Augenhöhe zur Verfügung zu stehen. „Dabei gilt es angesichts der Vielfalt von Wert- und Sinnsystemen den ständigen Dialog zwischen Tageseinrichtungen für Kinder und dem Elternhaus zu gestalten."[86] Mit dem Hinweis auf die Trägerautonomie wird formuliert, dass es Aufgabe des Trägers ist, aufgrund des eigenen weltanschaulichen und religiösen Hintergrunds die Ziele des Entwicklungsfeldes inhaltlich zu präzisieren.[87]

Die Begriffe ‚Sinn', ‚Werte' und ‚Religion' werden im Orientierungsplan von Baden-Württemberg nicht explizit definiert, aber in den Zielen und Fragen als Denkanstöße konkretisiert.[88] Aus der Perspektive der Kinder werden zehn Ziele

---

80 Vgl. Baden-Württemberg Ministerium für Kultus 2011, S. 45.
81 Baden-Württemberg Ministerium für Kultus 2011, S. 45
82 Vgl. Pemsel-Maier 2012, S. 60.
83 Baden-Württemberg Ministerium für Kultus 2011, S. 14
84 Baden-Württemberg Ministerium für Kultus 2011, S. 45
85 Zwischen diesen Fragen ist zu unterscheiden: „Der Begriff der religiösen Bildung [ist] zu begrenzen […] auf den Bereich solchen Fragens nach Selbst, Welt und einem guten Leben, das unter Bezug auf ein objektiv religiöses Deutesystem – hier in erster Linie des Christentums – artikuliert wird. Deutesysteme ohne solche Bezüge werden ‚philosophisch' genannt." Kirchhoff und Rupp 2008b, S. 9
86 Baden-Württemberg Ministerium für Kultus 2011, S. 45
87 Vgl. Baden-Württemberg Ministerium für Kultus 2011, S. 45.
88 In dieser Arbeit wird der Begriff Sinn folgendermaßen verwendet: „Sinn im Leben lässt sich … als ein komplexer Zustand menschlichen Erlebens beschrieben, der kontextabhängig in der Kontingenz zeitlicher Verschiebungen und unter dem Einfluss von

entwickelt. Das erste Ziel beinhaltet, dass Kinder Vertrauen ins Leben entwickeln auf der Grundlage religiöser beziehungsweise weltanschaulicher Überzeugungen und dass sie in der Hoffnung auf eine lebenswerte Zukunft gestärkt werden. Das zweite Ziel beschreibt erstens die unterschiedlichen Wahrnehmungsmöglichkeiten der Welt (religiös, weltanschaulich, technisch, naturwissenschaftlich, künstlerisch …), die Kinder kennen, und zweitens die Orientierung, die der religiöse und weltanschauliche Weltzugang ihnen geben kann. Im dritten Ziel wird formuliert, dass die Kinder die christlich geprägte Kultur kennen und verstehen sollen. Das vierte Ziel fordert dazu auf, die Wirkung von sakralen Räumen, Ritualen und Symbolen kennenzulernen und die daraus folgenden Erfahrungen wie Gemeinschaft, Geborgenheit und Stille zu ermöglichen. Das fünfte Ziel greift das Theologisieren und Philosophieren der Kinder über die Welt auf, für das sie verständnisvolle und sensible Gesprächspartner brauchen. Im sechsten Ziel werden die Sinnfragen und die unterschiedlichen Weisen, Werte zu leben, thematisiert sowie die entsprechende Sprachfähigkeit. Das siebte Ziel beschreibt das Wissen über die religiösen und weltanschaulichen Wurzeln, die Kinder kennen sollen. Ziel acht fordert die Kinder dazu auf, ihr soziales und ökologisches Umfeld mitzugestalten. Das neunte Ziel weist auf den Beitrag eines jeden Kindes für ein gelingendes Zusammenleben in der Gruppe hin. Im zehnten Ziel werden das Angenommensein und die Geborgenheit eines jeden Kindes mit seiner individuellen Persönlichkeit in der Kindertageseinrichtung ausgedrückt.[89]

Der weitreichende Inhalt des sechsten Bildungs- und Entwicklungsfeldes Sinn, Werte und Religion kommt in Fragen zum Ausdruck, die als Denkanstöße formuliert sind. Sie gehen von den Motivationen des Kindes aus und haben konkrete Bezüge zum Kindergartenalltag. Unter dem Fragenkomplex „A Anerkennung und Wohlbefinden erfahren (Gesundheit/Geborgenheit/Selbstwirksamkeit)" heißt es beispielsweise:

- „Wie sorgt der Kindergarten dafür, dass jedem Kind in seiner Einzigartigkeit – in seinen Stärken und Schwächen, mit oder ohne Behinderung – Achtung und Verständnis entgegengebracht wird?

- Wodurch erfahren die Kinder von Menschen, die auf Gott vertrauen?

- Wissen die Kinder um die Möglichkeit der Stille, des Betens, des gottesdienstlichen Feierns und um die Kraft, die beispielsweise von einem geistlichen Lied ausgehen kann?"[90]

---

subjektiv getroffener Rahmenbedingungen einen bestimmten ‚Aggregatzustand' etabliert, diesen auch verliert und wieder neu entstehen lässt. Diese Zustandsveränderung gibt dem Individuum Auskunft über die Stimmigkeit bei der Konstruktion der subjektiven Wirklichkeit im Horizont der aktuellen Erfahrungen und Lebensereignisse." Schumacher 1999, S. 201. Zum Begriff Werte siehe Punkt 4.1.2, zum Begriff Religion siehe Punkt 2.3.2 in dieser Arbeit.

89 Vgl. Baden-Württemberg Ministerium für Kultus 2011, S. 45.
90 Baden-Württemberg Ministerium für Kultus 2011, S. 45

Ausgehend von der Neugier der Kinder die Welt zu entdecken werden unter „B Die Welt entdecken und verstehen (das Ich/Natur/soziales Gefüge)" unter anderem folgende Fragen formuliert:

- „Erleben die Kinder, dass ihre Fragen und Antworten wertgeschätzt werden und als Anstoß für andere zum Weiterdenken anregen?
- Lernen Kinder Zeugnisse der Religionen in ihrem Wohnumfeld kennen (Kirchen, Wegkreuze, Synagogen, Moscheen ...)? Haben sie Zugang zur Welt der Religionen und Kulturen?"[91]

Mit den Fragen zur Kategorie „C Sich ausdrücken und verständigen (nonverbal/verbal/kreativ)" wird der Blick auf die Kommunikation gerichtet:

- „Welche Möglichkeiten haben die Kinder, ihre Freude oder ihr Leid in Bildern, Gesten, Gebeten, Musik und Liedern auszudrücken?
- Wo finden die Kinder Unterstützung zum Ausdruck ihrer Gedanken zu philosophischen und religiösen Fragestellungen?
- Haben Kinder die Möglichkeit die Sprache religiöser Symbole kennen zu lernen?"[92]

Das Zusammenleben steht im Mittelpunkt des letzten Fragenbereichs „D Mit anderen leben (Regeln/Rituale/Traditionen)", der beispielhaft folgende Denkanstöße gibt:

- „Wobei lernen die Kinder, zwischen erwünschtem und unerwünschtem Verhalten zu unterscheiden (gut und böse, richtig und falsch, angemessen und unangemessen etc.)?
- Welche Möglichkeiten und Hilfestellungen gibt es für die Kinder, Verantwortung zu übernehmen?
- Welche Rituale kennen die Kinder, die das Leben strukturieren und zu ordnen versuchen?
- Welche Möglichkeiten werden den Kindern geboten, sich entwicklungsgemäß an der Werte- und Normbildung für die Gruppe, an der Themenfindung für Projekte und an der Gestaltung des Kindergartenlebens zu beteiligen?"[93]

Im Orientierungsplan stehen die religiösen und die weltanschaulichen Zugänge (= nicht religiösen Zugänge) zur Welt nebeneinander, was den verschiedenen Wertegefügen der Gesellschaft entspricht und die Trägerautonomie widerspiegelt. Trotzdem wird die christliche Prägung der Kultur deutlich. Anliegen des Orientierungsplans ist es die Kinder mit ihren religiösen und philosophischen Fragen zum Leben und zur Welt ernst zu nehmen auf der Grundlage ihres Lebenskontextes und den damit verbundenen Sinn- und Wertvorstellungen. Den Erzieherinnen

---

91 Baden-Württemberg Ministerium für Kultus 2011, S. 46
92 Baden-Württemberg Ministerium für Kultus 2011, S. 46
93 Baden-Württemberg Ministerium für Kultus 2011, S. 46

als Personen kommt dabei eine herausfordernde Aufgabe zu: „Der pädagogischen Fachkraft ist bewusst, dass sie in ihrem Handeln immer ihre eigene Person mit ins Spiel bringt. Werte, Ansprüche, Erfahrungen und die eigene Biografie beeinflussen das Handeln. Die professionelle pädagogische Fachkraft setzt sich mit diesen Einflüssen auseinander und berücksichtigt sie in der erzieherischen Arbeit."[94] In diesem Kontext zeigt sich das religionspädagogische Handlungskonzept der religionssensiblen Bildung als ein passendes Konzept zur Umsetzung des Entwicklungsfeldes Sinn, Werte und Religion im baden-württembergischen Orientierungsplan, da es 1. anthropozentrisch bei der Religiosität des Kindes ansetzt, 2. die Person der Erzieherin und ihre vertrauensvolle Beziehung zum Kind als Schlüssel für die religiösen Bildung und Erziehung beachtet und 3. den Anspruch erhebt, in Einrichtungen mit konfessioneller als auch nicht konfessioneller Trägerschaft praktikabel zu sein.[95]

4.2.4 Religiöse Bildung und Erziehung in Kindertageseinrichtungen – ein (religions-)pädagogisches Aufgabenfeld von Erzieherinnen

Innerhalb des beschriebenen Bildungs- und Entwicklungsfeldes Sinn, Werte und Religion ist die religiöse Bildung und Erziehung ein Aufgabenfeld von Erzieherinnen. Die Auseinandersetzung mit den religiösen und philosophischen Fragen und Themen der Kinder, das Feiern von Festen sowie symbolische Handlungen und Rituale stellen einen Teilbereich der Aufgaben dar. „Das berufliche Profil schließt deshalb heute die Kompetenz zur Inszenierung religiöser und philosophischer Bildungsprozesse ein; eine Frühpädagogin bzw. ein Frühpädagoge vermittelt auch Vorstellungen über das Selbst, über die Welt und das gute Leben."[96] Die Gesellschaft in Deutschland hat sich weltanschaulich und religiös plural entwickelt, es ist ein Rückgang der Bindung an kirchliche Institutionen festzustellen.[97] Diese gesellschaftliche Situation spiegelt sich – wie im Orientierungsplan von Baden-Württemberg beschrieben – in Kindertageseinrichtungen wider.[98] Gleichzeitig wird das Kind sowohl in den in Kapitel 3 vorgestellten pädagogischen Handlungskonzepten als auch im Orientierungsplan als Akteur seiner eigenen Entwicklung und Bildungsprozesse gesehen. „Es sind die eigenen Handlungen, über die das Kind sich ein Bild von der Welt macht und Vorstellungen über sich selbst entwickelt. Früh begreift es, dass es auf Mitmenschen angewiesen ist, die ihm dazu verhelfen, die Bilder zu schärfen, zu verändern und sich selbst in ein großes Ganzes einzufügen."[99] Dies bedeutet, dass Erzieherinnen die Sichtweisen

---

94 Baden-Württemberg Ministerium für Kultus 2011, S. 16
95 Vgl. Lechner und Gabriel 2009c, S. 179.
96 Kirchhoff 2008, S. 41
97 Vgl. Diözese Rottenburg-Stuttgart u.a. 2011, S. 50, Kaupp 2005, S. 71–74 und Biesinger und Schweitzer 2013, S. 15.
98 Vgl. Diözese Rottenburg-Stuttgart u.a. 2011, S. 23.
99 Baden-Württemberg Ministerium für Kultus 2011, S. 9

der Kinder und ihre Deutungen der Welt wahrnehmen und in ihrer pädagogischen Arbeit darauf eingehen.[100] Dazu braucht es seitens der Erzieherin die Reflexion der eigenen religiösen Erfahrungen und die Reflexion der persönlichen Einstellung zu Religion sowie zu unterschiedlichen religiösen Themen und Inhalten.[101] „Ebenso bedarf es der fachlichen Kompetenz in Form von Grundkenntnissen über den Glaubens- und Lebensvollzug der christlichen Kirchen und weiterer Religionen, um auf die Bedürfnisse und Eigenart der Kinder adäquat eingehen zu können. Dazu gehören auch die Kenntnisse über die religiöse Entwicklung von Kindern."[102] Die Reflexion der Erzieherin über den eigenen Zugang zur Religion sowie die fachliche Kompetenz wird auch als religiöse Kompetenz beschrieben, die darüber hinaus eine religiöse Sprachfähigkeit, die Teilhabe der Kinder am gelebten Glauben der Erzieherin und die Beschaffung von Informationen zu religiösen Themen beinhaltet.[103] „Ohne eine persönliche Auseinandersetzung mit dem Glauben und ohne eine grundsätzliche Akzeptanz seiner wesentlichen Inhalte ist eine religiöse Bildungsarbeit mit Kindern auf Dauer nicht möglich."[104] Ansonsten begrenzt sich die religiöse Bildungsarbeit auf „die Anwendung eines angeeigneten religionspädagogischen Methodenrepertoires."[105] Die persönliche Auseinandersetzung der Erzieherin mit Religion kann dazu führen, dass sie Religion als Element in den eigenen Lebensentwurf integriert. Dies muss aber nicht sein. In beiden Fällen bleibt als Resultat: „In der Auseinandersetzung mit Religion wird das eigene Weltbild bewusster wahrgenommen, das Bewusstsein für eigene Wertordnungen und damit verbunden die persönliche Lebensorientierung gestärkt."[106] Weiterführend zeigt sich auf der Grundlage der multireligiösen Situation in Kindertageseinrichtungen die Notwendigkeit, den Blick auf interreligiöse Bildung[107] als Teil des

---

100 Vgl. Lischke-Eisinger 2012, S. 88–89.

101 Vgl. Diözese Rottenburg-Stuttgart u.a. 2011, S. 50 und König 2009.

102 Diözese Rottenburg-Stuttgart u.a. 2011, S. 50

103 Vgl. Hugoth 2012, S. 243–245.

104 Hugoth 2012, S. 241

105 Hugoth 2012, S. 242

106 Beer 2005, S. 33

107 Multikulturelles und multireligiöses Handeln sind Vorstufen zu interkulturellem und interreligiösem Handeln. „Sie gehen von der tatsächlich vorhandenen Vielfalt der Kulturen und Religionen aus, akzeptieren sie […] aber lassen sie im Sinne von einfacher Toleranz ‚nebeneinander bestehen', ohne den entscheidenden Schritt des Miteinanders (= der ‚Konvivenz') anzustreben: ‚Der multireligiöse Ansatz lässt sich leicht in den *interreligiösen Ansatz* überführen. Wenn Kinder mit verschiedenen Religionen bekannt gemacht werden, vergleichen sie diese mit ihrer eigenen Religion. Das Austauschen, Anteilnehmen, Mitmachen und – wo es möglich ist – das Herausbilden gemeinsamer religiöser Vollzugsformen entspricht dem interreligiösen Ansatz. Er zielt darauf ab mit der eigenen Religion vertraut zu werden, zugleich aber in einen Austausch mit denen zu treten, die einer anderen Religion angehören.'," Feininger 2008, S. 143. Feininger zitiert hier Hugoth 2003a, S. 25. Interkulturelles Lernen wird wie folgt verstanden: „Inter bedeutet zwischen, inmitten, unter und verdeutlicht, dass zwischen zwei Kul-

Aufgabenfeldes religiöser Bildung und Erziehung zu richten sowie auf nicht religiöse Vorstellungen, „schließlich glauben nicht alle Kinder und Eltern an Gott."[108]

4.3   Die Umsetzung des Bildungs- und Entwicklungsfeldes Sinn, Werte und Religion

Das Bildungs- und Entwicklungsfeld Sinn, Werte und Religion kann je nach Träger der Kindertageseinrichtung und der Konzeption der Einrichtung auf unterschiedliche Art und Weise und mit verschiedenen Schwerpunkten umgesetzt werden.[109] In der Praxis zeigt sich, dass eine religiöse Neutralität nicht praktizierbar ist, „weil die einzelnen pädagogischen Akteure und Akteurinnen ihren eigenen kulturellen und (a-)religiösen Hintergrund immer mit einbringen"[110]. Ein Weg der Umsetzung im Sinne einer Religions-Bildung („Learning about religion"[111]) bietet Kindern die Möglichkeit verschiedene religiöse und nichtreligiöse Deutungsmuster kennenzulernen. Ein zweiter Weg – verstanden als religiöse Bildung („Learning from religion"[112]) – beinhaltet das Kennenlernen religiöser Traditionen und des damit verbundenen religiösen Wissens als ‚kulturelles Kapital'[113].

Die katholischen und evangelischen Kirchen und Trägerverbände in Baden-Württemberg veröffentlichten 2011 die Handreichung „‚Sinn, Werte und Religion' in Kindertageseinrichtungen. Ein Beitrag zur Umsetzung des Orientierungsplans"[114]. Diese Handreichung, die in sieben Bereiche gegliedert ist, richtet sich insbesondere an nicht konfessionelle Einrichtungen, sie „soll aber auch für kirchliche Einrichtungen, ergänzend zu eigenen Veröffentlichungen, hilf-

---

turen gelernt und das inmitten von Angehörigen diverser Kulturen neue Erkenntnisse gewonnen werden. Zu einer Kultur gehören Bräuche und Sitten, Werkzeuge und Kunstgegenstände, Feste und Feiern, Rituale und Gesetze, Verbote und Tabus. Der gesamte Lebensstil sowie auch Erziehungsvorstellungen sind kulturell (und religiös) geprägt." Fleck und Leimgruber 2011, S. 15. Das Verhältnis von interkulturellem und interreligiösem steht in folgendem Zusammenhang: „Ausgangspunkt des Lernens von Differenz überhaupt und speziell von religiöser Differenz ist die Wahrnehmung und Anerkennung der kulturellen Vielfalt in unserem Land. Die Vielfalt der Religionen, die in den Kindertageseinrichtungen heute anzutreffen sind, bildet einen integralen Bestandteil der kulturellen Vielfalt und umgekehrt! Folkert Rickers: ‚Denn wo interkulturelles Lernen stattfindet, sind immer schon religiöse Komponenten im Spiel […] Zugespitzt formuliert kann man sagen, dass interkulturelles Lernen ohne interreligiöses Lernen gar nicht stattfinden kann.'" Feininger 2008, S. 140

108 Biesinger und Schweitzer 2013, S. 51
109 Vgl. Lischke-Eisinger 2012, S. 84.
110 Dommel 2007, S. 455
111 Dommel 2007, S. 455
112 Dommel 2007, S. 455
113 Dommel 2007, S. 455
114 Diözese Rottenburg-Stuttgart u.a. 2011

reich sein."[115] Nach den Grußworten werden zunächst Anlass und Ziele der Handreichung beschrieben. In einem weiteren Schritt wird das Bildungs- und Entwicklungsfeld Sinn, Werte und Religion im Orientierungsplan erläutert. In diesem Teil
werden beispielsweise die Begriffe Sinn[116], Werte[117] und Religion[118] definiert. Der
vierte Bereich nimmt aus der Perspektive der Kinder den Alltag in Kindertageseinrichtungen in den Blick entlang der Begriffe Sinn, Werte und Religion. Es wird
thematisiert, wie Kinder Diversität erleben und es werden existenzielle Fragen der
Kinder aufgegriffen. Schließlich wird die christlich geprägte Kultur in den Blick
genommen sowie die Offenheit der Kinder für Rituale und spirituelle Erfahrungen. Im anschließenden fünften Teil[119] werden mit vier verschiedenen Modellen
Wege vorgestellt, wie Religion in Kindertageseinrichtungen Raum gegeben wird.
Das erste Modell beschreibt Religion als Privatsache und wird als Aufgabe der
Eltern gesehen. Die Kindertageseinrichtung verfolgt das Ziel, einen weltanschaulich und religiös neutralen Zugang zum Leben zu vermitteln. Im Hinblick auf die
religionssensible Bildung zeigt sich dieses Modell als problematisch, da Kindern
nicht die Möglichkeit eröffnet wird, sich mit ihren religiösen Fragen und Themen auseinanderzusetzen, es setzt nicht beim Kind an. Im zweiten Modell werden die religiösen Themen der Kinder situativ aufgegriffen und nicht als geplante
Bildungsangebote, sondern reaktiv thematisiert. Religion wird als Kulturgut gesehen und die unterschiedlichen Religionen und Weltzugänge mit ihren Handlungen, Symbolen, Riten und Festen stehen hier ohne Bewertung gleichberechtigt
nebeneinander. In diesem Modell findet die dritte Stufe des Religionsbegriffs, der
Konfessionsglaube, keine Anwendung. In diesem Zusammenhang ist allerdings zu

---

115 Diözese Rottenburg-Stuttgart u.a. 2011, S. 11. Zu den Veröffentlichungen siehe Diö-
    zese Rottenburg-Stuttgart 2008, Bischöfliches Ordinariat 2010, Evangelische Landes-
    kirche in Baden und Diakonisches Werk Baden, Institut für Religionspädagogik der
    Erzdiözese Freiburg durch Heike Helmchen-Menke und Das Diakonische Werk der
    Evangelischen Landeskirchen in Baden e.V. u.a 2012.

116 „Für Kinder, wie für Menschen insgesamt, hat etwas Sinn, wenn es in einen größeren
    Zusammenhang passt und persönlich bejaht werden kann. In der Beschäftigung mit
    dem Sinn geht es immer darum, ein persönliches Verhältnis zu etwas zu finden und
    dieses mit dem eigenen Selbst- und Weltverständnis zu vermitteln." Diözese Rotten-
    burg-Stuttgart u.a. 2011, S. 21

117 „‚Werte' können als emotional tief verankerte Leitvorstellungen verstanden werden,
    die Individuen und sozialen Gruppen in ihrem Handeln bestimmen [...] Werte wir-
    ken als innere Orientierung, die mit entscheiden, wie ich etwas erlebe; die darüber
    bestimmen, was ich als normal oder angemessen ansehe und damit als gut oder falsch
    beurteile. Werthaltungen beinhalten immer auch eine bestimmte Selbstdefinition und
    prägen so die ganze Persönlichkeit." Diözese Rottenburg-Stuttgart u.a. 2011, S. 22–23

118 „Als Religion können jene sinnstiftenden Deutungen bezeichnet werden, die mit Gott,
    einer höheren Macht bzw. mit Transzendenz (‚Jenseitigem') zu tun haben und die in
    der Regel mit Geschichten, Liedern und Ritualen, Gebeten, Feiern o.ä. verbunden
    sind." Diözese Rottenburg-Stuttgart u.a. 2011, S. 23

119 Vgl. Diözese Rottenburg-Stuttgart u.a. 2011, S. 35–48.

diskutieren, ob die konfessionelle Sozialisation als Aufgabe einer Kindertageseinrichtung zu verstehen ist. Das dritte Modell impliziert die Begegnungen mit Religion, in diesem Modell zeigt sich religiöse Bildung und Erziehung in der Kindertageseinrichtung als planvolles Geschehen. Kinder und Eltern gelten als Experten
ihrer Religion und in der Zusammenarbeit werden Räume geschaffen, um mit den
unterschiedlichen Religionen in der Kita sowie im sozialen Umfeld in Kontakt zu
kommen. Gemeinsamkeiten und Unterschiede werden benannt, es findet interreligiöses Lernen in der Kindertageseinrichtung statt. „Die Herausforderung besteht
darin, in der religiösen Pluralität den Kindern die eigene Verwurzelung bewusst
werden zu lassen und sie in der Entwicklung einer eigenen religiösen Identität zu
begleiten."[120] Dieses Modell zeigt bereits Gemeinsamkeiten mit dem Handlungskonzept der religionssensiblen Bildung auf. Das vierte Modell beinhaltet, Religion im Alltag zu leben. Dieses Modell integriert religiöse Bildung und Erziehung
in den pädagogischen Alltag der Kindertageseinrichtung und zeigt sich in Strukturen, Räumen, Zeiten und Beziehungen. Kindern wird die Möglichkeit eröffnet,
sich selbst durch eine anregende Umgebung beispielsweise mit Bilderbüchern,
Spielfiguren oder Symbolen religiös zu bilden. Kinder lernen im täglichen Zusammenleben Rituale kennen, die den Alltag strukturieren. Feste werden mit ihrem
religiösen Inhalt und ihren Bräuchen gefeiert; in der gelebten Beziehung zeigen
sich Werte, die ihren Ursprung im Glauben haben. Die Beheimatung im eigenen
Glauben steht in diesem Modell im Vordergrund und bietet sich deshalb besonders für konfessionelle Kindertageseinrichtungen an. Die religiöse Pluralität soll
dabei allerdings nicht aus den Augen verloren werden. Interreligiöses Lernen findet in der Begegnung mit anderen Religionen mit ihren Bräuchen, Riten und Festen statt. In Bezug auf den Ansatz der religionssensiblen Bildung zeigt sich hier
die Schwierigkeit, dass es insbesondere auf konfessionelle Träger zugeschnitten
ist. In der Handreichung wird die religionssensible Begleitung[121] schließlich nicht
als ein fünftes Modell verstanden. Vielmehr werden mit Verweis auf die Trägerautonomie zur Umsetzung der Ziele des Bildungs- und Entwicklungsfeldes Sinn,
Werte und Religion Kriterien auf der Grundlage der religionssensiblen Begleitung
entwickelt, die einen fachlichen Standard darstellen, den jede Einrichtung unabhängig vom Träger auf der Grundlage des Orientierungsplans erfüllen muss. Als
Grundlage wird dabei näher erläutert, dass die Bildungsziele hinsichtlich der religiösen Bildung und Erziehung in einem Zusammenhang stehen mit den Prozessen
der Sinnstiftung und der Werteentwicklung. Aus pädagogischer Sicht ist für die
religiöse Bildung zu beachten, dass sie

- konsequent von der Perspektive jedes einzelnen Kindes ausgeht,
- dem mehrperspektivische Bildungsbegriff Aufmerksamkeit schenkt, was ein
  ganzheitliches und erfahrungsorientiertes Lernen miteinschließt,

---

120 Diözese Rottenburg-Stuttgart u.a. 2011, S. 39.

121 Hier wird auf das Forschungsprojekt von Martin Lechner Bezug genommen, das in
    Kapitel 2.3 dieser Arbeit beschrieben ist, sowie auf die Veröffentlichung Bederna und
    König 2009.

- den Aufbau eines Wertegefüges, die Persönlichkeitsentwicklung sowie die Gemeinschaftsfähigkeit und das Lernen von Verantwortung für das Zusammenleben in der Kindertageseinrichtung mit im Blick hat und
- die Erzieherin als Begleiterin sieht, der in ihrem Handeln eine hohe Bedeutung zukommt. [122]

Folgende acht Kriterien werden als Standard für die religionssensible Begleitung zur Umsetzung der Ziele des Bildungs- und Entwicklungsfeldes Sinn, Werte und Religion formuliert:

1. Jedes Kind erfährt das Gefühl der Geborgenheit und des Angenommenseins unter Berücksichtigung der unterschiedlichen religiösen Wurzeln und kann eine religiöse Identität und Beheimatung in der Kindertageseinrichtung finden. Religion wird als Thema nicht tabuisiert.[123]

2. Ausgehend von den religiösen Bedürfnissen, Fragen, Themen und Handlungen der Kinder findet eine pädagogische Begleitung durch die Erzieherinnen in der Kita statt, die den Kinder ermöglicht eigene Vorstellungen zu entwickeln und Religion in konkreten Situationen zu erleben. „Religiöse Bildung wird als integrativer Bestandteil von Bildung verstanden und gehört zur Konzeption der Einrichtung."[124]

3. Das erfahrungsorientierte und ganzheitliche Lernen mit Kopf, Herz und Hand dient als Grundlage religiöser Bildung. In der Beziehung zu anderen Menschen und der Umwelt lernt das Kind auch die nicht materielle Dimension des Lebens kennen, zum Beispiel durch sinnliche und spirituelle Erfahrungsräume.[125]

4. Die Entwicklung einer individuellen Persönlichkeit und eines eigenen Wertegefüges eines jeden Kindes im Kontext der sozialen und ökologischen Umwelt stellen ein Ziel religionssensibler Begleitung dar. Für ein gelingendes Zusammenleben bedeutet dies die Übernahme von Verantwortung und die Entwicklung von Gemeinschaftsfähigkeit. „Gelingt dies bewusst in einer religiös pluralen Gruppe, sind wichtige Bausteine für ein gelingendes Zusammenleben in einer pluralen Gesellschaft gelegt."[126]

5. Kinder werden im Umgang mit der religiösen Pluralität in ihrem Umfeld unterstützt und lernen die verschiedenen Religionen mit ihren Inhalten und Formen kennen. „Sie entdecken Gemeinsamkeiten, lernen aber auch mit Unterschieden umzugehen. Dies ist Grundlage und Vorbereitung für echte interreligiöse Begegnung."[127]

---

122 Vgl. Diözese Rottenburg-Stuttgart u.a. 2011, S. 42.
123 Vgl. Diözese Rottenburg-Stuttgart u.a. 2011, S. 43–44.
124 Diözese Rottenburg-Stuttgart u.a. 2011, S. 44
125 Vgl. Diözese Rottenburg-Stuttgart u.a. 2011, S. 44–45.
126 Diözese Rottenburg-Stuttgart u.a. 2011, S. 45
127 Diözese Rottenburg-Stuttgart u.a. 2011, S. 46

6. Die Achtung und der Respekt gegenüber den einzelnen Religionen im Kindergarten zeigen sich beispielsweise im Umgang mit den religiösen Vorschriften,
   Festen und Gegenständen der verschiedenen Religionen. Die Wertschätzung
   drückt sich nicht dadurch aus, dass zum Beispiel alle Feste der unterschiedlichen Religionen in einer Einrichtung gefeiert werden. Die eigene Religionszugehörigkeit findet aber Beachtung und der Respekt vor den verschiedenen
   Glaubensrichtungen wird durch die Geste des Gratulierens zu einem Fest zum
   Ausdruck gebracht. Als Zeichen der Gastfreundschaft können sich die unterschiedlichen Religionen zu gegeben Anlässen gegenseitig einladen.[128]

7. Die Erzieherin ist in der religiösen Bildung wie auch in ihrer sonstigen pädagogischen Arbeit als Person herausgefordert. Die Reflexion der eigenen religiösen
   und weltanschaulichen Zugänge, Haltungen und Erfahrung sowie fundierte
   Fachkenntnisse sind notwendige Voraussetzungen für die religionssensible
   Begleitung der Kinder.[129] „In einer Einrichtung, die Kinder religionssensibel
   begleitet, sehen Erzieherinnen deshalb religionssensible Erziehung und Bildung
   als Teil ihrer beruflichen Kompetenz."[130]

8. Das erste Ziel des Bildungs- und Entwicklungsfeldes Sinn, Werte und Religion[131] sowie das Grundgesetz und das Sozialgesetzbuch VIII bilden die Kriterien
   dafür, welche religiösen und weltanschaulichen Grundüberzeugungen in einer
   Kita Platz haben. Auf diese Weise soll fundamentalistischen Ausprägungen
   sowie Extremen von Religion vorgebeugt werden, die einen lebensfeindlichen
   und bedrohlichen Charakter haben. „Kinder sollen zur Entwicklung ihrer Persönlichkeit und zur Ausbildung von Gemeinschaftsfähigkeit befähigt werden.
   Diesem grundsätzlichen Bildungsziel muss religiöse Bildung, auch in der Auswahl religiöser Bilder, Figuren, Erzählungen und Handlungen, entsprechen."[132]

Die Handreichung bietet für Kindertageseinrichtungen einen übersichtlichen
und konkreten Beitrag zur Umsetzung des Entwicklungsfeldes Sinn, Werte und
Religion des baden-württembergischen Orientierungsplans. Dabei greift sie den
Ansatz der religionssensiblen Erziehung von Lechner auf und überträgt Aspekte
des Handlungskonzepts auf den Bereich der Elementarpädagogik. Die Ausführungen in der Handreichung spiegeln die Handlungsgrundsätze der religionssensiblen
Erziehung wider. Sie geben Impulse, die konkreten Handlungsgrundsätze aus dem
Forschungsprojekt ‚Religion in der Jugendhilfe' in Kapitel 5 dieser Arbeit wis-
senschaftlich reflektiert auf den Bereich der Elementarpädagogik zu übertragen

---

128 Vgl. Diözese Rottenburg-Stuttgart u.a. 2011, S. 46–47.

129 Vgl. Diözese Rottenburg-Stuttgart u.a. 2011, S. 47.

130 Diözese Rottenburg-Stuttgart u.a. 2011, S. 48

131 „Kinder entwickeln Vertrauen in das Leben auf der Basis lebensbejahender religiöser
    bzw. weltanschaulicher Grundüberzeugungen und werden in der Hoffnung auf eine
    lebenswerte Zukunft gestärkt." Baden-Württemberg Ministerium für Kultus 2011, S.
    45

132 Diözese Rottenburg-Stuttgart u.a. 2011, S. 48

und pädagogisch mit den Anknüpfungspunkten der Handlungskonzepte Offener Kindergarten, Early Excellence und infans zu begründen. Zuvor wird in Punkt 4.4 der religionspädagogische Ertrag der bisherigen Erörterungen zusammengefasst.

4.4   Ausblick: der religionspädagogische Ertrag

Der Orientierungsplan von Baden-Württemberg zeigt im sechsten Bildungs- und Entwicklungsfeld Sinn, Werte und Religion die Herausforderungen religiöser Bildung und Erziehung in Kindertageseinrichtungen auf. Den Ausgangspunkt bilden die pluralen Lebensentwürfe und Wertvorstellungen der heutigen Gesellschaft, die sich in Kindertageseinrichtungen widerspiegeln. Mit der Thematisierung von Religion soll Kindern die Möglichkeit eröffnet werden, sich mit ihren religiösen Fragen und Themen auseinanderzusetzen sowie die verschiedenen Inhalte und Formen der einzelnen Religionen mit ihren Gemeinsamkeiten und Unterschieden und die christliche Prägung der Kultur kennenzulernen. Darüber hinaus zeigen sich Sinn- und Deutungsfragen zusammen mit der Wertebildung und der Entwicklung von Gemeinschaftsfähigkeit sowie der Übernahme von Verantwortung im Zusammenleben der Kita als notwendige Grundvoraussetzungen für die Persönlichkeitsentwicklung des Kindes.

Religiöse Bildung und Erziehung als Aufgabenfeld von Erzieherinnen fordert in der pädagogischen Arbeit dazu heraus, sich als Person einzubringen und mit dem gelebten Glauben, den eigenen Überzeugungen und Zweifeln zu zeigen. Dies setzt eine Reflexion der persönlichen religiösen Erfahrungen und der weltanschaulichen Zugänge zum Leben sowie eine fachliche Kompetenz voraus. Denn im pädagogischen Handeln spielen die persönlichen Werte, Ansprüche, Erfahrungen und Sinnvorstellungen auf der Grundlage der eigenen Biographie eine wesentliche Rolle.

In Kindertageseinrichtungen stellt die religiöse Bildung und Erziehung einen Teil der Bildung und somit der pädagogischen Arbeit dar. Die Bildungs- und Erziehungspläne bilden den Rahmen für die pädagogische Arbeit in den Kindertageseinrichtungen der einzelnen Bundesländer. Die Ausrichtung der pädagogischen Arbeit und damit verbunden das Ziel die Bildungsprozesse der Kinder in ihrem inneren Zusammenhang zu fördern und zu unterstützen, basiert auf einem pädagogischen Handlungskonzept, das die theoretische Grundlegung der pädagogischen Konzeption einer Kindertageseinrichtung bildet. In der pädagogischen Konzeption erarbeiten die Erzieherinnen auf der Grundlage einer Bedarfs- und Situationsanalyse gemeinsam Ziele, Werte, Vorstellungen und Einstellungen, nach denen sie ihre Arbeit in der Praxis ausrichten. In Bezug auf die religiösen Bildungsprozesse der Kinder bilden die Bildungs- und Erziehungspläne den Rahmen. Ein religionspädagogisches Handlungskonzept bildet die theoretische Begründung der praktischen Umsetzung religiöser Bildung und Erziehung, die in der pädagogischen Konzeption der Kindertageseinrichtung festgehalten wird.

Im folgenden Kapitel 5 wird nun das für Erzieherinnen entwickelte religionspädagogische Handlungskonzept der religionssensiblen Erziehung aus der Jugendhilfe mit seinen sechs Handlungsgrundsätzen auf den Bereich der Elementarpädagogik übertragen und mit den in Punkt 3.5 herausgearbeiteten Gemeinsamkeiten sowie besonderen Merkmalen der drei Handlungskonzepte Offener
Kindergarten, Early Excellence und infans pädagogisch begründet. Auf diese
Weise wird ein religionspädagogisches Handlungskonzept für die Elementarpädagogik entwickelt, das eine theoretische Basis für das in der pädagogischen Konzeption von Kindertageseinrichtungen begründete (religions-)pädagogische Handeln der Erzieherinnen bietet.

5   Religionssensible Bildung in Kindertageseinrichtungen

In der Religionspädagogik wurden unterschiedliche religionspädagogische Ansätze bzw. Handlungskonzepte[1] entwickelt, um religiöse Bildung und Erziehung in Kindertageseinrichtungen in die pädagogische Arbeit zu integrieren. Silvia Habringer-Hagleitner gibt in ihrer Habilitationsschrift „Zusammenleben im Kindergarten"[2] einen umfassenden Überblick über die verschiedenen religionspädagogischen Ansätze in Deutschland und Österreich. Die Ansätze unterscheidet Habringer-Hagleitner hinsichtlich ihrer katechetischen (wortorientierten) oder diakonischen (handlungsorientierten) Ausrichtung.[3] Eine zweite Unterscheidung ergibt sich durch divergierende Religionsbegriffe, sodass sie zwischen religionsproduktiven und christentumsproduktiven Konzepten unterscheidet.[4] Den dritten Unterschied sieht sie im Bild vom Kind und der Beschreibung seiner Lernprozesse innerhalb der religionspädagogischen Handlungskonzepte. „Folgen die einen der Vorstellung, Kinder seien im Vergleich zu Erwachsenen defizitär und unfertig, in der Folge also auf bestimmte Ziele hin zu erziehende Wesen, vertreten neuere Konzepte die Auffassung von der Eigenständigkeit und Subjekthaftigkeit von Kindern in Lernprozessen."[5] Habringer-Hagleitner stellt die Ansätze mittels folgender Abbildung zusammen:

---

1   Zur Begrifflichkeit vgl. Punkt 2.4 in dieser Arbeit.
2   Vgl. Habringer-Hagleitner 2006.
3   Hierbei geht es auch „um die Frage, ob von religionspädagogischem Handeln im Kindergarten nur dann gesprochen werden kann, wenn die explizite Rede von Gott, die Erzählung biblischer Schriften und das gemeinsame Gebet praktiziert werden, oder auch dann, wenn das ‚Zeugnis ohne Worte', das ‚Zeugnis des Lebens' in Form von implizit christlich motivierten Handlungen Gestalt annimmt." Habringer-Hagleitner 2006, S. 45
4   „Religionsproduktive Konzeptionen gehen von einer religiösen Grundverfasstheit aller Menschen aus und sehen auf Grund der plural gewordenen religiösen Wirklichkeit von einer spezifisch christlichen Religionsdidaktik ab. Dagegen halten christentumsproduktive Konzeptionen an der jüdisch-christlichen Theologie und Spiritualität fest und verfolgen das Ziel, mit Kindern explizit oder implizit jüdisch-christliches Glauben und Handeln zu lernen." Habringer-Hagleitner 2006, S. 45
5   Habringer-Hagleitner 2006, S. 46

<table>
<tr><td colspan="2" align="center">Divergierende religionspädagogische Ansätze im Überblick</td></tr>
<tr>
<td>• Konzepte explizit christlich-religiöser
  Bildung</td>
<td>• Konzepte implizit christlich-religiöser
  Bildung
  (N. Mette, K. Schori, F. Schweitzer, S. Habringer)</td>
</tr>
<tr>
<td>> Katechetisch-kerygmatisch-ekklesial
  orientierte Konzepte
  (Öst. Rahmenplan, J. Hofmeier, F. Kett,
  R. Schindler)</td>
<td></td>
</tr>
<tr>
<td>> Theologisieren mit Kindern – Kinder als
  Subjekte der Glaubenskommunikation
  (J. Hull, A. Bucher, H. Franke/H. Hanisch,
  A. Biesinger)</td>
<td>• Konzepte spirituell-religiöser Bildung
  (U. Steenberg, W. Esser/S. Kothen, F. Betz,
  Ch. Dommel)</td>
</tr>
<tr>
<td>• Interreligiöse Konzepte
  (F. Harz, M. Hugoth)</td>
<td>• Integrative Konzepte
  (Neuer Trierer Plan, R. Möller)</td>
</tr>
</table>

Abbildung 5: Divergierende religionspädagogische Ansätze[6]

Die von Habringer-Hagleitner vorgenommene Zuordnung der Ansätze zu den Richtungen beruht auf dem Schwerpunkt der Ansätze, was nicht ausschließt, dass in ihnen auch Elemente aus anderen Richtungen wiederzufinden sind.[7] Als wesentliche Erkenntnis aus der Betrachtung der verschiedenen religionspädagogischen Handlungskonzepte hält sie fest,

> „dass wir in der aktuellen gesellschaftlichen Situation klar zwischen religiöser, sinnvollerweise katechetisch orientierter Erziehung in den Familien und religiösen Gemeinschaften/Gemeinden einerseits und einer spirituell-religiösen Bildung in öffentlichen Institutionen wie den Kitas andererseits unterscheiden müssen."[8]

Das in Punkt 2.3 vorgestellte, von Lechner entwickelte religionspädagogische Handlungskonzept der religionssensiblen Erziehung aus der Jugendhilfe, stellt in der Systematik von Habringer-Hagleitner aufgrund des verwendeten Religionsbegriffs, der sowohl ein implizites als auch explizites Verständnis von Religion umfasst[9], ein integratives Konzept dar. Es wird in diesem Kapitel unter dem Begriff der religionssensiblen Bildung mit Hilfe seiner Handlungsgrundsätze auf den Bereich der Elementarpädagogik übertragen.

Die aus den Handlungsgrundsätzen entwickelte Handlungstheorie, die „sich erstens an alle Mitarbeiter/-innen richtet (auch an jene ohne konfessionelle Bildung), zweitens ein religionspädagogisches Arbeiten mit allen Jugendlichen

---

6   Habringer-Hagleitner 2009b, S. 20. Die Abbildung beinhaltet sowohl evangelische als auch katholische religionspädagogische Ansätze, beansprucht aber keine Vollständigkeit.

7   Vgl. Habringer-Hagleitner 2009b, S. 19.

8   Habringer-Hagleitner 2009b, S. 26

9   Vgl. Kapitel 2.3.2 dieser Arbeit.

erlaubt und die drittens in allen Einrichtungen, auch jenen in nicht konfessioneller Trägerschaft, handhabbar sein sollte"[10], bildet den Kern der religionssensiblen Erziehung. Der von Lechner entwickelte dreistufige Religionsbegriff setzt bei einem weit gefassten Religionsbegriff an, der auf den weiteren Stufen immer expliziter wird. Die religionssensible Bildung versteht sich als ein religionspädagogisches Handlungskonzept der Praktischen Theologie und der (Sozial-)Pädagogik, was der sozialpädagogischen Berufsausbildung der Erzieherinnen und dem pädagogischen Studium der Früh- bzw. Kindheitspädagoginnen entspricht; sie setzt unter der Berücksichtigung der religiösen Pluralität der Gesellschaft bei der subjektiven Religion und der Religiosität der einzelnen Kinder an.[11] Die begleitete Auseinandersetzung der Kinder mit dem Thema Religion ergibt sich aus der (all-) täglichen pädagogischen Arbeit der Erzieherin und kann in der pädagogischen Konzeption der Einrichtung mit dem religionspädagogischen Handlungskonzept der religionssensiblen Bildung begründet werden. Mit ihren Anknüpfungspunkten an die pädagogischen Handlungskonzepte Offene Arbeit, Early Excellence und infans ist die religionssensible Bildung pädagogisch begründbar. Diese Begründung erfolgt nach der vorangestellten Verwendung des Begriffs religionssensible Bildung und Erziehung in Punkt 5.2 dieser Arbeit.

5.1 Die Verwendung des Begriffs der religionssensiblen Bildung und Erziehung

Über die Jugendhilfe hinaus wird der Begriff der religionssensiblen Erziehung rezipiert. Die Erzdiözese München und Freising bietet beispielsweise unter dem Stichwort religionssensibler Pädagogik eine Fortbildung „Sich sicher bewegen in der religiösen Vielfalt"[12] für Erzieherinnen an. In der in Punkt 4.3 dieser Arbeit vorgestellten Handreichung „Sinn, Werte und Religion"[13], in der Arbeitshilfe „Religionen in der Kita"[14], in der religionspädagogischen Rahmenkonzeption für die Kindergärten in der Diözese Stuttgart[15], in der Zeitschrift Tacheles (in der eine neue Fortbildungskonzeption für Erzieherinnen vom Landesverband Katholischer Kindertageseinrichtungen der Diözese Rottenburg-Stuttgart vorgestellt wird)[16] sowie im Tagungsband „Wohnt Gott in der Kita?"[17] wird der Begriff

---

10 Lechner und Gabriel 2009c, S. 179
11 Vgl. Lechner und Gabriel 2011, S. 11.
12 Erzdiözese München und Freising 2010
13 Diözese Rottenburg-Stuttgart u.a. 2011
14 Das Diakonische Werk der Evangelischen Landeskirchen in Baden e.V. u.a 2012
15 Bischöfliches Ordinariat 2010
16 Landesverband Katholischer Kindertagesstätten Diözese Rottenburg-Stuttgart e.V. 2012
17 Bederna und König 2009. Dieser Band dokumentiert die Tagung: Wohnt Gott in der Kita? Kindliche Entwicklung und Religion. Tagung des Netzwerks AGENDA vom

der religionssensiblen Erziehung aufgegriffen und auf den Bereich der Elementarpädagogik übertragen. Letzterer nimmt Bezug auf den dreistufigen Religionsbegriff von Lechner und zeigt Verbindungen zum Kindergarten auf, allerdings ohne auf die Handlungsgrundsätze selbst einzugehen (Kapitel 1).[18] Er versucht die religionssensible Erziehung im Ausgang vom religiösen Lernen, der kindlichen Entwicklung und verschiedener religionspädagogischer Ansätze zu begründen.[19] Zudem werden praxisbezogene Beispiele zum Thema gegeben, von denen aber nicht alle das religionspädagogische Handlungskonzept der religionssensiblen Erziehung konsequent umsetzen.[20] Praktische Beispiele zur Umsetzung der religionssensiblen Erziehung enthält ebenso die religionspädagogische Rahmenkonzeption der Erzdiözese Rottenburg-Stuttgart, die „Kinder als Subjekte ihrer religiösen Bildung"[21] sieht und anhand von Impulsen und Denkanstößen verschiedene Eckpunkte religiöser Bildung (z.B. das Erleben religiöser Rituale oder die Tages- und Jahresgestaltung durch Feste) im Alltag der Kita konkretisiert. Die Vernetzung des religionspädagogischen Arbeitens unter anderem im Team, mit Eltern und der Familie des Kindes sowie mit der Kirchengemeinde stellt einen weiteren Aspekt der Rahmenkonzeption dar.[22]

Die hier aufgeführten Beispiele zeigen, dass der Begriff der religionssensiblen Bildung und Erziehung rezipiert und auf die Elementarpädagogik übertragen wird, dass aber eine wissenschaftlich reflektierte Übertragung des Begriffs auf die Elementarpädagogik unter Berücksichtigung des wissenschaftlichen Diskurses bisher fehlt. Dazu muss zunächst das religionspädagogische Konzept der religionssensiblen Bildung pädagogisch begründet werden, wozu es Anknüpfungspunkte zu den pädagogischen Handlungskonzepten bedarf. Des Weiteren braucht es analog zu dem Forschungsprojekt ‚Religion in der Jugendhilfe' eine empirischen Untersuchung, um die religiöse Bildung und Erziehung in Kindertageseinrichtungen und die damit verbundene Umsetzung des Entwicklungsfeldes Sinn, Werte und Religion aus dem baden-württembergischen Orientierungsplan in der Praxis zu erheben. Dabei ist außerdem zu untersuchen, ob die anhand der teilnehmenden Beobachtung erhobenen praktischen Beispiele der religiösen Bildung und Erziehung in Kindertageseinrichtungen als religionssensibel einzustufen sind. Auf dieser Grundlage lässt sich schließlich erarbeiten, welche Möglichkeiten es gibt, die religionssensible Bildung als Bestandteil der pädagogischen Konzeption von Kindertageseinrichtungen zu integrieren.

05.09. – 07.09.2008 an der Katholischen Akademie in Berlin. Vgl. Katholische Akademie in Berlin e.V.

18 Vgl. Bederna 2009b.

19 Vgl. Habringer-Hagleitner 2009a, Bederna 2009c, Bederna 2009a, Dommel 2009 und Guggemos 2009.

20 Vgl. Bederna und König 2009, S. 129–245.

21 Bischöfliches Ordinariat 2010, S. 7

22 Vgl. Bischöfliches Ordinariat 2010, S. 24–31.

Eine Verbindung zwischen der Jugendhilfe und dem Bereich der Elementarpädagogik zeigt sich darin, dass in beiden Bereichen Erzieherinnen arbeiten.

> „Wir wollten in enger Kooperation mit der Praxis eine religionspäda-
> gogische Handlungstheorie für Erzieher/-innen entwickeln – also eine
> Praxistheorie für ‚Nicht-Theologen'. Erzieher/-innen sind keine Kate-
> cheten und keine Religionslehrer/-innen. Gleichwohl gehört zu Ihrer
> Profession die Aufgabe, den Sinn- und Grenzfragen von Heranwach-
> senden, ihren religiösen Bedürfnissen, ihrer (konfessionellen) Religion
> gerecht zu werden."[23]

Im Praxisfeld Kindertageseinrichtung bilden überwiegend Kinder im Alter von
zwei bis sechs Jahren den Ausgangspunkt religionssensibler Bildung. Bereits allgemeine Lebens-, Sinn- und Wertefragen sind religiöse Fragen und Themen der
Kinder und nicht erst solche, die explizit nach religiösen Inhalten und Formen
des Glaubensvollzugs fragen.[24] „Religion so verstanden kann als Bestandteil des
‚Weltwissens' der Kinder gelten."[25] Dies entspricht der ersten Stufe des Religionsbegriffs der religiösen Erziehung, die bei Lechner eine allgemeine menschliche Erziehung meint und den Ausgangspunkt religionssensibler Bildung darstellt.
Ausgehend von der eigenen religiösen Identität und Sprachfähigkeit begleiten die
Erzieherinnen die Kinder mit ihren Fragen, Themen und Interessen in ihren All-
tags- und Schlüsselerfahrungen. Die religiösen Erfahrungen, die Kinder machen,
können in der religionssensiblen Bildung auf der zweiten Stufe sowohl implizite[26]
als auch als explizite Elemente religiöser Bildung enthalten. Auf der dritten Stufe
stehen die konfessionellen Erfahrungen im Vordergrund, die Bestandteil der Sozialisation in eine Bekenntnisgemeinschaft sind.[27] Eine Differenzierung der Begriffe
‚religiöse' und ‚religionssensible Bildung', bei der die religionssensible Bildung
als „Grundstein für mögliche daran anknüpfende religiöse Bildung"[28] ausgelegt
wird, könnte auf der ersten Stufe religionssensibler Bildung als hilfreich erscheinen, auf der sich die religionssensible Bildung als implizite Religionspädagogik
zeigt. Allerdings enthält die zweite Stufe religionssensibler Bildung sowohl implizite als auch explizite Merkmale religiöser Bildung und Erziehung, auf der dritten

---

23 Lechner 2012, S. 1

24 Vgl. Pemsel-Maier 2012, S. 56.

25 Pemsel-Maier 2012, S. 56

26 Eine implizite Religionspädagogik orientiert sich an den Lebensfragen der Kinder. Sie
    ist „Glaubenskommunikation und richtet den Blick auf das Zusammenleben in einer
    Kindertageseinrichtung. Erzieherinnen, die Religionspädagogik auf diese implizite
    Art verstehen, sehen ihre Aufgabe primär darin, Entwicklungsprozesse von Kindern
    zu begleiten. Gott soll nicht eine Worthülse sein, sondern – auch ohne ausdrücklich
    erwähnt zu werden – durch die Art und Weise des Zusammenlebens in Kindertages-
    einrichtungen erfahrbar werden." Schmidt und Kloep-Weber 2009, S. 134

27 Vgl. Punkt 2.3.2 in dieser Arbeit.

28 Pemsel-Maier 2012, S. 58

Stufe muss sogar von einer expliziten Religionspädagogik aufgrund der Soziallisation in eine Bekenntnisgemeinschaft gesprochen werden. „Religionssensible Erziehung bezeichnet eine Pädagogik, die Achtsamkeit, Feinfühligkeit, Behutsamkeit und Respekt gegenüber dem – subjektiven wie öffentlichen – Phänomen der Religion aufbringt und einfühlsam die explizite wie implizite Religion von Kindern und Jugendlichen wahrnimmt, wertschätzt, herausfordert und begleitet."[29]

5.2   Die pädagogische Begründung religionssensibler Bildung in Kindertageseinrichtungen

Der gemeinsame Rahmen der Länder fordert die Kindertageseinrichtungen dazu auf, die Bildungsmöglichkeiten des Kindes in verschiedenen „Bereichen zu beachten und zu fördern".[30] Dabei wird unter anderem der Bereich „Personale und soziale Entwicklung, Werteerziehung/religiöse Bildung"[31] genannt. Darin heißt es: „Um ein verantwortliches Mitglied der Gesellschaft zu werden, benötigt das Kind soziale Kompetenzen und orientierendes Wissen. Zur Werteerziehung gehören die Auseinandersetzung und Identifikation mit Werten und Normen sowie die Thematisierung religiöser Fragen."[32] In Punkt 4.1.2 dieser Arbeit wurde die Konkretisierung dieses Bildungsbereichs in den Bildungs- und Erziehungsplänen der einzelnen Bundesländer aufgezeigt. Diese Texte, die einen verbindlichen Qualitätsstandard für die Gestaltung des pädagogischen Alltags darstellen, der für alle Einrichtungen aller Träger gilt[33], belegen den gesellschaftlichen Auftrag, Wertebildung und religiöse Bildungsprozesse in Kindertageseinrichtungen zu ermöglichen.[34] In diesem Zusammenhang bietet sich das religionspädagogische Handlungskonzept der religionssensiblen Bildung an als ein Konzept, das den Anspruch erhebt, in allen Einrichtungen – sowohl solchen in konfessioneller als auch in nicht konfessioneller Trägerschaft – umsetzbar zu sein.[35] In diesem Kontext betonen Albert Biesinger und Friedrich Schweitzer in verschiedenen Publikationen die Bedeutung der Religion für alle Kinder bzw. verweisen sogar auf das Recht der Kinder auf Religion.[36] Die in Artikel 4 des Grundgesetzes verankerte positive Religionsfreiheit besagt, dass jeder Mensch seinen Glauben in der Öffentlichkeit bekennen und leben darf.[37] Die in Artikel 7 beschriebene negative

---

29 Lechner 2012, S. 1
30 Jugendministerkonferenz/Kultusministerkonferenz 2004, S. 4
31 Jugendministerkonferenz/Kultusministerkonferenz 2004, S. 4
32 Jugendministerkonferenz/Kultusministerkonferenz 2004, S. 4
33 Vgl. Liegle, S. 11.
34 Vgl. die Pläne von Baden-Württemberg, Bayern, Niedersachsen, Nordrhein-Westfalen, Rheinland-Pfalz, Saarland, Schleswig-Holstein, Thüringen, Berlin, Hamburg, Hessen und Sachsen.
35 Vgl. Lechner und Gabriel 2009c, S. 179.
36 Vgl. zum Beispiel Biesinger 2012 und Schweitzer 2000.
37 Vgl. Biesinger und Schweitzer 2013, S. 24.

Religionsfreiheit räumt jedem Menschen aber auch das Recht ein, an religiösen Praktiken nicht teilzunehmen und keiner Religionsgemeinschaft anzugehören.[38] Dies bedeutet, dass es auch in Kindertageseinrichtungen Wege geben muss, die das Recht und die Freiheit der Kinder und Eltern berücksichtigen, die keine religiöse Bildung und Erziehung wünschen. Andererseits gibt das Grundgesetz kommunalen Einrichtungen ebenso die Freiheit, Kinder religiös zu begleiten.[39] Mit der Ausgrenzung des Bereichs der religiösen Bildung wird die Wissensdimension des Glaubens Kindern vorenthalten.[40] „Religiöse Bildung in Kindertageseinrichtungen ist primär pädagogisch zu begründen und von den Bedürfnissen der Kinder selbst her zu konzipieren."[41] Eine solche Begründung kann auch von religionskritischen Eltern und Erzieherinnen mitgetragen werden und ermöglicht den Kindern, diese Dimension des Weltzugangs und der Weltdeutung kennenzulernen. In der Erfahrung religiöser Inhalte und gelebter Religion erhalten Kinder die Freiheit, sich später bewusst für ein Leben mit oder ohne Religion zu entscheiden.[42] Darüber hinaus entspricht eine solche Begründung sowohl „dem dezidiert subjektorientierten Ansatz gegenwärtiger Religionspädagogik als auch einer anthropologisch gewendeten Theologie, die ihren Ausgangspunkt beim Menschen nimmt."[43] Religiöse Bildung als Teil der pädagogischen Arbeit verfolgt das Ziel, dem ganzheitlichen sozialpädagogischen Auftrag von Kindertageseinrichtungen gerecht zu werden. Dazu braucht es eine Pädagogik, die nicht nur an Leistung und vorschulischer Bildung orientiert ist.[44]

> „Notwendig ist eine Pädagogik, die dem sozialen Lernen in Gemeinschaft und dem Spiel als charakteristischem Merkmal von Kindheit einen hohen Stellenwert beimisst und die dazu beiträgt, dass ausnahmslos jedes Kind gleiche Rechte und Chancen für eine lebenswerte Perspektive in unserer Gesellschaft hat."[45]

Dieser Anspruch wird in den drei vorgestellten Handlungskonzepten Offene Arbeit, Early Excellence und infans verfolgt.[46] Die Partizipation und das Freispiel verdeutlichen dies beispielhaft. Die Partizipation der Kinder spiegelt das Einüben demokratischer Strukturen im Kindergarten wieder, was das Hineinwachsen in die demokratische Gesellschaft fördert.[47] Ebenso wird das Freispiel der Kinder als

---

38 Vgl. Biesinger und Schweitzer 2013, S. 24.
39 Vgl. Biesinger und Schweitzer 2013, S. 24–25.
40 Vgl. Franz 2010, S. 189.
41 Pemsel-Maier 2012, S. 56; vgl. auch Hugoth 2012, S. 197
42 Vgl. Pemsel-Maier 2012, S. 56–57.
43 Pemsel-Maier 2012, S. 56; vgl. auch Hugoth 2012, S. 199–202
44 Vgl. Franz 2010, S. 9.
45 Franz 2010, S. 9–10
46 Vgl. Kapitel 3 in dieser Arbeit.
47 Vgl. Regel und Kühne 2007, S. 26–27.

Aktivitätssystem verstanden, indem Kinder ganzheitliche Entwicklungsprozesse durchmachen und ihre Persönlichkeit entfalten.[48]

Im Folgenden werden die in Punkt 2.3.1 zitierten Handlungsgrundsätze religionssensibler Erziehung auf den Bereich der Elementarpädagogik übertragen. Dazu erfolgt zunächst eine kurze theoretische Reflexion unter Verwendung der im Gesamtfazit in Punkt 3.5 hervorgehobenen Gemeinsamkeiten aus den in Punkt 3.2, 3.3 und 3.4 analysierten pädagogischen Handlungskonzepten Offener Kindergarten, Early Excellence und infans, die in den entsprechenden Handlungsgrundsatz mündet. So ergeben sich sechs Handlungsgrundsätze religionssensibler Bildung in Kindertageseinrichtungen, die aus pädagogischer Perspektive auf der Grundlage der drei analysierten Handlungskonzepte begründet werden. Die in Punkt 3.6 für die in Teil II dieser Arbeit folgende empirische Untersuchung entwickelten Kategorien, die in der Begründung ebenfalls auftreten, werden wieder kursiv dargestellt.

5.2.1 Das Kind als Ausgangspunkt religionssensibler Bildung

Die in Kapitel drei vorgestellten pädagogischen Handlungskonzepte *Offene Arbeit*, *Early Excellence* und *infans* stellen alle das *kompetente Kind* mit seinen individuellen Stärken in den Mittelpunkt der pädagogischen Arbeit. *Aufgabe* der Erzieherinnen ist es, eine entspannte Atmosphäre im Kindergarten zu schaffen und die *Räume* in der Kindertageseinrichtung so einzurichten, dass jedes Kind die Möglichkeit hat, mit seinem Forschergeist seinen Fragen, Themen und Interessen nachzugehen sowie seine Stärken und Kompetenzen zu entfalten. „Persönlichkeitsbildung schließt die Auseinandersetzung mit *religiösen Themen*, Sinn- und Glaubensfragen ein, weil der Mensch nicht nur Körper, Geist und Seele hat, sondern ein Wesen aus Körper, Geist und Seele ist."[49] Die Ausdrucksformen zeigen sich auch in der *religiösen Bildung* in den ‚Hundert Sprachen der Kinder': Welche *weltanschaulichen bzw. religiösen Themen* beschäftigen die Kinder und welche *Fragen* stellen sie beziehungsweise welches *Wissen* haben sie? In Anlehnung an die *Projektarbeit*, die *Lernwerkstätten* und *Bildungsinseln* zeigt sich hier die Möglichkeit, auch *religiöse und weltanschauliche Themen* mit den Kindern zu bearbeiten und zu erforschen. Durch die *Partizipation* der Kinder können diese ihr *Wissen* und ihre Ideen in den Prozess miteinbringen. Das Kind als Selbstgestalter seiner Entwicklung sowie das sich selbst bildende Kind stellen somit auch den Ausgangspunkt religionssensibler Bildung in Kindertageseinrichtungen dar. Daraus folgt:

Erster Handlungsgrundsatz

Die alltäglichen und *existentiellen Erfahrungen* und *Gefühle* der Kinder – ihr Vertrauen, ihre Freude und Hoffnungen, ihre Einsamkeit, Sorgen und Ängste

---

48 Vgl. Regel und Kühne 2007, S. 24.
49 Franz 2010, S. 188 (kursiv J.W.)

– wahrnehmen, wertschätzen, herausfordern und begleiten sowie die darin vorhandenen religiösen Spuren identifizieren und versprachlichen. Die *Lebenswelt* der Kinder, ihre Fragen, Themen und Interessen beobachten und in Form von *Projektarbeit, Bildungsinseln und Lernwerkstätten* Kindern die Möglichkeit geben, ihren *Interessen, Fragen und Themen* zur Welt und zum Leben mit ihrem Forschergeist selbständig nachzugehen.

5.2.2 Religionssensibilität als Bestandteil der pädagogischen Arbeit

Das Wissen über die *Lebenswelt* der Kinder mit ihren *Werten und Normen* sowie über die *kulturelle und religiöse Sozialisation der Kinder* ist Voraussetzung für die pädagogische Arbeit. Durch die Beobachtung und Dokumentation lernt die Erzieherin das Handeln des Kindes zu verstehen, das auch aufgrund der *kulturellen und religiösen Sozialisation* auf den ersten Blick befremdlich erscheinen kann. Die Anerkennung und der Umgang mit der *Individualität* eines jeden Kindes sowie die Akzeptanz der *Vielfalt* von Kindern, Eltern und Kolleginnen und die daher notwendige individuelle *Beziehungsgestaltung* stellen einen hohen Anspruch an den Beruf der Erzieherin auf der Grundlage der pädagogischen Handlungskonzepte dar. So ergibt sich:

Zweiter Handlungsgrundsatz
Die alltägliche pädagogische Arbeit anhand der *Normen und Werte* der Einrichtung als grundlegende, indirekte Form *religiöser Bildung* begreifen. Auf eine hohe fachliche Qualität und eine gleichberechtigte, vertrauensvolle und ermutigende *Beziehung* zu den Kindern, Eltern und Kolleginnen achten, hinsichtlich ihrer impliziten theologischen und religionspädagogischen Relevanz.

5.2.3 Der Kindergarten als religionssensibler Lebens- und Erfahrungsraum

Das gemeinsame Leben und Lernen im Kindergarten stellt einen Aspekt des sozialpädagogischen Auftrags von Kindertageseinrichtungen dar. Die *Gemeinschaft* als Ort der Teilhabe am Leben zeigt den Kindergarten als Gestaltungs- und Lebensraum, in dem alle Beteiligten Selbst- und Mitverantwortung tragen und mitwirken. Die *Partizipation* aller Beteiligten spielt hier eine zentrale Rolle. „Partizipation heißt, Entscheidungen, die das eigene Leben und das Leben der Gemeinschaft betreffen, zu teilen und gemeinsam Lösungen für Probleme zu finden.“[50] Die *Aufgabe* der Erzieherin beinhaltet darüber hinaus „die Gestaltung der Umwelt des Kindes“.[51] Diese zeigt sich in der *Raumgestaltung* beispielsweise mit *Symbolen* oder *Bildern* der Kinder, in der Bereitstellung von *Material*, in der Gestaltung der *Beziehung* sowie der Zeit im Tagesablauf durch *Rituale*,

---

50 Ackermann 2011, S. 86
51 Laewen 2002a, S. 73

die Kindern Sicherheit geben. Des Weiteren stellt die „Gestaltung der Interaktion zwischen Erwachsenen und Kind"[52] (Zumutung von Themen, Beantwortung von Themen, Dialog als Interaktion) eine weitere *Aufgabe* in der pädagogischen Arbeit von Erzieherinnen dar. Daraus ergibt sich für die Erzieherin die Notwendigkeit, den Kindern als Gesprächspartnerin auf Augenhöhe zur Verfügung zu stehen. „Dabei gilt es angesichts der Vielfalt von Wert- und Sinnsystemen den ständigen Dialog zwischen Tageseinrichtungen für Kinder und dem Elternhaus zu gestalten."[53] So kann die Kindertageseinrichtung als religionssensibler Erfahrungsraum wahrgenommen werden, an dem sich Kinder, Eltern und Erzieherinnen mit verschiedenen Weltanschauungen treffen und begegnen. Diese Überlegungen ergeben:

Dritter Handlungsgrundsatz

Den Sozialraum „Kindergarten" als Lebens- und Erfahrungsraum wahrnehmen und anregend gestalten – auch unter religiösen Aspekten:

* hinsichtlich der *Beziehungsgestaltung* (z.B. *Rituale*)
* hinsichtlich der *Raumgestaltung* (z.B. *Symbole*)
* als Ort der Begegnung und *Gemeinschaft*
* als Treffpunkt von Menschen mit *unterschiedlichen Weltanschauungen und Religionen*

5.2.4 Die Einrichtung als Ort gelebter Religionssensibilität

Aufgabe eines jeden *Teams* ist es unter anderem, sich auf eine gemeinsame Tages-, Wochen-, und Jahresstruktur mit *Ritualen*, *Festen* und Aktivitäten zu einigen. Das Kindergartenjahr gliedert sich durch persönliche Anlässe (zum Beispiel Geburtstage) sowie *religiöse Feste* und *Feiern im Jahreskreis* mit den dazugehörigen religiösen, *biblischen Geschichten* und Heiligenlegenden, die Teil der christlich geprägten Kultur sind. Eine religionssensible Gestaltung der *Feste* wird dann möglich, wenn „sowohl die explizit religiösen Festinhalte als auch die darin impliziten Lebensthemen"[54] gemeinsam gefeiert werden. „Sie holen die Kinder […] bei ihrem Lebensglauben ab, wollen aber dennoch den ‚Himmel offen halten' und explizit religiöse Traditionen und Festinhalte vermitteln."[55] Dabei steht nicht die Vereinnahmung im Vordergrund, sondern der Respekt gegenüber den *verschiedenen Religionen und Weltanschauungen*. Das Aushalten der Gegensätze und das trotzdem bewusste Miteinander-*Feiern* stehen im Mittelpunkt dieses Handlungsgrundsatzes. Das Gast-Geber-Modell bietet sich als religionspädagogisches Handlungsmodell an. In diesem Modell sind beispielsweise die christlichen Kinder, Eltern und Erzieherinnen Gastgeber im Kindergarten, um gemeinsam etwa das *Fest* des Heiligen Nikolaus zu feiern. Sie laden alle in ihre eigene reli-

---

52 Laewen 2002a, S. 73
53 Baden-Württemberg Ministerium für Kultus 2011, S. 45
54 Gabriel 2009, S. 201
55 Gabriel 2009, S. 203

giöse Heimat zum gemeinsamen Feiern ein. Die Gäste haben die Freiheit, ihre eigenen Grenzen zu ziehen, die Gastgeber können durch die Gäste neue Facetten ihrer Religion entdecken. „In ähnlicher Weise können unter Mithilfe der Eltern und/oder von religiösen Gemeinden im Umfeld der Einrichtung Feste anderer Religionsgemeinschaften begangen werden, bei dem sich die Rollen der Gastgeber und Gäste tauschen."[56] Daher schließt sich an:

Vierter Handlungsgrundsatz
Besondere Anlässe im Kindergartenjahr und deren Bildungspotential in die pädagogische Arbeit mit Kindern (und Eltern) einbeziehen:

- Biographische Stationen und Anlässe
- Jahreszyklus mit den *Festen*
- *Feste* und besondere Ereignisse in der Einrichtung (Gast-Geber-Modell)[57]

5.2.5 Religiöse Pluralität im Kontext der religionssensiblen Bildung

Der Kindergarten wird im *Early-Excellence*-Ansatz als eine Bildungseinrichtung verstanden, die auf kommunaler Ebene als *Familienzentrum* ein Netzwerk bildet, um Familien mit unterschiedlichsten (Bildungs-)Angeboten zu unterstützen und zu fördern.[58] Auch *Offene Kindergärten* haben sich in ihrer pädagogischen Arbeit zu *Familienzentren* weiterentwickelt. Diese Entwicklung bietet auch Chancen für Bildungsangebote zu den Themen *Sinn, Werte und Religion* sowie für den gemeinsamen Austausch zwischen *Eltern* und Erzieherinnen. Die Erzieherinnen „müssen nicht alles an der religiösen Erziehung selbst leisten, sondern können sich kompetente Partnerinnen und Partner suchen."[59] Die *Eltern* gelten in allen drei pädagogischen Handlungskonzepten als Experten ihrer Kinder, mit denen durch einen wechselseitigen Informationsaustausch eine Erziehungspartnerschaft angestrebt wird. Über die beruflichen Aktivitäten der *Eltern* und über *sozialen Kontakte im Umfeld* der Kindertageseinrichtungen können *Eltern* und Erzieherinnen Begegnungen zu *anderen Institutionen* ermöglichen und dadurch die *Kooperation und die Vernetzung* der Kindertageseinrichtung stärken, um neue Bildungsmöglichkeiten zu erschließen. Der Kontakt beispielsweise zu *Glaubensgemeinschaften* ermöglicht es, *verschiedene Religionen* mit ihren *Glaubensorten und -formen* kennenzulernen. Es folgt:

Fünfter Handlungsgrundsatz
Die Einrichtung mit geeigneten kommunalen, sozialen, kulturellen und religiösen *Institutionen* des Umfeldes vernetzen und deren Ressourcen für die *religiöse Bildung* nutzbar machen, beispielweise

---

56 Gabriel 2009, S. 207
57 Vgl. Gabriel 2009.
58 Vgl. Hebenstreit-Müller 2007, S. 25, Whalley 2007, S. 31 und Burdorf-Schulz 2007, S. 103–105.
59 Lechner 2009c, S. 43

- Besuche expliziter *religiöser Orte* (Kirche, Moschee, Synagoge) und impliziter *religiöser Orte* (Ausstellung, Theater, Museum)
- Begegnung mit Personen aus dem religiösen Leben (kirchliche Mitarbeiterinnen und Mitarbeiter, Ordensleute, Imam, Rabbiner)
- Öffentliche Ereignisse (Gesellschaft, Kirche, Kommune)
- Angebote im *Familienzentrum*

5.2.6 Religionssensibilität als sozialberufliche Kompetenz der pädagogischen Fachkräfte

Die pädagogischen Handlungskonzepte bilden die Grundlage für die Professionalität der Erzieherin und der pädagogischen Arbeit in der Einrichtung als lernender Organisation. Die Kooperation im *Team* ist die Basis für das Gelingen der Umsetzung der einzelnen Handlungskonzepte. Dazu bedarf es einer *offenen Haltung* und einer vertrauensvollen Atmosphäre im *Team*, um den pädagogischen Diskurs führen zu können, sowie die Bereitschaft, die persönliche und fachliche Kompetenz in die pädagogische Arbeit miteinzubringen. „So wichtig die eigene Person der Erzieherin und ihre Authentizität auch in religiöser Hinsicht sein mag, so sehr vertrauen wir auf die Fähigkeit aller Erzieher/-innen."[60] Es bedarf eines Austausches im *Team* zu der Frage, „an welchen *Werten* sich die Erzieherin orientiert, wenn sie *Raum* und *Beziehungen* (zu Kindern, Eltern, Kolleginnen ...) gestaltet."[61] Die unterschiedlichen *Lebenszusammenhänge der Erzieherinnen* werden als Gewinn für die gemeinsame Entwicklung der *Erziehungs- und Handlungsziele* bzw. einer *pädagogischen Konzeption* in der Einrichtung gesehen.[62] Dennoch „steht in erster Linie die Erzieherin in der Pflicht, sich über die Rangordnung der eigenen *Wertvorstellungen* Klarheit zu verschaffen, über die Inhalte, die ihr ganz persönlich wichtig sind."[63]

Ausgangspunkt für die Erzieherinnen, die nach *Early Excellence* arbeiten, sind der ethische Code und die besondere *Haltung* gegenüber *Kindern*, *Eltern* und *Kolleginnen*.[64] Der ethische Code beinhaltet den positiven Blick auf alle Beteiligten. Eine der pädagogischen Strategien im *Early-Excellence*-Ansatz lautet: „Wissen, dass die Haltung und die Einstellung des Erwachsenen das Kind beeinflussen"[65]. Emotionen der Erwachsenen, wie zum Beispiel Unsicherheit mit dem *Thema Religion* oder dem *Thema Abschied und Tod* beeinflussen das Verhalten des Kindes. Die eigene pädagogische Arbeit ständig zu reflektieren ist die Voraussetzung für die besondere Haltung der Erzieherin. „Eine solche Haltung kann nicht von außen aufoktroyiert oder antrainiert werden. Sie muss von jeder Einrichtung und

---

60 Lechner 2009c, S. 43
61 Franz 2010, S. 32 (kursiv J.W.)
62 Vgl. Andres und Laewen 2011, S. 36.
63 Laewen 2002a, S. 93 (kursiv J.W.)
64 Vgl. Lepenies 2007, S. 53.
65 Lepenies 2007, S. 56

jedem *Team* unter den eigenen Bedingungen neu erarbeitet werden."[66] *Offenheit als Haltung* den *Kindern, Eltern* und *Kolleginnen* gegenüber auch in Bezug auf die *Religion* bedarf in allen drei Handlungskonzepten der *Reflexion* der eignen *biographischen Erfahrungen mit den Themen Sinn, Werte und Religion* und setzt die Bereitschaft voraus selbst Lernende zu bleiben. Dies führt zu:

Sechster Handlungsgrundsatz

Religionssensibilität als eine Dimension sozialberuflicher Kompetenz entdecken, da sie Voraussetzung, Entwicklungsaufgabe und Querschnittsthema zu allen anderen Handlungsgrundsätzen ist. Bereitschaft zur *Biographie*-Arbeit und *Offenheit als Haltung* im Handeln zeigen.

Bevor in Punkt 5.4 dieser Arbeit die religionssensiblen Handlungsgrundsätze für die (religions-)pädagogische Praxis in Kindertageseinrichtungen konkretisiert werden, liegt zunächst in Punkt 5.3 dieser Arbeit der Fokus darauf, wie Religionssensibilität als eine Schlüsselkompetenz für Erzieherinnen verstanden werden kann, damit diese sensibel mit dem Thema Religion und dem Phänomen des Religiösen in einer multikulturellen und religiös pluralen Gesellschaft umgehen können.

5.3 Religionssensibilität – eine Schlüsselkompetenz für Erzieherinnen

In dieser Arbeit werden bisher im Hinblick auf Kinder beziehungsweise Erzieherinnen unterschiedliche Kompetenzbegriffe verwendet. In Bezug auf Kinder wird der Begriff ‚Kompetenzen' wie in der Studie von Klieme in Anlehnung an Weinert verstanden als Fähigkeiten und Fertigkeiten, die zur Problemlösung in der Interaktion eingesetzt werden. In Bezug auf den religiösen Kompetenzerwerb meint dies, dass religiöse Fähigkeiten und Fertigkeiten situationsangepasst eingesetzt werden, um verschiedene Positionen und Überzeugungen gemeinsam zu reflektieren.[67] Für den Begriff Kompetenzen liegt im schulischen Bereich eine erkennbare Strukturierung der Kompetenzziele und Kompetenzentwicklungsmöglichkeiten vor.[68] Im Bereich der Elementarpädagogik fehlt dies bisher weitestgehend.[69]

Der Begriff ‚Kompetenz' in Bezug auf das berufliche Handeln der Erzieherinnen wird verstanden als „Dispositionen selbst organisierten Handelns"[70]

---

66 Hebenstreit-Müller 2013, S. 13
67 Vgl. Weinert 2001, S. 27f.
68 Vgl. Baden-Württemberg 2004.
69 Vgl. Schweitzer et al. 2008, S. 9.
70 Rosenstiel und Erpenbeck 2003, S. XI. Dispositionen werden verstanden „als ‚die Gesamtheit der bis zu einem bestimmten Handlungszeitpunkt entwickelten inneren Voraussetzungen zur psychologischen Regulation der Tätigkeit' [...] Kompetenzen werden dabei also unter dem Aspekt von lebensbegleitenden Lern- und Entwicklungsprozessen gesehen." Wildgruber, S. 25–26

(Handlungskompetenz). Dabei lassen sich vier Kompetenzklassen, die auch als Schlüsselkompetenzen bezeichnet werden, unterscheiden: personale Kompetenzen als Dispositionen „reflexiv selbstorganisiert zu handeln"[71] (Selbstkompetenz), aktivitäts- und umsetzungsorientierte Kompetenzen als Dispositionen „aktiv und gesamtheitlich selbstorganisiert zu handeln und dieses Handeln auf die Umsetzung von Absichten, Vorhaben und Plänen zu richten"[72] (Methodenkompetenz), fachlich-methodische Kompetenzen als Dispositionen „bei der Lösung von sachlich-gegenständlichen Problemen geistig und physisch selbstorganisiert zu handeln"[73] (Fachkompetenz) und sozial-kommunikative Kompetenzen als Dispositionen „kommunikativ und kooperativ selbstorganisiert zu handeln"[74] (Sozialkompetenz).[75]

In einer multikulturellen und religiös pluralen Gesellschaft sieht Lechner die Religionssensibilität als eine Schlüsselkompetenz an, um „behutsam mit dem intimen, höchst verletzlichen und zuweilen auch gefährlichen Phänomen des Religiösen umzugehen."[76] Darüber hinaus zeigt sich darin für ihn die Chance, dass die Schätze des Glaubens in den verschiedenen Glaubensgemeinschaften sichtbar werden und die positive Wirkung auf Mensch und Gesellschaft neu zum Tragen kommt. Er teilt den Begriff ‚Kompetenz' in die drei Aspekte ‚Wissen', ‚Können' und ‚Sein' auf, denen hier die Begriffe ‚Fachkompetenz', ‚Methodenkompetenz'/ ‚Sozialkompetenz' und ‚Selbstkompetenz' entsprechen.

5.3.1 Schlüsselkompetenz Religionssensibilität – der Aspekt des Wissens[77]

Religionssensibilität bedeutet die Empfindungsfähigkeit des Menschen für Religion, umfasst die Emotion für Religiöses und meint nicht das kognitive Wissen über Religion. Trotzdem braucht es in der religionssensiblen Bildung und Erziehung Kenntnisse über Religionen und religiöse Institutionen. Der Aspekt des Wissens gliedert sich demzufolge in folgende Teilkompetenzen: Religionspädagogisches Basiswissen, entwicklungspsychologische Kenntnisse, Wissen über Religionen und religiöse Institutionen sowie sozialräumliche Kundigkeit. Das religionspädagogische Basiswissen beinhaltet beispielsweise den Begriff von Religion, der die Grundlage für religiöse Bildung und Erziehung in der Einrichtung bildet. Die religiöse Bildung mit ihren Inhalten und Zielen stellt auf der Grundlage eines religionspädagogischen Handlungskonzepts einen Teil der pädagogischen Konzeption von Kindertageseinrichtungen dar. Die Kenntnis über die religionssensiblen Handlungsgrundsätze und ihre Praxisrelevanz

---

71 Rosenstiel und Erpenbeck 2003, S. XVI
72 Rosenstiel und Erpenbeck 2003, S. XVI
73 Rosenstiel und Erpenbeck 2003, S. XVI
74 Rosenstiel und Erpenbeck 2003, S. XVI
75 Vgl. auch Fröhlich-Gildhoff et al. 2011, S. 15.
76 Lechner 2009b, S. 105
77 Vgl. zum Folgenden Lechner 2009b, S. 105–107.

sind elementar für das religionspädagogische Basiswissen der Erzieherinnen. Die entwicklungspsychologischen Kenntnisse beinhalten ein Wissen über die Theorien religiöser Entwicklung des Menschen.[78] Des Weiteren sind Einblicke über Religion als Schutz- und Resilienzfaktor[79] hilfreich für die religionspädagogische Arbeit. Das Wissen über die eigene und weitere Religionen und religiöse Institutionen impliziert, wichtige Feste, Werte, kulturelle Gepflogenheiten, Rituale und Verhaltenscodizes zu kennen, religiöse Vorschriften zu achten und die Position der eigenen Religionsgemeinschaft zu anderen zu kennen. Es ist also eine interreligiöse Kompetenz gefordert. Die sozialräumliche Kundigkeit schließt mit ein zu wissen, welche relevanten Institutionen es in der Nachbarschaft gibt, wie z.B. Kirchen oder Moscheen, sowie Orte und Medien zu kennen, an denen Religion in kulturellen Bezügen thematisiert wird.

5.3.2 Schlüsselkompetenz Religionssensibilität – der Aspekt des Könnens[80]

Der Aspekt des Könnens beinhaltet die folgenden Teilkompetenzen: religiöse Wahrnehmungskompetenz, religiöse Sprachkompetenz, religiöse Symbol- und Ritualkompetenz sowie institutionelle Vernetzungskompetenz. Mit der religiösen Wahrnehmungskompetenz entwickeln Erzieherinnen einen Blick für die religiöse Verschiedenheit im Alltag der Kindertageseinrichtung, d.h. sie lernen die religiösen Überzeugungen von Kindern und Kolleginnen kennen und somit auch Verhaltens- und Reaktionsweisen zu verstehen. Dies kann die Zusammenarbeit im Team bereichern und den Blick für Religion in der gesellschaftlichen Kommunikation schärfen. Die religiöse Sprachkompetenz impliziert, die eigenen religiösen Gefühle und Erfahrungen in Worte fassen zu können. „Denn Identität erwächst aus der Fähigkeit, sich selbst, die Welt und die wesentlichen Lebensverhältnisse narrativ auszudrücken und sich mit anderen darüber zu verständigen."[81] Dies gilt auch in Bezug auf die Kinder. Erzieherinnen brauchen die Kompetenz, mit Kindern über deren existenzielle Schlüsselerfahrungen ins Gespräch zu kommen und mit ihnen über ihre religiösen Fragen zu theologisieren und zu philosophieren.[82] Die religiöse Symbol- und Ritualkompetenz erschließt Symbole und Rituale als die Sprache der Religion und des Glaubens. In ihnen zeigt sich das Tiefere der Wirklichkeit. Die Fähigkeit, die für die Kinder bedeutsamen Symbole wahrzunehmen und in der pädagogischen Arbeit aufzugreifen, ist eine religionssensible Kompetenz. Genauso gilt es Rituale in den Alltag einzubauen, die Haltepunkte sind, an denen die Tiefendimension des Lebens zum Ausdruck kommt. Die institutionelle Vernetzungskompetenz beinhaltet den Kontakt und die Vernetzung mit

---

78 Siehe hierzu u.a. Fowler 1991.
79 Siehe Fleck 2011, S. 139–153.
80 Vgl. zum Folgenden Lechner 2009b, S. 107–109.
81 Lechner 2009b, S. 108
82 Siehe Kirchhoff und Rupp 2008a.

anderen Institutionen und Organisationen im sozialen Umfeld der Kindertageseinrichtung – auch über Eltern. Hierdurch werden Erfahrungen in unterschiedlichen
Räumen, mit verschiedenen Angeboten sowie der Kontakt zu anderen Personen
ermöglicht. Die Zusammenarbeit mit ihnen bereichert die religiöse Bildung der
Kinder und Erwachsenen.

5.3.3 Schlüsselkompetenz Religionssensibilität – der Aspekt des Seins[83]

„Die Theorie sozialer Arbeit hat immer schon hervorgehoben, dass subjektive
Faktoren für deren Erfolg ebenso wichtig wie methodische Instrumente sind."[84]
Das Beziehungsangebot der Erzieherinnen, das sich an Kinder, Eltern und Kolleginnen richtet, hat eine zentrale Bedeutung in der religionssensiblen Kompetenz. Dies setzt die Arbeit an der Selbstkompetenz voraus. Deshalb gehören zum
Aspekt des Seins bzw. der Person folgende Teilkompetenzen: eine reflektierte und
gereifte Haltung zum eigenen Glauben, der Respekt vor dem Glauben Andersgläubiger und die Fähigkeit zu ‚personalem Angebot'. Die reflektierte und gereifte
Haltung zum eigenen Glauben meint die Auseinandersetzung mit dem persönlichen Glauben sowie die Reflexion der Einstellung zur eigenen Konfession, um
nicht eigene Vorurteile oder Enttäuschungen in die Arbeit mit den Kindern einzubringen. Eine begründete eigene Glaubensvorstellung oder Weltanschauung
ist die Voraussetzung, um den Kindern Orientierung geben zu können. Der Respekt vor dem Glauben Andersgläubiger zeigt sich in Wertschätzung und Toleranz
gegenüber anderen Religionen. Mit Neugier offen zu sein für Begegnungen und
den gemeinsamen Dialog bildet die Grundlage für die Zusammenarbeit mit unterschiedlichen Religionsgemeinschaften und ihren Mitarbeiterinnen und Mitarbeitern. Dazu muss geklärt werden, welches Verhältnis die eigene Religion zu den
anderen Religionen hat. Der Ausdruck ‚Personales Angebot sein' beschreibt die
Qualität der pädagogischen Beziehung zwischen den Erzieherinnen und den Kindern bzw. den Eltern. Die Atmosphäre in der Einrichtung spielt hier eine zentrale Rolle. Den Kindern soll Religion in glaubwürdigen Menschen begegnen,
d.h. die Erzieherinnen haben die Aufgabe, die Fragen der Kinder zu hören und
auszuhalten, Erfahrungsräume zu schaffen, Probleme kreativ mit den Kindern zu
lösen, selbst Lernende zu bleiben, authentisch zu sein, wenn es um Traditionen[85],
Werte, Grenz- und Sinnfragen geht, und die Kinder am eigenen Glauben und an
den Zweifeln teilhaben zu lassen. Religionssensibilität „provoziert dazu, eine respektvolle Haltung gegenüber der religiösen Orientierung von Kindern, Jugendli-

---

83 Vgl. zum Folgenden Lechner 2009b, S. 109–111.

84 Lechner 2009b, S. 110

85 „Das Wort ‚Tradition' steht für ‚Herkommen, Brauch, Gepflogenheit' und wurde im
    16. Jahrhundert aus dem Lateinischen ‚traditio' (Übergabe, Überlieferung) und ‚trade-
    re' (übergeben, überliefern) entlehnt (Duden, 2007, 858). Die Weitergabe bestimmter
    Handlungsmuster, Glaubensvorstellungen oder Überzeugungen wird als ‚tradieren'
    bezeichnet." Franz 2010, S. 84

chen, Kolleginnen und Kollegen einzuüben und sich mit ihnen auf den gemeinsamen Weg der ,Suche nach dem eigenen Glauben' (F. Schweitzer) zu machen."[86]

5.4 Religionssensible Bildung im Alltag

Auf der Grundlage der sechs Handlungsgrundsätze zeigen sich in der alltäglichen pädagogischen Arbeit Anschlussmöglichkeiten für die religionssensible Bildung in Kindertageseinrichtungen. Im Folgenden wird jeder Handlungsgrundsatz dem dreistufigen Religionsbegriff zugeordnet und es werden Anregungen zur Umsetzung in der Praxis gegeben.

5.4.1 Erster Handlungsgrundsatz[87]

Der erste Handlungsgrundsatz ist dem Existenzglauben zuzuordnen. In diesem Kontext beschäftigt sich die Erzieherin im pädagogischen Alltag mit der Lebenswelt der Kinder. Unter religionssensiblen Gesichtspunkten achtet Sie auf Gefühle, Erfahrungen und (Sinn-)Fragen der Kinder. Sie nimmt die Sorgen, Ängste, Sehnsüchte und Hoffnungen der Kinder durch Beobachtung, Feingefühl, Zuhören und Zeit haben wahr und schafft Räume, um die Themen aufzugreifen, z.B. in Einzel- oder Gruppengesprächen, in Bildungsinseln oder Lernwerkstätten, im Rollenspiel oder mit einer Bilderbuchbetrachtung. Des Weiteren ermöglichen Exkursionen in die Lebensumgebung der einzelnen Kinder Einblicke für die Erzieherinnen und die anderen Kinder. Auch wenn Kinder beispielsweise Fotos von daheim mitbringen, können sie die Lebenswelt ihrer Familien, ihre Kultur und Religion sich gegenseitig sowie den Erzieherinnen in der Einrichtung zeigen. Die Erzieherin beobachtet und dokumentiert in ihrer pädagogischen Arbeit die spezifisch religiösen und philosophischen Fragen, Themen und Interessen der einzelnen Kinder und greift sie in ihrer Arbeit auf. Sie schafft eine Gesprächskultur, die Kinder zum Nachdenken anregt und gibt ihnen die Möglichkeit ihre Vorstellungen mitzuteilen.

---

86 Lechner 2009b, S. 113

87 Die alltäglichen und existentiellen Erfahrungen und Gefühle der Kinder – ihr Vertrauen, ihre Freude und Hoffnungen, ihre Einsamkeit, Sorgen und Ängste – wahrnehmen, wertschätzen, herausfordern und begleiten sowie die darin vorhandenen religiösen Spuren identifizieren und versprachlichen. Die Lebenswelt der Kinder, ihre Fragen, Themen und Interessen beobachten und in Form von Projektarbeit, Bildungsinseln und Lernwerkstätten Kindern die Möglichkeit geben, ihren Interessen, Fragen und Themen zur Welt und zum Leben mit ihrem Forschergeist selbständig nachzugehen. Vgl. zum Folgenden Lechner und Schwer 2009a, S. 45–46.

5.4.2 Zweiter Handlungsgrundsatz[88]

Der zweite Handlungsgrundsatz ist ebenfalls beim Existenzglauben einzuordnen. Die Arbeitsgrundlage der Erzieherinnen einer Einrichtung stellt die pädagogische Konzeption auf der Basis des pädagogischen Handlungskonzepts (und des Leitbildes) dar. Das religionspädagogische Handlungskonzept der religionssensiblen Bildung mit seinen Handlungsgrundsätzen bietet die Möglichkeit, die pädagogische Arbeit unter dem Aspekt der Religionssensibilität zu prüfen. Dabei erkennt die Erzieherin, dass wichtige pädagogische Grundsätze eine religiöse Dimension haben, wie zum Beispiel die professionelle Beziehungsgestaltung oder die fachliche Qualität. Beidem liegt ein positives Menschen- und Gottesbild zugrunde. Dies zeigt sich z.B. in einer vorbehaltlosen Offenheit jedem einzelnen Kind gegenüber, die ihm hilft, Vertrauen zu entwickeln, Gemeinschaft zu erleben und sich zu entfalten. Der kompetente Umgang mit den Familien und im Team beinhaltet Wertschätzung und Zutrauen in Ressourcen. So werden alle Beteiligten gestärkt und durch Begegnungen ermutigt. Die Regeln für das Zusammenleben in der Kindertageseinrichtung, die auf Wertvorstellungen basieren, fördern die sozialen Kompetenzen der Kinder und helfen im Umgang mit den Mitmenschen, mit Materialien und der Umwelt.

5.4.3 Dritter Handlungsgrundsatz[89]

Der dritte Handlungsgrundsatz ist dem Transzendenzglauben zuzuordnen. Die Erzieherin nimmt den Sozialraum ‚Kindergarten' als Lebens- und Erfahrungsraum wahr und gestaltet ihn anregend – auch unter religiösen Aspekten. Räume und Beziehungen bestimmen das menschliche Zusammenleben in der Kindertageseinrichtung. Sie ermöglichen Begegnungen zwischen Kindern, Erzieherinnen und Eltern und schaffen Vertrauen, Sicherheit und Halt. Religionssensibel handeln heißt, Räume und Beziehungen in ihrer natürlichen und übernatürlichen Gegebenheit wahrzunehmen und zu gestalten. Die Beziehung zwischen Erzieherin und

---

88 Die alltägliche pädagogische Arbeit anhand der Normen und Werte der Einrichtung als grundlegende, indirekte Form religiöser Bildung begreifen. Auf eine hohe fachliche Qualität und eine gleichberechtigte, vertrauensvolle und ermutigende Beziehung zu den Kindern, Eltern und Kolleginnen achten, hinsichtlich ihrer impliziten theologischen und religionspädagogischen Relevanz. Vgl. zum Folgenden Lechner und Schwer 2009a, S. 59–60.

89 Den Sozialraum „Kindergarten" als Lebens- und Erfahrungsraum wahrnehmen und anregend gestalten – auch unter religiösen Aspekten:
   • hinsichtlich der Beziehungsgestaltung (z.B. Rituale)
   • hinsichtlich der Raumgestaltung (z.B. Symbole)
   • als Ort der Begegnung und Gemeinschaft
   • als Treffpunkt von Menschen mit unterschiedlichen Weltanschauungen und Religionen
   Vgl. zum Folgenden Lechner und Schwer 2009a, S. 64.

Kind sowie Erzieherin und Eltern, aber auch unter Kolleginnen ist durch Wertschätzung, Aufmerksamkeit, Sensibilität, Echtheit, Offenheit und ein partnerschaftliches Verhältnis geprägt. In der Zusammenarbeit mit den Eltern kann ein Austausch über die jeweilige Kultur und Religion stattfinden. Das Anmeldegespräch kann als Raum für einen kulturellen und religiösen Austausch, für Fragen und Informationen genutzt werden, z.B. zu Essgewohnheiten, Festen etc. Die Beziehungsgestaltung mit alltäglichen Ritualen beispielsweise bei der Begrüßung und Verabschiedung stellt eine religionssensible Dimension dar. Das Tischgebet als Ritual (z.B. in unterschiedlichen Sprachen und aus unterschiedlichen Religionen bzw. Weltanschauungen) strukturiert den Tagesablauf in der Kindertageseinrichtung und gibt den Kindern und Erwachsenen Sicherheit. Die Einrichtung als Ganzes mit ihren verschiedenen Räumen bietet die Möglichkeit der religionssensiblen Gestaltung. Jahreszeitliche Bilder, Symbole für Feste, ein Bereich im Gruppenraum zu aktuellen Themen, Bücher, Fotodokumentationen von Projekten im Eingangsbereich oder die Gestaltung des Essensbereichs bilden mögliche Elemente zur Raumgestaltung, bei denen die Kinder mit ihren Ideen und Werken miteinbezogen werden. Der Kindergarten bildet einen Ort der Begegnung und Gemeinschaft. Kinder, Eltern und Erzieherinnen haben die Möglichkeit sich über die eigene Religion und Kultur auszutauschen, z.B. im Elterncafé oder in der Kinderkonferenz. Der Kindergarten ist ein Treffpunkt von Menschen mit unterschiedlichen Weltanschauungen und Religionen.

5.4.4 Vierter Handlungsgrundsatz[90]

Der vierte Handlungsgrundsatz ist sowohl dem Existenzglauben als auch Transzendenzglauben und dem Konfessionsglauben zuzuordnen, denn Lebensereignisse haben immer eine religiöse Dimension. Deshalb werden biographische Anlässe phantasievoll mit religiösen Ritualen verbunden. Bei der Geburt eines Geschwisterkindes kann den Eltern beispielsweise eine Karte geschickt werden oder das Geschwisterkind darf das Neugeborene in der Gruppe vorstellen, z.B. mit einem Foto. Die Geburtstage der Kinder werden im Kindergarten so gestaltet und gefeiert, dass ihre Einzigartigkeit und ihr Dasein als Geschenk zur Geltung kommen. Mit dem Geburtstagslied ‚Viel Glück und viel Segen‘ kann den Kindern beispielsweise der Zuspruch Gottes mit auf den Weg ins neue Lebensjahr gegeben werden. Auch traurige Ereignisse, wie zum Beispiel ein Todesfall in einer Familie, werden zur Sprache gebracht und es wird auf die Bedürfnisse und Sinnfragen der Eltern und Kinder eingegangen. Die Trauerkultur der christlichen Kirchen bieten

---

90 Besondere Anlässe im Kindergartenjahr und deren Bildungspotential in die pädagogische Arbeit mit Kindern (und Eltern) einbeziehen:
- Biographische Stationen und Anlässe
- Jahreszyklus mit den Festen
- Feste und besondere Ereignisse in der Einrichtung (Gast-Geber-Modell)

Vgl. zum Folgenden Lechner und Schwer 2009a, S. 78.

hier eine reiche Basis den Abschied zu gestalten. Ebenso wird besonderen Anlässen in der Einrichtung diese Bedeutung gegeben. Zum Beispiel wird bei einem Sommerfest Gemeinschaft erlebt, es ist ein Anlass Gott zu danken, Gastfreundschaft wird gelebt und das gemeinsame Mahl als tiefes Symbol erlebt. Genauso kann beispielsweise ein interkulturelles Familienfest mit Kindern und Eltern vorbereitet und gefeiert werden, indem die besondere Rolle von Müttern und Vätern in den Vordergrund gestellt wird. Auch der kirchliche Jahresfestkreis bietet Raum, seine Feste mit den Kindern zu erarbeiten, vorzubereiten und zu erleben. Dabei bekommen die Kinder die Möglichkeit, ihre eigenen Ideen einzubringen und lernen einen Teil der christlich geprägten Kultur kennen. Religionssensibel handeln heißt in Verbindung mit dem Gast-Geber-Modell aber auch, Räume im Kindergarten als Ort zum Feiern verschiedenen Religionen zu Verfügung zu stellen und so den interreligiösen Dialog sowie das interreligiöse Lernen zu fördern.

5.4.5 Fünfter Handlungsgrundsatz[91]

Der fünfte Handlungsgrundsatz lässt sich je nach Situation sowohl dem Existenzglauben als auch dem Transzendenzglauben sowie dem Konfessionsglauben zuordnen. Ein wichtiges Element religionssensibler Bildung ist die Begegnung mit Anderen. Die Erzieherinnen erkunden durch Gespräche mit den Kindern und Eltern die religiösen und konfessionellen Bezüge der Familien und beziehen sie in ihre Arbeit mit ein. Durch Ausflüge und Exkursionen werden die Kinder mit wichtigen Orten in ihrem Lebensumfeld bekannt gemacht. So erwerben sie Lebenskompetenz durch das Erschließen des Umfeldes, zum Beispiel durch eine Kooperation mit einem Altenheim. Regelmäßige Besuche zu verschiedenen Anlässen können sowohl für die Kinder als auch die alten Menschen eine gegenseitige Bereicherung darstellen. Auch die örtliche Kirchengemeinde und die Gotteshäuser anderer Religionen bieten die Chance Neues kennenzulernen; hier können wechselseitige Besuche erfolgen: Man nimmt sich gegenseitig wahr und weiß voneinander. Der gelebte Glaube der verschiedenen Religionsgemeinschaften eröffnet beispielsweise die Möglichkeit, an Festen der Kirchengemeinde oder bei Festen sonstiger Religionsgemeinschaften teilzunehmen. Der Besuch einer Ausstellung oder eines Theaterstücks eröffnet je nach Thema implizite religiöse

---

91 Die Einrichtung mit geeigneten kommunalen, sozialen, kulturellen und religiösen Institutionen des Umfeldes vernetzen und deren Ressourcen für die religiöse Bildung nutzbar machen, beispielsweise:
   - Besuche expliziter religiöser Orte (Kirche, Moschee, Synagoge) und impliziter religiöser Orte (Ausstellung, Theater, Museum)
   - Begegnung mit Personen aus dem religiösen Leben (kirchliche Mitarbeiterinnen und Mitarbeiter, Ordensleute, Imam, Rabbiner)
   - Öffentliche Ereignisse (Gesellschaft, Kirche, Kommune)
   - Angebote im Familienzentrum

   Vgl. zum Folgenden Lechner und Schwer 2009a, S. 95.

Bildung. Ebenso können angemessene öffentliche Ereignisse in Gesellschaft, Kirche und Kommune zum Anlass für religiöse Sensibilisierung werden, beispielsweise beim Stadtteilfest, beim Martinsumzug, über den Zugang zu Vereinen oder beim Besuch des (neu gewählten) Bürgermeisters.

5.4.6 Sechster Handlungsgrundsatz[92]

Der sechste Handlungsgrundsatz ist abhängig von der religiösen Sozialisation bzw. Weltanschauung der einzelnen Erzieherin und kann auf jeden Fall dem Existenzglauben und Transzendenzglauben, aber auch dem Konfessionsglauben zugeordnet werden. Die Erzieherinnen reflektieren ihre eigenen Überzeugungen und ihre persönlichen Erfahrungen mit dem Thema Religion, stellen diese dar, vertreten sie und achten trotzdem die Meinung der anderen. Die Teamentwicklung und -arbeit zeichnet sich durch einen offenen Umgang miteinander aus, sie ist ein Prozess, der von Offenheit, Achtsamkeit, Vertrauen und gemeinsamer Verantwortung geprägt ist. Die Mitarbeiterinnen kennen den Stellenwert von Religion in der Gesellschaft und wissen um die eigene Religion, sie kennen auch fremde Religionen und Weltanschauungen. Der positive Blick auf die Kinder, Eltern und Kolleginnen prägt das Beziehungsangebot in der Einrichtung. Die Religiosität der Kinder, ihre religiösen und philosophischen Fragen, Themen und Interessen werden beobachtet und dokumentiert. Die Themen werden angesprochen und die Auseinandersetzung damit wird auf verschiedene Art und Weise gefördert. Die Zusammenarbeit mit den Eltern als Experten ihrer Kinder wird religionssensibel gestaltet. Eine Vernetzung und Kommunikation – auch über die Eltern – mit den Kirchen, Moscheen, Synagogen und anderen spirituell bedeutsamen Orten in der Umgebung findet statt. Auch die kreative Gestaltung ‚heiliger Räume' mit den Kindern in der Kindertageseinrichtung ist pädagogisch sinnvoll. Die Offenheit im Team, in der Arbeit mit den Kindern und den Eltern prägt die Atmosphäre in der Kindertageseinrichtung.

5.4.7 Impulse zur religionssensiblen Planung

Ausgangspunkt für die Planung eines Projektes oder Bildungsangebots zu einem der sechs Handlungsgrundsätze unter den Aspekten der religionssensiblen Bildung in Kindertageseinrichtungen bildet entweder ein Anlass oder die Beobachtung religiöser und philosophischer Fragen, Themen und Interessen bei den Kindern. In Verbindung mit den vom Team der Einrichtung formulierten Lernzielen bzw. Erziehungs- und Handlungszielen wird von den Erzieherinnen ein Projekt, Angebot oder Individuelles Curriculum geplant. Dabei ist es wichtig, die Zielgruppen

---

92 Religionssensibilität als eine Dimension sozialberuflicher Kompetenz entdecken, da sie Voraussetzung, Entwicklungsaufgabe und Querschnittsthema zu allen anderen Handlungsgrundsätzen ist. Bereitschaft zur Biographie-Arbeit und Offenheit als Haltung im Handeln zeigen. Vgl. zum Folgenden Schwer und Wanner 2009, S. 114.

(Kinder/Eltern/Team) im Blick zu haben. Das Miteinbeziehen der Zielgruppe ist elementar. Zu bedenken ist dabei, wie und welche Handlungskompetenzen die einzelne Zielgruppe entwickeln kann und wie sie den Prozess durch eigene Beiträge mitgestalten kann (Partizipation). Das Leitungsteam eines Projektes kann aus Kindern, Eltern, Erzieherinnen und anderen Kooperationspartnern bestehen. Zu klären ist, welches religiöse Potential Methoden, Materialien, Medien, Räume oder die Lernumgebung in sich bergen. Die Zusammenarbeit mit mögliche Kooperationspartner (Institutionen, Einrichtungen, Personen, …) kann die Arbeit der Erzieherinnen erleichtern, da sie so nicht die alleinige Verantwortung tragen und nicht alles selbst können, wissen und durchführen müssen. Die sechs Handlungsgrundsätze religionssensibler Bildung und Erziehung sind als Reflexionsfolie für Erzieherinnen zu verstehen, die ihnen die Möglichkeit bietet die religiöse Bildung und Erziehung in Kindertageseinrichtungen als Teil ihrer pädagogischen Praxis zu reflektieren und weiterzuentwickeln.

5.5   Diskussion

Der Begriff ‚religionssensibel' wird in den bisherigen Veröffentlichungen in Kombination mit den Begriffen ‚Bildung' und ‚Erziehung' verwendet, ohne dass dabei eine wissenschaftliche Reflexion der Begrifflichkeiten in Bezug den Bereich der Elementarpädagogik vorgelegt wird. Das religionspädagogische Handlungskonzept der religionssensiblen Bildung bietet Erzieherinnen die Möglichkeit, religiöse Bildung als einen Teil ihrer pädagogischen Arbeit zu verstehen. Die Stärke des Konzepts liegt in seinem Anspruch, in allen Einrichtungen, sowohl in solchen in konfessioneller als auch in nicht konfessioneller Trägerschaft, handhabbar und für Erzieherinnen mit und ohne Konfession umsetzbar zu sein.[93] Die Auswahl eines pädagogischen Handlungskonzepts bildet den Ausgangspunkt für die Erarbeitung einer pädagogischen Konzeption einer Kindertageseinrichtung, in der die Ziele, Werte, Vorstellungen und Einstellungen beschrieben werden, nach dem die pädagogischen Mitarbeiterinnen der Einrichtung ihre Arbeit in der Praxis ausrichten. Der dreistufige Religionsbegriff ermöglicht sowohl implizite als auch explizite religiöse Bildung und Erziehung in Kindertageseinrichtungen und wird so der Trägerautonomie gerecht. Die Handlungsgrundsätze der religionssensiblen Bildung bilden die Grundlage, religiöse Bildung und Erziehung in die pädagogische Konzeption der Einrichtung zu integrieren und als pädagogisches Handeln wahrzunehmen. Dies setzt die Bereitschaft der Erzieherinnen voraus, sich mit den Aspekten des Wissens, Könnens und Seins der Schlüsselkompetenz ‚Religionssensibilität' auseinanderzusetzen. Um dies zu gewährleisten, ist die Integration des Ansatzes in die Aus- und Fortbildung von Erzieherinnen und Kindheitspädagoginnen notwendig.[94] In einem Projekt am ‚Anna Zillken Berufskolleg' in Dort-

---

93   Vgl. Lechner 2009b, S. 110 und Lechner und Gabriel 2009c, S. 179.
94   Siehe Kebekus 2014.

mund, bei dem 51 Erzieherinnen in 45 Einrichtungen der stationären Jugendhilfe in freier Trägerschaft (die Hälfte davon in konfessioneller Trägerschaft) in Nordrhein-Westfalen befragt wurden,[95] sind erste Bewegungen in diese Richtung unternommen worden: „Für die Ausbildung an Fachschulen für Sozialpädagogik sind vorbereitende Schritte zu einer Didaktik der spirituellen und religionssensiblen Resilienzförderung von Erzieherinnen für ihre Tätigkeit in stationären Einrichtungen der Jugendhilfe entstanden."[96] Ebenso zeigt sich hier für den Bereich der Elementarpädagogik notwendiger Handlungsbedarf, bei dem die in diesem Kapitel übertragenen sechs Handlungsgrundsätze eine erste Grundlage bilden.

Als Kritikpunkt an der religionssensiblen Bildung wird geäußert, „dass sie, in der Absicht keine Religion zu bevorzugen, zu einer ‚Kaufladenpädagogik'[97] mutiert, die Kindern die unterschiedlichsten religiösen Möglichkeiten ohne Differenzierung anbietet."[98] Sicherlich kann das, was die implizite religionssensible Bildung in einem jeden Kindergarten positiv leisten kann, in Kindergärten in konfessioneller Trägerschaft weiter expliziert werden. Hinzu kommt, dass Kinder nicht nur in Kindertageseinrichtungen mit dem Thema Religion in Berührung kommen. Diese Tatsache wiederum, dass sich Religion vor allem im konkret gelebten Glauben von Religionsgemeinschaften zeigt, verlangt in der plural religiösen und kulturellen Situation der Gesellschaft die Thematisierung der unterschiedlichen Religionen gerade auch in Kindertageseinrichtungen. Religion gar nicht zu thematisieren stellt dazu keine Alternative dar.[99] Genauso widersinnig zeigt sich die teilweise auch in konfessionellen Kindertageseinrichtungen vorkommende Praxis, christliche Feste zu neutralisieren, indem beispielsweise aus dem ‚Martinsumzug' ein ‚Laternengang' wird.[100] Die Umbenennung des ‚St. Martinsfestes' zum politisch-korrekteren ‚Sonne-, Mond- und Sterne-Fest' wurde in einer kommunalen Kindertageseinrichtung damit begründet, „Kinder anderer Kulturkreise nicht mit christlichen Traditionen zu belasten."[101] Der Sprecher des Zentralrats der Muslime, Aiman A. Mazyek, drückte nicht nur seine Verwunderung über die Umbenennung aus, er „lobte den Wert des Teilens und berichtete von positiven Erinnerungen an die Martinszüge seiner Kindheit."[102] Aus religionssensibler Perspektive steht hier für muslimische Kinder und Familien die Möglichkeit im Vordergrund, Inhalte und Riten der christlichen Religion und Kultur kennenzulernen, ohne der Gefahr einer Missionierung ausgesetzt zu sein. Teilen stellt einen Handlungsvollzug menschlichen Daseins dar, dessen Vermitt-

---

95 Vgl. Lütkemeier 2014, S. 12.
96 Lütkemeier 2014, S. 17
97 Vgl. hierzu „Religiöse Erziehung als neutrales sachbezogenes Unterfangen – ‚Kaufladenpädagogik'„ in: Hugoth 2012, S. 194–195.
98 Pemsel-Maier 2012, S. 63
99 Vgl. Pemsel-Maier 2012, S. 63.
100 Vgl. Langenhorst 2014, S. 154.
101 Biener
102 Biener

lung durch die Leitfigur des Heiligen Martin auf die jüdisch-christliche Tradition zurückzuführen ist.[103] Während die Kinder und Familien anderer Weltanschauungen und Religionen dazu eingeladen sind, die Legende und den Brauch um das Fest des Heiligen Martins als christliche Tradition kennenzulernen, ist für Kinder und Familien christlichen Glaubens festzustellen: „Mit dem bewussten Verdrängen traditionellen Brauchtums und der Exkulturation christlicher Inhalte werden unsere Kinder und Familien um wichtige soziale und kulturelle Identifikationsfiguren betrogen."[104]

Dem Vorwurf der ‚Kaufladenpädagogik' kann zudem entgegengehalten werden, dass in der religionssensiblen Bildung und Erziehung durch die Religionszugehörigkeit der Kinder, die Schlüsselkompetenz der Erzieherinnen und das Expertenwissen der Eltern über ihre gelebte Religion sowie die Vernetzung im nachbarschaftlichen Sozialraum zu den Religionsgemeinschaften ein differenziertes und personalisiertes Angebot ermöglicht wird. Religionssensible Bildung und Erziehung erhebt den Anspruch, die Erzieherinnen und Kindheitspädagoginnen zu einem differenzierten impliziten und/oder expliziten religionspädagogisches Handeln in den Kindertageseinrichtungen zu befähigen und bietet so die Möglichkeit, in der religiösen Bildung und Erziehung differenziert vom einzelnen Kind aus zu denken. Das religionspädagogische Handlungskonzept widerspricht damit einem missionarischen oder hegemonialen Interesse religiöser Erziehung. In Kindertageseinrichtungen werden genauso wenig wie bei den Ergebnissen der Jugendstudie kirchlich-rituelle Fragen oder die Frage nach einer persönlichen Gottesbeziehung im Vordergrund stehen, „umso mehr aber Fragen und Probleme einer Sinn-, Lebens- und Seinsvergewisserung."[105]

---

103 Vgl. Austen und Micheel 2014.
104 Austen und Micheel 2014, S. 411
105 Heumann 2011, S. 136

Teil II Empirie

„Heute wird gewöhnlich von einem ‚diagnostischen Überhang' gesprochen, der nicht immer von wirklich anwendbaren Lösungsvorschlägen
begleitet ist. Andererseits würde uns auch eine rein soziologische Sicht
nicht nützen, die den Anspruch erhebt, die ganze Wirklichkeit mit
ihrer Methodologie in einer nur hypothetisch neutralen und unpersönli-
chen Weise zu umfassen."[1]
Papst Franziskus, Apostolisches Schreiben *Evangelii gaudium*, 50

6   Forschungsmethodologie[2]

In den Sozialwissenschaften gibt es unterschiedliche Methoden zur Datenerhebung und Datenanalyse.[3] Dabei haben sich die qualitative und die quantitative
Forschung zu zwei eigenständigen Bereichen empirischer Sozialforschung entwickelt, die sich bei bestimmten Fragestellungen aber auch miteinander verbinden lassen.[4] Die Unterschiede der zwei Forschungsbereiche bestehen insbesondere darin, dass bei der quantitativen Methode die Unabhängigkeit des Beobachters gegenüber dem Forschungsgegenstand im Mittelpunkt steht, während bei der
qualitativen Forschung der methodisch kontrollierten subjektiven Wahrnehmung
des Beobachters als Bestandteil der Erkenntnis ein zentraler Stellenwert einge-
räumt wird. Außerdem weist die quantitative Forschung bei der Datenerhebung
eine hohe Standardisierung auf, zum Beispiel durch die Reihenfolge der Fragen
sowie der Antwortmöglichkeiten.[5] „Qualitative Interviews sind hier flexibler und
passen sich stärker dem Verlauf im Einzelfall an."[6] In Abgrenzung zur quantitativen Forschung lassen sich folgende Kennzeichen als wesentliche Prinzipien qualitativer Forschung benennen:

---

1   Papst Franziskus 2013, 50
2   „Methodologie meint die gesamte wissenschaftliche Suche und nicht nur einen aus-
     gewählten Teil oder Aspekt dieser Suche […] Der Methodologe muss das zugrunde
     liegende Bild der empirischen Welt auf einen Satz von Prämissen reduzieren, die
     entweder explizit oder implizit den Schlüsselobjekten dieses Bildes zugesprochen
     werden. Weiter gehören die kritische Problemauswahl und -formulierung, die Bestim-
     mung der zu erhebenden Daten der dazu erforderlichen Mittel sowie der Beziehungen
     zwischen den Daten, die Interpretation der Ergebnisse unter Verwendung theoreti-
     scher Konzepte dazu (Blumer, 1979)." Lamnek und Krell 2010, S. 75
3   „Als quantitative Daten werden numerische Daten, also Zahlen bezeichnet. Qualita-
     tive Daten sind demgegenüber vielfältiger, es kann sich um Texte, aber auch um Bil-
     der, Filme, Audio-Aufzeichnungen, kulturelle Artefakte und anderes mehr handeln."
     Kuckartz 2012, S. 14
4   Vgl. Flick et al. 2008, S. 24.
5   Vgl. Flick et al. 2008, S. 25.
6   Flick et al. 2008, S. 25

- „Offenheit,
- Forschung als Kommunikation,
- Prozesscharakter von Forschung und Gegenstand,
- Reflexivität von Gegenstand und Analyse,
- Explikation und
- Flexibilität."[7]

Die Offenheit des Forschers bezieht sich auf die Untersuchungspersonen, die Untersuchungssituationen und die Untersuchungsmethoden im Forschungsprozess. Für die vorliegende Untersuchung bedeutet dies Offenheit gegenüber den Erzieherinnen als Interviewpartnerinnen sowie Offenheit im Verlauf der Interviews und Offenheit bei den teilnehmenden Beobachtungen in den Kindertageseinrichtungen. „Die Involviertheit des Forschers ist konstitutiver Bestandteil des Forschungsprozesses und damit auch des Ergebnisses dieses Prozesses."[8] Dies hat zur Folge, dass der Ablauf des Forschungsprozesses veränderbar bleiben muss.

Im Folgenden werden nun der Forschungsgegenstand der Untersuchung (6.1), die Forschungsfragen (6.2), die Forschungsmethode (6.3) und das qualitative Design der Studie (6.4) vorgestellt.

6.1   Forschungsgegenstand

In der vorliegenden Studie stellt die konkrete religiöse Bildung und Erziehung in Kindertageseinrichtungen den Forschungsgegenstand dar. Das Forschungsfeld bilden dabei Kindertageseinrichtungen unterschiedlicher Träger, nämlich katholische, evangelische und kommunale Kindertageseinrichtungen in Baden-Württemberg, die innerhalb des sechsten Entwicklungsfeldes Sinn, Werte und Religion den Arbeitsauftrag haben, religiöse Bildung und Erziehung als einen Weltzugang für Kinder erfahrbar zu machen und die Kinder mit ihren religiösen und philosophischen Fragen zu begleiten. Für die Erzieherinnen stellt dies eine herausfordernde Aufgabe dar, weil eine religiöse Neutralität in der religiösen Bildung und Erziehung von Kindern nicht umsetzbar ist, da „die einzelnen pädagogischen Akteure und Akteurinnen ihren eigenen kulturellen und (a-)religiösen Hintergrund immer mit einbringen"[9]. Auf dieser Basis hat die qualitative Untersuchung das Ziel, die religiöse Bildung und Erziehung im pädagogischen Alltag der Kindertageseinrichtungen und die damit verbundene Umsetzung des Entwicklungsfeldes Sinn, Werte und Religion aus dem baden-württembergischen Orientierungsplan in der Praxis zu erheben.

---

7   Lamnek und Krell 2010, S. 19
8   Lamnek und Krell 2010, S. 22
9   Dommel 2007, S. 455

6.2 Forschungsfragen

Die praktische Umsetzung religiöser Bildung und Erziehung in Kindertagesein-richtungen, die im baden-württembergischen Orientierungsplan verankert ist, stellt den Forschungsgegenstand der empirischen Untersuchung dar. In diesem Kontext und unter Berücksichtigung der theoretischen Rahmung, in der die drei pädago-gischen Handlungskonzepte Offener Kindergarten, Early Excellence und infans untersucht wurden, sowie auf der Grundlage ihrer Gemeinsamkeiten und besonde-ren Merkmale, die als Begründung für das religionspädagogische Handlungskon-zept der religionssensiblen Bildung und Erziehung in Kindertageseinrichtungen dienten, gilt dem Gegenstandsbereich nun folgendes Interesse:[10]

1. Welchen Platz hat die religiöse Bildung und Erziehung in der pädagogischen Konzeption der unterschiedlichen Einrichtungen?[11]

2. Wie findet religiöse Bildung und Erziehung im pädagogischen Alltag der Kindertageseinrichtungen statt und ist sie als religionssensible Bildung und Erziehung zu klassifizieren?

3. Welche Aufgaben haben die Erzieherinnen bei der Begleitung der religiösen Bildung und Erziehung der Kinder und welche Kompetenzen sehen sie für ihr professionelles Handeln als hilfreich an?

4. Welche religiösen und religionspädagogischen Kompetenzen brauchen die Er-zieherinnen, um jedes Kind mit seinen religiösen und philosophischen Fragen, seiner Wertorientierung und seinen existentiellen Erfahrungen zu begleiten?

Darüber hinaus bilden die Ergebnisse der leitfadenorientierten Interviews und der teilnehmenden Beobachtung die Basis, um im dritten Teil der vorliegenden Arbeit sowohl der Frage nachzugehen, welche Möglichkeiten es gibt, das religionspäda-gogische Handlungskonzept der religionssensiblen Bildung als einen Bestandteil der pädagogischen Konzeption von Kindertageseinrichtungen zu integrieren, als auch die Ergebnisse im aktuellen wissenschaftlichen elementarpädagogischen und religionspädagogischen Diskurs zu erörtern.

---

10 Die im Folgenden aufgeführten Forschungsfragen führen die in Punkt 1.1 dieser Ar-beit formulierte zweite Forschungsfrage ‚Welche Aufgaben haben die Erzieherinnen bei der Begleitung der religiösen Bildung und Erziehung der Kinder und welche Kom-petenzen sehen sie für ihr professionelles Handeln als hilfreich an?' nochmals näher aus.

11 Ausgangspunkt dabei bildet das pädagogische Handlungskonzept, das der pädago-gischen Konzeption der einzelnen Kindertageseinrichtung zugrunde liegt, in der die Ziele, Werte, Vorstellungen und Einstellungen beschrieben sind, nach dem die pä-dagogischen Mitarbeiterinnen der Einrichtung ihre Arbeit in der Praxis ausrichten.

6.3   Forschungsmethode

Vor dem Hintergrund der vier formulierten Forschungsfragen erscheint ein qualitatives Vorgehen in der empirischen Untersuchung als sinnvoll, da die folgenden
fünf Grundsätze in der qualitativen Forschung im Mittelpunkt stehen: „Die Forderung nach stärkerer *Subjektbezogenheit* der Forschung, die Betonung der *Deskription* und der *Interpretation* der Forschungssubjekte, die Forderung, die Subjekte auch in ihrer natürlichen *alltäglichen* Umgebung (statt im Labor) zu untersuchen, und schließlich die Auffassung von der Generalisierung der Ergebnisse
als *Verallgemeinerungsprozess*."[12] Die Subjektbezogenheit drückt aus, dass der
Mensch als Ganzes in seiner Gewordenheit gesehen wird.[13] In Bezug auf die vorliegende Untersuchung besteht so die Möglichkeit, die kulturelle und (a-)religiöse
Sozialisation der einzelnen Erzieherinnen mit zu berücksichtigen, die eine zentrale
Rolle für die religiösen Bildungsangebote im Kindergarten spielt. Die sorgfältige
Deskription setzt voraus, dem Subjekt mit möglichst großer Offenheit gegenüber-
zutreten.[14] Gerade bei dem sensiblen Thema Religion ist dies unbedingt notwendig. Genauso erforderlich ist bei diesem Themenkomplex die Alltagsorientierung,
die darüber hinaus für die Erhebung der religionspädagogischen Ausgangssituation in Kindertageseinrichtungen unabdingbar ist. Der Grundsatz der Interpretation bedeutet, dass der Gegenstand der Untersuchung immer auch durch Interpretation erschlossen werden muss[15] und Forschung nicht ohne ein Vorverständnis abläuft, das es zu explizieren gilt. „Forschung ist danach immer als Prozess
der Auseinandersetzung mit dem Gegenstand, als *Forscher-Gegenstands-Interak-
tion* aufzufassen."[16] Im Hinblick auf die vorliegende Studie ist zu berücksichtigen,
dass durch die theoretische Rahmung eine intensive Auseinandersetzung mit dem
Thema religiöse Bildung und Erziehung in Kindertageseinrichtungen auf der theoretischen Ebene stattgefunden hat. Der Verallgemeinerungsprozess drückt schließlich aus, dass die Ergebnisse im spezifischen Fall begründet werden. „Es müssen
Argumente angeführt werden, warum die hier gefundenen Ergebnisse auch für
andere Situationen und Zeiten gelten; es muss expliziert werden, für welche Situationen und Zeiten sie gelten."[17] Diesem Anliegen wird in Kapitel 9 dieser Arbeit
nachgegangen, in dem die empirische Untersuchung im Horizont der Gütekriterien qualitativer Sozialforschung überprüft wird.

Zur Bestandsaufnahme der religionspädagogischen Ausgangssituation in Kindertageseinrichtungen zeigt sich die Methode des leitfadenorientierten Interviews
als effektiv, da „ein Interesse an internen Abläufen innerhalb einer Institution"[18]

---

12 Mayring 2001, S. 19
13 Vgl. Mayring 2001, S. 24.
14 Vgl. Mayring 2001, S. 24–25.
15 Vgl. Mayring 2001, S. 22.
16 Mayring 2001, S. 25
17 Mayring 2001, S. 23–24
18 Friebertshäuser und Langer 2013, S. 438

im Vordergrund des Forschungsinteresses steht. Bei dieser Methode ist „der Informationsfluss zwischen Interviewer und Befragtem einseitig vom Befragten auf den Interviewer gerichtet, der bestimmte Informationen erheben möchte."[19] Leitfaden-Interviews strukturieren die Befragung, denn die Fragen begrenzen den Horizont möglicher Antworten. Zudem kann der Leitfaden dazu dienen, Ergebnisse verschiedener Einzelinterviews zu vergleichen. Ein Vorverständnis des Untersuchungsgegenstandes ist notwendig, „denn das Erkenntnisinteresse richtet sich [...] auf vorab bereits als relevant ermittelte Themenkomplexe."[20] Leitfadenorientierte Interviews haben vielfältige Ziele, die von einer ausschließlichen Daten- und Informationssammlung zu einem Themenkomplex bis hin zu der Entwicklung von neuen Theorien reichen.[21] Die vorliegende Untersuchung hat das Ziel mit den leitfadenorientierten Interviews Informationen und Daten zum Themenkomplex religiöse Bildung und Erziehung in Kindertageseinrichtungen und deren praktische Umsetzung zu sammeln.[22] Darüber hinaus wird mit der Methode der teilnehmenden Beobachtung durch Besuche in den Kindertageseinrichtungen bei religionspädagogischen Angeboten die religionspädagogische Praxis genauer betrachtet. Insgesamt werden zehn leitfadenorientierte Interviews mit Erzieherinnen durchgeführt, davon drei in der Vorstudie und sieben in der Hauptstudie; außerdem werden vier teilnehmende Beobachtungen durchgeführt, davon eine in der Vorstudie und drei in der Hauptstudie. Die Kombination der beiden Erhebungsverfahren ermöglicht es, Hinweise auf das Handlungswissen der Erzieherinnen in Bezug auf die religiöse Bildung und Erziehung zu erhalten. Durch die Methodentriangulation[23] können die Ergebnisse aus den Interviews[24] differenzierter überprüft und betrachtet werden.

Die Vorstudie mit den drei Interviews und der teilnehmenden Beobachtung ermöglicht, die Interviewfragen gegebenenfalls zu modifizieren und die Beobachtungskriterien bei der Beobachtung bei Bedarf zu überarbeiten. Eine flexible Datenerhebung ermöglicht die Integration erhaltener Daten in den aktuellen For-

---

19 Lamnek und Krell 2010, S. 304
20 Friebertshäuser und Langer 2013, S. 439
21 Vgl. Friebertshäuser und Langer 2013, S. 439.
22 Vgl. hierzu auch Punkt 6.2 in dieser Arbeit.
23 Die Kombination mehrerer methodischer Zugänge bei der Untersuchung eines Phänomens wird als Triangulation bezeichnet. Vgl. ausführlich Lamnek und Krell 2010, S. 245–265 „Triangulation lässt sich als Ansatz der Geltungsbegründung der Erkenntnisse, die mit qualitativen Methoden gewonnen wurden, verwenden, wobei die Geltungsbegründung nicht in der Überprüfung von Resultaten, sondern in der systematischen Erweiterung und Vervollständigung von Erkenntnismöglichkeiten liegt." Flick 2010, S. 520
24 „Unter Interview versteht man [...] ‚ein planmäßiges Vorgehen mit wissenschaftlicher Zielsetzung, bei dem die Versuchsperson durch eine Reihe gezielter Fragen oder mitgeteilter Stimuli zu verbalen Informationen veranlasst werden soll' (Scheuch, 1967, S.70)." Lamnek und Krell 2010, S. 302

schungsprozess. Da empirische Forschung immer auch ein Kommunikationsge-
schehen ist, hier insbesondere bei den Interviews, gilt es, die alltäglichen Kom-
munikationsregeln im Forschungsprozess zu beachten. Im Hinblick auf die Auswertung der Interviews und der teilnehmenden Beobachtungen ist die Reflexivität
zentrales Element des Prozesses. „Für das qualitative Paradigma ist die Beziehung zwischen dem Erforschten und dem Forscher kommunikativ und reflexiv."[25]
Die Umformung der Daten, hier die Auswertung der Interviews mit der qualitativen Inhaltsanalyse nach Mayring bzw. Kuckartz, erfordert es, die einzelnen
Schritte im Forschungsprozess darzustellen.[26] Mit der Explikation gewährleistet
der Forschende die Nachvollziehbarkeit der Forschungsergebnisse.

Im Folgenden wird das methodische Vorgehen in der qualitativen Untersuchung detailliert aufgezeigt. In Kapitel 7 und 8 werden anschließend die Ergebnisse der Studie präsentiert.

6.4   Qualitatives Design der Studie

Zur Datenanalyse und -auswertung wird sowohl bei den Interviews als auch bei
der teilnehmenden Beobachtung die qualitative Inhaltsanalyse nach Mayring bzw.
Kuckartz verwendet. Grundsätzlich beinhaltet das inhaltsanalytische Vorgehen ein
Ablaufmodell, das aus folgenden zehn Stufen besteht:

1. Festlegung des Materials,

2. Analyse der Entstehungssituation,

3. formale Charakterisierung des Materials,

4. Richtung der Analyse,

5. theoretische Differenzierung der Fragestellung,

6. Bestimmung der Analysetechnik,

7. Definition der Analyseeinheit,

8. Analyse des Materials,

9. Interpretation und

10. Anwendung der inhaltsanalytischen Gütekriterien.[27]

Allerdings ist zu beachten, dass die Inhaltsanalyse kein Standardinstrument ist,
das immer nach dem gleichen Schema abläuft. Sie muss vielmehr an den konkreten Gegenstand, das Material, angepasst und auf die spezifische Fragestellung hin
konstruiert werden.[28]

---

25 Lamnek und Krell 2010, S. 22
26 Siehe Punkt 6.4 in dieser Arbeit.
27 Vgl. Mayring 2010, S. 52–60.
28 Vgl. Mayring 2010, S. 49.

Eine besondere Bedeutung kommt der Analyse und Interpretation der Aussagen der Erzieherinnen in den Interviews zu. Mayring unterscheidet drei Grundformen des Interpretierens: Zusammenfassung[29], Explikation[30] und Strukturierung[31], die eine strukturierte Analyse des Datenmaterials ermöglichen.[32] Bei der Zusammenfassung führt eine Paraphrasierung des Datenmaterials zu einer sinnvollen Übersicht der Inhalte und ermöglicht die Bildung induktiver Kategorien anhand des Datenmaterials.[33] Bei der Explikation wird das Heranziehen weiterer Textstellen aus den Transkripten zur Interpretation als enge Kontextanalyse verstanden, während das Heranziehen der protokollierten Informationen aus den Prä- und Postskripten über die Interviewsituation und die Interviewpartnerinnen zur Kontextanalyse als weite Kontextanalyse beschrieben wird.[34] Die Strukturierung des Datenmaterials ist die „wohl zentralste inhaltsanalytische Technik"[35] mit dem Ziel, eine Ordnung der bisherigen Analyseergebnisse zu bewirken. Um diese Ordnung entwickeln zu können, bedarf es der Entwicklung von Kategorien, denen Textbestandteile zugeordnet werden. Diese Kategorien werden in dieser Arbeit zunächst deduktiv[36] entwickelt und in einem weiteren Schritt induktiv[37] weiterentwickelt. Mit Hilfe von „Ankerbeispielen"[38] werden konkrete Äußerungen zu bestimmten Themen angeführt, die aussagekräftige Beispiele für bestimmte Kategorien darstellen. Udo Kuckartz baut in seinem Buch „Qualitative Inhaltsanalyse. Methoden, Praxis, Computerunterstützung"[39] auf Mayring auf und beschreibt in

---

29 „Ziel der Analyse ist es, das Material so zu reduzieren, dass die wesentlichen Inhalte erhalten bleiben, durch Abstraktion einen überschaubaren Corpus zu schaffen, der immer noch Abbild des Grundmaterials ist." Mayring 2010, S. 65

30 „Ziel der Analyse ist es, zu den einzelnen fraglichen Textteilen (Begriffen, Sätzen, ...) zusätzliches Material heranzutragen, das das Verständnis erweitert, das die Textstelle erläutert, erklärt, ausdeutet." Mayring 2010, S. 65

31 „Ziel der Analyse ist es, bestimmte Aspekte aus dem Material herauszufiltern, unter vorher festgelegten Ordnungskriterien einen Querschnitt durch das Material zu legen oder das Material aufgrund bestimmter Kriterien einzuschätzen." Mayring 2010, S. 65

32 Vgl. Mayring 2010, S. 64–65.

33 Vgl. Mayring 2010, S. 69–70.

34 Vgl. Mayring 2010, S. 89.

35 Mayring 2010, S. 92

36 „Eine deduktive Kategoriendefinition bestimmt das Auswertungsinstrument durch theoretische Überlegungen. Aus Voruntersuchungen, aus dem bisherigen Forschungsstand, aus neu entwickelten Theorien oder Theoriekonzepten werden die Kategorien in einem Operationalisierungsprozess auf das Material hin entwickelt." Mayring 2010, S. 83

37 „Eine induktive Kategoriendefinition hingegen leitet die Kategorien direkt aus dem Material in einem Verallgemeinerungsprozess ab, ohne sich auf vorab formulierte Theorienkonzepte zu beziehen." Mayring 2010, S. 83

38 Mayring 2010, S. 92

39 Kuckartz 2012

sieben Schritten die inhaltlich strukturierende Inhaltsanalyse, die in Punkt 6.4.4 dieser Arbeit ausführlich dargestellt wird.

Das Forschungsdesign einer Studie beinhaltet grundsätzlich die Frage nach der Planung der Untersuchung, die Konzeption der Datenerhebung und -analyse sowie die Auswahl des empirischen Materials, um die Untersuchung mit den zur Verfügung stehenden Mitteln in der entsprechenden Zeit durchführen zu können.[40] Im Folgenden werden nun die einzelnen Schritte der vorliegenden Studie beschrieben.

6.4.1 Planung der Studie

Die Auswahl der Erzieherinnen und Einrichtungen erfolgt nach der Methode des selektiven Samplings, nach der die Untersuchungsorte und Personen vor der Feldphase festgelegt werden.[41] Dabei sind relevante Merkmale für die Fallauswahl, Merkmalsauprägungen und die Größe des qualitativen Samples zu berücksichtigen.[42] Für die hier vorliegende Studie sind relevante Merkmale einerseits die verschiedenen pädagogischen Handlungskonzepte Offener Kindergarten, Early Excellence und infans und andererseits die Träger der Kindertageseinrichtungen (konfessionell oder kommunal), da aufgrund der Trägerautonomie die Ausprägung religiöser Bildung und Erziehung mit unterschiedlicher Gewichtung erfolgen kann. Die Fallauswahl nach relevanten Merkmalsausprägungen erfolgt nach Modalkategorien, d.h. nach Merkmalsausprägungen, die besonders häufig sind.[43] In Bezug auf die Studie heißt dies, dass Frauen als Interviewpartnerinnen im Mittelpunkt stehen, denn „unter insgesamt 362.215 registrierten Beschäftigten im pädagogischen Kitabereich finden sich gerade einmal 10.745 Männer."[44] Da die Studie im Rahmen einer Qualifikationsarbeit von einer Person durchgeführt und ausgewertet wird, ist die auszuwertende Datenmenge mit zehn Interviews und vier teilnehmenden Beobachtungen adäquat. Die Planung der hier vorliegenden Studie sieht außerdem vor, zunächst eine Vorstudie mit drei leitfadenorientierten Interviews und einer teilnehmenden Beobachtung durchzuführen, um gegebenenfalls die Leitfragen für die Interviews und die Beobachtungskriterien für die religionspädagogischen Angebote in der Hauptstudie überarbeiten zu können.

6.4.2 Datenerhebung

In der vorliegenden Untersuchung steht die religiöse Bildung und Erziehung in Kindertageseinrichtungen im Mittelpunkt des Forschungsinteresses, mit der sich bereits in der theoretischen Rahmung dieser Arbeit ausführlich beschäftigt wurde.

---

40 Vgl. Flick 2008, S. 252–253.
41 Vgl. Kelle und Kluge 1999, S. 46–47.
42 Vgl. Kelle und Kluge 1999, S. 47.
43 Vgl. Kelle und Kluge 1999, S. 51.
44 Bundesministerium für Familie, S. 15

Davon ausgehend und aufgrund der Forschungsfragen[45] ist das leitfadenorientierte Interview die geeignete Methode zur Beantwortung der Forschungsfragen. Das leitfadenorientierte Interview zeichnet sich durch einen Leitfaden aus, der ein Spektrum mehr oder weniger ausführlicher und mehr oder weniger flexibel handhabbarer Vorgaben enthält.[46] Bei dieser Interviewform führt die Forscherin die Erhebung mit einem theoretisch-wissenschaftlichen Vorverständnis durch. Die Interviews sind offen, die Befragten können ohne Vorgaben antworten. Mit Hilfe eines Interviewleitfadens wird eine teilweise Standardisierung der Interviews ermöglicht, die Interviewten werden auf bestimmte Fragestellungen hingelenkt. Dies lässt eine Vergleichbarkeit bei der Auswertung der Interviews zu.[47]

Zur Datenerfassung werden vier Techniken verwendet:[48]

1. Ein Präskript, um den sozialen Hintergrund der Erzieherinnen und Kindergärten sowie die religiöse bzw. weltanschauliche Pluralität in den Kindertageseinrichtungen zu erfassen, die bei der Auswertung für die Interpretation hilfreich sind.

2. Ein Interviewleitfaden, der aus den wissenschaftlichen Vorüberlegungen entwickelt wird und als Orientierungsrahmen und Gedächtnisstütze dient.

3. Als Hilfsmittel wird ein MP3-Rekorder benutzt, um das gesamte Interview aufzuzeichnen und später zu transkribieren.

4. Nach jedem Interview wird ein Postskript angefertigt, um als Erinnerungsstütze die Rahmenbedingungen (wie zum Beispiel die Gesprächsatmosphäre, die nonverbale Kommunikation oder eventuelle Störungen) festzuhalten.

Die Methode der teilnehmenden Beobachtung ist in ihrer Anwendung mit anderen Methoden verschränkt, wie beispielsweise mit dem Interview und der Inhaltsanalyse.[49] Die Methodentriangulation hat zum Ziel, die Ergebnisse aus den Interviews differenziert zu überprüfen und zu betrachten.[50] „Der entscheidende Vorteil […] liegt darin, dass die Beobachtung es erlaubt, soziales Verhalten zu dem Zeitpunkt festzuhalten, zu dem dieses tatsächlich geschieht."[51] Mit der teilnehmenden Beobachtung wird eine Standardmethode der Feldforschung verwendet.[52] Durch eine aktive Teilnahme am sozialen Alltag der Erzieherinnen und Kinder wird ein Zugang zum Forschungsfeld geschaffen. Die Forscherin nimmt dabei am sozialen Leben der Untersuchungssubjekte teil. „Datenerhebung ist nicht nur Datenanalyse, sondern auch (Re-)Sozialisation des Forschers. Diese (Re-)Sozialisation

---

45 Vgl. Kapitel 6.2 in dieser Arbeit.
46 Vgl. Helfferich 2004, S. 24.
47 Vgl. Mayring 2001, S. 66–70.
48 Vgl. Lamnek und Krell 2010, S. 335.
49 Vgl. Lamnek und Krell 2010, S. 502.
50 Vgl. Lamnek und Krell 2010, S. 503.
51 Lamnek und Krell 2010, S. 503
52 Vgl. Mayring 2001, S. 80.

ist Bedingung für das Verstehen der Abläufe im Feld."[53] Besuche bei den religionspädagogischen Angeboten in den Kindertagesstätten mit Hilfe eines Beobachtungsleitfadens ermöglichen es, die religionspädagogische Praxis genauer zu betrachten und Theorien im Alltag zu überprüfen. Ebenso können sich weitere Forschungsaspekte entwickeln und gegebenenfalls neue Themen in die Forschung aufgenommen werden.

6.4.3 Datenaufbereitung

Zur Datenaufbereitung werden die MP3-Aufnahmen der leitfadenorientierten Interviews transkribiert[54]. Dabei werden die Regelvorschläge für das einfache Transkriptionssystem verwendet,[55] da bei diesen Transkriptionsregeln der Schwerpunkt auf dem Inhalt des Gesprächs liegt.[56] „In einfachen Transkripten finden sich neben den gesprochenen Beiträgen meist keine Angaben zu para- und nonverbalen Ereignissen."[57]

Bei der teilnehmenden Beobachtung werden mit Hilfe des Beobachtungleitfadens detaillierte Beobachtungsprotokolle erstellt, bei denen die Beschreibung der sozialen Situation (Ort, Zeit, Umstände etc.) als zentrales Element des Feldes Berücksichtigung findet.[58]

6.4.4 Datenanalyse und -auswertung

Bei der qualitativen Inhaltsanalyse oder genauer der „kategoriengeleiteten Textanalyse"[59] werden Texte systematisch analysiert. Dazu wird bei der Technik der qualitativen Strukturierung – mit dem Ziel bestimmte Themen und Inhalte aus dem Material herauszufiltern und zusammenzufassen – theoriegeleitet ein Kategoriensystem entwickelt, mit dem das Datenmaterial bearbeitet wird.[60] Mit Hilfe einer Profilmatrix werden Themen als strukturierendes Element verwendet, sodass von einer deduktiv entwickelten Themenmatrix gesprochen werden kann.[61] Gleichzeitig besteht bei der Datenauswertung mit der Methode der qualitativen Inhaltsanalyse die Möglichkeit, induktiv Kategorien direkt aus dem Material zu

---

53 Lamnek und Krell 2010, S. 173

54 Das Wort ‚transkribieren' leitet sich von dem lateinischen Wort ‚trans-scribere' ab und bedeutet umschreiben. Vgl. Dresing und Pehl 2011, S. 13.

55 Dresing und Pehl haben die Regelvorschläge für das einfache Transkriptionssystem nach Kuckartz (Kuckartz 2010) überarbeitet und erweitert, vgl. Dresing und Pehl 2011, S. 18.

56 Vgl. Dresing und Pehl 2011, S. 15.

57 Dresing und Pehl 2011, S. 14

58 Vgl. Lamnek und Krell 2010, S. 565.

59 Mayring 2010, S. 13

60 Vgl. Mayring 2001, S. 114.

61 Vgl. Kuckartz 2012, S. 73.

bilden.[62] Folgenden Ablauf legt Kuckartz für die inhaltlich strukturierende Inhaltsanalyse zugrunde:

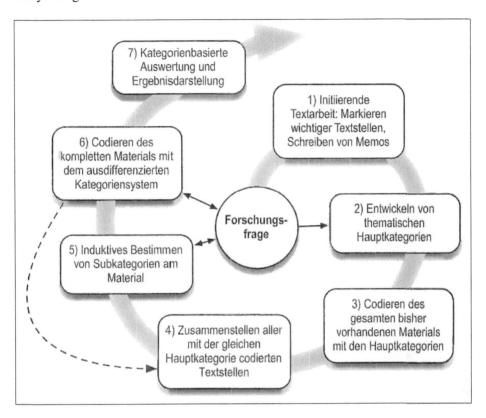

Abbildung 6: Ablaufschema einer inhaltlich strukturierenden Inhaltsanalyse[63]

Die Forschungsfrage für die empirische Untersuchung ist in Punkt 1.1 dieser
Arbeit formuliert und in Punkt 6.2 nochmals näher ausgeführt worden. Schritt 1
(die initiierenden Textarbeit) ist für die vorliegende Untersuchung obsolet, da in
der theoretischen Rahmung in Punkt 3.6 dieser Arbeit auf der Grundlage der drei
untersuchten pädagogischen Handlungskonzepte bereits ein differenziertes deduk-
tives Kategoriensystem[64] erstellt wurde, was nach Kuckartz Schritt 2 entspricht.
„Wenn der [...] Analyseprozess im Projekt schon so weit fortgeschritten ist,
dass die Subkategorien bereits feststehen, lassen sich die ersten Phasen des Forschungsprozesses auch abkürzen, indem den Textstellen direkt eine Subkategorie

---

62 Vgl. Mayring 2010, S. 83.

63 Kuckartz 2012, S. 78

64 „In Bezug auf die Entwicklung der Kategorien, mit denen in der inhaltlich strukturierenden Inhaltsanalyse gearbeitet wird, lässt sich ein weites Spektrum konstatieren, das
von der vollständig induktiven Kategorienbildung am Material bis hin zur weitgehend
deduktiven Bildung von Kategorien – abgeleitet aus einer der Forschung zugrunde
liegenden Theorie oder der Forschungsfrage – reicht." Kuckartz 2012, S. 77

zugewiesen und keine gesonderte Codierung der Hauptkategorien vorgenommen wird."[65] Zur Strukturierung werden die Kategorien in die Bereiche ‚Elementarpädagogik', ‚Religiöse Bildung und Erziehung' und ‚Berufliches Selbstverständnis der Erzieherin' gegliedert, da die Elementarpädagogik den Kontext dieser Arbeit bildet, die religiöse Bildung und Erziehung den Forschungsschwerpunkt darstellt und mit dem beruflichen Selbstverständnis der Erzieherin die Zielgruppe der Befragung in den Mittelpunkt rückt.[66]

Systematisch lassen sich die theoriegeleiteten Kategorien für den Bereich der Elementarpädagogik in einem Kategoriensystem folgendermaßen darstellen:[67]

Tabelle 1: Deduktive Kategorien für den Bereich ‚Elementarpädagogik'

Kategorie	Subkategorie	Subkategorie
Pädagogische Handlungskonzepte	• Offener Kindergarten • Early Excellence • infans	• Familienzentrum
Pädagogische Konzeption / Erziehungs- und Handlungsziele	• Religiöse Bildung und Erziehung in der Konzeption / in den Erziehungs- und Handlungszielen • Eltern • Träger	

Für den Bereich Religiöse Bildung und Erziehung ergibt sich folgendes Kategoriensystem:[68]

---

65 Kuckartz 2012, S. 88
66 Ausführlich hierzu vgl. Punkt 3.6 in dieser Arbeit.
67 Vgl. Punkt 3.6.1 in dieser Arbeit.
68 Vgl. Punkt 3.6.2 in dieser Arbeit.

Tabelle 2: Deduktive Kategorien für den Bereich ‚Religiöse Bildung und Erziehung'

Kategorie	Subkategorie	Subkategorie
Weltanschauungen und Religionen	• Umgang • Interreligiöses Lernen	
Eltern		
Träger		
Kinder	• Religiöses Wissen • Religiöse und weltanschauliche Fragen, Themen und Interessen • Existenzielle Erfahrungen • Umgang mit Gefühlen • Lebenswelt der Kinder • Partizipation	
Religionspädagogische Praxis	• Gemeinschaft • Raumgestaltung • Religiöse Projektarbeit, Lernwerkstätten, Bildungsinseln • Kontakt zu anderen Institutionen • Religiöse Feste und Feiern • Bücher, Geschichten • Religiöse Symbole • Rituale • Religiöse Orte	• Kontakt mit kirchlichen Mitarbeiterinnen und Mitarbeitern • Gebete • Lieder
Religionssensible Bildung	• 1. Handlungsgrundsatz • 2. Handlungsgrundsatz • 3. Handlungsgrundsatz • 4. Handlungsgrundsatz • 5. Handlungsgrundsatz • 6. Handlungsgrundsatz	
Orientierungsplan		

Im Bereich des beruflichen Selbstverständnisses der Erzieherinnen ergibt sich für die Auswertung folgendes Kategoriensystem:[69]

Tabelle 3: Deduktive Kategorien für den Bereich ‚Berufliches Selbstverständnis der Erzieherinnen'

Kategorie	Subkategorie	Subkategorie
Bild vom Kind		
Aufgaben	• Beziehungsgestaltung • Kulturelle und religiöse Sozialisation der Kinder kennen • Umgang mit Individualität und Vielfalt	
Religionspädagogische Kompetenzen	• Religionspädagogische Erziehungsziele • Material, „Werkzeuge"	
Religiöse Kompetenzen	• Religiöser Kompetenzerwerb der Erzieherin • Zusätzliche Hilfen für den religiösen Kompetenzerwerb • Religiöse Sozialisation, eigener Glaube	
Team		
Werte und Normen		
Offenheit als Haltung	• eigene Biographie • Reflexion	
eigene Stärken und Fähigkeiten		

Mit Hilfe des Computerprogramms MaxQDA, das in den 1990er Jahren an der FH Berlin von Udo Kuckartz erfunden und stetig weiterentwickelt wurde, werden zunächst die drei Interviews der Vorstudie in einem ersten Codierungsprozess anhand des deduktiv entwickelten Kategoriensystems codiert[70], was dem dritten Schritt der inhaltlich strukturierenden Inhaltsanalyse nach Kuckartz entspricht. Anschließend werden die sieben Interviews der Hauptstudie codiert. Als Codierregeln gelten dabei: Es werden Sinneinheiten codiert; eine Sinneinheit umfasst mindestens einen Satz, kann aber auch mehrere Sätze oder Abschnitte umfas-

---

69 Vgl. Punkt 3.6.3 in dieser Arbeit.

70 „Der Vorgang des Zuordnens von Textpassagen bzw. Bildausschnitten zu einem oder mehreren Codes heißt Codieren." VERBI Software. Consult. Sozialforschung. GmbH 2012, S. 32

sen; jede Textstelle muss ohne den sie umgebenden Text verständlich sein; sofern die Interviewfrage für das Verständnis erforderlich ist, wird diese mitcodiert;[71] wenn ein Textabschnitt mehrere Themen enthält, wird der Abschnitt mit mehreren Kategorien (Codes[72]) codiert.[73]

Schritt vier und fünf beinhalten schließlich, dass die codierten Textstellen zu einer thematischen Kategorie mit dem Code-Matrix-Browser in einer Excel-Tabelle als Text-Retrieval[74] zusammengestellt werden. Der Arbeitsschritt des Erstellens von Subkategorien am Material entfällt insofern, da das Erstellen von Subkategorien bereits theoriegeleitet erfolgt ist.[75] Allerdings werden in diesem Arbeitsschritt induktiv am Material Kategorien entwickelt, so dass „ein Codierleitfaden für das gesamte nun komplette Kategoriensystem"[76] erstellt wird. Folgende drei Kategorien wurden in diesem Prozess am Material entwickelt:

Tabelle 4: Induktiv entwickelte Kategorien

Induktiv entwickelte Kategorien
Religion als schwieriges Thema
Bilder schaffen
Unklarheit des Begriffs Werte

Die Kategorie *Religion als schwieriges Thema* benannten Erzieherinnen als Thema in den Interviews, zum Teil auch in Bezug auf die Kolleginnen. Das Thema Religion löst teilweise die Angst aus, etwas Falsches zu sagen oder den Kindern zu vermitteln. *Bilder schaffen* beinhaltet, dass durch Feste und Feiern, aber auch durch biblische Geschichten Bilder in den Kindern entstehen, die sie im Leben mit sich tragen und an die sie sich später erinnern. Die Kategorie *Unklarheit des Begriffs Werte* beinhaltet die Unsicherheit mancher Erzieherinnen auf die Frage aus dem Interviewleitfaden: Welche Werte sind Ihnen in Ihrer pädagogischen Arbeit wichtig?[77]

Schritt sechs, „Zweiter Codierprozess: Codieren des kompletten Materials mit dem ausdifferenzierten Kategoriensystem"[78], bedeutet einen zweiten sequen-

---

71 Vgl. Kuckartz 2012, S. 82.

72 „In der Sprache der empirischen Sozialforschung handelt es sich bei einem Code um eine inhaltliche Kategorie, ein analytisches Instrument zur systematischen Auswertung der Daten." VERBI Software. Consult. Sozialforschung. GmbH 2012, S. 32

73 Vgl. Kuckartz 2012, S. 80.

74 „Als Text-Retrieval bezeichnet man bei der computerunterstützten qualitativen Inhaltsanalyse die kategorienbezogene Zusammenstellung von zuvor codierten Textpassagen." Kuckartz 2012, S. 149

75 Siehe oben Tabelle 1, 2 und 3.

76 Kuckartz 2012, S. 148

77 Vgl. Punkt 6.5 in dieser Arbeit.

78 Kuckartz 2012, S. 88

ziellen Durchgang Zeile für Zeile durch das Material, d.h. erneut durch die drei Interviews der Vorstudie sowie die sieben Interviews der Hauptstudie. Als Zwischenschritt zu Schritt 7, der kategorienbasierten Auswertung und Ergebnisdarstellung, werden anhand der Themenmatrix thematische Summarys erstellt, d.h. durch die Forschende werden Zusammenfassungen für die Themen und Unterthemen in den Excel-Tabellen erstellt, in der mit Hilfe der Spaltenschreibweise die Paraphrasen in den Worten der Forschenden festgehalten werden.[79] So werden die Aussagen der interviewten Erzieherinnen zusammengefasst und die konkreten Äußerungen durch die Brille der Forschungsfragen betrachtet und auf das Wesentliche reduziert.[80] Mit Hilfe der Paraphrasierung entlang der Kategorien und Subkategorien wird schließlich ein qualitativer inhaltlicher Ergebnisbericht mit zitierten prototypischen Beispielen (Ankerbeispielen) erstellt.[81]

6.5   Die Leitfaden-Interviews

Bei den leitfadenorientierten Interviews wird zur Datenerfassung ein Präskript angefertigt, um den sozialen Hintergrund der Erzieherinnen und Kindergärten sowie die religiöse bzw. weltanschauliche Pluralität in den Kindertageseinrichtungen zu ermitteln. Beides kann bei der Auswertung für die Interpretation hilfreich sein. Das Präskript gliedert sich wie folgt:

Träger:
Erste Kontaktaufnahme telefonisch am:
Kontaktaufnahme vor Ort:
Interviewerin:
Interviewpartnerin:
Erste Eindrücke bei Kontaktaufnahme telefonisch:
Eindrücke bei Kontaktaufnahme vor Ort:
Situation im Kindergarten:
• Ort:
• Uhrzeit/Dauer:
• Anwesende:
Besonderheiten im Kindergarten:
Schwierigkeiten im Kontakt:
Wie viele Religionen gibt es im Kindergarten und welche?
Wie lange arbeiten Sie in der Einrichtung?
Welche Konfession haben Sie?
Sonstiges:

---

79 Vgl. Kuckartz 2012, S. 89–90.
80 Vgl. Kuckartz 2012, S. 90. Die themenbezogenen Summarys werden in Excel-Tabellen abgespeichert.
81 Vgl. Kuckartz 2012, S. 94; siehe Kapitel 7 in dieser Arbeit.

Zur Realisierung der Interviews wurde, ausgehend von den in Punkt 6.2 beschriebenen Forschungsfragen, ein Interviewleitfaden entwickelt, der dazu dient, die Erzieherinnen ausführlich zum Sprechen über die religiöse Bildung und Erziehung in der Praxis im Kontext der elementarpädagogischen Handlungskonzepte der einzelnen Einrichtungen zu motivieren. Der Interviewleitfaden wurde nach den Themenblöcken ‚Elementarpädagogik', ‚Religiöse Bildung und Erziehung' und ‚Berufliches Selbstverständnis der Erzieherinnen' entwickelt, da auf diese Weise – wie bereits in der theoretischen Rahmung in Punkt 3.6 dieser Arbeit dargelegt – der Kontext der Elementarpädagogik Berücksichtigung findet, die religiöse Bildung und Erziehung als vornehmliches Forschungsanliegen beachtet wird und das berufliche Selbstverständnis der Erzieherin bedeutend für Auswertung der Interviews ist. Durch den Aufbau des Interviewleitfadens können so die Aussagen der Befragten in Bezug auf ihre pädagogische Arbeit rekonstruiert und interpretiert werden.

Zur Konstruktion des Interviewleitfadens wurden in einem ersten Schritt anhand der Forschungsfragen und -ziele mögliche Interviewfragen formuliert, die in einem zweiten Schritt unter Einbeziehung der in der theoretischen Rahmung dieser Arbeit verwendeten Literatur ergänzt und verändert wurden. Es wurde darauf geachtet, die Leitfragen klar, verständlich und einfach zu formulieren[82] und dem Kontext der Erzieherinnen anzupassen.[83] Beachtung fand auch die in der qualitativen Sozialforschung geforderte offene und neutrale Formulierung der Fragen, um Suggestivfragen entgegenzuwirken. Dementsprechend wurden zunächst dichotome und gemäß der Antwort der Interviewpartnerinnen weiterführende Fragen formuliert[84] (z.B. „Aus ihrer Erfahrung heraus – welche religiösen und philosophischen Fragen stellen die Kinder?" „Wie gehen Sie mit diesen Fragen um?"). Die gesammelten Fragen wurden in einem weiteren Schritt den drei Themenkomplexen ‚Elementarpädagogik', ‚Religiöse Bildung und Erziehung' und ‚Berufliches Selbstverständnis der Erzieherinnen' zugeordnet.

Die Forschungsfrage ‚Welchen Platz hat die religiöse Bildung und Erziehung in der pädagogischen Konzeption der unterschiedlichen Einrichtungen?'[85] bildet den Ausgangspunkt für den Themenkomplex ‚Elementarpädagogik'. Dieser Themenkomplex beinhaltet Fragen nach den allgemeinen Themen der Kinder, des Teams sowie persönliche Themen der interviewten Erzieherin und Fragen nach Werten in der pädagogischen Arbeit sowie Fragen nach der pädagogischen Konzeption der Einrichtung.

---

82 Vgl. Gläser 2010, S. 140–141.

83 Vgl. Gläser 2010, S. 112.

84 Vgl. Gläser 2010, S. 140–141.

85 Ausgangspunkt dabei bildet das pädagogische Handlungskonzept, das der pädagogischen Konzeption der einzelnen Kindertageseinrichtung zugrunde liegt, in der die Ziele, Werte, Vorstellungen und Einstellungen beschrieben sind, nach dem die pädagogischen Mitarbeiterinnen der Einrichtung ihre Arbeit in der Praxis ausrichten.

Auf die Frage ‚Wie findet religiöse Bildung und Erziehung im pädagogischen Alltag der Kindertageseinrichtungen statt und ist sie als religionssensible Bildung und Erziehung zu klassifizieren?' werden im Themenkomplex ‚Religiöse Bildung und Erziehung' Antworten gefunden. Dieser Themenkomplex geht den Fragen nach, wie und wo Religion im Alltag der Kindertageseinrichtung vorkommt, welche Angebote es zum Thema Religion gibt, welche religiösen und philosophischen Fragen die Kinder stellen und welche Rolle der Orientierungsplan mit dem sechsten Entwicklungsfeld Sinn, Werte und Religion sowie die dazu veröffentlichte Arbeitshilfe[86] spielen.

Die beiden Forschungsfragen ‚Welche Aufgaben haben die Erzieherinnen bei der Begleitung der religiösen Bildung und Erziehung der Kinder und welche Kompetenzen sehen sie für ihr professionelles Handeln als hilfreich an?' und ‚Welche religiösen und religionspädagogischen Kompetenzen brauchen die Erzieherinnen, um jedes Kind mit seinen religiösen und philosophischen Fragen, seiner Wertorientierung und seinen existentiellen Erfahrungen zu begleiten?' bilden den Ausgangspunkt des dritten Themenkomplexes, dem ‚Beruflichen Selbstverständnis der Erzieherinnen'. Dabei konkretisieren die Fragen nach den Aufgaben der Erzieherinnen bei der religiösen Bildung und Erziehung in Kindertageseinrichtungen diesen Themenbereich.

Zu Beginn jedes Interviews wird ein nicht transkribierter Vorspann eingeschoben, der eine zwanglose und vertrauenserweckende Atmosphäre herstellen soll. Dabei wird der Hintergrund und das Ziel der Untersuchung erklärt[87] und darauf hingewiesen, dass das Forschungsinteresse darin besteht, eine realistische Kenntnis der Situation und Rahmenbedingungen religiöser Bildung und Erziehung in Kindertageseinrichtungen zu erlangen. Außerdem wird den Erzieherinnen zugesichert, dass ihre Anonymität bewahrt wird, was durch das Anonymisieren von Personendaten und Gesprächsinhalte geschieht.[88] Die Befragung steigt bewusst mit den Fragen nach allgemeinen Themen in den Kindertageseinrichtungen ein, um eine entspannte Gesprächsatmosphäre zu schaffen und miteinander ins Gespräch zu kommen. Zum Schluss des Interviews wird den Erzieherinnen mit der Frage ‚Was wäre Ihnen noch wichtig zu sagen?' die Möglichkeit gegeben, frei etwas zum Thema oder zum Gespräch zu sagen, um sicher zu stellen, dass sie alles sagen konnten, was ihnen wichtig ist.[89] Die Reihenfolge der Fragen wird dem Gesprächsverlauf der einzelnen Interviews folgend flexibel angepasst, wobei darauf geachtet wird, dass alle Fragen angesprochen werden.[90]

Die Interviews wurden im Zeitraum Mai bis Dezember 2012 durchgeführt und dauerten zwischen 35 und 90 Minuten, durchschnittlich etwa 45 Minuten. Der

---

86 Vgl. Diözese Rottenburg-Stuttgart u.a. 2011.
87 Vgl. Gläser 2010, S. 144; 170.
88 Vgl. Gläser 2010, S. 144; 170.
89 Vgl. Gläser 2010, S. 149.
90 Vgl. Friebertshäuser und Langer 2013, S. 439.

Interviewleitfaden, der der Interviewerin in ausgedruckter Form vorlag, hatte folgende Struktur:

- Einstieg
  - o Mit welchen Themen beschäftigen sich gerade die Kinder in Ihrer Einrichtung?
  - o Welche Themen beschäftigen Sie im Team?
  - o Welche Themen beschäftigen Sie persönlich gerade in der Einrichtung?
- Pädagogische Konzeption
  - o Welche Werte sind Ihnen in Ihrer pädagogischen Arbeit wichtig?
  - o Haben Sie eine pädagogische Konzeption in Ihrer Kita?
    - Was ist Ihnen in Ihrer Arbeit mit Kindern besonders wichtig? (Bild vom Kind)
    - Was ist Ihnen in Ihrer Arbeit im Team besonders wichtig?
- Religion in der Kita
  - o Wo und wie kommt Religion im Alltag der Kita vor (zum Beispiel Räume, geprägte Zeiten, personales Angebot, Rituale)?
  - o Welche Angebote zum Thema Religion gibt es in Ihrer Einrichtung?
    - Was funktioniert Ihrer Meinung nach am besten?
    - Wo gibt es Schwierigkeiten bei den Angeboten?
    - Was ist Ihnen bei den Angeboten zum Thema Religion besonders wichtig? (Selbstanspruch)
    - Welche Fragen gibt es zu diesen Angeboten seitens des Trägers oder von den Eltern?
  - o Aus ihrer Erfahrung heraus – welche religiösen oder philosophischen Fragen stellen die Kinder?
    - Wie gehen Sie mit diesen Fragen um?
- Aufgaben der Erzieherin
  - o Worin sehen Sie Ihre Aufgabe als Erzieherin mit den Kindern bei den Angeboten zum Thema Religion?
  - o Welche „Werkzeuge" sind besonders wertvoll? (Bücher, Texte, Internet, Arbeitshilfen, Lieder, Fortbildung, Austausch mit Kolleginnen ...)
  - o Welches Material oder „Handwerkszeug" würde Ihnen bei Ihrer Arbeit zusätzlich helfen?
  - o Welche Kompetenzen sind bei Angeboten zum Thema Religion besonders gefordert?
  - o Wie sieht Ihr persönlicher Bezug zum Glauben aus?
  - o Inwieweit würden sie sich selber als ‚religiös' bezeichnen?
- Der Orientierungsplan
  - o Welche Anregungen hat Ihnen der Orientierungsplan mit dem Entwicklungsfeld Sinn, Werte und Religion gegeben?

Kennen Sie die Arbeitshilfe „Sinn, Werte und Religion" in Kindertageseinrichtungen[91]?

     o   Wenn ja: Wie beurteilen sie diese Arbeitshilfe?

     o   Welche Unterstützung wünschen Sie sich allgemein?

Abschlussfrage

     o   Was wäre Ihnen noch wichtig zu sagen?

Nach jedem Interview wird ein Postskript angefertigt, um als Erinnerungsstütze die Rahmenbedingungen wie zum Beispiel die Gesprächsatmosphäre, die nonverbale Kommunikation oder eventuelle Störungen festzuhalten. Nach den Interviews wurden folgende Dinge notiert:

Interview durchgeführt am:
Erste Eindrücke im unmittelbaren Anschluss:
Auffälliges:
Gesprächsatmosphäre:
Zugänglichkeit der Interviewpartnerin:
Gab es Störungen? Welche?
Gab es technische Schwierigkeiten? Welche?
Konzentration:
     eigene:
     der Interviewten:
Sonstiges:

Im folgenden Punkt 6.6 wird nun beschrieben, nach welchen Kriterien die Auswahl der Kindertageseinrichtungen stattfand und wie der Zugang zum Untersuchungsfeld bzw. die Kontaktaufnahme mit den Erzieherinnen erfolgte.

6.6   Auswahl der Einrichtungen und Erzieherinnen

Die Auswahl der Kindertageseinrichtungen richtete sich nach folgenden Kriterien:
*   Trägerschaft (kommunal, katholisch oder evangelisch)
*   Pädagogisches Handlungskonzept (Offener Kindergarten, Early Excellence und infans)
*   Lage (Stadt und Land)

Nach der ersten telefonischen Kontaktaufnahme mit den Leiterinnen der Einrichtungen, in der das Forschungsprojekt kurz vorgestellt und skizziert wurde, teilten die Leiterinnen mit, welche Mitarbeiterin für ein Interview zur Verfügung steht. So gab es nicht die Möglichkeit auf das Geschlecht und die Religionszugehörigkeit der Interviewpartnerinnen Einfluss zu nehmen. So ergab es sich, dass

---

91 Diözese Rottenburg-Stuttgart u.a. 2011

alle Interviewpartnerinnen weiblichen Geschlechts waren und einer Konfession (evangelisch oder katholisch) angehörten. Die Terminvereinbarung mit den einzelnen Interviewpartnerinnen erfolgte telefonisch. In der konkreten Situation vor Ort ergab sich sowohl einmal in der Vorstudie als auch einmal in der Hauptstudie, dass nicht nur eine Interviewpartnerin vor Ort zum Gespräch bereit war, sondern zwei Erzieherinnen miteinander interviewt werden wollten. Alle Interviews der Vor- und Hauptstudie wurden in den Kindertageseinrichtungen der Erzieherinnen vor Ort durchgeführt.

Die Interviews der Vorstudie fanden in drei katholischen Einrichtungen statt, die alle in einer Stadt in Baden-Württemberg liegen. Zwei der drei Einrichtungen arbeiteten nach dem pädagogischen Handlungskonzept infans, eine nach Early Excellence. Der Interviewleitfaden ermöglichte es, das Erfahrungswissen der Erzieherinnen im Bereich der religiösen Bildung und Erziehung empirisch zu erfassen. Der Interviewleitfaden wurde nach der Vorstudie um die Frage ‚Spielt Religion eine Rolle in der pädagogischen Konzeption?' ergänzt, denn die Ergebnisse der qualitativen Vorstudie hatten gezeigt, dass diese Frage im Hinblick auf die dritte Forschungsfrage nach den Möglichkeiten, die religionssensible Bildung als Bestandteil der pädagogischen Konzeption von Kindertageseinrichtungen zu integrieren, für den Interviewleitfaden relevant war. Ansonsten gab es zwischen der Vor- und Hauptstudie keine Veränderungen im Interviewleitfaden, deshalb wird der Ergebnisbericht zur Auswertung der Interviews in Kapitel 7 nicht nach Vor- und Hauptstudie getrennt, sondern als Ganzes erstellt.

In der Hauptstudie wurden zwei kommunale Kindergärten ausgewählt, ein nach infans arbeitender in einer Stadt und ein kommunaler Kindergarten auf dem Land, der nach dem Offenen Konzept arbeitet. Des Weiteren erklärten sich drei nach infans arbeitende Kindergärten in evangelischer Trägerschaft bereit, an der Untersuchung teilzunehmen; zwei davon liegen auf dem Land, einer in der Stadt. Darüber hinaus wurden zwei Kindergärten in katholischer Trägerschaft für die Studie gewonnen, die beide in verschiedenen Städten in Baden-Württemberg liegen; einer arbeitet nach dem Konzept des Offenen Kindergartens, einer nach Early Excellence. Zusammenfassend ergibt sich bei der Vor- und Hauptstudie folgende Verteilung:

Tabelle 5: Verteilung der Kindertageseinrichtungen für die Interviews

Trägerschaft	Pädagogisches Handlungskonzept	Lage
Katholisch 5	Offener Kindergarten 2	Stadt 7 (in 3 verschiedenen Städten in Baden-Württemberg)
Evangelisch 3	Early Excellence 2	Land 3
Kommunal 2	Infans 6	

Alle befragten Erzieherinnen zeigen eine Offenheit für das Thema Religion, viele sehen sich selbst als gläubige Christinnen. Es liegt die Vermutung nahe, dass die Thematik des Interviews eine bestimmte Personengruppe angesprochen hat. Im Folgenden werden die einzelnen interviewten Personen mit den zur Auswahl grundgelegten Kriterien dargestellt.

Tabelle 6: Verteilung der Erzieherinnen für die Interviews

Person	Trägerschaft	Pädagogisches Handlungskonzept	Lage
Frau A.	katholisch	infans	Stadt
Frau B.	katholisch	Early Excellence	Stadt
Frau C. und D.	katholisch	infans	Stadt
Frau E.	kommunal	Offener Kindergarten	Land
Frau F.	evangelisch	infans	Stadt
Frau G. und H.	evangelisch	infans	Land
Frau I.	evangelisch	infans	Land
Frau J.	katholisch	Offener Kindergarten	Stadt
Frau K.	kommunal	infans	Stadt
Frau L.	katholisch	Early Excellence	Stadt

6.7   Teilnehmende Beobachtung

Die teilnehmende Beobachtung fand in vier verschiedenen Einrichtungen mit Erzieherinnen statt, die auch interviewt wurden. Die religionspädagogischen Angebote sind in den Alltag und Ablauf der Kindertageseinrichtungen integriert. Die Dauer der religionspädagogischen Angebote beträgt zwischen 15 und 120 Minuten. Im Vorfeld der Beobachtung werden Kriterien entwickelt, nach denen beobachtet wird,[92] sodass es sich um eine strukturierte Beobachtung handelt.[93] In Anlehnung an die zweite Forschungsfrage[94] wird der Fokus auf die konkrete Umsetzung des Entwicklungsfeldes Sinn, Werte und Religion aus dem baden-württembergischen Orientierungsplan in der Praxis gerichtet. Dabei ist in der Auswertung, die anhand der in Punkt 5.2 entwickelten sechs Handlungsgrundsätze religionssensibler Bildung erfolgt, von Interesse, ob die anhand der teilnehmenden Beobachtung erhobenen praktischen Beispiele der religiösen Bildung und Erziehung in Kindertageseinrichtungen als religionssensibel einzustufen sind. Die teilnehmende Beobachtung lässt sich als eine systematische, strukturierte Beobachtung mit geringem Partizipationsgrad klassifizieren, die offen erfolgt.[95] Mit Hilfe

---

92   Siehe Punkt 6.7.1 in dieser Arbeit.

93   Vgl. Lamnek und Krell 2010, S. 508–509.

94   Welche Aufgaben haben die Erzieherinnen bei der Begleitung der religiösen Bildung und Erziehung der Kinder und welche Kompetenzen sehen sie für ihr professionelles Handeln als hilfreich an? Vgl. Punkt 1.1 in dieser Arbeit.

95   Vgl. Lamnek und Krell 2010, S. 508.

der Kriterien wird ein Beobachtungleitfaden entwickelt. Anhand der schriftlichen protokolierten Aufzeichnungen im Feld werden detaillierte Beobachtungsprotokolle erstellt. Im Folgenden werden nun die Kriterien zur Beobachtung dargelegt.

6.7.1 Kriterien zur Beobachtung der religionspädagogischen Angebote

Ziel der teilnehmenden Beobachtung ist es, die konkrete Praxis religiöser Bildung und Erziehung in Kindertageseinrichtungen zu beobachten. Dazu werden in Kapitel 8 die erhobenen Daten mit Hilfe der in Punkt 5.2 entwickelten sechs Handlungsgrundsätze auf ihre Religionssensibilität hin überprüft. Die folgenden Überlegungen stellen eine Auseinandersetzung mit dem zu beobachtenden Feld dar und zeigen das bisher gewonnene Wissen über das soziale Feld.[96] In Kindertageseinrichtungen bildet der Raum, in dem das religionspädagogische Angebot stattfindet, ein erstes Beobachtungskriterium. Da die pädagogischen Handlungskonzepte, nach denen die Einrichtungen arbeiten, in ihrem Raumkonzept Funktionsräume vorsehen, ist es interessant zu beobachten, welchen Funktionsraum die Erzieherinnen für ihr Angebot wählen. Die religionspädagogischen Angebote sind in ihrer zeitlichen Dauer begrenzt, insofern stellt Zeit ein nächstes Kriterium für die Beobachtung dar. Weitere Kriterien für die teilnehmende Beobachtung bilden die am religionspädagogischen Angebot beteiligten Personen (Kinder, Erzieherinnen, Eltern) sowie die von den Erzieherinnen für das religionspädagogische Angebot gewählte Sozialform. Zudem stellen der Inhalt mit den zu beobachtenden unterschiedlichen Lernformen des Handelns, Wissens und Könnens und den dazugehörigen Aktionsformen Kriterien für teilnehmende Beobachtung der religionspädagogischen Angebote dar. In diesem Kontext sind die verwendeten Medien ein letztes Beobachtungskriterium. Zur Erstellung der Beobachtungsprotokolle werden die vier religionspädagogischen Angebote in Kindertageseinrichtungen mit einem Beobachtungsleitfaden beobachtet, der folglich diese Kriterien enthält:

- Raum
- Zeit
- Beteiligte Personen
- Sozialform (Gruppe, einzelne, ...)
- Inhalt
- Lernziele (Wissen, Können, Haltung)
- Aktionsform
- Medien

Das Erstellen der Beobachtungsprotokolle erfolgt zeitnah zur protokollierten Aufzeichnung in den Kindertageseinrichtungen.

---

96 Vgl. Lamnek 2008, S. 585–586.

6.7.2 Kriterien zur Auswahl der religionspädagogischen Angebote

Die Frage nach der teilnehmenden Beobachtung erfolgte bei der telefonischen Kontaktaufnahme mit den Erzieherinnen, die sich für ein Interview zur Verfügung stellten. In diesen Telefonaten wurde das Forschungsprojekt kurz vorgestellt und skizziert. Bei drei von den vier teilnehmenden Beobachtungen fand zunächst das religionspädagogische Angebot im Kindergarten statt, in dessen Anschluss das Interview erfolgte. In einem Fall fand zunächst das Interview statt. Im Anschluss an das Gespräch lud die Leiterin zum religionspädagogischen Angebot ein, das vier Wochen später in der Einrichtung durchgeführt wurde.

Im Rahmen der Vorstudie fand eine teilnehmende Beobachtung in einer katholischen Kindertageseinrichtung in einer Stadt in Baden-Württemberg statt, die nach infans arbeitet. Die Kriterien zur Beobachtung wurden nach der Vorstudie nicht verändert, sodass es keinen Unterschied zwischen der Vor- und Hauptstudie bei der teilnehmenden Beobachtung gibt und die Ergebnisse in Kapitel 8 zusammen dargestellt werden. Von den drei weiteren Beobachtungen in der Hauptstudie fand eine weitere in einer infans-Einrichtung statt und zwei in Kindergärten, die nach dem Konzept des Offenen Kindergartens arbeiten. Zwei Beobachtungen fanden auf dem Land und zwei in der Stadt statt. Die Trägerschaft gliedert sich in zweimal katholisch, einmal evangelisch und einmal kommunal. Zusammenfassend ergibt sich hier folgende Verteilung:

Tabelle 7: Verteilung der Kindertageseinrichtungen für die Teilnehmenden Beobachtungen

Trägerschaft	Pädagogisches Handlungskonzept	Lage
Katholisch 2	Offener Kindergarten 2	Stadt 2
Evangelisch 1	Early Excellence 0	Land 2
Kommunal 1	Infans 2	

Inhaltlich lassen sich die religionspädagogischen Angebote der Erzieherinnen, die sich für eine teilnehmende Beobachtung bereit erklärten, wie folgt gliedern:

1. Biblische Geschichten im Kindergarten (Beispiel 1 und 3)
2. Ein ritualisiertes religionspädagogisches Angebot (Beispiel 2)
3. Das Feiern religiöser Feste im Kindergarten (Beispiel 4)

Folgende Erzieherinnen erklärten sich sowohl für ein Interview als auch für eine teilnehmende Beobachtung an einem religionspädagogischen Angebot bereit:

Tabelle 8: Verteilung der Erzieherinnen für die Teilnehmenden Beobachtungen

Person	Trägerschaft	Pädagogisches Handlungskonzept	Lage
Frau A.	katholisch	infans	Stadt
Frau E.	kommunal	Offener Kindergarten	Land
Frau I.	evangelisch	infans	Land
Frau J.	katholisch	Offener Kindergarten	Stadt

Die vier teilnehmenden Beobachtung der religionspädagogischen Angebote fanden im Zeitraum zischen Mai und Dezember 2012 statt.

7 Ergebnisse der Interviews

Im Folgenden werden nun zunächst die Ergebnisse der leitfadenorientierten Interviews ausgewertet.[1] Der Ergebnisbericht gliedert sich nach den vier Forschungsfragen:

1. Welchen Platz hat die religiöse Bildung und Erziehung in der pädagogischen Konzeption der unterschiedlichen Einrichtungen? (*Elementarpädagogik*)

2. Wie findet religiöse Bildung und Erziehung im pädagogischen Alltag der Kindertageseinrichtungen statt und ist sie als religionssensible Bildung und Erziehung zu klassifizieren? (*Religiöse Bildung und Erziehung*)

3. Welche Aufgaben haben die Erzieherinnen bei der Begleitung der religiösen Bildung und Erziehung der Kinder und welche Kompetenzen sehen sie für ihr professionelles Handeln als hilfreich an? (*Berufliches Selbstverständnis*)

4. Welche religiösen und religionspädagogischen Kompetenzen brauchen die Erzieherinnen, um jedes Kind mit seinen religiösen und philosophischen Fragen, seiner Wertorientierung und seinen existentiellen Erfahrungen zu begleiten? (*Berufliches Selbstverständnis*)

Die einzelnen Themenkomplexe werden nochmals differenziert nach dem in Punkt 6.4.4 dargestellten Kategoriensystem. Am Ende jeder Kategorie folgt eine kurze Zusammenfassung der Ergebnisse. Zum Abschluss der drei Themenkomplexe Elementarpädagogik (7.1), Religiöse Bildung und Erziehung (7.2) und Berufliches Selbstverständnis der Erzieherinnen (7.3) sowie den induktiv entwickelten Kategorien (7.4) wird ein Fazit gezogen, das sich wie folgt gliedert: 1. Zusammenfassung, 2. Reflexion der Ergebnisse. Diese Gliederung stellt ebenso den Ausgangspunkt für das Gesamtfazit (7.5) dar, das den Schluss des Ergebnisberichts bildet.

Im Rahmen der Studie wurden 12 Erzieherinnen in 10 leitfadenorientierten Interviews befragt, von denen sechs in ihrer Einrichtung eine Leitungsfunktion ausüben. Sechs der befragten Erzieherinnen sind katholisch, sechs evangelisch. Eine evangelische Erzieherin konvertierte von der katholischen zur evangelischen Konfession. Die Interviews lassen Erzieherinnen zu Wort kommen, die für verschiedene Träger arbeiten, und zeichnet so die Vielseitigkeit des Arbeitsfeldes ab.

---

1 Die wörtlichen Zitate wurden um der Lesbarkeit willen teilweise grammatikalisch minimal geglättet, sprachliche Wiederholungen einzelner Wörter sowie Pausen wurden gekürzt.

7.1 Elementarpädagogik

Aufgrund des Aufbaus des Interviewleitfadens[2] stellen die elementarpädagogischen Aspekte den ersten Teil der Interviews dar. Die Auswertung wird nach den drei pädagogischen Handlungskonzepten Offene Arbeit (7.1.1), Early Excellence (7.1.2) und infans (7.1.3) gegliedert, nach denen die einzelnen Kindertageseinrichtungen arbeiten. Als letzten Punkt vor dem Fazit (7.5) werden die Aussagen zur pädagogischen Konzeption der Kindertageseinrichtungen (7.4) dargestellt. Am Ende der einzelnen Kategorien steht eine kurze Zusammenfassung der Ergebnisse. Ziel der Auswertung ist es, Indikatoren für eine Annäherung an mögliche Antworten auf die Forschungsfrage nach dem Platz religiöser Bildung und Erziehung in der pädagogischen Konzeption der unterschiedlichen Einrichtungen zu finden.

7.1.1 Offene Arbeit

„Und ich wollte mehr Freiheit für die Kinder. Mehr PARTNERSCHAFTLICH-KEIT. Mehr miteinander leben und nicht die Kinder organisieren, damit sie zu händeln sind."[3] Diese Aussage von Frau J. beinhaltet die anthropologischen Grundannahmen des Offenen Kindergartens, nach dem Kinder als kleine Menschen den großen gleichwürdig gesehen werden.[4] Frau J. drückt dies mit dem Wort ‚Partnerschaftlichkeit' aus und bezieht sich mit dem Begriff ‚Freiheit', die sie für die Kinder möchte, auf einen Kernpunkt des Pädagogischen Handlungskonzepts.[5] Trotzdem dürfen Kinder im offenen Kindergarten nicht machen, was sie wollen. Struktur und Verlässlichkeit gehören in das pädagogische Konzept des Offenen Kindergartens, betont Frau J. weiter im Interview. Die Kinder ernst nehmen und ihnen Entscheidungsmöglichkeiten geben steht im Mittelpunkt des pädagogischen Konzepts.[6] In beiden Kindergärten der interviewten Erzieherinnen Frau J. und Frau E. hat jedes Kind eine Bezugserzieherin, es gibt Stammgruppen sowie Kinderkonferenzen.[7] Nach einem ritualisierten Teil am Tagesbeginn können die Kinder entscheiden, in welche Lernwerkstätten sie gehen oder wo sie sich im Freispiel aufhalten möchten. Die Räume sind Funktionsräume, es gibt ein Malzimmer, ein Bauzimmer, ein Verkleidungszimmer etc.[8] Die neuen Erzieherinnen arbeiten sich in der Einrichtung von Frau E. anhand von Literatur in das Konzept des Offenen Kindergartens ein.[9] Die Vorstellung des pädagogischen Konzepts für neue Eltern geschieht an bestimmten Samstagvormittagen, dabei werden auch die

---

2   Vgl. Punkt 6.5 in dieser Arbeit.
3   Interview Frau J. Absatz 64. Das Umgangssprachliche Wort ‚händeln' ist in dem Kontext des Interviews als ‚lenken' zu verstehen.
4   Vgl. Regel 2011a, S. 17.
5   Vgl. Regel 2013, S. 9.
6   Vgl. Interview Frau J. Absatz 72.
7   Vgl. Interview Frau J. Absatz 271 und vgl. Interview Frau E. Absatz 35.
8   Vgl. Interview Frau E. Absatz 35 und Interview Frau E. Absatz 81–92.
9   Vgl. Interview Frau E. Absatz 59.

religiösen Aspekte vorgestellt.[10] In der alltäglichen Zusammenarbeit werden die Eltern an der Wochenwand über die Aktivitäten informiert.[11] Bring- und Holzeit dienen zum Informationsaustausch zwischen der jeweiligen Bezugserzieherin und den Eltern.[12]

Zusammenfassung

Frau E. und Frau J. stellen in den Interviews heraus, dass das Zusammenleben in ihren Einrichtungen nach einer festgelegten Struktur abläuft, die aber dennoch jedem einzelnen Kind eine möglichst große Entscheidungsfreiheit bietet. Kinder und Erziehehrinnen stehen in einem partnerschaftlichen Verhältnis zueinander.

7.1.2 Early Excellence

„In der Arbeit mit den Kindern ist mir auch wichtig, dass man die Kinder auch so respektiert wie sie sind und auch versucht ... sie zu verstehen ... so einen positiven Blick auf das Kind"[13]. Der positive Blick aufs Kind sowie die Veränderung von der defizitären Beobachtung hin zum positiven Verstehen des Verhaltens des Kindes stellen sowohl Frau B. als auch Frau L. im Interview heraus.[14] Die Einarbeitung der neuen Erzieherinnen sowie die Vorstellung des Konzepts beim Elternabend für die neuen Eltern wird als wichtig erachtet.[15] Durch Beobachtung und Dokumentation werden die Interessen der Kinder ermittelt und entsprechende Angebote für und mit den Kindern geplant.[16] In Zusammenarbeit mit den Eltern wird überlegt, wie die Eltern ihre Kinder auch daheim fördern können.[17] *„Und dann überlegen wir gemeinsam, was die Eltern vielleicht zu Hause machen können oder was schon zu Hause vielleicht passiert, wird dann einfach so ausgetauscht und besprochen."*[18] Die Entwicklung des Kindes wird im „Angebotsbuch" oder „Kinderordner" festgehalten. Dazu werden Fotos von den Angeboten ausgedruckt und mit den Kindern beschriftet.[19] Für die Entwicklung des Kindes wird eine gute Zusammenarbeit in Form des Austauschs mit den Eltern als wichtig erachtet.[20] Im Familienzentrum, das an den Kindergarten angegliedert ist, finden Angebote von Eltern und Erzieherinnen statt, wie zum Beispiel Eltern-

---

10 Vgl. Interview Frau J. Absatz 17 und Absatz 44.
11 Vgl. Interview Frau J. Absatz 253.
12 Vgl. Interview Frau J. Absatz 221 und Absatz 271.
13 Interview Frau L. Absatz 54
14 Vgl. Interview Frau B. Absatz 105 und Interview Frau L. Absatz 54 und Absatz 66.
15 Vgl. Interview Frau L. Absatz 62.
16 Vgl. Interview Frau L. Absatz 70 und Interview Frau B. Absatz 70–75.
17 Vgl. Interview Frau L. Absatz 70.
18 Interview Frau L. Absatz 70
19 Vgl. Interview Frau B. Absatz 70–75.
20 Vgl. Interview Frau L. Absatz 105 und Interview Frau B. Absatz 105.

café, Krabbelgruppe, Singgruppe, Gymnastikgruppe, Nähkurs[21] oder der Elternkurs kess religiös erziehen: Staunen-Fragen-Gott entdecken.[22] Frau L. meint zum
Familienzentrum: *„Also es ist so ein Selbstläufer so ein bisschen"*[23].

Zusammenfassung

Den positiven Blick aufs Kind und die Zusammenarbeit mit den Eltern stellen
Frau L. und Frau B. als zentrale Aspekte ihres pädagogischen Handelns nach dem
Handlungskonzept Early Excellence heraus. Die beiden Familienzentren, die an
die Einrichtungen angegliedert sind, bieten als Unterstützung Angebote für die
Eltern mit und ohne ihre Kinder.

7.1.3 Infans

Alle sechs Einrichtungen, die nach infans arbeiten, haben Stammgruppen und
Funktionsräume bzw. -bereiche eingerichtet, wie z.B. einen Baubereich, ein Verkleidungszimmer, eine Puppenecke, Forscherräume oder unterschiedliche Lernwerkstätten.[24] Nach der Meinung von Frau I. lebt das infans-Konzept vom Raum-
und Materialangebot.[25] Die Erzieherinnen planen im Team, wie sie das infans-
Konzept umsetzen.[26] Den Kindern wird die Möglichkeit gegeben, miteinander
in verschiedenen Zusammensetzungen zu spielen. Manche Gruppen finden sich
durch Zuneigung oder Freundschaft, andere zufällig, wenn es sich so aus der
Situation heraus ergibt. Wichtig ist dabei zum Beispiel Frau I., dass die Kinder zu
den eigenen Entscheidungen stehen, d.h. nicht ständig die Spielgruppen wechseln,
sobald zum Beispiel der Freund auftaucht.[27] Generell findet die Arbeit in Themen-
gruppen statt.[28] Die Erzieherinnen beobachten die Kinder in der Freispielphase
und werten die Beobachtung pädagogisch aus. Daraus erheben sich die Themen
und Interessen der Kinder und planen Projekte.[29] *„Und manchmal ergeben sich
dann auch eben Themen, wenn zum Beispiel Thema Angst oder Thema Alleinesein analysiert wird, da / dass man daraus Projekte macht, also das find ich ganz
wichtig"*[30]. Auch andere Beispiele für Themen aus der Beobachtung der Kinder
werden benannt: *„„Lass mich meine eigene Sachen machen, ich möchte kreativ*

---

21 Vgl. Interview Frau L. Absatz 189.
22 Vgl. Nachtrag Interview Frau B. Absatz 2–3.
23 Interview Frau L. Absatz 189
24 Vgl. Interview Frau G. und H. Absatz 49–53 und Interview Frau F. Absatz 31.
25 Vgl. Interview Frau I. Absatz 78.
26 Vgl. Interview Frau F. Absatz 19.
27 Vgl. Interview Frau I. Absatz 84.
28 Vgl. Interview Frau I. Absatz 64 und Absatz 68.
29 Vgl. Interview Frau F. Absatz 31.
30 Interview Frau F. Absatz 29

sein', zum Beispiel als Thema oder ... ‚Ich möchte geliebt werden', ‚Lass mich frei sein', solche Themen beschäftigen die Kinder."[31]

Das infans-Konzept wird von den Erzieherinnen grundsätzlich als pädagogisch hilfreich gesehen. Allerdings äußerten verschiedene Erzieherinnen auch unterschiedliche Kritikpunkte. Frau K meint beispielsweise: „*Ich hab einfach zum Teil meine Schwierigkeiten mit infans, weil das Leben sich nicht so in die Verwaltung pressen lässt wie das manchmal bei infans gefordert ist*"[32]. Nach Einschätzung von Frau G. und Frau H. fehlen ihnen die Rahmenbedingungen, um wirklich streng nach infans zu arbeiten. Dazu bräuchten sie weniger Kinder (25 sind zu viel).[33] Des Weiteren stellt Frau H. fest: „*Und dieses mit denen Beobachtungen, also da kommt man dann auch gar nicht rum, sei es auch mit der fachlichen Reflexionen oder ein IC zu machen, einfach schwierig*"[34]. Die Portfolioarbeit ist für sie auch nur mit den größeren Kindern möglich, die ihre Bilder selbst abheften, bei den jüngeren fehlt den Erzieherinnen die Zeit. Das Feiern der Feste spielt eine zentrale Rolle im Kindergarten, was aber nach Eischätzungen der beiden Erzieherinnen nicht infans entspricht.[35] Auch Frau D. merkte in Bezug auf die religiöse Bildung und Erziehung an: „*Und natürlich kommt noch dazu, im Infans-Konzept ist jetzt zum Beispiel die Religiosität NICHT verankert*"[36]. Frau A., Frau I. und Frau G. und H. berichten hingegen, dass sie in ihrer Einrichtung auch religiöse und religionspädagogische Erziehungs- und Handlungsziele formuliert haben.[37] Frau F. berichtet, dass sie religiöse Erziehungs- und Handlungsziele nur sehr vorsichtig formuliert haben, da der evangelische Charakter nicht im Vordergrund stehen soll, sondern mehr der interkulturelle.[38] Allgemein nennen die Erzieherinnen als Erziehungs- und Handlungsziele zum Beispiel ‚Bewegung – mein Körper, mich selbst spüren', in die auch das soziale Miteinander hineinspielt, da sich die Kinder bewegen und im Spiel mit den anderen einigen und verständigen müssen, um das Spiel am Laufen zu halten. Oder ‚Sprache – sich ausdrücken können'. Dabei steht im Mittelpunkt, dass nicht ein Sprachangebot durchgeführt wird, sondern dass das Erziehungs- und Handlungsziel in den Alltag integriert wird.[39] Weitere genannte Erziehungsziele sind: Persönlichkeitsentwicklung, Gemeinschaftsfähigkeit, Naturpädagogik, Lebenspraxis – für sich selber sorgen, Körpererfahrung,[40] Kreislauf der Natur, Vorbereitung auf die Schule und sich

---

31 Interview Frau C. und D. Absatz 22
32 Interview Frau K. Absatz 114
33 Vgl. Interview Frau G. und H. Absatz 177–185.
34 Interview Frau G. und H. Absatz 184
35 Vgl. Interview Frau G. und H. Absatz 177–185.
36 Interview Frau C. und D. Absatz 48
37 Vgl. Interview Frau A. Absatz 42, Interview Frau I. Absatz 114 und Interview Frau G. und H. Absatz 232–233.
38 Vgl. Interview Frau F. Absatz 32–33.
39 Vgl. Interview Frau K. Absatz 91.
40 Vgl. Interview Frau I. Absatz 114 und Absatz 130.

wohlfühlen.[41] Als grundlegendes Ziel hält Frau D. für sich fest: „ *... das kommt eben auch vom infans-Konzept: ‚Wie sollen die Kinder, wenn sie mal erwachsen sind, sein?' Und da hab ich halt so ein Bild vor Augen, dass es so glückliche, zufriedene, lebensbejahende Menschen werden, die tolerant sind und eine Freude haben und ja also viele Dinge gerne machen, einfach so was Positives haben. Das ist so mein Hauptziel.* "[42]

Zusammenfassung

Die Erziehungs- und Handlungsziele sowie die beobachteten Themen und Interessen der Kinder und die daraus resultierenden Projekte und ICs für die einzelnen Kinder stehen für die Erzieherinnen im Mittelpunkt, die nach dem pädagogischen Handlungskonzept infans arbeiten. Der hohe Verwaltungsaufwand, den das Konzept nach Einschätzung mancher Erzieherinnen mit sich bringt, wird kritisch beurteilt. Die Frage, ob religiöse Bildung und Erziehung im infans-Konzept verankert ist, beantworten die Erzieherinnen unterschiedlich.

7.1.4 Pädagogische Konzeption

In zwei der sechs infans-Einrichtungen ersetzen die Erziehungs- und Handlungsziele die pädagogische Konzeption der Einrichtung[43] und werden im Team mit neuen Teammitgliedern überarbeitet.[44] In der Einrichtung von Frau I. sind die zwölf nach infans erarbeiteten Erziehungs- und Handlungsziele in die pädagogische Konzeption des Kindergartens integriert.[45] Jede Einrichtung weist ihre eigene Form einer pädagogischen Konzeption auf. Bei Frau J., die nach dem pädagogischen Handlungskonzept des Offenen Kindergartens arbeitet, wird die pädagogische Konzeption (in Form eines Ordners) immer wieder weiterentwickelt, je nach Themen und Personen. Die Eltern erhalten in Form von Elternbriefen die Veränderungen.[46] „ *Das Konzept wächst, solange die Leute hier sind. Es verändert sich und in so einem Ordner kann man das prima machen.* "[47] Die Konzeption der Einrichtung von Frau E., der ebenfalls das pädagogische Handlungskonzept des Offenen Kindergartens zugrunde liegt, wurde mit externer Unterstützung in einer pädagogischen Ideenwerkstatt von Erzieherinnen im Jahr 2003 entwickelt und im Jahr 2012 überarbeitet.[48] Die Partizipation der Kinder, die in der pädagogischen Konzeption verankert ist, stellt Eltern vor die Herausforderung, zum Beispiel akzeptieren zu müssen, dass ihr Kind nicht am Waldprojekt teilnimmt, weil

---

41 Vgl. Interview Frau G. und H. Absatz 119, Absatz 210 und Absatz 265.
42 Interview Frau C. und D. Absatz 55
43 Vgl. Interview Frau A. Absatz 42 und Interview Frau C. und D. Absatz 46.
44 Vgl. Interview Frau A. Absatz 42.
45 Vgl. Interview Frau I. Absatz114.
46 Vgl. Interview Frau J. Absatz 88–90.
47 Interview Frau J. Absatz 90
48 Vgl. Interview Frau E. Absatz 43 und Absatz 63–65.

das Kind es nicht möchte; den Eltern (und teilweise auch Erzieherinnen) fällt die Akzeptanz der Entscheidung des Kindes manchmal schwer.[49] Trotzdem wurde die Konzeption sehr elternorientiert erstellt. „*Ja, ist einfach zu lesen. Bisschen kundenorientiert war uns wichtig, für Eltern auch.*"[50] Elternarbeit ist insgesamt ein wichtiger Punkt in der Konzeption der Einrichtungen, auch im Hinblick auf die Entwicklung des Kindes.[51]

Verschiedene religiöse Elemente sind in den pädagogischen Konzeptionen der einzelnen Einrichtungen (auch kommunal) integriert, wie zum Beispiel das Kennenlernen und die Zusammenhänge von biblischen Geschichten, der Kindergarten als Ort der Gemeinschaft, der Umgang mit der Bibel auch für Eltern,[52] das religiöse Ritual des ‚Freitagssegens'[53], gemeinsame Rituale und Aktivitäten, religiöse Feste und Feiern sowie die Kooperation mit der evangelischen und katholischen Kirchengemeinde vor Ort.[54] In drei der sechs Einrichtungen, die nach infans arbeiten, ist die religiöse Bildung und Erziehung in den nach infans erarbeiteten Erziehungs- und Handlungsziele formuliert.[55] Frau B. ist der Meinung, dass das ganze Team hinter der religiösen Bildung und Erziehung stehen muss, auch wenn die persönlichen Bezüge zum Thema Religion unterschiedlich ausgeprägt sind.[56] Die Einrichtung von Frau A. hat viel Kontakt zum Pfarrer. Die Erzieherinnen haben durch den Träger, die katholische Kirchengemeinde, religionspädagogische Fortbildungen.[57] In der Einrichtung von Frau C. und D. nimmt die Kirchengemeinde als Träger wenig Einfluss auf die religiöse Bildung und Erziehung. Aber das Stadtdekanat, das zuständig ist für die Verwaltung des Kindergartens, nimmt darauf Einfluss durch das Qualitätshandbuch und die Umsetzung des Rottenburger Kindergartenplans. „*Also es gibt den Bildungsbereich Religion, wo eben solche Sachen dann da sind, die Kinder sich das selber auch erarbeiten können.*"[58] Auch die Fachberatung fordert die Erarbeitung von religiösen Bildungs- und Handlungszielen.[59] „*Ich find's auch wichtig, dass die Kitas dann auch katholisch sind, dass man sich das aussuchen kann. Und dass in katholischen Kitas vielleicht noch ein bisschen auf anderes Wert gelegt wird, als jetzt in städtischen Kitas zum Beispiel*"[60]. Als Leiterin hat Frau J. bei ihrem Träger für

49 Vgl. Interview Frau E. Absatz 113.
50 Interview Frau E. Absatz 77
51 Vgl. Interview Frau C. und D. Absatz 26 und Interview Frau B. Absatz 105.
52 Vgl. Interview Frau J. Absatz 358.
53 Vgl. Interview Frau I. Absatz 152.
54 Vgl. Interview Frau E. Absatz 123.
55 Vgl. Interview Frau C. und D. Absatz 126, Interview Frau I. Absatz 114 und Interview Frau A. Absatz 42.
56 Vgl. Interview Frau B. Absatz 246.
57 Vgl. Interview Frau A. Absatz 71 und Absatz 76.
58 Vgl. Interview Frau C. und D. Absatz 118.
59 Vgl. Interview Frau C. und D. Absatz 118.
60 Interview Frau C. und D. 166

die Erstellung eines Leitbildes gekämpft, das die Grundlage für die Ausrichtung der pädagogischen Arbeit bildet. Der Pfarrgemeinderat zeigte zunächst wenig Interesse an der Erarbeitung eines Leitbildes, doch Frau J. hat sich dafür stark gemacht.[61] Jahre zuvor hat sie das Offene Konzept dem Pfarrgemeinderat vorgestellt und diesen davon überzeugt. Bei Frau E. hingegen steht die Kommune als Träger der Einrichtung von Anfang an hinter dem offenen Konzept.[62]

Zusammenfassung

Die acht Konzeptionen der einzelnen Einrichtungen bzw. die von zwei infans-Einrichtungen formulierten Erziehungs- und Handlungsziele weisen nach den Berichten der Erzieherinnen in den Interviews alle eine eigene Entstehungsgeschichte sowie eine individuelle Form und Struktur auf. Die Zusammenarbeit mit den Eltern stellen die Erzieherinnen als einen wichtigen Teil der einzelnen Konzeptionen heraus. In den Konzeptionen beziehen sich die Einrichtungen auf das pädagogische Handlungskonzept, das sie ihnen zugrunde gelegt haben; das Interesse des Trägers an den Konzeptionen bzw. an den pädagogischen Handlungskonzepten gestaltet sich unterschiedlich. Die Erzieherinnen beschreiben in den Interviews Elemente religiöser Bildung und Erziehung sowohl in den Konzeptionen konfessioneller als auch den kommunaler Einrichtungen in unterschiedlicher Intensität.

7.1.5 Fazit

Zusammenfassung

Die Erzieherinnen stellen in den Interviews die spezifischen Merkmale der einzelnen pädagogischen Handlungskonzepte heraus, wie zum Beispiel beim Offenen Konzept die möglichst große Entscheidungsfreiheit der Kinder, die Frau J. bei der Entscheidung, nach dem Konzept des Offenen Kindergartens zu arbeiten, so ausdrückt: „Ich wollte mehr Freiheit für die Kinder."[63] Frau L. und B. stellen die Zusammenarbeit mit den Eltern als ein zentrales Element des Arbeitens nach dem Early-Excellence-Ansatz heraus. *„Und dann überlegen wir gemeinsam, was die Eltern vielleicht zu hause machen können oder was schon zu Hause vielleicht passiert, wird dann einfach so ausgetauscht und besprochen."*[64] Die Zusammenarbeit mit den Eltern wird hier als wichtig für die Entwicklung des Kindes erachtet. Beim Infans-Konzept stehen die Erarbeitung der Erziehungs- und Handlungsziele sowie die Beobachtung der Themen und Interessen der Kinder im Mittelpunkt. *„Und manchmal ergeben sich dann auch eben Themen, wenn zum Beispiel Thema Angst oder Thema Alleinesein analysiert wird, dass man daraus Projekte macht,*

---

61 Vgl. Interview Frau J. Absatz 72 und Absatz 346–348.
62 Vgl. Interview Frau E. Absatz 153.
63 Interview Frau J. Absatz 64
64 Interview Frau L. Absatz 70

also das find ich ganz wichtig"[65]. Alle Einrichtungen haben Funktionsräume bzw. -bereiche, es gibt Stammgruppen und Bezugserzieherinnen und die Zusammenarbeit mit den Eltern wird als wichtig herausgestellt. Die pädagogischen Konzeptionen der Einrichtungen weisen unterschiedliche Entstehungsgeschichten, Formen und Strukturen auf. In allen Konzeptionen sind Elemente religiöser Bildung und Erziehung verankert. Ein religionspädagogisches Handlungskonzept wird von keiner der interviewten Erzieherinnen als theoretische Grundlage für das religionspädagogische Arbeiten in den Einrichtungen erwähnt. Die konfessionellen Träger nehmen zu einem großen Teil Einfluss auf die religiöse Bildung und Erziehung in den Kindertageseinrichtungen, sei es durch persönlichen Kontakt oder zum Beispiel auch durch das Angebot für Fortbildungen im religionspädagogischen Bereich.

Reflexion

Die Erzieherinnen identifizieren sich zu einem großen Teil mit dem pädagogischen Handlungskonzept, nach dem sie in ihrer Einrichtung arbeiten. Insbesondere den positiven Blick aufs Kind und die Zusammenarbeit mit den Eltern beim Ansatz von Early Excellence stellen die beiden Erzieherinnen Frau L. und Frau B. als zentrale Momente ihres pädagogischen Arbeitens heraus. Dies zeigt, dass sie nach den wesentlichen Aspekten des Konzepts arbeiten. Genauso betonen Frau J. und Frau E. die Wichtigkeit der Entscheidungsfreiheit für die Kinder im alltäglichen Zusammenleben in der Kindertageseinrichtung, was ein Kernpunkt des Arbeitens nach dem Offenen Konzept darstellt. Auch beim infans-Konzept stellen die Erzieherinnen die zentralen Aspekte des Konzepts – die Erziehungs- und Handlungsziele sowie die beobachteten Themen und Interessen der Kinder – in den Mittelpunkt. Aber die Erzieherinnen üben auch Kritik aufgrund des von ihnen so empfundenen hohen Verwaltungsaufwandes. Schwierigkeiten bei der Umsetzung des Konzepts beschreiben Frau G. und H., denen die Zeit für die Portfolioarbeit bei den kleineren Kindern und für das Erstellen eines Individuellen Curriculums fehlt. Bei dieser Aussage stellt sich die Frage, welche Weiterentwicklungen der Organisationsstrukturen in der Kindertageseinrichtung nötig sind, um das Handlungskonzept kindzentriert umsetzen zu können. In Bezug auf die pädagogischen Konzeptionen der Einrichtungen stellt sich bei den infans-Einrichtungen zugleich die Frage, warum nicht alle Einrichtungen ihre Konzeptionen durch die formulierten Erziehungs- und Handlungsziele ersetzt haben. Lediglich zwei von sechs Einrichtungen arbeiten aus dieser Perspektive streng nach dem infans-Konzept. Die bereits in Punkt 2.4.3 dargestellte synonyme Verwendung der Begriffe 'Konzeption' und 'Konzept' spiegelt sich auch in den Interviews wider. Frau J. beschreibt zwar, dass sie die pädagogische Konzeption in Form eines Ordners immer wieder weiterentwickelt, abhängig von den Themen und Personen, aber sagt: *„Das Konzept wächst, solange die Leute hier sind. Es verändert sich und in*

---

65   Interview Frau F. Absatz 29.

so einem Ordner kann man das prima machen."[66] Positiv hervorzuheben ist hier allerdings die ständige Weiterentwicklung der Konzeption, die in anderen Einrichtungen insofern nur schwerer gegeben sein kann, da die Konzeptionen dort in gedruckter und gebundener Form vorliegen. Aspekte religiöser Bildung und Erziehung sind in allen Konzeptionen bzw. in den Handlungs- und Erziehungszielen der Einrichtungen in unterschiedlichem Maß verankert, wie zum Beispiel religiöse Feste und Feiern, der Kindergarten als Ort von Gemeinschaft oder die Kooperation mit der Kirchengemeinde. Allerdings beschreiben die Erzieherinnen von konfessionellen Einrichtungen eine deutlich intensivere Auseinandersetzung mit den Themen innerhalb der Konzeptionen im Vergleich zu den beiden Erzieherinnen der kommunalen Einrichtungen. Eine ausführliche Darstellung der Ergebnisse aus den Interviews zur religiösen Bildung und Erziehung in Kindertageseinrichtungen wird nun im folgenden Punkt 7.2 dargelegt.

7.2 Religiöse Bildung und Erziehung

Das Thema ‚Religiöse Bildung und Erziehung' nimmt in den Interviews einen großen Raum ein. Diese Tatsache lässt sich auf die Themenstellung und die Fragen im Interviewleitfaden zurückführen.[67] Alle interviewten Erzieherinnen verbindet, dass sie selbst einen persönlichen Bezug zum Glauben besitzen und einer christlichen Konfession angehören.

Die Auswertung der Interviews erfolgt thematisch gegliedert und strukturiert entlang der in Punkt 3.6 inhaltlich entwickelten Kategorien, die in Punkt 6.4.4 systematisch in Tabelle 2 dargestellt sind. Die entwickelten Kategorien für den Themenbereich der religiösen Bildung und Erziehung schließen die Eltern, die Erwartungen des Trägers und die Kinder mit ein. So wird der Themenkomplex unterteilt in die Bereiche Weltanschauungen und Religionen im Kindergarten (7.2.1), Eltern (7.2.2), Träger (7.2.3), Kinder (7.3.4), religionspädagogische Praxis (7.2.5), religionssensible Bildung (7.2.6) und Orientierungsplan mit dem sechsten Entwicklungsfeld Sinn, Werte und Religion (7.2.7). Am Ende der einzelnen Kategorien erfolgt eine kurze Zusammenfassung der Ergebnisse. In Punkt 7.2.8 wird ein Fazit gezogen, das in zwei Abschnitte gegliedert ist: erstens Zusammenfassung und zweitens Reflexion der Ergebnisse. Ziel der Auswertung ist es, Indikatoren für eine Annäherung an Antworten auf folgende Forschungsfrage zu finden: Wie findet religiöse Bildung und Erziehung im pädagogischen Alltag der Kindertageseinrichtungen statt und ist diese als religionssensible Bildung und Erziehung zu klassifizieren?

Zur religiösen Bildung und Erziehung in Kindertageseinrichtungen allgemein finden sich verschiedene Auffassungen und Aussagen in den Interviews. Frau E. stellt grundsätzlich für sich fest, dass Religion in der Gesellschaft negativ besetzt

---

66 Interview Frau J. Absatz 90
67 Vgl. Punkt 5.5 in dieser Arbeit.

ist. Sie wünscht sich, dass sich die Gesellschaft ändert und mehr Wert auf religiöse Erziehung legt.[68] Religiöse Bildung und Erziehung zeigt sich auf vielfältige Weise im Alltag der Kindertageseinrichtungen und wird von den Erzieherinnen unterschiedlich gestaltet. Religiöse Erziehung, so wie sie im Orientierungsplan beschrieben wird, bedeutet für Frau K. nicht, den Kindern biblische Geschichten zu erzählen, sondern es geht für sie um die Verbindung von Christentum und Kultur und um das Zusammenleben im Kindergarten.[69] Frau J. hingegen legt großen Wert darauf, dass die religiöse Bildung und Erziehung explizit in der Kindertageseinrichtung erfahrbar wird. So wird die religiöse Bildung und Erziehung in das jährlich wechselnde Geburtstagsritual integriert, das jedes Jahr gemeinsam im Team entwickelt wird. Im vorangegangenen Jahr stand der Name der Kinder im Mittelpunkt. *„Und dann haben wir eben geguckt, was gibt es da für Heilige oder andere tolle Leute mit denen sich die Kinder identifizieren können und haben eben dann so kurz erzählt".*[70] Die Eltern wurden aufgefordert ihrem Kind einen Brief mit in den Kindergarten zu geben, auf dem sie beschreiben, warum sie dem Kind diesen Namen gegeben haben. In der Einrichtung wurde dann über den Namen gesprochen und das Kind wurde von der Bezugserzieherin mit Öl gesegnet. Dazu wurde ein selbstgeschriebenes Segensgebet gesprochen. Im Jahr des Interviews steht der Garten als Bild vom Kindergarten im Mittelpunkt. Die jüngsten Kinder sind Blumenkinder, die mittleren die Wiesenkinder und die ältesten die Baumkinder in der Einrichtung.[71] Zum Geburtstag wird mit jedem einzelnen Kind als ‚Baumkind' der Same eines Wunderbaums in einen Topf gesät, jedes ‚Wiesenkind' erhält Samen für Wiesenblumen, die gemeinsam gesät werden. *„Und dann stecken wir so Gärtnerzettelchen da rein und dann sollen die Eltern schon mal eins beschriften, was denn schon so Großartiges in ihrem Kind gewachsen ist. Also die Stärken."*[72] Auch die Kinder in der Gruppe sammeln, was das Geburtstagskind besonders gut kann, was dann auf die Gärtnerzettelchen geschrieben wird.[73] Dazu singen alle das selbstgedichtete Kindergartenlied, in dem die Eltern als Erde beschrieben sind, die den Blumen, der Wiese und den Bäumen schützenden Raum gibt. Die Erzieherinnen sind die Gärtnerinnen, die gießen und Gott ist die Sonne, die Kraft zum Leben gibt.[74] Zum Schluss wird noch ein Geburtstagslied gesungen, in dem eine Segensstrophe mit Gott vorkommt.[75]

Religiöse Bildung und Erziehung muss für Frau D. erfahrbar sein. Kinder müssen Religion erleben können, sie darf nicht theoretisch vermittelt werden.[76]

---

68 Vgl. Interview Frau E. Absatz 222.
69 Vgl. Interview Frau K. Absatz 136–140.
70 Interview Frau J. Absatz 360
71 Interview Frau J. Absatz 261
72 Interview Frau J. Absatz 361
73 Interview Frau J. Absatz 362
74 Interview Frau J. Absatz 261
75 Interview Frau J. Absatz 362
76 Vgl. Interview Frau C. und D. Absatz 231.

In der Einrichtung von Frau I. kann Religion im Alltag zum Beispiel im täglichen Stuhlkreis oder im wöchentlichen Ritual des Freitagssegens erlebt werden. Als weiteres praktisches Beispiel führt Frau I. an: *„Ich hab einmal erlebt, wir haben irgendein Lied eingeführt, ‚Du brauchst einen Freund, auf den du bauen kannst, der Freund heißt Jesus Christ‘, so ein altes Jungscharlied, dann hat ein Kind gesagt: ‚Ich würd ja auch gern so einen Freund haben, ja, ... würd ich gern haben, aber ... mein Papa, der glaubt an so Zeugs nicht.‘"*[77] In diesem Beispiel von Frau I. zeigt sich, dass das Kind Differenzen zwischen der religiösen Bildung und Erziehung in der Kindertageseinrichtung und in seiner Familie erlebt, diese wahrnimmt und ausdrücken kann.

Zusammenfassung

Religiöse Bildung und Erziehung zeigt sich in den Kindertageseinrichtungen in unterschiedlichen Facetten. Während Frau K., die in einer kommunalen Einrichtung arbeitet, religiöse Bildung und Erziehung als Kulturgut ansieht, das die Kinder in der Kindertageseinrichtung kennenlernen, steht für Frau J., die in einer konfessionellen Einrichtung arbeitet, eine explizite religiöse Bildung und Erziehung im Vordergrund. Diese zwei Beispiele machen deutlich, dass die Erzieherinnen Religion unterschiedlich verstehen. Während der Religionsbegriff von Frau K. einem funktionalen Begriff von Religion zuzuordnen ist, lässt sich das Verständnis von Frau J. eher als ein phänomenologisches Religionsverständnis beschreiben.[78] Unter Verwendung der Terminologie von Lechner kann der Religionsbegriff von Frau K. dem Existenzglauben zugeordnet werden, das Religionsverständnis von Frau J. dem Transzendenzglauben.[79] Die Unterschiedlichkeit des Religionsverständnisses ist somit nicht nur in der wissenschaftlichen Literatur zu finden, sondern auch in der Praxis religiöser Bildung und Erziehung in Kindertageseinrichtungen.

7.2.1 Weltanschauungen und Religionen im Kindergarten

Die Erzieherinnen zeigen sich gut informiert über die verschiedenen Religionszugehörigkeiten der Kinder in den Einrichtungen. Überwiegend gehören die Kinder den christlichen Konfessionen evangelisch oder katholisch an, es gibt Kinder muslimischen Glaubens und Kinder, die keiner Religion zugehören.[80] In den Interviews werden auch Kinder hinduistischen[81], griechisch-orthodoxen[82], russisch-

---

77 Interview Frau I. Absatz 214
78 Vgl. Porzelt 2009, S. 50–51. Vgl. hierzu auch Punkt 2.3.4 in dieser Arbeit.
79 Vgl. hierzu ausführlich Punkt 2.3.2 und Punkt 5.4 in dieser Arbeit.
80 Vgl. Interview Frau A. Absatz 10, Interview Frau B. Absatz 15–18, Interview Frau C. und D. Absatz 5–10 und Interview Frau E. Absatz 7 und Absatz 9.
81 Vgl. Interview Frau L. Absatz 5 und Interview Frau J. Absatz 114.
82 Vgl. Interview Frau L. Absatz 5, vgl. Interview Frau A. Absatz 10 und Interview Frau C. und D. Absatz 5–10.

orthodoxen[83], buddhistischen[84] und jüdischen[85] Glaubens erwähnt sowie Evangelikale[86], Neu-Apostolische[87], die Zeugen Jehovas[88] und esoterische Richtungen[89].

Die Erzieherinnen berichten in den Interviews, dass das Thema Religion im Alltag häufig über das Essen thematisiert wird. *„Ja, was ist das, Muslim? Warum essen die dann kein Schwein?"*[90] In den Kindergärten wird darauf geachtet, dass muslimischen Kinder kein Schweinefleisch essen und auch keine Produkte, bei deren Herstellung Teile von Schweinen verwendet werden, wie zum Beispiel Gummibärchen. Bei Kindern, die nur halal geschlachtetes Fleisch essen dürfen, das in den Kindergärten nicht zur Verfügung steht, achten die Erzieherinnen darauf, dass diese Kinder vegetarisch essen.[91] Genauso wird in vielen Einrichtungen respektiert, wenn Kinder nicht mit in die Kirche dürfen.[92] *„Wenn wir jetzt Weihnachten feiern, dann fragen wir auch die Familien, in wie weit die das mittragen können, also wir tauschen uns da auch aus und manche Familien sagen: ‚Ach wir glauben an Allah, da gibt's Jesus auch, nehmt die mal ruhig mit in die Kirche', das ist das eine und manche sagen: ‚Nein, ich möchte, dass mein Kind da gar nichts von hört.' Das respektieren wir auch"*[93]. Respekt gegenüber anderen Religionen ist den Erzieherinnen sehr wichtig, die Eltern zeigen sich oft überrascht über diese Akzeptanz.[94] Auch in der Einrichtung von Frau I. haben die Erzieherinnen einen Weg für sich gefunden mit einem Kind umzugehen, das den Zeugen Jehovas angehört und an dem wöchentlichen Ritual des Freitagssegens in der Einrichtung nicht teilnehmen darf. *„Also wir haben jetzt ein Zeuge Jehova-Kind, das darf beim Freitagssegen nicht teilnehmen, wir möchten ihn aber nicht ausschließen, der darf immer in die Leseecke. Weil er hat sich, weil er's nicht hören darf immer die Ohren zugehalten, das war dann sehr störend und dann haben wir gesagt: ‚Okay darfst in die Leseecke', so ist er dann mit dabei, aber kann dann sich die Ohren zuhalten, wenn er möchte"*.[95]

Der Umgang mit den verschiedenen Religionen sowie interreligiöses Lernen geschieht in den einzelnen Einrichtungen auf unterschiedliche Art und Weise. Die Erzieherinnen erzählen dazu vielfältige praktische Beispiele. Frau C. und D. teilen

---

83   Vgl. Interview Frau L. Absatz 5.
84   Vgl. Interview Frau Interview Frau C. und D. Absatz 5–10.
85   Vgl. Interview Frau E. Absatz 9.
86   Vgl. Interview Frau G und H. Absatz 5–7.
87   Vgl. Interview Frau G und H. Absatz 5–7.
88   Vgl. Interview Frau I. Absatz 47.
89   Vgl. Interview Frau K. Absatz 7.
90   Interview Frau L. Absatz 100
91   Vgl. Interview Frau E. Absatz 127, Interview Frau A. Absatz 61 und Interview Frau F. Absatz 55.
92   Vgl. Interview Frau A. Absatz 61.
93   Interview Frau F. Absatz 33
94   Vgl. Interview Frau F. Absatz 55.
95   Interview Frau I. Absatz 47

folgende Auffassung im Umgang mit muslimischen Kindern: „*Die sind's einfach auch gewöhnt. Und das ist das Interessante, dass sehr viele türkische Eltern zum Beispiel sagen, sie wollen, dass ein Kind in eine katholische Einrichtung geht, weil es da eben mehr mitkriegt vom Glauben auch. Also wir haben jetzt zum Beispiel auch kein Problem, wenn wir sagen, wir gehen mit denen in die Kirche. Da sagt keiner: ,Mein Kind darf aber nicht' oder so. Also das ist auch etwas was wir natürlich am Anfang immer sagen, wir machen da keinen Unterschied. Ich kann nicht jemanden da lassen mit einem muslimischen Kind. Aber interessant ist wirklich, dass die dann auf so beten bestehen, dass für die das total wichtig ist. Und das finde ich immer interessant, dass das tatsächlich anders gelebt wird als bei uns, also die fordern so etwas ein. Und ... sind da viel aktiver dabei als ... jetzt die anderen Kinder ... Die werden dann ein bisschen so mitgezogen von denen.*"[96]
Während Frau A. und Frau F. akzeptieren, dass manche muslimische Kinder nicht mit in die Kirche dürfen, steht für Frau C. und D. außer Frage, dass alle Kinder mit in die Kirche gehen. Ähnlich verhält es sich bei der Praxis des Betens. Die muslimischen Kinder beten in dieser Kindertageseinrichtung mit, sie müssen dabei aber nicht die Hände falten. Die beiden Erzieherinnen beschreiben auch eine Situation, in der die Kinder über den Namen Gottes miteinander diskutieren, da ein Kind, das den Zeugen Jehovas angehört, der Erzieherin erklärte, dass sie mit Gott wohl Jahwe meint. Dazu ergänzend fügt Frau D. hinzu: „*Und auch grad bei den muslimischen Kindern ist dann manchmal die Frage: ,Du, bei mir heißt aber der Gott auch Allah, der heißt nicht Gott' und ich so: ,Ja, das ist aber der Selbe. Nur wir beide, also wir Religionen, wir denken ja nur einfach anders, aber wir beten eigentlich an dieselben. Ihr betet auch ein bisschen an Jesus, der ist halt nicht so wie bei uns, der Sohn Gottes, sondern einfach ein Prophet. Und dann reden wir so darüber und manchmal ist es mir sogar einfacher mit einem muslimischen Kind über Religion zu reden, weil sie sie MEHR leben als manch andere, ja christliche Kinder.*"[97] In den beiden Abschnitten zum Thema ,Kirchenbesuch' und ,Beten zu Gott' wird deutlich, dass Frau C. und D. die Unterschiede zwischen den Religionen durchaus bewusst sind, sie aber die konzeptionelle Ausrichtung des konfessionellen Trägers in den Vordergrund stellen. Das christlichkatholische Profil der Einrichtung hat für die beiden Erzieherinnen einen hohen Stellenwert, ihrer Auffassung nach entscheiden sich muslimische Eltern bewusst für diese Ausrichtung, damit die Kinder den Glauben erleben. Einen etwas sensibleren Umgang mit unterschiedlichen Religionen beschreibt Frau E. in ihrer Einrichtung. Dort entscheiden die Eltern, ob die Kinder an den christlichen Festen teilnehmen dürfen oder nicht, oder was die Kinder essen dürfen. Die Entscheidungen der Eltern werden respektiert. Die Leiterin hat früher in einem Kindergarten gearbeitet, in dem muslimische Eltern mit den Kindern das Zuckerfest gefeiert haben. Davon erzählt sie: „*Das Zuckerfest, also Ramazan Bayram. Das war sehr*

---

96 Interview Frau C. und D. Absatz 108
97 Interview Frau C. und D. Absatz 107

süß, also da haben in dieser Zeit die Mütter versucht alles da rein zu bringen,
was sie hatten und dann, die Kinder haben sich wie im Paradies gefühlt, es gab
so tolles Essen und so tolle Sachen ... die Akzeptanz dieser Mütter ist wirklich
gestiegen, also sie haben sich selber zusammen gefunden auch so die Familien
untereinander, es war ein ganz anderer Austausch hinterher. Sie haben sich ein-
fach angenommen gefühlt, akzeptiert in ihrem Glauben, das war für die super
wichtig. Für mich als Außenstehende war es einfach halt ein Fest mit viel ja, sie
haben einfach viel Essen mitgebracht, sie wollten nur Gutes, Tolles von ihrem
Glauben uns präsentieren und das haben sie auch gemacht und geschafft und das
war toll."[98] Frau E. beschreibt in diesem Abschnitt den Umgang mit der islamischen Religion in der Einrichtung. Dieses Beispiel entspricht dem vierten Handlungsgrundsatz religionssensibler Bildung, in dem nach dem Gast-Geber-Modell
die muslimischen Eltern die Rolle der Gastgeber in der Kindertageseinrichtung einnehmen und alle eingeladen sind, an den Feierlichkeiten des Zuckerfestes teilzunehmen, um so festliche Bräuche des Islams kennenzulernen. In umge-
kehrter Weise berichtet Frau K., dass die muslimischen Eltern über die religiösen Geschichten, die im Kindergarten erzählt werden, informiert werden. *„Da*
hat auch niemand ein Problem mit, das hab ich auch noch nie erlebt, weil sie
sagen diese Geschichten gibt's bei ihnen auch"[99]. Doch auch in der Einrichtung
von Frau K. werden dem Gast-Geber-Modell entsprechend beispielsweise das
Zuckerfest oder das japanische Puppenfest gefeiert, vorbereitet und durchgeführt
von den Eltern, die der Religion bzw. Kultur angehören.[100] Dem entgegengesetzt
erzählt Frau A. ein Beispiel für den Umgang mit Religionen in ihrem Kindergarten: *„Also zum Beispiel bei unserem Krippenspiel, das ganz spontan entstanden*
ist, da hat die Selin jetzt zum Beispiel die Maria gespielt und die ist Muslim, aber
das ist mir einfach egal, ja weil das sind Kinder, also die sind ja nicht Konfession
und sie war so stolz, dass sie das gemacht und auch die Eltern haben das ganz
toll gefunden"[101]. Frau A. geht in diesem Beispiel vom Interesse des Kindes aus,
allerdings thematisiert sie mit den Kindern nicht die Unterschiede der christlichen
und muslimischen Religion in Bezug auf die Geschichte von Jesu Geburt, die mit
unterschiedlichen Bedeutungen sowohl in der Bibel als auch im Koran steht.

Bei Frau J. besucht seit zwei Monaten ein Kind die Einrichtung, das dem hinduistischen Glauben angehört. Sie hat sich mit der Mutter über die religiöse Bildung und Erziehung in der Einrichtung unterhalten und für sich gelernt: *„Also*
was ich über Hinduismus wusste, ist das, was ich halt von der Schule her noch
weiß ... Aber es macht ganz großen Spaß zuzuhören, wie die Frau sagt wir essen
nun mal Puten, also nur Hühnchenfleisch und wie sie über die Rinder erzählt, ja
... dann frag ich sie immer: ,Ist es ok für euch, wenn wir das so und so machen?
Oder wir erzählen das so?' Und sie sagt immer: ,Ja das ist ok, meine Tochter soll

---

98 Interview Frau E. Absatz 131–133
99 Interview Frau K. Absatz 27
100 Vgl. Interview Frau K. Absatz 103.
101 Interview Frau A. Absatz 69

das hören'."[102] Im Gegensatz zu Frau A. bespricht Frau J. vorher mit der Mutter, ob ihre Tochter an den religiösen Angeboten teilnehmen und mitmachen darf. Die Eltern des muslimischen Mädchens in der Einrichtung von Frau A. haben sich zwar gefreut, dass ihre Tochter die Maria spielen durfte, allerdings fand hier keine bewusste Auseinandersetzung mit der interreligiösen Situation seitens der Erzieherin statt. Die Thematisierung verschiedener Religionen fand beispielsweise in der Einrichtung von Frau B. statt. Hier wurde der Buddhismus thematisiert, da ein Kind dieser Religion angehört. *„Ja, diese Elefantenfigur. Und das haben wir auch aufgegriffen mal und dann durfte dieses Kind auch zu diesem Thema ganz viel mitbringen und dann haben wir so einen indischen Tisch gemacht, weil ja auch da Buddhismus ganz groß geschrieben ist. Und ich find man kann das auch akzeptieren und stehen lassen, dass es nicht nur den einen Glauben gibt, sondern auch den anderen".*[103]

Zusammenfassung

Die Erzieherinnen zeigen sich gut informiert über die verschiedenen Weltanschauungen und Religionen, denen die Kinder in den Kindertageseinrichtungen angehören. Sie berichten über den vielfältigen Umgang mit den verschiedenen Religionen in ihren Einrichtungen. Während in manchen Einrichtungen, wie zum Beispiel bei Frau E., Frau J. und Frau K., ein sensibler Umgang mit der Verschiedenheit festzustellen ist, steht bei Frau A und Frau C. und D. das konfessionelle Profil der Einrichtungen im Vordergrund, ohne dass die Vielfalt der Religionen der Kinder Berücksichtigung findet. Interessant zu beobachten ist auch die Tatsache, dass der Umgang mit Kindern, die keiner Religionsgemeinschaft angehören, von keiner der interviewten Erzieherinnen thematisiert wird.

7.2.2 Eltern

Die Eltern werden in den einzelnen Einrichtungen auf unterschiedliche Weise in die religiöse Bildung und Erziehung mit eingebunden und reagieren auch unterschiedlich auf dieses Thema. Frau K. sieht es beispielsweise als Aufgabe der Eltern an, den Kindern ein Gottesbild anhand der biblischen Geschichten zu vermitteln.[104] Das Feiern von Festen ist im Jahresablauf fester Bestandteil des Kindergartenjahres. Die Eltern reagieren sehr positiv auf die Feste, da sie mit viel Atmosphäre gestaltet werden.[105] *„Ich sag ja im Informationsgespräch mit den Eltern immer, wie gesagt, dass wir alle christlichen Jahresfeste feiern, dass es, je nachdem, wie die Gruppenzusammensetzung ist und die Eltern da uns unterstützen, auch Feste aus anderen Kulturkreisen feiern und ich hab bisher einmal*

---

102 Interview Frau J. Absatz 116
103 Interview Frau B. Absatz 238
104 Vgl. Interview Frau K. Absatz 142.
105 Vgl. Interview Frau K. Absatz 219.

erlebt, dass eine Mutter gesagt hat, das will sie nicht und wir wären doch eine
städtische Einrichtung und damals gab's schon den Orientierungsplan, ich's mit
dem dann begründet hab, auch noch mal auf einer anderen Ebene. "[106] Frau K.
stützt sich als Leiterin einer städtischen Einrichtung auf den baden-württembergischen Orientierungsplan, um das Feiern verschiedener religiöser Feste in der Einrichtung den Eltern zu begründen. Frau J. berichtet darüber, dass manche Eltern
die religiöse Bildung und Erziehung im Kindergarten ablehnen und beschreibt
ihre Schwierigkeiten mit diesen Eltern, die sie als orientierungslos empfindet,
wenn sie mit religiösen Themen konfrontiert werden.[107] Sie erzählt ein praktisches
Beispiel zum Thema religiöse Bildung und Erziehung in Zusammenarbeit mit den
Eltern: „Da war jetzt gerade heute ein Elterngespräch, das Kind ist sechs Jahre,
kommt jetzt in die Schule, ist ein Mädchen, die ist aber erst ein paar Monate bei
uns. Hat da ein Wechsel gegeben. Und der Papa erzählt jetzt von Ängsten. Das
Kind wird jetzt auch bald sieben, also, es ist eigentlich in dem Alter, in dem wir
sagen, ja, da verschwindet es auch langsam, dass Kinder denken Papa und Mama
sind die Götter. Also die können ALLES, sie sehen sehr wohl, dass das nicht so
ist und jetzt braucht man eben diesen Transfer, dass Papa sagt: ‚Ich hab AUCH
noch einen Papa. Du hast auch einen und der, der ist anders. Und der guckt auf
uns und dem können wir das jetzt sagen.' Ja? und das war eben durch und durch
und da hat er gesagt: ‚Du, J., ehrlich, damit hab ich schon lange abgeschlossen. Das kann ich nicht glauben.' Und dann sagt er so mit einer Pause: ‚Obwohl
ich es vielleicht glauben möchte, aber nein, nein das kann ich nicht glauben, das
glaub ich nicht und so kann ich das auch meiner Tochter nicht sagen.'"[108] In diesem Abschnitt wird die Unsicherheit des Vaters mit dem Thema ‚Glauben' deutlich. Einerseits glaubt er nicht, da er für sich mit dem Thema abgeschlossen hat,
andererseits zeigt sich eine Sehnsucht nach einem Glauben. Die eigene Einstellung zum Thema ‚Glauben' hindert ihn daran, seiner Tochter diesen Weltzugang
zu zeigen. Frau J. setzt sich ausgehend von den Ängsten des Mädchens mit der
Einstellung des Vaters auseinander und versucht in aufgrund seiner eignen Hilflosigkeit zu unterstützen.

   Die Kinder bringen Impulse aus der religiösen Bildung und Erziehung mit
nach Hause. Die Eltern greifen diese aber selten auf und entwickeln sie mit den
Kindern auch nicht weiter. Die Kinder sind an dem Thema Religion interessiert,
die Eltern weniger.[109] Religiöse Lieder, die die Kinder mit nach Hause bringen,
sind oft der Anstoß für Eltern nachzufragen, wo sie die Lieder finden können.
Außerdem bietet ein offenes Elterncafé für die Leiterin (und teilweise auch Pfarrerin) die Möglichkeit, mit den Eltern ins Gespräch zu kommen. Nach dem Tod
des Vaters eines Kindes aus der Einrichtung gab es einen thematischen Elternabend in der Einrichtung von Frau I. zum Thema Tod. Einmal im Jahr gibt es

---

106 Interview Frau K. Absatz 130
107 Vgl. Interview Frau J. Absatz 32.
108 Interview Frau J. Absatz 30
109 Vgl. Interview Frau G. und H. Absatz 426.

dort ein Elternfrühstück, bei dem auch thematisch gearbeitet wird, zum Beispiel zum Thema pädagogische Ziele, die auch religionspädagogische Ziele beinhalten. Frau I. führt ein weiteres Beispiel für die religiöse Bildung und Erziehung mit den Eltern an: *„Weil wir hier zusammen auch das Abendmahl, ein Kinderabendmahl eingeführt haben, dazu gehört ja auch, dass die Kinder und deren Eltern in irgendeiner Weise vorbereitet werden, ja und das haben wir dann auch beim Elternabend mal gemacht, was den Eltern relativ nahe ging, ja und ich hab's dann gemerkt, die sind ganz unruhig geworden, haben gescharrt und gescharrt und so, manche haben sich hinterher beschwert, dass es ihnen übergestülpt worden ist, andere haben gesagt, das war ganz toll, aber das schön dran ist, dass dann beim drauffolgenden Abendmahl, dann wo wir dann im Gottesdienst gehabt haben, dass machen wir dann immer so, wir sitzen mit den Kindern vorne am Altar und die Eltern hinten in den Bänken und wir haben aber gesagt, wir möchten, dass die Eltern mit den Kindern vorgehen zum Abendmahl und die alleine gehen wollen, die nehmen wir dann und grad die Leute, die die am meisten geschrien haben oder sich gewehrt haben, waren ganz wichtig MIT ihrem Kind dann zum Abendmahl zu kommen, ja."*[110] In dieser Textpassage wird deutlich, dass Frau I. die unterschiedlichen Reaktionen der Eltern auf den Elternabend wahrnimmt. In ihrer Wahrnehmung war die Erfahrung des gemeinsamen Abendmahls später auch für die Eltern mit ihren Kindern bedeutsam, die die Inhalte des Elternabends als ‚übergestülpt' erlebt haben. Als konfessionelle Einrichtung scheint für Frau I. das explizit christliche Profil einen hohen Stellenwert zu haben, das die Eltern als Zielgruppe miteinbezieht. Von einer Auseinandersetzung mit den Eltern zur Frage, welche Inhalte sie beim Elternabend als ‚übergestülpt' empfunden haben und warum, berichtet Frau I. im Interview nicht.

Den Erfahrungen von Frau F. zufolge fragen die Eltern nicht nach der religiösen Bildung und Erziehung im Kindergarten, sie nehmen alles so, wie es kommt. Als ein Beispiel erzählt sie: *„Dann hab ich einfach zu den Kindern gesagt: ‚Wir müssten jetzt mal ganz doll an Gloria denken, die ist ganz doll krank und wenn wir jetzt mal ganz doll an sie denken, dann ist sie morgen vielleicht wieder gesund' ... Das ist ja im Grunde auch so was ähnliches wie beten und dann sind die Kinder nach Hause gegangen, haben das erzählt und ... am nächsten Tag kamen die Eltern und haben gesagt: ‚Ah, wie schön, dass sie für das Kind gebetet haben.'"*[111] In dem hier zitierten Beispiel interpretieren die Kinder oder die Eltern die Aufforderung von Frau F. an die kranke Gloria zu denken als ein Gebet, ohne dass Frau F. diesen Begriff selbst benutzt hat. Die Reaktionen der Eltern auf das Handeln von Frau F. scheinen positiv. Im Kontakt mit den Eltern war für Frau F. auch ein weiteres Beispiel beeindruckend, bei dem sie für sich viel gelernt hat: *„Da war der Vater Moslem und die Mutter war Christ oder Christin und die haben ihren Kindern auch beides erzählt und haben dann halt zu den entspre-*

---

110 Interview Frau I. Absatz 170
111 Interview Frau F. Absatz 63

*chenden Festen gesagt: ‚Möchtest du dich jetzt taufen oder konfirmieren lassen?'
oder ‚möchtest du im Islam eben dies und das machen?' und dann hatten die
eben einen Christ, ein Mädchen wollte Christ werden und zwei wollten Moslem
sein, also das hat mich so geprägt glaub ich, also dass es eben beides geht"*[112].
Frau F. zeigt sich fasziniert von der religiösen Erziehung der Eltern, die ihren
Kindern das Kennenlernen beider Religionen ermöglichten und die Kinder selber entscheiden durften, welcher Religionsgemeinschaft sie beitreten. Dieses Beispiel hat Frau F nach eigenen Aussagen in ihrer Einstellung zum interreligiösen
Lernen geprägt.

Frau E. berichtet von einer jüdischen Familie in ihrer Einrichtung. Die Mutter steht nicht hinter dem Fest des Heiligen Nikolaus. Sie lässt ihre Kinder in
der Einrichtung aber trotzdem mitfeiern, damit sie in die Kultur hineinwachsen.[113] Eine andere Mutter war dagegen, dass das Fest des Heiligen Nikolaus in
der Einrichtung gefeiert wird mit der Begründung, dass der Nikolaus zu ihnen
nach Hause kommt und so viele Nikoläuse in der Stadt und auf dem Weihnachts-
markt herumlaufen, dass sie gar nicht mehr weiß, wie sie ihrem Kind erklären
soll, welches nun der richtige Nikolaus ist. Deshalb ist sie dagegen, dass jetzt
auch noch der Nikolaus in den Kindergarten kommt.[114] Die Kinder fordern durch
die Impulse der religiösen Bildung und Erziehung in der Kindertageseinrichtung
auch von den Eltern daheim das Durchführen bestimmter Rituale, wie zum Beispiel vor dem Essen zu beten. Das überfordert und verunsichert manche Eltern.[115]

Zusammenfassung

Die Erzieherinnen berichten in den Interviews von verschiedenen Reaktionen der
Eltern auf die religiöse Bildung und Erziehung in den Kindertageseinrichtungen.
Manche Eltern zeigen keine Reaktionen auf die religiöse Bildung und Erziehung
im Kindergarten, sie nehmen alles so wie es kommt. Andere Eltern sind mit der
religiösen Bildung und Erziehung ihrer Kinder insofern überfordert, dass ihnen
ein persönlicher Bezug zum Glauben fehlt. Dies erschwert auch den Umgang mit
religiösen Impulsen, wie zum Beispiel religiösen Liedern und Gebeten, die die
Kinder aus den Kindertageseinrichtungen mit nach Hause bringen. Ein Aufgreifen
und Weiterentwickeln der Impulse zu Hause fehlt häufig. Ein Elternabend zum
Thema ‚Abendmahl' rief nach dem Bericht von Frau I. unterschiedliche Reaktionen bei den Eltern hervor. Das Feiern des letzten Abendmahls nahmen laut Frau
I. dann aber auch die kritischen Eltern als eine wichtige Erfahrung mit ihren Kindern wahr. Eine konstruktive Auseinandersetzung mit den kritischen Eltern fand
im Anschluss allerdings nicht statt. Andererseits zeigt sich Frau F. beispielsweise
beeindruckt von der religiösen Bildung und Erziehung einer Familie, die ihre

---

112 Interview Frau F. Absatz 75
113 Vgl. Interview Frau E. Absatz 157.
114 Vgl. Interview Frau E. Absatz 157.
115 Vgl. Interview Frau C. und D. Absatz 110.

Kinder einzeln entscheiden ließ, welcher Religionsgemeinschaft sie beitreten, da ein Elternteil christlichen Glaubens und der andere Elternteil muslimischen Glaubens ist.

7.2.3 Träger

Der kommunale Träger der Einrichtung von Frau K. äußert sich zum Thema religiöse Bildung und Erziehung in der Kindertageseinrichtung nicht. Frau K. schildert lediglich eine Ausnahme: *„Doch einmal war eine [Reaktion], da hat' ich die Fachberatung zum Krippenspiel eingeladen und die hat mir dann hinterher gratuliert für dieses unglaublich schöne, stimmungsvolle Fest, was wir da für Eltern und Kinder anbieten."*[116] Eine ähnliche Zurückhaltung des Trägers bestätigt Frau E., die auch in einer kommunalen Einrichtung arbeitet. Dessen einzige Erwartung sei es, dass die Feste im Jahreskreis gefeiert werden, ansonsten gäbe es keine Richtlinien.[117] Frau F. berichtet, dass ihr konfessioneller Träger der Meinung ist, dass religiöse Bildung und Erziehung keinen zu großen Stellenwert einnehmen soll, da die Gesellschaft multireligiöse geprägt ist.[118] Frau C. und D. berichten hingegen: *„Es gibt auch die Vorgabe von der Fachberatung, verschiedene oder eine, zwei, bis jetzt, Erziehungsziele zum Thema Religion auszuarbeiten."*[119] Weiter beschreibt Frau D. im Interview den Prozess, mit dem Träger religiöse Erziehungs- und Handlungsziele im infans-Konzept zu entwickeln, wie folgt: *„So haben wir es versucht. Eben auch aus dem Grund, weil wir gesagt haben, wir wollen jetzt nicht noch ein neues Verfahren einüben, insgesamt, wenn alle schon so die Erziehungsziele machen, dann kann man auch ... den religiösen Bereich über diese Erziehungszielfindung vielleicht abdecken. So war der Versuch mal ... da haben sich die Fachberatung zusammen mit dem Pastoralreferenten getroffen und mit Pfarrern und da gab's dann natürlich so eine Angleichung ‚Was ist einfach für die Einrichtung, was ist aber pastoral gewollt?‘ ... Da musste man sich auch erst ein bisschen finden. Und dann gab's so zwölf Erziehungsziele."*[120] Die Formulierung religiöser Bildungs- und Erziehungsziele stellt eine Erwartung der konfessionellen Träger an ihre Einrichtungen dar. Dabei erfahren die Erzieherinnen vom Träger zum Teil Unterstützung, zum Teil allerdings auch nicht.

Zusammenfassung

Seitens des Trägers werden unterschiedliche Erwartungen an die religiöse Bildung und Erziehung in Kindertageseinrichtungen gestellt. Während kommunale Träger wenig Interesse an diesem Bildungs- und Entwicklungsfeld zeigen, legen

---

116 Interview Frau K. Absatz 219
117 Vgl. Interview Frau E. Absatz 153.
118 Vgl. Interview Frau F. Absatz 57.
119 Interview Frau C. und D. Absatz 118
120 Interview Frau C. und D. Absatz 126–128

die konfessionellen Träger großen Wert auf diesen Bereich, der das Profil der
Einrichtungen hervorhebt; sie unterstützen die Einrichtung teilweise bei der For-
mulierung religiöser Erziehungs- und Handlungsziele. Lediglich Frau F. nimmt
bei ihrem konfessionellen Träger das Anliegen wahr, dass religiöse Bildung und
Erziehung aufgrund der religiösen Pluralität unserer Gesellschaft nicht in den
Vordergrund rücken soll.

7.2.4 Kinder

Die Erzieherinnen berichten, dass die Kinder Interesse an religiöser Bildung und
Erziehung zeigen. *„Und wir merken, wie das ganz tief in die Kinder auch rein-
geht, dieser Glaube und diese Geschichten"*[121]. Die Kinder zeigen bei den Festen, dass sie Wissen aus dem Vorjahr haben und ziehen andere Kinder dadurch
mit, was Frau E. sehr fasziniert.[122] Auch die biblischen Geschichten ziehen das
Interesse der Kinder auf sich, sie spielen diese aus eigener Initiative im Rollenspiel nach.[123] Die Kinder interessieren sich aber auch dafür, warum die Ordensschwester so einen komischen Hut auf hat. Für Frau A. ist Religion als ein selbst-
verständlicher Teil im alltäglichen Leben der Kindertageseinrichtung integriert.[124]

In der Altersspanne zwischen fünf und sechs Jahren entwickeln manche Kinder ein besonderes Interesse für religiöse Fragen.[125] Diese Beobachtung macht
auch Frau K., sie erstaunt immer wieder, welche philosophischen Fragen Kinder ab fünf Jahren stellen und über was sie alles bereit sind nachzudenken. Sie
findet es spannend, sich mit den Kindern über ihre Gedanken zu unterhalten.[126]
Die Erzieherinnen betonen immer wieder, dass Kinder auch in der religiösen Bildung voneinander lernen,[127] aber auch Unterschiede akzeptieren. Ein Beispiel
dafür erzählt Frau C: *„Ja da war jetzt vor kurzem bei uns eine Diskussion: ‚Das
Christkind gibt's ja gar nicht. Das ist alles nur die Mama. Und der Nikolaus und
der Osterhase.' Und der andere: ‚Ne, das gibt's alles, das ist alles da und das
ist nicht die Mama!' Und der andere: ‚Doch, das macht ALLES die Mama!' Und
dann gab's richtige, heftige Diskussionen. Aber da misch ich mich auch nicht ein
und ich sage: ‚Ne das gibt's oder das gibt's nicht' ... Dann lass ich es die Kinder
untereinander ausdiskutieren und hör einfach nur zu. Und sie haben auch einen
Konsens gefunden, dass der eine gesagt hat: ‚Ja, bei mir ist es die Mama und bei
dir ist es das Christkind.'"*[128] In dieser Passage beschreibt Frau C. eine Diskussion der Kinder, in der sie sich mit Fragen zu christlichen Festen auseinanderset-

---

121 Interview Frau E. Absatz 151

122 Vgl. Interview Frau E. Absatz 151.

123 Vgl. Interview Frau A. Absatz 192.

124 Vgl. Interview Frau A. Absatz 55.

125 Vgl. Interview Frau C. und D. Absatz 110.

126 Vgl. Interview Frau K. Absatz 154.

127 Vgl. Interview Frau C. und D. Absatz 114.

128 Vgl. Interview Frau C. und D. Absatz 138.

zen. Dabei greift sie selbst nicht in das Geschehen ein, sondern beobachtet, wie die Kinder einen Konsens für sich finden. Sie ermöglicht so den Kindern, sich mit ihren Fragen zu den christlichen Traditionen auseinanderzusetzen und diese miteinander zu deuten. Ein weiteres Beispiel für die religiöse Erziehung bietet die Ostergeschichte, die Frau C. den Kindern erzählt hat. Dazu gab es folgende Situation: *„Fand ich zu Ostern ganz wichtig: ‚Warum feiern wir Ostern?‘, habe ich nur mal die Frage gestellt. Und dann einer: ‚Ja, weil der Osterhase kommt.‘ ‚Mh, okay, dann erzähl ich dir mal die Geschichte, noch mal allen zusammen, warum wir jetzt Ostern noch mal feiern.‘ Hab ich ihm dann NACH den Osterferien, wir hatten eine Woche geschlossen ... nach der Osterzeit, und dann hab ich ihn noch mal gefragt: ‚Ja und warum feiern wir Ostern?‘, ‚ja weil Jesus gestorben ist und wieder auferstanden ist. Also nicht weil der Osterhase kommt‘. Das hat er sich gemerkt ... ja, das ist ihm dann auch wichtig gewesen.“*[129] In dieser Passage aus dem Interview mit Frau C. und D. wird deutlich, dass die christlich-religiöse Bedeutung des Osterfestes für Frau C. wichtig ist und sie es als ihre Aufgabe sieht, den Inhalt und die Bedeutung des Osterfestes den Kindern zu vermitteln.

Zusammenfassung

Die Kinder zeigen Interesse an religiösen und philosophischen Themen und Fragen und werden von den Erzieherinnen in ihrer Auseinandersetzung und Deutung der Welt unterstützt und begleitet. Auffällig ist hier, dass die Erzieherinnen nur von christlichen Inhalten und Festen berichten, mit denen sich die Kinder auseinandersetzen. Lediglich Frau K. berichtet aus ihrer Praxis von philosophischen Gesprächen, in denen sich die Kinder mit ihr über Fragen zur Welt unterhalten. Frau K. betont in diesem Kontext ihr großes eigenes Interesse an den Gedanken der Kinder.

Die Erzieherinnen thematisieren die religiöse Bildung und Erziehung der Kinder sehr differenziert in den Interviews. Deshalb wird die Ergebnisdarstellung gegliedert in die Bereiche Religiöses Wissen (7.2.4.1), Religiöse und weltanschauliche Fragen, Themen und Interessen (7.2.4.2), Existenzielle Erfahrungen (7.2.4.3), Umgang mit Gefühlen (7.2.4.4), Lebenswelt der Kinder (7.2.4.5) und Partizipation (7.2.4.6). Am Ende der einzelnen Subkategorien werden die Ergebnisse kurz zusammengefasst.

7.2.4.1 Religiöses Wissen

Die Kinder lernen voneinander, sie erzählen sich gegenseitig biblische Geschichten, was das Kennen dieser voraussetzt.[130] In der Einrichtung von Frau G. und H. zeigen die Kinder große Kenntnis über die religiösen Feste und Feiern. So können sie ihren Eltern den Sinn beispielsweise von St. Martin und Erntedank erklären,

---

129 Interview Frau C. und D. Absatz 99
130 Vgl. Interview Frau I. Absatz 162.

der ihnen in der Kindertageseinrichtung von den Erzieherinnen vermittelt wurde.[131] Auch Frau E. berichtet im Interview von dem Wissen der Kinder über religiöse Feste: *„Und dann auch jetzt die letzten Jahre, wenn ich so die anschaue, wenn dann Weihnachten kommt und wir ein Thema anschneiden, wie viel Wissen die auch noch haben vom Jahr zuvor oder wie die dann auch die anderen Kinder mitziehen können, das ist faszinierend"*[132]. Frau E. stellt in diesem Abschnitt des Interviews heraus, dass die Kinder religiöses Wissen behalten, das beispielsweise zum christlichen Weihnachtsfest im Vorjahr erworben haben. Dieses Wissen teilen sie den anderen Kindern mit, sodass die Kinder in den Kindertageseinrichtungen nicht nur durch die Vermittlung der Erzieherinnen lernen, sondern auch voneinander. Frau A. hebt hervor, dass das religiöse Wissen der Kinder für sie eine zentrale Bedeutung in der religiösen Erziehung einnimmt. *„Also mir ist es ganz arg wichtig erst mal die Kenntnis. Weil es gibt so viele Antworten auf Fragen, die jeder sich im Leben stellt."*[133] Frau A. betont in dieser Passage des Interviews, dass sie es als eine zentrale Aufgabe in ihrem Beruf sieht, den Kindern religiöses Wissen als Hilfestellung für mögliche Antworten auf Lebensfragen erfahrbar zu machen. Darüber hinaus ist es ihr auch wichtig, dass die Kinder beispielsweise wissen, wie eine Kirche aussieht.[134] So stellt die Wissensvermittlung einen wichtigen Stellenwert für einige Erzieherinnen in der religiösen Bildung und Erziehung der Kinder in der Kindertageseinrichtung dar.

Zusammenfassung

Die Kinder zeigen Wissen über die biblischen Geschichten und christlichen Feste in den Kindertageseinrichtungen, das ihnen dort von den Erzieherinnen vermittelt und erfahrbar gemacht wird. Dabei lernen die Kinder in diesem Kontext nicht ausschließlich von den Erzieherinnen, sondern auch voneinander. Das religiöse Wissen, von dem die Erzieherinnen berichten, bezieht sich ausschließlich auf die christliche Religion. Das Wissen der Kinder über andere Religionen in den Kindertageseinrichtungen wird von den Erzieherinnen in den Interviews nicht thematisiert.

7.2.4.2 Religiöse und weltanschauliche Fragen, Themen und Interessen

Kinder stellen Fragen, insbesondere in Umbruchsituationen, wenn sie sich neu orientieren müssen.[135] So zum Beispiel, wenn die neuen Kinder nach den Sommerferien in den Kindergarten kommen. Da stehen folgende Fragen im Mittelpunkt: *„‚Wer bin ich? Wo bin ich? Wer gehört zu mir in diesem großen Haus?'‚*

---

131 Vgl. Interview Frau G. und H. Absatz 432.
132 Interview Frau E. Absatz 151
133 Interview Frau A. Absatz 63
134 Vgl. Interview Frau A. Absatz 63.
135 Vgl. Interview Frau K. Absatz 182–183.

also einfach Orientierung finden, Beziehungen knüpfen"[136]. Die Kinder müssen sich in der Gemeinschaft zu Recht finden, genauso stehen die größeren Kinder vor der Aufgabe, ihre neue Rolle als Größere zu finden.[137] Die Themen ‚Zusammen leben im Kindergarten' und ‚Wer ist mein Freund' spielen auch in der Einrichtung von Frau I. eine wichtige Rolle. Frau I. stellt heraus, welche sozialen Kompetenzen die Kinder brauchen, um Freundschaften zu knüpfen und diese zu intensivieren.[138] In der Einrichtung von Frau G. und H. kommen das ganze Kindergartenjahr über neue Kinder in die Einrichtung. So spielen die Themen ‚Freunde finden' und ‚sich in der Gemeinschaft zu Recht finden' das ganze Jahr über eine Rolle.[139]

Die Kinder stellen ganz unterschiedliche Fragen, etwa zur Entstehung der Welt,[140] sie zeigen Interesse daran, was die Welt zusammenhält oder warum ein Vogel gestorben ist.[141] Auch die Gottesvorstellungen, Fragen nach Gott, wie er aussieht und wo er wohnt, beschäftigen die Kinder immer wieder.[142] So stellte sich ein Junge Gott als Piratenkönig vor.[143] Frau K. findet besonders die Gedanken der Kinder bei ihrer Weltkonstruktion spannend. Die Kinder interessieren sich auch für existenzielle Fragen nach dem Leben und dem Tod. Sie fragen sich, was nach dem Tod kommt und wie es im Himmel aussieht.[144] Von ähnlichen Fragen, die die Kinder beschäftigen, berichtet auch Frau F. im Interview: *„Also ‚wo Gott wohnt, fragen die ganz viel und wo ist denn Opa, die haben den in die Erde eingebuddelt, wo ist der denn jetzt?' ... ‚Wer schiebt die Wolken?' oder ‚Wer macht den Wind?'"*[145] Die von den Erzieherinnen aufgezählten Fragen in den Interviews belegen, dass die Kinder nach den Zusammenhängen der Welt fragen, dass sie das Leben in seiner Komplexität verstehen und deuten möchten. Ebenso spielen Fragen nach dem menschlichen Zusammenleben und der Beziehungsgestaltung im Kindergartenalltag eine wichtige Rolle.

In der Einrichtung von Frau G. und H. reflektieren die Erzieherinnen im Team die aus der Beobachtung wahrgenommenen Themen der Kinder. Je nach Thema suchen sie die passende biblische Geschichte dazu heraus und stellen so die Themen in einen religionspädagogischen Zusammenhang. *„Da haben wir auch so einen Themenkatalog, wo man auch gucken kann, verschieden biblische Geschichten, um welche Themen es da geht. Um Streit oder Versöhnung so*

---

136 Interview Frau K. Absatz 21
137 Vgl. Interview Frau K. Absatz 21.
138 Vgl. Interview Frau I. Absatz 64.
139 Vgl. Interview Frau G. und H. Absatz 49.
140 Vgl. Interview Frau C. und D. Absatz 130–131.
141 Vgl. Interview Frau K. Absatz 181 und Absatz 154.
142 Vgl. Interview Frau C. und D. Absatz 130–131, Interview G. und H. Absatz 386–387 und Interview Frau L. Absatz 120.
143 Vgl. Interview Frau K. Absatz 174.
144 Vgl. Interview Frau C. und D. Absatz 130–131 und Interview Frau I. Absatz 216.
145 Interview Frau F. Absatz 59

verschiedene, einfach, Unterthemen, die man dann da, ja, auch in einer bibli-schen Geschichte drin finden kann. "[146] Passend zu den Themen der Kinder suchen auch die Erzieherinnen in der Einrichtung von Frau J. biblische Geschichten her-aus, die die Themen der Kinder aufgreifen. Daraus ergeben sich philosophische Gespräche mit den Kindern im Morgenkreis. Ein Beispiel aus der Praxis dafür ist die Josefgeschichte, die den Kindern von den Erzieherinnen erzählt wurde.[147] Denn die älteren Kinder waren im Kindergarten unzufrieden, dass die Erzieherin-nen so wenig Zeit für sie hatten, weil sie sich um die Eingewöhnung der jüngeren Kinder gekümmert haben. Das Thema Neid und Eifersucht wurde so aufgegrif-fen und es entstand ein Projekt, in dem die Kinder die Josefgeschichte als Musi-cal mit den Erzieherinnen entwickelten.[148]

Weitere Themenfelder der Kinder benennt Frau F.; in ihrer Einrichtung beschäftigen die Kinder auch Themen wie Taufe und Hochzeit[149] oder die Kin-der berichten davon, dass ihre Eltern nicht glauben.[150] Manche Kinder bringen aber auch eine religiöse Erziehung aus dem Elternhaus mit, sodass sich verschie-dene philosophische Gespräche mit den Kindern ergeben.[151] Des Weiteren werfen die religiösen Feste bei den Kindern immer wieder Fragen auf: ‚Wo sind Maria und Josef jetzt?‘[152] ‚Wer ist der Nikolaus? Wer ist der Weihnachtsmann?‘[153] Dar-über hinaus ist das Aufeinandertreffen verschiedener Kulturen im Kindergarten ein Thema: „*Verschiedene Feste oder verschiedene Kulturen treffen aufeinander immer mehr dieses auch einfach was so aus Amerika rüber schwappt oder auch dieses Halloween was jetzt kommt*"[154]. Interessant ist in diesem Kontext, dass Frau E. das Aufeinandertreffen verschiedener Kulturen thematisiert, aber nur mit einem allgemeinen Beispiel näher darauf eingeht. Das konkrete Aufeinandertref-fen der verschiedenen Kulturen in der Kindertageseinrichtung wird hingegen nicht weiter reflektiert. Kinder hinterfragen nach der Erfahrung von Frau E. alles, nicht nur in Bezug auf Religion. „*‚Ist Gott wirklich dafür verantwortlich, dass es reg-net?‘ Oder solche Dinge. ‚Stimmt das so? Ist das so? Was erzählst du mir? Kann ich das so annehmen von dir?‘ Und das sind schon immer wieder interessan-ten Fragen*"[155]. Dieses Zitat macht deutlich, dass die Kinder sich nicht mit kur-zen und einfachen Antworten zufrieden geben und sogar die Glaubwürdigkeit der Erzieherinnen hinterfragen. Die Authentizität der Erziehehrinnen zeigt sich für die Kinder als eine notwendige Voraussetzung, um mit ihnen gemeinsam nach Ant-

---

146 Interview Frau G. und H. Absatz 351
147 Interview Frau J. Absatz 157
148 Interview Frau J. Absatz 149 und Absatz 153
149 Vgl. Interview Frau F. Absatz 27.
150 Vgl. Interview Frau F. Absatz 27.
151 Vgl. Interview Frau F. Absatz 47.
152 Interview Frau C. und D. Absatz 133
153 Vgl. Interview Frau E. Absatz 161.
154 Interview Frau E. Absatz 161
155 Interview Frau E. Absatz 163

worten auf ihre Fragen zu suchen und zu finden. Frau C. und D. beschreiben eine am Vormittag erlebte Situation zu religiösen und philosophischen Gesprächen mit Kindern: „*Zum Beispiel heute war so ein Gespräch über einen Regenbogen, 'Ja wer macht denn das alles?' Natürlich wissen wir alle wie ein Regenbogen zustande kommt und wir erklären das dann aber so: 'Aber wo kommt das überhaupt her und warum freuen wir uns so über einen Regenbogen?' Also auch ein bisschen ... philosophieren*".[156] Das Fragen nach der Freude, die der Regenbogen in uns Menschen auslöst, verdeutlicht, dass eine naturwissenschaftliche Erklärung zur Entstehung des Regenbogens allein nicht ausreicht. Der Regenbogen als ein Symbol berührt eine tiefere Dimension menschlichen Lebens. Frau D. beschreibt weiter die Herausforderungen, die die religiösen und philosophischen Fragen und Gespräche für die Erzieherinnen und Kinder mit sich bringen. „*Diese philosophischen Fragen, da wird man vielleicht auch manchmal sagen müssen: 'Ich kann's dir jetzt auch nicht beantworten, weil es gibt einfach mal Dinge', aber auch in Glaubensfragen, 'es gibt einfach Dinge, die kann ich nicht wissen, ich weiß es auch nicht.' Was ich oft mache ist dann: 'Ja, wir Christen glauben das so und so.' Und ich denk mir es ist ja auch jedem dann doch noch mal freigestellt, was er dann daraus macht. Und klar für ein Kind ist das schwierig, das möchte konkrete Antworten haben. Aber, da denk ich dann oft, wer weiß, ob das in der Naturwissenschaft auch alles so stimmt, was man uns jetzt erzählt. Also früher hat's auch geheißen, die ... die Sonne dreht sich um die Erde und dann sollten alle das glauben. Wer weiß, ob das alles jetzt schon ... so erforscht ist. Man muss einfach sagen: 'Es ist so. Ich sehe das jetzt grad so und alles andere wird sich zeigen. Vielleicht denkst du in fünf Jahren ganz anders drüber.' Also ... ich bin nicht diejenige, die es weiß.*"[157] In diesem Abschnitt im Interview mit Frau C. und D. thematisiert Frau D. die Anstrengungen, die sich in den Gesprächen mit den Kindern für die Erzieherinnen ergeben. Da es keine fertigen Antworten auf die Lebens- und Glaubensfragen der Menschen gibt, diese darüber hinaus zeit- und kontextgebunden sind und alles Wissen als ein vorläufiges Wissen angesehen werden muss, da immer wieder neue Erkenntnisse durch die Wissenschaft hinzukommen, zeigt sich für Frau D. als der geeignetste Umgang mit den religiösen und philosophischen Fragen der Kinder eine gemeinsame Suchbewegung. Für sie sind Erzieherinnen nicht diejenigen, die alles wissen müssen. Ihre Aufgabe besteht vielmehr darin, die Kinder in ihrem Suchen nach Antworten nicht alleine zu lassen, sondern mit ihnen gemeinsam über die Lebens- und Glaubensfragen nachzudenken. Ein weiteres Beispiel, das zum gemeinsamen Nachdenken anregt, erzählt Frau A.: „*Wir sind wohin gefahren und da war so eine Müllverbrennungsanlage. Da sagt der Antonio: 'Ich werde jetzt ganz traurig.' 'Mh, Wieso?' Dann sagt's: 'Ja, wenn man doch stirbt, kommt man doch in den Himmel.' Und es ist gerade jemand verstorben in seinem Freundeskreis irgendwie. Opa oder so. 'Ja und*

---

156 Interview Frau C. und D. Absatz 78
157 Interview Frau C. und D. Absatz 140

wenn die jetzt den Müll hier verbrennen, dann haben es die Engel da oben aber schon ganz schön dreckig.'"[158] Die Auseinandersetzung mit dem Thema ‚Sterben, Tod und das Leben danach', mit diesen existenzielle Erfahrungen, mit denen auch Kindergartenkinder konfrontiert sind, stellt eine weitere Herausforderung für Erzieherinnen in ihrer pädagogischen Arbeit dar, auf die nach der Zusammenfassung im folgenden Punkt nochmals ausführlicher eingegangen wird.

Zusammenfassung

Die Erzieherinnen berichten in den Interviews über ganz unterschiedliche Fragen, die die Kinder in den Kindertageseinrichtungen beschäftigen. Kinder stellen Lebens-, Sinn- und Glaubensfragen und sind auf der Suche nach möglichen Antworten. Diese Fragen reichen von der Entstehung der Welt über das Zusammenleben im Kindergarten bis hin zum Tod und dem Leben danach. Kinder möchten die Welt in ihren Zusammenhängen verstehen und das Leben deuten. Dabei sind sie angewiesen auf Erwachsene, die sie mit ihren Fragen ernst nehmen und sich mit ihnen gemeinsam auf die Fragen einlassen, ihnen nachgehen und miteinander nachdenken, um mögliche Antworten zu finden. Diese philosophischen und religiösen Gespräche stellen die Erzieherinnen vor die Herausforderung, sich auf die Gedanken der Kinder einzulassen, die Vorläufigkeit unseres Wissens zu akzeptieren und das Offenbleiben von Fragen auszuhalten.

7.2.4.3 Existenzielle Erfahrungen

Abschied und Tod sind existenzielle Erfahrungen, die Kinder beschäftigen. Sowohl die Erfahrungen mit toten Tieren als auch der Tod von Menschen werfen für die Kinder weitreichende Fragen auf:[159] Wie beerdigen wir den Vogel? Wo geht er jetzt hin? Ausgelöst durch die Geschichte von St. Martin thematisierten die Kinder in der Einrichtung von Frau E. das Thema Tod und stießen dabei auf weitere Themen wie Trauer, Himmel, Seele und Beerdigung. Sie interessierten sich dafür, wer das Loch auf dem Friedhof gräbt und ein Kind stellt fest: *„Ha ja ist ja klar, ich mein die toten Menschen können ja auch nicht so lang aufm Bauhof rumliegen. Ja, also die müssen unter die Erde und die müssen dann in den Himmel hoch zum Gott"*[160].

Frau J. berichtet zu diesem Themenkomplex, dass sie vor die Situation gestellt war, dass ein jüngeres Geschwisterkind eines Kindergartenkindes daheim tödlich verunglückte. An diesem Abend fand eine Chorprobe von Müttern im Kindergarten statt. Da der Pfarrer nicht erreichbar war, entschloss sich Frau J. bei dem Treffen am Abend mit den Frauen zu beten. Dabei nahm sie das Gotteslob zu Hilfe. Sie erlebte eine unglaubliche Solidarität zwischen den Frauen, die sich alle in die Lage der Mutter hineinversetzen konnten. Weiter beschreibt Frau J. die

---

158 Interview Frau A. Absatz 98–100
159 Vgl. Interview Frau G. und H. Absatz 405 und Interview Frau K. Absatz 156.
160 Interview Frau E. Absatz 163

Situation: *„Ok, dann habe ich den Pfarrer später erreicht, dann hat er gesagt: ,Frau J., das macht nichts, wenn Sie da kaum was rausgekriegt haben, wichtig ist, dass man etwas tut. Nicht was man tut. DAS man etwas tut und nicht machtlos verzweifelt'.“*[161] Frau J. beschreibt in dieser Passage ihre Sprach- und Hilflosigkeit, die sie in der konkreten Situation erlebte. Trotz aller Grausamkeit stellte sie sich der Situation und dem damit verbunden Thema ,Tod eines Kindes'. Die Gebete im Gotteslob halfen ihr mit den Frauen zu beten. Im Anschluss vergewisserte sich Frau J. beim Pfarrer, der sie in ihrem Handeln bestärkte. Frau J. wurde einige Tage später von der Mutter des toten Kindes gebeten, das Geschwisterkind auf die Beerdigung vorzubereiten. *„Und dann ist mir was eingefallen und das, was mir eingefallen ist bzw. was mir eingefallen wurde, das benutze ich heute noch ganz oft und empfehle es allen Eltern ... das ist nicht meine Idee, es ist einfach ein Geschenk. Und zwar habe ich dann mit dem Kind, ich bin dann heimgefahren zu denen und habe in der ganzen Wohnung Gläser gesucht, ja. Also egal was, Sektgläser, Schalen, große Schalen, alles Mögliche. Und das habe ich ihm dann ins Kinderzimmer gestellt und die, also die Jesuskerze, unsere habe ich mitgenommen, die hat er ja gekannt und dann habe ich gesagt: ,Am Anfang war Gott, Gott war immer und ist immer. Und er hat die Welt gemacht. Und er hat die Menschen gemacht und zwar alle unterschiedlich, so wie diese Behältnisse. Aber er hat ihnen allen was mitgegeben.'“*[162] Gemeinsam mit dem Kind hat sie dann an der Jesuskerze die Teelichter entzündet als Zeichen für die Seele, den Geist, den Gott jedem Menschen gegeben hat, und in die einzelnen Gefäße gestellt. Weiter erzählt Frau J.: *„Also das ist der Körper, aber das ist das was Gott hineingelegt hat. Und der Körper kann krank werden, er kann alt werden, er kann sterben, er wird auch sterben, ja. Und das, was Gott aber gegeben hat, das nicht.“*[163] Daraufhin erzählt das Kind Frau J. von seiner Oma, die schon gestorben ist und nimmt das Teelicht aus einem Gefäß und will es ausblasen. Daraufhin schlägt Frau J. dem Kind vor, die Kerze hinauszunehmen und zur Jesuskerze zu stellen mit der Begründung, dass die Seele, der Geist, den Gott jedem Menschen gegeben hat, immer bleiben wird. *„Am Ende stand um die Jesuskerze, standen dann da ein paar Kerzen und die Körper haben wir dann in die Erde gelegt. Braunes Tuch drüber, ja. Und so habe ich ihm einfach erklärt, wie das mit seinem Bruder passieren wird. Also die Beerdigung.“*[164] Frau J. bezeichnet ihre Idee, die sie hatte, um dem Kind die Beerdigung seines Geschwisters zu erklären, als ein Geschenk. Dies weist auf den tiefen christlichen Glauben von Frau J. hin, der sich auch darin zeigt, dass sie in ihrer Erklärung mit Gott als dem Schöpfer beginnt, der alles geschaffen hat. Die von Gott jedem Menschen geschenkte Seele, den Geist, macht sie dem Kind anhand des Entzündens der Teelichter an der Jesuskerze begreiflich. Das Hineinstellen der Teelichter in die einzelnen Scha-

---

161 Interview Frau J. Absatz 511
162 Interview Frau J. Absatz 513
163 Interview Frau J. Absatz 515
164 Interview Frau J. Absatz 515

len bzw. Gläser, die die Körper der Menschen symbolisieren, verdeutlicht das von Gott geschenkte Leben eines jeden Menschen. Den festen Glauben daran, dass das Leben mit dem Tod nicht endet, veranschaulicht sie dem Kind damit, dass sie die Teelichter, die sie aus einigen Schalen und Gläsern herausnehmen nicht einfach auspusten, sondern zur Jesuskerze stellen. Das Kind kann so bildlich verstehen, dass mit dem Tod nicht alles vorbei ist, sondern dass es nach dem christlichen Glauben ein Leben nach dem Tod bei Gott gibt. Die braunen Tücher, die sie mit dem Kind über die leeren Gläser und Schalen, also über die toten Körper legt, stehen als Zeichen für die Beerdigung, mit der Menschen Abschied von den Verstorbenen nehmen.

Einige Erzieherinnen berichten in den Interviews über den Umgang mit dem Thema Abschied und Tod in ihren Einrichtungen. Nach dem Tod eines Vaters eines Kindes aus der Einrichtung von Frau I. thematisierten die Kinder zwei Monate später im adventlichen Freitagssegen den Tod des Vaters und beteten für ihn und das Kind, das seinen Vater verloren hat. Die Erzieherinnen griffen den Impuls der Kinder auf. Darauf reagierten einige Eltern folgendermaßen: *„Das können wir aber nicht haben, das geht uns sehr nah."*[165] Dieses Beispiel zeigt, dass die Kinder im Gegensatz zu den Erwachsenen das Thema Tod von sich aus thematisieren. Die Eltern hingegen zeigen in dem zitierten Satz ihre Unsicherheit mit dem Thema Tod, in ihnen löst es unangenehme Gefühle aus, sie möchten es tabuisieren. Ein weiteres Beispiel von Frau G. und H. verdeutlicht, dass Kinder mit dem Tod anders umgehen. Nach dem Tod einer Oma eines Kindes spielten die Kinder die Beerdigung nach und das Kind legte sich unter den Tisch.[166] Die Kinder verarbeiten auf ihre Art und Weise das Thema. Frau G. und H. thematisierten den Tod auch im Kontext des christlichen Osterfestes. Sie besuchten mit dem Einverständnis der Eltern einen Friedhof mit den Kindern. Bei diesem Besuch lernten die Kinder, wie man sich auf einem Friedhof verhält, und sie zeigten sich gegenseitig, welche Verwandten hier beerdigt sind.[167]

Über die existenzielle Erfahrung des Todes hinaus führen Frau G. und H. auch die Geburt eines Geschwisterkindes an, die das Leben der Kinder verändert.[168] Frau F. fügt weiter als existenzielle Erfahrungen der Kinder Alleinsein und Angst haben hinzu.[169]

Zusammenfassung

Der Interviewleitfaden enthielt keine explizite Frage zu existenziellen Erfahrungen von Kindern oder dem Umgang mit diesen. Trotzdem thematisieren viele Erzieherinnen vor allem den Tod als eine existenzielle Erfahrung im Kontext

---

165 Interview Frau I. Absatz 168
166 Vgl. Interview Frau G. und H. Absatz 401.
167 Vgl. Interview Frau G. und H. Absatz 401.
168 Vgl. Interview Frau G. und H. Absatz 406–407.
169 Vgl. Interview Frau F. Absatz 29.

religiöser Bildung und Erziehung in Kindertageseinrichtungen. Die Erzieherinnen berichten davon, wie sie auf die Fragen der Kinder zum Thema Tod reagieren und mit diesen Fragen umgehen. Die existenzielle Erfahrung des Todes betrifft alle Menschen, auch Kindergartenkinder. Dabei reichen die Beispiele aus den Interviews von der toten Oma über den verstorbenen Vater bis hin zum Abschied vom verstorbenen Geschwisterkind. Die Kinder zeigen ein Interesse am Thema Tod und suchen auch in diesem Kontext Antworten auf ihre Fragen. Die Erzieherinnen begleiten die Kinder in ihrem Suchen.

7.2.4.4 Umgang mit Gefühlen

Gefühle und der Umgang mit diesen treten in ganz unterschiedlichen Kontexten im Alltag der Kindertageseinrichtungen auf. In Situationen des Streits beobachtet Frau L. die Schwierigkeit, dass manche Mädchen ihre Emotionen sprachlich nicht so ausdrücken können, dass sie aus einem Streit wieder herausfinden.[170] Gefühle äußern sich häufig in Konfliktsituationen. Frau F. schildert dazu folgende Situation: *„Ich weiß vor Jahren ... ist ein Kind auf einen Konflikt zugegangen, als sich zwei gehauen haben und dann hat er gesagt: ,Mensch ihr müsst euch das erklären. Ihr dürft nicht hauen. Jesus hat auch nicht gehauen.'"*[171] In diesem Abschnitt aus dem Interview mit Frau F. wird deutlich, dass Kinder auch untereinander den Umgang mit Gefühlen, in diesem Fall mit dem Gefühl der Aggression, das sich in aggressivem Verhalten äußert, klären. Um seiner Aussage Nachdruck zu verleihen, begründet das Kind seinen Vorschlag zur Verhaltensänderung der beiden streitenden Kinder mit Jesus als Vorbild.

Ein weiteres Beispiel zum Umgang mit Gefühlen benennt Frau J. im Interview. Die älteren Kinder hatten in ihrer Einrichtung das Gefühl der Zurücksetzung, da die Eingewöhnung der neuen Kinder viel Raum einnahm. Die Erzieherinnen reagierten – wie in Punkt 7.2.4.2 beschrieben – mit der Thematisierung der Gefühle anhand der biblischen Josefgeschichte.[172] Dieses Beispiel deutet darauf hin, dass Frau J. und ihr Team die biblischen Geschichten als Hilfe wahrnehmen, um sich mit Fragen des Zusammenlebens und damit verbunden den Umgang mit Gefühlen auf vielfältige Weise auseinanderzusetzen. Im Kindergarten von Frau I. äußern die Kinder ihre Gefühle häufig im freien Gebet. *„Dann, ja, so das freie Gebet hat jetzt auch ziemlich zugenommen, wobei ich nie der freie Beter war, so. Aber die Kinder formulieren da schon überraschend ihre eigene Gefühlswelt"*[173]. Die Kinder nehmen das freie Gebet zum Anlass ihre Gefühlswelt zu thematisieren. Dies deutet darauf hin, dass die Kinder das Gebet als einen vertrauten und geschützten Rahmen erleben, in dem sie ihre Gefühle gegenüber Gott verbalisieren können.

---

170 Vgl. Interview Frau L. Absatz 23.
171 Interview Frau F. Absatz 47
172 Vgl. Interview Frau J. Absatz 153.
173 Interview Frau I. Absatz 222

Zusammenfassung

Die Erzieherinnen beschreiben in den Interviews Situationen, in denen das Thematisieren und der Umgang mit Gefühlen in Verbindung mit religiöser Bildung und Erziehung stattfinden. Frau I. nennt beispielsweise das freie Gebet als Rahmen, in dem die Kinder ihre Gefühle thematisieren. Frau J. bietet den Kindern eine Auseinandersetzung mit den eigenen Gefühlen anhand der biblischen Josefgeschichte an.

7.2.4.5 Lebenswelt der Kinder

In den Interviews beschreiben einige Erzieherinnen das Interesse an der Lebenswelt der Kinder. Gerade in Bezug auf die religiösen Feste und Bräuche erzählen die Kinder in den Einrichtungen häufig, wie die Feste bei ihnen daheim gefeiert werden. Manchmal wissen Kinder aber auch nicht, wie die Religion daheim gelebt wird. Frau L. fragt in solchen Situationen zum Beispiel bei muslimischen Kindern im Elterngespräch nach.[174] Die Lebenswelt der Kinder kommt auch durch die Familiengeschichte der einzelnen Kinder mit in die Kindertageseinrichtungen. Das einzelne Kind mit seiner Geschichte zu sehen, ist Frau I. besonders wichtig.[175] In der Lebenswelt der Kinder stehen die beiden Bereiche Familie und Kindertageseinrichtung in einer sich wechselseitig beeinflussender Beziehung. So bringen Kinder beispielsweise religiöse Lieder und Gebete,[176] die sie im Kindergarten lernen, mit nach Hause. Das gleiche gilt für Fragestellungen und Themen der Kinder, die in den beiden Kontexten unterschiedlich beantwortet werden können. Dies zeigt sich etwa, wenn Kinder die Frage beschäftigt, ob es Gott gibt und in der Einrichtung davon gesprochen wird, dass es ihn gibt, daheim aber keine religiöse Bildung und Erziehung stattfindet.[177]

Einen wichtigen Teil in der pädagogischen Arbeit nimmt das Kennenlernen der Kinder und Eltern in der Einrichtung von Frau J. ein: *„Und sie nehmen das auch an ... sie spüren glaube ich auch, ich weiß, dass sie es spüren und die Eltern auch, dass wir sie so wirklich KENNEN lernen wollen, dass wir interessiert sind an ihnen."*[178] In dieser Passage des Interviews stellt Frau J. das eigene Interesse heraus, die Kinder und Eltern kennenzulernen. Ein wirkliches Kennenlernen beinhaltet das Interesse an der Lebenswelt der Kinder und Eltern. Die Lebenswelt eines Kindes wurde in der pädagogischen Arbeit in der Einrichtung von Frau J. auf folgende Weise aufgegriffen: Ein Kind beobachtete wochenlang auf dem Weg zum Kindergarten, dass ein Spielplatz gesperrt war. Eines Tages nahm es wahr, dass das Verbotsschild beim Spielplatz entfernt worden war und erzählte dies in der Einrichtung. Die Erzieherinnen beschlossen spontan, mit den Kindern

---

174 Vgl. Interview Frau L. Absatz 102.
175 Vgl. Interview Frau I. Absatz 106.
176 Vgl. Interview Frau I. Absatz 214.
177 Vgl. Interview Frau I. Absatz 214.
178 Vgl. Interview Frau J. Absatz 403.

den neuen Spielplatz zu besuchen.[179] Dieser Spielplatz stellt sowohl einen Teil der Lebenswelt des Kindes dar, zugleich verweist dieses Beispiel auf das Thema der Partizipation, denn durch ihr Verhalten haben die Erzieherinnen das Kind den Tagesablauf des Kindergartens mitbestimmen lassen. Im folgenden Punkt 7.2.4.6 wird des Blick nochmals explizit auf das Thema Partizipation gerichtet, das – wie im Punkt 3.2.2 dieser Arbeit ausgeführt – im pädagogischen Handlungskonzept des Offenen Kindergartens eine wichtige Rolle spielt.

Zusammenfassung

Die Erzieherinnen thematisieren in den Interviews explizit ihr Interesse an der Lebenswelt der Kinder, die auch im Kontext der religiösen Bildung und Erziehung von Bedeutung ist. Mit der eigenen Familiengeschichte bringen die Kinder einen zentralen Teil ihrer Lebenswelt mit in den Kindergarten, der so einen Bestandteil der pädagogischen Arbeit der Erziehehrinnen darstellt. Familie und Kindergarten sind die zwei zentralen Bereiche der Lebenswelt der Kinder, sie beeinflussen sich wechselseitig.

7.2.4.6 Partizipation

Das Musical-Projekt in der Einrichtung von Frau J. beinhaltet ganz viele Beispiele für die Möglichkeit der Partizipation von Kindern. Dies entspricht dem pädagogischen Handlungskonzept des Offenen Kindergartens. Dieses religionspädagogische Projekt zeigt die pädagogische Grundhaltung der Erzieherinnen in ihrer Arbeit. Die Lieder haben die Kinder mit Frau J. gemeinsam komponiert. Frau J. beschreibt diesen Prozess wie folgt: *„Und dann haben die Kinder gesagt: ‚Das ist nicht schön, das klingt nicht gut.‘ War auch nicht gut, es war nicht angenehm für das Gehör. Man hat gemerkt das ist nicht schön. Und dann sind wir auf die Percussion-Sachen gekommen, was sollen wir dann machen und so und dann hatten die Kinder die Idee, wir nehmen die Eier, denn in den Eiern ist Sand. Und Sand passt zur Karawane.“*[180] In diesem Absatz wird deutlich, dass sich die Kinder an der Umsetzung der Josefgeschichte in Form von Musik und Liedern beteiligen. Darüber hinaus bringen die Kinder für die Verkleidung Tücher und Stoffe von daheim mit. Frau J. greift die Ideen der Kinder auf, geht auf sie ein und lässt ihnen Entscheidungsfreiheit. So dürfen die Kinder zum Beispiel ihre Verkleidung selbst wählen.[181]

Ein weiteres Beispiel der Partizipation im Alltag der Kindertageseinrichtung beschreibt Frau J. folgendermaßen: *„Wir haben zwei Kinder, die, dass nennen wir Abholdienst, wir haben auch andere Dienste, aber das ist eben der Abholdienst, das sind zwei Kinder, die an der Tür stehen, da ist ja so ein Fenster, und gucken, wer von den Erwachsen da kommt und wen derjenige abholt. Weil das ist uns ein-*

---

179 Vgl. Interview Frau J. Absatz 253.

180 Interview Frau J. Absatz 175

181 Vgl. Interview Frau J. Absatz 179.

fach wichtig, dass die Kinder auch mit den Erwachsenen, also JEDES Kind hier weiß, das ist die Oma vom Urs und das ist die Tante von und so, ja? Das ist in unserer Größe machbar noch. Das ist überschaubar für alle. Ja dann holen die die Kinder, dann werden die abgeholt. "[182] Die Beteiligung der Kinder anhand von Diensten im Alltag des Kindergartens macht den Kindern deutlich, dass sie Verantwortung für die Gemeinschaft übernehmen. Sie tragen ihren Teil zum Zusammenleben im Kindergarten bei.

Frau F. legt großen Wert darauf, dass die Kinder ihren eigenen Bildungsweg bestimmen, was dem pädagogischen Handlungskonzept infans entspricht.[183] Darüber hinaus werden auch Regeln für das Zusammenleben mit den Kindern entwickelt: *„Dass wir sozusagen mit den Kindern gemeinsam überlegen warum darf man sich jetzt eigentlich keinen Sand ins Gesicht schmeißen, wollen wir das jetzt ändern, wollen wir das jetzt erlauben oder verbieten wir das, wollen wir das nicht und was ist denn, wenn das trotzdem einer macht? Wie fühlt sich das denn an? Also so, dass man die Kinder da miteinbindet, also in alles, in alle Handlungsschritte, die wir so hier haben.* "[184] Dieser Interviewteil zeigt, dass die Regeln für das Zusammenleben in der Kindertageseinrichtung durch die Beteiligung der Kinder an deren Entstehung nachvollziehbar und begreifbar werden. Die Kinder werden mit ihren Gedanken ernst genommen und dürfen das Zusammenleben mitgestalten und -bestimmen.

Zusammenfassung

Die Partizipation der Kinder in den Kindertageseinrichtungen findet auf unterschiedliche Weise statt. Die Erzieherinnen berichten von Beispielen aus der Praxis, angefangen bei alltäglichen Diensten, mit denen Kinder Verantwortung für die Gemeinschaft übernehmen, über das Aushandeln von gemeinsamen Regeln bis hin zum biblischen Projekt, das den Kindern ermöglicht, sich zu beteiligen und ihre Ideen umzusetzen.

7.2.5 Religionspädagogische Praxis

Die Erzieherinnen zählen in den Interviews vielfältige religionspädagogische Angebote auf und beschreiben die praktische Umsetzung der religiösen Bildung und Erziehung im Kindergartenalltag. Andererseits beschreiben sie, dass Religion auch genauso im alltäglichen Zusammenleben in der Kindertageseinrichtung vorkommt. *„Ja, ich glaube das ... Gute, was ich hier so gut finde, dass das so natürlich läuft, im Prozess und nicht ... wir machen jetzt Religion.* "[185] Da dieser Themenkomplex sehr umfangreich ist, wird die Ergebnisdarstellung in die Berei-

---

182 Interview Frau J. Absatz 253
183 Vgl. Interview Frau F. Absatz 25.
184 Interview Frau F. Absatz 29
185 Interview Frau A. Absatz 186

che Gemeinschaft (7.2.5.1), Raumgestaltung (7.2.5.2), Religiöse Projektarbeit/ Lernwerkstätten und Bildungsinseln (7.2.5.3), Kontakt zu anderen Institutionen (7.2.5.4), Religiöse Feste und Feiern (7.2.5.5), Bücher und Geschichten (7.2.5.6), Religiöse Symbole (7.2.5.7), Rituale (7.2.5.8) sowie Religiöse Orte (7.2.5.9) gegliedert. Am Ende jeder Subkategorie erfolgt eine kurze Zusammenfassung der Ergebnisse.

7.2.5.1 Gemeinschaft

Die Gemeinschaft im Kindergarten bzw. das Zurechtfinden der Kinder in Gruppen thematisieren die Erzieherinnen im Interview. Frau L. beschäftigt dabei, wie sie mit Kindern umgeht, die ein aggressives Verhalten zeigen und deshalb von anderen Kindern nicht als Spielpartner angenommen werden. Dabei steht für sie im Mittelpunkt, das Verhalten der Kinder zu verstehen und den Kindern zu helfen, sich in der Gemeinschaft zurechtzufinden.[186] Frau J. stellt im Interview den Zusammenhang her, dass die Akzeptanz des anderen und die eigene Authentizität, mit der sich jeder in die Gemeinschaft einbringt, Werte darstellen. *„Also, das ist für mich ein ganz großer Wert, dass man das schafft. Menschen mit ihren Stärken und Schwächen und die Schwächen kommen ja ganz schnell dann auch zu Tage, ja, auch im Team oder so. Das man das trotzdem als Stärke für die Gemeinschaft wahrnimmt und sagt: ‚Du bringst mich aber weiter'.“*[187] In diesem Abschnitt wird deutlich, dass sich jeder einzelnen mit seinen Stärken und Schwächen in die Gemeinschaft des Kindergartens einbringt. Dabei können die Schwächen der Einzelnen eine Herausforderung für die Gemeinschaft darstellen, an der man gemeinsam wächst, sodass eine Entwicklung stattfindet und die Schwächen zu Stärken für die Gemeinschaft werden. Frau J. versteht den Kindergarten als Gruppe, die gemeinsam ihren Weg sucht.[188] Als inklusive Einrichtung ist es ihr wichtig, dass Inklusion nicht nur in Bezug auf die vier Kinder mit Behinderung verstanden wird, sondern alle Kinder und Erzieherinnen ihren Platz in der Gemeinschaft mit ihren Stärken und Schwächen finden.[189] Ein anderes Beispiel für Gemeinschaftserfahrungen erzählen Frau G. und H. Sie legen großen Wert darauf, dass der Geburtstag jedes Kindes mit der ganzen Gruppe gefeiert wird. *„Also wir halten sehr viel an den traditionellen Sachen einfach fest oder es gibt Einrichtungen, die feiern Geburtstag, da suchen sich die Kinder ein paar Gäste aus und so und uns ist es wichtig, einfach das wirklich auch mit der Gruppe zu feiern, weil wir haben einige Kinder, die dürfen daheim ja, aus was für Gründen immer, keinen Kindergeburtstag feiern und da ist uns wichtig, auch das in der Gruppe einfach auch zu feiern, also hier im Zimmer auch in einem schönen Rahmen einfach“*[190].

---

186 Vgl. Interview Frau L. Absatz 27.
187 Interview Frau J. Absatz 395
188 Vgl. Interview Frau J. Absatz 271.
189 Vgl. Interview Frau J. Absatz 395.
190 Interview Frau G. und H. Absatz 176

Dieses Beispiel verdeutlicht, dass der Geburtstag der einzelnen Kinder durch das gemeinsame Feiern zur Gemeinschaftserfahrung der Kindergartengruppe wird.

Für Frau I. bietet die Kindertageseinrichtung die Möglichkeit, beim Feiern eines Gottesdienstes mit der Pfarrerin Gemeinschaft zu erfahren, gemeinsam mit den Eltern und Kindern. Das Abendmahl steht für sie im Mittelpunkt der Gemeinschaftserfahrung: *„So dieses Gefühl ... das man so vermittelt, ich find man merkt's immer dieses Kreisgefühl, man möchte da an dieser Gemeinschaft teilnehmen ist sehr auch groß, ja."*[191]

Zusammenfassung

Die Erzieherinnen führen in den Interviews verschiedene Beispiele an, die verdeutlichen, welche Gemeinschaftserfahrungen die Kinder in den Kindertageseinrichtungen machen. Dazu zählt das Feiern des Geburtstages in der Gruppe oder im religiösen Kontext das Feiern eines Gottesdienstes. Frau J. stellt heraus, welche Bedeutung der Einzelne mit seinen Stärken und Schwächen für die Gemeinschaft hat.

7.2.5.2 Raumgestaltung

Die Raumgestaltung nimmt besonders bei religiösen Festen einen wichtigen Teil der religionspädagogischen Arbeit ein. *„Nächste Woche ist wieder Nikolaus. Das ist wieder SO schön, da ist wieder die GANZ große Tafel im Flur und ich guck, dass ich früh komme, dann sind alle Lichter aus und es ist ein einziges Kerzenmeer hier im Flur."*[192] Der Ablauf der Feste hat eine klare Struktur für die Kinder in der Einrichtung von Frau K. *„mit ganz, ganz viel Atmosphäre, die wir einfach über die Raumgestaltung dann erreichen."*[193] Nicht nur bei Festen, sondern im Alltag schmückt ein Satz von Franz von Assisi den Gruppenraum von Frau G. und H.: *„‚Ein Sonnenstrahl reicht hin, viel Dunkles zu erhellen' vom Franz von Assisi, der steht da oben drauf. Das war auch mal ein gutes Thema, das war schön, deswegen hängt er auch noch da oben."*[194] Bei Festen und Feiern nimmt die Raumgestaltung für die religionspädagogische Arbeit einen wichtigen Platz in den Kindertageseinrichtungen ein, um dem Fest eine bestimmte Atmosphäre zu verleihen. Aber auch in der alltäglichen Arbeit spielt die Raumgestaltung im Hinblick auf die Religionspädagogik teilweise eine Rolle. Während Frau L. feststellt: *„Wir haben jetzt auch keine Gebetsecke oder so was. Das haben wir nicht"*[195], berichten Frau C. und D., dass es in ihrer Einrichtung im Gruppenraum einen Bildungsbereich Religion gibt, indem sich die Kinder selb-

---

191 Interview Frau I. Absatz 182
192 Interview Frau K. Absatz 197
193 Interview Frau K. Absatz 215
194 Interview Frau G. und H. Absatz 451
195 Interview Frau L. Absatz 96

ständig mit religiösen und philosophischen Themen beschäftigen können.[196] Auch Frau B. beschreibt eine religiöse Ecke, die es in der Kindertageseinrichtung gibt, in der sich die Kinder zum Beispiel zu bestimmten Festen informieren können. *„Also, da ist im Moment dieses Kirchenjahr, so eine Uhr, und dann kann man die immer verstellen. Und dann hab ich mal so ein Heft von hier genommen. Da sind so speziell für jeden Monat einfach immer was da für Feste anstehen und eine Erklärung dazu. Und auch Bilder. Und dass hab ich alles rauskopiert und laminiert und das häng ich dann immer hin und wenn dann ein Kind sich interessiert, dann kann man auch da mit dem Kind hingehen und es auch vorlesen. Wenn jetzt zum Beispiel das Kind fragt: ‚Was ist der Heilige Geist?‘ oder ‚Warum war Jesus da in der Höhle?‘, dann ist das da auch ein bisschen anschaulich"*[197]. Dennoch ist Frau B. noch nicht wirklich zufrieden mit der Ecke: *„Da muss noch ein bissle mehr. Es wird von den Kindern zu wenig genutzt und man muss gucken, was kann man noch ändern, dass das mehr von den Kindern auch mit einbezogen wird, ja, da sind wir dabei."*[198] In dieser Interviewpassage zeigt sich, dass das Gestalten der religiösen Ecke ein wichtiges Anliegen von Frau B. ist, um den Kindern die Möglichkeit zu geben, ihren religiösen und philosophischen Fragen selbständig nachzugehen. Es werden allerdings auch die Schwierigkeiten deutlich, eine solche Ecke einzurichten. Das Interesse an der religiösen Ecke seitens der Kinder scheint gering. Die Materialauswahl gestaltet sich für die Erzieherinnen insofern schwierig, da die Kinder ihrem Alter entsprechend noch nicht lesen können.

Zusammenfassung

Die Raumgestaltung stellt in der religionspädagogischen Arbeit der Erzieherinnen einen wichtigen Aspekt dar. Bei Festen und Feiern wird durch die Raumgestaltung eine Atmosphäre geschaffen, die die Stimmung des Festes beeinflusst. Doch auch in der alltäglichen (religions-)pädagogischen Arbeit zeigt sich das Einrichten einer religiösen Ecke, die den Raum mit prägt, als ein wichtiges Anliegen mancher Erzieherinnen, um den Kindern die Möglichkeit zu geben, sich selbständig mit ihren religiösen und philosophischen Fragen auseinanderzusetzen.

7.2.5.3 Religiöse Projektarbeit, Lernwerkstätten und Bildungsinseln

Frau A., die nach dem pädagogischen Handlungskonzept nach infans arbeitet, beschreibt im Interview die religiöse Bildungsinsel, die es in der Kindertageseinrichtung gibt. Die Bildungsinsel wird immer wieder verändert, zum Zeitpunkt des Interviews sind dort eine Kerze, eine Marienstatue (im Marienmonat Mai) und eine Kinderbibel zu sehen.[199]

---

196 Vgl. Interview Frau C. und D. Absatz 118.
197 Interview Frau B. Absatz 144–145
198 Interview Frau B. Absatz 244
199 Vgl. Interview Frau A. Absatz 52.

In den Kindertageseinrichtungen werden unterschiedliche religiöse Projekte durchgeführt, immer orientiert an den Themen der Kinder, wie zum Beispiel Angst, Alleinsein[200] oder Neid und Eifersucht. Das Vorgehen bei dem Projekt zu Neid und Eifersucht, das anhand der Josefgeschichte aufgearbeitet wurde, beschreibt Frau J. folgendermaßen: *„Wir wussten nicht wann, bei Projekten ist es so, man weiß nicht wann endet das, gibt es ein riesen Ding, wollen dann alle mitmachen oder bleibt es bei den ersten zehn, die dann begeistert sind, oder so. Ja und dann ist es so geworden wie ich es kurz angedeutet habe. Das wir nicht mehr in die Halle konnten weil da andere Veranstaltungen waren, dass dann viele Leute gefehlt haben, z.B. ein Mädchen hatte diese Idee mit dem Traumtanz und dann mussten wir anderthalb Wochen warten, damit anzufangen, weil das IHRE Idee war, es war ihr Herzensanliegen. Sie hatte auch schon Vorstellungen mit diesen Gaben und so weiter und wir wollten jetzt nichts entwickeln ohne sie.“*[201] Frau J. beschreibt in diesem Abschnitt des Interviews die Schwierigkeiten, die sich bei Projekten entwickeln können. Zunächst stand die Turnhalle als Raum nicht zur Verfügung, dann war ein Mädchen krank, deren Ideen für den Prozess des Projekts wichtig waren. An dem Projekt waren schließlich alle Kinder im Kindergarten in unterschiedlichen Gruppenzusammensetzungen beteiligt. Es gab die Musikgruppe, die Karawanengruppe, die 12 Brüder, die Tanzgruppe usw. je nach Interesse der einzelnen Kinder. Das Musical wurde gemeinsam entwickelt und schließlich als Abschluss des Projekts vor den Eltern aufgeführt.[202]

Von religiösen oder philosophischen Lernwerkstätten berichtet keine der interviewten Erzieherinnen.

Zusammenfassung

Aus den sechs infans-Einrichtungen berichtet lediglich Frau A. von einer religiösen Bildungsinsel, die es eigentlich nach dem infans-Konzept den Kindern ermöglichen soll, sich dort selbständig zu bilden. Das beschriebene Beispiel der Bildungsinsel lässt allerdings auch die Frage offen, wie sich Kinder mit einer Kerze, Kinderbibel und Marienstatue selbständig religiös bilden können. Religiöse Projektarbeit findet zum Teil in den Einrichtungen statt; hier berichtet Frau J. von ihrem Projekt, die Josefgeschichte als Musical aufzuführen. Religiöse oder philosophische Lernwerkstätten scheint es in den Kindertageseinrichtungen nicht zu geben.

7.2.5.4 Kontakt zu anderen Institutionen

Den Kontakt zur Kirche bestätigen alle interviewten Erzieherinnen. Das jährliche Krippenspiel der Schulanfänger beispielsweise, das von der kommunalen

---

200 Vgl. Interview Frau F. Absatz 29.
201 Interview Frau J. Absatz 163
202 Siehe Kapitel 7.1.3 in dieser Arbeit.

Einrichtung, die Frau K. leitet, durchgeführt wird, findet in der Kirche statt.[203] Ebenso erzählt Frau E., ebenfalls Leiterin einer kommunalen Einrichtung, vom Kontakt zur Kirchengemeinde vor Ort.[204] Die konfessionellen Einrichtungen haben durch ihren Träger automatisch Kontakt zur jeweiligen Kirchengemeinde.[205] Die Mitgestaltung von Kindergottesdiensten in der Gemeinde und die Mitarbeit bei Festen gehören mit in das Aufgabenfeld von Frau A.[206] Frau I. hat erlebt, dass zwei Kinder aus der Einrichtung getauft wurden. *„Das war ein richtiges Kindergartenereignis. "*[207]Auch Frau J. teilt die Erfahrung, dass Kindergartenkinder getauft wurden.[208] Frau G. und H. berichten davon, dass durch den Kindergarten Eltern mit in die Kirche gegangen sind, die sonst nicht in die Kirche gehen würden.[209] Umgekehrt laden in der Einrichtung von Frau C. und D. die Erzieherinnen die Gemeinde einen Abend in den Kindergarten ein, um *„gemeinsam Lösungen zu finden, wie die Zusammenarbeit Gemeinde–Kita in Zukunft gelingen kann. "*[210] Frau C. und D. suchen mit den Kindern aber auch den Kontakt nach außen. In der Adventszeit besuchen sie mit den Kindern den Hauptbahnhof oder das Haus der Katholischen Kirche, da an beiden Orten hölzerne Krippenfiguren in Lebensgröße ausgestellt sind. *„Da hatten die Kinder keine Berührungsängste, also auch mal die Krippe menschlich zu erleben, also als FIGUR zwar, aber mal groß und nicht die kleinen Figürchen, wo man Angst hat, dass man sie bewegt"*[211]. In diesem Abschnitt des Interviews mit Frau C. und D. wird deutlich, dass der Besuch der Krippe im Hauptbahnhof für die Kinder ein beeindruckendes Erlebnis war, da die Holzfiguren der Krippe der Größe von Menschen entsprach und somit viel größer als die Kinder selbst waren. Dieser Ausflug entspricht dem fünften Handlungsgrundsatz religionssensibler Bildung, der unter anderem den Besuch impliziter religiöser Orte, wie zum Beispiel Ausstellungen, beinhaltet. Von einer ganz anderen Form der Kooperation sprechen Frau A. und Frau B. Beide Einrichtungen haben Kontakt zu Senioren. Während Frau A. mit den Kindern beim Seniorennachmittag verschiedene Aufführungen durchführt,[212] kooperiert die Einrichtung von Frau B. mit einem Altenheim. Gemeinsam mit den Senioren gestalten und feiern die Erzieherinnen und Kinder Gottesdienste im Altenheim. *„Letztes Mal, kann ich mich erinnern, da haben die Kinder hier so Blumen gebastelt, die dann so aufgehen und das war dann Thema dort. "*[213] Dieser Satz

---

203 Vgl. Interview Frau K. Absatz 197.
204 Vgl. Interview Frau E. Absatz 173.
205 Vgl. Interview Frau A. Absatz 55, Interview Frau G. und H. Absatz 431 und Interview Frau C. und D. Absatz 26.
206 Vgl. Interview Frau A. Absatz 55.
207 Interview Frau I. Absatz 210
208 Vgl. Interview Frau J. Absatz 19.
209 Vgl. Interview Frau G. und H. Absatz 431.
210 Interview Frau C. und D. Absatz 26
211 Interview Frau C. und D. Absatz 219–221
212 Vgl. Interview Frau A. Absatz 55.
213 Interview Frau B. Absatz 155–156

aus dem Interview deutet darauf hin, dass der Gottesdienst unter das Thema Blumen, Blühen oder Wachsen gestellt war, und die im Kindergarten gebastelten Blumen im Gottesdienst eingesetzt wurden.

Alle acht Erzieherinnen, die in konfessionellen Einrichtungen arbeiten, berichten, dass sie Kontakt zu kirchlichen Mitarbeiterinnen und Mitarbeitern haben. In den Einrichtungen in evangelischer Trägerschaft ist die Pfarrerin oder der Pfarrer Ansprechpartnerin bzw. Ansprechpartner für die Erzieherinnen, mit der oder dem sie gemeinsam Gottesdienste, thematische religionspädagogische Einheiten und Feste vorbereiten oder die bzw. der auch mal in den Kindergarten kommt.[214] Im Fall von Frau C. und D. gibt es eine Gemeindereferentin, die die Ansprechpartnerin für die vier Kindergärten in der Seelsorgeinheit ist.[215] Trotzdem wünschen sich die Erzieherinnen und Eltern den Kontakt zum Pfarrer: *„Ich denk das ist auch ganz wichtig in der Kirche. Dass man einen Bezug auch zu diesem Pfarrer hat, der das macht. Also, ich merk das auch immer, klar die Pastoral- und Gemeindereferenten sehen das anders und sagen da auch anders und sagen: ‚Das ist ja egal. Es geht ja um diese Gemeinschaft und so.‘ Aber, ich glaub' das ist immer noch sehr drin. Ich merk das auch hier bei den Eltern. Wir haben also keinen Pfarrer hier vor Ort in der Gemeinde und wenn ein Pfarrer den Kindergottesdienst macht, dann ist das bei den Eltern schon eher erwünscht, als wenn das jetzt jemand macht, der diese Zusatzausbildung gemacht hat.“*[216] In dieser Interviewpassage wird deutlich, dass dem Pfarrer als Geistlichem aus der Perspektive der Erzieherinnen und Eltern eine besondere Rolle zugesprochen wird, die andere hauptamtliche Mitarbeiterinnen und Mitarbeiter, wie zum Beispiel Pastoral- und Gemeindereferentinnen als Laien nicht ausfüllen können. Im Gegensatz dazu schätzt Frau J. die Zusammenarbeit mit dem Pastoralreferenten vor Ort und bemerkt im Interview: *„Und dann sage ich: ‚Du A., weißt du wir sind so erschöpft‘ und dann sagt er: ‚Ok, ich mache was, was euch gut in die Ferien gehen lässt‘. Das haben wir jetzt schon zweimal gehabt, aber das, den verpflichte ich jetzt nicht. Das können wir auch ja, der Pfarrer kommt auch mal vorbei, damit ihn die Kinder kennen lernen, aber ich, wir brauchen ihn nicht als Theologen.“*[217] Frau J. empfindet die Impulse des Pastoralreferenten für ihr Team als Unterstützung, um persönliche Impulse zu bekommen. Für die religionspädagogische Arbeit im Kindergarten brauchen sie und ihr Team die Hilfe des Pfarrers nicht. Es ist zu vermuten, dass Frau J. auf ihr eigenes religiöses Wissen und ihre eigenen religiösen und religionspädagogischen Kompetenzen in der Arbeit mit den Kindern zurückgreifen kann, was sie beispielsweise bei dem in Punkt 7.2.4.3 aufgezeigten Umgang mit dem Tod eines Geschwisterkindes darlegte.

---

214 Vgl. Interview Frau F. Absatz 21 und Absatz 33, Interview Frau I. Absatz 166 und Interview Frau G. und H. Absatz 343.

215 Vgl. Interview Frau C. und D. Absatz 67–70.

216 Interview Frau C. und D. Absatz 170

217 Interview Frau J. Absatz 465

Frau A. freut sich über den Kontakt zu verschiedenen Mitarbeiterinnen und Mitarbeitern, dem Pfarrer, der Gemeindereferentin und einer Ordensschwester.[218] *„Dann ist es so, dass wir relativ nah hier zum Gemeindehaus sind, was ein riesen Glück ist, deswegen haben wir auch Kontakt zum Pfarrer, auch Kontakt zu einer Ordensschwester, was total spannend ist für die Kinder, die haben mich auch schon gefragt: ‚Frau A., wieso hat die so einen komischen Hut auf?'"*[219] Die positive Beschreibung der Nähe des Kindergartens zum Gemeindezentrum legt einen guten Kontakt zu den kirchlichen Mitarbeiterinnen und Mitarbeitern nahe, den Frau A. als Bereicherung in ihrer religionspädagogischen Arbeit sieht. Die aus diesem Kontakt entstehenden Fragen der Kinder bindet Frau A. in ihre religionspädagogische Arbeit mit ein.

Zusammenfassung

Die Erzieherinnen berichten von vielfältigen Kontakten zu christlichen Kirchen und ihren Mitarbeiterinnen und Mitarbeitern, die Verbindung zu anderen Religionsgemeinschaften mit ihren Gotteshäusern und Mitarbeiterinnen und Mitarbeitern wird in keinem der Interviews thematisiert. Darüber hinaus finden vereinzelt Besuche von Ausstellungen statt und in zwei Einrichtungen bestehen unterschiedliche Formen des Kontakts zu Senioren.

7.2.5.5 Religiöse Feste und Feiern

In allen Einrichtungen nimmt das Feiern der christlichen Feste einen wichtigen Stellenwert ein. In der Einrichtung von Frau L. beispielsweise findet in der Adventszeit einmal in der Woche ein gemeinsames morgendliches Singen mit den Eltern im Eingangsbereich der Einrichtung statt. Auch beim Sommerfest oder zum Jahresabschluss wird ein Gottesdienst mit den Eltern gefeiert.[220] Schon beim Anmeldegespräch weist Frau K. die Eltern daraufhin, dass in der Einrichtung die christlichen Feste im Jahreskreis gefeiert werden, auch wenn es sich um eine kommunale Einrichtung handelt. Ihr Vorgehen begründet sie vor den Eltern mit dem Hinweis auf den Orientierungsplan von Baden-Württemberg. Je nach Engagement der Eltern werden auch Feste aus anderen Kulturkreisen gefeiert. Frau K. betont, wie wichtig die Bedeutung der Feste ist. *„Wenn die Feste losgelöst sind, so wie Weihnachten in weiten Bereichen, weiten Teilen der Bevölkerung meines Erachtens mittlerweile ist, dann ... sind sie unglaublich degradiert zu einem Konsumevent. Ich find ... diese Entwicklung hat in den letzten zehn Jahren zugenommen, also dass Konsum zum Event wird ... Find's richtig traurig, wenn Menschen nichts anderes wissen um ihr Leben zu füllen, als zu konsumieren."*[221] Frau K. drückt in diesem Abschnitt des Interviews ihre persönliche Wahrnehmung aus,

---

218 Vgl. Interview Frau A. Absatz 71 und Absatz 55.
219 Interview Frau A. Absatz 55
220 Vgl. Interview Frau L. Absatz 72 und Absatz 110.
221 Interview Frau K. Absatz 205

wie sich die Feste gesellschaftlich zu Konsumevents entwickelt haben. Diese Entwicklung kann als Sinnentleerung des Menschen gedeutet werden. Frau K. zeigt sich betroffen über diese Entwicklung. Frau J. beschreitet dieses Jahr in der Advents- und Weihnachtszeit in ihrer Einrichtung ganz neue Wege, auch um ein Zeichen gegen das Konsumieren zu setzen. Sie berichtet: *„Und so haben wir es die letzte Jahre immer erlebt, dass wir einfach zu viel da rein fetzen und dann ist es eben aus mit der Besinnlichkeit, ja, denn wenn du sagst: ‚Wir haben ein Adventsstübchen und da ist es so besinnlich, da trinken wir Tee und da essen wir Mandarinen, wir erzählen uns was, oder wir basteln, essen Kekse‘ und dann will jedes Kind dahin und dann ziehen wir die Namen und dann wird das Kind gezogen und heute ist es krank, ja, was machst du dann? Da kannst du nicht sagen: ‚Pech‘, ja, weil es wartet schon seit zwei Wochen bis es auch mal dran ist. Und dann bilden sich da Warteschlangen und dann haben wir keine Zeit mehr, und dann sind Erzieherinnen krank und dann muss das Material beigeschafft werden. Also lange Rede kurzer Sinn wir haben festgestellt, so geht das nicht und jetzt haben wir was revolutionäres ausgedacht, ich habe den Eltern eine Mail geschrieben, sie sollen alle am 30. kommen, wir erklären es ihnen dann und das beschäftigt uns natürlich im Team jetzt sehr, ob das gelingt. Wir wollen dieses Jahr erstmalig nach den Weihnachtsferien Weihnachten feiern ... nämlich dann wenn nämlich auch die Weihnachtszeit ist. Nämlich nach dem 24. abends.“*[222] In dieser Passage beschreibt Frau J. den Stress der Adventszeit in ihrer Kindertageseinrichtung aus den vergangenen Jahren. Durch die zusätzlichen Angebote in der Adventszeit und das Ziel, dass jedes Kind die Möglichkeit bekommt, an den Angeboten teilzunehmen, entstand durch Krankheitsfälle Stress und die Besinnlichkeit ging verloren. Dieses Jahr möchten sie den ursprünglichen Sinn der Adventszeit zum Vorschein bringen. *„Und wir wollen mal gucken, ob wir die drei Wochen im Dezember wirklich zu so einer Fastenzeit hinkriegen, im Sinne von sich vorbereiten, genau hingucken, ein Adventskalander soll für uns jetzt darin bestehen uns für andere was Schönes zu überlegen, also andere sollen Freude haben, wir machen es mit ihnen. Jeder wie er kann, also ganz kindgerecht natürlich, ganz runter gebrochen, keine Geschenke, es gibt kein Weihnachtsfest vor den Ferien ... Es gibt Lichtlieder, der Adventskalender, oder der Adventsweg wird auch so sein, dass wir einfach sagen, wenn das gelingt, wenn wir jemanden eine Freude machen können, wenn wir uns entschuldigen können oder so dann wird es hell in der Welt und dann können wir auch ein Kerzchen anzünden ... Und dann wird es auch immer heller und dann führt uns das auch zu dem Geschenk das Gott uns macht ... Diesen ganzen Trubel, sag ich mal, und diese ganze Glitzernummer aus der Vorweihnachtszeit rauszunehmen.“*[223] In der hier zitierten Passage schildert Frau J. die Auseinandersetzung im Team mit dem ursprünglichen Sinn der Adventszeit als Fastenzeit zur Vorbereitung auf Weihnachten. Sie stellt die Menschwerdung Gottes als ein Lichtwerden in den Vordergrund und über-

---

222 Interview Frau J. Absatz 286
223 Interview Frau J. Absatz 290

setzt die Botschaft in den konkreten Lebenskontext, wie es im Miteinander der Menschen durch kleine Gesten in dieser Welt heller werden kann. Die eigentliche Weihnachtsfeier wird nach den Ferien stattfinden. *„Und am Montag fangen wir wieder an und da wollen wir mit den Kindern besprechen jetzt, ihr habt Weihnachten gefeiert, wir haben es noch nicht gefeiert, wir feiern jetzt, was brauchen wir? Und dann eben vorbereiten. Der Tag soll ein sehr, sehr aufregender wilder, also, Vorbereitungstag sein und am 8. ist Waldtag jetzt zufällig ... Und da haben wir überlegt, ob wir vielleicht im Wald was feiern, also im Wald einen Tannenbaum im Wald schmücken irgendwie, das wissen wir noch nicht. Und am Mittwoch dem 9. da wollen wir dann ein paar Plätzchen backen und futtern bis wir nicht mehr können ... einfach über das gemeinsame Süßigkeiten essen auch, ja, also backen und essen und Tee trinken, dieses Feiern, ja. Und uns gegenseitig erzählen, wie schön unser Fest war und so ...und diese Weihnachtserzählung, die wir sonst immer so nach und nach aufgebaut haben ... wollen wir gleich zu Anfang am ersten Tag gleich sagen: ,Wir feiern, dass Gott seinen Sohn auf die Welt schickt. Damit er uns helfen kann zu verstehen, wie wir miteinander leben können und sollen' und dass das praktisch von Anfang an klar ist, es ist nicht der krönende Abschluss, ja, wo es dann hinführt und dass wir dann daran uns praktisch an diesem Evangelium dann so ein bisschen entlang hangeln"*[224]. Frau J. berichtet in dieser Interviewpassage engagiert über die Überlegungen im Team, wie die diesjährige Weihnachtsfeier nach den Weihnachtsferien mit den Kindern stattfinden kann. Das Miteinander-Feiern ohne die sonst damit verbundene Hektik im Advent steht für sie im Vordergrund, um der Botschaft gerecht zu werden, nach der Gott seinen Sohn in die Welt geschickt hat als Vorbild und Beispiel für uns Menschen, um zu zeigen, wie ein friedvolles Leben miteinander gelingen kann. Diese Botschaft steht von Anfang an als inhaltlich zentraler Aspekt der Advents- und Weihnachtszeit im Mittelpunkt der Kindertageseinrichtung.

Entlang des Jahreskreises spielen auch die anderen Feste eine Rolle in den Kindertageseinrichtungen. Fastenzeit und Ostern, aber auch Pfingsten und Allerheiligen werden in der Einrichtung von Frau I. mit den Kindern thematisiert.[225] Frau C. berichtet im Interview: *„Donnerstag ist ja Christi Himmelfahrt, das ist ja auch wieder ein biblischer Feiertag. Da habe ich heute den Kindern auch noch was davon erzählt, dass Jesus (.) einfach dann wieder verschwunden ist von den Jüngern, der war die ganze Zeit da. Also die Bibelgeschichten kommen immer wieder im Laufe des Jahres vor."*[226] Die Erzieherinnen legen insgesamt großen Wert auf das Feiern der Feste mit den Kindern. Dabei ist ihnen eine intensive Vorbereitung wichtig und auch, dass die Kinder den Sinn der Feste verstehen und erfahren. Frau H. erzählt: *„Oder wie jetzt auch im Jahreskreislauf die ganzen Sachen wie jetzt Sankt Martin, wie wir gerade vorher schon gesagt haben, dass es uns sehr wichtig ist, ja, auch den Inhalt von dem ganzen Fest und nicht nur, ja,*

---

224 Interview Frau J. Absatz 296
225 Vgl. Interview Frau I. Absatz 39.
226 Interview Frau C. und D. Absatz 64

man bastelt eine Laterne, man läuft halt ein bisschen, sondern wirklich den tiefen Sinn eigentlich auch von dem Fest den Kindern vermitteln, wo es auch um's Teilen geht, dass man auch untereinander teilen kann, wenn einer mal kein Vesper dabei hat, ja, das sind so ... ganz wichtige Sachen."[227]. Auch Frau E. nimmt im Interview Bezug auf das St. Martinsfest. Zur Vorbereitung gibt es momentan in der Einrichtung eine Laternenwerkstatt. „*Jedes Kind muss eine Laterne machen, weil wir alle Sankt-Martins-Umzug machen und jeder braucht eine. Das heißt, also ich bin so weit flexibel, ich kann entscheiden, wann ich das mache, aber nicht, dass ich es mache.*"[228] In diesem zitiertem Abschnitt zeigt sich das Handeln der Erzieherinnen nach dem pädagogischen Handlungskonzept des Offenen Kindergartens, das den Kindern die Entscheidungsfreiheit einräumt, den Zeitpunkt des Bastelns der Laterne für sich festzulegen. Als kommunale Einrichtung fühlt sich Frau E. im Vergleich zu den konfessionellen Einrichtungen freier: „*Durch das, das wir eine städtische Einrichtung sind, sind wir sehr offen und frei in der Erarbeitung der kirchlichen Jahresfeste.*"[229]

Wie vielfältig die Erarbeitung der Feste ist, zeigt auch das Beispiel von Frau G. und H. Zu Erntedank haben sie mit den Kindern die Josefgeschichte thematisiert und anhand der Kornkammern die Verbindung zum Erntedankfest hergestellt.[230] Eine noch andere Form des Feierns kennt die Einrichtung von Frau A. „*Dann haben wir alle vier Wochen eine Andacht, wo immer eine Gruppe übernimmt die Vorbereitung wie jetzt letzte Woche war diese Marienandacht.*"[231] Im Marienmonat Mai fand in der Einrichtung von Frau A. die jeden Monat stattfindende Andacht dem kirchlichen Festkreis entsprechend zu dieser Thematik statt. Auf die konkrete Gestaltung der Andachten mit den Kindern geht Frau A. im Interview nicht näher ein.

Zusammenfassung

Religiöse Feste und Feiern entlang des christlichen Jahresfestkreises haben einen hohen Stellenwert in den Kindertageseinrichtungen. Die Feste strukturieren das Kindergartenjahr und werden in den Einrichtungen auf verschiedene Weise mit den Kindern vorbereitet und gefeiert. So haben die Kinder in der Einrichtung von Frau E. beispielsweise die Entscheidungsfreiheit, wann sie in der Laternenwerkstatt ihre Laterne für den Martinsumzug gestalten – was dem pädagogischen Handlungskonzept des Offenen Kindergartens entspricht. Die Kinder lernen die biblischen Geschichten und Heiligenlegenden zu den einzelnen Festen kennen, mit denen ihnen der Ursprung und Sinn der einzelnen Feste begreiflich gemacht werden. Religiöse Feiern finden zudem in der Einrichtung von Frau A. in Form von monatlichen Andachten statt. Neue Wege in der Gestaltung der Advents- und

---

227 Interview Frau G. und H. Absatz 119
228 Interview Frau E. Absatz 92–93
229 Interview Frau E. Absatz 29
230 Vgl. Interview Frau G. und H. Absatz 347.
231 Interview Frau A. Absatz 55

Weihnachtszeit beschreitet Frau J. mit ihrem Team, die zum ersten mal Weihnachten nach den Weihnachtsferien feiern werden, um die Adventszeit nach ihrem ursprünglichen Sinn als Fastenzeit erfahrbar werden zu lassen. Im Mittelpunkt steht hier die Menschwerdung Gottes als ein Lichtwerden, das in der Adventszeit durch Gesten ausgedrückt wird, die einen anderen Menschen Freude bereiten und seine Welt erhellen.[232]

7.2.5.6 Bücher, Geschichten

In allen Kindertageseinrichtungen gibt es religiöse Bücher und Kinderbibeln; auf das Erzählen und Vorlesen biblischer Geschichten entlang des christlichen Jahresfestkreises wird großen Wert gelegt. *„Dieses Leben von Jesus von Weihnachten bis Ostern möchten wir einfach darstellen, er ist gewachsen, dann kommt immer wieder eine biblische Geschichte, so dass der Jahreskreislauf einfach auch mit wächst und das da nicht einfach da ist das Baby und da ist das Kreuz, sondern dass da eine Entwicklung dargestellt ist"[233]*. In den Bücher- bzw. Leseecken der Einrichtungen sind die meisten Bücher für die Kinder frei zugänglich.[234] *„Also wenn die die Bibel angucken möchten, ist das da ... die sind zur freien Verfügung so wie sie sie halt brauchen."[235]* Anders handhaben dies Frau G. und H. aufgrund ihrer Erfahrung des Umgangs der Kinder mit Büchern: *„Weil wir haben schon erlebt eben, wenn, ja, es war jetzt keine Bibel, aber andere Bücher einfach, wo frei zugänglich sind, irgendwann sind sie halt einfach auch kaputt, weil in der Bibliothek können die Kinder allein hingehen und so und je nach dem, manche gehen auch nicht wirklich eben gut damit um und für das sind einfach die Bibeln uns zu schade. Aber die Kinder bekommen sie auch oder wir haben sie hier auch dann ... oft auf'm Regal auch schon mal aufgestellt ... Da wissen die Kinder, wenn da ein Buch steht darf man's sich holen, man fragt vorher".[236]* Frau G. und H. ist ein sorgsamer Umgang der Kinder mit den Kinderbibeln wichtig. Aus diesem Grund müssen die Kinder fragen, wenn sie eine Bibel anschauen möchten. Wie oft sich Kinder die Mühe machen, nach den Bibeln zu fragen und sie im Gruppenzimmer der Stammgruppe dann anschauen, thematisieren Frau G. und H. im Interview nicht näher.

Das Interesse der Kinder an den biblischen Geschichten ist sehr unterschiedlich. Frau C. hat in ihrer Einrichtung folgende Beobachtung gemacht: *„Die Bibel, also die Bilderbücher von der Bibel, haben wir auch ein paar da, aber manchmal wollen sie sie nicht vorgelesen haben, wenn ich es anbiete, dann kommen*

---

232 Der Umgang und das Feiern religiöser Feste anderer Religionen und Kulturen in den Kindertageseinrichtungen wurde in Punkt 7.2.1 thematisiert und dargestellt.

233 Interview Frau I. Absatz 158

234 Vgl. Interview Frau B. Absatz 143, Interview Frau F. Absatz 39 und Interview Frau I. Absatz 162.

235 Interview Frau A. Absatz 55

236 Interview Frau G. und H. Absatz 458

schon ein paar Kinder, aber nicht alle."[237] Frau C. nimmt bei den Kindern in ihrer Einrichtung war, dass das Interesse der Kinder an den biblischen Geschichten nicht immer gegeben ist. Manche Kinder zeigen Interesse, andere nicht oder nicht im Moment des Angebots. Frau I. hingegen hat die Selbständigkeit der Kinder im Umgang mit biblischen Geschichten wahrgenommen: *„Oder manche Kinder erklären es auch gegenseitig, ja, was ganz nett ist. Erzählen sich gegenseitig biblische Geschichten, so, das ist der Alltag, ja.*"[238] Biblische Geschichten kommen im Alltag der Kindertageseinrichtung nicht nur vor, wenn die Erzieherinnen den Kindern biblische Geschichten vorlesen oder erzählen, sondern auch durch die Eigeninitiative der Kinder, die sich die Geschichten gegenseitig erzählen.

Zusammenfassung

In fast allen Einrichtungen sind religiöse Bücher, Geschichten und Kinderbibeln für die Kinder frei zugänglich. Lediglich in der Einrichtung von Frau G. und H. müssen die Kinder erst die Erzieherinnen fragen, um eine Kinderbibel zu erhalten, um sich mit dieser beschäftigen zu können. Das Interesse der Kinder an den biblischen Geschichten ist nach Beobachtung von Frau C. unterschiedlich groß, mache Kinder zeigen auch kein Interesse an den Geschichten. Teilweise erzählen sich die Kinder auch aus eigener Initiative biblische Geschichten. Heiligenlegenden werden von den Erzieherinnen in den Interviews nicht explizit erwähnt, obwohl die Feste St. Martin und St. Nikolaus in allen Einrichtungen der interviewten Erzieherinnen gefeiert werden.

7.2.5.7 Religiöse Symbole

Die Erzieherinnen liefern ganz unterschiedliche Beispiele religiöser Symbole in den Interviews und wie sie verwendet werden. Frau J. beispielsweise berichtet von einem selbstgedichteten Kindergartenlied, das voller Symbole steckt.[239] Zunächst sind da die Kinder unterschiedlichen Alters. Die jüngsten Kinder haben als Symbol die Blume, die mittleren werden durch die Wiese symbolisiert und das Symbol für die ältesten Kinder ist der Baum.[240] Die Erde steht als Symbol für den beschützenden Raum, den die Eltern dem Kind zum Wachsen geben. Die Sonne symbolisiert Gott, der Lebenskraft zum Wachsen spendet. Die Gärtner stehen als Symbol für die Erzieherinnen, die durch das Gießen und Düngen bewirken, *„dass das, was die Pflanze werden will, auch werden kann.*"[241] Ebenso beinhaltet der von Frau J. und ihrem Team geplante Adventsweg Symbole: *„Wenn das gelingt, wenn wir jemanden eine Freude machen können, wenn wir uns entschuldigen können oder so, dann wird es hell in der Welt und dann können wir*

---

237 Interview Frau C. und D. Absatz 93
238 Vgl. Interview Frau I. Absatz 162.
239 Vgl. Punkt 7.2 in dieser Arbeit.
240 Interview Frau J. Absatz 261
241 Interview Frau J. Absatz 261

auch ein Kerzchen anzünden, also so, ja. Und dann wird es auch immer heller und dann führt uns das auch zu dem Geschenk, das Gott uns macht"[242]. Die Kerzen symbolisieren das Bemühen der Kinder und Erzieherinnen um ein friedliches Zusammenleben unter- und miteinander. Für Frau J. kann Gott so im Hier und Jetzt unter uns Menschen Mensch werden und die Welt wird heller im Miteinander.

Die klassische christliche Symbolik von Brot und Wein zeigt sich bei der gemeinsamen Abendmahlfeier mit der Pfarrerin in der Einrichtung von Frau I., bei der im Kreis durch das Teilen von Brot und Wein der Glaube an Jesus Christus in der Gemeinschaft gefeiert wird. Das Kreuz als Symbol für den Tod und die Auferstehung Jesu findet sich in der Einrichtung von Frau A. Auch mit Korpus stellt es für die Kinder laut Frau A. kein Problem dar.[243] Eine andere Form des Kennenlernens von Symbolen führen Frau C. und D. durch. Sie erforschen mit den Kindern den Kirchenraum mit allen christlichen Symbolen.[244] Ein ganzes Repertoire an Symbolen hat sich bei Frau I. angesammelt, da sie im wöchentlichen Freitagssegen je nach Thema mit unterschiedlichen Symbolen arbeitet, wie zum Beispiel Hände oder Wege, die sich kreuzen.[245]

Zusammenfassung

Erzieherinnen berichten in den Interviews von verschiedenen Symbolen, die sie in der religiösen Bildung und Erziehung der Kinder in den Einrichtungen verwenden. Neben christlichen Symbolen, wie zum Beispiel dem Kreuz oder Brot und Wein, werden auch dem Kontext entsprechend Symbole wie beispielsweise die Sonne, Kerzen, Hände oder Wegkreuze eingesetzt.

7.2.5.8 Rituale

Die Erzieherinnen nennen verschiedene Rituale, die in den alltäglichen Ablauf der Einrichtungen integriert sind. Frau K. beispielsweise berichtet vom Freitagskreis zum Abschluss der Woche: *„Das ist eine halbe Stunde, die dann, je nach dem, etwa mit den Kindern zusammen gestaltet wird und da werden auch unsere gemeinsamen Feste vorbereitet, mit den Liedern, mit den Sprüchen, da werden auch die Geschichten noch einmal erzählt oder gespielt und da wird die Sankt Martins Geschichte gespielt."*[246] Das wöchentliche Ritual des Freitagskreises stellt ein Ritual dar, bei dem sich alle Kinder und Erzieherinnen der Einrichtung gemeinsam treffen und das den aktuellen Themen entsprechend mit verschiedenen Inhalten (auch religiösen) gefüllt wird. Frau G. und H. beschreiben ein Geburtstagsritual, das den Kindern in ihrer Einrichtung wichtig ist: *„ Wenn wir Geburts-*

---

242 Interview Frau J. Absatz 261
243 Vgl. Interview Frau A. Absatz 67.
244 Vgl. Interview Frau C. und D. Absatz 80–82.
245 Vgl. Interview Frau I. Absatz 226.
246 Interview Frau K. Absatz 150

*tag feiern, bei uns gibt's eine Jesuskerze, die wir dann auch immer anzünden,
also, ja, und immer auch der gleiche Ablauf so an einem Geburtstag, gewisse
Rituale, dass jedes Kind da dran teilnimmt"*.[247] Die Geburtstagsfeiern finden in
der Gruppe nach einem ritualisierten Ablauf statt, sodass die Kinder wissen, wie
die einzelnen Geburtstage im Kindergarten gefeiert werden. Die Erzieherinnen
von Frau J. begrüßen abwechselnd jeden Morgen die Eltern und Kinder im Flur
der Einrichtung. Dieses Ritual stellt einen intensiven Kontakt zu den Eltern her,
bei dem Beziehungen wachsen.[248] Für die Kinder findet jeden Morgen ein Morgenkreis statt, der für alle verpflichtend ist und bei dem eine ritualisierte Struktur
im Ablauf mit Morgenlied vorgegeben ist, der aber inhaltlich frei gestaltet werden kann.[249] Aus dem Abschlusskreis mit Spielen und Liedern, der den Ausklang
des Morgens bildet, werden die Kinder dann abgeholt. Der Abholdienst, den jedes
Kind einmal übernimmt, sagt den abgeholten Kindern Bescheid, von wem sie
abgeholt werden.[250]

Von allen Erzieherinnen werden Lieder und Gebete als zentrale Rituale in
den Kindertageseinrichtungen benannt. *„Also, wir singen auch christliche Lieder.
Montags und freitags wird gesungen, das heißt da auf jeden Fall. Das ist auch
immer noch ein christliches Lied dabei"*[251]. Frau E. betont in diesem Abschnitt
des Interviews, dass bei ihnen in der kommunalen Einrichtung auch christliche Lieder gesungen werden. Die Bandbreite der Lieder reicht von Adventslie-
dern[252] über religiöse Begrüßungslieder[253] bis hin zu Segensliedern.[254] Die Vari-
ation beim Beten reicht vom Gebet vor dem Essen mit Gebetswürfel[255] über das
Vater Unser mit Gebärden[256] bis hin zum Segensgebet[257] sowie dem Beten, bevor
die Kinder schlafen gehen.[258] Frau D. beschreibt die Faszination des Betens bei
den Krippenkindern folgendermaßen: *„Beten funktioniert super, weil das ist so
ein Ritual. Das klappt wunderbar, also das ist auch / schon allein dieses Hän-
defalten, das machen schon die ganz Kleinen, die Einjährigen. Spätestens nach
drei Tagen wollen die das auch machen. Und mitsprechen können sie auch, das
reimt sich ja auch noch. Und ‚Amen', ‚Amen' ist dann immer so ganz / ganz klar.
Das kann eigentlich schon fast jeder sagen, wenn sie dann mal bisschen sprechen*

---

247 Interview Frau G. und H. Absatz 119
248 Vgl. Interview Frau J. Absatz 149.
249 Vgl. Interview Frau J. Absatz 251.
250 Vgl. Interview Frau J. Absatz 253.
251 Interview Frau E. Absatz 143
252 Interview Frau J. Absatz 290; Frau J. betont, dass sie in der Adventszeit Adventslieder
     singen und keine Weihnachtlieder. Vgl. Interview Frau J. Absatz 290.
253 Vgl. Interview Frau G. und H. Absatz 331.
254 Vgl. Interview Frau I. Absatz 158.
255 Vgl. Interview Frau B. Absatz 149 und Interview Frau A. Absatz 55.
256 Vgl. Frau G. und H. Absatz 339–341.
257 Vgl. Interview Frau I. Absatz 25 und Interview Frau J. Absatz 360.
258 Vgl. Interview Frau A. Absatz 55.

können."[259] In diesem Abschnitt des Interviews wird deutlich, dass das Beten als gemeinschaftliches Ritual den kleinen Kindern Sicherheit gibt, da alle die gleiche Geste des Händefaltens machen, die sie nachahmen können, genauso wie die Reimform des Gebets, die ihnen das Mitsprechen erleichtert. Im Kontext der religiösen und kulturellen Pluralität in den Kindertageseinrichtungen stellt sich hier allerdings die Frage, wie mit Kindern anderer Weltanschauungen und Religionen umgegangen wird. In der kommunalen Einrichtung von Frau E. hängt es von den Erzieherinnen in der Gruppe ab, wie sie betet. Während Frau E. in ihrer Gruppe mit den Kindern täglich betet, hat die Erzieherin in der Nachbargruppe eine andere Form: *"Ja, sie nehmen Gott gar nicht als Begriff dann. Sie danken einfach so für die Erde, also allgemein, genau. Sie nehmen keine Begrifflichkeiten. Wobei sie schon gemerkt haben, sie kommen so in einen Strudel, also es ist schwierig ... also wo Grenzen einfach da sind.*"[260] Dieser Abschnitt macht deutlich, dass ein ‚religiös-neutrales' Beten nicht möglich ist. Frau E. beschreibt dies als einen ‚Strudel', in den sie hineinkommen. Denn wenn sie für die Erde danken, an wen richten sie ihren Dank? Zu Erntedank beteten allerdings alle Gruppen in der Einrichtung ein Gebet, dass alle Kinder gelernt haben und in dem zu Gott gebetet wird.[261]

Zusammenfassung

Alle Erzieherinnen berichten in den Interviews über Rituale, die die Tages-, Wochen- und Jahresstruktur in den Kindertageseinrichtungen prägen. Die Rituale reichen von Geburtstagsfeierritualen über tägliche Begrüßungsrituale bis hin zum Ritual des wöchentlichen Freitagskreises. Insbesondere Lieder (Adventslieder, Begrüßungslieder, Segenslieder) und Gebete stellen die Erzieherinnen als zentrale christliche Rituale heraus. Das gemeinsame Beten weist allerdings auch auf Schwierigkeiten im Umgang mit den Kindern anderer Religionen und Weltanschauungen hin, genauso wie das Danken für die Erde ohne die Verwendung des Begriffs ‚Gott'.

7.2.5.9 Religiöse Orte

Als religiösen Ort nennen die Erzieherinnen die Kirche[262], deren Raum auf die Kinder eine große Wirkung hat und in der es viel zu entdecken gibt. *"Was auch gut kommt ist einfach wenn man in die Kirche geht ...und mit denen in der Kirche etwas macht. Das ist einfach auch ein Erlebnis. Das ist einfach noch mal ein anderer Raum als im Kindergarten zu sein.*"[263] Besonders die Kirchenfenster ziehen die Aufmerksamkeit der Kinder auf sich. *"Das lieben die Kinder, da stehen*

---

259 Interview Frau C. und D. Absatz 84
260 Interview Frau E. Absatz 143–147
261 Vgl. Interview Frau E. Absatz 143.
262 Vgl. Interview Frau I. Absatz 12–14.
263 Interview Frau C. und D. Absatz 94–97

sie gerne länger davor. Weil das ist so ja, einfach in den warmen Farbtönen, in rot, gelb, orange gehalten und das wirft einfach ein wunderschönes Licht und das ist für viele Kinder immer der erste Anlaufpunkt. Wenn wir in die Kirche reingehen, rennen sie erst da hin."[264] Die Kirche zeigt sich als ein Ort, der durch die Größe des Gebäudes, das Licht der farbigen Kirchenfenster und der damit verbundenen Atmosphäre auf die Kinder wirkt. Die Erzieherinnen nutzen den Kirchenraum auch für die religiöse Bildung und Erziehung der Kinder: „*Zum Beispiel auch kurz vor Ostern, das ist auch so Tradition, gehen wir dann auch am Gründonnerstag in die Kirche, also die Größeren oder von den Krippenkindern, die die wollen, gehen wir rein und schauen uns den Kreuzweg an, dann erzähl ich was dazu. Wir haben einen wunderschönen Kreuzzug nämlich in der Kirche, der nicht beim Kreuz aufhört, sondern bei den Brüdern von Emmaus.*"[265] Mit den Symbolen und Kunstwerken, in diesem Fall dem Kreuzweg, wird die Kirche zu einem religiösen Bildungsort, der den Erzieherinnen eine didaktische Hilfe in der religiösen Bildungs- und Erziehungsarbeit bietet. Frau A. ist es wichtig, dass die Kinder lernen, wie eine Kirche von innen aussieht und was man in ihr alles entdecken kann. Dazu beschreibt sie folgendes Erlebnis: „*Wir standen vor dem Beichtstuhl. Und ich so: ‚Und was ist das denn jetzt, überlegt mal.' Dann kam: ‚Das ist die Sauna.' (lacht) Ja. Also total nett, weil es sieht ja tatsächlich aus wie so ein Holzding … also wenn man es auch nicht religiös sieht finde ich muss man so kulturell … also wir haben ja auch eine Kultur, muss man das irgendwie schon pflegen.*"[266] In diesem Abschnitt des Interviews wird deutlich, dass Frau A. die Erfahrung macht, dass manche Kinder keinen Bezug zu Kirchenräumen haben. Sie stellt in diesem Kontext die religiöse Bildungs- und Erziehungsarbeit als einen wichtigen Bestandteil ihrer pädagogischen Arbeit heraus, um den Kindern einen Zugang zur gesellschaftlich christlich geprägten Kultur zu ermöglichen. Frau A. sieht ihre Aufgabe nicht darin, die Kinder von der christlichen Religion zu überzeugen, sondern Religion als ein Kulturgut zu vermitteln, welches das Kennen des Kirchenraumes beinhaltet. So soll der Beichtstuhl für die Kinder als solcher erkennbar werden und nicht die Assoziation mit einer Sauna hervorrufen. Nicht nur die Kirche, sondern auch der Kirchturm hat das Interesse der Kinder von Frau B. geweckt. „*Neulich sind sie auch mal auf einen Kirchturm gegangen und haben sich die Glocke angeschaut. Einfach … auch: ‚Was gibt es hier um uns herum?', was mit der Kirche zu tun hat.*"[267] Der Glockenturm zeigt sich als ein Ort, das Interesse der Kinder weckt, die Umgebung des Kirchenraumes zu entdecken. Die vielen Stufen, die Höhe des Turmes, die Größen der Glocken geben Anregungen, sich mit der Vielseitigkeit des gesamten Kirchengebäudes auseinanderzusetzen.

---

264 Interview Frau C. und D. Absatz 148–151
265 Interview Frau C. und D. Absatz 64
266 Interview Frau A. Absatz 63
267 Interview Frau B. Absatz 153

Zusammenfassung

Als religiöse Orte, die in der religiösen Bildung und Erziehung der Kinder außerhalb des Kindergartens eine Rolle spielen, nennen die Erzieherinnen in den Interviews vor allem die Kirche. Dabei zeigt sich aus der Erfahrung der Erzieherinnen, dass manche Kinder durch den Kindergarten Kirchenräume zum ersten Mal von innen sehen. Den Kindern einen Zugang zur christlich geprägten Kultur zu verschaffen, stellt eine Aufgabe für die Erzieherinnen bei der religiösen Bildung und Erziehung dar. Neben der Kirche erwähnt Frau B. noch den Glockenturm, den sie mit den Kindern entdeckte, als religiösen Ort. Von Besuchen anderer expliziter religiöser Orte beispielsweise bei anderen Religionsgemeinschaften berichten die Erzieherinnen nicht, obwohl Kinder mit ganz unterschiedlichen Weltanschauungen und Religionen die Kindertageseinrichtungen besuchen.[268]

7.2.6 Religionssensible Bildung

Im Ergebnisbericht stand bisher im Bereich ‚Religiöse Bildung und Erziehung‘ die Frage im Vordergrund: ‚Wie findet religiöse Bildung und Erziehung im pädagogischen Alltag der Kindertageseinrichtungen statt?‘ Im Folgenden wird nun der Fokus auf die Frage gelegt: ‚Ist die religiöse Bildung und Erziehung im Alltag der Kindertageseinrichtungen als religionssensible Bildung und Erziehung zu klassifizieren?‘ Dazu bilden die in Punkt 5.2 pädagogisch begründeten sechs Handlungsgrundsätze der religionssensiblen Bildung den Ausgangspunkt, jeder Handlungsgrundsatz bildet dabei eine Kategorie. Diese wurden zuvor in Punkt 3.6 dieser Arbeit inhaltlich entwickelt und in Punkt 6.5 tabellarisch dargestellt. Zum Schluss jeder Kategorie steht eine kurze Zusammenfassung. Darüber hinaus erfolgt bei diesem Vorgehen bereits eine erste Verknüpfung der theoretischen Rahmung mit den Ergebnissen der empirischen Untersuchung, die als Grundlage für den dritten Teil der Arbeit, der Zusammenführung der Theorie und Empirie, dient. Zunächst werden im Folgenden allgemeine Aussagen der Erzieherinnen zur religiösen Bildung und Erziehung aufgegriffen, die Aspekte des religionspädagogischen Handlungskonzepts der religionssensiblen Bildung verdeutlichen.

Die Einrichtung von Frau L. arbeitet bereits religionssensibel, Frau L. beschreibt den Kern des religionssensiblen Arbeitens folgendermaßen: *„Ja das Sensible ... das Sensible, das ist halt vielleicht eher so ein Gefühl find ich wie man solche Dinge anspricht oder wie man dann darauf eingeht, vielleicht.“*[269] Ebenso wie Frau L. beschreibt Frau I. im Interview die religiöse Bildung und Erziehung als ein Aufgabenfeld, das mit Emotionen zusammenhängt, was dem religionspädagogischen Handlungskonzept der religionssensiblen Bildung entspricht. Frau I. meint: *„Also, wir versuchen dann halt uns um die Fragen zu kümmern, ja, aber letztendlich kann man, ja Glaube auch nicht erklären. Ja. Kann*

---

268 Vgl. hierzu Punkt 7.2.1 in dieser Arbeit.
269 Interview Frau L. Absatz 141

praktisch immer nur so Anstöße geben, Gefühle weitergeben".[270] An einer anderen
Stelle im Interview äußert sich Frau I. so: *„So ein Gespür haben für die Kinder,
man muss gucken, dass man einen richtigen Rahmen findet, um solche Dinge zu
besprechen"*[271]. In diesen Aussagen der Erzieherinnen wird deutlich, dass religiöse Bildung und Erziehung für sie einen emotionalen Aspekt haben. Religionssensible Bildung hebt genau diesen Aspekt hervor: „Religionssensibilität ist eher ein
Gefühl, ein Fühlen, ein Einfühlungsvermögen. Sie ist – im Unterschied zur ‚religiösen Erziehung' – weniger eine Sache des Kopfes (Bescheid wissen über Religion, Einübung von religiöser Praxis) als vielmehr eine Sache des Herzens."[272]
Außerdem hebt Frau I. hervor, dass sie die Fragen und Themen der Kinder als
Ausgangspunkt der religiösen Bildung und Erziehung nimmt, was ebenfalls den
Ausgangspunkt der religionssensiblen Bildung darstellt: „Zentrales Charakteristikum dessen, was wir ‚religionssensible Erziehung' nennen, ist der Ausgang von
den Bedürfnissen und Themen der Kinder".[273] Einen anderen Aspekt religionssensibler Bildung führt Frau F. an, die herausstellt, dass religiöse Bildung und Erziehung einen Teil der alltäglichen pädagogischen Arbeit darstellt. Sie sagt: *„Also es
soll genauso ein Schwerpunkt sein wie Zähneputzen und, ich sag mal, musikalische Erziehung oder Bewegungserziehung, so soll das auch in Alltag mit einflie-
ßen. Also jetzt nicht immer so als besonderer Schwerpunkt."*[274] Genauso versteht
sich religionssensible Bildung als Bestandteil einer den Menschen ganzheitlich
begreifenden Bildung und Erziehung. „Religiöse Erziehung ist keine zusätzliche
Anforderung neben der pädagogischen Arbeit und damit erst einmal Sache der
‚Spezialisten'. Sie ist integraler Bestandteil und Auftrag in der alltäglichen Arbeit
im Sinne einer für religiöse Fragen sensiblen Alltagspädagogik."[275] Inhaltlich ähnlich beschreibt Frau A. in ihren Worten die Praxis religiöser Bildung und Erziehung in der Einrichtung so: *„Ja, ich glaube das Gute, was ich hier so gut finde,
dass das so natürlich läuft, im Prozess und nicht, dass es so ist ‚wir machen jetzt
Religion'."*[276]

Zusammenfassung

Die oben zitierten Aussagen der Erzieherinnen zur religiösen Bildung und Erziehung weisen drei zentrale Aspekte des religionspädagogischen Handlungskonzepts
religionssensibler Bildung auf. 1. Religionssensible Bildung beinhaltet weniger
ein kognitives Wissen über Religion und das Erlernen religiöser Praxis, sondern
drückt mehr ein Einfühlungsvermögen in die Sinn-, Lebens- und Glaubensfragen

---

270 Interview Frau I. Absatz 216
271 Interview Frau I. Absatz 230
272 Lechner und Gabriel 2011, S. 9
273 Bederna und König 2009, S. 14
274 Interview Frau F. Absatz 33
275 Klein-Jung 2009, S. 149
276 Interview Frau A. Absatz 186

der Kinder aus, die sie stellen, um die Welt zu verstehen und zu deuten. 2. Religionssensible Bildung setzt beim Kind mit seinen Fragen, Themen und Interessen an. 3. Religionssensible Bildung versteht sich als ein Teil der pädagogischen Arbeit der Erzieherinnen, sie ist integraler Bestandteil einer den Menschen ganzheitlich begreifenden Bildung und Erziehung in Kindertageseinrichtungen.

7.2.6.1 Erster Handlungsgrundsatz[277]

Sowohl Frau F. als auch Frau L. nennen Beispiele aus der Praxis, die dem ersten Handlungsgrundsatz religionssensibler Bildung entsprechen. Die Themen der Kinder, Angst und Alleinsein, die sich für die Erzieherinnen in der Einrichtung von Frau F. nach der infans-Beobachtung und pädagogischen Reflexion im Team ergaben, bilden die Grundlage für Projekte, um die Themen mit den Kindern zu erarbeiten.[278] Auf diese Weise werden die existenziellen Gefühle der Kinder identifiziert und versprachlicht. Frau L. beschreibt die Situation, dass die Kinder Fragen zu Gott und Jesus haben, was die Erzieherinnen im Team thematisieren; gemeinsam planen sie, wie sie diese Fragen in ihrer pädagogischen Arbeit aufgreifen können.[279] Frau F. beschreibt ein weiteres Beispiel, das dem ersten Handlungsgrundsatz zuzuordnen ist, auch wenn sie als Erzieherin einen Impuls setzt und mit den Kindern an ein Kind denkt, das krank ist: *„Dann hab ich einfach zu den Kindern gesagt: ‚Wir müssten jetzt mal ganz doll an Gloria denken, die ist ganz doll krank und wenn wir jetzt mal ganz doll an sie denken, dann ist sie morgen vielleicht wieder gesund‘ ... Das ist ja im Grunde auch so was Ähnliches wie beten und dann sind die Kinder nach Hause gegangen, haben das erzählt, dann am nächsten Tag kamen die Eltern und haben gesagt: ‚Ah, wie schön, dass sie für das Kind gebetet haben‘. Hat ich aber gar nicht, nur gesagt wir wollen ganz fest dran denken, also so das ist ja auch immer so eine Sache wie man's nennt".*[280] Indem Frau F. mit den anderen Kindern an das kranke Kind denkt, nehmen die Kinder einerseits das Fehlen des Kindes wahr und merken andererseits, dass dieses Fehlen und der Grund des Fehlens nicht einfach ignoriert, sondern thematisiert werden. Die Tatsache, dass die Kinder daheim von dem Vorgang erzählen, legt die Vermutung nahe, dass die Kinder dieses Thema beschäftigt. Die Formu-

---

277 Die alltäglichen und existentiellen Erfahrungen und Gefühle der Kinder – ihr Vertrauen, ihre Freude und Hoffnungen, ihre Einsamkeit, Sorgen und Ängste – wahrnehmen, wertschätzen, herausfordern und begleiten sowie die darin vorhandenen religiösen Spuren identifizieren und versprachlichen. Die Lebenswelt der Kinder, ihre Fragen, Themen und Interessen beobachten und in Form von Projektarbeit, Bildungsinseln und Lernwerkstätten Kindern die Möglichkeit geben, ihren Interessen, Fragen und Themen zur Welt und zum Leben mit ihrem Forschergeist selbständig nachzugehen.

278 Vgl. Interview Frau F. Absatz 29.

279 Vgl. Interview Frau L. Absatz 79–80.

280 Interview Frau F. Absatz 63

lierung der Erzieherin, dass sie an das Kind denken und nicht für das Kind beten, weist auf einen reflektierten Umgang mit der Situation hin.

Zusammenfassung

Die aufgeführten Beispiele der Erzieherinnen zeigen, dass sie die Themen der Kinder als Ausgangspunkt der religiösen Bildung und Erziehung als Teil ihrer pädagogischen Arbeit nehmen; dies entspricht dem ersten Handlungsgrundsatz religionssensibler Bildung. Ebenso entspricht die Entwicklung von Projekten auf der Grundlage der beobachteten und im Team reflektierten Themen der Kinder, wie zum Beispiel Angst oder Alleinsein, diesem Handlungsgrundsatz.

7.2.6.2 Zweiter Handlungsgrundsatz[281]

Ein passendes Beispiel für den zweiten Handlungsgrundsatz religionssensibler Bildung beschreibt Frau J. im Interview. Sie erzählt von einer alltäglichen Situation beim Ausziehen der Jacke: *„Ich bin ja DA. Und wenn das Kind anfängt seine Jacke aufzuknöpfen, dann helfen wir. Ja. Und auch dieses liebevolle Helfen, das ist so schön. Wie die Kinder darauf reagieren, ja. Sie fühlen sich wahrgenommen, wertgeschätzt. Sie empfinden das wirklich als Hilfe. Also du, J., hilfst mir jetzt bei der Jacke"*[282]. Die beschriebene Situation des Ausziehens der Jacke, in der die Erzieherin dem Kind bei Bedarf hilft, stellt einen alltäglichen Teil ihrer pädagogischen Arbeit dar. Frau J. signalisiert dem Kind, dass sie da ist und Zeit hat, ihm beim Aufknöpfen der Jacke zu helfen. Sie nimmt das Kind wahr, setzt sich in Beziehung zu ihm und bringt dem Kind so Wertschätzung und Anerkennung entgegen. Dieser wertschätzende Umgang wird – dem zweiten Handlungsgrundsatz religionssensibler Bildung entsprechend – als indirekte Form religiöser Bildung verstanden. Ein weiteres Beispiel für den zweiten Handlungsgrundsatz findet sich im Interview mit Frau G. und H.; für sie steht im Mittelpunkt, dass sich die Kinder in der Einrichtung wohlfühlen: *„Wichtig ist halt auch, dass sich die Kinder wohl fühlen und dass sie sich, sag ich mal, von den Eltern abnabeln können, dass sie auch wirklich hier bleiben, ja. Das ist erst mal so großes Ziel einfach auch wenn die Kinder frisch kommen, dass sie sich hier wohl fühlen, dass sie sich gut aufgehoben fühlen, dass Eltern auch wissen, dass Kind ist hier gut aufgehoben."*[283] Als wichtige Basis für ihre pädagogische Arbeit halten sie fest, dass das Vertrauen der Eltern bedeutsam ist.[284] Die Kinder brau-

---

281 Die alltägliche pädagogische Arbeit anhand der Normen und Werte der Einrichtung als grundlegende, indirekte Form religiöser Bildung begreifen. Auf eine hohe fachliche Qualität und eine gleichberechtigte, vertrauensvolle und ermutigende Beziehung zu den Kindern, Eltern und Kolleginnen achten, hinsichtlich ihrer impliziten theologischen und religionspädagogischen Relevanz.

282 Interview Frau J. Absatz 201

283 Interview Frau G. und H. Absatz 265

284 Vgl. Interview Frau G. und H. Absatz 268.

chen, um sich in der Kindertageseinrichtung wohlzufühlen, eine vertrauensvolle und ermutigende Beziehung zu den Erzieherinnen. Diese Beziehung ist die notwendige Voraussetzung dafür, dass die Kinder Vertrauen aufbauen und selbsttätig die für sie neue Welt des Kindergartens entdecken können. Genauso wichtig ist eine vertrauensvolle Beziehung der Erzieherinnen zu den Eltern, die sich um das Wohl ihres Kindes sorgen. Die unterschiedlichen Beziehungen in Kindertageseinrichtungen gilt es auch, dem zweiten Handlungsgrundsatz entsprechend, hinsichtlich ihrer (religions-)pädagogischen Relevanz wahrzunehmen. Darüber hinaus spielt der Umgang, das soziale Miteinander, für die beiden Erzieherinnen eine zentrale Rolle: *„Ja, aber wirklich auch so im Kleinen auch im Zwischenmenschlichen einfach, wie gehen wir miteinander um "*[285]. Das gleiche Thema, die Regeln fürs Zusammenleben, die auf Wertevorstellungen basieren, bringt aus Kinderperspektive Frau F. zur Sprache. Sie erzählt: *„Wir achten ja auch sehr da drauf, dass die Kinder sich nicht gegenseitig weh tun, also es kommt ja immer mal vor, dass einer haut oder einer tritt oder sonst auch, je nachdem was er grad für eine Geschichte hat und ich weiß vor Jahren ist ein Kind auf einen Konflikt zugegangen, als sich zwei gehauen haben und dann hat er gesagt: ‚Mensch ihr müsst euch das erklären. Ihr dürft nicht hauen. Jesus hat auch nicht gehauen. ' "*[286] Kinder finden im Kindergarten ihren Platz in der Gemeinschaft und lernen Konflikte auszutragen. Das Zusammenleben erfordert, gewisse Regeln gemeinsam auszuhandeln und einzuhalten. Diese Regeln sind veränderbar, ihnen liegen Normen und Werte zugrunde, die ein gutes Zusammenleben ermöglichen. Die Kinder achten auch von sich aus auf das Einhalten der Regeln, was sich daran zeigt, dass das genannte Kind auf die streitenden Kinder zugeht und versucht, ihnen einen anderen Umgang mit dem Konflikt nahezulegen. Um seine Aussage zu bekräftigen argumentiert das Kind mit Jesus als Vorbild für den Umgang mit Konflikten. Das Kind zeigt mit seinem Handeln bereits eine direkte Form religiöser Bildung. Doch nicht nur der Umgang mit Konflikten, auch die wertschätzende Haltung im alltäglichen Umgang stellt eine indirekte Form religiöser Bildung dar, die Frau F. jedem Kind entgegenbringt: *„Das ist für mich auch so was, so das gegenseitig Wahrnehmen und freundlich Begrüßen und auch so eine Wertschätzung, auch morgens, so ein Umgang, also das hat auch alles was mit Werten zu tun, find ich, wie man Kinder begrüßt, wenn die kommen, also dass man runter geht und Augenkontakt aufnimmt und sagt: ‚Mensch, schön, dass du da bist', also so, dass sie sich auch angenommen fühlen "*[287]. In diesem Beispiel verdeutlicht Frau F., wie eine gleichberechtigte, vertrauensvolle und ermutigende Beziehung bei der Begrüßung am Morgen zwischen dem Kind und der Erzieherin erfahrbar wird, die auf Werten wie Achtsamkeit und Vertrauen basiert und sich so als indirekte Form religiöser Bildung beschreiben lässt.

---

285 Interview Frau G. und H. Absatz 332–334
286 Interview Frau F. Absatz 47
287 Interview Frau F. Absatz 104

Zusammenfassung

In der alltäglichen pädagogischen Arbeit, wie zum Beispiel beim Begrüßen der Kinder am Morgen oder dem Helfen beim Aufknöpfen der Jacke, zeigen sich Werte wie Achtsamkeit, Wertschätzung und Vertrauen. Diese Werte fördern eine vertrauensvolle und ermutigende Beziehung zwischen den Kindern und Erzieherinnen und stellen so eine indirekte Form religiöser Bildung dar. Ebenso ist für die alltägliche pädagogische Arbeit der Erzieherinnen eine vertrauensvolle Beziehung zwischen den Eltern und Erzieherinnen wichtig, damit sich die Kinder von den Eltern lösen können und die Eltern ihr Kind in der Kindertageseinrichtung gut aufgehoben wissen. Die Beziehungsgestaltung ist (religions-)pädagogisch bedeutsam, da sie die Grundlage für das Zusammenleben und den gemeinsamen Umgang in der Kindertageseinrichtung bildet.

7.2.6.3 Dritter Handlungsgrundsatz[288]

Frau F. beschreibt den Konflikt mancher Kinder, die religiöse Bildung und Erziehung im Kindergarten erleben, daheim aber mit einer anderen Weltanschauung groß werden, und dann etwa sagen: _„Meine Mama glaubt nicht an Gott."_[289] Frau F. hat für diese Situation folgenden Umgang gefunden: _„ Und dann ist es für mich eben wichtig, also es gehört zu meinem Weltbild sozusagen dazu, dass ich dann sage: ‚Ja, das ist auch gut so. Jeder darf sich das aussuchen, ob er das möchte oder nicht ... Also mir ist wichtig, dass die Kinder jetzt nicht denken: ‚Oh, meine Mama glaubt nicht an Gott' und F. ja und dann, dass da so eine Wertung rein kommt, sondern beides muss nebeneinander gleichwertig stehen bleiben, das ist mir ganz wichtig."_[290] Frau F. thematisiert in diesem Abschnitt des Interviews die Differenz, die es zwischen der religiösen Bildung und Erziehung in der Kindertageseinrichtung und manchen Familien gibt. Sie hebt hervor, dass ihr die Akzeptanz der verschiedenen Weltanschauungen und Religionen wichtig ist. Die Kinder erfahren auf diese Weise ohne Bewertung, dass es unterschiedliche Religionen und Weltanschauungen gibt, die in der Kindertageseinrichtung nebeneinander gleichwertig akzeptiert werden. Großen Wert legt Frau F. auch auf die respektvolle Beziehungsgestaltung mit Kindern und Eltern des muslimischen Glaubens: _„Aber ich erlebe das schon häufig noch so, dass da so viel Voreingenommenheit ist, auch gerade bei ausländischen Familien oder Familien mit Migrations-_

---

288 Den Sozialraum „Kindergarten" als Lebens- und Erfahrungsraum wahrnehmen und anregend gestalten – auch unter religiösen Aspekten:
- hinsichtlich der Beziehungsgestaltung (z.B. Rituale)
- hinsichtlich der Raumgestaltung (z.B. Symbole)
- als Ort der Begegnung und Gemeinschaft
- als Treffpunkt von Menschen mit unterschiedlichen Weltanschauungen und Religionen.

289 Interview Frau F. Absatz 27

290 Interview Frau F. Absatz 27

hintergrund, dass die das nicht kennen, dass man das einfach akzeptiert, dass sie ihr Leben so leben wie sie es leben und das darf so sein, ne und ich hab immer so das Beispiel, also wenn mich Eltern fragen: ‚Ah, achtest du auch darauf, dass mein Kind kein Schweinefleisch isst‘, dann sag ich: ‚Ja, da acht ich drauf und das kann ich auch versprechen, weil ich möchte auch nicht irgendwie Hunde-fleisch vorgesetzt kriegen‘ und, also das versuch ich immer so in unsere Sache umzudrehen und deshalb so erklär ich's auch den Kindern. Wir essen ja auch kein Hundefleisch und so möchten die eben kein Schweinefleisch und Feierabend, ne.'[291] Frau F. ist es wichtig, die unterschiedlichen Religionen mit ihren Bräuchen und Regeln zu akzeptieren. Diese Akzeptanz bringt sie den Menschen entgegen, indem sie dafür sorgt, dass Kinder die Essensvorschriften einhalten, die sie ihnen durch ein Beispiel erklärt und begreiflich macht. So wird die Kindertageseinrich-tung ein Ort, an dem sich verschiedene Weltanschauungen und Religionen tref-fen und in gegenseitigem Respekt miteinander leben, was dem dritten Handlungs-grundsatz religionssensibler Bildung entspricht. Ein weiteres praktisches Beispiel für diesen Handlungsgrundsatz bietet das Begrüßungsritual in der Einrichtung von Frau J., bei dem die Eltern und Kinder morgens am Eingang durch eine Erzie-herin begrüßt werden. Dieses Ritual stellt einen intensiven Kontakt zu den Kin-dern und Eltern her, bei dem Beziehungen wachsen[292] und das so als ein Bei-spiel für die Beziehungsgestaltung im dritten Handlungsgrundsatz religionssen-sibler Bildung angesehen werden kann. Der Kindergarten wird auf diese Weise als religionssensibler Lebens- und Erfahrungsraum für Eltern und Kinder erleb-bar. Des Weiteren können einige der in Punkt 7.2.5.2 beschriebenen Beispiele der Raumgestaltung dem dritten Handlungsgrundsatz der religionssensiblen Bildung und Erziehung zugeordnet werden, da sich auch in diesen Beispielen der Kinder-garten als Lebens- und Erfahrungsraum für die Kinder und Erzieherinnen zeigt.

Zusammenfassung

Die Akzeptanz der verschiedenen Weltanschauungen und Religionen, die sich im Kindergarten treffen, stellt für die Erzieherinnen einen zentralen Aspekt ihrer pädagogischen Arbeit dar. Dabei ist es ihnen wichtig den Kindern zu vermitteln, dass die Weltanschauungen und Religionen gleichwertig nebeneinander stehen und akzeptiert werden. Ein Beispiel für den dritten Handlungsgrundsatz stellt das Begrüßungsritual in der Einrichtung von Frau J. dar, das einen intensiven Kontakt zwischen Erzieherin, Eltern und Kind ermöglicht, der zum Wachsen der Bezie-hung beiträgt. Die oben aufgeführten Beispiele zeigen, wie der Kindergarten zu einem religionssensiblen Lebens- und Erfahrungsraum wird.

---

291 Interview Frau F. Absatz 55
292 Vgl. Interview Frau J. Absatz 149

7.2.6.4 Vierter Handlungsgrundsatz[293]

Als Beispiel für biographische Anlässe führen die Erzieherinnen an, dass Kinder aus der Einrichtung getauft wurden.[294] Einen weiteren biographischen Anlass bietet das Feiern des Geburtstags der Kinder in den Einrichtungen. Dafür überlegen sich die Erzieherinnen immer wieder neue Formen und Rituale.[295] Darüber hinaus spielt der Jahresfestkreis im Kirchenjahr eine zentrale Rolle in allen Kindertageseinrichtungen. *„Wir haben eins (ein Handlungsziel)[296] auch wo es um Festgestaltung geht. Ja, Feste feiern mit Kindern und da ist das mit drunter gefasst. Das ist dass wir auf der einen Seite die Feste unseres Kulturkreises feiern, wir leben hier, ja und ich find das auch ganz wichtig, weil manche Dinge / es ist vieles an Literatur auch nicht zu verstehen, ohne dieses Wissen".*[297] Frau K. stellt in diesem Abschnitt des Interviews heraus, dass die christlichen Feste einen Teil der christlich geprägten Kultur darstellen. Die Kultur ist nur zu verstehen durch das Kennen und Wissen ihrer Inhalte. Auf dieser Basis und mit Hilfe des Orientierungsplans begründet sie das Feiern christlicher Feste in der kommunalen Einrichtung auch gegenüber den Eltern. So nutzt Frau K. die christlichen Feste als Bildungspotenzial, was dem vierten Handlungsgrundsatz religionssensibler Bildung entspricht. Weiter führt Frau K. als wichtige Aspekte des Feierns aus: *„Ich find das auch wichtig, dass man dieses Gefühl kennt, es ist etwas feierlich, ja? Es ist wie gesagt aus dem Alltag herausgehoben und das sind einfach so ganz besondere Lichter. Es ist was für die Seele, für das Gefühl, Emotionen, ja. Das find ich ganz, ganz wichtig, dass Kinder das erleben".*[298] Das gemeinsame Vorbereiten, Feiern und Erleben der Feste bietet eine Unterbrechung des Alltags, stärkt die Gemeinschaft und hat eine emotionale Bedeutung für den Einzelnen. Großen Wert legen die Erzieherinnen darauf, dass die Kinder den Inhalt der Feste, d.h. die dazugehörigen biblischen Geschichten kennen. Es ist ihnen wichtig, dass die Geschichten nicht nur vorgelesen, sondern auch mit anderen Methoden für die Kinder erfahrbar werden: *„Einzug in Jerusalem an Ostern, das war ein großes Thema, dann haben wir eben auch das mit den Kindern dann eben mit den Tüchern hingelegt, haben das gespielt oder wir haben auch mal die Waschung der Füße gemacht,*

---

293 Besondere Anlässe im Kindergartenjahr und deren Bildungspotential in die pädagogische Arbeit mit Kindern (und Eltern) einbeziehen:
 • Biographische Stationen und Anlässe
 • Jahreszyklus mit den Festen
 • Feste und besondere Ereignisse in der Einrichtung (Gast-Geber-Modell).

294 Vgl. Interview Frau G. und H. Absatz 25, Interview Frau I. Absatz 210 und Interview Frau J. Absatz 19.

295 Vgl. hierzu auch Punkt 7.2.2 in dieser Arbeit. Vgl. Interview Frau J. Absatz 360 und Interview Frau G. und H. Absatz 119.

296 Ergänzung J.W.

297 Interview Frau K. Absatz 99

298 Interview Frau K. Absatz 197

das Abendmahl".[299] In der pädagogischen Arbeit der Kindertageseinrichtungen weist der Jahreszyklus mit seinen Festen vielfältige Bildungspotenziale für die Kinder, Eltern und Erzieherinnen auf.

Frau L. berichtet davon, wie sie die Kompetenzen der Eltern in die religiöse Bildung und Erziehung in der Einrichtung mit einbinden: *„Es ist immer so je nach dem wer gerade von den Eltern so engagiert ist, von der Elternschaft, die dann auch mit mal in die Gruppe können und mal was thematisieren sag ich mal oder erklären wie das jetzt bei den Türken oder bei den ... Muslimen ist, genau und bringt da irgendwie vielleicht ein Ritual oder ein Lied mal mit oder liest mal ein Buch vor, aber es ist immer so je nach dem wer von den Eltern Zeit hat oder wer da sich was vorstellen kann zu machen"*[300]. Dieses Beispiel zeigt, wie die Erzieherin die Kompetenzen der Eltern nutzt, um die anderen Religionen und Kulturen in die pädagogische Arbeit zu integrieren. Auf diese Weise findet vielfältige religiöse Bildung und Erziehung statt, die der multikulturellen und -religiösen Situation in den Kindertageseinrichtungen entspricht. Frau K. erzählt aus ihrer Einrichtung zwei Beispiele, die dem Gast-Geber-Modell des vierten Handlungsgrundsatzes religionssensibler Bildung entsprechen: *„Das Zuckerfest zum Beispiel, haben sie letztes Jahr gefeiert. Das gestalten die Eltern dann, die muslimischen Eltern, ja. Also das ist auch überhaupt kein Problem, wir gucken immer, dass wir die relativ gut einbinden und das ist uns auch immer gut gelungen ... und die kommen auch sehr gerne hier her und feiern dann mit den Kindern und erzählen dazu und zeigen Fotos. Wir haben, das war auch letztes / dieses Jahr glaub ich, da haben wir das japanische Puppenfest gefeiert. Eine Mutter ist Japanerin, die mit ihren Kindern auch diese ganzen traditionellen Feste feiert. Dort gibt's ja nicht Geburtstag wie bei uns, sondern es geht um bestimmte Lebensalterseinschnitte und in einem Lebensalter wird dieses / bei Mädchen / dieses Puppenfest gefeiert. Da gehört ein riesiger Altar dazu, den hat sie auf einem großen Wagen hierher gefahren und hat dann mit den Kindern ihre Tochter, also in der Gruppe, das Puppenfest gefeiert."*[301] Das Feiern von Festen anderer Kulturen und Religionen mit Hilfe der Eltern, die als Gastgeber in der Kindertageseinrichtung den Kindern und Erzieherinnen die Möglichkeit bieten, die andere Kultur mit ihren Festen und Bräuchen kennenzulernen, birgt vielseitige Bildungspotenziale für Kinder, Eltern und Erzieherinnen. Es ermöglicht interreligiöses Lernen in der Kindertageseinrichtung. Auf diese Weise kann das religionspädagogische Handlungskonzept der religionssensiblen Bildung eine Antwort auf die multikulturelle und -religiöse gesellschaftliche Situation unserer Zeit sein und Hilfe zur Orientierung geben.[302]

---

299 Interview Frau G. und H. Absatz 373
300 Interview Frau L. Absatz 72
301 Interview Frau K. Absatz 103
302 Vgl. Lechner und Gabriel 2011, S. 9–10.

Zusammenfassung

Das Feiern biographischer Anlässe wie zum Beispiel von Geburtstagen findet in unterschiedlichen Formen und mit vielfältigen Ritualen in den Kindertageseinrichtungen statt. Ebenso bieten die Feste entlang des Jahresfestkreises eine Unterbrechung des Alltags, sie stärken die Gemeinschaft und haben eine emotionale Bedeutung für den Einzelnen. Das Feiern von Festen anderer Religionen mit Hilfe der Eltern im Sinne des Gast-Geber-Modells ist ein weiteres praktisches Beispiel für den vierten Handlungsgrundsatz religionssensibler Bildung, der dazu auffordert, die vielfältige Bildungspotenziale der Anlässe, Feste und Ereignisse für die pädagogische Arbeit zu nutzen. Eine Frage stellt sich bei diesem Handlungsgrundsatz insofern, als überlegt werden muss, welche Möglichkeiten Kinder haben, die keiner Religionsgemeinschaft angehören, sich in die Gemeinschaft einzubringen, wenn sie keine besonderen Feste feiern.

7.2.6.5 Fünfter Handlungsgrundsatz[303]

Zum fünften Handlungsgrundsatz finden sich wenige Beispiele in den Interviews. Der Kontakt zu anderen Institutionen, die Vernetzung in den Sozialraum beschränkt sich bei den Erzieherinnen in den Interviews auf die Institution Kirche und den Kontakt zum Seniorennachmittag sowie zu einem Altenheim.[304] Ein anderes Beispiel bieten die Angebote im Familienzentrum, das sowohl bei Frau L. und Frau B. an die Einrichtung angegliedert ist. Der Elternkurs ‚Staunen, fragen, Gott entdecken – ein Elternkurs zur religiösen Erziehung‘, der im Familienzentrum der Einrichtung von Frau B. stattfindet, kann hier angeführt werden.[305] Als weiteres Beispiel des fünften Handlungsgrundsatzes kann der Besuch der lebensgroßen Krippe im Hauptbahnhof genannt werden, den Frau C. und D. mit den Kindern unternahmen.[306]

Zusammenfassung

Die Vernetzung mit anderen Institutionen in den Sozialraum zeigt sich als ein Aspekt, der in den Kindertageseinrichtungen bisher wenig Berücksichtigung

---

303 Die Einrichtung mit geeigneten kommunalen, sozialen, kulturellen und religiösen Institutionen des Umfeldes vernetzen und deren Ressourcen für die religiöse Bildung nutzbar machen, beispielsweise
- Besuche expliziter religiöser Orte (Kirche, Moschee, Synagoge) und impliziter religiöser Orte (Ausstellung, Theater, Museum)
- Begegnung mit Personen aus dem religiösen Leben (kirchliche Mitarbeiterinnen und Mitarbeiter, Ordensleute, Imam, Rabbiner)
- Öffentliche Ereignisse (Gesellschaft, Kirche, Kommune)
- Angebote im Familienzentrum.

304 Vgl. Punkt 7.2.5.4 in dieser Arbeit.
305 Vgl. Interview Nachtrag Frau B. Absatz 3.
306 Vgl. Punkt 7.2.5.4 in dieser Arbeit.

findet, abgesehen vom Kontakt zur Institution Kirche. Je nach Lage oder Stadtteil liegen hier Ressourcen, die für die religiöse Bildung und Erziehung der Kinder nutzbar gemacht werden könnten, auch über Kontakte der Eltern.

7.2.6.6 Sechster Handlungsgrundsatz[307]

Der sechste Handlungsgrundsatz, der Religionssensibilität als eine Dimension
sozialberuflicher Kompetenz versteht, bezieht sich unter anderem auf die persönliche Reflexion der Lebens- und Glaubensgeschichte der Erzieherinnen. *„Also es
ist einfach so eine innere Einstellung, das gehört zu meinem Leben dazu und auch
jede Krise, die ich hatte, da hat ich immer Vertrauen, dass mich das irgendwie
weiter bringt und wieder was Neues, Schönes dabei raus kommt"*[308]. Die persönlichen Krisen als Chancen für etwas Neues zu begreifen setzt voraus, dass sich mit
der Krise auseinandergesetzt wird, um das Neue sehen zu können. Es bedarf der
Reflexion, um diesen Schritt gehen zu können. Doch nicht nur Krisen, sondern
beispielsweise auch Feste verdeutlichen den Ansatz religionssensibler Bildung
und Erziehung als Dimension sozialberuflicher Kompetenz. Frau K. formuliert in
Anlehnung an ein Zitat von Astrid Lindgren, das sie auf die Feste im Jahreskreis
überträgt, *„dass es im Leben als Erwachsener ganz wichtig ist, dass wir manchmal so Momente haben, in denen Lichter aus der Kindheit aufscheinen."*[309] Diese
Lichter aus der eigenen Kindheit bedürfen der Reflexion und können so die Basis
für die (religions-)pädagogische Arbeit in der Kindertageseinrichtung bilden. Frau
E. meint grundsätzlich: *„Ich fände es schön, also wenn einfach jede Erzieherin,
jede werdende Erzieherin sich darauf einlassen kann, egal wie sie selbst / wo sie
selbst herkommt, was sie für eine Glaubensintension hat ja, also dass sie einfach
offen dafür ist."*[310] Die Offenheit für die religiösen Fragen und Themen der Kinder, Eltern und Kolleginnen setzt die Reflexion der eigenen Lebens- und Glaubensgeschichte voraus. Das Bewusstwerden und -machen der eigenen positiven
und negativen religiösen Erfahrungen bzw. die Feststellung, dass keine religiösen Erfahrungen gemacht wurden, stellt eine notwendige Voraussetzung dar, um
sich auf die Begleitung der Kinder einzulassen. Das Team der Erzieherinnen bietet hier den Raum für die persönliche Reflexion und den gemeinsamen Austausch
über Werte, Normen, Sinn-, Lebens- und Glaubensfragen. Auf dieser Basis kann
religiöse Bildung und Erziehung als Bestandteil der pädagogischen Arbeit, die in
der Konzeption der Kindertageseinrichtung festgehalten wird, verstanden werden.
Dabei wird es in jedem Team Kolleginnen geben, die eine Distanz zum Thema

---

307 Religionssensibilität als eine Dimension sozialberuflicher Kompetenz entdecken, da
   sie Voraussetzung, Entwicklungsaufgabe und Querschnittsthema zu allen anderen
   Handlungsgrundsätzen ist. Bereitschaft zur Biographie-Arbeit und Offenheit als Haltung im Handeln zeigen.
308 Interview Frau F. Absatz 83
309 Interview Frau K. Absatz 197
310 Interview Frau E. Absatz 220

‚Religiösen Bildung und Erziehung' spüren. Frau L. ist auch bei diesen Kolleginnen eine Offenheit für religiöse Bildung und Erziehung im Kindergarten wichtig. Sie sagt: *„Ich meine wir haben auch Kolleginnen die eben jetzt nicht so an Gott glauben, aber trotzdem find ich es wichtig, dass man so eine Haltung hat und die man dann den Kindern gegenüber vermitteln kann."*[311] Die Vermittlung der Glaubensinhalte stellt auch Frau J. in den Vordergrund und betont dabei die Auseinandersetzung mit den Inhalten im Team: *„Und so haben wir dann gesagt, wir müssen das noch mehr kultivieren miteinander erst mal über den GEHALT zu sprechen, was wir überhaupt vermitteln wollen ... Und dann haben wir uns eben gesagt, wir machen, das haben wir jetzt so seit anderthalb Jahren, glaub ich, nochmal eine zusätzliche Teamsitzung, also länger. Es gibt dann immer einer Teamsitzung, die ist länger und da nehmen wir uns Zeit für solche Impulse und so."*[312] Die Auseinandersetzung mit Lebens-, Sinn- und Glaubensfragen findet hier regelmäßig in den Teamsitzungen statt. Darüber hinaus erzählt Frau J. ein Beispiel, das die offene Haltung, mit den Situationen im Leben umzugehen, veranschaulicht. Der Vater eines Kindes aus der Einrichtung war gestorben und das Team von Frau J. nahm gemeinsam an der Beerdigung teil. Nach der Beerdigung sagt Frau J.: *„,Also ich gehe eine Kaffee trinken jetzt. Muss niemand mit, aber wer mit will, ich würde mich freuen. Ich brauche jetzt einen Kaffee'. Alle gehen mit. Da saßen wir da im Café und dann haben wir halt erzählt, wie das denn jetzt ist und was denn jetzt ist"*[313]. Das Team setzt sich gemeinsam mit der existenziellen Erfahrung des Todes auseinander. Der Austausch darüber stellt einen wichtigen Aspekt für eine vertrauensvolle Atmosphäre im Team dar, die eine gute Grundlage für eine konstruktive Zusammenarbeit bildet. Die Auseinandersetzung mit dem Thema Tod kennt auch Frau G. aus ihrer persönlichen Lebensgeschichte, die sie geprägt hat: *„Und ich hab schon viele Verwandte / also gute Bekannte verloren, durch Krebs und sonstige Sachen ... ich mach mir so wie so immer viel Gedanken und dann ja, da geh ich ein wenig anders durch's Leben als so ... ich nehme manches ein bisschen schwieriger oder ich mach mir halt viele Gedanken. Ich denk ... so was, das prägt halt schon"*[314]. Frau G. schildert in dieser Passage des Interviews ihre Erfahrungen mit dem Tod, die sie geprägt haben. Diese Erfahrungen lassen sie nachdenklicher durchs Leben gehen. Die Reflexion dieser Erfahrungen ist für die pädagogische Arbeit und dem Umgang mit den möglichen existenziellen Erfahrungen der Kinder, Eltern und Kolleginnen wichtig. Dies verweist auf den sechsten Handlungsgrundsatz religionssensibler Bildung, der die Bereitschaft zur Biographie-Arbeit und eine Offenheit als Haltung im Handeln beinhaltet.

---

311 Interview Frau L. Absatz 161
312 Interview Frau J. Absatz 449
313 Interview Frau J. Absatz 485
314 Interview Frau G. und H. Absatz 604

Zusammenfassung

Die Erzieherinnen berichten in den Interviews über persönliche Lebenserfahrungen wie beispielsweise Krisen oder den Umgang mit dem Tod eines Menschen, der sie geprägt haben. Die Reflexion der eigenen Lebens-, Sinn- und Glaubenserfahrungen stellt einen wichtigen Aspekt des sechsten Handlungsgrundsatzes dar, der Religionssensibilität als eine Dimension sozialberuflicher Kompetenz versteht. Manche Erzieherinnen fordern von allen Kolleginnen die Bereitschaft, sich mit dem Thema ‚Religion' auseinanderzusetzen, was die Reflexion der eigenen Erfahrungen voraussetzt.

7.2.7 Orientierungsplan

Die Frage aus dem Interviewleitfaden: ‚Welche Anregungen hat Ihnen der Orientierungsplan mit dem Entwicklungsfeld Sinn, Werte und Religion gegeben?' beantworten alle Erzieherinnen ähnlich: *„Also der Orientierungsplan selber hat uns überhaupt kein ... Impuls gegeben. Er hat uns die Berechtigung gegeben, dass wir hier religiöse Erziehung machen können und zwar staatlich dürfen wir's endlich mal, ja."*[315] Auch Frau E. meint, es war *„eher eine Bestätigung in dem was wir tun, dass es so richtig ist und dass keiner eigentlich von uns verlangen kann oder darf, dass die religiöse Erziehung wegfällt aus der städtischen Einrichtung, weil sie einfach mit dazugehört, ja."*[316] Die Erzieherinnen sehen das sechste Bildungs- und Entwicklungsfeld des baden-württembergischen Orientierungsplans als Bestätigung ihres (religions-)pädagogischen Handelns. In den kommunalen Einrichtungen gibt der Orientierungsplan den Erzieherinnen darüber hinaus die Möglichkeit, die religiöse Bildung und Erziehung mit dem Bildungs- und Entwicklungsfeld ‚Sinn, Werte und Religion' zu begründen. Frau D. fasst die Vorteile des Entwicklungsfeldes Sinn, Werte und Religion so zusammen: *„Aber ich find's schon gut, weil es ist schon wirklich wichtig, ‚Sinn, Werte, Religion' und dass es auch zusammen genommen ist, fand ich auch gut ... Weil man das nicht alles extra so sehen kann. So wie ich auch anfangs gesagt hab, des gehört alles irgendwie zusammen. Ich kann nicht sagen: ‚Das ist jetzt die religiöse Erziehung', sondern das will ich versuchen jeden Tag zu leben."*[317] Frau C. und D. stellen in dieser Passage den Glauben als gelebten Glauben in der Kindertageseinrichtung in den Vordergrund, der die Sinn-, Lebens- und Glaubensfragen der Kinder, Eltern und Erzieherinnen miteinbezieht. Dem Orientierungsplan kritisch gegenüber eingestellt zeigt sich Frau A., die meint: *„Also ... mir gefällt der ganze Plan nicht ... Da haben zu viele mitgemacht ... finde ich ja. Weil ich halt denke, der ist so unkonkret, da kann jeder schreiben: ‚Mach ich'."*[318] Frau A. kritisiert

---

315 Interview Frau I. Absatz 242
316 Interview Frau E. Absatz 194
317 Interview Frau C. und D. Absatz 184
318 Interview Frau A. Absatz 166–170

den Orientierungsplan als zu allgemein, zu unkonkret für die (religions-)pädago-
gische Arbeit in der Praxis. Die Formulierung der Ziele ist nach ihrem Empfinden
so allgemein gehalten, dass alle Kindertageseinrichtungen den Zielen zustimmen
können und für sich beanspruchen können, diese Ziele auch umzusetzen.

Auf die Frage: Kennen Sie die Arbeitshilfe ‚Sinn, Werte und Religion in Kindertageseinrichtungen'? antwortete keine der interviewten Erzieherinnen mit ja.
Manche meinten, sie schon mal gesehen zu haben,[319] andere antworteten mit
einem klaren Nein.[320] Die Erzieherinnen, die in einem konfessionellen Kindergarten in der Diözese Rottenburg-Stuttgart arbeiten, verwiesen bei dieser Frage auf
die religionspädagogische Rahmenkonzeption der Erzdiözese Rottenburg-Stuttgart
‚Religion (er)Leben', die ihnen Anregungen für die religionspädagogische Arbeit
im Kindergarten gegeben hat, sowie auf den ‚Rottenburger Kindergartenplan'.[321]

Zusammenfassung

Die Erzieherinnen stehen dem Orientierungsplan überwiegend positiv gegenüber
und sehen mit den Zielen des Entwicklungsfeldes ‚Sinn, Werte und Religion' eine
Bestätigung ihres (religions-)pädagogischen Handelns in der Praxis. Lediglich
Frau A. kritisiert die Formulierung der Ziele des Entwicklungsfeldes als zu allgemein und unkonkret. Positiv wird von Frau C. und D. auch der Aufbau des
Entwicklungsfeldes bewertet, weil die Bereiche Sinn, Werte und Religion miteinander verknüpft wurden, so dass religiöse Bildung und Erziehung als ein Teil
der alltäglichen pädagogischen Praxis verstanden wird. Dies macht den Versuch
möglich, den eigenen Glauben im Alltag der Kindertageseinrichtung implizit und
explizit im sozialen Miteinander zu leben.

7.2.8 Fazit

Zusammenfassung

Die multikulturelle und religiös plurale Gesellschaft spiegelt sich in den Kindertageseinrichtungen wider, was die verschiedenen Religionszugehörigkeiten der Kinder in den Einrichtungen zeigen. Es gibt Kinder christlicher Konfessionen, Kinder, die keiner Religion angehören, und auch muslimische, jüdische, buddhisti-
sche und hinduistische Kinder. Diese Vielfalt bringt eine Auseinandersetzung mit
den unterschiedlichen Religionen im Kindergarten mit sich, wobei den Erzieherinnen ein respektvoller Umgang und die Akzeptanz der verschiedenen Weltanschauungen und Religionen sehr wichtig sind. Die religiöse Bildung und Erziehung findet auf vielfältige Weise in den Kindertageseinrichtungen statt. Die Erzieherinnen
berichten in den Interviews von verschiedenen Reaktionen der Eltern auf die religiöse Bildung und Erziehung in den Kindertageseinrichtungen. Während manche

---

319 Vgl. Interview Frau A. Absatz 16.
320 Vgl. Interview Frau E. Absatz 195–19.
321 Vgl. Interview Frau B. Absatz 276–277 und Interview Frau C. und D. Absatz 21.

Eltern keine Reaktionen im Kindergarten zeigen, überfordert andere Eltern die religiöse Bildung und Erziehung ihrer Kinder, da ihnen ein persönlicher Bezug zum Glauben fehlt. Dies erschwert auch den Umgang mit religiösen Impulsen, wie zum Beispiel religiösen Liedern und Gebeten, die die Kinder aus den Kindertageseinrichtungen mit nach Hause bringen. Ein Aufgreifen und Weiterentwickeln der Impulse zu Hause fehlt häufig. Das größte Interesse an religiöser Bildung und Erziehung zeigen die Kindern, die religiöse Fragen zum Beispiel zur Entstehung der Welt, zum Thema Tod, zu Gott, seinem Aussehen und Handeln sowie zu verschiedenen religiösen Festen stellen. Kinder stellen Lebens-, Sinn- und Glaubensfragen und sind auf der Suche nach möglichen Antworten. Sie möchten die Welt in ihren Zusammenhängen verstehen und das Leben deuten. Dabei werden sie von den Erzieherinnen in ihrer Auseinandersetzung und Deutung der Welt unterstützt und begleitet. Die religionspädagogische Praxis in den Kindertageseinrichtungen zeichnet sich durch vielfältige Angebote, gemeinsame Projekte und gemeinschaftliche Erfahrungen aus. So werden beispielsweise beim gemeinsamen Feiern der Geburtstage Gemeinschaftserfahrungen gemacht, genauso wie im explizit religiösen Kontext beim Feiern eines Gottesdienstes. Thematisiert wird von den Erzieherinnen auch, welche Bedeutung der Einzelne mit seinen Stärken und Schwächen für die Gemeinschaft im Kindergarten hat. Die Raumgestaltung bei Festen und im Alltag, die religiöse Projektarbeit beispielsweise anhand der Josefgeschichte, der Kontakt zu anderen Institutionen wie der Kirche oder dem Altenheim, das Feiern religiöser Feste entlang des gesamten Kirchenjahres, der Umgang mit biblischen und religiösen Geschichten, das Arbeiten mit religiösen Symbolen (etwa Brot und Wein oder Gott als Sonne) und Ritualen wie beispielsweise der ritualisierte Morgenkreis sowie der Besuch religiöser Orte prägen die religionspädagogische Praxis in den Kindertageseinrichtungen. Viele praktische Beispiele religiöser Bildung und Erziehung, von denen die Erzieherinnen in den Interviews berichten, lassen sich anhand der sechs Handlungsgrundsätze religionssensibler Bildung als religionssensibel klassifizieren.

Reflexion

Religiöse Bildung und Erziehung ist abhängig vom persönlichen Religionsbegriff, den die Erzieherinnen ihrem (religions-)pädagogischen Handeln zugrunde legen. Auch wenn alle interviewten Erzieherinnen einer christlichen Konfession angehören, lassen sich Unterschiede im Verständnis von Religion feststellen. Es gibt zum Beispiel ‚Religion als Kulturgut' oder ein explizites christliches Religionsverständnis mit den christlichen Glaubensinhalten und religiösen Vollzugsformen, letzteres vor allem bei den Erzieherinnen in den konfessionellen Einrichtungen. Während in manchen Einrichtungen, wie zum Beispiel bei Frau E., Frau J. und Frau K., ein sensibler Umgang mit der religiösen Pluralität festzustellen ist, steht bei Frau A und Frau C. und D. das konfessionelle Profil der Einrichtungen im Vordergrund, bei dem der Umgang mit der interreligiösen Situation wenig Berücksichtigung findet. Interessant zu beobachten ist auch die Tatsache, dass der Umgang mit Kindern, die keiner Religionsgemeinschaft angehören, von keiner der interviewten Erzieherinnen thematisiert wird. Hier zeigt sich, dass diese Kinder nicht als eigene Zielgruppe des Entwicklungsfeldes Sinn, Werte und Religion im Blickfeld der Erzieherinnen sind. Hier stellt sich die Frage, welche Möglichkeiten diese Kinder haben, sich in die Gemeinschaft einzubringen, wenn sie beispielsweise keine besonderen Feste feiern. Diese Überlegungen stellen auch eine offene Frage im Hinblick auf den vierten Handlungsgrundsatz religionssensibler Bildung dar. In diesem Kontext ist auch festzustellen, dass das religiöse Wissen der Kinder, von dem die Erzieherinnen in den Interviews berichten, sich ausschließlich auf die christliche Religion bezieht. Das Wissen der Kinder über andere Religionen und Weltanschauungen in den Kindertageseinrichtungen wird von den Erzieherinnen nicht thematisiert. Ein ähnliches Bild zeigt sich bei den Kontakten zu anderen Institutionen im sozialen Umfeld der Kindertageseinrichtungen. Die Erzieherinnen berichten hier ausschließlich vom Kontakt zu christlichen Kirchen und ihren Mitarbeiterinnen und Mitarbeitern. Die Vernetzung mit anderen Institutionen des Sozialraums zeigt sich als ein Aspekt, der in den Kindertageseinrichtungen bisher wenig Berücksichtigung findet. Die Ressourcen im Stadtteil oder auf dem Dorf durch den Kontakt zu anderen Institutionen und Religionsgemeinschaften für die religiöse Bildung und Erziehung der Kinder zu nutzen, auch über die Kontakte der Eltern, stellt eine Entwicklungsmöglichkeit für Kindertageseinrichtungen dar. Eine weitere Entwicklungsmöglichkeit bieten religiöse und philosophische Lernwerkstätten und Bildungsinseln, die es den Kindern ermöglichen können, sich selbsttätig mit den Inhalten ihrer religiösen und philosophischen Fragen auseinanderzusetzen. Aus den sechs infans-Einrichtungen berichtet lediglich Frau A. von einer religiösen Bildungsinsel, die es nach dem infans-Konzept den Kindern ermöglichen soll, sich dort selbständig zu bilden. Das beschriebene Beispiel der Bildungsinsel lässt allerdings fragen, ob sich Kinder mit einer Kerze, einer Kinderbibel und einer Marienstatue selbständig religiös bilden können. Religiöse oder philosophische Lernwerkstätten scheint es in den Kindertageseinrichtungen gar nicht zu geben. Die religiöse Ecke in der Einrichtung von Frau B. wird die nach ihrem eigenen Empfinden von den Kindern zu wenig genutzt. Hier stellt sich die Frage, welche Materialien für derartige Vorhaben geeignet sind. Insgesamt nennen die Erzieherinnen vielfältige Beispiele religiöser Bildung und Erziehung in den Kindertageseinrichtungen, die anhand der Zuordnung zu den sechs Handlungsgrundsätzen als religionssensible Beispiele zu klassifizieren sind. Im nächsten Schritt wird nun abschließend der Fokus auf das berufliche Selbstverständnis der Erzieherinnen gelegt, um explizit die Aufgaben und die damit verbundenen notwendigen religiösen und religionspädagogischen Kompetenzen der Erzieherinnen bei der Begleitung der religiösen Bildung und Erziehung der Kinder in den Vordergrund des Forschungsinteresses zu stellen.

7.3 Berufliches Selbstverständnis der Erzieherinnen

Im letzten Themenbereich der Auswertung der qualitativen Interviews steht das berufliche Selbstverständnis der Erzieherinnen im Mittelpunkt, um Ergebnisse für die folgenden zwei Forschungsfragen zu erhalten:

1. Welche Aufgaben haben die Erzieherinnen bei der Begleitung der religiösen Bildung und Erziehung der Kinder und welche Kompetenzen sehen sie für ihr professionelles Handeln als hilfreich an?
2. Welche religiösen und religionspädagogischen Kompetenzen brauchen die Erzieherinnen, um jedes Kind mit seinen religiösen Fragen, seiner Wertorientierung und seinen existentiellen Erfahrungen zu begleiten?

Der Kindergarten ist die erste gesellschaftliche Sozialisationsinstanz nach der Familie, die für die Kinder eine enorme Veränderung bedeutet, da sie in der Gemeinschaft des Kindergartens ihren Platz finden müssen.[322] Die äußeren und inneren Strukturen der Kindertageseinrichtungen bilden die Basis für das Zusammenleben, sodass jeder seine Rolle finden und ausfüllen kann.[323] Das berufliche Selbstverständnis der Erzieherinnen wird anhand der Kategorien Bild vom Kind (7.3.1), Aufgaben (7.3.2), Religionspädagogische Kompetenzen (7.3.3), Religiöse Kompetenzen (7.3.4), Team (7.3.5), Werte und Normen (7.3.6), Offenheit als Haltung (7.3.7) sowie eigene Stärken und Fähigkeiten (7.3.8) im Folgenden weiter konkretisiert. Am Ende jeder Kategorie steht eine kurze Zusammenfassung. In Punkt 7.3.9 wird schließlich ein Fazit gezogen, das sich in folgende zwei Teile gliedert: 1. Zusammenfassung, 2. Reflexion.

7.3.1 Bild vom Kind

Viele Erzieherinnen stellen im Interview in den Vordergrund, dass sie jedes Kind mit seinen individuellen Bedürfnissen, Fragen und Interessen ernst nehmen und mit ihm Gespräche auf Augenhöhe führen.[324] Für Frau F. braucht es Wertschätzung und Achtsamkeit gegenüber den Kindern, damit sie selbstwirksam ihren Bildungsweg beschreiten können.[325] Der positive Blick auf das Kind bildet nach dem

---

322 Vgl. Interview Frau J. Absatz 207.
323 Interview Frau I. Absatz 98
324 Vgl. Interview Frau K. Absatz 187 und Absatz 227, Interview Frau A. Absatz 40 und Absatz 44 und Interview Frau B. Absatz 105.
325 Vgl. Interview Frau F. Absatz 25.

pädagogischen Handlungskonzept Early Excellence die Basis für die pädagogische Arbeit in der Einrichtung von Frau L. Sie betont, dass sie und ihre Kolleginnen „*viel auf die Kinder eingehen, auf ihre Interessen und ihre Stärken, also wir sehen da nicht die Defizite oder was sie nicht können*"[326]. Die Stärken und Interessen der Kinder stehen demnach im Mittelpunkt der Wahrnehmung der Erzieherinnen. Demgegenüber empfinden Frau G. und H., dass die Anzahl der ‚Problemkinder' in der Einrichtung in den letzten Jahren zugenommen hat.[327] Die Arbeit mit den jüngeren Kindern in der Einrichtung erleben sie als anstrengend. „*Also letztes Jahr hatten wir zehn Schulanfänger, also bis dieses Jahr im Sommer. War natürlich herrlich, da konnte man halt wahnsinnig viel machen, die konnten auch den Kleinen helfen und jetzt haben wir zwei Schulanfänger und ein paar Mittlere, wenig und aber der Rest alles Kleingemüse, sag ich als immer zu ihnen.*"[328] Die von Frau G. und H. gewählten Begriffe ‚Problemkinder' und ‚Kleingemüse' drücken wenig Wertschätzung gegenüber den Kindern aus. Sie deuten darauf hin, dass die Erzieherinnen in ihrer pädagogischen Arbeit den Blick weniger auf die Stärken und Interessen, sondern bei den ‚Problemkindern' auf die vermeintlichen Defizite und bei den jüngeren Kindern auf die noch nicht entwickelten Fähigkeiten richten. Im Gegensatz dazu stellt Frau J. die Partnerschaft mit den Kindern heraus[329] und veranschaulicht ihre Sicht aufs Kind mit Hilfe des Bildes eines Gartens: „*Da wächst ganz viel und da darf auch alles wachsen und jede Pflanze hat einen anderen Bedarf. Manche wollen eben viel Sonne und die andere können nur im Schatten wachsen und es gibt eben, was weiß ich, uralte schon riesig großgewachsene Kirschbäume, oder von mir aus Eichen, ja. Und es gibt aber auch Gänseblümchen, ja, und die sind ohne Wertung im Garten. Jeder hat seinen Platz. Und in diesem Zuge haben wir eben gesagt: ‚Die kleinen Kinder, die neuen Kinder ... die drei bis vierjährigen sind die Blumenkinder'. Mit der Vorstellung, sie kommen in den Kindergarten, also wie so ein Samen halt, hoffentlich in fruchtbare Erde dann gelegt und können da einfach blühen. Und die Mittleren, Vier-, Fünfjährigen sind unsere Wiesenkinder, soll heißen, das sind die, die den Boden halten. Ja. Die wissen schon, was geht, kennen sich schon aus, breiten sich auch aus, ja, also haben praktisch das Terrain so für sich jetzt erobert, so wie das eben Gras macht, ja, und bilden auch den Boden dafür, dass die Bäume wachsen können, die Vorschulkinder. Und die sollen, die wachsen, die sprengen den Rahmen des Kindergartens, die wachsen da drüber hinaus*"[330]. Mit dem Bild des Gartens veranschaulicht Frau J. die unterschiedlichen Bedürfnisse, die die einzelnen Kinder haben, und die Bedingungen, die sie in ihrer Entwicklung brauchen. Jedes Kind ist mit seinen Bedürfnissen im Blick. Zugleich weist das Bild auf die Vielfalt hin, die durch das Zusammenkommen der verschiedenen Kinder im Kinder-

---

326 Interview Frau L. Absatz 66
327 Interview Frau G. und H. Absatz 256 und Absatz 262
328 Interview Frau G. und H. Absatz 93
329 Vgl. Interview Frau J. Absatz 64.
330 Interview Frau J. Absatz 253

garten entsteht. Im Bild steht die fruchtbare Erde für die Rahmenbedingungen im Kindergarten, die es dem Kind ermöglichen, sich zu entwickeln. Jedes Kind hat seinen Platz in der Gemeinschaft und die Entwicklung der Kinder wird im Bild der Pflanze ausgedrückt, von der Zeit als Samen am Beginn über die Wiese, wo sich die Kinder im Kindergarten schon auskennen, bis hin zum Baum, wo die Kinder über den Kindergarten hinauswachsen. Alle Kinder haben im Kindergarten den Raum, sich dem Alter entsprechend individuell zu entwickeln. Gleichzeitig kommt ihnen eine Aufgabe innerhalb der Kindergartengemeinschaft zu. Zudem ist Frau J. wichtig, dass alle Menschen die gleiche Wertschätzung erfahren, unabhängig von ihrem Alter.[331] Jeder soll in der Kindergartengemeinschaft authentisch sein, so wie er oder sie ist.[332] Es ist ihr wichtig, dass sich die Kinder bewegen, denn in der Bewegung ist für sie die hohe Konzentrationsfähigkeit der Kinder beobachtbar.[333]

Zusammenfassung

Bei den meisten Erzieherinnen ist das Bild vom Kind dadurch geprägt, dass sie das Kind mit seinen Stärken und Fähigkeiten sehen. Der Kindergarten soll dem Kind den Raum bieten, sich altersentsprechend zu entwickeln. Gleichzeitig kommt den Kindern je nach Alter eine Aufgabe innerhalb der Kindergartengemeinschaft zu, die sie erfüllen sollen, damit das Zusammenleben in der Gemeinschaft funktioniert.

7.3.2 Aufgaben

Die Erzieherinnen müssen, um ihrer Aufgabe gerecht zu werden, den Kindern als Gesprächspartnerinnen zur Verfügung zu stehen, diese ernst nehmen. *„Diese Gespräche, das find ich, das hängt ganz eng damit zusammen, dass ich die Kinder ernst nehme, ja. Mit ihren Fragen, mit ihren Bedürfnissen und dass sie ein Recht darauf haben, gehört zu werden, und wenn sie es möchten, auch eine Antwort zu kriegen, und da ist für die Kinder auch eine Antwort, wenn ich sag: ‚Du, das weiß ich nicht. Wir können aber mal gemeinsam überlegen'. Es geht überhaupt nicht drum, dass da ein allwissender Erwachsener sitzt, sondern einfach, dass sie gehört werden. Manchmal sind's auch Probleme, die je in philosophische Fragen eingekleidet sind, mit denen sie nicht weiterkommen und wo sie jemand suchen, mit dem sie das vielleicht ein bisschen aufdröseln können, ja.“*[334] Frau K. hebt hervor, dass sich im Philosophieren mit den Kindern zeigt, dass sie die Kinder mit ihren Fragen und Interessen ernst nimmt. Kinder erwarten keine fertigen Antworten auf ihre philosophischen Fragen, sondern suchen eine

---

331 Vgl. Interview Frau J. Absatz 324.
332 Vgl. Interview Frau J. Absatz 397.
333 Vgl. Interview Frau J. Absatz 328.
334 Interview Frau K. Absatz 187

erwachsene Ansprechpartnerin, um sich mit den Fragen auseinanderzusetzen. In
den gemeinsamen Überlegungen verdeutlicht sich, dass zwischen den Erzieherinnen und den Kindern ein partnerschaftliches Verhältnis besteht; die Kinder werden auf Augenhöhe gesehen und in ihren Fragen begleitet und unterstützt. Frau
I. formuliert ihre Grundaufgaben als Erzieherin so: *„Erziehen, bilden, betreuen,
ja und Religion ist ein Stück davon, ich bin geprägt davon und ich denk, das
fließt ein"*[335]. Frau I. macht in diesem Zitat deutlich, dass Religion ein Bestandteil
ihrer pädagogischen Arbeit ist, der sich nicht von den allgemeinen Aufgaben des
Erziehens, Bildens und Betreuens abgrenzen lässt. Für sie gehören ihre religiösen
Überzeugungen zu ihrer Persönlichkeit, zu ihrem Menschsein, sie fließen in ihr
pädagogisches Handeln mit ein. Eine weitere zentrale Aufgabe des Erzieherinnen-
berufs sieht Frau E. im lebenslangen Lernen, was inhaltlich miteinschließt, sich
pädagogisch immer wieder mit neuen Konzepten auseinanderzusetzen, Neues auszuprobieren sowie die Räume und das Material zu verändern.[336] Die methodische
und inhaltliche Begleitung und Unterstützung der Kinder sowie die religiöse Wissensvermittlung, um sich später für oder gegen den Glauben entscheiden zu können, definiert Frau F. als Aufgabe für sich.[337]

In Bezug auf die religiösen Bildung und Erziehung der Kinder sehen Frau C.
und D. ihre Aufgabe darin, gemeinsam mit den Kindern Antworten auf ihre religiösen Fragen zu finden.[338] Eine Offenheit für die religiösen Fragen der Kinder,
die eigene Auseinandersetzung mit diesen Fragen sowie die Reflexion darauf sieht
auch Frau B. als wichtige Aufgaben für Erzieherinnen an. Dabei bedarf es bei der
Auseinandersetzung mit religiösen Themen einer guten Vorbereitung, um diese
den Kindern authentisch vermitteln zu können. [339] Frau A. fasst ihre Aufgaben als
Erzieherin im Kontext der religiösen Bildung und Erziehung wie folgt zusammen: *„Ja das kommt drauf an, auf was für ein Angebot das ist, was für ein Ziel
ich habe, wenn ich jetzt möchte, dass sie sich einfach damit beschäftigen, frei
beschäftigen, dann schaffe ich eine Atmosphäre im Raum, wo das einfach möglich
ist, sich frei und entspannt ein Buch zu nehmen, das anzugucken, vielleicht auch
nachzufragen, zu lesen. Dann ist meine Aufgabe ganz klar, wenn ich was nicht
weiß oder irgendwelche Fragen habe, die jemand zu stellen, der es vielleicht weiß
oder dass wir gucken im Internet gemeinsam oder wie auch immer ... wenn ich
so an die Umwelt denke, wenn man draußen ist und da blüht das und mal auf solche Sachen hinweisen, dass die nicht ... im Tunnelblick durch die Gegend laufen, genau. Ja so eine Begleitung in dem, was sie einfach wissen möchten und für
mich ist zum Beispiel auch ein ‚Vaterunser' was Kulturelles. Und wir sind Vorbilder, wir beten auch vor dem Essen."*[340] Frau A. sieht für sich verschiedene Auf-

---

335 Interview Frau I. Absatz 220
336 Vgl. Interview Frau E. Absatz 95, Absatz 113 und Absatz 167.
337 Vgl. Interview Frau F. Absatz 25 und Absatz 63.
338 Vgl. Interview Frau C. und D. Absatz 137.
339 Vgl. Interview Frau B. Absatz 238.
340 Interview Frau A. Absatz 110

gaben in der Begleitung der religiösen Bildung und Erziehung der Kinder. Eine Aufgabe besteht darin, eine Atmosphäre im Raum zu schaffen, die es den Kindern ermöglicht, sich mit ihren Fragen und Themen zu beschäftigen. Eine andere Aufgabe sieht sie darin, mit den Kindern Antworten durch gemeinsame Recherchen zu finden. Eine weitere Aufgabe der Erzieherin beinhaltet, die Kinder für die Wahrnehmung ihrer Umwelt zu sensibilisieren. Eine letzte Aufgabe stellt die Vermittlung von Gebeten als Bestandteil der christlichen Kultur dar, wie zum Beispiel dem Vaterunser. Für Frau A. lernen die Kinder religiöse Rituale, wie zum Beispiel das Beten vor dem Essen, das die Erzieherinnen in der Kindertageseinrichtung jeden Tag mit den Kindern durchführen, durch Vorbilder. Die Beziehungsgestaltung stellt eine weitere zentrale Aufgabe der Erzieherinnen dar. Eine vertrauensvolle Beziehung zu den Kindern bildet für Frau C. und D. den Ausgangspunkt ihrer pädagogischen Arbeit, denn nur so sind die Kinder später in der Lage, sich selbst zu bilden.[341] Den Kindern das Gefühl des Angenommenseins zu vermitteln, steht für sie dabei im Vordergrund. *„Liebe, Geborgenheit, Gott nehmen sie einfach an. Das ist so ein Grundsache, also wenn wir sagen: ‚Es gibt Gott, Jesus ist wirklich da, der hat dich lieb‘, durch die Beziehung glauben sie es“.*[342] Die Beziehung der Erzieherinnen zu den Kindern bildet für Frau C. und D. die Basis dafür, dass die Kinder den Erziehehrinnen vertrauen und ihre Glaubensaussagen annehmen können.

Die aufgrund der unterschiedlichen Religionszugehörigkeiten der Kinder gegebene multikulturelle und religiös plurale Situation fordert die Erzieherinnen heraus, sich mit der religiösen und kulturellen Sozialisation der Kinder zu beschäftigen. Frau E. merkt im Interview an: *„Weil's einfach viele Religionen gibt, viele Glaubensgemeinschaften auch hier immer wieder zusammen kommen ... von dem her ist meine Aufgabe einfach Sinn und Werte zu vermitteln, so dieses vom Leben“*[343]. In diesem Zusammenhang spielt auch der Umgang mit Individualität und Vielfalt eine große Rolle: *„Offen für alles, oder? Würd ich sagen und dass man das respektiert, dass jeder ... was anderes glaubt, ja.“*[344] Die Erzieherinnen stellen hier heraus, dass sie es als ihre Aufgabe sehen, die Differenz zwischen den einzelnen Religionen und Weltanschauungen, die es im Kindergarten gibt, wahrzunehmen und zu akzeptieren. Orientierung für das Zusammenleben im Kindergarten geben die Erzieherinnen den Kindern durch die Vermittlung von Sinn und Werten.

Frau I. beschreibt den Umgang mit Individualität auch im Team. Es gibt in ihrem Team zwei Erzieherinnen, die religiöse Bildung und Erziehung lieber den anderen Kolleginnen überlassen, da ihnen der persönliche Bezug zum Glauben fehlt. Aber sie haben ihren Beitrag dadurch geleistet, dass sie gerne handwerklich arbeiten und auf einem Wochenendseminar Egli-Figuren für die Einrichtung

---

341 Vgl. Interview Frau C. und D. Absatz 52.
342 Interview Frau I. Absatz 214
343 Interview Frau E. Absatz 167
344 Interview Frau L. Absatz 163

angefertigt haben, die zum Erzählen von biblischen Geschichten verwendet werden.[345]

Zusammenfassung

Die Erzieherinnen beschreiben in den Interviews vielfältige Aufgaben, die sie in der Begleitung und Unterstützung der religiösen Bildung und Erziehung der Kinder sehen. Diese reichen vom Ernstnehmen der Kinder mit ihren religiösen und philosophischen Fragen und Themen und ihnen als Gesprächspartnerin auf Augenhöhe zur Verfügung zu stehen, über das Schaffen einer anregenden Lernatmosphäre bis hin zur Beziehungsgestaltung, die die Individualität und Vielfalt der verschiedenen Weltanschauungen und Religionen der Kinder im Zusammenleben der Kindertageseinrichtung mitberücksichtigt. Darüber hinaus werden die Vermittlung von Gebeten als Bestandteil der christlichen Kultur und die Sensibilisierung der Kinder für ihre Umwelt als weitere Aufgaben der Erzieherinnen thematisiert.

7.3.3 Religionspädagogische Kompetenzen

Religionspädagogische Kompetenzen beinhalten die Fähigkeiten und Fertigkeiten, die die Erzieherinnen für den Umgang mit den Kindern bei der religiösen Bildung und Erziehung brauchen, also ihr Methodenrepertoire.[346] Die Methoden der Erzieherinnen wurden bereits in Punkt 7.2.5, der religionspädagogischen Praxis, differenziert vorgestellt. Sie reichen von dem Erzählen und Erleben biblischer Geschichten und dem Feiern der Feste entlang des Kirchenjahres über die Verwendung von Symbolen und Ritualen bis hin zum Besuch religiöser Orte und Institutionen. Als wichtige Materialien und Methoden nennen die Erzieherinnen Bücher[347], Fachzeitschriften[348], Bilderbücher[349], Kinderbibeln[350], Egli-Figuren[351], Kett-Legematerialien[352], Adventswege[353], Bilder[354], Dias[355], Lieder[356], Musik[357],

---

345 Vgl. Interview Frau I. Absatz 226.
346 Vgl. Hugoth 2005b, S. 82–93.
347 Vgl. Interview Frau A. Absatz 114.
348 Vgl. Interview Frau E. Absatz 169.
349 Vgl. Interview Frau 373–376.
350 Vgl. Interview Frau G. und H. Absatz 452.
351 Vgl. Interview Frau I. Absatz 226.
352 Vgl. Interview Frau C. und D. Absatz 115.
353 Vgl. Interview Frau G. und H. Absatz 371.
354 Vgl. Interview Frau B. Absatz 226.
355 Vgl. Interview Frau E. Absatz 151.
356 Vgl. Interview Frau Interview Frau I. Absatz 33.
357 Vgl. Interview Frau F. Absatz C. und D. Absatz 145.

Tanz[358], Rollenspiele[359], Kerzen[360] und das Internet[361]. Großen Wert legen die Erzieherinnen darauf, dass sich die Kinder auf praktische Weise mit den religiösen Themen beschäftigen können. *„Das finde ich ganz wichtig, weil Kinder lernen nur darüber, wenn sie was anschauen und begreifen können."*[362] Frau G. und H. beschreiben das Erfahren mit den Sinnen als besonders eindrücklich für die Kinder. *„Wir haben auch mal die Waschung der Füße gemacht, das Abendmahl ... Haben wir mit den Kindern Brot geteilt, Saft getrunken, Traubensaft anstatt Wein. Also solche Sachen tun wir dann schon vertiefen ... Versuchen so viel wie möglich mit allen Sinnen zu erleben"*[363]. Das Erleben mit allen Sinnen macht die religiösen Inhalte für die Kinder über das kognitive Wissen hinaus auf einer affektiven Ebene erfahrbar.

Frau E. stellt im Interview heraus, dass es einer grundlegenden religiösen Kompetenz, eines Wissens und einer Sprachfähigkeit über Religion bedarf, um religionspädagogisch kompetent zu sein und die Kinder durch Fragen zum Nachdenken über religiöse Themen und Fragen zu motivieren.[364] Frau L. betont, dass die Fragen der Kinder ihre religionspädagogische Kompetenz herausfordern. Dabei ist es aber wichtig zu sehen, dass bei ihr ein gemeinsames Nachdenken mit den Kindern über die Fragen im Vordergrund steht, bei dem auch sie als Erzieherin sagen kann: *„Ja, alles weiß ich jetzt auch irgendwie nicht."*[365] Frau J. stellt für ihr religionspädagogisches Arbeiten fest: *„Der Prozess ist das Wichtige, es geht um den Prozess, um den Weg, um das miteinander Gehen. Und deshalb kann eine vorgefertigte Methode niemals passen."*[366]

Die Einrichtung von Frau C. und D. befindet sich gerade im Prozess, religionspädagogische Erziehungs- und Handlungsziele zu formulieren. Frau D. beschreibt diesen Prozess mit all seinen Schwierigkeiten folgendermaßen: *„Wir haben Sie formuliert, gemeinsam mit dem Haus der katholischen Kirche. Da war ein Forum ‚Kindertagesstätten‘ und da haben wir, also die Fachberatung hat im Grunde die Erziehungsziele vorgeschlagen. Wie die formuliert sein könnten. Und diese Erziehungsziele müssten wir jetzt hier noch runterbrechen ... Man spricht immer ‚Der erwachsene Mensch, der das Kind einmal sein wird‘, das ist immer der Anfang und dann wär's jetzt zum Beispiel ‚weiß, dass es einen Gott gibt‘, wär jetzt ein Erziehungsziel. Und da ist natürlich die Schwierigkeit, das für uns dann herunter zu brechen in so Handlungsziele, wie vermitteln wir das dann eben? Dass ein Erwachsener, der mal bei uns in der Kita war, als Erwachsener auch*

---

358 Vgl. Interview Frau F. Absatz 71.
359 Vgl. Interview Frau G. und H. Absatz 373.
360 Vgl. Interview Frau G. und H. Absatz 441–445.
361 Vgl. Interview Frau E. Absatz 169.
362 Interview Frau B. Absatz 226
363 Interview Frau G. und H. Absatz
364 Vgl. Interview Frau E. Absatz 180.
365 Interview Frau L. Absatz 124
366 Interview Frau J. Absatz 629

wirklich weiß, dass es einen Gott gibt. Und das sind die Dinge, die für uns dann maßgeblich sind. Und da haben wir jetzt überlegt, ob wir nicht die Frau C. zur Erziehungszielformulierung und -erarbeitung mit einladen, dass die einen da bisschen unterstützen kann und helfen kann. Weil das ist ja doch ein Bereich, der jetzt / wir sind ja religiös jetzt nicht geschult worden oder so was. Man macht Fortbildungen, klar, das kann man schon machen, aber das ist nicht unbedingt unser Hauptaktionsbereich."[367] Frau D. beschreibt in diesem Abschnitt des Interviews die Entwicklung religiöser Erziehungs- und Handlungsziele für ihre infans-Einrichtung. Die Orientierung an den Erziehungs- und Handlungszielen zeigt, dass die religiöse Bildung und Erziehung als Bestandteil des pädagogischen Handelns der Erzehrinnen in der Einrichtung verstanden wird. Die religiösen Erziehungsziele hat die Fachberatung des konfessionellen Trägers der Einrichtung den Erzieherinnen vorgelegt. Die Aufgabe der Erzieherinnen besteht nun darin, die Erziehungsziele mit Hilfe von Handlungszielen zu konkretisieren. Frau D. sieht die Formulierung von religiösen Handlungszielen nicht als ihren ,Hauptaktionsbereich', weshalb sie die Gemeindereferentin als Spezialistin für das Fachgebiet ,Religion' hinzuziehen möchte. Die Ausführungen von Frau D. machen deutlich, dass sie sich als Expertin für ihr pädagogisches Handeln sieht, die Formulierung von religiösen Handlungszielen aber eher als Aufgabe einer Religionspädagogin versteht. Sie fühlt sich aufgrund ihrer Aus- und Fortbildungen nicht in der Lage, auf der Grundlage der religiösen Erziehungsziele konkrete religiöse Handlungsziele zu formulieren.

Zusammenfassung

Die religionspädagogischen Kompetenzen der Erzieherinnen, ihr Methodenrepertoire, reicht vom Lesen von Geschichten und Büchern über das Musizieren, Singen und Tanzen bis hin zum Ermöglichen verschiedener Sinneserfahrungen, wie zum Beispiel bei der Waschung der Füße beim Feiern des letzten Abendmahls in der Einrichtung, um die religiösen Inhalte der christlichen Botschaft für die Kinder erleb- und begreifbar zu machen. Während die Erzieherinnen bei der praktischen Umsetzung der religiösen Bildung und Erziehung von keinen Schwierigkeiten berichten, stellt sie auf der theoretischen Ebene die Formulierung religiöser Handlungsziele vor eine Herausforderung. Die Ausführungen machen deutlich, dass sich die Erzieherinnen als Expertinnen für ihr pädagogisches Handeln sehen, die Formulierung von religiösen Handlungszielen aber eher als Aufgabe einer Religionspädagogin, in diesem Fall der Gemeindereferentin, verstehen.

7.3.4 Religiöse Kompetenzen

Religiöse Kompetenzen beinhalten die Fähigkeiten und Fertigkeiten, die die Erzieherinnen in erster Linie zur Klärung ihrer eigenen Religiosität brauchen und

---

367 Interview Frau C. und D. Absatz 120

die das Wissen über Religion miteinschließen.[368] Frau D. formuliert diese Anforderungen so: *„Also, für mich ist schon mal klar, ich muss überhaupt Bescheid wissen. Also eine Erzieherin, die NICHTs mit Religion zu tun hatte, schon als Kind diese Grundlagen nicht hatte, da glaub ich wird's schwierig, dass die das den Kindern vermitteln kann ... Was bei philosophischen Themen das ist / denk ich mir, da wär die Kompetenz, dass ich selbst ein bisschen mit dem Leben schon auseinandergesetzt zu haben, eine reflektierte Persönlichkeit zu sein und selber sich auch mit dem SINN, vielleicht, des Lebens zu beschäftigen."*[369] Frau D. stellt heraus, dass die eigenen religiösen Erfahrungen der Erzieherinnen sowie die Reflexion der persönlichen Lebenserfahrungen notwendige Voraussetzungen sind, um die Kinder mit ihren religiösen Fragen und Themen zu begleiten und zu unterstützen. Das Wissen über die eigene Religion und den Glauben, das Verstehen der biblischen Geschichten und religiöser Feste stellen die Erzieherinnen als wichtige Bedingungen in den Vordergrund, um den Kindern die Inhalte der christlichen Religion vermitteln zu können.[370] Frau E. beschreibt die Auseinandersetzung mit dem eigenen Glauben in der Praxis folgendermaßen: *„Das ist ganz ergänzend zu meiner Kollegin, die katholisch ist und wir immer wieder Punkte finden wo wir denken: ,Oh, okay da müssen wir noch mal so unser Wissen noch mal auffrischen' oder wir lernen voneinander."*[371] Die Erzieherinnen tauschen sich über die religiösen Inhalte in ihrem Alltag aus, sie nehmen kleinere Wissenslücken und unterschiedliche konfessionelle Glaubensvorstelllungen wahr. Der persönliche Glaube, die eigene religiöse Sozialisation sehen die Erzieherinnen als wichtige Grundlage für ihr berufliches Handeln an. Frau J. beschreibt als Basis ihres Glaubens Folgendes: *„Also für mich ist ganz klar, wir sind keine Zufallswesen, ja, wir haben einen Körper, einen Geist und eine Seele und wir sind durch Gott ins Wirkliche, in dieses Leben gekommen, ja, in diese, in dieses Leben, dass uns berechtig, ermöglicht mit ihm Kontakt zu finden, ja, zu haben. Wir sind also seine Kinder, seine Geschöpfe, ja. Aber auf einer Höhe, auf einer Augenhöhe, ja, nämlich nach seinem Abbild und zwar jeder."*[372] Diese Glaubensaussage weist darauf hin, dass Frau J. ihrem Handeln ein christliches Menschenbild zugrunde legt, das den Menschen als Geschöpf Gottes, als sein Abbild sieht. Ihre eigene religiöse Sozialisation hat Frau J. durch ihre Großmutter erfahren, die sie jeden Sonntag mit in den Gottesdienst genommen hat und die sie mit ihrer Persönlichkeit imponierte.[373] Ihre religiöse Sozialisation reflektiert Frau J. so: *„Also, es ist eine ganz früh gewachsene Gottesbeziehung, sag ich mal, die ich erleben durfte und dann habe ich irgendwann, ziemlich früh schon, das weiß ich auch noch,*

---

368 Vgl. Hugoth 2005b, S. 82–93.

369 Interview Frau C. und D. Absatz 162

370 Vgl. Interview Frau F. Absatz 79, Interview Frau E. Absatz 151 und Interview Frau G. und H. Absatz 494 und Absatz 555.

371 Interview Frau E. Absatz 184

372 Interview Frau J. Absatz 324

373 Vgl. Interview Frau J. Absatz 415.

wann das war, gemerkt, dass viele Leute viele Zweifel haben und man diese Zwei-
fel nicht ausräumen kann, weil man Gott eben nicht beweisen kann und dann
habe ich gewusst, dass ist eine Entscheidung. Glauben ist eine Entscheidung. Und
die habe ich dann getroffen, ganz gezielt."[374] Frau J. zeigt in diesem Abschnitt
des Interviews, dass sie ihren Glauben reflektiert hat und sich bewusst für den
christlichen Glauben mit seinen Inhalten und Vollzugsformen entschieden hat.
Weiter beschreibt Frau J. im Interview, dass sie vom Wirken des Heiligen Geistes
überzeugt ist und dieses Wirken immer wieder spürt und erlebt.[375] Das Reich Gottes breitet sich für Frau J. folgendermaßen aus: *"Sie haben gerade eine Aufgabe,*
ja. Und man kriegt es und man kann es und man gibt es weiter und es wird mehr
und es vervielfältig sich und so breitet sich das Reich Gottes aus."[376] Die Glaubensaussagen von Frau J. weisen auf ein differenziertes theologisches Grundwissen sowie auf eine umfassende Reflexion des eigenen Glaubens hin.

Frau K. ist die einzige Erzieherin, die auf die Frage, ob sie sich selbst als religiös bezeichnen würde, offen zugibt, dass sie die Frage nicht beantworten kann:
"Die Frage hab ich mir ja auch schon oft gestellt. Ich kann Sie Ihnen eigentlich
jetzt nicht mit / so bearbeiten, dass ich sag: 'Ja ich bin gläubig' oder 'Ich bin
ungläubig', das könnt ich nicht"[377]. Frau K. beschreibt in dem zitierten Abschnitt,
dass sie sich mit der eigenen Religiosität immer wieder auseinandersetzt, aber für
sich keine abschließende Antwort findet, ob sie sich selbst als gläubig bezeichnen würde oder nicht. Die anderen Erzieherinnen bezeichnen sich alle selbst als
religiös und berichten zum Teil sehr ausführlich über ihre eigene religiöse Sozialisation.[378] Frau D., die in einer katholischen Einrichtung arbeitet, beschreibt die
Wichtigkeit der eigenen religiösen Erfahrung für den Berufsalltag folgendermaßen: *"Also bei uns müssen natürlich alle eine christliche Konfession haben, evan-*
gelisch oder katholisch ist bei uns ja egal, aber, die wussten dann nicht viel. Also,
die wissen dann nicht, 'Was ist Christi Himmelfahrt?' oder 'Was ist Fronleich-
nam?' oder 'Was ist eine Prozession?', wenn man über so etwas redet, was für
mich ganz selbstverständlich ist, weil ich das einfach schon von klein auf miter-
lebt hab. Das war ganz selbstverständlich so was. Und diese Selbstverständlich-
keit fehlt glaube ich bei vielen Erzieherinnen und DANN wird's schwierig, den
Kindern etwas zu vermitteln, wenn ich es selbst nicht erlebt hab, es selbst erst
erarbeiten muss und erst selber überlegen muss: 'Wie war dann das eigentlich?'
oder nachfragen. Und drum denk ich ist es schon wichtig, erstens mal sich gut
vorzubereiten und zweitens das vielleicht selbst erlebt zu haben."[379] Frau D. weist
in dem Zitat auf die Notwendigkeit hin, als Erzieherin die Inhalte des christlichen

---

374 Interview Frau J. Absatz 417

375 Vgl. Interview Frau J. Absatz 419.

376 Interview Frau J. Absatz 523

377 Interview Frau K. Absatz 247

378 Vgl. Interview Frau A. Absatz 132, Interview Frau C. und D. Absatz 166 und Absatz
     167 und Interview Frau G. und H. Absatz 423.

379 Interview Frau C. und D. Absatz 162

Glaubens zu kennen, was durch die eigene (a-)religiöse Sozialisation nicht automatisch bei allen Erzieherinnen gegeben ist, auch wenn diese in einer konfessionellen Einrichtung arbeiten. Der persönliche Bezug zum Glauben fehlt nicht nur manchen Eltern, sondern auch einigen Erzieherinnen. Für die religiöse Bildung und Erziehung der Kinder bedarf es aber der religiösen Kompetenz, was ein Wissen über die Religion miteinschließt. Trotz der erlebten religiösen Sozialisation benennt Frau D. als Schwierigkeit die eigene religiöse Sprachfähigkeit, wenn sie von den Kindern nach ihrem persönlichen Glauben gefragt wird: *„Schwierig wird's bei mir, wenn dann so Fragen danach kommen, die dann mit meinem eigenen Glauben zu tun haben. Da denk ich mir dann manchmal: ‚Ja, wie erzähle ich das jetzt den Kindern eigentlich?' Weil es ist ja egal, wir können ja alle katholisch sein oder christlichen Glauben haben und jeder denkt trotzdem noch mal was anders."*[380] Frau D. beschreibt in diesem Abschnitt das Gefühl der Angst, den Kindern aufgrund der Formulierung der eigenen Glaubensvorstellungen falsche Glaubensinhalte zu vermitteln. Die individuellen Glaubensvorstellungen werden durch verschiedene Faktoren beeinflusst, die nicht bei jedem Menschen zwangsläufig dazu führen, dass die eigenen Glaubensvorstellungen mit der katholischen Glaubenslehre übereinstimmen. Fast alle Erzieherinnen bezeichnen sich selbst zwar als religiös, manche äußern aber auch ihre Schwierigkeiten, die sie mit der Kirche und den kirchlichen Strukturen haben. Frau C. formuliert es vorsichtig als *„ein leichter Hader mit der Kirche, aber das geht um die Struktur der Kirche, es geht nicht um meinen Glauben. Ich glaube an Gott, ich bete auch"*[381]. Den eigenen Glauben zu leben ist auch die Priorität von Frau B.: *„Also ich beachte das schon, ja ... wie man mit den Mitmenschen umgeht, das ist ja ganz vieles, das ist ja nicht einfach nur: ‚Ich bin gläubig, ich geh jetzt in die Kirche' und damit ist es getan, sondern ich finde das ist ja auch wie man lebt."*[382] In diesem Abschnitt wird deutlich, dass der Glaube sich für Frau B. nicht nur darin zeigt, dass sie sonntags in die Kirche geht, sondern wie ihr Glauben im alltäglichen Zusammenleben sicht- und erfahrbar wird.

Für den religiösen Kompetenzerwerb nehmen sich die Erzieherinnen Bücher zu Hilfe[383], sie nehmen an Fortbildungen teil[384], fragen den Pfarrer oder Leute aus der Gemeinde[385] und setzen sich mit dem eigenen Glauben auseinander anhand der Fragen: *„Was glaube ich eigentlich? Wie stehe ich zur Kirche?"*[386] Frau J. meint spontan: *„Ach, ich gucke in der Bibel nach, ich gehe in Buchhandlungen, ich spreche mit anderen Leuten"*[387]. Frau E. berichtet: *„Wir hatten ein tolles*

---

380 Interview Frau C. und D. Absatz 105
381 Interview Frau C. und D. Absatz 178
382 Interview Frau B. Absatz 219
383 Vgl. Interview Frau J. Absatz 425 und Interview Frau B. Absatz 226.
384 Vgl. Interview Frau A. Absatz 86 und Interview Frau F. Absatz 81.
385 Vgl. Interview Frau J. Absatz 425.
386 Interview Frau C. und D. Absatz 166
387 Interview Frau J. Absatz 425

Gespräch über Zeugen Jehova Familien mit einem Fachmann hier mal in einer Dienstbesprechung, da hab ich einfach erfahren, das ist was ganz Tolles, wenn jemand da auch noch Hilfe, Wissen vermitteln kann, so ist das und so machen die das und man selber auch gestärkt raus geht und ganz anders auch auf die Familien dann zugehen kann, weil man mehr Wissen hat und ein gutes Fundament, ja."[388] Die Vermittlung von Wissen durch einen Experten beschreibt Frau E. als hilfreiche Erfahrung, bei der sie viel über die Zeugen Jehovas und den Umgang mit den Familien gelernt hat. Das Wissen ermöglicht Frau J. einen anderen Umgang mit den Familien, sie fühlt sich in ihrer Handlungsfähigkeit gestärkt. Frau D. fände für den religiösen Kompetenzerwerb der Kinder einen Raum in ihrer Einrichtung schön: *„Oder überhaupt wär's schön, so einen ganzen Raum zu haben, wo alles religiös ist. Wo es aber nicht nur um religiöse Sachen geht, sondern eben auch um philosophische Gedanken, wo man zur Ruhe kommen könnte, so was meditatives eigentlich auch schon fast. Wo die Kinder hingehen könnten, selber, gucken, ruhig sein könnten und sich selber mit etwas beschäftigen und auseinandersetzen.*"[389] Eine anregende Lernumgebung in einem eigenen Raum, in der sich die Kinder selbständig mit religiösen und philosophischen Themen und Fragen auseinandersetzen können, stellt sich Frau D. als eine Hilfe für den religiösen Kompetenzerwerb der Kinder in der Einrichtung vor. Frau A. stellt sich die ideale Unterstützung bei der religiösen Bildung und Erziehung so vor: *„Also ich würde es insgesamt noch schöner finden, wenn ein Pfarrer auch ganz, ganz viel und vielleicht auch regelmäßig Zeit hätte.*"[390] Der persönliche Kontakt zum Pfarrer, der die Kinder und Erzieherinnen im Leben des Glaubens und in ihren Sinn- und Glaubensfragen begleitet und unterstützt, stellt für Frau A. eine wünschenswerte Unterstützung für den religiösen Kompetenzerwerb dar.

Zusammenfassung

Die Erzieherinnen heben hervor, dass die Reflexion der persönlichen Glaubens- und Lebenserfahrungen eine notwendige Voraussetzung darstellt, um die Kinder mit ihren religiösen und philosophischen Fragen und Themen zu begleiten und zu unterstützen. Das Wissen über die grundlegenden Glaubensinhalte sowie die persönliche Sozialisation in eine christliche Glaubensgemeinschaft erachten viele Erzieherinnen als notwendig, um die religiöse Bildung und Erziehung mit den Kindern in der Kindertageseinrichtung kompetent zu gestalten. Während Frau J. sehr reflektiert ihre Glaubensvorstellungen im Interview formuliert, berichtet Frau D. trotz der erlebten religiösen Sozialisation von der Schwierigkeit der eigenen religiösen Sprachfähigkeit, die sie erlebt, wenn sie von den Kindern nach ihrem persönlichen Glauben gefragt wird. Es zeigt sich ein Gefühl der Angst, den Kindern aufgrund der Formulierung der eignen Glaubensvorstellungen falsche Glaubensinhalte zu vermitteln. Für den persönlichen religiösen Kompetenzerwerb

---

388 Interview Frau E. Absatz 173
389 Interview Frau C. und D. Absatz 158
390 Interview Frau A. Absatz 174

nutzen die Erzieherinnen vor allem Bücher, Gespräche und Fortbildungen. Für den religiösen Kompetenzerwerb der Kinder stellt sich Frau D. eine anregende Lernumgebung in einem eigenen religiösem Raum vor, in dem sich die Kinder selbständig mit religiösen und philosophischen Themen und Fragen auseinandersetzen können.

7.3.5 Team

Die Erzieherinnen berichten über unterschiedliche Themen in den Teams. Da Frau K. im auf das Interview folgenden Sommer als Leitung die Einrichtung verlässt, setzt sich ihr Team gerade mit dem Thema Abschied auseinander.[391] Das Team von Frau F. und das Team von Frau C. und D. beschäftigt hingegen gerade die neue Zusammensetzung des Teams und die Herausforderung, gemeinsam eine pädagogische Linie zu finden.[392] Die Zusammenarbeit stellt auf einer anderen Ebene auch ein Thema für Frau I. dar: *„Ja, das ist, dass wir ein, zwei schwache Erzieherinnen haben: ‚Wie bekomm ich oder wir das als Gesamtteam hin, dass sie nicht noch schwächer werden?‘, weil wir auch ihnen praktisch alles abnehmen, was gefährlich wird, sie einerseits stärken können, aber dass auch nicht wir auch praktisch hier alles auffangen und eben eine Kollegin, die nervlich ziemlich angespannt ist, wie man die entlasten kann, ob man es überhaupt kann."*[393] Den eigenen Platz im Team zu finden und jede Erzieherin in ihrer beruflichen Entwicklung und pädagogischen Haltung zu unterstützen, stellen Aufgaben für die einzelnen Teams dar. Der Umgang mit den Stärken und Schwächen der einzelnen Teammitglieder zeigt sich in der konkreten Situation im Team von Frau I. als eine zentrale Aufgabe für das ganze Team. In den gemeinsamen Arbeitsprozessen ist es wichtig, die Einrichtung als Ganze zu sehen, in der jede Erzieherin individuell ihren Platz findet und hat. *„Natürlich sehe ich das große Ganze immer wieder, das ist auch wichtig, ja, oben drüber zu gucken, aber es ist genauso wichtig, jeden Einzelnen zu sehen und so wie es für die Kinder wichtig ist, dass es keine Regel ohne Ausnahme gibt, so ist das auch für die Erwachsenen und alles andere, was ich für die Kinder gesagt hab, gilt genauso auch für die Erwachsenen. Dass ich sie ernst nehme, dass ein persönlicher Bezug da ist, dass sie wissen, sie können jederzeit kommen."*[394] Frau K. stellt in dem oben zitierten Abschnitt heraus, dass für sie als Leiterin der Einrichtung eine Aufgabe darin besteht, die einzelnen Teammitglieder zu sehen und sie mit ihren Bedürfnissen ernst zu nehmen. Eine offene und wertschätzende Atmosphäre im Team zeigt auch Auswirkungen auf das pädagogische Handeln der Erzieherinnen im Alltag und prägt die Atmosphäre in der Einrichtung. Neben der Reflexion der pädagogischen Arbeit nimmt auch die Reflexion der eigenen Person im Kontext des Teams in den Teamsitzungen

---

391 Vgl. Interview Frau K. Absatz 38–45.

392 Vgl. Interview Frau F. Absatz 19 und Interview Frau C. und D. Absatz 24–25.

393 Interview Frau I. Absatz 94

394 Interview Frau K. Absatz 128

einen zentralen Platz ein. *„Natürlich sind die hier auch alle gewachsen, am Kind, alle. Aber das ist schon auch so ein Baustein, so dieses auch immer mal wieder über sich selber nachdenken, auch im Team."*[395]

Darüber hinaus nennen alle Erzieherinnen als Thema in den Teams das Organisatorische. Frau E merkt dazu an: *„Das ist so das das Organisatorische soll nicht das Pädagogische eigentlich überrollen, ja. Und das tut's manchmal"*[396]. Den Blick immer wieder auf die pädagogische Arbeit mit den Kindern zu richten und sich nicht von Strukturen und Organisationsabläufen in der Einrichtung einengen zu lassen, stellt Frau E. als einen wichtigen Aspekt in der Teamarbeit heraus. Die Vorbereitung der Feste, die auch viele organisatorische Absprachen mit sich bringt, beschäftigt die Erzieherinnen aber auch auf der inhaltlichen, religionspädagogischen Ebene. Dabei bringen sich die Kolleginnen mit unterschiedlicher Intensität ein. *„Man merkt schon, manche sind da motivierter, manche dann, die machen's halt."*[397] In dieser Aussage von Frau G. und H. wird deutlich, dass nicht alle Erzieherinnen das gleiche Interesse an der Begleitung der religiösen Bildung und Erziehung der Kinder haben. Es ist zu vermuten, dass der persönliche Bezug zum Glauben, die eigene Auseinandersetzung mit den Sinn-, Lebens- und Glaubensfragen eine notwendige Voraussetzung bildet, um mit den Kindern zum Beispiel religiöse Feste zu feiern und sie in ihrem religiösen und philosophischen Fragen zu begleiten. Frau E. formuliert im Interview das Verständnis der religiösen Bildung als einen Teil der pädagogischen Arbeit: *„Ich entscheid gemeinsam mit meiner Kollegin oder Kolleginnen: was gebe ich weiter, was gebe ich von mir weiter, ich würd sagen religiös oder dieses Sinn, Werte und Religion das spiegelt sich komplett im Alltag ja, also im Umgang mit Konflikten, wie regele ich Konflikte, wie geh ich mit Regeln um, wie geh ich mit Kindern um, die noch Unterstützung brauchen für Kontakt ... der Knackpunkt, wo ich sag, das ist die Aufgabe von uns hier das mitzugeben, was wichtig ist für das weitere Leben. Jedem Kind aber ja individuell, ja auch altersentsprechend na klar, ja."*[398] Frau E. hebt hier die individuelle Begleitung der Kinder in der religiösen Bildung und Erziehung hervor, die sich beispielsweise im alltäglichen Zusammenleben in der Kindertageseinrichtung beim Umgang mit Konflikten zeigt. Das Bild vom Kind und der Umgang mit ihm, die gemeinsamen Regeln, die Beziehung zu den Kindern sowie die Vermittlung von Werten sieht Frau E. als pädagogische Aufgaben an, die religiöse Aspekte beinhalten. Der Religionsbegriff, den Frau E. hier zugrunde legt, lässt sich mit Lechners Terminologie dem Existenzglauben zuordnen.

Das Team von Frau J. setzt sich intensiv mit religiösen Fragen und Themen auseinander, sei es durch die geplante revolutionäre Weihnachtsfeier[399] oder bei der Auseinandersetzung mit anderen theologischen Themen. Frau J. erzählt fol-

---

395 Interview Frau K. Absatz 233
396 Interview Frau E. Absatz 117
397 Interview Frau G. und H. Absatz 571
398 Interview Frau E. Absatz 167
399 Vgl. Interview Frau J. Absatz 306.

gendes Beispiel: „*Dann weiß ich noch ganz genau, die S., die kam aus dem Saarland, war auch sehr aktiv in ihrer Gemeinde, also evangelisch und dann, das haben wir alleine rausgefunden, ja, später habe ich das dann nachgelesen und gesucht und so, aber wir haben es alleine im Team rausgefunden. ‚Und das Wort war bei Gott und Gott war das Wort' und so weiter ‚und das Wort ist Mensch geworden'. Das Wort ist gleichgesetzt mit Jesus und ihr macht da eure ganze Eucharistie und alles, Hochgebet und die Wandlungen und Zeug da und wir machen aber Psalmen und ihr habt da Jesus und wir haben da Jesus und wir haben das Wort und ihr habt das Wort und wir haben alle, weißt du, können Sie sich vorstellen was ich meine diesen Dialog? ... Und zwar richtig spürbar, wie das Wort und Jesus und wir haben da irgendwo auch theologische Hintergründe rausgefunden, einfach.*"[400] Frau J. beschreibt in diesem Abschnitt des Interviews eine theologische Auseinandersetzung im Team mit dem Johannesevangelium. Die Erzieherinnen haben in ihrem gemeinsamen Nachdenken entdeckt, dass mit dem Wort, das Mensch wird, Jesus gemeint ist. Frau J. beschreibt weiter, dass sie ihre theologischen Überlegungen später in einem Buch nachgelesen hat. Darüber hinaus setzen sich die Erzieherinnen mit den Unterschieden der evangelischen und katholischen Konfession auseinander. Das beschriebene Vorgehen im Team lässt auf ein großes theologisches Interesse schließen, das die Erzieherinnen haben und mit dem sie sich im Team intensiv auseinandersetzen. An einer anderen Stelle im Interview thematisiert Frau J., auf welche Art und Weise die Umsetzung der religiösen Bildung und Erziehung im pädagogischen Alltag in der Einrichtung erfolgt: „*Und wenn ich auf Material zurückgreifen will, es passiert ja, ich meine ich kann ja nicht alles, ich kann ja nicht das Rad neu erfinden. Da habe ich super Kolleginnen, jeder hat, irgendwer hat eine Idee.*"[401] Dieses Zitat verdeutlicht, dass die Kolleginnen unterschiedliche methodische Ideen im Team für die Umsetzung der religiösen Bildung und Erziehung haben und sich jede Erzieherin hier mit ihren Kompetenzen einbringt.

Zusammenfassung

Die einzelnen Teams beschäftigen unterschiedliche Themen, die Zusammenarbeit im Team stellt für die Erzieherinnen einen wichtigen Aspekt ihrer pädagogischen Arbeit dar. Dabei ist es bedeutsam, dass jede Erzieherin mit ihren Stärken und Schwächen ihren Platz im Team immer wieder neu findet. Die Aufgabe der Leitung ist es, die einzelne Erzieherin zu sehen und mit ihren Bedürfnissen im Team ernst zu nehmen. In der gemeinsamen pädagogischen Arbeit im Team zeigt sich für die Erziehehrinnen, dass Themen wie das Bild vom Kind und der Umgang mit ihm oder das Aushandeln der gemeinsamen Regeln und der Umgang mit Konflikten, die Beziehung zu den Kindern sowie die Vermittlung von Werten religiöse Aspekte beinhalten. In Bezug auf die religiöse Bildung und Erziehung

---

400 Interview Frau J. Absatz 427–429
401 Interview Frau J. Absatz 639

der Kinder findet in den Teams teilwiese eine intensive Auseinandersetzung mit religionspädagogischen und theologischen Themen statt.

7.3.6 Werte und Normen

Das große Thema, das fast alle Erzieherinnen im Kontext von Werten und Normen benennen, ist: ‚Wie leben wir miteinander im Kindergarten?'[402] *„Was uns sehr wichtig ist, das ist ein gutes soziales Miteinander, mit allen Facetten, die das einschließt, weil wir hier sehr viele Prinzen und Prinzessinnen haben."*[403] Dieses Zitat aus dem Interview mit Frau K. verdeutlicht, dass die Kinder ihren Platz in der Gemeinschaft des Kindergartens finden müssen, was nicht immer einfach ist, da den Kindern in der Gemeinschaft nicht immer die gleiche Aufmerksamkeit zuteil wird wie daheim. So ist es eine Aufgabe des Kindergartens, dass die Kinder lernen, im sozialen Miteinander gegenseitig Rücksicht zu nehmen und sich als Teil der Gemeinschaft zu verstehen. Frau D. fasst darüber hinaus folgende Werte zusammen, die in ihrer Einrichtung gelebt werden: *„Die Werte sind eigentlich ganz einfach, das ist natürlich auf einer christlich-abendländische Kultur, das sind natürlich ganz normale, also ‚Ich achte den anderen', ‚Ich respektiere den anderen', ‚Ich kann aber auch MEINE Meinung vertreten', ‚Ich kann etwas sagen', ‚Ich versuche offen etwas zu kommunizieren'. So diese Dinge. ‚Ich achte Eigentum der anderen', das wären jetzt so Dinge auch, die vor allem auch im Kindergarten dann auch noch wichtig sind."*[404] Frau C. und D. führen die gelebten Werte im Kindergarten auf die christlich-abendländische Kultur zurück und stellen als wichtige Werte im Zusammenleben in der Kindertageseinrichtung Achtsamkeit, Respekt, Meinungsfreiheit, Aufrichtigkeit und das Achten von Eigentum heraus. Die Vermittlung der Werte geschieht durch Vorleben im alltäglichen Umgang mit Kindern, Eltern und Kolleginnen.[405] Frau F. führt als ein Beispiel die Begrüßung der Kinder am Morgen an: *„Also das ist für mich auch so was, so das gegenseitig Wahrnehmen und freundlich Begrüßen und auch so eine Wertschätzung, auch morgens, so ein Umgang, also das hat auch alles was mit Werten zu tun, find ich, wie man Kinder begrüßt, wenn die kommen, also dass man runter geht und Augenkontakt aufnimmt und sagt: ‚Mensch schön, dass du da bist', also so, dass sie sich auch angenommen fühlen".*[406] In der Art und Weise, wie die Kinder am Morgen begrüßt werden, spiegeln sich für Frau F. Werte wie Achtsamkeit, Wertschätzung, Angenommensein und Gleichberechtigung wider.

---

402 Vgl. Interview Frau I. Absatz 64, Interview Frau L. Absatz 35 und Interview Frau G. und H. Absatz 326.

403 Interview Frau K. Absatz 73

404 Interview Frau C. und D. Absatz 39

405 Vgl. Interview Frau E. Absatz 167 und Interview Frau I. Absatz 158.

406 Interview Frau F. Absatz 104

In der Einrichtung von Frau J. haben die Erzieherinnen bei den Eltern eine ‚Werteumfrage' gemacht mit dem Ergebnis, dass sich als wichtigster Wert unter den Eltern der Wert Ehrlichkeit herausstellte.[407] Frau J. fasst die wichtigsten Werte in ihrer Einrichtung so zusammen: *„Ja, also Ehrlichkeit, Authentizität. Ja, und dann, da schließt sich alles an, was im Profil ist, die Mitgestaltung, dass jeder dann sagt, was er denkt, dass jeder, dass sich jeder einbringt, dass er aber auch die Verantwortung übernimmt, ja das sind die wichtigsten Werte"*[408]. In dem zitieren Abschnitt aus dem Interview von Frau J. stellen sich die Werte Ehrlichkeit, Authentizität, Meinungsfreiheit, Partizipation und Verantwortung als zentral für das Zusammenleben in der Kindertageseinrichtung heraus. Während Frau J. sehr klar diese Werte für ihre gesamte Einrichtung beschreibt, formuliert Frau E., dass es eine unterschiedliche Gewichtung der Werte in Abhängigkeit von den Wertmaßstäben der einzelnen Erzieherinnen gibt: *„Wir sind hier zehn Leute im Team und die Werte hat jeder anders gelegt, natürlich in die gleiche Richtung, aber trotzdem ist die Gewichtigkeit bei jedem verschieden. Das merk ich immer wieder, ja."*[409] Dabei gibt es für alle Erzieherinnen trotzdem mit Blick auf die Kinder ein grundlegendes Ziel, das sie gemeinsam verfolgen: Die Vermittlung von Werten, um *„Kinder gesellschaftsfähig zu machen"*.[410]

Zusammenfassung

Die wichtigsten Werte und Normen, die von den Erzieherinnen in den Interviews für das Zusammenleben in der Kindertageseinrichtung genannt und auf die christlich-abendländische Kultur zurückgeführt werden, sind Achtsamkeit, Ehrlichkeit, Meinungsfreiheit, Aufrichtigkeit, das Achten von Eigentum, Respekt, Wertschätzung, Partizipation, Verantwortung, Angenommensein und Gleichberechtigung. Indem die Werte im alltäglichen Umgang mit Kindern, Eltern und Kolleginnen gelebt werden, geschieht ihre Vermittlung. Die Kinder lernen im sozialen Miteinander gegenseitig Rücksicht zu nehmen und sich als Teil der Gemeinschaft zu verstehen.

7.3.7 Offenheit als Haltung

Die Erzieherinnen formulieren Offenheit als eine notwendige Haltung, um sich auf den Beruf als Erzieherin einzulassen und ihn in seinen unterschiedlichen Facetten ausfüllen zu können. Die Offenheit als eine wichtige Haltung im Erzieherinnenberuf setzt die Bereitschaft voraus, sich mit der eigenen Lebensgeschichte auseinanderzusetzen und Themen im Leben zu reflektieren. *„Ja, die einfach Weltinteresse haben, offen der Welt gegenüberstehen und die auch in der Lage sind,*

---

407 Vgl. Interview Frau J. Absatz 405.
408 Interview Frau J. Absatz 411
409 Interview Frau E. Absatz 117
410 Interview Frau E. Absatz 222

wie gesagt sich zu reflektieren, über sich selber nachzudenken und über ihre Posi-
tion in der Welt nachzudenken und ... mit den Kindern wirklich ins Gespräch zu
gehen und das ernst zu nehmen, was die Kinder sagen, das nicht abtun oder iro-
nisch werden oder ein Witz draus machen, sondern das wirklich ernst nehmen
und dann auch sich auf ein Gespräch einlassen, auch wenn das Gespräch viel-
leicht auch an meiner Schale kratzt, durchaus möglich. Kinder haben ja manch-
mal Fragen, die sind mir peinlich oder unangenehm und dann muss ich gucken
wie bleib ich für das Kind in dieser Situation authentisch und da find ich gehört
schon sehr viel, einfach auch Selbstbewusstsein dazu und Reflexion der eigenen
Person. Das find ich unglaublich wichtig. Das ist aber nicht einfach."[411] Dieser
Abschnitt aus dem Interview mit Frau K. macht deutlich, dass die Erzieherinnen
in ihrem Beruf die Bereitschaft mitbringen müssen, sich kritisch mit den eigenen Vorstellungen und Weltanschauungen auseinanderzusetzen und die persönlichen Lebenserfahrungen sowie die eigene Persönlichkeit immer wieder zu reflektieren. Die Arbeit mit den Kindern erfordert dies, da die Erzieherin immer als
Person den Kindern gegenüber tritt. Die neugierigen, authentischen und direkten
Fragen der Kinder können Erzieherinnen an ihre persönlichen Grenzen bringen,
die sie respektieren müssen. Trotzdem fordern gerade diese Situationen die Erzieherin heraus, die eigene Person zu reflektieren, um weiterhin einen authentischen
Umgang mit den Kindern zu pflegen. Die Offenheit als Haltung beinhaltet auch
die Offenheit für die religiösen Fragen, Themen und Interessen der Kinder. Religiöse Bildung und Erziehung gehört für Frau I. zum Menschsein dazu: *„Ja das*
find ich jetzt nicht, dass man das in Bereiche einteilen kann, geht nicht, meines
Erachtens, ja. Drum ist's mir auch so wichtig, dass ich in einem evangelischen
Kindergarten arbeiten kann. Weil ich kann das schlecht von meinem Wesen tren-
nen, aus meinem Wesen ausschließen, ja."[412] Ihre religiösen Erfahrungen, der persönliche Glaube gehört für Frau I. zu ihrer Person. Den Glauben kann sie nicht
von sich als Person abtrennen, er zeigt sich in ihrem Handeln, ihrem Weltverständnis, im alltäglichen Leben. Deshalb ist es für Frau I. auch stimmig, dass sie
in einem evangelischen Kindergarten arbeitet, in dem sie diesen Glauben auch
leben kann. Frau E. misst der religiösen Bildung und Erziehung einen ähnlichen
Stellenwert bei, der eine Offenheit der Erzieherinnen für diese Themen voraussetzt. Sie meint: *„Ich fände es schön, also wenn jede Erzieherin, jede werdende*
Erzieherin sich darauf einlassen kann, egal wo sie selbst herkommt, was sie für
eine Glaubensintension hat ja, also dass sie einfach offen dafür ist"[413]. Das Einlassen auf die religiösen Themen und Fragen der Kinder stellt für Frau E. eine
grundsätzliche Aufgabe im Erzieherinnenberuf dar. Dies setzt eine Reflexion der
eigenen (a-)religiösen Sozialisation der Erzieherinnen voraus, um mit Offenheit
als einer notwendigen Haltung den unterschiedlichen An- und Herausforderungen
dieses Berufs auch in religiöser Hinsicht gerecht werden zu können.

---

411 Interview Frau K. Absatz 227
412 Interview Frau I. Absatz 220
413 Interview Frau E. Absatz 220

Zusammenfassung

Die Erzieherinnen benennen Offenheit als eine notwendige Haltung, um den Erzieherinnenberuf mit seinen facettenreichen An- und Herausforderungen ausüben zu können. Das Einlassen auf die religiösen Themen und Fragen der Kinder stellt dabei eine grundsätzliche Aufgabe dar. Dies setzt eine Reflexion der eigenen Persönlichkeit mit der eigenen (a-)religiösen Sozialisation voraus, um mit den religiösen und philosophischen Fragen der Kinder authentisch umgehen zu können.

7.3.8 Eigene Stärken und Fähigkeiten

Die Stärken und Fähigkeiten nicht nur bei den Kindern, sondern auch im Team bei jeder einzelnen Erzieherin zu sehen, die sich in den Teamprozess und die Arbeit mit ihren Stärken und Fähigkeiten im Kindergarten einbringt, stellt einen wichtigen Aspekt für die Arbeit der Leiterinnen der Kindertageseinrichtungen dar.[414] Frau J. stellt in den Vordergrund, dass zu den Stärken der Menschen auch seine Schwächen gehören, die wiederum zu Stärken in der Gemeinschaft des Kindergartens werden können. *„Menschen mit ihren Stärken und Schwächen und die Schwächen kommen ja ganz schnell dann auch zu Tage, ja, auch im Team oder so. Das man das trotzdem als Stärke für die Gemeinschaft wahrnimmt und sagt: ‚Du bringst mich aber weiter‘.“*[415] Frau J. stellt in diesem Zitat heraus, dass der Umgang mit den Schwächen der Einzelnen, wenn man diese als Herausforderung begreift, eine persönliche Bereicherung für den anderen in der Gemeinschaft darstellen kann, an denen man wächst. In Bezug auf die religiöse Bildung und Erziehung in der Kindertageseinrichtung hat Frau A. ihren methodischen Weg gefunden, der ihren Fähigkeiten entspricht: *„Und ich bin zum Beispiel bei so Fest- und Feiergestaltung die, wo immer Tänze macht oder die, wo immer das Theater macht“*[416].

Zusammenfassung

Die Stärken und Fähigkeiten jeder Erzieherin, mit der sie sich in den Teamprozess und die pädagogische Arbeit im Kindergarten einbringt, aber auch ihre Schwächen zu sehen, stellt einen wichtigen Aspekt dar, um den eigenen Platz im Team zu finden. Die Schwächen können dabei als Herausforderung gesehen werden, an denen andere Teammitglieder wachsen können.

---

414 Vgl. Interview Frau K. Absatz 239.
415 Interview Frau J. Absatz 395
416 Interview Frau A. Absatz 46

7.3.9 Fazit

Zusammenfassung

Als Aufgaben bei der Begleitung der religiösen Bildung und Erziehung beschreiben die Erzieherinnen insbesondere die religiösen und philosophischen Gespräche ausgehend von den Themen und Fragen der Kinder, die sie mit ihnen führen und in denen sie den Kindern als kompetente Gesprächspartnerinnen auf Augenhöhe zur Verfügung stehen. Auf das gemeinsame Antworten-Finden mit den Kindern legen die Erzieherinnen besonders großen Wert. Dem liegt bei den meisten Erzieherinnen ein Bild vom Kind zugrunde, das das Kind als kompetenten Gesprächspartner sieht, das sich mit seinen Stärken und Fähigkeiten entwickelt. Die Begleitung dieser Entwicklung mit den damit verbundenen Aufgaben (wie die Beziehungsgestaltung, das Bereitstellen von Material und das Schaffen einer anregenden Lernumgebung auch in Bezug auf religiöse Themen und Fragen) sehen die Erzieherinnen als wichtigen Teil ihrer Arbeit an. Als religionspädagogische Kompetenz steht das praktische Erleben des Glaubens mit allen Sinnen im Vordergrund, sei es durch Bilder, Geschichten, Musik oder das Teilen von Brot und Traubensaft. Als religiöse Kompetenz sehen die Erzieherinnen als besonders wichtig das Fachwissen über die eigene und andere Religionen an. Grundlage dafür bildet die Auseinandersetzung und Reflexion des eigenen Glaubens, für die die Erzieherinnen eine eigene religiöse Sozialisation als hilfreich ansehen. Fehlt diese, so braucht es eine offene Haltung dem Leben und dem Thema Religion gegenüber sowie eine Offenheit gegenüber den religiösen Themen und Fragen der Kinder. Fortbildungen, Bücher und das Gespräch mit anderen gläubigen Menschen nutzen die Erzieherinnen als Mittel zum eigenen religiösen Kompetenzerwerb. Das Arbeiten im Team bringt den Vorteil mit sich, dass jede Erzieherin mit ihren Stärken und Fähigkeiten ihren Platz finden kann und eine gemeinschaftliche Auseinandersetzung mit religiösen und theologischen Fragen und Themen möglich ist. Die Teamsitzungen bieten auch den Raum, sich mit den gelebten Werten und Normen in der Einrichtung auseinanderzusetzen. Dabei steht das soziale Miteinander für die Erzieherinnen an erster Stelle, damit ein gutes Zusammenleben im Kindergarten entstehen kann und die Kinder die Werte der christlich-abendländisch geprägten Kultur kennenlernen und selbst gesellschaftsfähig werden.

Reflexion

Alle Erzieherinnen, die sich zum Interview bereit erklärten, gehören einer christlichen Glaubensgemeinschaft an und bezeichnen sich mit Ausnahme einer Erzieherin selbst als gläubig. Insofern ist davon auszugehen, dass sie sich persönlich mit den eigenen Glaubensvorstellungen auseinandergesetzt haben. Interessant wäre in diesem Kontext Erzieherinnen zu interviewen, die angeben, selbst nicht gläubig zu sein, und zu untersuchen, welche Schwierigkeiten sich für diese

Erzieherinnen in der Begleitung der religiösen Bildung und Erziehung der Kinder zeigen. Schwierigkeiten bei der religiösen Bildung und Erziehung thematisieren die interviewten Erzieherinnen kaum, obwohl explizit danach gefragt wurde.[417] Eine Schwierigkeit benennt Frau D., der die eigene religiöse Sprache trotz der persönlichen religiösen Sozialisation in der Kindheit schwerfällt, wenn sie von den Kindern nach ihrem persönlichen Glauben gefragt wird. Es zeigt sich bei ihr ein Gefühl der Angst, den Kindern aufgrund der Formulierung der eigenen Glaubensvorstellungen falsche Glaubensinhalte zu vermitteln. Hier zeigt sich, dass die Erzieherin eine Differenz zwischen ihrem persönlichen Glauben und der Glaubenslehre der katholischen Kirche zumindest implizit wahrnimmt. Während bei der praktischen Umsetzung der religiösen Bildung und Erziehung die Erziehehrinnen von keinen Schwierigkeiten berichten, stellt auf der theoretischen Ebene die Formulierung religiöser Handlungsziele die Erzieherinnen vor eine Herausforderung, bei der sie sich nicht kompetent fühlen sich dieser zu stellen. Es wird in diesem Kontext deutlich, dass sich die Erzieherinnen als Expertinnen für ihr pädagogisches Handeln sehen, die Formulierung von religiösen Handlungszielen aber eher als Aufgabe einer Religionspädagogin, in diesem Fall der Gemeindereferentin, verstehen. In diesem Kontext stellt sich die Frage, welche inhaltlichen Aspekte in die Aus- und Fortbildungen von Erzieherinnen integriert werden können, um die Erzieherinnen zu diesen Arbeitsschritten selbst zu befähigen. Auffällig ist in den Interviews auch die Tatsache, dass die Erzieherinnen keine Konflikte innerhalb der Teams thematisieren, weder bei pädagogischen noch bei religionspädagogischen bzw. religiösen Themen. Unter pädagogischen Aspekten stellt sich als weiterer Diskussionspunkt die von Frau G. und H formulierte Sichtweise auf die Kinder heraus, da die von ihnen gewählten Begriffe ‚Problemkinder' und ‚Kleingemüse' wenig Wertschätzung den Kindern gegenüber ausdrücken und somit nicht dem Bild vom Kind nach dem pädagogischen Handlungskonzept infans entsprechen, nach dem die Einrichtung arbeitet. Die Interviewpassage deutet darauf hin, dass die Erzieherinnen in ihrer pädagogischen Arbeit den Blick weniger auf die Stärken und Interessen der Kinder richten, sondern bei den ‚Problemkindern' auf die vermeintlichen Defizite und bei den jüngeren Kindern auf die noch nicht entwickelten Fähigkeiten. Dieses Vorgehen stellt einen offensichtlichen Widerspruch zum pädagogischen Handlungskonzept infans dar.

7.4 Induktive Kategorien

Während der Codierung der Interviews kristallisierten sich anhand des Materials die drei Kategorien Unklarheit des Begriffs Werte (7.4.1), Bilder schaffen (7.4.2) und Religion als schwieriges Thema (7.4.3) heraus. Die entsprechenden Textpassagen in den Interviews ließen sich keiner Kategorie des sehr differenzierten, aus der Theorie entwickelten Kategoriensystems zuordnen. Aus diesem Grund wurden

---

417 Vgl. Punkt 6.5 in dieser Arbeit.

die drei induktiven Kategorien am Material entwickelt und im Folgenden dargelegt.

7.4.1 Unklarheit des Begriffs Werte

Der Begriff ‚Werte' löst bei manchen Erzieherinnen Unsicherheit aus. Sie hatten
in der Interviewsituation keine Definition dieses Begriffs parat, sodass die Frage:
‚Welche Werte sind Ihnen in Ihrer pädagogischen Arbeit wichtig?' das Bedürf-
nis auslöste, zu klären, was der Begriff ‚Werte' für sie beinhaltet. *„Werte, was
sind jetzt eigentlich Werte? Ich komm dann immer Beziehungsziele jetzt auch
rein. "*[418] Diese Aussage von Frau K. verdeutlicht, dass der Begriff ‚Werte' inhaltliche Assoziationen mit den formulierten Erziehungs- und Handlungszielen her-
vorruft, in denen die Beziehung zwischen den Erzieherinnen und Kindern thematisiert wird. Darüber hinaus zeigt sich, dass Werte immer mit Normen und Regeln
assoziiert werden: *„So Höflichkeitsformen und ja, so Tischregeln, sind das Werte?
Ja so in Kinderrunden den anderen aussprechen lassen und den anderen dann
zuhören. In Konfliktsituationen also ähnlich, den anderen zuhören, aussprechen
lassen, versuchen Kompromisse einzugehen. "*[419] Diese Aussage von Frau L. deutet
darauf hin, dass sie die Begriffe ‚Werte', ‚Normen' und ‚Regeln' in einen inhaltlichen Zusammenhang bringt, ihr die Unterscheidungen aber unklar sind.

Interessant ist in diesem Zusammenhang auch die Tatsache, dass die meisten
Erzieherinnen mit dem Begriff ‚Religion' einen Religionsbegriff verbinden, der
nach dem dreistufigen Religionsbegriff von Lechner der dritten Stufe, dem Konfessionsglauben, zuzuordnen ist. Dies belegen zum Beispiel auch die in Punkt
7.2.5 aufgeführten Beispiele aus der religionspädagogischen Praxis. Der Begriff
‚Werte' wird selten mit dem Thema ‚Religion' in Zusammenhang gebracht. Es
zeigen nur vereinzelt Beispiele im Kontext des Themas Werte, die der ersten
Stufe, dem Existenzglauben, zuzuordnen sind und die von den Erzieherinnen mit
dem Thema ‚Religion' verknüpft werden. Ein Beispiel hierfür stellt die Begrüßung der Kinder auf Augenhöhe von Frau F. dar[420] oder bei Frau E. die Ausführungen zur Vermittlung von Sinn und Werten im Leben.[421]

Zusammenfassung

Den Begriff ‚Werte' können manche Erzieherinnen inhaltlich nicht definieren.
Nur in vereinzelten Fällen in der Praxis wird der Begriff ‚Werte' inhaltlich mit
dem Religionsbegriff in Verbindung gebracht.

---

418 Interview Frau K. Absatz 75
419 Interview Frau L. Absatz 37
420 Vgl. Interview Frau F. Absatz 104.
421 Vgl. Interview Frau E. Absatz 167.

7.4.2 Bilder schaffen

Frau J. und Frau K. bringen in ihren Interviews zum Ausdruck, dass es innerhalb der religiösen Bildung und Erziehung darum geht Bilder zu schaffen, die die Kinder aus der Zeit des Kindergartens mitnehmen ins Leben und an die sie sich auch später erinnern.[422] *„Ja oder das Krippenspiel, da sind unglaubliche Bilder, die dann da entstehen, weil es geht ja jetzt nicht, dass die schauspielerisch agieren, sondern es sind ganz eindrückliche Bilder, die wir da schaffen über das, wie die Kinder angezogen sind, wie wir das in der Kirche dann machen und viele sehen ab dem zweiten oder dritten Lebensjahr, wachsen daraufhin: ‚Wenn ich Schulanfänger bin, dann darf ich da mitmachen.‘“*[423] Frau K. beschreibt in diesem Abschnitt des Interviews den Prozess, durch den die Kinder in das Krippenspiel hineinwachsen. Aus dem jährlich stattfindenden Krippenspiel nehmen die Kinder Bilder mit, die sie im Leben begleiten. Die Bilder werden durch die Verkleidung der spielenden Kinder geschaffen und durch die Atmosphäre in der Kirche, in der das Krippenspiel aufgeführt wird. Die eindrückliche und besondere Atmosphäre hinterlässt (emotionale) Bilder bei den Kindern. Frau J. ist es wichtig, dass die biblischen Geschichten, die sie in die religiöse Bildung und Erziehung der Kinder besonders miteinbezieht, ein ganzheitliches Bild hinterlassen: *„Ja also irgendwie, ja, oder aus dem Stamm mit David oder so, also es geht jetzt nicht um Bibelwissen, ja, sondern es geht mehr um uns, es geht mehr so um Zusammenhänge, damit ein großes Bild entstehen kann, das ist uns wichtig.“*[424] Frau J. verfolgt das Ziel, dass die biblischen Geschichten, die die Kinder hören, erzählen, spielen und umsetzten nicht als isolierte Geschichten stehenbleiben, sondern ein Gesamtbild ergeben. Der Bezug der biblischen Geschichten, die Verbindung zur heutigen Welt steht für sie dabei im Mittelpunkt. Sie fragt, was diese Geschichten, die Lebensthemen, die die Menschen damals beschäftigten, heute mit uns zu tun haben. Dadurch ermöglicht sie, dass die Kinder die biblischen Geschichten im heutigen Kontext verstehen und sich in ihnen ein umfassendes Bild entwickelt.

Zusammenfassung

Biblische Geschichten rufen (emotionale) Bilder in Kindern wach, die sie im Leben begleiten. Dies kann beispielsweise durch die Atmosphäre beim Krippenspiel entstehen, in das die Kinder hineinwachsen oder dadurch, dass die Kinder die Zusammenhänge zwischen den einzelnen biblischen Geschichten verstehen und ein großes, ganzheitliches Bild entsteht. Der Bezug der biblischen Geschichten, die Verbindung zur heutigen Welt steht dabei im Mittelpunkt.

---

422 Vgl. Interview Frau K. Absatz 197 und Absatz 201.

423 Interview Frau K. Absatz 197

424 Interview Frau J. Absatz 360

7.4.3 Religion als schwieriges Thema

Frau C. und D. beschreiben im Interview ihre Schwierigkeiten bei der Formulierung der religionspädagogischen Erziehungs- und Handlungsziele, da sie sich in diesem Bereich nicht als Expertinnen erleben und dabei auf die Kompetenz der Gemeindereferentin zurückgreifen.[425] Überrascht hat sie in diesem Kontext auch, dass im baden-württembergischen Orientierungsplan das Thema Religion mit aufgenommen wurde, da sie es selbst als ein schwieriges Thema empfinden.[426] Frau G. und H. berichten im Interview vom schwierigen Thema Religion, das sich auch darin zeigte, ein Teammitglied für ein Interview für das vorliegende Forschungsprojekt zu finden: *„Das war auch interessant, es wollte jetzt niemand zu Ihnen gehen heut Abend und wir zwei haben uns dann gemeldet ... die haben irgendwie, ja, Angst davor: ‚Oh je, jetzt wird dann was gefragt und das ist ja eh so ein schwieriges Thema‘"*[427]. Auf Nachfrage machen die beiden Erzieherinnen das Verhalten ihrer Kolleginnen am mangelnden Bezug zum Thema Religion fest und dass die Kolleginnen keine eigenen Erfahrungen aus ihrer Kindheit mitbringen.[428]

Zusammenfassung

Das Thema ‚Religion‘ wird von manchen Erzieherinnen als schwieriges Thema empfunden. Dies liegt zum einen daran, dass sie sich selbst nicht als kompetent für diesen Themenbereich erleben, sondern sich selbst aufgrund ihrer Ausbildung mehr als pädagogische Expertinnen sehen. Zum anderen fehlt manchen Erzieherinnen der persönliche Bezug zum Glauben, teilweise dadurch, dass sie selbst nicht religiös sozialisiert sind.

7.4.4 Fazit

Zusammenfassung

Die induktiv entwickelten Kategorien zeigen bei zwei Kategorien Schwierigkeiten der Erzieherinnen auf, nämlich 1. den Begriff ‚Werte‘ inhaltlich zu definieren; dieser wird zudem nur selten mit dem Religionsbegriff in Verbindung gebracht und 2. die persönlichen Schwierigkeiten mancher Erzieherinnen mit dem Thema ‚Religion‘, aufgrund der eigenen fehlenden religiösen Sozialisation und dem damit oftmals nicht vorhandenen Bezug zum Glauben. Andererseits stellen zwei Erzieherinnen als Ziel heraus, mit der religiösen Bildung und Erziehung (emotionale) Bilder in den Kindern zu schaffen, die im Leben tragen. Die eigene

---

425 Vgl. Interview Frau C. und D. Absatz 120.
426 Vgl. Interview Frau C. und D. Absatz 120 und Absatz 180–183.
427 Interview Frau G. und H. Absatz 496–501
428 Vgl. Interview Frau G. und H. Absatz 509–514.

religiöse Sozialisation sehen die Erzieherinnen als Fundament, um den Kindern authentisch religiöse Bildung und Erziehung zu ermöglichen.

Reflexion

Die eigene religiöse Sozialisation sehen die Erzieherinnen als wichtige Basis, um die religiöse Bildung und Erziehung der Kinder in der Kindertageseinrichtung begleiten zu können. Fehlt diese oder der persönliche Bezug zum Glauben, so stellt sich die Frage, inwieweit es den Erzieherinnen möglich ist, sich mit den religiösen Themen und Fragen, mit denen sie durch die Kinder konfrontiert werden, zu beschäftigen und auseinanderzusetzen. Eine persönliche Offenheit als Haltung zeigt sich in diesem Kontext als unabdingbar für den Beruf der Erzieherin, um den damit verbundenen Aufgaben der religiösen Bildung und Erziehung gerecht werden zu können. Die christlich religiöse Prägung der Kultur zeigt sich auch in den christlich geprägten Werten. Für das pädagogische Handeln der Erzieherinnen ist eine Auseinandersetzung mit diesen Werten (und damit auch mit der christlichen Religion) unbedingt notwendig, um die Maßstäbe des eigenen professionellen Handelns zu klären. Die religiöse Bildung und Erziehung in Kindertageseinrichtungen bietet den Kindern die Chance, in dieser Zeit beispielsweise aufgrund biblischer Geschichten (emotionale) Bilder zu entwickeln, die sie im Leben sowohl in positiven und als auch in schwierigen Zeiten tragen können. Allerdings ist in diesem Zusammenhang zu beachten, dass religiöse Geschichten und Vorstellungen in Kindern auch negative Bilder entstehen lassen können. Seitens der Erzieherinnen, aber auch seitens der anderen Mitarbeiterinnen und Mitarbeiter ist hier in der religiösen Bildung und Erziehung der Kinder eine hohe Sensibilität im Umgang mit dem Thema ‚Religion‘ gefordert.

7.5 Gesamtfazit

Das Gesamtfazit gliedert sich in die der Auswertung zugrunde liegenden drei Bereiche ‚Elementarpädagogik‘, ‚Religiöse Bildung und Erziehung‘ sowie ‚Berufliches Selbstverständnis der Erzieherinnen‘ und wird in die beiden Teile ‚Zusammenfassung der Ergebnisse‘ und ‚Reflexion der Ergebnisse‘ unterteilt. Die drei induktiv entwickelten Kategorien werden jeweils in den entsprechenden Bereich integriert.

Zusammenfassung der Ergebnisse im Bereich ‚Elementarpädagogik‘

Die Erzieherinnen berichten in den Interviews über die individuellen Kennzeichen der einzelnen pädagogischen Handlungskonzepte der Einrichtungen und beschreiben die Verankerung der religiösen Bildung und Erziehung in den Konzeptionen bzw. in den Erziehungs- und Handlungszielen mit unterschiedlicher Intensität. Die religiöse Bildung und Erziehung wird als pädagogisches Handeln im Alltag verstanden. Dies belegt zum Beispiel die Tatsache, dass sich für die Erzieherinnen

Religion im sozialen Umgang in den Kindertageseinrichtungen zeigt. Die konfessionellen Träger nehmen zu einem großen Teil Einfluss auf die religiöse Bildung und Erziehung in den Kindertageseinrichtungen, sei es durch persönlichen Kontakt oder zum Beispiel auch durch das Angebot von Fortbildungen im religionspädagogischen Bereich.

Reflexion der Ergebnisse im Bereich ,Elementarpädagogik'

Die Erzieherinnen, die nach dem pädagogischen Handlungskonzept infans arbeiten, bilden die einzige Gruppe, die auch Kritik am Konzept übt. Diese Kritik besteht insbesondere an dem von ihnen so empfundenen hohen Verwaltungsaufwand, den die verschiedenen Beobachtungsbögen und das Formulieren der Erziehungs- und Handlungsziele verursachen. Ebenso wird die Portfolioarbeit und das Erstellen eines Individuellen Curriculums für jedes Kind als zeitaufwendig beschrieben. In Bezug auf die pädagogischen Konzeptionen der Einrichtungen stellt sich bei den infans-Einrichtungen zugleich die Frage, warum nur zwei der sechs Einrichtungen ihre Konzeptionen durch die formulierten Erziehungs- und Handlungsziele ersetzt haben. Die in der Theorie geforderte ständige Weiterentwicklung der Konzeption der Kindertageseinrichtung zeigt sich in den Interviews als eher selten gegeben, da in den meisten Einrichtungen die Konzeption in gebundener Form vorliegt. Lediglich in einer Einrichtung besteht die Konzeption aus einem Ordner, der immer wieder überarbeitet wird. Aspekte religiöser Bildung und Erziehung sind in allen Konzeptionen bzw. in den Handlungs- und Erziehungszielen der Einrichtungen in unterschiedlichem Maß formuliert, wie zum Beispiel religiöse Feste und Feiern, der Kindergarten als Ort von Gemeinschaft oder die Kooperation mit der Kirchengemeinde. Allerdings beschreiben die Erzieherinnen von konfessionellen Einrichtungen eine deutlich intensivere Auseinandersetzung mit den Themen innerhalb der Konzeptionen im Vergleich zu den Erzieherinnen der kommunalen Einrichtungen.

Zusammenfassung der Ergebnisse im Bereich ,Religiöse Bildung und Erziehung'

Die Kinder in den Kindertageseinrichtungen gehören ganz unterschiedlichen Religionen an. Diese Vielfalt bringt eine Auseinandersetzung mit den unterschiedlichen Religionen im Kindergarten mit sich, die sich in einem sehr respektvollen Umgang miteinander zeigt, auf den die Erzieherinnen großen Wert legen. Die religiöse Bildung und Erziehung findet auf vielfältige Weise statt. Die Kinder sind interessiert an den religiösen Festen, die entlang des Kirchenjahres in allen Einrichtungen gefeiert werden. Des Weiteren stellen die Kinder religiöse Fragen zum Beispiel zu Gott, seinem Aussehen und Handeln. Sie zeigen Interesse am Thema Religion und setzen sich intensiv mit existentiellen Erfahrungen wie beispielsweise Abschied und Tod auseinander. Das Thema ,Gemeinschaft mit den Stärken und Schwächen der Einzelnen', die Raumgestaltung bei Festen und im Alltag, der Kontakt zu anderen Institutionen wie der Kirche oder dem Altenheim, der Umgang mit biblischen und religiösen Geschichten, das Arbeiten mit religiösen Symbolen (wie beispielsweise Brot und Wein oder Gott als Sonne) und Ritualen wie der ritualisierte Morgenkreis prägen die praktische religionspädagogische Arbeit in den Kindertageseinrichtungen. Viele praktische Beispiele religiöser Bildung und Erziehung, von denen die Erzieherinnen in den Interviews berichten, lassen sich anhand der sechs Handlungsgrundsätze religionssensibler Bildung als religionssensibel klassifizieren.

Reflexion der Ergebnisse im Bereich ‚Religiöse Bildung und Erziehung'

Die Interviews zeigen, dass die religiöse Bildung und Erziehung in den Kindertageseinrichtungen vom persönlichen Religionsbegriff abhängig ist, den die Erzieherinnen ihrem (religions-)pädagogischen Handeln zugrunde legen. So wird Religion insbesondere in den kommunalen Einrichtung als Kulturgut verstanden, während in den konfessionellen Einrichtungen ein explizit christliches Religionsverständnis zu finden ist, das christliche Glaubensinhalte und religiöse Vollzugsformen miteinschließt. Die christliche Prägung der Kultur zeigt sich auch in den Werten, mit denen sich Erziehehrinnen auseinandersetzen müssen, um pädagogisch professionell zu arbeiten. Der Umgang mit der religiösen Pluralität in den Einrichtungen gestaltet sich sehr unterschiedlich. Während in manchen Einrichtungen ein sensibler Umgang festzustellen ist, steht bei einigen konfessionellen Einrichtungen das christliche Profil im Vordergrund, bei dem der Umgang mit der interreligiösen Situation wenig Berücksichtigung findet. Die Kinder, die keiner Religionsgemeinschaft angehören, werden von den Erzieherinnen nicht als eigene Adressatengruppe wahrgenommen. Hier zeigt sich, dass diese Kinder nicht als eigene Zielgruppe des Entwicklungsfeldes Sinn, Werte und Religion im Blickfeld der Erzieherinnen sind. Zu fragen ist, welche Möglichkeiten diese Kinder haben, sich in besonderer Weise in die Gemeinschaft des Kindergartens einzubringen, wenn sie beispielsweise keine eigenen Feste feiern. Diese Überlegungen stellen auch eine Anfrage an den vierten Handlungsgrundsatz religionssensibler Bildung dar. In diesem Kontext ist auch festzustellen, dass sich das religiöse Wissen der Kinder, von dem die Erzieherinnen in den Interviews berichten, ausschließlich auf die christliche Religion bezieht; das Wissen der Kinder über andere Religionen und Weltanschauungen wird von den Erzieherinnen nicht thematisiert. Dasselbe Phänomen zeigt sich bei den Kontakten zu anderen Institutionen im sozialen Umfeld der Kindertageseinrichtungen, die ausschließlich zu den christlichen Kirchen und ihren Mitarbeiterinnen und Mitarbeitern bestehen. Die Vernetzung und der Kontakt mit anderen Institutionen als Ressource für die (inter-)religiöse und kulturelle Bildung und Erziehung der Kinder stellen einen Aspekt dar, der bisher wenig Berücksichtigung findet. Ebenso werden religiöse und philosophische Lernwerkstätten und Bildungsinseln, die es den Kindern ermöglichen, sich selbsttätig mit den Inhalten ihrer religiösen und philosophischen Fragen auseinanderzusetzen, nicht als Bildungsmöglichkeiten wahrgenommen. In diesem Kontext stellt sich darüber hinaus die Frage, welche Materialien für ein solches Vorhaben geeignet sind, genauso bei religiösen Ecken, die von Kindern wenig genutzt werden.

Zusammenfassung der Ergebnisse im Bereich ‚Berufliches Selbstverständnis der Erzieherinnen'

Die religiösen und philosophischen Gespräche ausgehend von den Themen und Fragen der Kinder beschreiben die Erzieherinnen am häufigsten als Aufgabe der religiösen Bildung und Erziehung. Das große Interesse der Erzieherinnen liegt dabei auf den Gedanken und Vorstellungen der Kinder. Sie zeigen sich fasziniert von der Bereitschaft der Kinder, über die Zusammenhänge der Welt und des Lebens nachzudenken. Die Begleitung der Entwicklung der Kinder mit den damit verbundenen Aufgaben der Beziehungsgestaltung, der Bereitstellung von Material und des Schaffens einer anregenden Lernumgebung auch in Bezug auf religiöse Themen und Fragen sehen die Erzieherinnen als Teil ihrer Arbeit an. Als religionspädagogische Kompetenz steht im Vordergrund, den Kindern das praktische Erleben des Glaubens mit allen Sinnen zu ermöglichen, sei es durch Bilder, Geschichten, Musik oder das Teilen von Brot und Traubensaft. Ein Ziel religiöser Bildung und Erziehung ist es auch, in den Kindern (emotionale) Bilder zu schaffen, die sie im Leben tragen. Das Fachwissen über die eigene und andere Religionen bildet die Basis für die religiöse Kompetenz der Erzieherinnen. Ausgangspunkt dabei ist die Reflexion und das Vorleben des eigenen Glaubens, wofür die Erzieherinnen eine eigene religiöse Sozialisation als hilfreich ansehen. Grundsätzlich bedarf es für die Umsetzung der religiösen Bildung und Erziehung in den Kindertageseinrichtungen einer offenen Haltung dem Leben und dem Thema Religion gegenüber sowie eine Offenheit gegenüber den religiösen Themen und Fragen der Kinder. Fortbildungen, Bücher und das Gespräch mit anderen gläubigen Menschen dienen den Erzieherinnen zum eigenen religiösen Kompetenzerwerb. Die Auseinandersetzung mit religiösen und religionspädagogischen Themen findet in den Teams auf unterschiedliche Art und Weise statt. Auch das Thema Werte und Normen hat dort seinen Platz, bei dem ein gutes Zusammenleben im Kindergarten große Bedeutung hat. Das Thema Religion wird von manchen Erzieherinnen als schwieriges Thema empfunden, insbesondere dann, wenn der eigene Bezug zum Glauben fehlt. Die eigene religiöse Sozialisation sehen die Erzieherinnen als wichtige Voraussetzung an, um authentisch religiöse Bildung und Erziehung den Kindern in der Kindertageseinrichtung zu ermöglichen.

Reflexion der Ergebnisse im Bereich ‚Berufliches Selbstverständnis der Erzieherinnen''

Die Erzieherinnen berichten wenig über Schwierigkeiten bei der religiösen Bildung und Erziehung in den Kindertageseinrichtungen. Die persönliche religiöse Sprachfähigkeit wird von einer Erzieherin als problematisch empfunden, da es ihr trotz der eigenen religiösen Sozialisation in der Kindheit schwerfällt, den

Kindern zu antworten, wenn sie nach ihrem Glauben gefragt wird. Hier zeigt sich die Angst der Erzieherin, den Kindern aufgrund der individuellen Formulierung der eigenen Glaubensvorstellungen falsche Glaubensinhalte zu vermitteln. Es ist zu vermuten, dass sie die Themen ‚Religion‘ und ‚Glauben‘ als komplexe Themenfelder wahrnimmt. Während die Erzieherinnen bei der praktischen Umsetzung der religiösen Bildung und Erziehung von keinen Schwierigkeiten berichten, stellt sie auf der theoretischen Ebene die Formulierung religiöser Handlungsziele vor eine Herausforderung, bei der sie sich nicht als kompetent erleben. Es wird in diesem Kontext deutlich, dass sich die Erzieherinnen als pädagogische Expertinnen sehen, während die Formulierung religiöser Handlungsziele von religionspädagogischen bzw. theologischen Expertinnen und Experten erwartet wird. In diesem Zusammenhang stellt sich die Frage, welche inhaltlichen Aspekte in die Aus- und Fortbildung von Erzieherinnen integriert werden können, um die Erzieherinnen in diesen Arbeitsschritten zu unterstützen und sie selbst dazu zu befähigen. Die eigene religiöse Sozialisation sehen die Erzieherinnen als elementare Basis, um die religiöse Bildung und Erziehung der Kinder in der Kindertageseinrichtung begleiten zu können. Da es aber in der Praxis Erzieherinnen gibt, denen ein persönlicher Bezug zum Glauben fehlt, stellt sich die Frage, welche Möglichkeiten diese Erzieherinnen haben, sich mit den religiösen Themen und Fragen, mit denen sie durch die Kinder konfrontiert werden, zu beschäftigen und auseinanderzusetzen. Eine persönliche Offenheit als Haltung zeigt sich als eine notwendige Basis für das berufliche Selbstverständnis der Erzieherin, um die damit verbundenen Aufgaben der religiösen Bildung und Erziehung leisten zu können. Die religiöse Bildung und Erziehung in Kindertageseinrichtungen bietet den Kindern die Chance, beispielsweise aufgrund der biblischen Geschichten (emotionale) Bilder zu entwickeln, die sie im Leben sowohl in positiven und als auch in schwierigen Zeiten tragen. Da religiöse Vorstellungen auch negative Bilder erzeugen können, ist hier seitens der Erzieherinnen eine hohe Sensibilität im Umgang mit dem Thema ‚Religion‘ und ‚Glauben‘ gefragt.

8 Ergebnisse der teilnehmenden Beobachtung

Zur Differenzierung und Überprüfung der Ergebnisse der leitfadenorientierten Interviews werden durch die teilnehmende Beobachtung eine weitere Perspektive sowie ein weiterer Zugang zum Untersuchungsfeld geschaffen.[1] Die Methode der teilnehmenden Beobachtung ist in ihrer Anwendung mit anderen Methoden verschränkt, wie beispielsweise mit dem Interview und der Inhaltsanalyse.[2] „Der entscheidende Vorteil […] liegt darin, dass die Beobachtung es erlaubt, soziales Verhalten zu dem Zeitpunkt festzuhalten, zu dem dieses tatsächlich geschieht."[3] Durch eine aktive Teilnahme an den religionspädagogischen Angeboten der Erzieherinnen mit den Kindern wird ein konkreter Zugang zum Forschungsfeld geschaffen. Die Forscherin nimmt dabei am sozialen Leben der Untersuchungssubjekte teil, was ein besseres Verstehen der Abläufe im Feld ermöglicht.[4] Besuche in den Kindertagesstätten mit einem Beobachtungsleitfaden bei den religionspädagogischen Angeboten können Gelegenheiten bieten, die religionspädagogische Praxis genauer zu betrachten und Theorien im Alltag zu überprüfen. Dabei können noch differenziertere Ergebnisse für die folgende Forschungsfrage generiert werden: ‚Wie findet religiöse Bildung und Erziehung im pädagogischen Alltag der Kindertageseinrichtungen statt und ist sie als religionssensible Bildung und Erziehung zu klassifizieren?‘

Im Folgenden werden die vier religionspädagogischen Angebote in Kindertageseinrichtungen anhand der vier zusammengefassten Beobachtungsprotokolle dargestellt, die mit Hilfe der in Punkt 6.7.1 beschriebenen Beobachtungskriterien erstellt wurden. Im Anschluss werden die Protokolle anhand der in Punkt 5.2 entwickelten sechs Handlungsgrundsätze auf ihre Religionssensibilität hin überprüft.

8.1 Beobachtungsprotokoll Beispiel 1

Die teilnehmende Beobachtung fand am 15. Mai 2012 in einer Kindertageseinrichtung in katholischer Trägerschaft statt. Die Einrichtung liegt in einer Stadt in Baden-Württemberg, sie ist seit vier Jahren eine infans-Einrichtung mit drei Stammgruppen für 0–6jährige Kinder. Die Räumlichkeiten sind neu, das Gebäude wurde zwei Jahre zuvor erbaut. Das religionspädagogische Angebot, das insgesamt 20 Minuten dauert, findet mit acht Kindern im Alter zwischen vier und sechs Jahren, die von der Erzieherin ausgesucht wurden, im Bewegungsraum statt. In der Mitte des Bewegungsraumes steht die Osterkerze, um die herum eine Bibel und drei Kinderbibeln liegen. Die Kinder setzen sich gemeinsam mit der Erzieherin auf Teppichfliesen, die in Kreisform um die Mitte gelegt sind. Ein Kind fragt:

---

1   Vgl. Lamnek und Krell 2010, S. 503.
2   Vgl. Lamnek und Krell 2010, S. 502.
3   Lamnek und Krell 2010, S. 503
4   Vgl. Lamnek und Krell 2010, S. 173.

„Können wir gleich rennen?" Die Erzieherin antwortet: „Nein, heute sind wir in dem Raum, um eine Geschichte von Jesus zu hören." Zu Beginn führt die Erzieherin mit den Kindern ein Gespräch darüber, was sie in der Mitte sehen, nämlich die Bibeln, und welche Geschichte sie zuletzt aus der Bibel gehört haben, die Ostergeschichte. In diesem Zusammenhang kommt die Erzieherin auf die Osterkerze zu sprechen, die in der Mitte steht. Gemeinsam überlegen sie, wo überall Osterkerzen stehen, zum Beispiel in jedem Gruppenraum, oder auch in der Kirche. Die Erzieherin wählt ein Kind aus und zündet zusammen mit ihm die Osterkerze an. Anschließend wiederholt die Erzieherin in einem Gespräch mit den Kindern anhand einer Bilderbuchbetrachtung (Ostergeschichte von Kees de Kort) den Inhalt der Ostergeschichte. Dabei stellt die Erzieherin die Frage: „Warum musste der Jesus sterben?" Ein Kind antwortet: „Weil er den Tod besiegen musste." Im weiteren Verlauf des Gesprächs fragt die Erzieherin: „Was konnte der Jesus alles?" Ein Kind antwortet: „Aus Wasser hat er Wein gemacht." Ein weiteres Kind ruft: „Ja, und dem Blinden hat er geholfen." Drei andere Kinder werden unruhig, ein Kind legt sich auf den Boden, die Erzieherin unterbricht das Gespräch und fordert das Kind auf, sich wieder hinzusetzen; die anderen Kinder bittet sie zuzuhören. Im Wechsel von Bilderbuchbetrachtung und Vorlesen liest die Erzieherin den Kindern die Emmausgeschichte vor. Fünf Kinder hören zu, drei Kinder beschäftigen sich mit der Teppichfliese. Zum Abschluss fragt die Erzieherin die Kinder: „Und wo ist der Jesus noch?" Ein Kind sagt: „Überall." Danach sagt die Erzieherin, dass alle Kinder in ihre Gruppen zurückgehen dürfen.

8.2 Auswertung Beispiel 1

Das Angebot fand in einer infans-Einrichtung statt. Das Erzählen der biblischen Emmausgeschichte und das Wiederholen der Ostergeschichte entsprechen dem zeitlichen Verlauf des Kirchenjahres und ist als ein religionspädagogisches Angebot einzuordnen, das dem Religionsbegriff des Konfessionsglaubens zugrunde liegt. Der Bewegungsraum als Ort für ein religionspädagogisches Angebot scheint für die Kinder neu zu sein, was der Dialog zwischen der Erzieherin und einem Kind belegt, in dem das Kind fragt, ob die Kinder jetzt rennen können. Das Aussuchen der Kinder durch die Erzieherin widerspricht dem pädagogischen Handlungskonzept infans, denn selbst dann, wenn die Emmausgeschichte als ein den Kindern zugemutetes Thema interpretiert wird, fehlt die vorangegangene Beobachtung und das Integrieren in ein IC (Individuelles Curriculum), wofür es auch im Interview mit Frau A. keine Hinweise gibt. In Bezug auf die Handlungsgrundsätze der religionssensiblen Bildung entspricht das Aussuchen der Kinder auch nicht dem ersten Handlungsrundsatz, der das Kind als Ausgangspunkt der religionssensiblen Bildung sieht. Legt man dem Handeln der Erzieherin den vierten Handlungsgrundsatz zugrunde, den Jahreszyklus mit seinen Festen, so zeigt sich im Verlauf des Angebots, dass ein Teil der Kinder kein Interesse an der biblischen

Emmausgeschichte hat. Das Einbeziehen der Osterkerze als christliches Symbol zieht hingegen das Interesse der Kinder auf sich. Die Kinder zeigen zum Teil ein fundiertes Wissen über die biblischen Jesusgeschichten. Insgesamt lässt sich das religionspädagogische Angebot eher als ein Angebot mit katechetischem als mit religionssensiblem Charakter klassifizieren, was auch das Verhalten der Kinder deutlich macht.

8.3   Beobachtungsprotokoll Beispiel 2

Die teilnehmende Beobachtung fand am 16. November 2012 in einer Kindertageseinrichtung in evangelischer Trägerschaft statt. Die Einrichtung liegt in einer ländlichen Region im Süden Baden-Württembergs und arbeitet nach dem pädagogischen Handlungskonzept infans. Die Einrichtung besuchen sowohl Krippenkinder als auch Kindergartenkinder. Insgesamt gibt es 2 Stammgruppen mit je 25 3- bis 6-jährigen Kindern und 2 Gruppen mit je 10 Kindern im Alter von 4 Monaten bis 3 Jahren. Jeden Freitag um 11:30 Uhr treffen sich alle Kinder und Erzieherinnen auf dem großen Flur der Einrichtung zum Freitagssegen, der zwischen 15 und 20 Minuten dauert. In der Mitte steht ein Tisch, der mit einem weißen Tuch bedeckt ist (Altar). Auf dem Altar befinden sich eine Kerze, ein Kreuz und ein Tuch. Zu Beginn des Freitagssegens zündet die Leiterin die Kerze auf dem Altar, die Gebetskerze, an. Anschließend singen alle das Lied „Wo zwei oder drei in meinem Namen versammelt sind". Die Leiterin fordert ein Kind auf, um den Altar zu gehen und zu sagen, was es auf dem Altar sieht. Das Kind geht um den Altar und sagt: „Eine Kerze und ein, ein Kreuz und ein Tuch." Die Leiterin spricht mit den Kindern darüber, dass die Kerze brennt, weil Gebetszeit ist. Ein Kind erklärt, dass das Kreuz da liegt, weil Jesus daran gestorben ist. Die Leiterin greift den Impuls des Kindes auf und führt mit den Kindern ein Gespräch über den Tod Jesu am Kreuz und die Auferstehung Jesu, der Gottes Sohn war, was die anderen Leute ihm damals aber nicht geglaubt haben. Die Leiterin fragt die Kinder: „Was könnte denn heute unter dem Tuch auf dem Altar liegen?" Ein Kind ruft: „Ein Haus!" Gemeinsam überlegen die Leiterin und die Kinder, dass ein Haus zu groß ist. „Ein Blumenstrauß" vermutet ein anderes Kind, „oder ein Tor" wirft ein drittes Kind ein. Die Leiterin fragt: „Wissen wir, was unter dem Tuch liegt?" Ein Kind antwortet: „Nein." Dieses Kind deckt das Tuch auf, unter dem vier rote Kerzen und ein Adventskalender liegen. Die Leiterin führt ein Gespräch mit den Kindern über den Adventskranz und den Adventskalender. Die Kinder wissen, dass es 24 Türen gibt und dass Weihnachten ist, wenn die letzte Tür geöffnet wird. Ein Kind fügt hinzu: „Und wenn die Kerzen beim Adventskranz verbrennt sind, dann hat man Weihnachten verpennt." Ein anderes Kind sagt: „Wenn Weihnachten da ist, dann bekomme ich Geschenke!" „Ich auch", wiederholen mehrere Kinder. Die Leiterin bespricht mit den Kindern, auf wen wir im Advent warten und warum wir Weihnachten feiern. Gemeinsam überlegen sie, was Gott uns geschenkt hat.

„Den Weihnachtsbaum und die Kugeln und Lametta" sagt ein Kind. Die Leiterin macht die Kinder darauf aufmerksam, dass vor dem Altar noch ein Tuch liegt. Ein Kind deckt das Tuch auf, unter dem eine Holzkrippe mit einem Kind in Form einer Egli-Figur liegt. Ein Kind ruft: „Ach, ja wir feiern, dass Jesus geboren ist!" Gemeinsam singen nun alle das Lied „Im Advent, im Advent". Die Leiterin fasst noch einmal zusammen, was an Weihnachten gefeiert wird. Dann leitet sie über zum gemeinsamen Gebet, zu dem alle aufstehen. Mit Bewegungen wird das „Vater unser" gebetet. Anschließend wird das Lied „Wenn wir uns die Hände geben" gesungen. Um den Segen Gottes zu empfangen, stellen sich alle im Kreis auf, fassen sich an den Händen und die Leiterin liest den Segenstext vor. Danach wünscht sie allen ein gutes Wochenende in der Hoffnung, am Montag alle gesund wiederzusehen.

8.4 Auswertung Beispiel 2

Der Freitagssegen findet als ein wöchentliches Ritual zum Übergang ins Wochenende statt, das sich thematisch auch am zeitlichen Ablauf des Kirchenjahres orientiert. Das gemeinsame Beten und Singen ist in das wöchentliche Ritual integriert, das als religionspädagogisches Angebot sowohl von der Struktur, als auch vom thematischen Inhalt her dem Konfessionsglauben zuzuordnen ist. Die Kinder zeigen ein großes Wissen an biblischen Geschichten und dem christlichen Glauben, was beispielsweise die Beobachtung zeigt, dass ein Kind zu dem Kreuz, das auf dem Altar liegt erklärt, dass es da liegt, weil Jesus daran gestorben ist. Mit ihren Worten und Gedanken bringen sie sich in das Gespräch mit der Erzieherin ein, die mit ihren Impulsen – zum Beispiel den unter den Tüchern verdeckten Symbolen – die Kinder auf den Inhalt der Adventszeit sowie den Inhalt und Sinn der Weihnachtsgeschichte lenkt. Die Kinder assoziieren mit Weihnachten, dass sie Geschenke bekommen. Der große Flur als Ort des wöchentlichen Rituals scheint den Kindern vertraut. Das religionspädagogische Angebot kann sowohl dem dritten Handlungsgrundsatz (der Kindergarten als religionssensibler Lebens- und Erfahrungsraum) als auch dem vierten Handlungsgrundsatz (die Einrichtung als Ort gelebter Religionssensibilität) zugeordnet werden. Allerdings zeigt sich auch bei diesem Angebot ein großer Anteil an katechetischen Elementen, bei denen sich die Kindern aber mit ihren Gedanken frei einbringen können.

8.5 Beobachtungsprotokoll Beispiel 3

Die teilnehmende Beobachtung fand am 23. November 2012 in einer Kindertageseinrichtung in katholischer Trägerschaft statt. Die Einrichtung liegt in einer Stadt in Baden-Württemberg und arbeitet nach dem pädagogischen Handlungskonzept des Offenen Kindergartens. In dieser Einrichtung gibt es zwei Stammgruppen mit 3- bis 6-jährigen Kindern. Als Abschluss eines religionspädagogischen Projekts führen die Kinder, unterstützt durch die Erzieherinnen, die Josefgeschichte als Musical auf. Die Aufführung findet an einem Freitagmittag um 13:15 Uhr im Bewegungsraum statt und dauert 20 Minuten. An der Wand des Bewegungsraums hängen von den Kindern gemalte Bilder zur Josefgeschichte, auf einem Plakat ist dokumentiert, was die Kinder gelernt haben. Darunter ist ein Büchertisch aufgebaut mit verschiedenen Büchern zur Josefgeschichte. An der linken Wand des Raumes sind in U-Form Bänke für die Zuschauer aufgestellt, in der Mitte ist ein Kreis aus Kreppband geklebt. Rechts vom Kreis ist aus einem großen Regenbogentuch ein Zelt mit einer offenen Seite aufgebaut. Die Musikgruppe sitzt rechts vom Bühnenbild, das von den Kindern gestaltet ist. Zur Aufführung sind die Eltern eingeladen, damit sie den Projektverlauf und das Ergebnis sehen und um das Projekt abzuschließen. Zu Beginn begrüßt die Kindergartenleiterin die Eltern und erzählt ihnen, wie es zu dem Projekt kam. Ausgangspunkt war, dass die älteren Kinder durch die Einführung der neuen Kinder nach den Sommerferien, bestimmte Funktionsbereiche (zum Beispiel die Werkbank) nicht nutzen konnten, da die Erzieherinnen keine Zeit hatten. Die älteren Kinder mussten Rücksicht nehmen, was eine gewisse Unzufriedenheit mit sich brachte. Die Erzieherinnen nahmen diese Unzufriedenheit wahr und beschlossen in der Teamsitzung, den Kindern die biblische Geschichte von Josef und seinen Brüdern zu erzählen. Die Leiterin bezieht die Kinder mit in die Begrüßung der Eltern ein. Sie erzählen, wie die Situation für sie war und dass sie alles den Eltern zeigen möchten. Die Erzieherinnen dokumentierten das Projekt. Die Dokumentation dient bei der Aufführung zur Information der Eltern über den Projektverlauf. Eine Erzieherin fotografiert während der Aufführung, um den Abschluss des Projekts zu dokumentieren. Verschiedene Erzieherinnen haben mit ihren Kompetenzen das Projekt begleitet. Eine Erzieherin entwickelte mit den Kindern Melodien und Texte, um die Josefgeschichte musikalisch darzustellen. Die Musik- und Spielgruppe untermalt die Josefgeschichte. Eine andere Erzieherin beschäftigte sich mit den Kindern in der Theatergruppe, um die verschiedenen Rollen, die es darzustellen gab, zu besetzen, sowie mit den Kostümen. Die 12 Brüder tragen Kopftücher, Mäntel usw. Eine Tanzgruppe entwickelte verschiedene Tänze zur Josefgeschichte. Bei der Aufführung erzählt eine Erzieherin die Josefgeschichte. Das Theaterspiel beginnt mit einem Tanz „Josef der Träumer", der mit dem gleichnamigen Lied von einer CD, auf der die Geschichte in Liedern erzählt wird, musikalisch unterlegt wird. Die Theatergruppe übernimmt und erzählt die Geschichte weiter, die zwölf Brüder locken Josef mit Süßigkeiten zum Brunnen. Die Karawane kommt mit einem Stoffkamel, das auf einem Brett mit Rollen gezogen wird. Die Kinder haben Rhythmus-Eier (Chicken-Shake) in der Hand, die Kindergartenleiterin begleitet sie mit einer Melodica. Als die Karawane mit Josef in Ägypten ankommt, wechselt die Erzählerinnenrolle. Die Leiterin erzählt die Geschichte weiter, bis sich Josef und seine Brüder in der Hungersnot begegnen. Die Theatergruppe übernimmt dann wieder die Erzählung und stellt dar, wie sich Josef und seine Brüder in Ägypten versöhnen. Die Erzählerin vom Anfang fasst den Sinn der Geschichte in wenigen Sätzen zusammen. Zum Abschluss begleitet die Leiterin die Kinder mit dem Akkordeon und sie singen das Versöhnungslied. Nach der Aufführung dankt die Leiterin den Kindern und Erzieherinnen für ihr Engagement und ihre Kreativität und stellt die Identifikation der Kinder mit der Geschichte heraus.

8.6 Auswertung Beispiel 3

Das Setting des dritten religionspädagogischen Angebots weist durch die Raumgestaltung (Dokumentation des Projekts) und dem Projektcharakter (Einladung der Eltern, Abschluss des Projekts mit einer Präsentation) auf das pädagogische Handlungskonzept des Offenen Kindergartens hin. Ebenso ist die Partizipation der Kinder in dem Projekt und bei der Präsentation ein Merkmal für diesen Ansatz sowie das Engagement der Erzieherinnen, die sich mit ihren Fähigkeiten und Stärken in das Projekt einbringen.[5] Den Ausgangspunkt des Projekts bilden die Gefühle des Neids und der Eifersucht der älteren Kinder, die in der Zeit der Eingewöhnung stark auf die jüngeren Kinder Rücksicht nehmen mussten. Diese Gefühle griffen die Erzieherinnen mit der Josefgeschichte auf, was dem ersten Handlungsgrundsatz der religionssensiblen Bildung entspricht, der das Kind als Ausgangspunkt der religionssensiblen Bildung und Erziehung sieht. In diesem Kontext legen die Erzieherinnen einen Religionsbegriff zugrunde, der zunächst dem Existenzglauben zuzuordnen ist, da die Gefühle der Kinder den Ausgangspunkt ihres Handelns bilden. Mit der Auswahl der Josefgeschichte aus dem Ersten Testament wird der Religionsbegriff um den Transzendenz- und je nach Interpretation der biblischen Geschichte auch um den Konfessionsglauben erweitert. Das beschriebene Handeln der Erzieherinnen macht zudem deutlich, dass das Projekt in ihre pädagogische Arbeit integriert war, es entspricht daher auch dem zweiten Handlungsgrundsatz religionssensibler Bildung und Erziehung, der Religionssensibilität als Bestandteil der pädagogischen Arbeit versteht.

Die Präsentation des Projekts vor den Eltern im Bewegungsraum des Kindergartens, der für alle den Projektverlauf mit dem Engagement der Kinder durch ihre Zeichnungen, Fotos und die Aufführung selbst sichtbar und erfahrbar macht, zeigt den Kindergarten als Treffpunkt, als Ort der Begegnung und Gemeinschaft und entspricht somit dem dritten Handlungsgrundsatz religionssensibler Bildung und Erziehung. So lässt sich dieses dritte religionspädagogische Angebot auf mehreren Ebenen als religionssensibel klassifizieren.

---

5   Vgl. Punkt 3.2 in dieser Arbeit.

8.7   Beobachtungsprotokoll Beispiel 4

Die teilnehmende Beobachtung fand am 6. Dezember 2012 in einer Kindertageseinrichtung in städtischer Trägerschaft statt. Die Einrichtung liegt in einer ländlichen Region im Süden Baden-Württembergs und arbeitet nach dem pädagogischen Handlungskonzept des Offenen Kindergartens. Es gibt vier Stammgruppen
in dieser Einrichtung für 2- bis 6-jährige Kinder, in jeder Gruppe findet morgens
zwischen 9:15 und 10:00 Uhr eine Kinderkonferenz statt, die aus einem festen
ritualisierten und einem flexibel gestalteten Teil besteht. Vor der Kinderkonferenz
spielen die Kinder im Freispiel in der ganzen Einrichtung. Im Verkleidungsbereich singen drei Kinder Nikolauslieder. Eine Klingel gibt das Zeichen für die
Kinderkonferenz, jedes Kind geht in seine Stammgruppe und steckt seinen Magneten auf der Tafel um. Auf dem Magneten ist ein Foto des jeweiligen Kindes zu
sehen, an der Magnettafel hängen Symbole für die einzelnen Funktionsbereiche in
der Einrichtung. In der Stammgruppe gibt es vier muslimische Kinder, drei sind
an diesem Morgen da, eines kommt nicht, da die Eltern nach Aussage der Erzieherin eher konservativ sind und nicht möchten, dass ihr Kind Nikolaus feiert.

9:15 Uhr: Die Kinderkonferenz beginnt mit dem ritualisierten Teil. Die Kinder setzen sich im Kreis auf den Boden und warten, bis alle da sind. Dann stellen sich alle hin, singen zwei religiöse Lieder und sprechen ein Gebet. Mit einer
Übung zum Wachwerden streichen die Kinder und die Erzieherinnen die Müdig-
keit aus ihrem Körper. Danach zählen die Kinder im Kreis, wie viele Kinder da
sind; sie überlegen, wer fehlt. Achtzehn Kinder sind da, die Erzieherin sagt: „Da
haben wir ja fast volle Hütte."

Eine Dose mit Zetteln, auf denen die Namen der Gruppenkinder stehen, wird
geholt. Ein Kind zieht einen Zettel, die Erzieherin liest den Namen vor. Dieses Kind öffnet ein Fenster am Adventskalender, einem Adventsdorf, das an den
Fenstern klebt. Außerdem bekommt das Kind ein selbstgemachtes Adventsgärtchen, das es mit nach Hause nehmen darf, sowie eine ebenfalls selbstgemachte
blaue Schachtel, in der eine Nuss und ein Edelstein liegen. Überdies darf es
eine Figur auf den Adventsweg stellen. Auch diese Figuren sind mit den Kindern hergestellt worden, die Kinder spielen mit ihnen. Der Adventsweg ist seitlich im Zimmer gelegt aus Moos, Steinen, Tannenzapfen, Kies usw. Das Kind
stellt die Figur auf den Weg. Anschließend bespricht die Erzieherin mit den Kindern das Tagesprogramm. Zum Nikolaustag gibt es ein gemeinsames Frühstück
in der Stammgruppe und der Nikolaus kommt. Ein Kind meldet sich und meint:
„Wir haben vergessen den Kalender umzustecken." Das Kind geht zum Kalender und steckt den Wochentag und das Datum um. Im hinteren Teil des Raumes ist eine große Tafel gedeckt, das haben die Kinder und Erzieherinnen, die
morgens früh um acht Uhr schon da waren, gemeinsam vorbereitet. In der Mitte
der gedeckten Tafel brennt die Festtagskerze, die von Kindern mit Wachs ver-
ziert wurde. Die Tische sind mit Adventszweigen und Tischlaternen dekoriert. Auf
jedem Platz liegt eine Nikolausserviette, bei der eine Tasse steht. Zunächst dürfen

sich alle 4-jährigen Kinder einen Platz an der Tafel aussuchen, anschließend die 3-jährigen, dann die 6-jährigen und schließlich die 5-jährigen.

9:40 Uhr: Die zwei Erzieherinnen und die Anerkennungspraktikantin verteilen Wasser, Sprudel und Apfelsaft, ein Kind darf kalten Tee ausschenken. Jedes Kind entscheidet, was es trinken mag. Vor dem Essen würfelt ein Kind mit dem Gebetswürfel der Gruppe ein Gebet, das alle sprechen. Zum Essen gibt es Martinsgänse aus Hefeteig, die eingefroren wurden, da es an St. Martin zu viele gab. Die Martinsgänse werden herumgegeben, jedes Kind darf sich ein Stück abbrechen. Dazu gibt es Apfelringe. Alle Kinder dürfen, wenn sie wollen, auch ihre Vesper holen. Die Kinder und die Erzieherinnen unterhalten sich und essen miteinander.

10:00 Uhr: Die Tafel löst sich auf. Alle Kinder, die noch etwas übrig haben, bekommen Papiertüten, um die Reste der Martinsgänse mit nach Hause zu nehmen. Eine der beiden Erzieherinnen geht mit einer weißen Spülschüssel herum, jedes Kind stellt seine Tasse hinein. Die Kinder stehen auf und bringen die Servietten in den Abfalleimer.

10:05 Uhr: Die Kinder setzen sich auf die Bitte der Erzieherin hin wieder in den Kreis. Die Erzieherin kündigt die Generalprobe für das Samenlied und das Fingerspiel an. Ein Kind verteilt die Instrumente. Eine Erzieherin spielt Gitarre, die Schulanfänger bekommen Klangstäbe. Die Kinder singen mit Bewegungen das Samenlied. Danach sammelt ein Kind die Klangstäbe wieder ein. Anschließend proben die Kinder das Fingerspiel. Eine Erzieherin schaut, wie es draußen (im Bewegungsraum) aussieht. Die Kinder unterhalten sich über den Nikolaus, den Weihnachtsmann und Knecht Ruprecht. Sie fragen sich, wie diese aussehen und wann sie zu wem kommen.

10:10 Uhr: Die Kinder gehen als Schlange vom Verkleidungsbereich in den Bewegungsraum, in den noch eine zweite Stammgruppe kommt. Im Bewegungsraum waren während des Frühstücks zwei Stammgruppen, die jetzt in ihre Gruppen gehen, um zu frühstücken. Vorne ist eine Bühne gerichtet, dahinter stehen Bänke, auf die sich die Kinder setzen können. Die Kinder fangen von sich aus an das Lied ‚Niklaus ist ein guter Mann‘ zu singen. Die Erzieherin verteilt wieder die Klangstäbe. Eine andere Erzieherin fragt: „Hört ihr den Nikolaus?" Alle Kinder werden ganz leise. Dann ist eine Klingel zu hören. Die Erzieherinnen singen mit den Kindern das Lied: „Ich hör ihn!" Der Nikolaus (mit Stab und Mitra) öffnet während des Gesangs die Tür. Nach dem Lied sagt er, dass er vier starke Helfer brauche, um die zwei Körbe mit den Gaben in den Raum zu tragen. In den Körben liegen gefüllte Socken. Der Nikolaus geht zu seinem Stuhl seitlich an der Bühne. Die Kinder singen das Lied: „Sei gegrüßt, lieber Nikolaus!" Ein Kind darf den Stab vom Nikolaus halten, der Nikolaus begrüßt die Kinder mit einem Gedicht, in dem er die Person des Nikolaus beschreibt und sagt, dass er nur an seinem Festtag in sein Gewand hineinschlüpft und ihn spielt. Anschließend fragt der Nikolaus, ob die Kinder etwas im letzten Jahr im Kindergarten gelernt haben. Jede Stammgruppe trägt dem Nikolaus etwas vor, das Verkleidungszimmer führt das Samenlied und das Fingerspiel auf. Danach singt die Gruppe aus dem

Malzimmer ein Lied. Ein vierjähriges Kind will dem Nikolaus auch ein Gedicht vortragen. Als das Mädchen vorne steht, bringt sie vor lauter Aufregung keinen Ton heraus. Die Erzieherin geht zu ihr auf die Bühne und liest das Gedicht mit dem Kind vor. (Als später die Socken verteilt wurden, war das Kind auf dem Arm der Erzieherin eingeschlafen). Alle Kinder singen gemeinsam das Lied: „Lasst uns froh und munter sein". Danach verteilt der Nikolaus die Socken, dabei werden alle Kinder einzeln von ihm aufgerufen. Zwei Schulanfänger protestieren, dass der Nikolaus die Namen vorliest und erklären ihm, dass sie schon selber lesen können. Mit den letzten beiden Strophen des Liedes „Sei gegrüßt, lieber Nikolaus" wird der Nikolaus von den Erzieherinnen und Kindern verabschiedet. Die Stammgruppe geht als Schlange zurück in das Verkleidungszimmer. Eine Erzieherin hat den Nikolaus fotografiert, da jedes Kind ein Foto vom Nikolaus in seinen Portfolio-Ordner bekommen soll. Die Feier endete um 11:00 Uhr.

8.8   Auswertung Beispiel 4

Die hohe Partizipation der Kinder, die dem pädagogischen Handlungskonzept des Offenen Kindergartens entspricht, spiegelt sich auch in dem religionspädagogischen Angebot wider, beispielsweise in den mit den Kindern selbst gemachten Adventsgärtchen und der selbst gemachten blauen Schachtel im Adventskalender. Der Feier des Heiligen Nikolaus liegt ein Religionsbegriff zugrunde, der dem Konfessionsglauben zuzuordnen ist. Der Umgang mit den muslimischen Kindern in der Einrichtung, denen die Teilnahme an der Feier freigestellt ist, zu der sie aber zugleich herzlich eingeladen sind, legt ebenso im Sinne des Gast-Geber-Modells als Religionsbegriff den Existenzglauben zugrunde. Somit ist das religionspädagogische Angebot dem vierten Handlungsgrundsatz religionssensibler Bildung und Erziehung zuzuordnen, der die Einrichtung als Ort gelebter Religionssensibilität versteht. Die ritualisierte Kinderkonferenz mit dem Öffnen des Adventskalenders zu Beginn sowie das gemeinsame Frühstück in der Gruppe an der von den Kindern und Erzieherinnen festlich gedeckten Tafel machen den Kindergarten als religionssensiblen Lebens- und Erfahrungsraum für die Kinder erlebbar. Sie entsprechen somit auch dem dritten Handlungsgrundsatz religionssensibler Bildung und Erziehung. Auch der Umgang mit dem 4-jährigen Mädchen, das dem Nikolaus ein Gedicht vortragen möchte und dann vor lauter Aufregung keinen Ton herausbekommt, zeigt, dass die Erzieherin ihr Handeln auch beim religionspädagogischen Angebot am pädagogischen Handlungskonzept des Offenen Kindergartens orientiert. Das Vorlesen des Gedichts zusammen mit dem Mädchen ist eine pädagogisch gute Lösung. Der Morgen im Kindergarten mit Kinderkonferenz, Frühstück und Nikolausfeier ist anhand der Darlegungen des dritten und vierten Handlungsgrundsatzes als religionssensibel zu klassifizieren.

8.9   Fazit

Zusammenfassung

Die vier religionspädagogischen Angebote fanden in vier Kindertageseinrichtungen in Baden-Württemberg statt und unterscheiden sich bezüglich ihrer inhaltlichen Themen und Intentionen. Das erste Beispiel hat das Ziel, den Kindern eine zum Kirchenjahr passende biblische Geschichte zu erzählen. Das zweite Beispiel stellt ein wöchentliches religiöses Ritual dar, das den gemeinsamen Abschluss einer Kindergartenwoche in der Einrichtung bildet. Das dritte Beispiel ist der Abschluss eines gemeinsamen religionspädagogischen Projekts, das aufgrund der von den Erzieherinnen beobachteten Gefühle der Kinder stattfand. Das vierte religionspädagogische Angebot steht als Beispiel für das Feiern religiöser Feste in Kindertageseinrichtungen entlang des Kirchenjahres. Im ersten Beispiel steht das Interesse der Erzieherin an der Emmausgeschichte aufgrund des Kirchenjahres sehr im Vordergrund, was die Kinder zum Teil mit ihrem Verhalten, indem sie sich auf den Boden im Bewegungsraum legen und mit den Teppichfliesen spielen, zum Ausdruck bringen. Es entspricht insofern nicht einer religionssensiblen Bildung, da die Kinder für das Angebot von der Erzieherin ausgewählt wurden und nicht nach ihrem eigenen Interesse entscheiden konnten. Das zweite religionspädagogische Beispiel, der Freitagssegen, enthält Elemente religionssensibler Bildung und Erziehung dadurch, dass die Kinder die Möglichkeit haben, frei ihre Gedanken zu äußern. Doch durch das starke Interesse der Erzieherin, den Kindern den Inhalt und den Sinn der Adventszeit sowie der Weihnachtsgeschichte zu vermitteln, treten die Themen, Fragen und Interessen der Kinder in den Hintergrund. Auch dieses Angebot ist mehr durch einen katechetischen, als durch einen religionssensiblen Charakter geprägt. Die Beispiele drei und vier der religionspädagogischen Angebote lassen sich hingegen als religionssensibel klassifizieren. In diesen Beispielen zeigt sich besonders die Verbindung des pädagogischen Handelns mit dem religionspädagogischen Handeln der Erzieherinnen, das sich auch in den religionspädagogischen Angeboten am pädagogischen Handlungskonzept der Einrichtung orientiert. Beispiel drei zeichnet sich vor allem durch den Ausgangspunkt des Projekts, den Gefühlen des Neids und der Eifersucht der Kinder, aus, die die Erzieherinnen aufgreifen und mit Hilfe der Josefgeschichte thematisieren. Die hohe Partizipation der Kinder während des Projekts sowie bei der Präsentation entspricht dem pädagogischen Handlungskonzepts des Offenen Kindergartens der Einrichtung und zeigt Anknüpfungspunkte an das religionspädagogische Handlungskonzept der religionssensiblen Bildung und Erziehung. Im vierten Beispiel weist die Einladung der muslimischen Kinder zur Nikolausfeier auf einen religionssensiblen Umgang hin, da die Erzieherinnen auch akzeptieren, dass ein Kind nicht daran teilnimmt. Ebenso zeigt sich die dem Handlungskonzept des Offenen Kindergartens entsprechende Partizipation der Kinder bei der ritualisierten Kinderkonferenz mit dem Öffnen des Adventskalenders und beim gemeinsamen Frühstück als kompatibel mit dem religionspädagogischen Handlungskonzept der religionssensiblen Bildung, da der Kindergarten so als religionssensibler Lebens- und Erfahrungsraum für die Kinder erlebbar wird.

Reflexion

Die vier religionspädagogischen Angebote zeigen, dass den Erziehehrinnen bei der religiösen Bildung und Erziehung der Kinder eine wichtige Rolle zukommt, da sie die Rahmenbedingungen schaffen. Wenn das Interesse der Erzieherinnen im Vordergrund steht, den Kindern bestimmte Inhalte zu vermitteln, weisen die Angebote, an denen die Kinder nur bedingt Interesse zeigen, schnell einen katechetischen Charakter auf. Interessant wäre in diesem Kontext der Frage nachzugehen, warum den Erzieherinnen die Vermittlung der Inhalte so wichtig ist, da dies auch den pädagogischen Handlungskonzepten, nach denen sie arbeiten, widerspricht, welche das Kind in den Mittelpunkt der pädagogischen Arbeit stellen. Die Beispiele hingegen, in denen aufgezeigt werden konnte, dass die religionspädagogischen Angebote Anknüpfungspunkte zu den pädagogischen Handlungskonzepten der Einrichtungen aufweisen, sind als religionssensibel zu klassifizieren. Daraus lassen sich zwei Schlussfolgerungen ziehen: 1. Das religionspädagogische Handeln der Erzieherinnen muss als ein Teil des pädagogischen Handelns gesehen werden, die Religionspädagogik muss dementsprechend als ein Teil der Pädagogik in den Kindertageseinrichtungen verstanden werden. 2. Das religionspädagogische Handlungskonzept der religionssensiblen Bildung, das vom Kind ausgeht und sich pädagogisch begründet, setzt genau an diesem Punkt an und stellt eine aussichtsreiche Grundlage für die (religions-)pädagogische Arbeit in den Einrichtungen dar.

Grundsätzlich stellt sich auch beim religionspädagogischen Handlungskonzept der religionssensiblen Bildung die Frage, wie der Ansatz in den Kindertageseinrichtungen bekannt gemacht werden kann. Auffällig ist in diesem Zusammenhang nämlich die Beobachtung, dass keine der Erzieherinnen von einem religionspädagogischen Ansatz berichtete, nach dem die Einrichtung arbeitet. Religiöse Bildung und Erziehung ist zwar in den pädagogischen Konzeptionen bzw. in den Erziehungs- und Handlungszielen als solche erwähnt, ein religionspädagogisches Handlungskonzept aber im Sinne einer theoretischen Basis, mit der die religiöse Bildung und Erziehung grundgelegt und begründet wird, fehlt in der Praxis vermutlich weitestgehend.

Im dritten Teil der Arbeit werden nun die zentralen Ergebnisse der empirischen Untersuchung zusammenfassend dargestellt, im Horizont der Gütekriterien qualitativer Sozialforschung reflektiert und im Kontext des religionspädagogischen Diskurses erörtert. In einem weiteren Schritt werden die Anknüpfungspunkte zwischen den diskutierten elementarpädagogischen Handlungskonzepten und dem religionspädagogischen Handlungskonzept der religionssensiblen Bildung expliziert und die Forschungsergebnisse in diesem Kontext beleuchtet. Abschließend wird erörtert wie die religionssensible Bildung in die pädagogische Konzeption von Kindertageseinrichtungen integriert werden kann.

Teil III Zusammenführung von Theorie und Empirie

„Eine Theorie, die nicht praktisch im Leben Anwendung finden kann, ist wertlose Gedankenakrobatik."[1]
Swami Vivekânanda (1863–1902)

9 Diskussion der zentralen Ergebnisse im (religions-)pädagogischen Diskurs

Im dritten Teil dieser Arbeit wird nun der Fokus auf die dritte Forschungsfrage: ‚Welche Möglichkeiten gibt es, die religionssensible Bildung als Bestandteil der pädagogischen Konzeption von Kindertageseinrichtungen zu integrieren?' gerichtet. Dazu werden zunächst die Ergebnisse der empirischen Untersuchung zusammenfassend dargestellt (9.1) und anhand der Gütekriterien qualitativer Sozialforschung reflektiert (9.2). Anschließend werden zentrale Forschungsergebnisse im aktuellen wissenschaftlichen religionspädagogischen Diskurs reflektiert (9.3). In einem weiteren Schritt werden die Anknüpfungspunkte der einzelnen pädagogischen Handlungskonzepte an das religionspädagogische Handlungskonzept der religionssensiblen Bildung in Bezug auf ihre praktische Relevanz hin weiter konkretisiert, um auf dieser Grundlage die Forschungsergebnisse aus der empirischen Untersuchung im Kontext der pädagogischen Konzepte zu erörtern (9.4). Abschließend wird herausgearbeitet, wie die religionssensible Bildung und Erziehung in die pädagogische Konzeption bzw. in die Erziehungs- und Handlungsziele der Kindertageseinrichtung auf der Grundlage der pädagogischen Handlungskonzepte integriert werden kann (9.5). In Punkt 9.6 erfolgt schließlich ein perspektivischer Ausblick für die Praxis.

9.1 Zusammenfassende Darstellung der zentralen Ergebnisse der empirischen Untersuchung

Im Folgenden werden die zentralen Forschungsergebnisse der empirischen Untersuchung im Überblick dargestellt. Auf diese Weise werden die Ergebnisse, die auf die in Punkt 6.2 gestellten Forschungsfragen generiert werden konnten, deutlich herausgestellt. Die Gliederung erfolgt anhand der drei Bereiche ‚Elementarpädagogik' (9.1.1), ‚Religiöse Bildung und Erziehung' (9.1.2) und ‚Berufliches Selbstverständnis der Erzieherinnen (9.1.3), die auch der empirischen Untersuchung zugrunde liegen.

---

1 Schefter

9.1.1 Zentrale Ergebnisse im Bereich ‚Elementarpädagogik'

Zusammenfassend lassen sich folgende Ergebnisse aus der empirischen Untersuchung für den Bereich der Elementarpädagogik herausstellen:

1. Als spezifisches Charakteristikum des pädagogischen Handlungskonzepts des Offenen Kindergartens sehen die Erziehehrinnen die Entscheidungsfreiheit und die Partizipation der Kinder, die das pädagogische Handeln der Erzieherinnen prägen.

2. Beim Early-Excellence-Ansatz stellen die Erzieherinnen den positiven Blick aufs Kind und die Zusammenarbeit mit den Eltern als prägende Momente ihrer pädagogischen Arbeit heraus.

3. Die Formulierung der Erziehungs- und Handlungsziele und die Beobachtung der Themen und Interessen der Kinder stehen in der pädagogischen Arbeit der Erzieherinnen im Vordergrund, die nach dem infans-Konzept arbeiten. Der hohe Verwaltungsaufwand des Handlungskonzepts wird hier von den Erzieherinnen kritisiert.

4. Religiöse Bildung und Erziehung ist als Aspekt in den Konzeptionen bzw. Erziehungs- und Handlungszielen der Einrichtungen in unterschiedlichem Ausmaß verankert. Ein religionspädagogisches Handlungskonzept wird von keiner der interviewten Erzieherinnen als Grundlage für das religionspädagogische Arbeiten in den Einrichtungen erwähnt.

9.1.2 Zentrale Ergebnisse im Bereich ‚Religiöse Bildung und Erziehung'

Im Bereich der religiösen Bildung und Erziehung zeigen sich folgende zentrale Forschungsergebnisse:

1. Die Multikulturalität und religiöse Pluralität der Gesellschaft spiegeln sich in den Kindertageseinrichtungen in den Religionszugehörigkeiten und Weltanschauungen der einzelnen Kinder wider. Ein respektvoller Umgang und die Akzeptanz dieser Vielfalt stellen die Erzieherinnen als einen wichtigen Aspekt ihrer pädagogischen Arbeit heraus. Allerdings findet in einigen Einrichtungen die interreligiöse Situation wenig Berücksichtigung. In diesen wird das konfessionelle Profil der Einrichtungen von den Erzieherinnen in den Vordergrund gestellt.

2. Das Wissen über die christliche Religion und die Vollzugsformen des christlichen Glaubens stehen aufgrund der christlich geprägten Kultur für die Erzieherinnen bei der religiösen Bildung und Erziehung im Vordergrund. Kontakte zu anderen Religionsgemeinschaften gibt es in keiner der Einrichtungen.

3. Die religiöse Bildung und Erziehung in den Kindertageseinrichtungen löst bei den Eltern, denen ein persönlicher Bezug zum Glauben fehlt, teilweise Verunsicherung aus. Religiöse Impulse aus den Einrichtungen werden daheim selten aufgegriffen und weiterentwickelt.

4. Die Kinder stellen verschiedene Sinn-, Lebens- und Glaubensfragen in den Kindertageseinrichtungen, um die Welt in ihren Zusammenhängen zu verstehen und zu deuten. Die interviewten Erzieherinnen suchen mit den Kindern Antworten auf ihre philosophischen und religiösen Fragen und begleiten die Kinder mit ihren existenziellen Erfahrungen.

5. Die religionspädagogische Praxis zeichnet sich in den Einrichtungen durch vielfältige Angebote (z.B. Feiern religiöser Feste, Besuch der Kirche, Erzählen biblischer Geschichten), unterschiedliche Projekte (z.B. zum Thema Eifersucht oder Alleinsein) und gemeinschaftliche Erfahrungen (ritualisierter Morgenkreis, Feiern von Geburtstagen oder Gottesdiensten) aus. Viele praktische Beispiele religiöser Bildung und Erziehung lassen sich anhand der sechs Handlungsgrundsätze als religionssensibel klassifizieren.

6. Zwei religionspädagogische Angebote der vier teilnehmenden Beobachtungen lassen sich als religionssensible klassifizieren. Bei beiden Angeboten konnten Anknüpfungspunkte zwischen dem religionspädagogischen Handeln der Erzieherinnen und dem pädagogischen Handlungskonzept, nach dem die Einrichtung arbeitet, aufgezeigt werden. Daraus lassen sich zwei Konsequenzen aufzeigen: 1. Das religionspädagogische Handeln der Erzieherinnen kann als ein Teil des pädagogischen Handelns gesehen werden. 2. Das religionspädagogische Handlungskonzept der religionssensiblen Bildung, das vom Kind ausgeht und sich pädagogisch begründet, setzt an diesem Punkt an und stellt die theoretische Basis für die praktische (religions-)pädagogische Arbeit in Kindertageseinrichtungen dar.

7. Religiöse und philosophische Bildungsinseln oder Lernwerkstätten, in denen sich die Kinder mit ihrem Forschergeist selbständig mit ihren Fragen auseinandersetzen können, gibt es in den Einrichtungen nicht.

8. Kindern, die keiner Religionsgemeinschaft angehören, werden von den Erzieherinnen nicht als eigene Zielgruppe des Entwicklungsfeldes Sinn, Werte und Religion berücksichtigt. Der Umgang mit ihnen in der Praxis wirft auch für den vierten Handlungsgrundsatz religionssensibler Bildung in Bezug auf das Feiern besonderer Feste offene Fragen auf.

9.1.3 Zentrale Ergebnisse im Bereich ‚Berufliches Selbstverständnis der Erzieherinnen‘

Die folgenden Ausführungen stellen die zentralen Forschungsergebnisse aus dem Bereich des beruflichen Selbstverständnisses der Erzieherinnen dar:

1. Die Begleitung der Kinder mit ihren religiösen, philosophischen und existenziellen Fragen, Themen und Gefühlen stellt eine wichtige pädagogische Aufgabe der Erzieherinnen im Kontext der religiösen Bildung und Erziehung in den Kindertageseinrichtungen dar. Die Beziehungsgestaltung und das Schaffen einer anregenden Lernumgebung für die Auseinandersetzung der Kinder mit

ihren religiösen Themen benennen die Erzieherinnen als weitere Aufgaben ihrer religionspädagogischen Arbeit in den Einrichtungen.

2. Als zentrale religionspädagogische Kompetenz sehen die Erzieherinnen für sich an, den Glauben für die Kinder praktisch erleb- und erfahrbar zu machen. Bei der religiösen Kompetenz stehen für die Erzieherinnen ihr religiöses Fachwissen sowie die Reflexion des persönlichen Glaubens im Vordergrund. Die eigene religiöse Sozialisation stellt dabei eine hilfreiche Basis für die Erzieherinnen dar. Sie wünschen sich von Kolleginnen, die nicht religiös sozialisiert sind, eine Offenheit als Haltung gegenüber dem Leben und den darin enthaltenen religiösen Themen und Fragen.

3. Die eigene religiöse Sprachfähigkeit wird von den Erzieherinnen teilweise als unzureichend erlebt, wenn sie von den Kindern nach dem eigenen Glauben gefragt werden. Religion wird zum Teil als ein schwieriges Thema wahrgenommen; die Erzieherinnen haben Angst, den Kindern bei der Formulierung der eigenen Glaubensvorstellungen falsche Glaubensinhalte zu vermitteln.

4. Einige Erzieherinnen fühlen sich nicht kompetent, religiöse Handlungsziele zu formulieren. Die Erzieherinnen sehen sich als pädagogische Expertinnen, aber nicht als Fachfrauen für Religion.

5. Zum eigenen religiösen Kompetenzerwerb nehmen die Erzieherinnen an Fortbildungen teil, lesen Fachliteratur und suchen das Gespräch mit Gläubigen.

6. Teamsitzungen bieten den Erzieherinnen den Raum für die Auseinandersetzung mit Werten und Normen sowie für religiöse Fragen und Themen.

7. Das gelingende Zusammenleben im Kindergarten, bei dem sich alle mit ihren Stärken und Schwächen in die Gemeinschaft einbringen, stellt für die Erzieherinnen ein wichtiges Anliegen in ihrer pädagogischen Arbeit dar.

Im Folgenden wird nun die empirische Untersuchung anhand der sechs Gütekriterien qualitativer Sozialforschung reflektiert, um die Qualität der Forschungsergebnisse zu untersuchen.

9.2 Reflexion der empirischen Untersuchung im Horizont der Gütekriterien qualitativer Sozialforschung

Zur Einschätzung der Forschungsergebnisse stellt Mayring sechs Gütekriterien auf, anhand derer die Qualität der Forschungsergebnisse überprüft wird. Dabei handelt es sich um folgende Kriterien: Verfahrensdokumentation, argumentative Interpretationsabsicherung, Regelgeleitetheit, Nähe zum Gegenstand, kommunikative Validierung und Triangulation. Im Folgenden werden nun die Gütekriterien skizziert, mit denen die empirische Untersuchung dieser Arbeit überprüft wurde.

1. Verfahrensdokumentation

Das erste Gütekriterium Verfahrensdokumentation stellt in den Vordergrund, dass die verwendeten Methoden in der qualitativen Sozialforschung nicht standardisiert sind, sondern an den konkreten Gegenstand, das Material, angepasst werden. Dieses Verfahren bedarf einer genauen Dokumentation, es betrifft „die Explikation des Vorverständnisses, Zusammenstellung des Analyseinstrumentariums, Durchführung und Auswertung der Datenerhebung."[2] Das Kriterium der Verfahrensdokumentation wurde in der vorliegenden Untersuchung umgesetzt, indem zunächst das theoretische Vorverständnis im ersten Teil der Arbeit, der theoretischen Rahmung, detailliert dargestellt wurde. In Kapitel 6 wurde dann der Forschungsprozess beschrieben, die Forschungsmethodik wurde in den Punkten 6.3 und 6.4 dargestellt und es wurde begründet, warum diese angewendet wird. Die Vorstellung des Analyseinstruments, die qualitative Inhaltanalyse, erfolgte in Punkt 6.4.4, in dem das genaue Vorgehen bei der Untersuchung beschrieben wurde. Die Durchführung der Datenerhebung wurde in Punkten 6.5. und 6.6 für die Leitfaden-Interviews und in Punkt 6.7 für die teilnehmenden Beobachtungen dokumentiert. In Kapitel 7 und 8 erfolgte schließlich die Darstellung der Auswertung der erhobenen Daten. In Punkt 9.1 wurden nochmals die zentralen Ergebnisse der empirischen Untersuchung im Überblick zusammengefasst. Das Verfahren der hier vorliegenden Untersuchung ist somit nachvollziehbar dokumentiert.

2. Argumentative Interpretationsabsicherung

Interpretationen haben in der qualitativen Forschung eine zentrale Bedeutung. Sie können aber nicht einfach gesetzt, sondern müssen argumentativ begründet werden. Die Interpretationen müssen logisch und schlüssig sein, es muss nach Alternativdeutungen gesucht werden.[3] Die Ergebnisse der hier vorliegenden Untersuchung wurden sowohl im Ergebnisbericht in Kapitel 7 als auch in der Auswertung der teilnehmenden Beobachtung in Kapitel 8 argumentativ begründet, interpretiert und reflektiert. Die argumentative Interpretationsleistung ist damit gewährleistet.

3. Regelgeleitetheit

Trotz einer offenen Haltung der Forschenden während des Forschungsprozesses ist es wichtig, dass bestimmte Verfahrensregeln eingehalten werden. Dies beinhaltet, dass die Analyse in einzelnen, festgelegten Schritten stattfindet und das Material in Einheiten gegliedert wird. Die Orientierung an einem Ablaufmodell erleichtert die systematische Vorgehensweise.[4] Der Forschungsprozess in dieser Arbeit wurde durch die festgelegten Schritte nach der qualitativen Inhaltsanalyse nach Mayring bzw. Kuckartz gegliedert. Die Analyse wurde so durch Verfahrensregeln bestimmt, die eine systematische Vorgehensweise mit sich brachten. Das

---

2   Mayring 2001, S. 145
3   Vgl. Mayring 2001, S. 145.
4   Vgl. Mayring 2001, S. 145–146.

Gütekriterium der Regelgeleitetheit wurde hiermit in der vorliegenden Untersuchung angewendet.

4. Nähe zum Gegenstand

Gegenstandsangemessenheit wird vor allem durch Forschung in der natürlichen Lebenswelt der Untersuchungsteilnehmenden, ihrer Alltagswelt, erreicht. Wichtig ist dabei auch, eine möglichst hohe Interessensübereinstimmung mit den Teilnehmenden zu erreichen.[5] Da die Interviews mit den Erzieherinnen sowie die teilnehmende Beobachtung der religionspädagogischen Angebote in den jeweiligen Kindertageseinrichtungen stattfanden, konnte die Nähe zum Gegenstand in der vorliegenden Untersuchung sehr gut erreicht werden.

5. Triangulation

Triangulation bedeutet, dass für die Beantwortung der Fragestellung unterschiedliche Forschungsmethoden verwendet werden, um die Ergebnisse anhand der unterschiedlichen Perspektiven zu vergleichen.[6] Für das in Punkt 1.1 formulierte Forschungsanliegen konnten sowohl in der theoretischen Rahmung als auch in der empirischen Untersuchung Ergebnisse generiert werden. Darüber hinaus wurden in der empirischen Untersuchung zwei qualitative Forschungsmethoden angewandt, die Leitfaden-Interviews und die teilnehmende Beobachtung, um die praktische Umsetzung religiöser Bildung und Erziehung in Kindertageseinrichtungen zu erheben. Diese beiden Methoden boten sich an, da die teilnehmende Beobachtung in ihrer Anwendung mit anderen Methoden, wie zum Beispiel dem Interview, verschränkt ist. Demzufolge hat das Gütekriterium der Triangulation in der vorliegenden Untersuchung Anwendung gefunden.

Das Postulat des Verallgemeinerungsprozesses in der qualitativen Sozialforschung drückt aus, dass die Ergebnisse verallgemeinerbar sein müssen. Dazu muss aufgezeigt werden, warum die generierten Ergebnisse auch für andere Situationen und Zeiten gelten.[7] Die Ergebnisse der empirischen Untersuchung zeigen, dass religiöse Bildung und Erziehung in den Kindertageseinrichtungen vor allem dann als religionssensibel einzustufen ist, wenn die Erzieherinnen ihr religionspädagogisches Handeln mit ihrem pädagogischen Handeln verbinden. Das religionspädagogische Handlungskonzept der religionssensiblen Bildung mit den sechs pädagogisch begründeten Handlungsgrundsätzen bietet für die Erzieherinnen eine Grundlage, religiöse Bildung und Erziehung im Kontext ihrer pädagogischen Arbeit zu sehen und so zu realisieren, dass sie der in der Untersuchung aufgezeigten multikulturellen und -religiösen Situation in den Kindertageseinrichtungen gerecht wird. Die empirische Untersuchung verdeutlicht, dass religiöse

---

5   Vgl. Mayring 2001, S. 146.
6   Vgl. Mayring 2001, S. 147–148.
7   Vgl. Mayring 2001, S. 23–24.

Bildung und Erziehung in den Einrichtungen zum Teil bereits religionssensibel umgesetzt wird. Das religionspädagogische Handlungskonzept knüpft durch seine pädagogische Begründung an die pädagogische Arbeit der Erzieherinnen an und ist damit sowohl in Einrichtungen mit konfessioneller als auch nicht konfessioneller Trägerschaft praktikabel. Den Ausgangspunkt der religionssensiblen Bildung stellt die Religiosität des Kindes dar, die Erzieherin mit ihrer vertrauensvollen Beziehung zum Kind wird als Schlüssel für die religiöse Bildung und Erziehung gesehen. Auf dieser Basis werden nun im folgenden Punkt 9.3 die Ergebnisse der empirischen Untersuchung im Kontext des aktuellen religionspädagogischen Diskurses erörtert.

9.3   Diskussion zentraler Ergebnisse im Kontext des religionspädagogischen Diskurses

In Punkt 2.2 dieser Arbeit wurde bereits aufgezeigt, dass der religionspädagogische Diskurs vor allem von der Theologie bestimmt ist. Religiöse Bildung und Erziehung in Kindertageseinrichtungen wird theologisch begründet, reflektiert und didaktisch aufgeschlossen. Im Bereich der Elementarpädagogik wird der Themenkomplex der religiösen Bildung und Erziehung vornehmlich ausgespart; eine Ausnahme bildet hier die vorgestellte Dissertation „Sinn, Werte und Religion in der Elementarpädagogik"[8], die anhand einer empirischen Untersuchung Einblicke in die elementarpädagogische Praxis zu diesem Themenfeld gibt. Die hier vorliegende Forschungsarbeit verfolgt das Ziel, mit dem religionspädagogischen Handlungskonzept der religionssensiblen Bildung, das anhand der Gemeinsamkeiten und besonderen Merkmale der drei pädagogischen Handlungskonzepte Offener Kindergarten, Early Excellence und infans pädagogisch begründet wurde, religiöse Bildung und Erziehung in Kindertageseinrichtungen aus elementarpädagogischer Perspektive anschlussfähig zu machen. Anhand der qualitativen Untersuchung wurde eine empirische Basis geschaffen mit dem Ziel, die Umsetzung religiöser Bildung und Erziehung im pädagogischen Alltag konfessioneller und kommunaler Kindertageseinrichtungen zu erheben und auf ihre Religionssensibilität hin zu untersuchen. Im Folgenden werden nun die Ergebnisse der empirischen Untersuchung im aktuellen wissenschaftlichen religionspädagogischen Diskurs erörtert. Dabei wird innerhalb der Religionspädagogik nicht zwischen den beiden Wissenschaftsbereichen Elementarpädagogik und Theologie differenziert, da der Diskurs seitens der Elementarpädagogik sehr begrenzt ist.[9] Die Diskussion der Ergebnisse wird in Anlehnung an die empirische Untersuchung in die drei Bereiche ‚Elementarpädagogik' (9.3.1), ‚Religiöse Bildung und Erziehung' (9.3.2) und ‚Berufliches Selbstverständnis der Erziehehrinnen' (9.3.3) gegliedert.

---

8   Lischke-Eisinger 2012

9   Die empirische Untersuchung von Lischke-Eisinger aus dem Bereich der Elementarpädagogik findet unter dem ansonsten theologisch bestimmten Diskurs Berücksichtigung.

9.3.1 Diskussion zentraler Ergebnisse aus dem Bereich ‚Elementarpädagogik' im Kontext des religionspädagogischen Diskurses

Konkrete pädagogische Handlungskonzepte finden im bisherigen religionspädagogischen Diskurs keine Berücksichtigung. Daher stellt die vorliegende Arbeit einen neuen Impuls dar, die Anschlussfähigkeit der Religionspädagogik in Kindertageseinrichtungen im Kontext der pädagogischen Handlungskonzepte aufzuzeigen und in der pädagogischen Konzeption der Einrichtungen zu verorten. Aus praktischer Perspektive zeigt Beer in seinem Buch „Wozu brauchen Erzieherinnen Religion?"[10] auf, dass es sinnvoll ist, das Thema Religion in die pädagogische Arbeit von Kindertageseinrichtungen einzubetten. Allerdings stellt er keinen Bezug zu den pädagogischen Handlungskonzepten her. Ebenso kommt Wustrack in ihrer Dissertation zu dem Ergebnis, dass seitens der Erzieherinnen der Religionspädagogik in Kindertageseinrichtungen eine Bedeutung als integralem Bestandteil der alltäglichen religionspädagogischen Praxis zugesprochen wird. Allerdings bleibt auch hier offen, wie die Praxis auf der von ihr entworfenen Basis einer zeitgemäßen religionspädagogischen Theorie und Praxis weiterzuentwickeln ist.[11] Die Ergebnisse der hier vorliegenden Untersuchung zeigen, dass religiöse Bildung und Erziehung in die Konzeptionen bzw. in die Erziehungs- und Handlungszielen in unterschiedlicher Ausprägung integriert ist, dass aber von keiner Erzieherin ein Bezug zu einem religionspädagogischen Handlungskonzept hergestellt wird. Das religionspädagogische Handeln bedarf ebenso wie das pädagogische Handeln einer theoretischen Begründung. In Bezug auf das pädagogische Handeln beziehen sich die Erzieherinnen auf ein pädagogisches Handlungskonzept, bezüglich des religionspädagogischen Handelns fehlt ein solcher Bezug. Diese Tatsache zeigt, dass es ein religionspädagogisches Handlungskonzept für Erzieherinnen braucht, um ihr Handeln zu professionalisieren und begründen zu können; dies gilt auch im Kontext der religiösen Bildung und Erziehung. Damit die religiöse Bildung und Erziehung ein integraler Teil der Pädagogik und kein Sonderbereich ist, muss das religionspädagogische Handlungskonzept Anknüpfungspunkte an das pädagogische Handlungskonzept aufweisen, sodass religiöse Bildung und Erziehung als ein integraler Bestandteil der pädagogischen Arbeit von Erzieherinnen verstanden wird. Das hier für die Elementarpädagogik vorgelegte religionspädagogische Handlungskonzept der religionssensiblen Bildung versteht sich als ein solch pädagogisch anschlussfähiges Konzept.

---

10 Beer 2005
11 Vgl. Wustrack 2009, S. 213–216.

9.3.2 Diskussion zentraler Ergebnisse aus dem Bereich ‚Religiöse Bildung und Erziehung' im Kontext des religionspädagogischen Diskurses

Die Forschungsergebnisse im Bereich ‚Religiöser Bildung und Erziehung' stehen zum Teil in Übereinstimmung mit anderen Forschungsarbeiten in diesem Bereich. Die Multikulturalität und religiöse Vielfalt der Gesellschaft, die sich in Kindertageseinrichtungen widerspiegelt, stellt den Ausgangspunkt der Tübinger Studie „Mein Gott – Dein Gott"[12] dar. Auch in der vorliegenden Studie zeigt sich die Pluralität in den verschiedenen Religionszugehörigkeiten und Weltanschauungen der Kinder. Die mangelnde Berücksichtigung der interreligiösen Situation in vielen Kindertageseinrichtungen stellen sowohl die Tübinger Studie als auch die empirische Untersuchung von Lischke-Eisinger heraus;[13] letztere kommt zu dem Ergebnis, dass interreligiöse Bildung und Erziehung nur als marginales Aufgabenfeld von den interviewten Erzieherinnen wahrgenommen wird.[14] Dies entspricht auch den Ergebnissen der vorliegenden Studie, da zwei der vier beobachteten religionspädagogischen Angebote als nicht religionssensibel eingestuft wurden. In diesem Zusammenhang stand zwar nicht die interreligiöse Perspektive im Vordergrund, doch wirft der katechetische Charakter der Angebote die Frage auf, wie Kinder anderer Religionen mit der Wissensvermittlung der christlichen Glaubensinhalte in Bezug auf ihre eigenen Glaubensvorstellungen umgehen können. Die katechetisch geprägten Angebote rufen weder bei den Kindern der christlichen Konfession noch bei Kindern anderer Religionen oder Weltanschauungen großes Interesse hervor, da sie nicht die Themen und Interessen der Kinder in den Mittelpunkt stellen. Bei den zwei Angeboten hingegen, die eine hohe Religionssensibilität aufwiesen, partizipierten die Kinder mit eigenem Engagement. Das religionspädagogische Handlungskonzept der religionssensiblen Bildung zeigt sich als ein Konzept, das die verschiedenen Weltanschauungen und Religionen als Ausgangssituation religiöser Bildung und Erziehung in den Blick nimmt und mit seinen sechs Handlungsgrundsätzen in der Praxis gut umsetzbar ist. Die Verbindung des religionspädagogischen Handelns mit dem pädagogischen Handeln der Erzieherinnen stellt sich als eine notwendige Bedingung heraus, um religionssensible Bildung und Erziehung in Kindertageseinrichtungen zu ermöglichen. Die religionssensible Bildung bietet Wege, bei denen Kinder aller Religionen und Weltanschauungen miteinander und voneinander lernen. Die religiöse und kulturelle Vielfalt in den Kindertageseinrichtungen wird als Chance für unterschiedliche Bildungsmöglichkeiten gesehen. Ebenso decken sich die Ergebnisse der vorliegenden Studie mit denen von Lischke-Eisinger insofern, als dass das Wissen über die christliche Religion und die Vollzugsformen des christlichen Glaubens für die Erzieherinnen aufgrund der christlichen Kultur im Vordergrund stehen und die Gruppe der Kinder, die keiner Religionsgemeinschaft angehören, nicht als

---

12 Schweitzer et al. 2008
13 Vgl. Schweitzer et al. 2008, S. 29.
14 Vgl. Lischke-Eisinger 2012, S. 376–380.

eigene Zielgruppe wahrgenommen werden.[15] Vor diesem Hintergrund bietet der Kontakt zu anderen Institutionen und Religionsgemeinschaften für Kindertageseinrichtungen die Möglichkeit, die vorhandene religiöse und kulturelle Vielfalt als Bildungspotenzial zu nutzen. Durch den Kontakt, der auch über die Beziehungen von Eltern hergestellt werden kann, stehen die Erziehehrinnen mit der Aufgabe der religiösen Bildung und Erziehung nicht allein da, sondern nutzen das soziale Umfeld für die interreligiöse und -kulturelle Bildung der Kinder. Der Kontakt zu anderen Institutionen und Religionsgemeinschaften löst allerdings nicht das Problem, wie mit Kindern umgegangen wird, die keine Religionszugehörigkeit haben. Es stellt sich hier die Frage, wie diese sich in die Gemeinschaft des Kindergartens einbringen können, wenn es in ihren Weltanschauungen beispielsweise keine besonderen Feste gibt. Es besteht die Gefahr, dass diese Kinder sich insofern stigmatisiert fühlen könnten, da es in den anderen Religionsgemeinschaften Feste gibt, die nach dem Gast-Geber-Modell gefeiert werden können. Dieses Problem stellt auch eine offene Frage an den vierten Handlungsgrundsatz religionssensibler Bildung dar, der besondere Anlässe im Kindergartenjahr und deren Bildungspotenzial in die pädagogische Arbeit mit den Kindern (und Eltern) miteinbezieht. Im Kontext dieser Diskussion kann an dieser Stelle wieder der Vorwurf der ‚Kaufladenpädagogik' gegenüber der religionssensiblen Bildung und Erziehung angeführt werden, der allerdings bereits in Punkt 5.5 dieser Arbeit diskutiert wurde. Zu beachten ist in diesem Kontext darüber hinaus, dass in den Kindertageseinrichtungen bei aller Akzeptanz der vielfältigen Weltanschauungen und Religionen es insofern Grenzen gibt, als dass solche, die „in fundamentalistischen Ausprägungen zu Extremen tendieren, die eher lebensfeindlich und stark einengend oder gar bedrohlich sind"[16], keinen Platz haben. Das bedeutet, dass es im Umgang mit den unterschiedlichen Weltanschauungen und Religionen in Kindertageseinrichtungen Kriterien zur Bewertung bedarf. Ein Kriterium hierfür ist – neben dem Grundgesetz und dem Kinder- und Jugendhilfegesetz (SGB VIII) – im ersten Ziel des sechsten Bildungs- und Entwicklungsfeldes des Orientierungsplans von Baden-Württemberg formuliert,[17] in dem es heißt: „Kinder entwickeln Vertrauen in das Leben auf der Basis *lebensbejahender* religiöser bzw. weltanschaulicher Grundüberzeugungen".[18]

Die Auseinandersetzung mit den philosophischen und religiösen Fragen, die die Kinder stellen, ihre Themen, Gefühle und Interessen bilden einen wichtigen Aspekt in der religiösen Bildung und Erziehung in den Kindertageseinrichtungen, so das Ergebnis der hier vorliegenden empirischen Untersuchung. Schweitzer benennt diesen Aspekt als das Recht eines jeden Kindes auf Religion unabhängig von seiner Zugehörigkeit zu einer Religionsgemeinschaft.[19] Beer nimmt

---

15 Vgl. Lischke-Eisinger 2012, S. 371–380.
16 Diözese Rottenburg-Stuttgart u.a. 2011, S. 48
17 Vgl. Diözese Rottenburg-Stuttgart u.a. 2011, S. 48.
18 Baden-Württemberg Ministerium für Kultus 2011, S. 45 (kursiv J.W.)
19 Vgl. Schweitzer 2000.

in seiner Dissertation „Kinderfragen als Wegmarken religiöser Erziehung"[20] die Fragen der Kinder, die sie stellen, um die Welt zu verstehen und zu deuten, explizit als Ausgangspunkt religiöser Erziehung. Genauso stellt Wustrack die Fragen und Themen der Kinder als Ausgangspunkt religiöser Bildung und Erziehung in Kindertageseinrichtungen dar, um eine zeitgemäße partizipative Religionspädagogik zu gestalten.[21] Die hier aufgeführten Beispiele zeigen, dass in der aktuellen wissenschaftlichen religionspädagogischen Diskussion ein Konsens darin besteht, das Kind mit seinen Themen und Interessen als Ausgangspunkt religiöser Bildung und Erziehung anzusehen. Hier besteht auch in Übereinstimmung mit der Elementarpädagogik, denn in allen drei diskutierten pädagogischen Handlungskonzepten bildet, wie aufgezeigt werden konnte, das Kind mit seinen Fragen, Themen und Interessen den Ausgangspunkt der pädagogischen Arbeit von Erzieherinnen. In Bezug auf die religiöse Bildung und Erziehung in Kindertageseinrichtungen bedeutet dieser Konsens, dass nicht die Vermittlung christlicher Glaubensinhalte als Ziel gesehen wird, sondern das Kind im Mittelpunkt steht. Dies bedeutet, dass es eines religionspädagogischen Handlungskonzepts in Kindertageseinrichtungen bedarf, das – wie in der Jugendhilfe – bei der Religiosität der Kinder (anthropozentrisch) ansetzt und nicht bei den katechetischen und missionarischen Interessen der Kirche (ekklesiozentrisch).[22]

Aus der Perspektive der religionspädagogischen Praxis stellen die fehlenden religiösen und philosophischen Bildungsinseln und Lernwerkstätten in der Praxis insofern einen weiteren Diskussionspunkt dar, als dass zu überlegen ist, welche geeigneten religiösen, interreligiösen und -kulturellen Materialien es für Kindertageseinrichtungen gibt, die für solche Lernwerkstätten und Bildungsinseln genutzt werden können, damit die Kinder die Möglichkeit haben, selbstständig ihren (inter-)religiösen und (inter-)kulturellen Fragen nachzugehen.

9.3.3 Diskussion zentraler Ergebnisse aus dem Bereich ‚Berufliches Selbstverständnis der Erzieherinnen' im Kontext des religionspädagogischen Diskurses

Die Erzieherinnen sehen als einen wichtigen Aspekt der religiösen Bildung und Erziehung die Aufgabe an, die Kinder mit ihren existenziellen, religiösen und philosophischen Fragen, Themen und Gefühlen zu begleiten. Zu diesem Ergebnis kommt auch Lischke-Eisinger, die in ihren Interviews bei manchen Erzieherinnen eine große Begeisterung für die religiösen und philosophischen Gedankengänge der Kinder feststellt. In der hier vorliegenden Untersuchung fanden sich im Gegensatz zur Untersuchung von Lischke-Eisinger keine Erzieherinnen, die das Theologisieren und Philosophieren mit Kindern aufgrund des Alters der Kinder als problematisch ansehen und diesen Themenkomplex mehr der Wissenschaft

---

20 Beer 2003
21 Vgl. Wustrack 2009, S. 213–216.
22 Vgl. Lechner und Gabriel 2009d, S. 11.

zuordnen.[23] Da sich sowohl in der vorliegenden Studie als auch bei der Untersuchung von Lischke-Eisinger bis auf jeweils eine Ausnahme Erzieherinnen zum Interview bereit erklärten, die eine persönliche Nähe zum Christentum haben, stellt sich in diesem Kontext die Frage, wie Erzieherinnen, die sich selbst nicht als religiös bezeichnen, mit den philosophischen und religiösen Fragen der Kinder umgehen. Es ist zu vermuten, dass diese Erzieherinnen der Aufgabe der religiösen Bildung und Erziehung insgesamt kritischer gegenüberstehen als in der vorliegenden Studie. Die interviewten Erzieherinnen stellen die eigene religiöse Sozialisation als eine wichtige Basis für die religiöse Bildung und Erziehung in Kindertageseinrichtungen heraus. Trotzdem wird das Thema Religion wegen seiner Komplexität teilweise als ein schwieriges Thema wahrgenommen. Schweitzer sieht die Reflexion der eigenen religiösen Erfahrungen der Erzieherinnen als notwendige Voraussetzung an, damit Erzieherinnen die Kinder mit ihren religiösen Themen und Fragen aufgrund eigener negativer Erfahrungen nicht alleine lassen, sondern begleiten können. Das Kind soll erfahren, dass seine Auseinandersetzung mit den religiösen Fragen und Themen auch Bedeutung für den Erwachsenen hat.[24] Auch Hugoth betont, dass den Kindern Religion als eine Dimension des Lebens in Kindertageseinrichtungen nicht vorenthalten werden darf. Dazu braucht es seiner Meinung nach Erzieherinnen, die sich mit dem persönlichen Glauben auseinandersetzen und die wesentlichen Grundsätze des Glaubens akzeptieren müssen.[25] In der hier vorliegenden Untersuchung stellen auch die befragten Erzieherinnen die Reflexion des persönlichen Glaubens und die eigene religiöse Sozialisation ebenfalls als wichtige Basis für ihr religionspädagogisches Handeln heraus. Dennoch ist der eigene Glaube im pädagogischen Handlungskonzept der religionssensiblen Bildung keine notwendige Voraussetzung für die Erzieherinnen, um Kinder mit ihren religiösen Fragen und Themen zu begleiten. Vielmehr bedarf es einer offenen Haltung zur Begleitung der Kinder sowie einer Sensibilität für ihre religiösen Fragen und Themen. Durch die pädagogische Begründung des hier vorliegenden religionspädagogischen Handlungskonzepts können auch Erzieherinnen, die selbst keinen (christlichen) Glauben haben, aus ihrer pädagogischen offenen Haltung heraus, d.h. aufgrund ihrer pädagogischen Kompetenzen, Kinder mit ihren religiösen und philosophischen Themen und Fragen religionssensibel begleiten. Damit ist gleichzeitig die Anschlussfähigkeit gegeben, das religionspädagogische Handlungskonzept in die pädagogische Konzeption bzw. in die Handlungs- und Erziehungsziele der Einrichtungen sowohl in konfessioneller als auch nicht konfessioneller Trägerschaft zu integrieren. So wie Schweitzer hervorhebt, dass religiöse Bildung und Erziehung immer Mündigkeit zum Ziel hat und dies auch bedeutet, dass sich Kinder gegen den Glauben entscheiden können,[26] so haben auch die

---

23 Vgl. Lischke-Eisinger 2012, S. 381–383.
24 Vgl. Schweitzer 2000.
25 Vgl. Hugoth 2012, S. 242.
26 Vgl. Schweitzer 2012, S. 24.

Erzieherinnen in ihrer religiösen Mündigkeit das Recht sich für oder gegen den Glauben zu entscheiden.

In der hier vorliegenden Untersuchung zeigt sich als ein weiteres Ergebnis, dass die Erzieherinnen den Begriff ‚Religion' unterschiedlich verstehen. Dies zeigt sich daran, dass Religion einerseits als Kulturgut verstanden wird, andererseits auch als explizite religiöse Bildung und Erziehung in Kindertageseinrichtungen. Zu diesem Ergebnis kommt auch Lischke-Eisinger in ihrer Untersuchung, die folgende Abhängigkeit des Religionsverständnisses von der Trägerschaft der Einrichtungen feststellt: Während in kommunalen Einrichtungen ein funktionales Religionsverständnis zu finden ist – wie auch überwiegend im Orientierungsplan von Baden-Württemberg –, steht die explizite religiöse Bildung in konfessionellen Einrichtungen im Vordergrund. Dieses Ergebnis bestätigt sich auch in der hier vorliegenden Untersuchung. Die unterschiedlichen Religionsverständnisse müssen im Hinblick auf ein professionelles pädagogisches Handeln in den einzelnen Teams thematisiert werden. Eine ähnliche Notwendigkeit zeigt sich auch bei dem Begriff ‚Werte', der nur selten mit dem Thema ‚Religion' in Verbindung gebracht wird. Insbesondere in den konfessionellen Einrichtungen zeigt sich häufig ein Religionsverständnis, das mit Lechner dem Konfessionsglauben zuzuordnen ist, während in kommunalen Einrichtungen das Religionsverständnis auch dem Existenzglauben zugeordnet werden kann. Der dreistufige Religionsbegriff nach Lechner, der vorliegender empirischer Untersuchung und dem religionspädagogischen Handlungskonzept der religionssensiblen Bildung zugrunde liegt, ermöglicht den Erzieherinnen eine Auseinandersetzung mit dem eigenen Religionsbegriff und lässt Offenheit und Akzeptanz gegenüber Erzieherinnen mit einem anderen Religionsverständnis zu.

Im Folgenden Punkt 9.4 werden nun die Ergebnisse der empirischen Untersuchung mit den diskutierten pädagogischen Handlungskonzepten und dem religionspädagogischen Handlungskonzept der religionssensiblen Bildung in Zusammenhang gebracht.

9.4 Die Ergebnisse im Horizont der diskutierten pädagogischen Konzepte und des religionspädagogischen Handlungskonzepts der religionssensiblen Bildung

Im nächsten Schritt gilt es, die Ergebnisse der empirischen Untersuchung mit den Erkenntnissen aus der theoretischen Rahmung in Beziehung zu setzen. Dazu wird aus praktischer Perspektive entlang der Untersuchungsaspekte Bild vom Kind, Bildungsbegriff, Zusammenarbeit mit den Eltern und Kompetenzanforderungen an die Erzieherinnen konkretisiert, welche Anknüpfungspunkte die einzelnen pädagogischen Handlungskonzepte Offene Arbeit (9.4.1), Early Excellence (9.4.2) und infans (9.4.3) mit dem religionspädagogischen Handlungskonzept der religionssensiblen Bildung aufweisen. Auf diese Weise werden die Forschungsergebnisse aus der empirischen Untersuchung im Kontext der diskutierten pädagogischen Konzepte und der religionssensiblen Bildung erörtert. Abschließend wird ausgeführt, wie die religionssensible Bildung und Erziehung in die pädagogische Konzeption bzw. in die Erziehung- und Handlungsziele der Kindertageseinrichtung auf der Grundlage des jeweiligen pädagogischen Handlungskonzepts integriert werden kann (9.5).

9.4.1 Religionssensible Bildung im Ansatz des Offenen Kindergartens

Das aus der reflektierten Praxis heraus entwickelte Handlungskonzept des Offenen Kindergartens zeichnet sich durch die Veränderung im pädagogischen Umgang der Erzieherinnen mit den Kindern aus, der dadurch geprägt ist, dass die Kinder mehr Autonomie und Selbstgestaltung in ihren Lern- und Entwicklungsprozessen haben.[27] Dieser Umgang der Erzieherinnen entspricht dem ersten Handlungsgrundsatz der religionssensiblen Bildung, in dem es heißt: Die Lebenswelt der Kinder, ihre Fragen, Themen und Interessen beobachten und in Form von Projektarbeit, Bildungsinseln und Lernwerkstätten Kindern die Möglichkeit geben, ihren Interessen, Fragen und Themen zur Welt und zum Leben mit ihrem Forschergeist selbständig nachzugehen. Ein praktisches Beispiel aus den Interviews und der teilnehmenden Beobachtung ist das Projekt der Josefgeschichte, bei dem zuvor die Erzieherinnen das Gefühl des Neids und der Eifersucht der älteren Kinder aufgrund der Eingewöhnung der neuen Kinder beobachteten. Die Kinder haben hier die Möglichkeit ihren Gefühlen innerhalb des Projekts Ausdruck zu geben und ihre Ideen einzubringen, wie beispielsweise das Mädchen, das den Tanz „Josef der Träumer" entwickelt.

9.4.1.1 Das Bild vom Kind: Selbstgestalter seiner Entwicklung bei religiösen Fragen, Themen und Interessen

Das Kind im Offenen Kindergarten ist Selbstgestalter seiner Entwicklung und zeichnet sich durch seine Einmaligkeit mit seinen individuellen Stärken und Schwächen aus. Es bringt seine je eigene religiöse und kulturelle Lebensgeschichte mit. Das Hineinwachsen der Kinder in die Kultur und Gesellschaft – als Lernende den Erwachsenen gleichwürdig – stellt eine zentrale Aufgabe dar.[28] Dementsprechend beschreibt der erste Handlungsgrundsatz das Kind als Ausgangspunkt der religionssensiblen Bildung, das mit seinen alltäglichen und existentiellen Erfahrungen und Gefühlen wahrgenommen, wertgeschätzt, herausgefordert und begleitet wird. Aufgabe der Erzieherinnen ist es, die darin vorhandenen religiösen Spuren zu identifizieren und zu versprachlichen sowie in Form von Projektarbeit, Bildungsinseln und Lernwerkstätten den Kindern die Möglichkeit zu geben, ihren Interessen, Fragen und Themen zur Welt und zum Leben

---

27 Vgl. Regel 2013.
28 Vgl. Regel 2011a, S. 17.

mit ihrem Forschergeist selbständig nachzugehen. Gleichzeitig ist der fünfte Handlungsgrundsatz aufgrund der multikulturellen und -religiösen Situation in Kindertageseinrichtungen zu beachten, der die religiöse Pluralität in den Blick nimmt. So wird die kulturelle und religiöse Lebensgeschichte eines jeden Kindes berücksichtigt. Durch die Vernetzung des Kindergartens mit geeigneten sozialen, kulturellen und religiösen Institutionen des Umfeldes findet (inter-)religiöse Bildung auf vielfältige Weise für alle Kinder statt und ermöglicht ihnen ein Hineinwachsen in die multireligiöse Kultur und Gesellschaft. In den Interviews finden sich vielfältige Belege für die beiden Handlungsgrundsätze und damit verbunden für das Bild vom Kind als Partner auf Augenhöhe. Das Ernstnehmen jedes einzelnen Kindes mit seinen Bedürfnissen und Interessen und das Führen philosophischer Gespräche mit Kindern auf Augenhöhe sind hier als Beispiele zu nennen. Die Auseinandersetzung mit den Themen Abschied und Tod zeigt ein weiteres Beispiel, wie auf vielfältige Weise die existenziellen Erfahrungen der Kinder in den Kindertageseinrichtungen thematisiert werden.

In Bezug auf den fünften Handlungsgrundsatz berichten die Erzieherinnen über einen besonders intensiven Kontakt zu den christlichen Kirchen. Darüber hinaus ist aus Sicht der religionssensiblen Bildung und Erziehung in Abhängigkeit von den Religionen und Weltanschauungen der einzelnen Kinder eine Vernetzung zu anderen Institutionen denkbar und erforderlich, wie zum Beispiel zu einer Moschee oder Synagoge, wenn muslimische oder jüdische Kinder die Kindertageseinrichtung besuchen, um ihren kulturellen und religiösen Hintergrund kennenzulernen und der kulturellen und religiösen Vielfalt in den Kindertageseinrichtungen gerecht zu werden.

9.4.1.2 Bildungsbegriff: Auswahl von Lern- und Bildungsmöglichkeiten in Bezug auf Religionen und Weltanschauungen

Bildung wird im Offenen Kindergarten als ein dialogischer Prozess verstanden, in dem sich die Kinder aktiv mit der Welt beschäftigen durch selbständiges Wahrnehmen, Handeln, Forschen, Sprechen und Experimentieren. Die Kinder erweitern so ihr Weltbild, ihre Beziehung zur Welt, sie geben ihr aufgrund dieser Erfahrungen Sinn und Bedeutung.[29] Die Erzieherinnen schaffen in Zusammenarbeit mit den Kindern im Offenen Kindergarten Bildungsmöglichkeiten durch Forscherräume, Projektarbeit und Lernwerkstätten, die ein selbstbestimmtes und eigenaktives Lernen und somit Selbstbildung ermöglichen.[30] Die religiösen und weltanschaulichen Themen, Fragen und Interessen der Kinder gilt es hier aufzugreifen und in Lernwerkstätten oder mit Hilfe von Projekten zu konkretisieren, entsprechend dem ersten Handlungsgrundsatz religionssensibler Bildung. In den Interviews zeigt sich, dass die Kinder ein großes Interesse an religiösen und philosophischen Fragestellungen zur Entstehung der Welt haben und auch an reli-

---

29 Vgl. Regel und Kühne 2007, S. 40.
30 Vgl. Regel und Kühne 2007, S. 63.

giösen Festen sowie biblischen Geschichten. Sie teilen sich gegenseitig ihr Wissen darüber mit, lernen voneinander und entwickeln so ihre religiöse Sprachfähigkeit. Die multireligiöse Situation in den Kindertageseinrichtungen bietet darüber hinaus die Möglichkeit, die unterschiedlichen Religionen und Weltanschauungen der Kinder und ihrer Familien zu thematisieren und (inter-)religiöses Lernen zu ermöglichen. Exkursionen zu verschiedenen Gotteshäusern oder die Vernetzung mit anderen Institutionen erschließen Bildungsmöglichkeiten außerhalb des Kindergartens gemäß dem fünften Handlungsgrundsatz religionssensibler Bildung. Zudem kann der Kindergarten als Ort gelebter Religionssensibilität erfahren werden, wenn dem vierten Handlungsgrundsatz entsprechend Feste der verschiedenen Religionen auf der Grundlage des Gast-Geber-Modells gefeiert werden. In den Interviews berichtet zum Beispiel Frau E. davon, wie in der Einrichtung muslimische Eltern mit den Kindern und Erzieherinnen das Zuckerfest feierten, bei dem sie sich durch die süßen Speisen wie im Paradies fühlten und wodurch sich eine ganz andere Akzeptanz der Eltern untereinander entwickelte. Auf diese Weise bieten sich kulturelle und religiöse Bildungsmöglichkeiten innerhalb des Kindergartens, die ein Kennenlernen anderer Religionen für Kinder, Eltern und Erzieherinnen ermöglichen.

9.4.1.3 Die Zusammenarbeit mit Eltern: Erziehungspartnerschaft mit Eltern bezüglich religiöser Bildung und Erziehung

Für die bestmögliche Entwicklung des Kindes ist eine gute Zusammenarbeit mit den Eltern hilfreich, die im Offenen Kindergarten als Experten ihrer Kinder gesehen werden.[31] Die Unterstützung der Eltern als Fachleute bei Projekten, Anlässen und Ritualen in den Kindertageseinrichtungen erweitert die Bildungsmöglichkeiten in der pädagogischen Arbeit auch bezüglich der religiösen Bildung und Erziehung. Dem ersten und vierten Handlungsgrundsatz religionssensibler Bildung folgend werden beispielsweise die Eltern in das jährlich wechselnde Geburtstagsritual miteinbezogen. Einmal gaben sie dem Kind an seinem Geburtstag einen Brief mit in den Kindergarten, in dem sie schreiben, warum sie ihrem Kind diesen Namen gegeben haben. Die Namen der Kinder bilden den Ausgangspunkt, sich mit Heiligen und Vorbildern auseinanderzusetzen. Ein anderes Mal schreiben die Eltern Gärtnerzettel, auf denen sie beschreiben, was in ihrem Kind großartig gewachsen ist. Diese Zettel werden in die Töpfe gesteckt, in denen die Kinder je nach Alter Blumen gepflanzt haben, die durch die Kraft der Sonne – als Symbol für Transzendenz oder Gott – wachsen.

Die Projektdokumentation und -präsentation bietet den Erzieherinnen im Offenen Kindergarten die Möglichkeit, die Eltern über ihre Arbeit mit den Kindern zu informieren. Dieses Vorgehen entspricht dem ersten und dritten Handlungsgrundsatz, in dem der Kindergarten als religionssensibler Lebens- und Erfahrungsraum anregend gestaltet wird und als Treffpunkt von Menschen mit unterschiedlichen

---

31 Vgl. Regel und Kühne 2007, S. 83.

Weltanschauungen und Religionen dient. Die Präsentation der Josefgeschichte als Abschluss des religionspädagogischen Projekts, das als Ausgangspunkt die Gefühle des Neids und der Eifersucht der älteren Kinder hat, weist ein passendes Beispiel religionssensibler Bildung und Erziehung auf. Die Eltern treffen sich im Kindergarten und sehen die biblische Geschichte als Musical, das den Abschluss des Projekts bildet. Die Projektdokumentation an den Wänden des Bewegungsraumes gibt ihnen die Möglichkeit, sich umfassend über das Projekt zu informieren.

9.4.1.4 Kompetenzanforderungen an die Erzieherinnen: Selbstgestalter ihrer (Religions-)Pädagogik

Jede Erzieherin hat im Offenen Kindergarten die Möglichkeit, sich mit ihren Stärken und ihrer Fachkompetenz in das Team und die pädagogische Arbeit miteinzubringen, die Kinder durch ihre Begeisterung zu motivieren und dabei selbst Lernende zu bleiben. Der gemeinsame Umgang dabei ist geprägt durch Offenheit, Achtsamkeit, Vertrauen und Verantwortung.[32] Diese Werte, verstanden als Maßstab für das Urteilen und Handeln der Erzieherinnen, knüpfen an den zweiten Handlungsrundsatz an, der Religionssensibilität als Bestandteil der pädagogischen Arbeit sieht und diese als grundlegende, indirekte Form religiöser Bildung begreift. Das Beispiel beim Anziehen der Jacke, das als liebevolles Helfen verstanden wird, drückt diese Werthaltung im Alltag aus. Weiter stellen die Werte Verantwortung übernehmen, die Mitbestimmung der Kinder und Eltern zentrale Werte in den Kindertageseinrichtung dar. Die Kinderkultur (Freispiel als Ort zum Forschen und Experimentieren), die Lernkultur (Projekte als Ort der Selbstbildung) und die Kultur des Miteinanders (Gemeinschaft, der Kindergarten als Lebens- und Erfahrungsraum) bilden die Schwerpunkte in der pädagogischen Arbeit des Offenen Kindergartens.[33] Das religionspädagogische Arbeiten, verstanden als ein Teil des pädagogischen Arbeitens, zeigt in Bezug auf die Kinderkultur Anknüpfungspunkte zum ersten Handlungsgrundsatz, da im Freispiel durch die Beobachtung der Erzieherinnen die alltäglichen und existenziellen Gefühle der Kinder wahrgenommen werden. Ebenso weist die Lernkultur Verknüpfungen zum ersten Handlungsgrundsatz religionssensibler Bildung auf, da in Projekten und Lernwerkstätten die beobachteten Gefühle und Interessen der Kinder thematisiert werden mit dem Ziel, dass die Kinder möglichst eigenständig mit ihrem Forschergeist den Themen nachgehen. Exemplarisch sei hier aus den Interviews das Projekt der Josefgeschichte angeführt, bei dem sowohl die beobachteten Gefühle Berücksichtigung finden als auch die gewählte Form des Projekts dem ersten Handlungsgrundsatz entspricht. Die Kultur des Miteinanders stimmt mit dem dritten Handlungsgrundsatz überein, der den Kindergarten als religionssensiblen Leben- und Erfahrungsraum wahrnimmt. Dies schließt die Aufgabe

---

32 Vgl. Regel und Kühne 2007, S. 33.
33 Vgl. Regel 2011a, S. 28–33.

der Erzieherinnen mit ein, im Team die Tages-, Wochen- und Jahresstruktur mit Ritualen, Festen und Aktivitäten zu planen, was mit dem vierten Handlungsgrundsatz übereinstimmt. Die geplante revolutionäre Weihnachtsfeier nach den Weihnachtsferien bildet hier ein Beispiel, genauso wie die Nikolausfeier, bei der die muslimischen Kinder eingeladen sind, aber auch die Freiheit haben, nicht daran teilzunehmen. Für den dritten Handlungsgrundsatz stellt das morgendliche Begrüßungsritual der Erzieherinnen ein Beispiel dar, ebenso das Singen (christlicher) Lieder in den Einrichtungen sowie die in den Gruppen unterschiedlich ausgeprägte Gebetspraxis. Erzieherinnen, die im Offenen Kindergarten arbeiten, haben darüber hinaus die Aufgabe, für die Kinder im Prozess zu sein, d.h. das eigene Handeln im Team zu reflektieren, eine anregende Umgebung und eine entspannte Atmosphäre zu schaffen.[34] Der sechste Handlungsgrundsatz, der Religionssensibilität als sozialberufliche Kompetenz beschreibt, wird in diesem Zusammenhang relevant. Die Bereitschaft zur Biographie-Arbeit und die Offenheit als Haltung bedeutet, dass jede Erzieherin bereit ist, sich – vor dem eigenen biographischen Hintergrund – auf religiöse Bildung und Erziehung in Kindertageseinrichtungen einzulassen und eine Sensibilität für das Thema Religion mit den unterschiedlichen Facetten zu entwickeln.

9.4.1.5 Fazit

Die Untersuchungsaspekte veranschaulichen die spezifischen Merkmale der pädagogischen Arbeit im Offenen Kindergarten. Die Autonomie der Kinder in ihren Entwicklungsprozessen, die Bildungsmöglichkeiten durch Lernwerkstätten und Projekte, die Dokumentation und Präsentation der Projekte als Information für die Eltern sowie die Beobachtung der Themen und Interessen der Kinder im Freispiel zeigen Anknüpfungspunkte zu dem ersten Handlungsgrundsatz religionssensibler Bildung, der die Gefühle, Themen und Interessen der Kinder in den Mittelpunkt stellt und die Auseinandersetzung mit diesen in religiösen Projekten und Lernwerkstätten ermöglicht. Der durch Offenheit, Verantwortung, Vertrauen und Achtsamkeit geprägte soziale Umgang im Offenen Kindergarten bildet die Basis für den zweiten Handlungsgrundsatz, der Normen und Werte als indirekte Form religiöser Bildung versteht und Religionssensibilität als Bestandteil der pädagogischen Arbeit ansieht. Das Treffen der Eltern mit ihren Weltanschauungen und Religionen bei der Projektpräsentation im Kindergarten, das alltägliche Begrüßungsritual der Erzieherinnen oder das Singen religiöser Lieder beinhaltet eine Kultur des Miteinanders, der den Kindergarten zum religionssensiblen Lebens- und Erfahrungsraum macht, was dem dritten Handlungsgrundsatz entspricht. Das Feiern der christlichen Feste oder entsprechend dem Gast-Geber-Modell das Feiern der Feste verschiedener Religionen durch die Unterstützung der Eltern sowie das Einbeziehen der Eltern in das religiöse Geburtstagsritual entsprechen dem vierten Handlungsgrundsatz und lassen die Einrichtung zum Ort

---

34 Vgl. Regel und Kühne 2007, S. 74.

gelebter Religionssensibilität werden. Die religiöse und kulturelle Pluralität, die sich beispielsweise in der Lebenswelt der Kinder zeigt, sowie die Vernetzung mit anderen Institutionen bieten die Möglichkeit, durch Exkursionen implizite und explizite religiöse Orte zu besuchen und schaffen so Bildungsmöglichkeiten innerhalb und außerhalb des Kindergartens, was auf den fünften Handlungsgrundsatz religionssensibler Bildung verweist. Die Reflexion des pädagogischen Handelns im Team schließt die Reflexion des religionspädagogischen Handelns mit ein. Dies setzt eine offene Haltung voraus und verlangt die Bereitschaft zur Biographie-Arbeit der einzelnen Erzieherinnen auch hinsichtlich der eigenen religiösen Sozialisation gemäß dem sechsten Handlungsgrundsatz, der Religionssensibilität als sozialberufliche Kompetenz der pädagogischen Fachkräfte sieht.

9.4.2 Religionssensible Bildung im Ansatz von Early Excellence

Die Verzahnung von Praxis, Forschung und Politik in Großbritannien bilden sehr gute Rahmenbedingungen für das pädagogische Handlungskonzept Early Excellence, das dort entwickelt wurde. Diesen Ansatz zeichnen Kinder- und Familienzentren aus, die sich als Institutionen verstehen, die Kinder bilden, erziehen und betreuen und gleichzeitig Familien unterstützen und entlasten.[35] Die Eltern als Experten ihrer Kinder sind mit ihren Wünschen und Zielen der Ausgangspunkt für die pädagogische Arbeit der Family-Worker, die die Kinder mit ihren Familien betreuen.[36] Drei Leitgedanken bilden den Kern des Ansatzes: 1. Jedes Kind ist exzellent (verstanden als einen Anspruch an die Qualität der Förderung der Kinder), 2. die Eltern sind die Experten ihres Kindes und 3. die Kita wird zu einem integrierten Zentrum für Kinder und ihre Familien.[37] In Bezug auf das religionspädagogische Handlungskonzept der religionssensiblen Bildung zeigen sich hier Anknüpfungspunkte an den dritten Handlungsgrundsatz, der den Kindergarten als Ort der Gemeinschaft und Begegnung der Menschen mit ihren Weltanschauungen und Religionen sieht, wie zum Beispiel beim gemeinschaftlichen Singen am Morgen im Advent, zu dem die Eltern eingeladen sind. Des Weiteren ist der fünfte Handlungsgrundsatz relevant, in dem die religiöse Pluralität im Kontext der religionssensiblen Bildung eine zentrale Rolle spielt und (inter-)religiöse oder religionspädagogische Angebote im Familienzentrum Eltern einerseits in der religiösen Bildung und Erziehung ihrer Kinder und andererseits in ihren eigenen Sinnfragen und Bedürfnissen unterstützen. Der Elternkurs ‚Kess religiös erziehen – staunen, fragen, Gott entdecken‘, der im Familienzentrum für Eltern angeboten wird, ist hierfür ein Beispiel.

---

35 Vgl. Whalley und Pen Green Centre Team 2008.
36 Vgl. Hebenstreit-Müller und Kühnel 2004, S. 11.
37 Vgl. Lepenies 2007, S. 51.

9.4.2.1 Das Bild vom Kind: der positive Blick auf das Kind mit seinen Stärken und religiösen Kompetenzen

Der positive Blick auf das Kind sowie auf die Eltern und Erzieherinnen prägt das Menschenbild im Early-Excellence-Ansatz. Der respektvolle und wertschätzende Umgang miteinander stellt die Stärken und Kompetenzen der Einzelnen in den Vordergrund.[38] Diese Haltung zeigt sich im zweiten Handlungsgrundsatz religionssensibler Bildung, der dazu auffordert, auf eine gleichberechtigte, vertrauensvolle und ermutigende Beziehung zu den Kindern, Eltern und Kolleginnen zu achten, hinsichtlich ihrer impliziten theologischen und religionspädagogischen Relevanz. Diese Relevanz drückt sich aus in der erforderlichen Sozialkompetenz im Zusammenleben in der Kindertageseinrichtung, die die Erzieherinnen in den Interviews als wichtig herausstellen. Ebenso verdeutlicht der positive Blick aufs Kind, den die Erzieherinnen als Basis ihrer pädagogischen Arbeit in der Einrichtung sehen, diesen Handlungsgrundsatz. Dabei stehen bei den Erzieherinnen nicht die Defizite, sondern die Interessen und Stärken der Kinder im Mittelpunkt der Beobachtung. Mit Hilfe des Beobachtungsbogens, der die Schemata (Verhaltensmuster), die Bildungsbereiche, das Wohlbefinden und die Engagiertheit des Kindes umfasst, beobachten die Erzieherinnen jedes Kind zweimal im Jahr eine ganze Woche lang. Auf diese Weise kennen die Erzieherinnen jedes Kind mit seinen Interessen und Fähigkeiten, was eine individuelle Begleitung und Förderung ermöglicht. Die Zusammenarbeit mit den Eltern vervollständigt das Bild vom Kind; das Kind wird in seinen Bildungsprozessen umfassend begleitet.[39] Dieses Vorgehen entspricht dem ersten Handlungsgrundsatz, der das Kind als Ausgangspunkt der religionssensiblen Bildung beschreibt, das mit seinen Gefühlen, Themen, Fragen und Interessen beobachtet und begleitet wird, wodurch sich für das Kind durch eine anregende Lernumgebung oder Gesprächspartnerinnen und -partner entsprechende Bildungsmöglichkeiten eröffnen. Das religionssensible Handeln der Erzieherinnen wird in den Interviews als emotional beschrieben, was etwa darin deutlich wird, wie die Erzieherinnen auf die Fragen, Themen und Interessen der Kinder in Gesprächen mit ihnen reagieren. Die Fragen der Kinder zu Gott und Jesus bildeten den Ausgangspunkt für die Erzieherinnen sich im Team zu überlegen, wie sie diese Fragen in der pädagogischen Arbeit aufgreifen können, um mit den Kindern nach möglichen Antworten zu suchen.

9.4.2.2 Bildungsbegriff: Kinder lernen durch eigene religiöse Erfahrungen und ermutigende Beziehungen

Das Verhalten des Kindes wird im Early-Excellence-Ansatz als Bildungsprozess wahrgenommen. Kinder tragen einen Lern- und Forschungsdrang in sich und sind als Lernende aktiv Beteiligte.[40] Dies knüpft wiederum an den ersten

---

38 Vgl. Hebenstreit-Müller 2013, S. 13.
39 Vgl. Hebenstreit-Müller 2013, S. 17–19; 51–55.
40 Vgl. Burdorf-Schulz und Müller 2004, S. 17.

Handlungsgrundsatz an, nach dem Kindern durch eine anregende Lernumgebung ermöglicht werden soll, ihren Themen und Interessen selbständig nachzugehen. In der religiösen Ecke einer Einrichtung erhalten die Kinder beispielsweise die Möglichkeit, sich anhand von Bildern und Gegenständen mit ihren religiösen Fragen zum Kirchenjahr auseinanderzusetzen. Mit Hilfe der vier Schlüsselkonzepte Pädagogische Strategien, Wohlbefinden, Engagiertheit und Schemata ist es die Aufgabe der Erzieherinnen, durch eine ermutigende Beziehung zu den Kindern die Basis zu schaffen, dass diese eigene Erfahrungen machen und Entscheidungen treffen.[41] Diese ermutigende Beziehung knüpft an den zweiten Handlungsgrundsatz an, in dem die Beziehung hinsichtlich ihrer impliziten theologischen und religionspädagogischen Relevanz gedeutet wird. Als passendes Beispiel dazu aus den Interviews zeigt sich das partnerschaftliche Verhältnis der Erzieherinnen mit den Kindern, die als den Erwachsenen gleichberechtigt angesehen werden.

Offenheit, Flexibilität, Selbstbewusstsein und Vitalität sind Anzeichen des Kindes für sein Wohlbefinden. Durch verbale Äußerungen, Energie, Kreativität, Konzentration und Körperhaltung zeigt sich die Engagiertheit eines Kindes, die als Qualität im Lernprozess verstanden wird. Die verschiedenen Verhaltensmuster der Kinder (Schemata) entwickeln sich im Laufe der Zeit zu spezifischen Interessen. Sie bilden die Grundlage für die Erzieherin die Interaktion mit dem Kind bewusst zu gestalten, Material bereitzustellen für die Lernprozesse und individuelle Angebote zu entwickeln zur Unterstützung der Bildungsprozesse.[42] Darüber hinaus werden in der Story-Time (täglich 30 Minuten) besondere Anlässe in der Gruppe genutzt, um beispielsweise den Geburtstag eines Kindes zu feiern.[43] Religiöse Lernprozesse bei Kindern in Kindertageseinrichtungen zu unterstützen, die nach dem Early-Excellence-Ansatz arbeiten, erfolgt auf der Grundlage des ersten, dritten und vierten Handlungsrundsatzes religionssensibler Bildung. Diese Handlungsgrundsätze implizieren, dass die beobachteten Fragen, Themen und Interessen des Kindes Ausgangspunkt der religiösen Bildung sind. Der Kindergarten wird durch Symbole in der Raumgestaltung, Rituale in der Beziehungsgestaltung sowie religiöse Gegenstände als freizugänglichem Material für die Kinder zum religionssensiblen Lebens- und Erfahrungsraum und durch das Feiern von Festen zu einem Ort gelebter Religionssensibilität. In den Interviews berichten die Erzieherinnen beispielsweise von einem Gebetswürfel, der das gemeinsame Gebet vor dem Essen ritualisiert. Zudem gibt es in der Bücherecke religiöse Bilderbücher, in denen die Themen der Kinder aufgegriffen sind. In einer religiösen Ecke befindet sich beispielsweise eine Uhr zum Kirchenjahr sowie weiteres Informationsmaterial wie Bilder zu den entsprechenden religiösen Festen, die in der Einrichtung gefeiert werden. Außerdem beschäftigen sich die Kinder in der Praxis mit Fragen, wie Gott aussieht, woher er kommt und was er macht. Diese Fragen bil-

---

41 Vgl. Lepenies 2007, S. 54–57 und Wilke 2004, S. 55–59.
42 Vgl. Wilke 2004, S. 55–59.
43 Vgl. Hebenstreit-Müller 2013, S. 89–90.

den den Ausgangspunkt religiöser Lernprozesse, dessen Ziel es ist, dass sich die Kinder über theologische und philosophische Gespräche mit den Erzieherinnen hinaus anhand von Gegenständen und Bildern eigenständig mit den Fragen auseinandersetzen können. Ein Beispiel bildet auch das Interesse der Kinder am Buddhismus, da ein Kind dieser Religion angehört. Das Kind brachte verschiedene Gegenstände seiner Religion mit in die Kindertageseinrichtung, anhand derer sich die Kinder mit dem Thema Buddhismus beschäftigten.

9.4.2.3 Die Zusammenarbeit mit den Eltern: Eltern als religiöse Experten ihrer Kinder

Die Eltern werden im Early-Excellence-Ansatz als die ersten Erzieher und wichtigsten Bezugspersonen im Leben des Kindes gesehen.[44] Um die Lernprozesse der Kinder optimal zu fördern, bedarf es einer kooperativen Zusammenarbeit zwischen Eltern und Erzieherinnen. In Bezug auf die religiöse Bildung und Erziehung der Kinder kann sich hier der Kindergarten dem dritten Handlungsgrundsatz entsprechend als Ort der Begegnung und Gemeinschaft verstehen, der ein gemeinsames Lernen sowie gemeinschaftliche Erfahrungen fördert. In der Einrichtung von Frau L. treffen sich beispielsweise die Eltern mit den Kindern einmal in der Woche im Advent morgens zum gemeinschaftlichen Singen. Mit Hilfe des Pen-Green-Loop, der Lernschleife, wird das Kind daheim von den Eltern und in der Einrichtung von den Erzieherinnen beobachtet. Der wechselseitige Austausch bildet die Grundlage für die Erzieherinnen, in der Einrichtung für jedes Kind ein angemessenes Curriculum zu erstellen, um die kognitiven und affektiven Bedürfnisse des Kindes zu befriedigen.[45] Religionssensibel arbeitend beinhaltet das Erstellen eines angemessenen Curriculums nach dem ersten Handlungsgrundsatz, die alltäglichen und existenziellen Gefühle der Kinder sowie ihre Fragen und Interessen wahrzunehmen und die darin vorhandenen religiösen Spuren zu identifizieren und zu versprachlichen. Seitens der Erzieherin ist es dabei hilfreich, dass sie die Lebensumstände der Familien kennt, beispielsweise durch Hausbesuche oder durch Gespräche mit den Eltern beim Bringen und Abholen der Kinder. Frau L. fragt beispielsweise in Elterngesprächen nach, wie die Religion der einzelnen Kinder daheim gelebt wird, um die Erzählungen der Kinder zum Beispiel vom Feiern verschiedener Feste differenziert zu verstehen. Auf dieser Basis ist die Erstellung eines den Themen und Interessen der Kinder entsprechenden Curriculums möglich. Darüber hinaus haben die Kindergärten, die nach dem Early-Excellence-Ansatz arbeiten, den Anspruch, dass sie eine Bildungseinrichtung sind, die auf kommunaler Ebene ein Netzwerk bildet, um Familien mit unterschiedlichen Bildungsangeboten zu unterstützen.[46] Dieser Anspruch entspricht dem fünften Handlungsgrundsatz religionssensibler Bildung, den Kindergarten mit geeigneten

---

44 Vgl. Burdorf-Schulz und Müller 2004, S. 16.
45 Vgl. Whalley und Dennison 2008, S. 154–158.
46 Vgl. Whalley und Pen Green Centre Team 2008.

kommunalen, sozialen, kulturellen und religiösen Institutionen des Umfeldes zu vernetzen und deren Ressourcen für die religiöse Bildung nutzbar zu machen. Ein Beispiel hierfür ist die Entdeckung des Kirchturms. In diesem Zusammenhang sind darüber hinaus in Abhängigkeit von den Religionszugehörigkeiten der Kinder Kooperationen zu verschiedenen Religionsgemeinschaften denkbar sowie der Besuch impliziter religiöser Orte, wie zum Beispiel einer Ausstellung oder eines Museums. Des Weiteren bietet auch die Begegnung mit Personen aus dem religiösen Leben (beispielsweise kirchlicher Mitarbeiterinnen und Mitarbeiter, Ordensleuten, eines Rabbis oder eines Imams) ein Lernfeld religionssensibler Bildung und Erziehung.

9.4.2.4 Kompetenzanforderungen an die Erzieherinnen: der ethische Code und die wertvolle Haltung

Der ethische Code im Early-Excellence-Ansatz beinhaltet 1. den positiven Blick auf Kinder, Eltern und Kolleginnen in der pädagogischen Arbeit, 2. die Verständlichkeit der Daten und Informationen für alle Beteiligten, 3. die Fragen der Kinder als Ausgangspunkt der pädagogischen Arbeit, 4. eine ernsthafte und vertrauensvolle Zusammenarbeit und 5. das Ziel, die Praxis zuhause und in der Kita weiterzuentwickeln.[47] Der ethische Code zeigt Verbindungen zum ersten und zweiten Handlungsgrundsatz religionssensibler Bildung, denn der erste Handlungsgrundsatz stellt die Fragen, Themen und Interessen der Kinder als Ausgangspunkt der (religions-)pädagogischen Arbeit in den Vordergrund, der zweite Handlungsgrundsatz betont die alltägliche pädagogische Arbeit anhand der Normen und Werte der Einrichtung als grundlegende, indirekte Form religiöser Bildung zu begreifen. Eine gleichberechtigte, vertrauensvolle und ermutigende Beziehung zu den Kindern, Eltern und Kolleginnen, die eine implizite theologische und religionspädagogische Relevanz hat, steht dabei im Mittelpunkt. Zum ersten Handlungsgrundsatz stellt Frau B. im Interview fest, dass es einer Offenheit der Erzieherinnen für die religiösen Fragen der Kinder bedarf, um mit ihnen nach möglichen Antworten zu suchen. Auf diese Weise bilden die Fragen der Kinder den Ausgangspunkt der pädagogischen Arbeit. Frau L. hebt im Interview den positiven Blick auf das Kind hervor, der die Basis für die pädagogische Arbeit in der Einrichtung bildet. Dieser positive Blick, verstanden als eine besondere, wertschätzende Haltung, beinhaltet, die Kinder mit ihren Stärken und Fähigkeiten zu sehen. Er bildet so die Grundlage für eine vertrauensvolle Beziehung, die es dem Kind ermöglicht, sich in einer guten Atmosphäre zu entwickeln. Religionssensibel gedeutet entspricht dies dem zweiten Handlungsgrundsatz und impliziert die theologische und religionspädagogische Relevanz der Beziehung.

Die wertschätzende Haltung der Erziehehrinnen in den Einrichtungen, die nach Early Excellence arbeiten, setzt voraus, dass sie die eigene pädagogische Arbeit im Team reflektieren. In Bezug auf die Religionssensibilität bedeutet dies,

---

47 Vgl. Lepenies 2007, S. 53–54.

dass sie dem sechsten Handlungsgrundsatz entsprechend als eine Dimension sozialberuflicher Kompetenz verstanden wird. Grundlage dafür bildet die Bereitschaft, Offenheit als Haltung im Reflektieren der pädagogischen Arbeit sowie im pädagogischen Handeln zu zeigen. Frau B. sieht es als wichtige Aufgabe der Erzieherinnen an, eine Offenheit für die religiösen Fragen der Kinder zu entwickeln, sich mit den Themen im Team auseinanderzusetzten und diese zu reflektieren. Als Handwerkszeug für diese wertvolle Haltung dienen die vier Schlüsselkonzepte: Pädagogische Strategien, Wohlbefinden, Engagiertheit und Schemata. Die Verbindung zwischen den vier Schlüsselkonzepten und dem religionspädagogischen Handlungskonzept der religionssensiblen Bildung wurden bereits in Punkt 9.4.2.2 dieser Arbeit aufgezeigt.

9.4.2.5 Fazit

Der positive Blick aufs Kind, die Unterstützung der Familien in den Familienzentren und die Zusammenarbeit mit den Eltern als Experten ihrer Kinder stellen die Besonderheiten des pädagogischen Handlungskonzepts Early Excellence dar. Das Verhalten der Kinder wird in diesem Ansatz als Bildungsprozess verstanden. Die Beobachtung der Kinder mit Hilfe des Beobachtungsbogens anhand der Schemata, Bildungsbereiche, Wohlbefinden und Engagiertheit in den Kindertageseinrichtung sowie die Beobachtung der Eltern daheim bilden mit dem Pen-Green-Loop die Grundlage, um die Themen und Interessen der Kinder wahrzunehmen und ein angemessenes Curriculum zu erstellen, um die kognitiven und affektiven Bedürfnisse der Kinder zu befriedigen. Ebenso beinhaltet der ethische Code unter anderem, dass die Fragen der Kinder den Ausgangspunkt der pädagogischen Arbeit darstellen. Diese Basis der pädagogischen Arbeit zeigt Verbindungen zum ersten Handlungsgrundsatz religionssensibler Bildung auf, der die Erzieherinnen ermutigt, die alltäglichen und existentiellen Erfahrungen und Gefühle der Kinder – ihr Vertrauen, ihre Freude und Hoffnungen, ihre Einsamkeit, Sorgen und Ängste – wahrzunehmen, wertzuschätzen, herauszufordern und zu begleiten sowie die darin vorhandenen religiösen Spuren zu identifizieren und zu versprachlichen. Das Kennen der Lebensumstände der Kinder und Familien stellt in diesem Zusammenhang eine Hilfe für die Arbeit der Erzieherinnen dar, um ein den Bedürfnissen der Kinder entsprechendes Curriculum zu erstellen, das ihnen die Möglichkeit bietet, ihre (religiösen) Themen und Interessen in größtmöglicher Selbständigkeit zu bearbeiten. Der positive Blick auf die Kinder, Eltern und Erzieherinnen, der sich in einem respektvollen und wertschätzenden Umgang miteinander ausdrückt und die Stärken und Fähigkeiten der einzelnen in den Vordergrund stellt, entsprechen dem zweiten Handlungsgrundsatz religionssensibler Bildung, der dazu auffordert, auf eine gleichberechtigte, vertrauensvolle und ermutigende Beziehung zu den Kindern, Eltern und Kolleginnen zu achten, die eine implizite theologische und religionspädagogische Relevanz hat. Der dritte Handlungsgrundsatz, der den Kindergarten als religionssensiblen Lebens- und Erfahrungsraum beschreibt, wird in der Raumgestaltung durch Symbole, in der Beziehungsgestaltung durch Rituale und durch religiöse Gegenstände als frei zugängliches Material für die Kinder im Kindergarten sichtbar. Das Wohlbefinden und die Engagiertheit der Kinder in den Lernprozessen spiegeln die Qualität dieser Lernprozesse wider, die durch das Bereitstellen von geeigneten Materialien für religiöse Lernprozesse durch die Erzieherinnen unterstützt werden. Des Weiteren kann der Kindergarten die Gemeinschaft aller durch gemeinsame Begegnungen bei religiösen Ritualen wie beispielsweise dem wöchentlichen Adventssingen fördern. Darüber hinaus können Kinder- und Familienzentren Orte der Begegnung und Gemeinschaft für die Menschen mit ihren unterschiedlichen Kulturen, Weltanschauungen und Religionen werden. Das Feiern verschiedener religiöser Feste auf der Basis des Gast-Geber-Modells kann ein weiterer Schritt sein, der dem vierten Handlungsgrundsatz religionssensibler Bildung entspricht, welcher vorsieht, besondere Anlässe im Kindergartenjahr und deren Bildungspotential in die pädagogische Arbeit mit Kindern und Eltern einzubeziehen. Genauso bildet die Story-Time, in der die Kinder eine halbe Stunde am Tag mit ihrer Bezugserzieherin verbringen, einen Zeitraum, indem beispielsweise die Geburtstage der einzelnen Kinder so gefeiert werden, dass auch eine religiöse Dimension aufscheinen kann. Die Feste und Feiern im Familienzentrum, bei der die kulturelle und religiöse Pluralität der Familien berücksichtigt werden, verweisen bereits auf den fünften Handlungsgrundsatz religionssensibler Bildung. Religiöse und religionspädagogische Angebote ermöglichen hier ein gegenseitiges Kennenlernen der Kulturen und Religionen, die Eltern erfahren auf diese Weise Unterstützung in der religiösen Bildung und Erziehung ihrer Kinder und haben die Möglichkeit, sich bei entsprechenden Angeboten mit eigenen Sinn-, Lebens- und Glaubensfragen auseinanderzusetzten. Da sich der Kindergarten im Early-Excellence-Ansatz als Bildungseinrichtung versteht, die auf kommunaler Ebene vernetzt ist, zeigen sich auch hier Anknüpfungspunkte an den fünften Handlungsgrundsatz, der beinhaltet, die Einrichtung mit geeigneten kommunalen, sozialen, kulturellen und religiösen Institutionen des Umfeldes zu vernetzen und deren Ressourcen für die religiöse Bildung nutzbar zu machen. Der sechste Handlungsrundsatz spiegelt schließlich die wertschätzende Haltung im Early-Excellence-Ansatz wieder, die die Reflexion der pädagogischen Arbeit im Team voraussetzt. Religionssensibilität als eine Dimension sozialberuflicher Kompetenz beinhaltet hier, sich mit den religiösen Themen und Fragen der Kinder, Eltern und Erzieherinnen offen auseinanderzusetzten, diese im Team zu bearbeiten und zu reflektieren.

9.4.3 Religionssensible Bildung im infans-Konzept der Frühpädagogik

Das pädagogische Handlungskonzept infans stellt das neueste Handlungskonzept in Deutschland dar. Es entstand auf der Basis des Modellprojekts ‚Zum Bildungsauftrag von Kindertageseinrichtungen' mit dem Ziel, den Bildungsauftrag von Kindertageseinrichtungen zu konkretisieren und wissenschaftlich zu fundieren.[48]

---

48 Vgl. Laewen und Andres 2002.

Ausgangspunkte des Handlungskonzepts, das aus fünf Modulen besteht, sind sowohl die Themen und Interessen der Kinder als auch die von den Erziehehrinnen im Team formulierten Erziehungs- und Handlungsziele der Kindertageseinrichtung, die als Grundlage der pädagogischen Arbeit der Erzieherinnen dienen und als pädagogische Konzeption der Einrichtung verstanden werden.[49] Im ersten Handlungsgrundsatz stehen die Fragen, Themen und Interessen der Kinder im Mittelpunkt religionssensibler Bildung. Dies zeigt, dass sowohl beim infans-Konzept als auch beim religionspädagogischen Handlungskonzept der religionssensiblen Bildung das Kind den Ausgangspunkt der (religions-)pädagogischen Arbeit bildet. Frau F. berichtet dazu im Interview, dass die Erzieherinnen die Themen Angst und Alleinsein bei den Kindern durch die infans-Beobachtung und deren pädagogischer Reflexion im Team erkannten. So wurden die existenziellen Themen der Kinder identifiziert, versprachlicht und bildeten die Grundlage für ein Projekt, das den Kindern die Möglichkeit gab, sich die Themen in Begleitung der Erzieherinnen zu erarbeiten.

Im zweiten Handlungsgrundsatz wird Religionssensibilität als Bestandteil der pädagogischen Arbeit verstanden, die alltägliche Arbeit wird anhand der Normen und Werte der Einrichtung als grundlegende, indirekte Form religiöser Bildung begriffen. Dieser Grundsatz kann in den Erziehungs- und Handlungszielen formuliert werden und wird so ein elementarer Bestandteil der pädagogischen Arbeit der Erzieherinnen in der Einrichtung. Frau C. und D. berichteten im Interview davon, dass sie von der Fachberatung die Aufgabe erhielten, religiöse Erziehungs- und Handlungsziele zu formulieren. Als Unterstützung wollten sie hierzu die Gemeindereferentin ins Team einladen. Die Formulierung expliziter religiöser Erziehungs- und Handlungsziele in konfessionellen Einrichtungen bietet diesen die Möglichkeit, ihr Profil zu verdeutlichen. Darüber hinaus schließt der zweite Handlungsgrundsatz auch mit ein, dass sich in der alltäglichen pädagogischen Arbeit, wie zum Beispiel dem wertschätzenden Umgang miteinander, bereits implizite religionssensible Bildung zeigt. Frau F. führt hier als Beispiel das freundliche Begrüßen der Kinder am Morgen mit Augenkontakt an.

9.4.3.1 Das Bild vom Kind: das Kind als Konstrukteur seiner eigenen religiösen Wirklichkeit

Das Kind im infans-Konzept ist ein mit Kompetenzen ausgestattetes Wesen, dem durch die lange evolutionäre Entwicklung des Menschen Hilfen zur autopoietischen Weltaneignung bereitstehen. Kinder setzen sich von Beginn an mit Personen und Gegenständen in Beziehung, um selbst handlungsfähig zu werden. Auf der Grundlage der Erfahrungen, die Kinder in der äußeren Welt machen, konstruieren sie in ihren Gedanken mit ihren Ideen und ihrer Phantasie eine innere Welt, die den Raum des Möglichen darstellt. Das Entwerfen neuer Konstruktionen über das Bestehende hinaus sowie die Reflexion der Entwürfe in der inneren

---

49 Vgl. Andres und Laewen 2011.

Welt muss gelernt werden. In der pädagogischen Arbeit bedarf es einerseits der Förderung des Möglichen in der inneren Welt des Kindes, andererseits auch der Förderung des Realitätsbezugs zur äußeren Welt.[50] In der äußeren Welt begegnen Kinder religiösen Symbolen und Ritualen, außerhalb und auch innerhalb des Kindergartens. Religiöse Lieder, Gebete sowie das Feiern religiöser Feste sind Rituale, die die Erzieherinnen sowohl in konfessionellen als auch in kommunalen Einrichtungen in den Interviews ausführlich beschreiben. Auf diese Weise wird der Kindergarten einerseits als religionssensibler Lebens- und Erfahrungsraum für die Kinder erlebbar, was mit dem dritten Handlungsgrundsatz religionssensibler Bildung übereinstimmt. Andererseits wird die Einrichtung als Ort gelebter Religionssensibilität erfahrbar, da besondere Anlässe im Kindergartenjahr, wie zum Beispiel Feste im Kirchenjahr oder Feste anderer Religionen auf der Basis des Gast-Geber-Modells und deren Bildungspotential in die pädagogische Arbeit mit den Kindern einbezogen werden, was dem vierten Handlungsgrundsatz religionssensibler Bildung entspricht. Das Feiern des japanischen Puppenfestes durch eine Mutter in der Einrichtung von Frau K. oder das Feiern des Zuckerfestes in der Einrichtung von Frau E. bieten hier Beispiele aus den Interviews.

In der inneren Welt konstruieren Kinder Antworten auf existenzielle Erfahrungen und Gefühle, sie deuten ihre Welterfahrungen, um sich die Welt zu erschließen und diese zu verstehen. Die Einigung auf eine gemeinsame Bedeutung einzelner Aspekte der Welt entspricht der Ko-Konstruktion von Wissen im infans-Konzept. Dabei besteht ein Unterschied zwischen der Ko-Konstruktion mit Erwachsenen und unter Gleichaltrigen. Bei der Ko-Konstruktion unter Gleichaltrigen verhandeln Kinder Werte und Normen, entwickeln Moralvorstellungen und Zusammenhänge über die gegenständliche Welt.[51] Frau F. berichtet im Interview beispielsweise davon, wie ein Kind zwei andere Kinder, die sich gegenseitig schlugen, aufforderte, miteinander zu reden statt sich zu hauen, mit der Begründung, dass Jesus auch nicht gehauen habe. Bei der Ko-Konstruktion mit Erwachsenen ist es notwendig, dass diese die Themen der Kinder kennen, damit sie durch emotionale Bindung, Raum, Zeit, Ort und Material die Konstruktionsprozesse der Kinder unterstützen können. Es gilt, dem ersten Handlungsgrundsatz religionssensibler Bildung folgend, die Fragen, Themen und Interessen der Kinder durch Beobachtungen wahrzunehmen, wertzuschätzen, herauszufordern und zu begleiten sowie die darin vorhandenen religiösen Spuren zu identifizieren und zu versprachlichen. Die Konstruktion eigener Gottesvorstellungen der Kinder beispielsweise in ihrer inneren Welt, die formulierten Fragen der Kinder, woher Gott komme und wo er wohne, stellen ein Beispiel für den ersten Handlungsgrundsatz dar. Aufgabe der Erzieherinnen ist es, in Form von Projektarbeit oder Bildungsinseln Kindern die Möglichkeit zu geben, ihren religiösen Interessen, Fragen und Themen mit ihrem Forschergeist selbständig nachzugehen.

---

50 Vgl. Laewen 2002a, S. 51–55.
51 Vgl. Völkel 2002a.

Das Kind als Konstrukteur seiner eigenen Wirklichkeit entwickelt sich in der realen Welt mit den bereits bestehenden gesellschaftlichen Wissensbeständen, Werten und Normen.[52] Verbindungen hierzu zeigt der zweite Handlungsgrundsatz, der dazu auffordert, die alltägliche pädagogische Arbeit anhand der Normen und Werte der Einrichtung als grundlegende, indirekte Form religiöser Bildung zu begreifen. Die Werte und Normen einer Einrichtung spiegeln sich insbesondere im sozialen Umgang wieder, der das Miteinander prägt. Die Vermittlung der Werte, die für Frau C. und D. auf der christlich-abendländischen Kultur basieren, geschieht durch den alltäglichen Umgang mit den Kindern, Eltern und Kolleginnen in der Einrichtung.

9.4.3.2 Bildungsbegriff: Bildung als Selbstbildung bei religiösen Fragen, Themen und Interessen

Der Bildungsbegriff im infans-Konzept baut auf das Bild vom Kind als Konstrukteur seiner eigenen Wirklichkeit auf. Bildung wird als Selbstbildung verstanden, bei der sich einerseits das Kind durch Sinneserfahrungen selbsttätig die Welt aneignet und ihr durch Gefühle Bedeutung gibt und sich andererseits das Selbst bildet, der Kern der eigenen Persönlichkeit des Kindes. Bildungsziele kann also nur das Kind selbst formulieren, da der Erwachsene keinen Einfluss auf die Konstruktionsprozesse des Kindes hat. Erkennt der Erwachsene diese Tatsache an, zeigen sich für ihn zwei Möglichkeiten, durch Erziehung das Kind in seiner Selbstbildung zu unterstützen: Durch die Gestaltung der Umwelt (Raumgestaltung, Material, Zeit, Situationen) und durch die Gestaltung der Interaktion (Zumutung und Beantwortung von Themen, Dialog).[53] Die Raumgestaltung mit religiösen Symbolen, die Bereitstellung geeigneter religiöser Gegenstände als freizugängliches Material für die Kinder sowie die Beziehungsgestaltung mit Hilfe von Ritualen entsprechen dem dritten Handlungsgrundsatz, der den Kindergarten als religionssensiblen Lebens- und Erfahrungsraum darstellt. Die Raumgestaltung mit religiösen Symbolen zum Fest des Heiligen Nikolaus, bei der auf dem langen Flur eine festliche Tafel gedeckt wird, stellt ein Beispiel für den dritten Handlungsgrundsatz dar. Durch ein Meer von Kerzen wird am Morgen eine stimmungsvolle Atmosphäre geschaffen. Die gemeinsame Feier wird zuvor mit den Kindern im Freitagskreis mit der entsprechenden Geschichte und Liedern vorbereitet. Der Freitagskreis ist ein wöchentliches Ritual, das ebenfalls dem dritten Handlungsgrundsatz religionssensibler Bildung zuzuordnen ist. Die Gestaltung der Zeit entlang des Kirchenjahres sowie die das Gestalten biographischer Stationen und Anlässe sind im vierten Handlungsgrundsatz aufgeführt, der den Kindergarten als Ort gelebter Religionssensibilität beschreibt. Ein gemeinsames Frühstück bildet beispielsweise den Rahmen für die Nikolausfeier, bei der die Legende vom Heiligen Nikolaus in der Einrichtung von Frau K. erzählt wird. Das Fei-

---

52 Vgl. Völkel 2002a, S. 159.
53 Vgl. Laewen 2002a, S. 73.

ern der Feste entlang des Kindergartenjahres beschreiben alle Erzieherinnen in den Interviews. Durch die Gestaltung der Umwelt, in diesem Fall der Zeit und der Situationen, unterstützen die Erziehehrinnen die Selbstbildung der Kinder im infans-Konzept. Genauso bilden die Gestaltung der Interaktion, d.h. die Zumutung und Beantwortung von Themen sowie der Dialog mit den Kindern zentrale Punkte bei infans. Die differenzierten Beobachtungsinstrumente des Konzepts ermöglichen den Erzieherinnen, die Themen und Interessen jedes einzelnen Kindes wahrzunehmen, sie zunächst persönlich und anschließend im Team unter Beachtung des hermeneutischen Zirkels auszuwerten und als Grundlage für die pädagogische Arbeit zu nutzen. Außerdem bildet die Dokumentation der Bildungs- und Entwicklungsprozesse eines jeden Kindes in seinem Portfolio-Ordner die Basis für die Erstellung eine Individuellen Curriculums.[54] Die Gestaltung der Interaktion zeigt sowohl Anknüpfungspunkte an den ersten als auch an den zweiten Handlungsgrundsatz religionssensibler Bildung. Die Fragen, Themen und Interessen der Kinder bilden den Ausgangspunkt des ersten Handlungsgrundsatzes, in dem die Erzieherinnen aufgefordert sind, die Selbstbildung der Kinder durch Bildungsinseln und Projekte zu unterstützen, in denen die Kindern die Möglichkeit erhalten, mit ihrem Forschergeist ihren religiösen Fragen und Themen in größtmöglicher Selbständigkeit nachzugehen. Die Frage nach der Entstehung der Welt und nach dem, was die Welt zusammenhält sind Fragen, die Kinder beschäftigen. Diese Fragen können die Erzieherinnen einerseits durch philosophische und theologische Gespräche mit den Kindern unterstützen, andererseits können sie auch als Ausgangspunkt für ein Projekt zur Entstehung der Welt genutzt werden, in dem aus verschiedenen Perspektiven (naturwissenschaftlich und religiös) mit den Kindern den beiden Fragen nachgegangen wird. Voraussetzung für die Selbstbildung der Kinder bei Projekten oder Bildungsinseln ist eine vertrauensvolle Beziehung zu den Erzieherinnen, die im zweiten Handlungsgrundsatz religionssensibler Bildung beschrieben wird. Es braucht eine Sensibilität für eine gleichberechtigte, vertrauensvolle und ermutigende Beziehung zu den Kindern, Eltern und Kolleginnen hinsichtlich ihrer impliziten theologischen und religionspädagogischen Relevanz, um die (religiösen) Selbstbildungsprozesse der Kinder in der Einrichtung bestmöglich zu unterstützen. Dieses Knüpfen von Beziehungen geschieht in den Kindertageseinrichtungen nach den Sommerferien besonders intensiv, wenn die neuen Kinder in den Kindergarten kommen und zunächst versuchen, sich zu orientieren. Erst wenn die Kinder für sich die Frage geklärt haben, wo sie hingehören und Beziehungen geknüpft haben, sind sie bereit, sich mit ihren Themen und Interessen in Selbstbildungsprozessen auseinanderzusetzen.

---

54 Vgl. Andres und Laewen 2011.

9.4.3.3 Die Zusammenarbeit mit den Eltern: Sich wechselseitig auf die religiöse Perspektive des anderen einlassen

Eine kooperative Zusammenarbeit zwischen Kindertageseinrichtung und Eltern unterstützen im infans-Konzept die Erfolge der Kita-Pädagogik und erhöhen auf diese Weise die Bildungschancen der Kinder.[55] Über die Berufe und sozialen Kontakte der Eltern im Umfeld der Kita können beispielsweise Kooperationen zu anderen Institutionen hergestellt und die Kita ist so im nahen Umfeld vernetzt werden.[56] Diese Vernetzung ist auch im fünften Handlungsgrundsatz religionssensibler Bildung beschrieben, der die religiöse Pluralität im Kontext der religionssensiblen Bildung in den Mittelpunkt stellt. Die Einrichtung wird mit geeigneten kommunalen, sozialen, kulturellen und religiösen Institutionen des Umfeldes vernetzt, um deren Ressourcen für die religiöse Bildung nutzbar zu machen. Die Zugehörigkeit der Kinder zu unterschiedlichen Religionsgemeinschaften kann ein großes Bildungspotenzial bieten. Der Besuch expliziter religiöser Orte, wie zum Beispiel einer Kirche, Moschee oder Synagoge verbunden mit der Begegnung mit verschiedenen Personen aus dem religiösen Leben fördert ein gegenseitiges Kennenlernen sowie den Dialog zwischen den Religionen. Ebenso kann der Besuch impliziter religiöser Orte, wie zum Beispiel der Besuch einer Ausstellung oder des Theaters religiöse Bildung ermöglichen. Die Eltern können hier Kontakte vermitteln oder die Erzieherinnen mit den Kindern bei den Exkursionen begleiten und auf diese Weise die Bildungschancen erhöhen. Es besteht so die Möglichkeit, dass die Erzieherinnen und Eltern sich wechselseitig auf die religiöse Perspektive des anderen einlassen. Im Vorfeld können die Eltern auch zu Eltern-Werkstätten oder einem Elternabend eingeladen werden, in denen sich die Eltern und Erzieherinnen über ihre Ansichten und Wünsche austauschen, um gemeinsame (auch religiöse) Erziehungsziele zu formulieren. Das Formulieren der Erziehungs- und Handlungsziele wird im nächsten Punkt 9.4.3.4 ausführlich besprochen.

9.4.3.4 Kompetenzanforderungen an die Erzieherinnen: Kindern Anregung und Hilfe für ihre religiösen Konstruktionsprozesse geben

Die Formulierung gemeinsamer Erziehungs- und Handlungsziele bildet die Grundlage für die Ausrichtung der pädagogischen Arbeit einer infans-Einrichtung.[57] Da die Bildungsprozesse der Kinder als Selbstbildungsprozesse verstanden werden – auch bei religiösen Fragen, Themen und Interessen – bedarf es auf der anderen Seite Erzieherinnen, die durch ihr reflektiertes Handeln dem Kind Orientierung geben. Dies setzt ein hohes Reflexionsvermögen und Engagement sowie das Einbringen der persönlichen und fachlichen Kompetenzen der Erzieherinnen voraus, das durch eine vertrauensvolle Atmosphäre und eine gute Kooperation im Team unterstützt werden kann. Die Reflexion der persönlichen Erziehungsziele

---

55 Vgl. Andres und Laewen 2011, S. 39.
56 Vgl. Andres und Laewen 2011, S. 170;184.
57 Vgl. Andres und Laewen 2011, S. 32–36.

auf der Grundlage der eigenen Biographie ist die Voraussetzung, um die persönlichen Erziehungsziele im Team zu vertreten. Die vielfältigen Lebenszusammenhänge der Erzieherinnen werden in diesem Kontext als Bereicherung gesehen, um sich auf gemeinsame Erziehungsziele in der Einrichtung zu verständigen. In diesem Prozess werden außerdem der Bildungsplan sowie die Bildungsbereiche berücksichtigt.[58] Dieser Prozess im Team zeigt Anknüpfungspunkte an den sechsten Handlungsgrundsatz, der Religionssensibilität als eine Dimension sozialberuflicher Kompetenz beschreibt, da diese Voraussetzung, Entwicklungsaufgabe und Querschnittsthema zu allen anderen Handlungsgrundsätzen ist. Hierzu bedarf es der Bereitschaft zur Biographie-Arbeit und die Erzieherinnen brauchen eine Haltung der Offenheit in ihrem Handeln. Das Formulieren religionssensibler Erziehungsziele setzt die Reflexion des eigenen Lebens- und Glaubensweges voraus sowie die Bereitschaft, sich auf die unterschiedlichen Glaubenserfahrungen und Weltanschauungen der Kolleginnen gegenseitig einzulassen und die Berücksichtigung der unterschiedlichen Weltanschauungen und Religionen der Kinder und Eltern. Diese Vielfalt stellt sich aus religionssensibler Perspektive als Bereicherung und immenses Bildungspotenzial dar. Die induktiv entwickelte Kategorie ‚Religion als schwieriges Thema‘ zeigt, wie herausfordernd der Umgang mit dem Thema Religion für die Erzieherinnen in den Einrichtungen teilweise ist. Die eigene religiöse Sozialisation kann eine wichtige Rolle für das Empfinden der Erzieherinnen spielen und für die Frage, ob sie sich beim Thema Religion selbst als kompetent erleben oder nicht. In den Handlungszielen werden die Erziehungsziele schließlich konkretisiert, denn diese bilden neben den beobachteten Themen und Interessen der Kinder die Basis zur Erstellung eines Individuellen Curriculums für jedes Kind, das unter religionssensiblen Gesichtspunkten dem Kind auch Anregungen für seine religiösen Konstruktionsprozesse geben kann. Frau C. und D. berichten, dass sie bei der Formulierung religiöser Erziehungs- und Handlungsziele auf die Kompetenz der Gemeindereferentin zurückgreifen, da sie sich auf diesem Gebiet nicht als Expertinnen sehen.

9.4.3.5 Fazit

Die wissenschaftliche Fundierung und Konkretisierung des Bildungsauftrags für Kindertageseinrichtung zeichnet das pädagogische Handlungskonzept infans aus, das in Deutschland entwickelt wurde und aus fünf Modulen besteht. Die Beobachtung der Themen und Interessen der Kinder bildet für die Erzieherinnen den Ausgangspunkt ihrer pädagogischen Arbeit, um die Konstruktionsprozesse der Kinder durch Projekte oder Bildungsinseln zu unterstützen. Den Kindern wird so die Möglichkeit gegeben, selbsttätig ihre Themen und Interessen zu erforschen. Dieses pädagogische Handeln entspricht dem ersten Handlungsgrundsatz religionssensibler Bildung, der die Themen, Fragen, Interessen und Gefühle der Kinder als Ausgangspunkt religionssensibler Bildung nimmt und in Form von

---

58 Andres und Laewen 2011, S. 32–45

Projektarbeit und Bildungsinseln Kindern die Möglichkeit gibt, ihren Interessen, Fragen und Themen zur Welt und zum Leben mit ihrem Forschergeist selbständig nachzugehen. Die Interaktion zwischen Kindern und Erzieherinnen ist geprägt durch eine an den gesellschaftlichen Werten und Normen orientierte sowie vertrauensvolle Beziehung zu den Kindern, die den Kindern die Sicherheit gibt, sich mutig in Selbstbildungsprozessen die Welt anzueignen und Erfahrungen zu sammeln. Diese gleichberechtigte, vertrauensvolle und ermutigende Beziehung zeigt Verbindungen zum zweiten Handlungsgrundsatz religionssensibler Bildung, der diese Beziehung unter dem Aspekt seiner religionspädagogischen und theologischen Relevanz wahrnimmt. In der alltäglichen pädagogischen Arbeit zeigen sich beim Fördern des Möglichen in der inneren Welt sowie bei der Förderung des Realitätsbezugs zur äußeren Welt der Kinder, bei der Gestaltung der Umwelt durch die Raumgestaltung, Beziehungsgestaltung und dem Bereitstellen von frei zugänglichem Material Anknüpfungspunkte zum dritten Handlungsgrundsatz religionssensibler Bildung, der den Kindergarten als religionssensiblen Lebens- und Erfahrungsraum beschreibt. Die Gestaltung der Umwelt beinhaltet außerdem das Gestalten geprägter Zeiten und Situationen im infans-Konzept, das in den Kindertageseinrichtungen entlang des Kirchenjahres und durch das Feiern gemeinsamer (religiöser) Feste und Geburtstage geschieht. Dies entspricht dem vierten Handlungsgrundsatz religionssensibler Bildung, der den Kindergarten als Ort gelebter Religionssensibilität darstellt und das Bildungspotenzial der Anlässe mit in die pädagogische Arbeit einbezieht. Die kooperative Zusammenarbeit mit den Eltern, die über ihre Berufe und sozialen Kontakte im Umfeld Kooperationen zu anderen Institutionen herstellen können, hat im infans-Konzept eine Vernetzung des Kindergartens ins nahe Umfeld zum Ziel. Diese Vernetzung entspricht dem fünften Handlungsgrundsatz religionssensibler Bildung, der deren Ressourcen für die religiöse Bildung nutzbar macht. Dies ermöglicht, sich wechselseitig auf die religiöse Perspektive des anderen einzulassen. Das Formulieren gemeinsamer Erziehungs- und Handlungsziele im Team der Erzieherinnen kann auch mit den Eltern auf der Basis eines gegenseitigen Austauschs über Wünsche und Ansichten erfolgen. Die Erzieherinnen beschreiben in den formulierten Erziehungs- und Handlungszielen die pädagogische Ausrichtung ihrer Arbeit. Die Selbstbildungsprozesse der Kinder brauchen auf der anderen Seite Erzieherinnen, die durch die Reflexion ihres Handelns den Kindern Orientierung geben. Dies setzt eine hohe Reflexivität sowie viel Engagement seitens der Erzieherinnen voraus, die sich mit ihren persönlichen und fachlichen Kompetenzen in den Prozess miteinbringen. Dieser Prozess bedarf einer vertrauensvollen Zusammenarbeit im Team und zeigt Verbindungen zum sechsten Handlungsgrundsatz religionssensibler Bildung, der Religionssensibilität als eine Dimension sozialberuflicher Kompetenz beschreibt, die Voraussetzung, Entwicklungsaufgabe und Querschnittsthema zu allen anderen Handlungsgrundsätzen ist. Die sozialberufliche Kompetenz setzt die Bereitschaft der Erzieherinnen zur Biographie-Arbeit und eine Haltung der Offenheit im Handeln voraus.

Die aufgezeigten Anknüpfungspunkte zwischen den drei pädagogischen Handlungskonzepten Offener Kindergarten, Early Excellence und infans und dem religionspädagogischen Handlungskonzept der religionssensiblen Bildung sind eine notwendige Voraussetzung, um die religionssensible Bildung als (religions-) pädagogischen Bestandteil in die Konzeption einer Kindertageseinrichtung zu integrieren.

9.5 Religionssensible Bildung als elementarer Bestandteil der pädagogischen Konzeption von Kindertageseinrichtungen

In einem weiteren Schritt gilt es nun darzulegen, wie das religionspädagogische Handlungskonzept der religionssensiblen Bildung in die pädagogische Konzeption von Kindertageseinrichtungen integriert werden kann. Die pädagogische Konzeption ist – wie in Punkt 2.4.3 dieser Arbeit bereits beschrieben wurde – der individuelle Leitfaden einer Einrichtung für die pädagogische Arbeit der Erzieherinnen.[59] In ihr werden die Ziele, Werte, Einstellungen und Vorstellungen beschrieben, nach denen die Erzieherinnen ihre pädagogische Arbeit ausrichten. Die Erarbeitung einer Konzeption stellt einen nicht endenden Prozess dar, da die Konzeption immer wieder überprüft und fortgeschrieben werden muss.[60] Die folgenden vier Arbeitsschritte beschreiben eine mögliche Vorgehensweise zur Entwicklung einer pädagogischen Konzeption im Team: 1. Situationsanalyse, 2. Bedarfsanalyse, 3. Konzeptionserstellung, 4. Überprüfung der Konzeption.[61] Der erste Schritt der Situationsanalyse legt den Fokus einerseits auf die Rahmenbedingungen der Einrichtung, wie zum Beispiel Räume, die Zusammensetzung des Teams, die Öffnungszeiten usw. und andererseits auf die Lebensumstände der Familien. Die Situationsanalyse stellt insofern einen wichtigen Schritt dar, als dass sie dem Team bereits erste Hinweise geben kann, welches pädagogische Handlungskonzept für die Einrichtung aufgrund der vorgegebenen Rahmenbedingungen und Zielgruppen für ihre pädagogische Arbeit am besten geeignet ist. Die Bedarfsanalyse richtet den Blick dann auf die Bedürfnisse der beteiligten Personen, d.h. konkret die der Kinder, Eltern, Teammitglieder, Leitung und des Trägers. Auf der Grundlage der Situations- und Bedarfsanalyse trifft das Team die Entscheidung, nach welchem pädagogischen Handlungskonzept es seine pädagogische Arbeit ausrichtet. Nach diesen beiden Arbeitsschritten kann das Team auch entscheiden, nach welchem religionspädagogischen Handlungskonzept es seine pädagogische Arbeit ausrichtet. Eine systematische Darstellung der zahlreichen religionspädagogischen Ansätze findet sich in dem Artikel „Zum christlichen Glauben erziehen, spirituell begleiten oder multireligiös sprachfähig machen?"[62]. Die Entscheidung für ein pädagogisches und religionspädagogisches Handlungskonzept setzt voraus, dass die verschiedenen Ansätze mit ihrer jeweili-

---

59 Vgl. Pausewang und Strack-Rathke 2009, S. 151.
60 Vgl. Lorber 2010, S. 107.
61 Vgl. Lorber 2010, S. 106–107.
62 Habringer-Hagleitner 2009b

gen (religions-)pädagogischen Ausrichtung und ihren besonderen Merkmalen dem Team bekannt sind. Der nächste Schritt, die konkrete Erarbeitung einer Konzeption, bedeutet für das Team, dass es sich mit den persönlichen Zielen, Werten, Einstellungen und Vorstellungen auseinandersetzt, die jede Erzieherin persönlich für die Ausrichtung ihrer pädagogischen Arbeit hat, um einen Konsens zu finden für die gemeinsame Arbeit in der Einrichtung. Das jeweils gewählte pädagogische und religionspädagogische Handlungskonzept bietet hier die theoretische Grundlage für die Begründung der pädagogischen Ziele, Werte usw. Beim religionspädagogischen Handlungskonzept der religionssensiblen Bildung gilt es nun zu berücksichtigen, dass es sich als ein Handlungskonzept versteht, das ein Teil der Pädagogik ist. Das bedeutet, dass religiöse Bildung und Erziehung in der Konzeption nicht als ein extra Punkt aufgeführt wird, sondern als Aspekt in die pädagogischen Ziele, Werte, Einstellungen und Vorstellungen integriert und mit Hilfe des jeweiligen Handlungsgrundsatzes begründet wird. Eine Hilfe dazu bieten die in Punkt 9.4.1 aufgezeigten Anknüpfungspunkte zum pädagogischen Handlungskonzept Offener Kindergarten sowie die in Punkt 9.4.2 dargelegten Verbindungen zum pädagogischen Handlungskonzept Early Excellence. In den infans-Einrichtungen ersetzen die von den Erzieherinnen im Team (oder in Zusammenarbeit mit den Eltern) formulierten Erziehungs- und Handlungsziele die pädagogische Konzeption. Auch bei diesem Handlungskonzept geht es darum, nicht bloß gesonderte religiöse Handlungs- und Erziehungsziele für die religiöse Bildung und Erziehung zu formulieren, sondern die Aspekte der religiösen Bildung und Erziehung in die konkreten Erziehungs- und Handlungsziele zu integrieren und mit dem entsprechenden Handlungsgrundsatz der religionssensiblen Bildung zu begründen. Die Anknüpfungspunkte zwischen dem pädagogischen Handlungskonzept infans und dem religionspädagogischen Handlungskonzept der religionssensiblen Bildung sind im Punkt 9.4.3 dieser Arbeit aufgeführt. Auf diese Weise wird in allen Konzeptionen, die auf der Grundlage der drei diskutierten Handlungskonzepte erarbeitet oder überarbeitet werden, gewährleistet, dass die religiöse Bildung und Erziehung der Kinder einen integralen Bestandteil der pädagogischen Arbeit der Erzieherinnen darstellt, die in der pädagogischen Konzeption dargelegt ist. Der vierte Arbeitsschritt, die Überprüfung der Konzeption, hat schließlich zum Ziel, die Wirksamkeit der Konzeption und die Erreichbarkeit der Ziele immer wieder neu zu überprüfen und weiterzuentwickeln.[63] Die sechs Handlungsgrundsätze religionssensibler Bildung und Erziehung sind in diesem Kontext als Reflexionsfolie für Erzieherinnen zu verstehen, mit deren Hilfe sie die religiöse Bildung und Erziehung als ein Teil ihrer pädagogischen Praxis reflektieren und gegebenenfalls weiterentwickeln.

Im abschließenden Punkt 9.6 dieser Arbeit wird das religionspädagogische Handlungskonzept der religionssensiblen Bildung im Hinblick auf die elementarpädagogische Praxis perspektiviert.

---

63 Vgl. Lorber 2010, S. 106–107.

9.6   Ausblick: religionssensible Bildung in der Praxis

Die Multikulturalität und Vielfalt der Religionen und Weltanschauungen in der Gesellschaft spiegelt sich in den unterschiedlichen Religionszugehörigkeiten und Weltanschauungen der Kinder in den Kindertageseinrichtungen. Erzieherinnen sind vor die Aufgabe gestellt, religiöse Bildung und Erziehung in den Einrichtungen dieser Ausgangssituation entsprechend zu gestalten.[64] Trotz der zahlreichen religionspädagogischen Handlungskonzepte und Praxishilfen[65] hat sich in der vorliegenden Untersuchung gezeigt, dass Erzieherinnen ihr religionspädagogisches Handeln nicht auf der Basis eines religionspädagogischen Handlungskonzepts begründen. Auf der theoretischen Ebene ist der religionspädagogische Diskurs von der Theologie her bestimmt, während die wissenschaftliche Elementarpädagogik den Themenkomplex religiöse Bildung und Erziehung überwiegend ausspart.[66] In den in der Theologie erarbeiteten religionspädagogischen Handlungskonzepten finden die pädagogischen Handlungskonzepte der Elementarpädagogik bisher keine Berücksichtigung. Der gemeinsame Rahmenplan der Länder und die Einführung der Bildungs- und Erziehungspläne in den einzelnen Bundesländern zeigen, dass interkulturelle, -religiöse und religionspädagogische Kompetenzen zu einem Kennzeichen elementarpädagogischer Professionalität geworden sind.[67] Diese Ausgangssituation verdeutlicht die Notwendigkeit, ein religionspädagogisches Handlungskonzept zu entwickeln, das sich der Ausbildung der Erzieherinnen und Früh- bzw. Kindheitspädagoginnen entsprechend pädagogisch begründet. Als Vorlage dazu dient in der vorliegenden Arbeit das religionspädagogische Handlungskonzept der religionssensiblen Erziehung aus der Jugendhilfe, das für Erzieherinnen entwickelt wurde.[68] Auf dieser Grundlage wurden die sechs Handlungsgrundsätze auf die Elementarpädagogik übertragen und pädagogisch mit den herausgearbeiteten Gemeinsamkeiten und besonderen Merkmalen der diskutierten pädagogischen Handlungskonzepte Offener Kindergarten, Early Excellence und infans begründet. In der angeschlossenen empirischen Untersuchung konnte aufgezeigt werden, dass die interreligiöse und weltanschauliche Situation in den Kindertageseinrichtungen von den Erzieherinnen teilweise nicht berücksichtigt wird. Darüber hinaus ist ein weiteres Ergebnis der empirischen Untersuchung, dass die religionspädagogischen Angebote der teilnehmenden Beobachtung als religionssensibel zu klassifizieren sind, in denen die Verbindung des religionspädagogischen Handelns mit dem entsprechenden pädagogischen Handlungskonzept, nach dem die Einrichtung arbeitet, aufgezeigt werden kann. Daraus lässt sich schlussfolgern, dass die Religionspädagogik als ein Teil der Pädagogik in Kindertageseinrichtungen verstanden werden muss. Insofern

---

64 Vgl. Schweitzer et al. 2008.
65 Vgl. Habringer-Hagleitner 2006.
66 Vgl. Dommel 2007, S. 155.
67 Vgl. Lischke-Eisinger 2012, S. 26–27.
68 Vgl. Lechner und Gabriel 2009d.

stellt das religionspädagogische Handlungskonzept der religionssensiblen Bildung mit den sechs entwickelten Handlungsgrundsätzen nun ein Handlungskonzept für die Praxis zur Verfügung, das 1. die religiöse und weltanschauliche Pluralität in den Kindertageseinrichtungen zum Ausgangspunkt nimmt, 2. den pädagogischen Handlungskonzepten entsprechend vom Kind ausgeht und durch die pädagogische Begründung an diese anschlussfähig ist, 3. die Person der Erzieherin mit ihrer vertrauensvollen Beziehung zum Kind als Schlüssel für die religiöse Bildung und Erziehung ansieht und 4. den Anspruch erhebt, sowohl in Kindertageseinrichtungen konfessioneller als auch nicht konfessioneller Trägerschaft praktikabel zu sein. Der dem religionspädagogischen Handlungskonzept zugrunde gelegte dreistufige Religionsbegriff nach Lechner bietet Erzieherinnen die Möglichkeit, sich mit dem eigenen Religionsbegriff auseinanderzusetzen und lässt Offenheit und Akzeptanz gegenüber Erzieherinnen mit einem anderen Religionsverständnis zu. Durch die pädagogische Begründung der sechs Handlungsgrundsätze können Erzieherinnen, die selbst keinen (christlichen) Glauben haben, Kinder aus ihrer pädagogisch offenen Haltung heraus und durch ihre pädagogische Kompetenz in ihren religiösen und philosophischen Fragen sensibel begleiten. Auf diese Weise können das sechste Bildungs- und Entwicklungsfeld des baden-württembergischen Orientierungsplans, aber auch die anderen elf Bildungs- und Erziehungspläne der Bundesländer, in denen religiöse Bildung und Erziehung explizit erwähnt ist, in der Praxis in Einrichtungen konfessioneller und nicht konfessioneller Trägerschaft umgesetzt werden. Damit kann in allen Einrichtungen dem Recht des Kindes auf Religion nachgekommen werden. Die Kinder werden so mit ihren existenziellen, religiösen und philosophischen Themen, Fragen und Gefühlen nicht allein gelassen.[69] Zur Umsetzung in der Praxis ist es notwendig, das religionspädagogische Handlungskonzept der religionssensiblen Bildung in die pädagogische Konzeption zu integrieren. Mit Hilfe des gewählten pädagogischen und religionspädagogischen Handlungskonzepts werden in der Konzeption die Ziele, Werte, Vorstellungen und Einstellungen in der pädagogischen Arbeit der Erzieherinnen begründet. Religiöse Bildung und Erziehung wird dabei nicht als ein zusätzlicher Punkt aufgeführt, sondern als Aspekt in die pädagogischen Ziele, Werte, Einstellungen und Vorstellungen integriert und anhand des entsprechenden Handlungsgrundsatzes begründet. Auf diese Weise kann die religiöse Bildung und Erziehung in Kindertageseinrichtungen ein integraler Bestandteil der pädagogischen Arbeit von Erzieherinnen sein.

Zur Realisierung in der Praxis ist es notwendig, dass das religionspädagogische Handlungskonzept der religionssensiblen Bildung in der Praxis bekannt wird. Denn der hier vorliegenden Untersuchung zufolge werden religionspädagogische Handlungskonzepte in der Praxis wenig aufgegriffen. Zu der Frage, welche religionspädagogischen Handlungskonzepte in der Praxis bekannt sind und wo sie Anwendung finden, fehlen bislang noch empirische Studien.[70] Zur Verbreitung des

69 Vgl. Schweitzer 2000.
70 Vgl. Möller 2011, S. 27.

religionspädagogischen Handlungskonzepts der religionssensiblen Bildung in der Praxis ist die Integration des Ansatzes in die pädagogische Ausbildung an Fachschulen für Erzieherinnen und in das Studium der Früh- bzw. Kindheitspädagoginnen eine gute Möglichkeit. Dazu bedarf es entsprechender Fortbildungen für Fachschullehrerinnen und Fachschullehrer. Darüber hinaus können (religions-) pädagogische Fortbildungen für Erzieherinnen ein aussichtsreicher Weg sein, die religionssensible Bildung in der Praxis zu verbreiten.

Abbildungsverzeichnis

Abbildung 1: Zentrale Fokusse des Forschungsanliegens 24

Abbildung 2: Der dreistufige Religionsbegriff 59

Abbildung 3: Systematisierung der Bildungs- und Lernprozesse 72

Abbildung 4: Die Bildungs- und Erziehungsmatrix 130

Abbildung 5: Divergierende religionspädagogische Ansätze 144

Abbildung 6: Ablaufschema einer inhaltlich strukturierenden Inhaltsanalyse 177

Tabellenverzeichnis

Tabelle 1: Deduktive Kategorien für den Bereich ‚Elementarpädagogik' 178

Tabelle 2: Deduktive Kategorien für den Bereich ‚Religiöse Bildung
und Erziehung' 179

Tabelle 3: Deduktive Kategorien für den Bereich ‚Berufliches
Selbstverständnis der Erzieherinnen' 180

Tabelle 4: Induktiv entwickelte Kategorien 181

Tabelle 5: Verteilung der Kindertageseinrichtungen für die Interviews 187

Tabelle 6: Verteilung der Erzieherinnen für die Interviews 188

Tabelle 7: Verteilung der Kindertageseinrichtungen für die
Teilnehmenden Beobachtungen 190

Tabelle 8: Verteilung der Erzieherinnen für die Teilnehmenden
Beobachtungen 191

Literatur

Ackermann, Natalie (2011): Auf dem Weg zu einer Kinderstube der Demokratie – Erste Erfahrungen mit unserem Kinderrat. In: Gerhard Regel (Hg.): Offener Kindergarten konkret in seiner Weiterentwicklung. Aus der Praxis für die Praxis – 20 Jahre später. Berlin: EB-Verlag, S. 84–96.

Aden-Grossmann, Wilma (2011): Der Kindergarten Geschichte – Entwicklung – Konzepte. Online-Ausgabe. Weinheim: Beltz.

Andres, Beate (2002): Und woran würde ich merken, dass …? In: Hans-Joachim Laewen und Beate Andres (Hg.): Bildung und Erziehung in der frühen Kindheit. Bausteine zum Bildungsauftrag von Kindertageseinrichtungen. Weinheim: Beltz, S. 341–433.

Andres, Beate (2003): Beobachtung und fachlicher Diskurs. In: Hans-Joachim Laewen (Hg.): Forscher, Künstler, Konstrukteure. Werkstattbuch zum Bildungsauftrag von Kindertageseinrichtungen. Weinheim: Beltz, S. 100–108.

Andres, Beate; Laewen, Hans-Joachim (2003): Arbeitsblätter. In: Hans-Joachim Laewen (Hg.): Forscher, Künstler, Konstrukteure. Werkstattbuch zum Bildungsauftrag von Kindertageseinrichtungen. Weinheim: Beltz, S. 109–197.

Andres, Beate; Laewen, Hans-Joachim (2010): infans – Wir über uns. Online verfügbar unter http://www.infans.net/pdf/Wir-ueber-uns.pdf, zuletzt aktualisiert am 10.02.2010, zuletzt geprüft am 22.06.2013.

Andres, Beate; Laewen, Hans-Joachim (2011): Das infans-Konzept der Frühpädagogik. Bildung und Erziehung in Kindertagesstätten. Weimar: Verlag das Netz.

Angel, Hans-Ferdinand (2002): Was ist Religiosität? In: *Theo Web Zeitschrift für Religionspädagogik* (1), S. 7–16. Online verfügbar unter http://www.theo-web.de/zeitschrift/ausgabe-2002-01/angel02-1-2.pdf, zuletzt geprüft am 14.01.2014.

Arbeitsgemeinschaft für Kinder- und Jugendhilfe (2012): Herausforderungen des Deutschen Qualifikationsrahmens (DQR) für die Kinder- und Jugendhilfe. Stellungnahme der Arbeitsgemeinschaft für Kinder- und Jugendhilfe – AGJ, S. 1–13. Online verfügbar unter http://www.agj.de/fileadmin/files/positionen/2012/DQR.pdf, zuletzt geprüft am 12.02.2014.

Arbeitskreis Deutscher Qualifikationsrahmen (AK DQR) (2011): Deutscher Qualifikationsrahmen für lebenslanges Lernen, S. 1–21. Online verfügbar unter http://www.deutscherqualifikationsrahmen.de/.

Arnold, Cath (2013): Was wir aus Beobachtung lernen können. Online verfügbar unter http://www.early-excellence.de/binaries/addon/183_cath_arnold.pdf, zuletzt aktualisiert am 22.04.2013, zuletzt geprüft am 09.06.2013.

Austen, Georg; Micheel, Matthias (2014): Missionarisch-diakonische Projekte an Alltagsorten und zu besonderen pastoralen Gelegenheiten. In: George Augustin, Sonja Sailer-Pfister und Klaus Vellguth (Hg.): Christentum im Dialog. Freiburg i. Br.: Herder (Theologie im Dialog, 12), S. 405–420.

Baden-Württemberg, Ministerium für Kultus Jugend und Sport (2004): Bildungsplan Grundschule 2004. Online verfügbar unter http://www.bildung-staerkt-menschen.de/service/downloads/Bildungsplaene/Grundschule/Grundschule_Bildungsplan_Gesamt.pdf, zuletzt aktualisiert am 05.02.2004, zuletzt geprüft am 27.03.2012.

Baden-Württemberg, Ministerium für Kultus Jugend und Sport (2006): Orientierungsplan für Bildung und Erziehung für die baden-württembergischen Kindergärten. Pilotphase. Berlin: Cornelsen Scriptor.

Baden-Württemberg Ministerium für Kultus, Jugend und Sport (2011): Orientierungsplan für Bildung und Erziehung in baden-württembergischen Kindergärten und weiteren Kindertageseinrichtungen. Online verfügbar unter http://www.kultusportal-bw.de/servlet/PB/show/1285728/KM_KIGA_Orientierungsplan_2011.pdf, zuletzt aktualisiert am 07.05.2011, zuletzt geprüft am 30.04.2013.

Balluseck, Hilde von; Metzner, Helga; Schmitt-Wenkebach, Barbara (2003): Ausbildung von Erzieherinnen und Erziehern in der Fachhochschule. In: Wassilios E. Fthenakis (Hg.): Elementarpädagogik nach PISA. Wie aus Kindertagesstätten Bildungseinrichtungen werden können. 4. Aufl. Freiburg im Breisgau, Basel, Wien: Herder, S. 317–331.

Bamler, Vera; Schönberger, Ina; Wustmann, Cornelia (Hg.) (2010a): Lehrbuch Elementarpädagogik. Theorien, Methoden und Arbeitsfelder. Weinheim: Juventa-Verlag.

Bamler, Vera; Werner, Jillian; Wustmann, Cornelia (2010b): Lehrbuch Kindheitsforschung. Grundlagen, Zugänge und Methoden. Weinheim: Juventa-Verlag.

Bayerisches Staatsministerium für Arbeit und Sozialordnung, Familie und Frauen &. Staatsinstitut für Frühpädagogik (Hg.) (2012): Der Bayerische Bildungs- und Erziehungsplan für Kinder in Tageseinrichtungen bis zur Einschulung. 5. Aufl. Berlin: Cornelsen.

Becker-Stoll, Fabienne (2011): WiFF – Die Weiterbildungsinitiative frühpädagogische Fachkräfte als Innovationsoffensive im Feld der Frühpädagogik. Online verfügbar unter http://psycontent.metapress.com/content/5570g185jr3138j7/fulltext.pdf, zuletzt geprüft am 22.09.2012.

Becker-Textor, Ingeborg (1999): Überlegungen zu einer neuen Fachlichkeit. Ansätze zu Veränderungen in der Erzieherinnenausbildung. In: Renate Thiersch, Dieter Höltershinken und Karl Neumann (Hg.): Die Ausbildung der Erzieherinnen. Entwicklungstendenzen und Reformansätze. Weinheim, München: Juventa-Verlag, S. 156–162.

Becker-Textor, Ingeborg (2012): Vom Sinn und Unsinn von Konzepten. Hg. v. Martin R. Textor. Online verfügbar unter http://www.kindergartenpaedagogik.de/1020.html, zuletzt aktualisiert am 30.08.2012, zuletzt geprüft am 27.02.2013.

Bederna, Katrin (2009a): Mystagogie in der Kita. In: Katrin Bederna und Hildegard König (Hg.): Wohnt Gott in der Kita? Religionssensible Erziehung in Kindertageseinrichtungen. Berlin: Cornelsen Scriptor, S. 82–95.

Bederna, Katrin (2009b): Religionssensible Erziehung – Bedeutung für die Frühpädagogik. In: Katrin Bederna und Hildegard König (Hg.): Wohnt Gott in der Kita? Religionssensible Erziehung in Kindertageseinrichtungen. Berlin: Cornelsen Scriptor, S. 13–28.

Bederna, Katrin (2009c): Weisheitliches Theologisieren mit Kindern. In: Katrin Bederna und Hildegard König (Hg.): Wohnt Gott in der Kita? Religionssensible Erziehung in Kindertageseinrichtungen. Berlin: Cornelsen Scriptor, S. 68–81.

Bederna, Katrin; König, Hildegard (Hg.) (2009): Wohnt Gott in der Kita? Religionssensible Erziehung in Kindertageseinrichtungen. Berlin: Cornelsen Scriptor.

Beek, Angelika von der; Schäfer, Gerd E.: Die „hundert Sprachen" der Kinder. In: *Betrifft Kinder* 2013 (05), S. 6–15.

Beer, Peter (2003): Kinderfragen als Wegmarken religiöser Erziehung. ein Entwurf für religionspädagogisches Arbeiten im Elementarbereich. München: Don Bosco (Benediktbeurer Studien).

Beer, Peter (2005): Wozu brauchen Erzieherinnen Religion? Ein Arbeitsbuch für Ausbildung und Praxis. München: Don Bosco.

Biener, Bernhard: Umbenennung des Martinsfestes: Sonne, Mond und Sterne. In: *Frankfurter Allgemeine Zeitung*. Online verfügbar unter http://www.faz.net/aktuell/gesellschaft/umbenennung-des-martinsfestes-sonne-mond-und-sterne-12654476.html, zuletzt geprüft am 15.02.2014.

Biesinger, Albert (2012): Kinder nicht um Gott betrügen. Warum religiöse Erziehung so wichtig ist. 15. Aufl. Freiburg im Breisgau, Basel, Wien: Herder.

Biesinger, Albert; Edelbrock, Anke (Hg.) (2011): Auf die Eltern kommt es an! Interreligiöse und interkulturelle Bildung in der Kita. Münster, München, Berlin: Waxmann.

Biesinger, Albert; Schweitzer, Friedrich (2013): Religionspädagogische Kompetenzen. Zehn Zugänge für pädagogische Fachkräfte in Kitas. Unter Mitarbeit von Friedrich Schweitzer. Freiburg im Breisgau, Basel, Wien: Herder.

Bischöfliches Ordinariat (Hg.) (2010): Religion erLeben. Die religionspädagogische Rahmenkonzeption für die Kindergärten in der Diözese Rottenburg-Stuttgart. Online verfügbar unter http://www.drs.de/fileadmin/HAVI/Kindergarten/Broschuere_Religion_erleben.pdf, zuletzt aktualisiert am 29.10.2010, zuletzt geprüft am 13.09.2012.

Blumer, Herbert (1973): Der methodologische Standort des symbolischen Interaktionismus. In: Arbeitsgruppe Bielefelder Soziologen (Hg.): Alltagswissen, Interaktion und gesellschaftliche Wirklichkeit. Reinbek bei Hamburg: Rowohlt.

BMBF / DIPF: Zur Entwicklung nationaler Bildungsstandards. Expertise. Online verfügbar unter http://www.bmbf.de/pub/zur_entwicklung_nationaler_bildungsstandards.pdf, zuletzt geprüft am 10.03.2014.

Bongard, Bruno; Schwarzkopf, Franz (2000): Viele Ideen, ein Profil. Methoden der Leitbildentwicklung und Zielbestimmung für engagierte Teams. Unter Mitarbeit von Franz Schwarzkopf. München: Don Bosco.

Boschki, Reinhold (2007): Der phänomenologische Blick: „Vierschritt" statt „Dreischritt" in der Religionspädagogik. In: Reinhold Boschki (Hg.): Junge Wissenschaftstheorie der Religionspädagogik. Berlin, Münster: LIT, S. 25–47.

Bostelmann, Antje; Fink, Michael (2007): Pädagogische Prozesse im Kindergarten – Planung, Umsetzung, Evaluation. Unter Mitarbeit von Michael Fink. 2. Aufl. Berlin, Düsseldorf, Mannheim: Cornelsen Scriptor.

Brockschnieder, Franz-Josef (2010): Reggio-Pädagogik – ein innovativer Ansatz aus Italien. Baltmannsweiler: Schneider-Verlag Hohengehren.

Bundesministerium für Bildung und Forschung (Hg.) (2007): Auf den Anfang kommt es an: Perspektiven für eine Neuorientierung frühkindlicher Bildung. Online verfügbar unter http://www.bmbf.de/pub/bildungsreform_band_16.pdf, zuletzt geprüft am 29.07.2013.

Bundesministerium für Familie, Senioren Frauen und Jugend (2007): Männliche Fachkräfte in Kindertagesstätten. Eine Studie zur Situation von Männern in Kindertagesstätten und in der Ausbildung zum Erzieher. Online verfügbar unter http://www.bmfsfj.de/RedaktionBMFSFJ/Broschuerenstelle/Pdf-Anlagen/maennliche-fachkraefte-kitas,property=pdf,bereich=bmfsfj,sprache=de,rwb=true.pdf, zuletzt geprüft am 03.12.2013.

Bundesministerium für Familie, Senioren Frauen und Jugend (Hg.) (2005): Zwölfter Kinder und Jugendbericht. Bericht über die Lebenssituation junger Menschen und die Leistungen der Kinder und Jugendhilfe in Deutschland. Online verfügbar unter http://www.bmfsfj.de/doku/Publikationen/kjb/data/download/kjb_060228_ak3.pdf, zuletzt aktualisiert am 22.11.2005, zuletzt geprüft am 19.09.2012.

Burdorf-Schulz, Jutta (2007): ‚Ein Ziel – unterschiedliche Wege' – Eltern in die Lernprozesse ihrer Kinder einbeziehen. In: Sabine Hebenstreit-Müller und Annette Lepenies (Hg.): Early Excellence: der positive Blick auf Kinder, Eltern und Erzieherinnen. Neue Studien zu einem Erfolgsmodell. Berlin: Dohrmann, S. 87–108.

Burdorf-Schulz, Jutta; Müller, Renate (2004): Das Pen Green Centre in Corby, U.K., und der Aufbau des ersten Early Excellence Centres in Berlin. In: Sabine Hebenstreit-Müller und Barbara Kühnel (Hg.): Kinderbeobachtung in Kitas. Erfahrungen und Methoden im ersten Early Excellence Centre in Berlin. Berlin: Dohrmann, S. 15–28.

Caritasverband für die Erzdiözese Freiburg e.V. (Hg.) (2000): Arbeitshilfe Leitbild katholischer Tageseinrichtungen für Kinder in der Erzdiözese Freiburg.

Cloos, Peter; Oehlmann, Sylvia; Hundertmark, Maren (2013a): Vertikale Durchlässigkeit in der Ausbildung von Erzieherinnen in Niedersachsen. Ein Transferprojekt. In: Peter Cloos, Sylvia Oehlmann und Maren Hundertmark (Hg.): Von der Fachschule in die Hochschule. Modularisierung und vertikale Durchlässigkeit in der kindheitspädagogischen Ausbildung. Wiesbaden: Springer VS, S. 21–44.

Cloos, Peter; Oehlmann, Sylvia; Hundertmark, Maren (Hg.) (2013b): Von der Fachschule in die Hochschule. Modularisierung und vertikale Durchlässigkeit in der kindheitspädagogischen Ausbildung. Wiesbaden: Springer VS.

Das Diakonische Werk der Evangelischen Landeskirchen in Baden e.V. u.a (Hg.) (2012): Arbeitshilfe Religionen in der Kita. Impulse zum Zusammenleben in religiöser Vielfalt. Online verfügbar unter http://kita.zentrumbildung-ekhn.de/fileadmin/kita/Religion/Arbeitshilfe_Religionen_in_der_Kita_2012.pdf, zuletzt geprüft am 02.11.2013.

Das Ministerium für Bildung, Jugend und Sport des Landes Brandenburg (ohne Jahr): Grundsätze elementarer Bildung in Einrichtungen der Kindertagesbetreuung im Land Brandenburg. Gemeinsame Erklärung zu Grundsätzen elementarer Bildung in Einrichtungen der Kindertagesbetreuung im Land Brandenburg. Online verfügbar unter http://www.mbjs.brandenburg.de/media/lbm1.c.312232.de, zuletzt geprüft am 30.04.2013.

Das Ministerium für Familie, Kinder Jugend Kultur und Sport Landes Nordrhein-Westfalen; Ministerium für Schule und Weiterbildung des Landes Nordrhein-Westfalen (2011): Kinder. Mehr Chancen durch Bildung von Anfang an – Entwurf. Grundsätze zur Bildungsförderung für Kinder von 0 bis 10 Jahren in Kindertageseinrichtungen und Schulen im Primarbereich in Nordrhein-Westfalen. Online verfügbar unter http://www.bildungsgrundsaetze.nrw.de/fileadmin/dateien/PDF/Mehr_Chancen_durch_Bildung.pdf, zuletzt aktualisiert am 04.08.2011, zuletzt geprüft am 30.04.2013.

Deutsches Institut für Internationale Pädagogische Forschung (DIPF): Bildungspläne der Bundesländer für die frühe Bildung in Kindertageseinrichtungen – Deutscher Bildungsserver. Online verfügbar unter http://www.bildungsserver.de/Bildungsplaene-der-Bundeslaender-fuer-die-fruehe-Bildung-in-Kindertageseinrichtungen-2027.html, zuletzt geprüft am 30.04.2013.

Deutsches Jugendinstitut e.V.: WiFF: Ziele. Online verfügbar unter http://www.weiterbildungsinitiative.de/ueber-wiff/ziele.html, zuletzt geprüft am 19.09.2013.

Dewey, John (2008): Experience and education. 26. Aufl. New York: Touchstone.

Dieken, Christel van (2004): Lernwerkstätten und Forscherräume in Kita und Kindergarten. Freiburg im Breisgau, Basel, Wien: Herder.

Diözese Rottenburg-Stuttgart (Hg.) (2008): Rottenburger Kindergartenplan. Zur Situation und Profilierung der katholischen Kindergärten in der Diözese Rottenburg-Stuttgart.

Diözese Rottenburg-Stuttgart u.a. (Hg.) (2011): „Sinn, Werte und Religion" in Kindertageseinrichtungen. Ein Beitrag zur Umsetzung des Orientierungsplans.

Dippelhofer-Stiem, Barbara; Kahle, Irene (1995): Die Erzieherin im evangelischen Kindergarten: empirische Analysen zum professionellen Selbstbild des pädagogischen Personals, zur Sicht der Kirche und zu den Erwartungen der Eltern. Bielefeld: Kleine.

Dollase, Rainer: Offene Arbeit – was heißt das überhaupt? In: *Welt des Kindes. Die Fachzeitschrift für Kindertageseinrichtungen* (Heft 5 September/Oktober 2011), S. 10–13.

Dommel, Christa (2007): Religions-Bildung im Kindergarten in Deutschland und England. Vergleichende Bildungsforschung für frühkindliche Pädagogik aus religionswissenschaftlicher Perspektive. Frankfurt am Main: Iko.

Dommel, Christa (2009): Kinder als interreligiöse Religionsforscher. In: Katrin Bederna und Hildegard König (Hg.): Wohnt Gott in der Kita? Religionssensible Erziehung in Kindertageseinrichtungen. Berlin: Cornelsen Scriptor, S. 95–111.

Dresing, Thorsten; Pehl, Thorsten (2011): Praxishandbuch Transkription. Regelsysteme, Software und praktische Anleitung für qualitative ForscherInnen. Online verfügbar unter http://www.audiotranskription.de/Praxisbuch-Transkription.pdf, zuletzt aktualisiert am 25.11.2011, zuletzt geprüft am 19.06.2012.

Duden (2013): | Haltung | Rechtschreibung, Bedeutung, Definition, Synonyme, Herkunft. Online verfügbar unter http://www.duden.de/rechtschreibung/Haltung, zuletzt aktualisiert am 04.07.2013, zuletzt geprüft am 04.07.2013.

Durand, Judith; Eden, Hilke; Staege, Roswitha (Hg.) (2011): Kita-Praxis als Lernkultur. Eine Evaluation von Early Excellence Zentren des Pestalozzi-Fröbel-Hauses. Unter Mitarbeit von Hilke Eden und Roswitha Staege. Berlin: Dohrmann.

Dürr, Heide (2011): Vorwort. In: Judith Durand, Hilke Eden und Roswitha Staege (Hg.): Kita-Praxis als Lernkultur. Eine Evaluation von Early Excellence Zentren des Pestalozzi-Fröbel-Hauses. Unter Mitarbeit von Hilke Eden und Roswitha Staege. Berlin: Dohrmann, S. 9–11.

Ebert, Sigrid (2003): Zur Reform der Erzieher/innenausbildung. In: Wassilios E. Fthenakis (Hg.): Elementarpädagogik nach PISA. Wie aus Kindertagesstätten Bildungseinrichtungen werden können. 4. Aufl. Freiburg im Breisgau, Basel, Wien: Herder, S. 332–351.

Ebert, Sigrid (2006): Erzieherin – ein Beruf im Spannungsfeld von Gesellschaft und Politik. Freiburg im Breisgau: Herder.

Ebert, Sigrid (2012): Von der Kindergärtnerin zur Kindheitspädagogin. Die Geschichte eines Frauenberufs in vier Etappen. In: Deutsches Jungendinstitut e.V. (Hg.): DJI Impulse. Das Bulletin des Deutschen Jungendinstitus (98), S. 30–32.

Edelbrock, Anke; Biesinger, Albert; Schweitzer, Friedrich (Hg.) (2012): Religiöse Vielfalt in der Kita. So gelingt interreligiöse und interkulturelle Bildung in der Praxis. Berlin: Cornelsen.

Edelbrock, Anke; Schweitzer, Friedrich; Biesinger, Albert (Hg.) (2010): Wie viele Götter sind im Himmel? Religiöse Differenzwahrnehmung im Kindesalter. Münster: Waxmann.

Erzdiözese München und Freising (Hg.) (2010): Sich sicher bewegen in der religiösen Vielfalt. Online verfügbar unter http://www.kita-religionspaedagogik.de/fileadmin/ Redaktion/Dokumente/Sich_sicher_bewegen_Treitner.pdf?PHPSESSID=5e9116c4 ad54442a7a537aa42e6f9cc0, zuletzt aktualisiert am 06.10.2010, zuletzt geprüft am 04.08.2013.

Evangelische Landeskirche in Baden; Diakonisches Werk Baden: Das Profil evangelischer Kindertageseinrichtungen in Baden.

Feininger, Bernd (2006): Pädagogische Hochschulen und ihre Religionspädagogik – Anschlussfähig im Elementarbereich? In: Matthias Hugoth und Dagmar Wolf (Hg.): Anschlussfähig und bildungsstark. Anforderungen an die religionspädagogische Praxis in katholischen Kindertageseinrichtungen; Dokumentation der Religionspädagogischen Jahrestagung 2005. Freiburg im Breisgau: Verband Katholischer Tageseinrichtungen für Kinder (KTK) – Bundesverband e.V, S. 38–57.

Feininger, Bernd (2008): Interreligiöses Lernen als ein Feld des Lernens an Differenzen. In: Renate Kirchhoff und Hartmut Rupp (Hg.): Religiöse und philosophische Bildung. Grundlagen für das Studium der Frühpädagogik. Freiburg im Breisgau: FEL-Verlag.

Fleck, Carola (2011): Religiöse Bildung in der Frühpädagogik. Münster, Berlin: LIT.

Fleck, Carola; Leimgruber, Stephan (2011): Interreligiöses Lernen in der Kita. Grundwissen und Arbeitshilfen für Erzieher-innen. Troisdorf: Bildungsverlag EINS.

Flick, Uwe (2008): Design und Prozess qualitativer Forschung. In: Uwe Flick, Ernst von Kardorff und Ines Steinke (Hg.): Qualitative Forschung. Ein Handbuch. 6. Aufl. Reinbek bei Hamburg: Rowohlt-Taschenbuch-Verlag, S. 252–265.

Flick, Uwe (2010): Qualitative Sozialforschung. Eine Einführung. 3. Aufl. Reinbek bei Hamburg: Rowohlt-Taschenbuch-Verlag.

Flick, Uwe; Kardorff, Ernst von; Steinke, Ines (2008): Was ist qualitative Forschung? Einleitung und Überblick. In: Uwe Flick, Ernst von Kardorff und Ines Steinke (Hg.): Qualitative Forschung. Ein Handbuch. 6. Aufl. Reinbek bei Hamburg: Rowohlt-Taschenbuch-Verlag, S. 13–29.

Fowler, James W. (1991): Stufen des Glaubens. Die Psychologie der menschlichen Entwicklung und die Suche nach Sinn. Gütersloh: Gütersloher Verlagshaus Gerd Mohn.

Franz, Margit (2010): Hauptsache Wertebildung. Mit Kindern Werte erleben und entwickeln. München: Don Bosco.

Freinet, Elise; Jörg, Hans (2009): Erziehung ohne Zwang. Der Weg Célestin Freinets. 3. Aufl. Stuttgart: Klett-Cotta.

Freitag, Christine (2011): Religionssensible Schulkultur aus erziehungswissenschaftlicher Sicht. In: Gudrun Guttenberger (Hg.): Religionssensible Schulkultur. Jena: IKS Garamond (Edition Paideia), S. 285–294.

Freund, Ulrike; Roßbach, Hans-Günther (2011): Das Projekt KiDZ – Kindergarten der Zukunft in Bayern. Effekte eines Modellprojekts zur Verbesserung der bereichsspezifischen Förderqualität im Kindergarten. In: Sylvia Oehlmann (Hg.): Frühpädagogische Übergangsforschung. Von der Kindertageseinrichtung in die Grundschule. Weinheim, München: Juventa-Verlag, S. 79–92.

Friebertshäuser, Barbara; Langer, Antje (2013): Interviewformen und Interviewpraxis. In: Barbara Friebertshäuser (Hg.): Handbuch qualitative Forschungsmethoden in der Erziehungswissenschaft. 4. Aufl. Weinheim, München: Beltz Juventa, S. 437–455.

Fried, Lilian (2005): Wissen als wesentliche Konstituente der Lerndisposition junger Kinder. Theorie, Empirie und pädagogische Schlussfolgerungen. Expertise im Auftrag des Deutschen Jugendinstituts. Online verfügbar unter http://www.dji.de/fileadmin/user_upload/bibs/320_5488_Fried.pdf, zuletzt geprüft am 10.03.2014.

Fried, Lilian; Dippelhofer-Stiem, Barbara; Honig, Michael-Sebastian; Liegle, Ludwig (Hg.) (2012): Pädagogik der frühen Kindheit. Weinheim, Basel: Beltz.

Fröhlich-Gildhoff, Klaus; Nentwig-Gesemann, Iris; Pietsch, Stefanie (Hg.) (2011): Kompetenzorientierung in der Qualifizierung frühpädagogischer Fachkräfte. Eine Expertise der Weiterbildungsinitiative Frühpädagogische Fachkräfte (WiFF). München: DJI. Online verfügbar unter http://www.weiterbildungsinitiative.de/uploads/media/WiFF_Expertise_Nr_19_Froehlich_Gildhoff_ua_Internet__PDF.pdf.

Fthenakis, Wassilios E.: Vorwort. In: Bundesministerium für Bildung und Forschung (Hg.) (2007): Auf den Anfang kommt es an: Perspektiven für eine Neuorientierung frühkindlicher Bildung, S. 2–9.

Fthenakis, Wassilios E. (Hg.) (2003a): Elementarpädagogik nach PISA. Wie aus Kindertagesstätten Bildungseinrichtungen werden können. 4. Aufl. Freiburg im Breisgau, Basel, Wien: Herder.

Fthenakis, Wassilios E. (2003b): Zur Neukonzeptualisierung von Bildung in der frühen Kindheit. In: Wassilios E. Fthenakis (Hg.): Elementarpädagogik nach PISA. Wie aus Kindertagesstätten Bildungseinrichtungen werden können. 4. Aufl. Freiburg im Breisgau, Basel, Wien: Herder, S. 18–37.

Gabriel, Angelika (2009): „Feste, die weiterwirken" – religionssensible Gestaltung von Festen in der Kita. In: Katrin Bederna und Hildegard König (Hg.): Wohnt Gott in der Kita? Religionssensible Erziehung in Kindertageseinrichtungen. Berlin: Cornelsen Scriptor, S. 201–208.

Gadamer, Hans-Georg (1990): Hermeneutik I. Wahrheit und Methode. Grundzüge einer philosophischen Hermeneutik. Tübingen: Mohr (Gesammelte Werke, 1).

Gardner, Howard (Hg.) (2011): Frames of mind. The theory of multiple intelligences. New York: Basic Books.

Gerhold, Brigitte; Hebenstreit-Müller, Sabine; Kühnel, Barbara (2004): Ein Funke springt über – erste Annäherungen an ein neues pädagogisches Konzept. In: Sabine Hebenstreit-Müller und Barbara Kühnel (Hg.): Kinderbeobachtung in Kitas. Erfahrungen und Methoden im ersten Early Excellence Centre in Berlin. Berlin: Dohrmann, S. 10–14.

Gisbert, Kristin (2003): Wie Kinder das Lernen lernen. Vermittlung lernmethodischer Kompetenzen. In: Wassilios E. Fthenakis (Hg.): Elementarpädagogik nach PISA. Wie aus Kindertagesstätten Bildungseinrichtungen werden können. 4. Aufl. Freiburg im Breisgau, Basel, Wien: Herder, S. 78–105.

Gläser, Jochen (2010): Experteninterviews und qualitative Inhaltsanalyse als Instrumente rekonstruierender Untersuchungen. Unter Mitarbeit von Grit Laudel. 4. Aufl. Wiesbaden: VS Verlag für Sozialwissenschaften.

Goodreads Inc: Quote by Ralph Waldo Emerson: Our best thoughts come from others. Online verfügbar unter http://www.goodreads.com/quotes/57593-our-best-thoughts-come-from-others, zuletzt geprüft am 08.01.2014.

Groot-Wilken, Bernd (2009): Konzeptionsentwicklung in der KiTa. Vorbereiten – planen – durchführen; mit Checklisten und Kopiervorlagen. Freiburg im Breisgau: Herder.

Grossmann, Klaus E.; Bowlby, John u.a (Hg.) (2003): Bindung und menschliche Entwicklung. John Bowlby Mary Ainsworth und die Grundlagen der Bindungstheorie. Stuttgart: Klett-Cotta.

Grümme, Bernhard (2012): Menschen bilden? Eine religionspädagogische Anthropologie. Freiburg, Basel, Wien: Herder.

Gudjons, Herbert (1997): Pädagogisches Grundwissen. Überblick – Kompendium – Studienbuch. 5., durchges. u. erg. Aufl. Bad Heilbrunn: Klinkhardt.

Guggemos, Claudia (2009): Interreligiöses Lernen in der Kita – Ergebnisse eines empirischen Forschungsprojekts. In: Katrin Bederna und Hildegard König (Hg.): Wohnt Gott in der Kita? Religionssensible Erziehung in Kindertageseinrichtungen. Berlin: Cornelsen Scriptor, S. 111–128.

Guttenberger, Gudrun (Hg.) (2011a): Religionssensible Schulkultur. Jena: IKS Garamond (Edition Paideia).

Guttenberger, Gudrun (2011b): Religionssensible Schulkultur. In: Gudrun Guttenberger (Hg.): Religionssensible Schulkultur. Jena: IKS Garamond (Edition Paideia), S. 31–50.

Guttenberger, Gudrun; Schroeter-Wittke, Harald (2010): Flyer „Religionssensible Schulkultur". Online verfügbar unter http://f5.hs-hannover.de/fileadmin/media/doc/f5/studium/abteilung_religionspaedagogik/bachelor_religionspaedagogik/2010_religionssensible_schulkultur_dd.pdf, zuletzt aktualisiert am 11.10.2010, zuletzt geprüft am 12.02.2014.

Habringer-Hagleitner, Silvia (2006): Zusammenleben im Kindergarten. Modelle religionspädagogischer Praxis. Stuttgart: Kohlhammer.

Habringer-Hagleitner, Silvia (2009a): Gut zusammen leben: Wahrnehmen, lieben und verändern, was ist. In: Katrin Bederna und Hildegard König (Hg.): Wohnt Gott in der Kita? Religionssensible Erziehung in Kindertageseinrichtungen. Berlin: Cornelsen Scriptor, S. 50–60.

Habringer-Hagleitner, Silvia (2009b): Zum christlichen Glauben erziehen, spirituell begleiten oder multireligiös sprachfähig machen? In: Werner Gatzweiler (Hg.): „Und er stellte ein Kind in die Mitte". Bausteine eines integrativen Bildungs- und Erziehungsverständnisses. Dokumentation der Religionspädagogischen Jahrestagung

2008. Freiburg: Verband Katholischer Tageseinrichtungen für Kinder (KTK) – Bundesverband e.V, S. 17–26.

Häcker, Hartmut; Dorsch, Friedrich; Becker-Carus, Christian (Hg.) (2009): Dorsch psychologisches Wörterbuch. 15. Aufl. Bern: Huber.

Hamburg – Behörde für Arbeit, Soziales Familie und Integration (2012): Hamburger Bildungsempfehlungen für die Bildung und Erziehung von Kindern in Tageseinrichtungen. Online verfügbar unter http://www.hamburg.de/content blob/118066/data/bildungsempfehlungen.pdf, zuletzt aktualisiert am 21.12.2012, zuletzt geprüft am 30.04.2013.

Hammes-Di Bernardo, Eva; Daveri, Livia (Hg.) (2011): Diversität. Ressource und Herausforderung für die Pädagogik der frühen Kindheit. Weimar, Berlin: Verlag das Netz.

Hartmann, Susanne u.a (Hg.) (2007): Gemeinsam für das Kind – Erziehungspartnerschaft und Elternbildung im Kindergarten. Erfahrungen aus dem Projekt „Stärkung der Erziehungskraft der Familie durch und über den Kindergarten". Weimar, Berlin: Verlag das Netz.

Haslinger, Herbert (1999a): Die wissenschaftstheoretische Frage nach der Praxis. In: Herbert Haslinger (Hg.): Handbuch praktische Theologie. Mainz: Matthias-Grünewald-Verlag, S. 102–121.

Haslinger, Herbert (Hg.) (1999b): Handbuch praktische Theologie. Mainz: Matthias-Grünewald-Verlag.

Hayward, Kate; Cummings, Annette (2007): Philosophieren mit Kindern. Das Entstehen einer Lerngemeinschaft von Kindern, Eltern und Erzieherinnen in der Pen Green Nursery. In: Sabine Hebenstreit-Müller und Annette Lepenies (Hg.): Early Excellence: der positive Blick auf Kinder, Eltern und Erzieherinnen. Neue Studien zu einem Erfolgsmodell. Berlin: Dohrmann, S. 63–86.

Hebenstreit-Müller, Sabine (2007): Early Excellence: eine Strategie zur Verknüpfung von Praxis, Forschung und Ausbildung. In: Sabine Hebenstreit-Müller und Annette Lepenies (Hg.): Early Excellence: der positive Blick auf Kinder, Eltern und Erzieherinnen. Neue Studien zu einem Erfolgsmodell. Berlin: Dohrmann, S. 13–28.

Hebenstreit-Müller, Sabine (2010): Vorwort. In: Kathy Sylva (Hg.): Frühe Bildung zählt. Das Effective Pre-school and Primary Education Project (EPPE) und das Sure Start Programm. Berlin: Dohrmann, S. 9–11.

Hebenstreit-Müller, Sabine (2013): Beobachten lernen – das Early Excellence Modell. Berlin: Dohrmann.

Hebenstreit-Müller, Sabine; Kühnel, Barbara (Hg.) (2004): Kinderbeobachtung in Kitas. Erfahrungen und Methoden im ersten Early Excellence Centre in Berlin. Berlin: Dohrmann.

Hebenstreit-Müller, Sabine; Lepenies, Annette (Hg.) (2007): Early Excellence: der positive Blick auf Kinder, Eltern und Erzieherinnen. Neue Studien zu einem Erfolgsmodell. Berlin: Dohrmann.

Heck, Anne (2002): Wie sichern Erzieherinnen ihre – berufliche – Identität? In: Hans-Joachim Laewen und Beate Andres (Hg.): Bildung und Erziehung in der frühen Kindheit. Bausteine zum Bildungsauftrag von Kindertageseinrichtungen. Weinheim: Beltz, S. 329–340.

Heiland, Helmut (2002): Friedrich Wilhelm August Fröbel (1782–1852). Baltmannsweiler: Schneider-Verlag Hohengehren (Basiswissen Pädagogik. Historische Pädagogik. 5).

Helfferich, Cornelia (2004): Die Qualität qualitativer Daten. Manual für die Durchführung qualitativer Interviews. Wiesbaden: VS Verlag für Sozialwissenschaften.

Hemel, Ulrich (2002): Die Bedeutung des Verständnisses von Religiosität für die heutige Religionspädagogik. In: *Theo Web Zeitschrift für Religionspädagogik* (1), S.

6–11. Online verfügbar unter http://www.theo-web.de/zeitschrift/ausgabe-2002-01/he mel02-1.pdf, zuletzt geprüft am 14.01.2014.

Hentig, Hartmut von (2003): Die vermessene Bildung: die ungewollten Folgen von TIMSS und PISA. In: *Neue Sammlung: Vierteljahres-Zeitschrift für Erziehung und Gesellschaft* 43 (2), S. 211–233.

Hessisches Sozialministerium; Hessisches Kultusministerium: Bildung von Anfang an. Bildungs- und Erziehungsplan für Kinder von 0 bis 10 Jahren in Hessen. Online verfügbar unter http://www.bep.hessen.de/irj/BEP_Internet, zuletzt geprüft am 30.04.2013.

Heumann, Jürgen (2011): Wann ist Jugendliteratur „religionssensibel"? In: Gudrun Guttenberger (Hg.): Religionssensible Schulkultur. Jena: IKS Garamond (Edition Paideia), S. 133–140.

Hilpert, Konrad; Leimgruber, Stephan (Hg.) (2008): Theologie im Durchblick. Ein Grundkurs. Freiburg im Breisgau, Basel, Wien: Herder.

Hobmair, Hermann; Altenthan, Sophia (Hg.) (2009): Kompendium der Pädagogik. Troisdorf: Bildungsverlag EINS.

Hocke, Norbert; Knauf, Helen; Pausenwang, Freya; Roth, Xenia (2010): Erziehen, Bilden und Betreuen als Beruf. In: Saskia Bender (Hg.): Kinder erziehen, bilden und betreuen. Lehrbuch für Ausbildung und Studium. Berlin: Cornelsen Scriptor, S. 16–43.

Hoffmann, Alexander: auxilium-online.net – Wörterbuch und Community für Latein. Online verfügbar unter http://www.auxilium-online.net/wb/formenanalyse.php, zuletzt geprüft am 04.04.2013.

Honig, Michael-Sebastian; Joos, Magdalena; Schreiber, Norbert (2004): Was ist ein guter Kindergarten? Theoretische und empirische Analysen zum Qualitätsbegriff in der Pädagogik. Weinheim, München: Juventa-Verlag.

Hopf, Arnulf: Wie entwickeln wir ein pädagogisches Konzept im Kindergarten? In: Martin R. Textor (Hg.): Kindergartenpädagogik – Online Handbuch. Online verfügbar unter http://www.kindergartenpaedagogik.de/190.html, zuletzt geprüft am 10.03.2014.

Hugoth, Matthias (2003a): Fremde Religionen – fremde Kinder? Leitfaden für interreligiöse Erziehung. Freiburg im Breisgau, Basel, Wien: Herder.

Hugoth, Matthias (Hg.) (2003b): Religion für alle Kinder? Konfessionslose und andersgläubige Kinder in katholischen Kindertageseinrichtungen; Leitlinien und Materialien für die religiöse Erziehung: KTK (KTK-Position: Theologie und Religionspädagogik).

Hugoth, Matthias (Hg.) (2005a): Als Frauen den Glauben weitergeben. Geschlechtsspezifische Aspekte der Spiritualität und der religiösen Kompetenz von Erzieherinnen. Freiburg im Breisgau: Verband Katholischer Tageseinrichtungen für Kinder (KTK) – Bundesverband e.V.

Hugoth, Matthias (2005b): Religiöse Kompetenz – Basisbefähigungen von Erzieherinnen? Religiöse Kompetenz meint mehr als methodisches Wissen. Klärung eines schillernden Begriffs. In: Matthias Hugoth (Hg.): Als Frauen den Glauben weitergeben. Geschlechtsspezifische Aspekte der Spiritualität und der religiösen Kompetenz von Erzieherinnen. Freiburg im Breisgau: Verband Katholischer Tageseinrichtungen für Kinder (KTK) – Bundesverband e.V, S. 82–93.

Hugoth, Matthias (Hg.) (2008): Religion im Kindergarten. Begleitung und Unterstützung für Erzieherinnen. München: Kösel.

Hugoth, Matthias (2012): Handbuch religiöse Bildung in Kita und Kindergarten. Freiburg im Breisgau, Basel, Wien: Herder.

Institut für angewandte Sozialisationsforschung / Frühe Kindheit e. V. (2011): Für eine hohe Qualität der pädagogischen Arbeit in Kindergarten und Krippe. Online verfügbar unter http://www.infans.net/index.html, zuletzt aktualisiert am 28.10.2011, zuletzt geprüft am 01.12.2011.

Institut für den Situationsansatz (ISTA) (2005): Internationale Akademie für innovative Pädagogik, Psychologie und Ökonomie gGmbH (INA) an der Freien Universität Berlin. Online verfügbar unter http://www.ina-fu.org/ista/, zuletzt aktualisiert am 01.03.2005, zuletzt geprüft am 01.12.2011.

Institut für Religionspädagogik der Erzdiözese Freiburg durch Heike Helmchen-Menke (Hg.) (2013): Werte bilden in der Kita (IRP Erleben & Erfahren. Sinn, Werte und Religion in Kindertageseinrichtungen).

Jacobs, Dorothee (2009): Die Konzeptionswerkstatt in der Kita. Praxisbuch. Weimar, Berlin: Verlag das Netz.

Janssen, Rolf (2011): Das Profil sozialpädagogischer Fachschulen. Ergebnisse einer qualitativen Befragung von Schulleitungen. Eine Studie der Weiterbildungsinitiative Frühpädagogische Fachkräfte (WiFF). Stand: Januar 2011. München: DJI. Online verfügbar unter http://www.weiterbildungsinitiative.de/uploads/media/WiFF_ Studien_9_Janssen_Profil_Internet.pdf.

Jaszus, Rainer; Büchin-Wilhelm, Irmgard; Mäder-Berg, Martina; Gutmann, Wolfgang (2008): Sozialpädagogische Lernfelder für Erzieherinnen. Stuttgart: Holland + Josenhans.

Jugendministerkonferenz/Kultusministerkonferenz (2004): Gemeinsamer Rahmen für die Bildung in den Kindertagesstätten des Elementarbereichs. Online verfügbar unter http://www.kmk.org/fileadmin/veroeffentlichungen_beschluesse/2004/2004_06_04-Fruehe-Bildung-Kitas.pdf, zuletzt aktualisiert am 18.06.2004, zuletzt geprüft am 01.12.2011.

Jung, Eberhard (2010): Kompetenzerwerb. Grundlagen, Didaktik, Überprüfbarkeit. München: Oldenbourg.

Kasüschke, Dagmar; Fröhlich-Gildhoff, Klaus (Hg.) (2008): Frühpädagogik heute. Herausforderungen an Disziplin und Profession. Köln, Kronach: Link.

Katholische Akademie in Berlin e.V.: Wohnt Gott in der Kita? Kindliche Entwicklung und Religion. Online verfügbar unter http://www.katholische-akademie-berlin.de/1:3518/ Veranstaltungen/2008/09/26202_Wohnt-Gott-in-der-Kita-Kindliche.html, zuletzt geprüft am 06.08.2013.

Kaupp, Angela (2005): Herausforderungen. In Zeiten des Umbruchs den Glauben anbieten – Herausforderungen und Chancen für die Religionspädagogik im Elementarbereich. In: Matthias Hugoth (Hg.): Als Frauen den Glauben weitergeben. Geschlechtsspezifische Aspekte der Spiritualität und der religiösen Kompetenz von Erzieherinnen. Freiburg im Breisgau: Verband Katholischer Tageseinrichtungen für Kinder (KTK) – Bundesverband e.V, S. 71–81.

Kebekus, Regina (2014): Religionspädagogik in der Ausbildung von Sozialberufen. Analysen – Begründungen – Konzeptionen. Münster: LIT.

Kelle, Udo; Kluge, Susann (1999): Vom Einzelfall zum Typus. Fallvergleich und Fallkontrastierung in der qualitativen Sozialforschung. Opladen: Leske + Budrich.

Kicker, Erika; Rodriguez Lopez, Brigitte: Familienzentrum, Eltern-Kind-Zentrum oder Early Excellence Centre? Mit Eltern auf Augenhöhe kooperieren. In: *Unsere Kinder. Das Fachjournal für Bildung und Betreuung in der frühen Kindheit* (5/2011), S. 17–19.

Kießlinger, Klaus (2007): Interdisziplinarität als Konstitutivum einer nachkonziliaren praktischen Theologie. In: Reinhold Boschki (Hg.): Junge Wissenschaftstheorie der Religionspädagogik. Berlin, Münster: LIT, S. 67–87.

Kirchhoff, Renate (2008): Die Bedeutung von Frühpädagoginnen und Frühpädagogen, von Eltern und anderen Bezugspersonen für die religiöse und philosophische Bildung. In: Renate Kirchhoff und Hartmut Rupp (Hg.): Religiöse und philosophische Bildung. Grundlagen für das Studium der Frühpädagogik. Freiburg im Breisgau: FEL-Verlag, S. 41–54.

Kirchhoff, Renate; Rupp, Hartmut (Hg.) (2008a): Religiöse und philosophische Bildung. Grundlagen für das Studium der Frühpädagogik. Freiburg im Breisgau: FEL-Verlag.

Kirchhoff, Renate; Rupp, Hartmut (2008b): Vorwort. In: Renate Kirchhoff und Hartmut Rupp (Hg.): Religiöse und philosophische Bildung. Grundlagen für das Studium der Frühpädagogik. Freiburg im Breisgau: FEL-Verlag, S. 9–10.

Klafki, Wolfgang (1975a): Dritte Studie: Engagement und Reflexion im Bildungsprozess. Zum Problem der Erziehung zur Verantwortung. In: Wolfgang Klafki (Hg.): Studien zur Bildungstheorie und Didaktik. Weinheim: Beltz, S. 46–71.

Klafki, Wolfgang (Hg.) (1975b): Studien zur Bildungstheorie und Didaktik. Weinheim: Beltz.

Klein-Jung, Ralf (2009): Anwälte religionssensibler Erziehung: Die Führungskräfte. In: Martin Lechner und Martin Schwer (Hg.): Werkbuch religionssensible Erziehungshilfe. „Religionssensible Erziehung in den Diensten und Einrichtungen der Erziehungshilfen in der Diözese Rottenburg-Stuttgart". Berlin: Pro Business, S. 145–151.

Kluczniok, Katharina; Roßbach, Hans-Günther; Große, Christiane (2010): Fördermöglichkeiten im Kindergarten. Ein Systematisierungsversuch. In: Angelika Diller (Hg.): Wie viel Schule verträgt der Kindergarten? Annäherung zweier Lernwelten. München: DJI, S. 133–152.

Kluczniok, Katharina; Sechtig, Jutta; Roßbach, Hans-Günther (2012): Qualität im Kindergarten. Wie gut ist das Niveau der Kindertagesbetreuung in Deutschland und wie wird es gemessen? In: Deutsches Jungendinstitut e.V. (Hg.): DJI Impulse. Das Bulletin des Deutschen Jugendinstitus (98), S. 33–36.

Kluge, Norbert (2006): Das Bild des Kindes in der Pädagogik der frühen Kindheit. In: Lilian Fried und Susanna Roux (Hg.): Pädagogik der frühen Kindheit. Weinheim: Beltz, S. 22–33.

Knauf, Helen (2010a): Pädagogik. In: Saskia Bender (Hg.): Kinder erziehen, bilden und betreuen. Lehrbuch für Ausbildung und Studium. Berlin: Cornelsen Scriptor, S. 188–237.

Knauf, Tassilo (2003): Der Einfluss pädagogischer Konzepte auf die Qualitätsentwicklung in Kindertageseinrichtungen. In: Wassilios E. Fthenakis (Hg.): Elementarpädagogik nach PISA. Wie aus Kindertagesstätten Bildungseinrichtungen werden können. 4. Aufl. Freiburg im Breisgau, Basel, Wien: Herder, S. 243–263.

Knauf, Tassilo (2006): Moderne Ansätze der Pädagogik der frühen Kindheit. In: Lilian Fried und Susanna Roux (Hg.): Pädagogik der frühen Kindheit. Weinheim: Beltz, S. 118–129.

Knauf, Tassilo (2007): Handbuch Pädagogische Ansätze. Praxisorientierte Konzeptions- und Qualitätsentwicklung in Kindertageseinrichtungen. Berlin, Düsseldorf, Mannheim: Cornelsen Scriptor.

Knauf, Tassilo (2010b): Konzeption und Konzeptionsentwicklung. In: Raimund Pousset (Hg.): Handwörterbuch für Erzieherinnen und Erzieher. 2. Aufl. Berlin: Scriptor, S. 227–230.

Knisel-Scheuring, Gerlinde; Roth, Xenia (2010): Organisation und Management in sozialpädagogischen Einrichtungen. In: Saskia Bender (Hg.): Kinder erziehen, bilden und betreuen. Lehrbuch für Ausbildung und Studium. Berlin: Cornelsen Scriptor, S. 44–81.

Knoblauch, Christoph (2013): „Und für jeden gilt das auch!". Kinder bilden Werte im interreligiösen Kontext. In: Institut für Religionspädagogik der Erzdiözese Freiburg durch Heike Helmchen-Menke (Hg.): Werte bilden in der Kita (IRP Erleben & Erfahren. Sinn, Werte und Religion in Kindertageseinrichtungen), S. 26–30.

Koch, Andreas (2010): Tageseinrichtungen für Kinder. In: Saskia Bender (Hg.): Kinder erziehen, bilden und betreuen. Lehrbuch für Ausbildung und Studium. Berlin: Cornelsen Scriptor, S. 118–135.

König, Anke (2010): Interaktion als didaktisches Prinzip. Bildungsprozesse bewusst begleiten und gestalten. Troisdorf: Bildungsverlag EINS.

König, Hildegard (2009): Religiös musikalisch oder nicht? – Spirituelle Kompetenz von Erzieherinnen. In: Katrin Bederna und Hildegard König (Hg.): Wohnt Gott in der Kita? Religionssensible Erziehung in Kindertageseinrichtungen. Berlin: Cornelsen Scriptor, S. 219–227.

Korczak, Janusz; Beiner, Friedhelm (2011): Janusz Korczak – Themen seines Lebens. Eine Werkbiographie. Gütersloh: Gütersloher Verlagshaus.

Kron, Friedrich Wilhelm (2009): Grundwissen Pädagogik. 7. Aufl. München: Reinhardt.

Krone, Wolfgang (1992): Zur Erziehung des Erziehers. Behaviorismus, Psychoanalyse, humanistische Psychologie. Eine Untersuchung zur Erziehung des Erziehers und zum Verhältnis von Beziehung und Erziehung mit Blick auf pädagogische Gedanken Carl Rogers' und Martin Bubers. Frankfurt, Main: Lang.

Kruse, Jan (2011): Reader „Einführung in die qualitative Interviewforschung". Freiburg (Bezug über: www.qualitative-workshops.de).

Kuckartz, Udo (2010): Einführung in die computergestützte Analyse qualitativer Daten. 3. Aufl. Wiesbaden: VS Verlag für Sozialwissenschaften.

Kuckartz, Udo (2012): Qualitative Inhaltsanalyse. Methoden, Praxis, Computerunterstützung. Weinheim: Beltz Juventa.

Kühne, Thomas (2007): Die Vollversammlung, eine neue soziale Umgangsform. In: Gerhard Regel (Hg.): Offener Kindergarten konkret. Veränderte Pädagogik in Kindergarten und Hort. Hamburg: EB-Verlag.

Kühne, Thomas; Regel, Gerhard (2000): Zur Bildungsarbeit im offenen Kindergarten. In: Thomas Kühne und Gerhard Regel (Hg.): Bildungsansätze im offenen Kindergarten. Erzieherinnen im Mittelpunkt der pädagogischen Arbeit. Hamburg: EB-Verlag, S. 1–21.

Kunze, Hans-Rainer; Gisbert, Kirstin (2007): Förderung lernmethodischer Kompetenzen in Kindertageseinrichtungen. In: Bundesministerium für Bildung und Forschung (Hg.): Auf den Anfang kommt es an: Perspektiven für eine Neuorientierung frühkindlicher Bildung, S. 15–117.

Laewen, Hans-Joachim (2002a): Bildung und Erziehung in Kindertageseinrichtungen. In: Hans-Joachim Laewen und Beate Andres (Hg.): Bildung und Erziehung in der frühen Kindheit. Bausteine zum Bildungsauftrag von Kindertageseinrichtungen. Weinheim: Beltz, S. 16–102.

Laewen, Hans-Joachim (2002b): Das „konstruierende Kind" und der Situationsansatz. In: Hans-Joachim Laewen und Beate Andres (Hg.): Bildung und Erziehung in der frühen Kindheit. Bausteine zum Bildungsauftrag von Kindertageseinrichtungen. Weinheim: Beltz, S. 208–243.

Laewen, Hans-Joachim (Hg.) (2003): Forscher, Künstler, Konstrukteure. Werkstattbuch zum Bildungsauftrag von Kindertageseinrichtungen. Weinheim: Beltz.

Laewen, Hans-Joachim (2006): Funktionen der institutionellen Früherziehung: Bildung, Erziehung, Betreuung, Prävention. In: Lilian Fried und Susanna Roux (Hg.): Pädagogik der frühen Kindheit. Weinheim: Beltz, S. 96–106.

Laewen, Hans-Joachim (2011): Die ersten Tage – ein Modell zur Eingewöhnung in Krippe und Tagespflege. Unter Mitarbeit von Beate Andres und Éva Hédervári-Heller. 7. Aufl. Berlin: Cornelsen.

Laewen, Hans-Joachim; Andres, Beate (Hg.) (2002): Bildung und Erziehung in der frühen Kindheit. Bausteine zum Bildungsauftrag von Kindertageseinrichtungen. Weinheim: Beltz.

Laewen, Hans-Joachim; Andres, Beate; Heck, Anne (1998): Abschlussbericht – Projekt-Impulse aus Brandenburg. Online verfügbar unter http://www.infans.net/pdf/Projekt-Impulse%20aus%20Brandenburg.pdf, zuletzt aktualisiert am 10.02.2010, zuletzt geprüft am 02.07.2013.

Lamnek, Siegfried (2008): Qualitative Sozialforschung. Lehrbuch. 4. Aufl. Weinheim, Basel: Beltz PVU.

Lamnek, Siegfried; Krell, Claudia (2010): Qualitative Sozialforschung. Lehrbuch. 5. Aufl. Weinheim: Beltz.

Landesverband Katholischer Kindertagesstätten Diözese Rottenburg-Stuttgart e.V. (Hg.) (2012): Tacheles. Zeitung für die Mitglieder des Landesverbandes Katholischer Kindertagesstätten. Online verfügbar unter http://www.lvkita.de/media/files/Tacheles/ LV-Tacheles-50--RZ.pdf, zuletzt aktualisiert am 29.04.2013, zuletzt geprüft am 04.08.2013.

Langenhorst, Georg (2014): Kinder brauchen Religion. Orientierung für Erziehung und Bildung. Freiburg im Breisgau: Verlag Herder.

Langford, Peter (2005): Vygotsky's developmental and educational psychology. Hove: Psychology Press.

Lechner, Martin (2000): Theologie in der sozialen Arbeit. Begründung und Konzeption einer Theologie an Fachhochschulen für Soziale Arbeit. München: Don Bosco.

Lechner, Martin (2004): Pastoraltheologie als Wissenschaft. In: Konferenz der Bayerischen Pastoraltheologen (Hg.): Christliches Handeln. Kirchesein in der Welt von heute; pastoraltheologisches Lehrbuch. München: Don Bosco, S. 233–252.

Lechner, Martin (2009a): Der Religionsbegriff des Forschungsprojektes. In: Martin Lechner und Angelika Gabriel (Hg.): Religionssensible Erziehung. Impulse aus dem Forschungsprojekt „Religion in der Jugendhilfe" (2005–2008). München: Don Bosco, S. 159–176.

Lechner, Martin (2009b): Religionssensibilität – eine Schlüsselkompetenz erzieherischen Handelns. In: Martin Lechner und Martin Schwer (Hg.): Werkbuch religionssensible Erziehungshilfe. „Religionssensible Erziehung in den Diensten und Einrichtungen der Erziehungshilfen in der Diözese Rottenburg-Stuttgart". Berlin: Pro Business, S. 104–113.

Lechner, Martin (2009c): Religionssensible Erziehung. Kontext – Grundsätze – Handlungskonzept. In: Martin Lechner und Martin Schwer (Hg.): Werkbuch religionssensible Erziehungshilfe. „Religionssensible Erziehung in den Diensten und Einrichtungen der Erziehungshilfen in der Diözese Rottenburg-Stuttgart". Berlin: Pro Business, S. 27–44.

Lechner, Martin (2012): Religionssensible Erziehung. In: *jugendsozialarbeit nord – Infodienst* (120), S. 1–3.

Lechner, Martin; Gabriel, Angelika (2009a): Anliegen, Konzeption und Perspektiven. In: Martin Lechner und Angelika Gabriel (Hg.): Religionssensible Erziehung. Impulse aus dem Forschungsprojekt „Religion in der Jugendhilfe" (2005–2008). München: Don Bosco, S. 11–16.

Lechner, Martin; Gabriel, Angelika (2009b): Anstößiger Glaube – Anstöße zum Glauben?! Spirituelle Impulse aus einer Fotostudie mit Jugendlichen. München: Don Bosco.

Lechner, Martin; Gabriel, Angelika (2009c): Religionssensible Erziehung. Skizze einer pluralitätsfähigen und sozialräumlich orientierten Handlungstheorie für Einrichtungen der Kinder- und Jugendhilfe. In: Martin Lechner und Angelika Gabriel (Hg.): Religionssensible Erziehung. Impulse aus dem Forschungsprojekt „Religion in der Jugendhilfe" (2005–2008). München: Don Bosco, S. 179–191.

Lechner, Martin; Gabriel, Angelika (Hg.) (2009d): Religionssensible Erziehung. Impulse aus dem Forschungsprojekt „Religion in der Jugendhilfe" (2005–2008). München: Don Bosco.

Lechner, Martin; Gabriel, Angelika (2011): Brenn-Punkte. Religionssensible Erziehung in der Praxis. München: Don Bosco.

Lechner, Martin; Schwer, Martin (2009a): Das Handlungskonzept einer religionssensiblen Erziehung – Handlungsgrundsätze und Praxisbeispiele. In: Martin Lechner und Martin Schwer (Hg.): Werkbuch religionssensible Erziehungshilfe. „Religionssensible

Erziehung in den Diensten und Einrichtungen der Erziehungshilfen in der Diözese Rottenburg-Stuttgart". Berlin: Pro Business, S. 45–103.

Lechner, Martin; Schwer, Martin (Hg.) (2009b): Werkbuch religionssensible Erziehungshilfe. „Religionssensible Erziehung in den Diensten und Einrichtungen der Erziehungshilfen in der Diözese Rottenburg-Stuttgart". Berlin: Pro Business.

Lehmann-Grigoleit, Ute (2011): „Alles unter einem Dach" – Unsere Weiterentwicklung zu einem „Haus für Kinder und Familien". In: Gerhard Regel (Hg.): Offener Kindergarten konkret in seiner Weiterentwicklung. Aus der Praxis für die Praxis – 20 Jahre später. Berlin: EB-Verlag, S. 249–267.

Lepenies, Annette (2007): Der positive Blick auf das Kind: Die „Pädagogischen Strategien" des „Early-Excellence"-Ansatzes. In: Sabine Hebenstreit-Müller und Annette Lepenies (Hg.): Early Excellence: der positive Blick auf Kinder, Eltern und Erzieherinnen. Neue Studien zu einem Erfolgsmodell. Berlin: Dohrmann, S. 51–62.

Leu, Hans Rudolf (2007): Bildungs- und Lerngeschichten. Bildungsprozesse in früher Kindheit beobachten, dokumentieren und unterstützen. Weimar: Verlag das Netz.

Leu, Hans Rudolf (2013): Vertikale Durchlässigkeit im Kontext bildungspolitischer Entwicklungen aus empirischer Sicht. Forschungsergebnisse der Weiterbildungsinitiative Frühpädagogische Fachkräfte (WiFF). In: Peter Cloos, Sylvia Oehlmann und Maren Hundertmark (Hg.): Von der Fachschule in die Hochschule. Modularisierung und vertikale Durchlässigkeit in der kindheitspädagogischen Ausbildung. Wiesbaden: Springer VS, S. 45–64.

Liegle, Ludwig (2007): Pädagogische Konzepte und Bildungspläne – wie stehen sie zueinander? In: *Kindergarten heute* (1/2007), S. 6–12.

Liegle, Ludwig (2012a): Kind und Kindheit. In: Lilian Fried, Barbara Dippelhofer-Stiem, Michael-Sebastian Honig und Ludwig Liegle (Hg.): Pädagogik der frühen Kindheit. Weinheim, Basel: Beltz, S. 14–56.

Liegle, Ludwig (2012b): Pädagogische Konzepte und Bildungspläne. In: *Kindergarten heute* (spezial: Pädagische Handlungskonzepte von Fröbel bis zum Situationsansatz), S. 2–6.

Lischke-Eisinger, Lisa (2012): Sinn, Werte und Religion in der Elementarpädagogik. Religion Interreligiosität und Religionsfreiheit im Kontext der Bildungs- und Orientierungspläne. Wiesbaden: Springer VS.

Lorber, Katharina (2010): Elementarpädagogische Handlungskonzepte. In: Norbert Neuß und Jutta Daum (Hg.): Grundwissen Elementarpädagogik. Ein Lehr- und Arbeitsbuch. Berlin: Cornelsen Scriptor, S. 105–116.

Lorber, Katharina; Neuß, Norbert (2010): Berufswissen von Elementarpädagoginnen. In: Norbert Neuß und Jutta Daum (Hg.): Grundwissen Elementarpädagogik. Ein Lehr- und Arbeitsbuch. Berlin: Cornelsen Scriptor, S. 18–28.

Lukesch, Andreas (2013): Infans: Pädagogisches Konzept für Kindergärten bleibt umstritten. In: *Südwest Presse Online-Dienste*, 25.04.2013. Online verfügbar unter http://www.swp.de/bietigheim/lokales/bietigheim_bissingen/art1188806,1966796, zuletzt geprüft am 15.02.2014.

Lütkemeier, Hildegard (2014): Religiosität und Spiritualität als protektive Faktoren in der Heimerziehung? Untersuchung zur Resilienzstärkung in Einrichtungen der stationären Jugendhilfe. In: *unsere jugend* 66 (1), S. 8–18. Online verfügbar unter http://www.reinhardt-journals.de/index.php/uj/article/view/1961/3016, zuletzt geprüft am 04.02.2014.

Lutz, Barbara; Knauf, Tassilo; Felcht, Ilka-Cordula (2009): Kinder suchen Sinn, Wahrheit und Glück. Was kann eine gegenwartsorientierte Pädagogik bieten? Berlin: Cornelsen Scriptor.

Mayring, Philipp (2001): Einführung in die qualitative Sozialforschung. Eine Anleitung zu qualitativem Denken. 5. Aufl. Weinheim: Beltz.

Mayring, Philipp (2010): Qualitative Inhaltsanalyse. Grundlagen und Techniken. 11. Aufl. Weinheim: Beltz.

Mecklenburg-Vorpommern-Ministerium für Bildung, Wissenschaft und Kultur (2011): Bildungskonzeption für 0- bis 10-jährige Kinder in Mecklenburg-Vorpommern. Zur Arbeit in Kindertageseinrichtungen und Kindertagespflege. Online verfügbar unter http://www.bildung-mv.de/export/sites/lisa/de/Fruehkindliche_Bildung/ Bildungskonzeption_fuer_0-_bis_10-jaehrige_Kinder_in_M-V/Endfassung_Bildungs konzeption_0bis10jaehrige_NEU_opt.pdf, zuletzt aktualisiert am 16.06.2011, zuletzt geprüft am 30.04.2013.

Meinhold, Marianne; Gross-Letzelter, Michaela (2004): Evaluation des Modellprojekts „Kinder- und Familienzentrum Schillerstraße" April 2002. In: Sabine Hebenstreit-Müller und Barbara Kühnel (Hg.): Kinderbeobachtung in Kitas. Erfahrungen und Methoden im ersten Early Excellence Centre in Berlin. Berlin: Dohrmann, S. 81–94.

Mette, Norbert (1983): Voraussetzungen christlicher Elementarerziehung. Vorbereitende Studien zu einer Religionspädagogik des Kleinkindalters. Düsseldorf: Patmos.

Mettler, Andreas: KJHG – Das aktuelle Kinder- und Jugendhilfegesetz und Jugendhilferecht. Online verfügbar unter http://www.kindex.de/pro/index~mode~gesetze~value~kjhg. aspx#P22, zuletzt geprüft am 23.04.2013.

Meyer-Blanck, Michael (2002): Zeichen – Riten – Symbolhandlungen. Riten. In: Gottfried Bitter (Hg.): Neues Handbuch religionspädagogischer Grundbegriffe. München: Kösel, S. 61–64.

Mienert, Malte (2010): Darum einen Bildungsplan! Online verfügbar unter http://www.ma-mie.de/pdf/BildungsplanRaabe.pdf, zuletzt aktualisiert am 03.05.2010, zuletzt geprüft am 29.07.2013.

Ministerium für Arbeit und Soziales des Landes Sachsen-Anhalt (2013): Bildung: elementar – Bildung von Anfang an. Bildungsprogramm für Kindertageseinrichtungen in Sachsen-Anhalt. Entwurf Fortschreibung 2013. Online verfügbar unter http://www. sachsen-anhalt.de/fileadmin/Elementbibliothek/Bibliothek_Kinder_und_Jugendliche/ Bildungsprogramm_2013/Bildungsprogramm_fertig.pdf, zuletzt aktualisiert am 08.01.2013, zuletzt geprüft am 30.04.2013.

Ministerium für Bildung und Kultur des Landes Schleswig-Holstein (2012): Erfolgreich starten. Leitlinien zum Bildungsauftrag in Kindertageseinrichtungen. Online verfügbar unter http://www.schleswig-holstein.de/MSGFG/DE/Service/Broschueren/ Kita/BildungsauftragLeitlinien__blob=publicationFile.pdf, zuletzt aktualisiert am 31.08.2012, zuletzt geprüft am 30.04.2013.

Ministerium für Bildung, Frauen und Jugend Referat „Kindertagesstätten" (2011): Bildungs-und-Erziehungsempfehlungen für Kindertagesstätten in Rheinland-Pfalz. Online verfügbar unter http://kita.bildung-rp.de/fileadmin/dateiablage/ Bildungsempfehlungen/BEE/Downloads/bildungs-und-erziehungsempfehlungen.pdf, zuletzt aktualisiert am 10.10.2011, zuletzt geprüft am 30.04.2013.

Mischo, Christoph; Fröhlich-Gildhoff, Klaus (2011): Professionalisierung und Professionsentwicklung im Bereich der frühen Bildung. Online verfügbar unter http:// psycontent.metapress.com/content/d8v76817153547u3/fulltext.pdf, zuletzt geprüft am 22.09.2012.

Möller, Rainer (Hg.) (2002): Arbeitsbuch Religionspädagogik für ErzieherInnen. 3. Aufl. Stuttgart: Kohlhammer.

Möller, Rainer (2011): Religiöse Bildung im Elementarbereich. In: *Theo Web Zeitschrift für Religionspädagogik* 10 (1), S. 14–34. Online verfügbar unter http://www.theo-web.de/zeitschrift/ausgabe-2011-01/04.pdf#page=2&zoom=auto,0,526, zuletzt geprüft am 21.01.2014.

Montada, Leo (2002): Fragen, Konzepte, Perspektiven. In: Rolf Oerter und Leo Montada (Hg.): Entwicklungspsychologie. 5. Aufl. Weinheim, Basel, Berlin: Beltz, S. 3–53.

Montessori, Maria (2010): Die Entdeckung des Kindes. Hg. v. Harald Ludwig. Freiburg im Breisgau, Basel, Wien: Herder (Gesammelte Werke Maria Montessori, 1).

Montessori, Maria (2011a): Erziehung und Gesellschaft. Kleine Schriften aus den Jahren 1897–1917. Hg. v. Harald Ludwig. Freiburg im Breisgau, Basel, Wien: Herder (Gesammelte Werke Maria Montessori, 3).

Montessori, Maria (2011b): Praxishandbuch der Montessori-Methode. 2. Aufl. Hg. v. Harald Ludwig. Freiburg im Breisgau, Basel, Wien: Herder (Gesammelte Werke Maria Montessori, 4).

Müller, Burkhard (2012): Entwurf und Durchführung eines individuellen Angebots und Reflexion durch Fachberatung. Eine kleine Sequenzanalyse. In: Sabine Hebenstreit-Müller und Burkhard Müller (Hg.): Beobachten in der Frühpädagogik. Weimar, Berlin: Verlag das Netz, S. 111–125.

Müller, Peter (2013): Religiöse Bildung am Bayerischen Untermain. Würzburg: Echter.

Nastainczyk, Wolfgang (2001): Katechese. In: Norbert Mette und Folkert Rickers (Hg.): Lexikon der Religionspädagogik. Neukirchen-Vlyun: Neukirchener, Sp. 961–966.

Nationale Agentur Bildung für Europa beim Bundesinstitut für Berufsbildung (2009): Der Europäische Qualifikationsrahmen für lebenslanges Lernen. Transparenz und Mobilität in Europa. Online verfügbar unter http://www.na-bibb.de/uploads/tx_ttpro ducts/datasheet/na_eqr_0911_03_web_01.pdf, zuletzt geprüft am 12.02.2014.

Neuß, Norbert (2010): Pädagogisches Verstehen und Handeln. In: Norbert Neuß und Jutta Daum (Hg.): Grundwissen Elementarpädagogik. Ein Lehr- und Arbeitsbuch. Berlin: Cornelsen Scriptor, S. 82–92.

Niedersächsisches Kultusministerium: Orientierungsplan für Bildung und Erziehung im Elementarbereich niedersächsischer Tageseinrichtungen für Kinder. Online verfügbar unter http://www.mk.niedersachsen.de/download/4491, zuletzt geprüft am 30.04.2013.

Oberhuemer, Pamela; Schreyer, Inge; Neuman, Michelle J. (2010): Professionals in early childhood education and care systems. European profiles and perspectives. Opladen: Budrich.

Paetzold, Bettina (2001): Elementarpädagogik – nur Kleinkindkram? In: Wilhelm Brinkmann (Hg.): Differentielle Pädagogik. Eine Einführung. Donauwörth: Auer, S. 17–39.

Papst Franziskus (2013): Die Freude des Evangeliums. Das Apostolische Schreiben „Evangelii gaudium" über die Verkündigung des Evangeliums in der Welt von heute. Freiburg im Breisgau: Verlag Herder.

Pausewang, Freya; Strack-Rathke, Dorothea (2009): Ins Leben begleiten. Bildung und Erziehung in der sozialpädagogischen Praxis. Unter Mitarbeit von Dorothea Strack-Rathke. Berlin, Düsseldorf, Mannheim: Cornelsen Scriptor.

Pemsel-Maier, Sabine (2011): Was ist und was will Kindertheologie und Kinder-philosophie? In: Institut für Religionspädagogik der Erzdiözese Freiburg durch Heike Helmchen-Menke (Hg.): Mit Kindern über Gott reden. Theologisieren im Elementarbereich, S. 14–17.

Pemsel-Maier, Sabine (2012): Religiöse oder religionssensible Bildung? Zum Umgang mit Religion in kommunalen Kindertagesstätten. In: *karlsruher pädagogische beiträge. Pädagogik der Kindheit* (81/2012), S. 54–64.

Pen Green Centre for Children & their Families: Pen Green Key Concepts. Online verfügbar unter http://www.pengreen.org/page.php?article=524&name=Pen+Green+Key+Co ncepts, zuletzt geprüft am 15.03.2012.

Pen Green Research 2013a: Pen Green Conferences. Online verfügbar unter http://www. pengreen.org/page.php?article=481&name=Pen+Green+Conferences, zuletzt geprüft am 09.06.2013.

Pen Green Research 2013b: Pen Green Nursery. Online verfügbar unter http://pengreen. org/page.php?article=468&name=Pen+Green+Nursery, zuletzt geprüft am 09.06.2013.

Pen Green Research 2013c: Pen Green Research Base. Online verfügbar unter http://pen-green.org/pengreenresearch.php, zuletzt geprüft am 09.06.2013.

Pestalozzi-Fröbel-Haus: Das Pestalozzi-Fröbel-Haus | PFH Berlin. Online verfügbar unter http://www.pfh-berlin.de/pestalozzi-froebel-haus/ueber-das-pfh, zuletzt geprüft am 11.06.2013.

Porzelt, Burkard (2009): Grundlegung religiöses Lernen. Eine problemorientierte Einführung in die Religionspädagogik. Bad Heilbrunn: Klinkhardt.

Preiß, Gerhard (2009a): Der Leitfaden Zahlenland 1. 3. Aufl. Kirchzarten: Zahlenland Preiß.

Preiß, Gerhard (2009b): Der Leitfaden Zahlenland 2. 3. Aufl. Kirchzarten: Zahlenland Preiß.

Preissing, Christa (Hg.) (2009): Qualität im Situationsansatz. Qualitätskriterien und Materialien für die Qualitätsentwicklung in Kindertageseinrichtungen. 2. Aufl. Berlin: Cornelsen Scriptor.

Pugh, Gillian (2010): „Early Childhood Matters" – Zur Bedeutung der EPPE-Untersuchung für Politik und Frühpädagogik in England. In: Kathy Sylva (Hg.): Frühe Bildung zählt. Das Effective Pre-school and Primary Education Project (EPPE) und das Sure Start Programm. Berlin: Dohrmann, S. 12–14.

Regel, Gerhard (2000): Eine entspannte Atmosphäre: Voraussetzung für Lernen, Entwicklung und Bildung. In: Thomas Kühne und Gerhard Regel (Hg.): Bildungsansätze im offenen Kindergarten. Erzieherinnen im Mittelpunkt der pädagogischen Arbeit. Hamburg: EB-Verlag, S. 22–42.

Regel, Gerhard (2006): Plädoyer für eine offene Pädagogik der Achtsamkeit. Zur Zukunft des offenen Kindergartens. Hamburg: EB-Verlag.

Regel, Gerhard (2007): Bedürfnisorientierung – Geben und Nehmen in der Beziehung zu Kindern. In: Gerhard Regel (Hg.): Offener Kindergarten konkret. Veränderte Pädagogik in Kindergarten und Hort. Hamburg: EB-Verlag, S. 50–87.

Regel, Gerhard (2011a): Der offene Kindergarten im Wandel. Der offene Kindergarten: Zeitgemäß und kooperativ kindzentriert – Vom Wandel der letzten 20 Jahre. In: Gerhard Regel (Hg.): Offener Kindergarten konkret in seiner Weiterentwicklung. Aus der Praxis für die Praxis – 20 Jahre später. Berlin: EB-Verlag, S. 15–50.

Regel, Gerhard (Hg.) (2011b): Offener Kindergarten konkret in seiner Weiterentwicklung. Aus der Praxis für die Praxis – 20 Jahre später. Berlin: EB-Verlag.

Regel, Gerhard (2013): Freiheit und Verantwortung. Grundlegende Entwicklungsaufgaben des Kindes im Offenen Ansatz. In: *Kindergarten heute* (1), S. 8–14.

Regel, Gerhard; Corvinus-Team (2011): Ein offener Kindergarten wird zu einem Familienzentrum – Wie sich die bisherige Arbeit fortsetzt und erweitert. In: Gerhard Regel (Hg.): Offener Kindergarten konkret in seiner Weiterentwicklung. Aus der Praxis für die Praxis – 20 Jahre später. Berlin: EB-Verlag, S. 237–248.

Regel, Gerhard; Kühne, Thomas (2007): Pädagogische Arbeit im offenen Kindergarten. 3. Auflage der vollst. überarb. und erw. Neuausg. (7. Gesamtaufl.). Freiburg im Breisgau: Herder.

Reich, Kersten (2008): Konstruktivistische Didaktik. Lehr- und Studienbuch mit Methodenpool. 4., durchges. Aufl. Weinheim: Beltz.

Remsperger, Regina (2011): Sensitive Responsivität. Zur Qualität pädagogischen Handelns im Kindergarten. Wiesbaden: VS Verlag für Sozialwissenschaften.

Robert Bosch Stiftung: PiK – Profis in Kitas. Online verfügbar unter http://www.bosch-stiftung.de/content/language1/html/994.asp, zuletzt geprüft am 11.03.2013.

Rogers, Carl R. (1991): Der neue Mensch. 4. Aufl. Stuttgart: Klett-Cotta (Konzepte der Humanwissenschaften).

Rosenstiel, Lutz von; Erpenbeck, John (2003): Handbuch Kompetenzmessung. Erkennen, verstehen und bewerten von Kompetenzen in der betrieblichen, pädagogischen und psychologischen Praxis. Stuttgart: Schäffer-Poeschel.

Roßbach, Hans-Günther (2003): Vorschulische Erziehung. In: Kai S. Cortina (Hg.): Das Bildungswesen in der Bundesrepublik Deutschland. Strukturen und Entwicklungen im Überblick. Reinbek bei Hamburg: Rowohlt, S. 252–284.

Roßbach, Hans-Günther (2008): Was und wie sollen Kinder im Kindergarten lernen? In: Hans-Uwe Otto und Thomas Rauschenbach (Hg.): Die andere Seite der Bildung. Zum Verhältnis von formellen und informellen Bildungsprozessen. 2. Aufl. Wiesbaden: VS Verlag für Sozialwissenschaften, S. 123–131.

Roßbach, Hans-Günther; Große, Christiane; Kluczniok, Katharina; Freund, Ulrike (2010a): Bildungs- und Lernziele im Kindergarten und in der Grundschule. In: Miriam Leuchter (Hg.): Didaktik für die ersten Bildungsjahre. Unterricht mit 4- bis 8-jährigen Kindern. Zug, Seelze: Klett und Balmer; Klett Kallmeyer, S. 36–48.

Roßbach, Hans-Günther; Sechtig, Jutta; Freund, Ulrike (2010b): Empirische Evaluation des Modellversuchs „Kindergarten der Zukunft in Bayern – KiDZ". Bamberg: University of Bamberg Press (Schriften aus der Fakultät Humanwissenschaften der Otto-Friedrich-Universität Bamberg).

Roth, Xenia (2010): Handbuch Bildungs- und Erziehungspartnerschaft. Zusammenarbeit mit Eltern in der Kita. Freiburg im Breisgau: Herder.

Saarland – Ministerium für Bildung, Kultur und Wissenschaft (2013a): Bildungsprogramm für Saarländische Kindergärten. Online verfügbar unter http://www.saarland.de/do kumente/thema_bildung/Saarland_Programm.pdf, zuletzt aktualisiert am 27.04.2013, zuletzt geprüft am 30.04.2013.

Saarland – Ministerium für Bildung, Kultur und Wissenschaft (2013b): Handreichungen für die Praxis zum Bildungsprogramm für saarländische Kindergärten. Online verfügbar unter http://www.saarland.de/dokumente/thema_bildung/Saarland_Handreichung. pdf, zuletzt aktualisiert am 27.04.2013, zuletzt geprüft am 30.04.2013.

Sächsisches Staatsministerium für Kultus (Hg.): Der Sächsische Bildungsplan – ein Leitfaden für pädagogische Fachkräfte in Krippen, Kindergärten und Horten sowie für Kindertagespflege. Online verfügbar unter http://www.kita-bildungsserver.de/ downloads/download-starten/?did=37, zuletzt geprüft am 30.04.2013.

Sandfuchs, Uwe (Hg.) (2012): Handbuch Erziehung. Bad Heilbrunn: Klinkhardt.

Santjer, Uwe (2011): Das Kindergartenteam als Herz des offenen Kindergartens. In: Gerhard Regel (Hg.): Offener Kindergarten konkret in seiner Weiterentwicklung. Aus der Praxis für die Praxis – 20 Jahre später. Berlin: EB-Verlag, S. 51–64.

Schäfer, Gerd E. (2006): Der Bildungsbegriff in der Pädagogik der frühen Kindheit. In: Lilian Fried und Susanna Roux (Hg.): Pädagogik der frühen Kindheit. Weinheim: Beltz, S. 33–44.

Schäfer, Gerd E. (2011): Was ist frühkindliche Bildung? Kindlicher Anfängergeist in einer Kultur des Lernens. Weinheim, München: Juventa-Verlag.

Schauwecker-Zimmer, Heinrike (2003): Einige Aspekte zum pädagogischen Ansatz von Friedrich Fröbel. Online verfügbar unter http://www.kindergartenpaedagogik.de/939. html, zuletzt aktualisiert am 12.03.2003, zuletzt geprüft am 19.09.2013.

Schefter, Thomas: Zitate zum Thema: Theorie & Praxis (Seite 4). Aphorismen.de. Online verfügbar unter http://www.aphorismen.de/suche?f_thema=Theorie+%26+Praxis&sei te=4, zuletzt geprüft am 08.01.2014.

Schlummer, Bärbel (2003): Erfolgreiche Konzeptionsentwicklung in Kindertagesstätten. Unter Mitarbeit von Werner Schlummer. München, Basel: Reinhardt.

Schluß, Henning (2011): Religionssensibilität als pädagogische Kompetenz. In: Gudrun Guttenberger (Hg.): Religionssensible Schulkultur. Jena: IKS Garamond (Edition Paideia), S. 211–223.

Schmidt, Martina; Kloep-Weber, Gabriele (2009): Elementarisierung als didaktischer Weg in Kindertageseinrichtungen. In: Katrin Bederna und Hildegard König (Hg.): Wohnt Gott in der Kita? Religionssensible Erziehung in Kindertageseinrichtungen. Berlin: Cornelsen Scriptor, S. 134–148.

Schmidt, Wilfried (2012): Zielkindbezogene pädagogische Qualität im Kindergarten. Eine empirisch-quantitative Studie. Münster, München, Berlin: Waxmann.

Schnotz, Wolfgang (2001): Conceptual Change. In: Detlef H. Rost (Hg.): Handwörterbuch Pädagogische Psychologie. 2. Aufl. Weinheim: Beltz.

Schommartz, Sabine (2011): Handlungsforschung als Handwerkszeug und Stärkung der Zusammenarbeit – Es ist normal, Praxisprobleme und Praxisfragen zu haben. In: Gerhard Regel (Hg.): Offener Kindergarten konkret in seiner Weiterentwicklung. Aus der Praxis für die Praxis – 20 Jahre später. Berlin: EB-Verlag, S. 66–76.

Schonig, Bruno (2005): Reformpädagogik. In: Dieter Lenzen (Hg.): Pädagogische Grundbegriffe. 2. Jugend – Zeugnis. 7. Aufl. Reinbek bei Hamburg: Rowohlt, S. 1302–1304.

Schreiber, Norbert: Die Einführung der neuen Bildungspläne in Kindertageseinrichtungen – Ergebnisse von Begleitstudien in drei Bundesländern. In: *Diskurs Kindheits- und Jugendforschung* 2009 (Heft 3), S. 413–437.

Schumacher, Stefan (1999): Die Architektur von Sinn. Ein empirisch gewonnenes Meta-Modell der menschlichen Sinnerfahrung. Marburg: Tectum-Verlag.

Schweitzer, Friedrich (2000): Das Recht des Kindes auf Religion. Ermutigungen für Eltern und Erzieher. Gütersloh: Gütersloher Verlagshaus.

Schweitzer, Friedrich (2006): Lehrbuch praktische Theologie. Gütersloh: Gütersloher Verlagshaus.

Schweitzer, Friedrich (2012): Situation und Strömungen der christlichen Religionspädagogik. Ein perspektivischer Deutungsversuch. In: *Theo Web Zeitschrift für Religionspädagogik* (2), S. 19–31. Online verfügbar unter http://www.theo-web.de/zeitschrift/ausgabe-2012-02/05.pdf, zuletzt geprüft am 11.02.2014.

Schweitzer, Friedrich; Biesinger, Albert; Edelbrock, Anke (Hg.) (2008): Mein Gott, dein Gott. Interkulturelle und interreligiöse Bildung in Kindertagesstätten. Weinheim, Basel: Beltz.

Schweitzer, Friedrich; Edelbrock, Anke; Biesinger, Albert (Hg.) (2011): Interreligiöse und interkulturelle Bildung in der Kita. Eine Repräsentativbefragung von Erzieherinnen in Deutschland; interdisziplinäre interreligiöse und internationale Perspektiven. Münster, München, Berlin: Waxmann.

Schwendemann, Wilhelm (2010): Rezension von: Martin Lechner / Angelika Gabriel (Hg.), Religionssensible Erziehung. Impulse aus dem Forschungsprojekt „Religion in der Jugendhilfe" (2005–2008). In: *Religionspädagogische Beiträge* 65, S. 101–102.

Schwer, Martin; Wanner, Christine (2009): Religionssensibilität – eine Dimension sozialberuflicher Kompetenz – Der sechste Handlungsgrundsatz für Mitarbeiterinnen und Mitarbeitern. In: Martin Lechner und Martin Schwer (Hg.): Werkbuch religionssensible Erziehungshilfe. „Religionssensible Erziehung in den Diensten und Einrichtungen der Erziehungshilfen in der Diözese Rottenburg-Stuttgart". Berlin: Pro Business, S. 114–131.

Senatorin für Soziales, Kinder, Jugend und Frauen der Freien Hansestadt Bremen (2012): Rahmenplan für Bildung und Erziehung im Elementarbereich. Frühkindliche Bildung in Bremen. Online verfügbar unter http://www.soziales.bremen.de/sixcms/media.php/13/Jugendsenatorin_Rahmenplan_2012_web.pdf, zuletzt aktualisiert am 28.09.2012, zuletzt geprüft am 30.04.2013.

Senatsverwaltung für Bildung, Jugend und Sport (2006): Das Berliner Bildungsprogramm für die Bildung, Erziehung und Betreuung von Kindern in Kindertageseinrichtungen bis zu ihrem Schuleintritt. Online verfügbar unter http://www.berlin.de/imperia/md/content/sen-bildung/bildungswege/vorschulische_bildung/berliner_bildungsprogramm_2004.pdf?start&ts=1153986366&file=berliner_bildungsprogramm_2004.pdf, zuletzt aktualisiert am 27.07.2006, zuletzt geprüft am 30.04.2013.

Siebert, Horst (2005): Die Wirklichkeit als Konstruktion. Einführung in konstruktivistisches Denken. Frankfurt am Main: VAS Verlag für Akademische Schriften.

Silbereisen, Rainer K.; Ahnert, Lieselotte (2002): Soziale Kognition. Entwicklung von Sozialem Wissen und Verstehen. In: Rolf Oerter und Leo Montada (Hg.): Entwicklungspsychologie. 5. Aufl. Weinheim, Basel, Berlin: Beltz, S. 590–618.

Stamm, Margrit (2010): Frühkindliche Bildung, Betreuung und Erziehung. Bern, Stuttgart, Wien: Haupt.

Steimer, Bruno (2006): Symbol. In: Walter Kasper (Hg.): Lexikon für Theologie und Kirche. 3., völl., neu bearb. Aufl., Sonderausg., (durchges. Ausg. der 3. Aufl. 1993–2001). Freiburg im Breisgau: Herder, Sp. 1154.

Stickelmann, Bernd (2002): Handlungsforschung. In: Manfred Wolf (Hg.): Fachlexikon der sozialen Arbeit. 5. Aufl. Stuttgart: Dt. Verein für öffentl. u. private Fürsorge Eigenverl; Kohlhammer, S. 434–435.

Stieve, Claus (2011): Studiengänge gründen ,Studiengangstag Pädagogik der Kindheit' zur gemeinsamen Vertretung. Online verfügbar unter http://psycontent.metapress.com/content/a446268u23148676/fulltext.pdf, zuletzt geprüft am 22.09.2012.

Stuttgarter Zeitung (2011): Die Bildung geht vom Kind aus: Das Infans-Konzept, 02.05.2011. Online verfügbar unter http://www.stuttgarter-zeitung.de/inhalt.die-bildung-geht-vom-kind-aus-das-infans-konzept.412efa42-f9cc-4d01-b211-37b60933b699.html, zuletzt geprüft am 15.02.2014.

Textor, Martin R. (Hg.): Kidergartenpädagogik – Online Handbuch. Online verfügbar unter http://www.kindergartenpaedagogik.de/, zuletzt geprüft am 26.02.2013.

Textor, Martin R. (2012a): Formen der Öffnung von Kita-Gruppen: Vor- und Nachteile. Online verfügbar unter http://www.kindergartenpaedagogik.de/2240.pdf, zuletzt aktualisiert am 16.07.2012, zuletzt geprüft am 12.05.2013.

Textor, Martin R. (2012b): Erziehungs- und Bildungspläne. Online verfügbar unter http://www.kindergartenpaedagogik.de/1951.html, zuletzt aktualisiert am 30.11.2012, zuletzt geprüft am 29.07.2013.

Thüringer Ministerium für Bildung, Wissenschaft und Kultur (2011): Thüringer Bildungsplan für Kinder bis 10 Jahre. Online verfügbar unter http://www.thueringen.de/imperia/md/content/tmbwk/kindergarten/bildungsplan/th_bp_2011.pdf, zuletzt aktualisiert am 11.05.2011, zuletzt geprüft am 30.04.2013.

Tietze, Wolfgang (Hg.) (1998): Wie gut sind unsere Kindergärten? Eine Untersuchung zur pädagogischen Qualität in deutschen Kindergärten. Neuwied, Kriftel, Berlin, Weinheim, Berlin, Basel: Luchterhand; Beltz.

Tietze, Wolfgang; Viernickel, Susanne u.a (Hg.) (2007): Pädagogische Qualität in Tageseinrichtungen für Kinder. Ein nationaler Kriterienkatalog. Berlin: Scriptor.

Tratberger-Zenker, Petra (2009): Rahmenbedingungen religiöser Erziehung in Einrichtungen der (teil-)stationären Jugendhilfe. Ergebnisse der quantitativen Studie des Forschungsprojekts „Religion in der Jugendhilfe". In: Martin Lechner und Angelika Gabriel (Hg.): Religionssensible Erziehung. Impulse aus dem Forschungsprojekt „Religion in der Jugendhilfe" (2005–2008). München: Don Bosco, S. 32–63.

Vandenbussche, Els (2009): Leuvener Engagiertheits-Skala für Kinder. Arbeitsbuch zur Leuvener Engagiertheitsskala. 3. Aufl. Erkelenz: Berufskolleg.

Vandenbussche, Els; u.a. (Hg.) (1999): Beobachtung und Begleitung von Kindern. A process-oriented child monitoring system. Dt. Ausg. Erkelenz: Berufskolleg des Kreises Heinsberg.

VERBI Software. Consult. Sozialforschung. GmbH (2012): MAXQDA 11 Einführung. Online verfügbar unter http://www.maxqda.de/download/manuals/MAX11_intro_ger.pdf, zuletzt aktualisiert am 26.11.2012, zuletzt geprüft am 28.11.2013.

Völkel, Petra (2002a): Geteilte Bedeutung – Soziale Konstruktion. In: Hans-Joachim Laewen und Beate Andres (Hg.): Bildung und Erziehung in der frühen Kindheit. Bausteine zum Bildungsauftrag von Kindertageseinrichtungen. Weinheim: Beltz, S. 159–207.

Völkel, Petra (2002b): Kindliche Entwicklung aus konstruktivistischer Perspektive. In: Hans-Joachim Laewen und Beate Andres (Hg.): Bildung und Erziehung in der frühen Kindheit. Bausteine zum Bildungsauftrag von Kindertageseinrichtungen. Weinheim: Beltz, S. 103–158.

Vollmer, Knut (2005): Das Fachwörterbuch für Erzieherinnen und pädagogische Fachkräfte. 2. Aufl. Freiburg im Breisgau, Basel, Wien: Herder.

Voß, Reinhard (2005): LernLust und EigenSinn. Systemisch-konstruktivistische Lernwelten. Heidelberg: Carl-Auer (Systemische Pädagogik).

Vygotskij, Lev S. (1977): Denken und Sprechen. Hg. v. Johannes Helm. Frankfurt am Main: Fischer.

Vygotskij, Lev S. (1978): Mind in society. The development of higher psychological processes. Hg. v. Michael Cole. Cambridge, Mass: Harvard Univ. Pr.

Wagner, Petra (2013): Vorwort. In: Petra Wagner (Hg.): Handbuch Inklusion. Grundlagen vorurteilsbewusster Bildung und Erziehung. 1. Ausg. der überarb. Neuausg. (3. Gesamtaufl.). Freiburg im Breisgau: Herder, S. 10–11.

Weber, Erich (Hg.) (1999): Pädagogik. Eine Einführung. Bd. 1, Grundfragen und Grundbegriffe. Teil 3, Pädagogische Grundvorgänge und Zielvorstellungen – Erziehung und Gesellschaft, Politik. Neuausg., 8., völlig neu bearb. und stark erw. Aufl. Donauwörth: Auer.

Weber, Sigrid (Hg.) (2003): Die Bildungsbereiche im Kindergarten. Basiswissen für Ausbildung und Praxis. Freiburg im Breisgau: Herder.

Weinert, Franz E. (Hg.) (2001): Leistungsmessungen in Schulen. Weinheim: Beltz.

Whalley, Margy (2007): Leitungsqualität in integrierten Service-Einrichtungen für Kinder und ihre Familien. In: Sabine Hebenstreit-Müller und Annette Lepenies (Hg.): Early Excellence: der positive Blick auf Kinder, Eltern und Erzieherinnen. Neue Studien zu einem Erfolgsmodell. Berlin: Dohrmann, S. 29–42.

Whalley, Margy (2008): Neue Betreuungsformen, neue Arbeitsweisen – das Pen Green Centre. In: Margy Whalley und Pen Green Centre Team (Hg.): Eltern als Experten ihrer Kinder. Das „Early Excellence" – Modell in Kinder- und Familienzentren. 2. Aufl. Berlin: Dohrmann, S. 21–30.

Whalley, Margy; Dennison, Marcus (2008): Dialog und Dokumentation: Der Informationsaustausch und die Entwicklung eines anregungsreichen Curriculum. In: Margy Whalley und Pen Green Centre Team (Hg.): Eltern als Experten ihrer Kinder. Das „Early Excellence" – Modell in Kinder- und Familienzentren. 2. Aufl. Berlin: Dohrmann, S. 152–171.

Whalley, Margy; Pen Green Centre Team (Hg.) (2008): Eltern als Experten ihrer Kinder. Das „Early Excellence" – Modell in Kinder- und Familienzentren. 2. Aufl. Berlin: Dohrmann.

Wiater, Werner (2012): Bildung und Erziehung. In: Uwe Sandfuchs (Hg.): Handbuch Erziehung. Bad Heilbrunn: Klinkhardt, S. 18–21.

Wieland, Axel Jan (2007): Was unsere Pädagogik wesentlich bestimmt. In: Gerhard Regel (Hg.): Offener Kindergarten konkret. Veränderte Pädagogik in Kindergarten und Hort. Hamburg: EB-Verlag, S. 13–49.

Wildgruber, Andreas: Kompetenzen von Erzieherinnen im Prozess der Beobachtung kindlicher Bildung und Entwicklung. München: Utz.

Wilke, Franziska (2004): Schemata. Eine Theorie kindlicher Bildungsprozesse. In: Sabine Hebenstreit-Müller und Barbara Kühnel (Hg.): Kinderbeobachtung in Kitas. Erfahrungen und Methoden im ersten Early Excellence Centre in Berlin. Berlin: Dohrmann, S. 46–61.

Wood, David; Bruner, Jerome S.; Ross, Gail (1976): The role of tutoring in problem solving. In: *Journal of Child Psychology and Psychiatry* 17 (2), S. 89–100.

Wustrack, Simone (2009): Religionspädagogische Arbeit im evangelischen Kindergarten. Grundlegung und Praxis: Kohlhammer.

Wüst, Ruth; Wüst, Jürgen (2010): Der professionelle Umgang mit Kindern. In: Norbert Neuß und Jutta Daum (Hg.): Grundwissen Elementarpädagogik. Ein Lehr- und Arbeitsbuch. Berlin: Cornelsen Scriptor, S. 168–178.

Zerfaß, Rolf (1974): Praktische Theologie als Handlungswissenschaft. In: Ferdinand Klostermann und Rolf Zerfaß (Hg.): Praktische Theologie heute. München, Mainz: Kaiser; Grünewald, S. 164–177.

Ziebertz, Hans-Georg (Hg.) (2011): Praktische Theologie – empirisch. Methoden Ergebnisse und Nutzen. Berlin, Münster: LIT.

Zimmer, Jürgen (1997): Kindergärten auf dem Prüfstand. Dem Situationsansatz auf der Spur: Abschlussbericht zum Projekt „Zur Evaluation des Erprobungsprogramms". Seelze – Velber: Kallmeyer'sche Verlagsbuchhandlung.

Zimmer, Jürgen (2000): Das kleine Handbuch zum Situationsansatz. Weinheim: Beltz (Beltz Praxis – Praxisreihe Situationsansatz).

Zimmermann, Mirjam (2010): Kindertheologie als theologische Kompetenz von Kindern. Grundlagen Methodik und Ziel kindertheologischer Forschung am Beispiel der Deutung des Todes Jesu. Neukirchen-Vluyn: Neukirchener.